Robert Rollinger, Christoph Ulf (Hg.)

Geschlechterrollen und Frauenbild in der Perspektive antiker Autoren

D1719054

Robert Rollinger
Christoph Ulf (Hg.)

Geschlechterrollen und Frauenbild in der Perspektive antiker Autoren

Mit Beiträgen von:
Reinhold Bichler, Sabine Comploi, Linda-Marie Günther,
Peter W. Haider, Lisa Noggler, Robert Rollinger, Stefan Schmal,
Brigitte Truschnegg, Ingomar Weiler, Otta Wenskus

STUDIENVerlag
Innsbruck-Wien-München

Gedruckt mit Unterstützung durch die Universität Innsbruck, die Kulturabteilung des Landes Vorarlberg, die Kulturabteilung des Landes Tirol und das Bundesministerium für Wissenschaft und Verkehr.

  Kultur

Die Deutsche Bibliothek - CIP-Einheitsaufnahme

Geschlechterrollen und Frauenbild in der Perspektive antiker Autoren / Robert Rollinger ; Christoph Ulf (Hg.). Mit Beitr. von: Reinhold Bichler ... - Innsbruck ; Wien ; München : Studien-Ver., 1999
ISBN 3-7065-1409-5

© 2000 by StudienVerlag Ges.m.b.H., Amraser Straße 118, A-6010 Innsbruck
e-mail: studienverlag@netway.at
homepage: http://www.studienverlag.at

Satz und Umschlag: STUDIENVerlag/Bernhard Klammer

Umschlagfoto: Hirmer Fotoarchiv München
Gallier-Gruppe Ludovici: Gallierfürst tötet sein Weib und sich selbst.

Gedruckt auf umweltfreundlichem, chlor- und säurefrei gebleichtem Papier.

Inhaltsverzeichnis

Vorwort

Das vorliegende Buch geht in seinem Kern auf ein 1997 begonnenes, vom Fonds zur Förderung der wissenschaftlichen Forschung in Wien (FWF) bis ins Jahr 2000 finanziertes Projekt mit dem Titel „Realität und Topik in der Darstellung der Geschlechterrollen in der antiken Ethnographie" zurück. In dem Titel des Projekts ist schon angedeutet, daß es zu kurz gegriffen wäre, wollte man das Verständnis der antiken Ethnographie allein auf einer simplen Abgrenzung von Eigenwelt und ethnographischer Welt aufbauen. Denn sowohl die inhaltliche Festlegung beider Bereiche als auch ihre Beziehungen zueinander sind viel komplizierter, als das auf den ersten Blick erscheint. Die Schwierigkeiten beginnen schon dort, wo es festzulegen gilt, was „historische Realität" ist. Die aktuelle Methodendiskussion innerhalb der Geschichtswissenschaft dreht sich nicht zufällig gerade um diesen Punkt. Fällt schon die Bestimmung des Realitätsgehaltes schwer, so ist es nicht einfacher zu beantworten, wie die historische Wirklichkeit – verschieden nach historischer Zeit und individueller (Autoren-)Perspektive – ins Verhältnis zur fremden, d.h. der ethnographischen Welt gesetzt wird bzw. werden kann. Denn es ist nicht nur zu fragen, wie und wieweit die Autorenperspektive von „der Zeit" bestimmt ist, sondern auch, in welchem Ausmaß die literarische, d.h. die ethnographische Tradition auf diese Sichtweise einwirken kann und auch eingewirkt hat. Wir wissen, daß die Elemente, aus denen die ethnographische Welt bei den einzelnen Autoren zusammengesetzt ist, zu einem guten Teil in der spätestens seit Herodot schon existierenden ethnographischen Tradition wurzeln. Dies macht die Festlegung dessen schwierig, was eigener oder vermittelter ethnographischer Anschauung entstammt bzw. was ohne reale Kenntnis der ‚beschriebenen' fremden Ethnien nur der Tradition entnommen wurde. Unabhängig davon, ob die nicht der eigenen zivilisierten Welt zugerechneten Ethnien dem Autor direkt oder über mehr oder weniger gute Quellen bekannt waren oder nicht, ist darüber hinaus damit zu rechnen, daß die fremden Ethnien vom jeweiligen Autor zur Vermittlung der mit seinem Text verbundenen Intention funktionalisiert wurden. Daß dies in sehr unterschiedlicher Weise vor sich gehen kann, ändert nichts daran, daß es dadurch zu einer deutlich perspektivischen Verwendung der Ethnographie kommt. Jede Analyse der Texte darf aus diesem Grund nicht nur auf die Frage der ‚Historizität' der Aussagen über die Geschlechterrollen bei fremden Ethnien gerichtet sein, sondern muß auch der Frage nachgehen, was als jeweilige Textintention anzusehen ist.

Um die hier nur angedeuteten Schwierigkeiten für die Bestimmung des Verhältnisses des Autors zu der von ihm beschriebenen ethnographischen Welt zu reduzieren, wurde im Rahmen des genannten FWF-Projekts eine EDV-gestützte Datenbank angelegt, in welche die einschlägigen Passagen aus den Werken einer Reihe wichtiger, vor allem in und um die augusteische Zeit lebender Autoren schon aufgenommen sind; weitere sollen noch hinzukommen. Auf diese Weise läßt sich ein guter Überblick über das Ausmaß und die Art der ethnographischen Tradition in der Antike gewinnen. Diese als Katalog aufgebaute Datenbank soll nach ihrer Fertigstellung allgemein zugänglich gemacht werden.

Dieser Katalog hat für die von den Projekt-Mitarbeiterinnen, Sabine Comploi, Lisa Noggler, Brigitte Truschnegg, verfaßten, von den Herausgebern redigierten Beiträge als Grundlage gedient. Es hat sich aber für das gesamte Vorhaben als ungemein vorteilhaft erwiesen, daß es über verschiedene Kontaktnahmen gelungen ist, über den Kreis der am Projekt direkt Beteiligten hinaus am Thema Interessierte zu gewinnen, die aus ihrer jeweiligen Perspektive das Rahmenthema noch weiter ausloten. Stellen zwar das erste vor- und das erste nachchristliche Jahrhundert eine Kernzone für die in dieser Publikation vorgelegten Beiträge dar, so spannt sich dadurch einerseits der Bogen von Herodot bis zu Ammianus Marcellinus, so wird aber andererseits auch deutlich, welche Arbeit noch zu tun sein wird, ehe man sich an eine ‚die Antike‘ umfassende Publikation über das Thema ‚Ethnographie und Geschlechterrollen‘ wagen kann.

Die vorliegende Publikation hat mehrere Mütter und Väter. Wer einmal mit Robert Rollinger zusammengearbeitet hat, weiß, daß er an erster Stelle zu nennen ist. Neben ihm sind die nicht in das FWF-Projekt eingebundenen Autorinnen und Autoren eigens zu erwähnen, weil sie alle durch die Art ihrer Mitarbeit die Herausgabe des Buches erleichtert haben. Eigens hervorzuheben ist Peter Mauritsch, der bei den EDV-technischen Problemen mit Rat zur Stelle war. Die Arbeit von Margret Isser und Christl Kipp kam dem Manuskript mehrfach zugute; Eva Simeaner als Lektorin des Studienverlags vermittelte ermutigendes Engagement. Ihnen allen sei herzlich gedankt.

Dezember 1999   *Christoph Ulf*

Einleitung

Daß bei der Darstellung ethnographischer Gegebenheiten, einer Skizzierung der Welt des Fremden und Anderen durch die antiken Autoren nicht nur lebensweltliche Realitäten außerhalb und am Rande der Oikumene dargestellt werden, sondern gleichzeitig in beträchtlichem Maße mit Projektionen, eigenen Gedanken und Vorstellungen, Spiegel- und Zerrbildern zu rechnen ist, ist inzwischen eine allgemeine Erkenntnis in den Altertumswissenschaften. Analog verhält es sich mit den in den antiken Quellen geschilderten Geschlechterrollen. Auch hier kommt den durch vorwiegend patriarchale Grundmuster gekennzeichneten Intentionen ein entsprechender Stellenwert zu, der auch die Denk-, Sinn- und Deutungsstrukturen zu berücksichtigen weiß.

In beiden Fällen spielen gedankliche Konzeptionen eine wesentliche Rolle, die zwar auf jeweils real erlebte und erfahrene Umstände zurückgehen können, jedoch in einem größeren und zugleich verfremdeten mentalen Kontext stehen, in dem Wunsch- und Angstvorstellungen, Phantasmen und Gedankenspiele sowie topisch beladene Vorurteile eine ebenso bedeutsame Funktion zukommt. Trotz einer in den letzten Jahren und Jahrzehnten deutlich intensivierten Forschungstätigkeit auf beiden Feldern ist eine Vernetzung der jeweiligen Fragestellungen bisher kaum erfolgt. Um eine entsprechende Tiefenschärfte in der Analyse der in den Quellen greifbaren Deutungsmuster zu erzielen und nicht pauschal auf patriarchale Deutungsmechanismen verweisen zu müssen, erschien es daher sinnvoll, die jeweilige Autorenperspektive und das damit subjektive Bild des Autors stärker ins Blickfeld zu rücken, seinen Umgang mit dem Sujet näher zu bestimmen und dadurch präzisere Erkenntnisse zu gewinnen. Dabei war freilich von vornherein klar, daß in bezug auf präsentierte Geschlechterrollen und Rollenerwartungen auch die vom Autor gezeichnete eigene Welt als Folie und Spiegel mit in die Untersuchungen eingebunden werden sollte.

Die hier versammelten zehn Arbeiten versuchen nun unter teilweise unterschiedlicher Perspektive, aber geeint in dem Bemühen, die Welt des geographisch und zeitlich Fernen mit den Vorstellungen über die Rolle des Geschlechts zu verknüpfen, diesen Fragestellungen nachzugehen. In diesem Zusammenhang werden unterschiedliche Schwerpunkte erkennbar. Besonders vielschichtig erweist sich das Bemühen, die Geschlechterrollen bei jenen Autoren in den Griff zu bekommen, deren Werk eine erstaunliche thematische Vielfalt zu bieten hat und historische sowie ethnographische Gesichtspunkte auf breiter Basis umfaßt. Zwei Arbeiten, die die jeweiligen chronologischen Anfangs- und Endpunkte der hier präsentierten Aufsätze markieren, zeigen dies ganz deutlich. R. Bichler und L.-M. Günther versuchen einen umfassenden Einblick in das Rollenverständnis breit gelagerter historischer und kulturkundlicher Werke zu vermitteln. Dabei tritt sowohl die weibliche Einzelperson im historischen Prozeß als auch das anonyme weibliche Kollektiv im ethnographischen Detail in den Vordergrund, wobei durch die gewählten Sujets und deren Bewertung spezifische Deutungsmuster sowohl Herodots als auch Ammians offenkundig werden. Einen ähnlichen Ansatz zeigt S. Schmal, der im literarischen Oeuvre des Euripides nicht nur auf die enge Beziehung zwischen Barbaren- und Frauenbild verweist, sondern auch auf den Einsatz dieser Bilder durch den Autor sowie auf die damit einhergehende Bewertung und Positionierung im Kontext aufmerksam macht.

Ein ebenso breites Spektrum vielschichtiger Traditionen und Konzeptionen führt I. Weiler vor, der unter einem spezifischen thematischen Gesichtspunkt die Bedeutung von Rollenbildern und deren Instrumentalisierung in divergierenden literarischen Genres verfolgt. In diesem Zusammenhang wird nicht zuletzt die Nähe zwischen auf die mythische Vergangenheit gerichteten diachronen Konzeptionen und Vorstellungen, die um die synchrone ethnographische Ferne kreisen, offensichtlich. Besonders deutlich wird dieses Phänomen in der Untersuchung von O. Wenskus, die die enge Verknüpfung und Wechselwirkung zwischen literarisch vorgeformten mythischen Traditionen und ethnographischen Details hervorhebt. Dabei spielen die Werturteile und Bewertungsmuster des antiken Autors eine gewichtige Rolle. Auf die Traditionsgebundenheit in der Darstellung von Geschlechterrollen im ethnographischen Kollektiv und die Macht vorgeformter literarischer Bilder macht auch R. Rollinger aufmerksam, wobei die Auswahl der dem Publikum präsentierten Sujets und deren Plazierung im Kontext im Zentrum der Betrachtung stehen.

Die Beschäftigung mit Einzelpersonen der mythischen oder der ethnographischen „Ferne" verbindet die nächsten drei Arbeiten. S. Comploi hebt in besonderm Maße den gestalterischen Einfluß des Autors auf ihm vorliegende Traditionen hervor, wobei Weltbild und Geschichtsauffassung die Parameter der literarischen Modellierung bilden. In ähnlicher Weise streicht L. Noggler das Bemühen des Autors heraus, weibliche Einzelpersonen der mythischen Vergangenheit unter ein literarisch-ideologisches Leitbild zu stellen. P. W. Haider widmet seine Aufmerksamkeit einer hochgestellten weiblichen Persönlichkeit aus peregrinem Umfeld, wobei er in besonderem Maße die historischen Leitlinien ihres Handelns sowie deren Grundlagen – sowohl in wirtschaftlicher als auch in weltanschaulicher Hinsicht – herausarbeitet.

Schließlich setzt sich B. Truschnegg mit den Geschlechterrollen im livianischen Geschichtswerk auseinander, wobei sie durch die Analyse der wichtigsten Termini zur Kennzeichnung weiblicher Personen ein feines Instrumentarium gewinnt, um Sinnstrukturen und Bedeutungsebenen sowie die damit verknüpfte Positionierung des weiblichen Rollenbildes zu markieren.

Die hier vorgelegten Arbeiten sind insgesamt bemüht, den Umgang des Themas Geschlecht und dessen Verknüpfung mit dem antiken ethnographischen Diskurs deutlich herauszustellen. Die Konzentration auf einzelne Autoren stellt dabei den Versuch dar, Einzelbilder schärfer zu fassen und zu positionieren. Daß diese Arbeiten in Summe kein abschließendes Urteil über die vielschichtige Thematik „antike Ethnographie und Geschlechterrollen" zu bieten vermögen, versteht sich von selbst. Sie stellen vielmehr einen ersten Versuch dar, die Fragestellung aufzugreifen und zu vertiefen.

Robert Rollinger

11

Herodots Frauenbild und seine Vorstellung über die Sexualsitten der Völker

Vorbemerkungen und Fazit[1]

Herodot schuf das erste und einzige Werk des Altertums, das sich als eine Weltkunde und Weltgeschichte in vollem Ausmaß verstehen läßt. Die Universalgeschichte späterer Zeit hat eine vergleichbare Geschlossenheit des Aspekts nie mehr erreicht. Herodots Nachfolger haben sich spezialisiert. Sie schrieben Geschichte und Völkerkunde, befaßten sich mit Geographie und Naturkunde und räsonnierten über die Unterschiedlichkeit der Staatszustände und über das Wirken der Gottheit. Herodot hat seine *Darlegung der Erkundung* aus alledem gestaltet. Er weiß scharfsinnig zu argumentieren und zeigt seinen analytischen Verstand, zugleich erfreut er sein Publikum mit phantastischen Kuriositäten. Sein Urteil über das Verhalten der Menschen im historischen Prozeß ist nüchtern und skeptisch, doch seine Erzählkunst ist reich an poetischem Charme. Sie glänzt mit pikanten Pointen ebenso wie mit theatralischen Effekten. So birgt Herodots Werk einen faszinierenden Reichtum an Aspekten, der es nicht leicht macht, spezifische Themen separat zu behandeln. Das betrifft auch das Thema dieser Abhandlung: das Erscheinungsbild der Frauen und die Sexualsitten der Völker.

Grundsätzlich unterscheidet Herodot zwischen seiner eigenen, griechischen Welt, die in ethnozentrischer Perspektive als kulturelle Norm wahrgenommen wird, und dem umfassenderen Bereich der Fremde, des Barbarikums, das sich in zahlreichen Manifestationen verschiedener gesellschaftlicher und kultureller Zustände von der unmittelbaren Nachbarschaft bis an die fernen Randzonen der Oikumene erstreckt. Der Blick auf das Fremde schärft den Sinn für die Besonderheit der eigenen Kultur. Gerade hinter extremen Formen des Andersartigen zeichnet sich die vertraute Norm als Kontrast ab. Aber auch diese eigene Welt hat ihre befremdlichen, „barbarischen" Seiten. So spiegelt das Bild des Fremden auch eigene Ängste und verdrängte Begierden, mischen sich Projektionen und Phantasmen in die Wahrnehmung des Andersartigen. Im Ausgleich dazu weitet sich mit der Perspektive auch der Sinn für die allgemein-menschlichen Züge unseres Daseins, gleichen sich Griechen und Barbaren in ihren individuellen Verhaltensweisen bei aller Divergenz der Sitte doch wieder auf frappante Weise an. Hellenen werden zu Barbaren und barbarische Weisheit oder Torheit zeigt den Hellenen, wozu sie fähig sind oder sein könnten. Das gilt besonders für den Umgang der Menschen mit dem Phänomen der Macht. Faszination und Schrecken, Ausweitung und Grenzen imperialer Eroberungspolitik bilden das zentrale Sujet der Historien. Wie sich die Großen dieser Welt im Ringen um ihre Herrschaft verhalten und welche Chancen den Völkerschaften im Kampf um Freiheit und Knechtschaft dank ihrer Lebensverhältnisse offenstehen, zeigt Herodot in einer engen Verflechtung von Geschichtserzählung und Ethnographie, ohne die Zwiespältigkeit dieses doppelten Aspekts ganz aufheben zu können[2]. Das zeigt sich auch an Herodots Frauenbild. Zum einen begegnen Frauen als Angehörige der Männer, die als Protagonisten im historischen Prozeß hervortreten. In dieser Rolle erscheinen sie in aller Regel als zeitlos-typische Vertreterinnen ihres Geschlechts. Im Grunde genommen entsprechen die meisten Frauen, die in den Historien als Persönlichkeiten wahrgenommen werden, den Erwartungen eines patriarchalen Rollenbildes, dessen Grundzüge umso festere Konturen gewinnen, als sich einige eindrucksvolle Episoden gerade aus der Verletzung diese Rollenbildes ergeben. Die Ethnizität der handelnden Personen wird zwar durch die unterschiedlichen politischen und kulturellen Konnotationen der Erzählung bewußt, doch hebt sich der anthropologische Gegensatz von Griechen und Barbaren im Vergleich der Geschichten weitgehend auf[3]. Im Gegensatz zu derartigen episodischen Frauen-Szenen, die auf ihre Weise Gegenstücke zu den Kämpfen der Männer um Macht und Reichtum, Freiheit und Ehre darstellen, machen die ethnographischen Zustandsberichte Herodots einen konträren Eindruck. Hier dominiert die ethnozentrische Grundstimmung, bestimmt die Abweichung fremder Sitte von heimischen Usancen das Bild. So werden vor allem an den Regeln für die sexuellen Beziehungen zwischen den Geschlechtern fast alle denkmöglichen Varianten und Abstufungen fremdartig-barbarischer Lebensweise vorgeführt. Dabei tritt die Individualität der Frauen – wie die ihrer männlichen Partner – völlig in den Hintergrund. Sie erscheinen nur mehr im Kollektiv ihres Geschlechts.

Diese doppelte Linienführung läßt sich weiter verfolgen. Herodots Frauenbild folgt einer notorischen Tendenz, sexuelle Aspekte zu betonen. So bietet seine Geschichtserzählung in ihrer Summe ein reiches Spektrum an Formen eines pervertiert wirkenden Sexualverhaltens. Dabei lassen die einzelnen Szenen die betroffenen Frauen zumeist als Opfer männlicher Willkür erscheinen und beleuchten die

14

Schattenseite despotischer Herrschaftsformen, egal ob auf Seiten der Hellenen oder der Barbaren[4]. Während es aber in diesen Episoden um deklarierte Normenverstöße geht, zeigen die ethnographischen Berichte viele Varianten des Sexualverhaltens, die dem heimischen Normempfinden ebenfalls zuwiderlaufen und das Andersartige in der Fülle seiner Möglichkeiten verkörpern, dabei aber im jeweiligen kulturellen Kontext als gesellschaftlich sanktionierter Usus gelten. Das schafft für die angemessene Bewertung solcher Fremdvölkerbräuche einige Probleme. Denn zum einen bieten Herodots einschlägige Schilderungen reichlich Indizien dafür, daß sie das Abstruse und Schaurige fremder Sitte vorführen wollen und damit auch gewissen voyeuristischen Erwartungen des Publikums entgegenkommen dürften. Zum anderen weiß Herodot sehr wohl, daß die Gültigkeit heimischer Normen angesichts der Vielfalt menschlicher Lebensformen relativiert wird. Wenn jedes Volk seinem Nomos verpflichtet ist, dann läßt sich ein allgemeines Gebot fordern, den fremden Nomos zu respektieren[5]. Herodot hat dieses Prinzip freilich am Fall der Totenbräuche und nicht etwa dem der Sexualsitten – exemplarisch demonstriert und dabei eine berühmte Szene gestaltet, die das ethnozentrische Prinzip regelrecht sprengt (III 38). Analog dazu zeigt Herodot, daß er auch den Barbarenbegriff geschickt zu differenzieren und zu relativieren versteht (vgl. nur etwa II 158,5)[6]. So bleibt es ein zwiespältiges Unterfangen, Herodots Frauenbild und seine Vorstellung über die Sexualsitten der Völker auf knappe Formeln zu bringen. Die Episoden, in denen Frauen im historischen Prozeß erscheinen, und die Schilderungen der Sitten, die bei verschiedenen Völkern das Zusammenleben der Geschlechter regeln, spiegeln aber bei aller Spannung doch ein in sich stimmiges Menschenbild.

I Frauen im historischen Prozeß
I 1 Frauengestalten der barbarischen Welt

Unter den vielen Frauen, die in den Historien erscheinen, bleiben die meisten in feste partnerschaftliche Rollenbeziehungen eingebunden: als Mütter und als Töchter, als Schwestern, Ehegattinnen oder Konkubinen[7]. Einige unter ihnen treten in Ausnahmesituationen als Akteurinnen auf die historische Bühne und beeinflussen das Geschehen in der Männerwelt. Viele von ihnen aber bleiben blasse Gestalten und werden nur erwähnt, um bestimmte, historisch relevante Verwandtschaftsbeziehungen klarzumachen. Das hat seine Gründe in Herodots Geschichtskonzeption. Auf einer Ebene mythischer Vorzeitigkeit wird – in guter Tradition griechischer Mythographie – ein Netzwerk geknüpft, in dem bekannte Gestalten aus diversen Ursprungstraditionen und aus der gemeingriechischen epischen Vorbildlichkeit miteinander in verwandtschaftliche Beziehungen gesetzt werden. Herodot hat die Tendenz, auch Ahnengeschlechter von Fremdvölkern in dieses System einzubeziehen, konsequent ausgeweitet. Alle zivilisierten, das heißt alle seßhaften und städtebildenden Völkerschaften von Rang sind in Herodots Historie miteinander ursprünglich verwandt. Desgleichen zieht sich eine Reihe – effektiver oder auch nur potentieller – Verwandtschaftslinien durch die Herrscher-Dynastien, die in der jüngeren Vergangenheit wirken und Geschichte gemacht haben. Um solche genealogischen Beziehungen transparent zu machen, bedarf es auch einiger Frauen von dubioser historischer Existenz, die als „missing links" dienen, aber als Personen völlig konturlos bleiben.

Durch Kroisos' Schwester Aryenis werden das lydische und das medische Königshaus genealogisch verknüpft (I 73-74) und durch die medische Königstochter Mandane kann Herodot die durch Kyros begründete persische Königsfolge an die Meder-Dynastie anschließen (I 107-108; 111,5). Kyros wird bei ihm zum Enkel des Astyages, der seinerseits ein Schwager des Lyders Kroisos war. Es ist dies eine Konzeption, die durch orientalische Quellen nicht bestätigt wird, die aber das Bild eines umfassenden Königtums über Asien auch im Verwandtschaftssystem repräsentiert[8]. Herodot spielt mit weiteren Aspekten dieser Konzeption: Nitetis, eine Tochter des ägyptischen Königs Apries, soll von dessen Nachfolger, dem Usurpator Amasis, als Geschenk in den persischen Harem geschickt worden sein. Daran lassen sich Spekulationen über eine mögliche ägyptische Mutter des Kambyses anknüpfen, die Herodot ausbreitet, aber als irrige Ansicht der Ägypter verwirft. Kambyses ist der Sohn der Perserin Kassandane, einer Tochter des Achaimeniden Pharnaspes (II 1; III 1-3). Königliche Gemahlinnen und Nebenfrauen aus noblen persischen Familien garantieren in Herodots Wahrnehmung eine genealogisch fundierte Kontinuität der Herrschaft, die durch Gewalttaten der Männer zu zerreißen droht. Kambyses rottet in seinem Wahn fast die ganze Familie aus. Er läßt seinen Bruder Smerdis töten und tritt seine schwangere Schwester – sie ist eine seiner Frauen, zu denen auch noch eine ältere Schwester gehört – so in den Leib, daß sie stirbt (III 30-32) – eine Untat Neronischen Zuschnitts[9]. Kambyses' eigene Taten schaffen nach der Dramaturgie der Historien die Voraussetzung für die Usurpation des Thrones durch die beiden Mager: den „falschen" Smerdis und dessen im Hintergrund wirkenden Bruder Patizeithes.

Nach dem Sturz der kurz währenden Magerherrschaft konnte sich Dareios mit List und Entschlossenheit den Weg auf den Thron bahnen. Er nahm zunächst Atossa, die schon mit ihrem Bruder Kambyses zusammengelebt hatte, und die noch unberührte Artystone, zwei Töch-

ter des Kyros, zur Frau und schloß damit familienpolitisch an den Reichsgründer an. Dazu übernahm er mit Phaidymie, der Tochter des Aristokraten Otanes, auch eine Frau, die als vormalige Gemahlin des Kambyses
und spätere königliche Bettgenossin des „falschen" Smerdis eine Kontinuität über alle Brüche im Königshaus hinweg verkörpert, während
Atossa und andere Frauen im Harem des „falschen" Smerdis mit dicsem
offenbar keinen Kontakt hatten (III 68; 88). Dareios nahm aber überdies noch Parmys zur Frau, eine Tochter des „echten" Smerdis, sodaß
auch der angeblich durch Kambyses ermordete Thronprätendent in dieses Netzwerk familiärer Kontinuität des Königshauses voll eingebunden wird (III 88; VII 78)[10]. Atossa, die in Aischylos' *Persern* als besorgte
Witwe des Dareios die tragische Botschaft vom Debakel des Heeres
(respektive der Flotte) unter der Leitung ihres Sohnes Xerxes erfahren
muß, hatte nach Herodots Einschätzung selbst dafür gesorgt, daß dieser
Sohn zu Dareios' Nachfolger werden konnte (VII 2-3). Damit eröffnet
sich eine weitere Frage: In welchem Ausmaß spielen in Herodots Vorstellung nun solche Frauen, Mütter und Töchter von Königen eine ei-
genverantwortliche Rolle im historischen Geschehen und wieweit verleiht er ihrer Gestalt konkrete Züge?

Aryenis und Nitetis, Artystone und Parmys bleiben farblose
Namen. Die Gestalt der Mandane wirkt etwas eindrücklicher, weil ihr
Vater Astyages sie in seinen Traumbildern schaut (I 107-108)[11], doch
gewinnt sie kein persönliches Profil. Auch Kyno, die Hirtenfrau, die
den Part von Kyros' Ziehmutter in der Geschichte vom ausgesetzten
und erretteten Königssohn innehat (I 107-113; 122), bleibt schablonenhaft, wohl aber läßt ihre Figur noch einen mythologischen Hintergrund
ahnen[12]. Andere, bisher noch nicht angesprochene Frauen, die weithin
passiv wirken, haften im Gedächtnis der Nachwelt, weil sie Herodot in
eine pikante oder skandalöse Geschichte verstrickt hat: die Tochter des
Rhampsinitos etwa, die dem Vater als Lockvogel in einem Freudenhaus
dienen mußte (II 121 e), oder die Tochter des Mykerinos, an der sich
der Herrscher einem Gerücht nach vergangen haben soll (II 131). Bei
beiden Geschichten lassen sich durchaus Mutmaßungen über einen
mythologischen Hintergrund anstellen[13], die Königstöchter selbst aber
bleiben namenlose Gestalten. Freilich wirkt die eine als schutzloses Opfer
väterlich-despotischer Willkür und pervertierter Begierde, während die
andere ihre sexuelle Attraktivität in den Dienst einer gemeinsamen Sache – der Wahrung des Schatzhauses – stellt. Auch Phaidymie dient
ihrem Vater, Otanes, durch ihren sexuellen Einsatz, diesmal aber zum
Wohle der ganzen Perserherrschaft. Damit gewinnt sie auch deutlich an
Profil. Durch Otanes' Verdacht aufgescheucht entlarvt sie im Bett heimlich die wahre Identität ihres königlichen Gemahls, des „falschen"
Smerdis, an dessen abgeschnittenen Ohren, deren Fehlen sonst durch

eine Kopfbedeckung verhüllt wird, und hält so für einen Augenblick die Fäden der Reichsgeschichte in ihren Händen, dann verschwindet sie – als Nebenfrau des Dareios – wieder im Dunkel der Geschichte (III 68-69; 88)[14]. Dieses Schicksal teilt sie mit der namenlosen Frau des Lyderkönigs Kandaules, dennoch wird letztere zur ersten von Herodots faszinierenden Frauengestalten[15]: attraktiv und stolz, fähig, im entscheidenden Augenblick Macht über ihre männlichen Partner auszuüben und damit politisch zu wirken[16]. Kandaules' verderbliche Lust, die körperlichen Reize seiner Frau dem Gefolgsmann Gyges heimlich zur Schau zu stellen, löst eine Katastrophe aus. Die Heimlichkeit dieses Tuns kann nicht gewahrt werden. Unerbittlich nimmt daraufhin die gekränkte Frau das Gesetz des Handelns in die Hand. Sie stellt Gyges vor die Wahl, seinen Herrn zu töten und zu beerben oder das eigene Leben zu lassen. Gyges' Wahl ist klar. Er tötet seinen Herrn und nimmt dessen Witwe zur Gemahlin. Damit schließt die künftige Dynastie der Mermnaden an das ältere – heraklidische – Königshaus genealogisch an[17]. Nach der Etablierung von Gyges' Herrschaft (mit Hilfe des Delphischen Orakels) verschwindet diese Frau wieder aus der Geschichte, die Männermacht dominiert (I 8-12). Nur dort, wo eine Frau als Regentin an Stelle ihres verstorbenen Mannes oder Bruders treten kann, eröffnen sich ihr in den Historien auch die Chancen für ein längerfristiges Wirken an den Hebeln der Macht. Sonst sind diese Frauen in keiner wesentlich besseren Situation als jene tapferen Mütter und Frauen persischer Nobler, die in dramatisch eindrucksvollen Szenen für das bedrohte Heil ihrer Familie am Hof die Gnade des Königs zu erbitten wissen wie Sataspes' Mutter[18] und die Frau des Intaphrenes[19].

Mit Kyros' Eroberung von Babylon fällt auch das vormalige Herrschaftsgebiet der Assyrier, dessen reduziertes Erbe die Könige in Babylon gewahrt hatten, an die neue Zentralmacht. Anders als in der lydischen und medischen Geschichte spinnt Herodot aber keinen Faden verwandtschaftlicher Beziehung von diesem uralten Königreich in Asien zu Kyros hin. Dafür gedenkt er zweier Frauen in königlichem Rang. Die ältere, Semiramis, die in der späteren literarischen Überlieferung der Griechen – konkret ab Ktesias – zu einer großen Heroine heranwachsen sollte[20], bleibt noch ziemlich blaß. Die großen Dammbauten, die ihr Herodot zuschreibt (I 184), zeigen immerhin, daß Frauen in männlicher Machtposition auch das Vorrecht in Anspruch nehmen, gewaltsame Eingriffe in die Natur des Landes, vor allem in den Lauf der Gewässer, anzuordnen. Dies Vorrecht ist normalerweise Männersache und stellt in Herodots Dramaturgie häufig ein Zeichen von Hybris dar, das böse Folgen zeitigt. Dadurch fällt ein schiefes Licht auf die Tätigkeit von Semiramis' jüngerer Kollegin Nitokris, die nicht allzulange vor Kyros' Feldzug gegen Babylon an Stelle ihres Sohnes

Labynetos als Witwe regiert hatte (I 185-188,1). Sie wollte durch die Ableitung des Euphrat und die Anlage eine künstlichen Sees die Schiffahrt nach Babylon für Nachbarn und potentielle Feinde erschweren (I 185,7). Doch Kyros nutzte ihr Werk auf seine Weise aus. Auch er ließ den Euphrat ableiten, benutzte dazu den von ihr angelegten künstlichen See und marschierte durch das ausgetrocknete Flußbett mitten in die von gewaltigen Mauern geschützte Stadt (I 191). Mehr Erfolg hatte Nitokris mit der listigen Inschrift an ihrem Grabmahl, die dem potentiellen Eindringling Schätze versprach, während ihn nur Spott über seine Raffgier erwartete. Dareios, in Herodots Darstellung ein auf seine königlichen Steuereinnahmen höchst bedachter Herrscher, erlag der Versuchung, das Grab zu schänden, und wurde damit düpiert (I 187)[21].

Diese Nitokris, deren Historizität äußerst fragwürdig ist, hat ein Gegenstück in der ägyptischen Geschichte, wo ihre Namenskollegin als einzige Frau auf dem Pharaonen-Thron figuriert, eine Ausnahmeerscheinung in legendärer Frühzeit[22]. Auch diese Nitokris läßt einen großen Fluß, den Nil, umleiten. Ihr Ziel war es, ein unterirdisches Gemach damit zu überschwemmen, in das sie alle der Schuld am Tode ihres Bruders Verdächtigen, geladen hatte (II 100). Es spricht einiges dafür, in dieser Tradition einer rächenden Nitokris die verkappten Spuren der Osiris-Mythologie zu sehen[23]. In Herodots Sicht jedenfalls agiert Nitokris als gnadenlose Rächerin, und das verbindet sie mit einer seiner furiosesten Gestalten: der Massagetenkönigin Tomyris.

Kyros' letzter großer Feldzug galt einem Ziel jenseits der Grenzen Asiens, das ihm als Herrschaftsbereich zugedacht war. In Tomyris, der Königin der Massageten, eines wilden Nomadenvolks, trat ihm nun aber eine Regentin in Witwenrolle gegenüber, an deren wilder Entschlossenheit er scheitern sollte. Kyros' Angebot, sie zur Frau zu nehmen, durchschaute sie als Vorwand (I 205,1). Vergeblich suchte sie daraufhin, Kyros durch warnende Worte davon abzuhalten, mit seinen Truppen ihr Land zu betreten (I 206). Ein Anfangserfolg gegen die durch Wein und Leckereien betörten Wilden ließ Kyros alle Vorsicht vergessen. Er hatte schließlich sogar Spargapises, den Königssohn, gefangen (I 211). Tomyris' Angebot, ihn gegen das Leben ihres Kindes unbehelligt ziehen zu lassen, schlug er in den Wind (I 212). Spargapises nahm sich der Schande wegen selbst das Leben (I 213), und Tomyris löste ihren Racheschwur ein. In der schrecklichsten Schlacht, die je unter Barbaren geschlagen wurde, ging Kyros' Heer zugrunde. Der König selbst wurde getötet, und seinen Kopf steckte Tomyris in einen Schlauch voll Blut (I 214). So endete der Herr des bislang größten Weltreichs, der die Massageten mit der Frucht des Weinstocks verderben wollte, und sein Durst nach Macht wurde für immer gesättigt[24].

Anders als die wenigen eigenständigen Regentinnen, müssen sich die Gemahlinnen und Konkubinen, Schwestern und Töchter der Könige im Spiel der Mächtigen mit Nebenrollen begnügen. Herodot rückt sie kurz ins Licht, wenn sie die sexuellen Begierden und Schwächen der Männer souverän zu meistern wissen wie die Frau des Kandaules oder auch nur als deren unschuldiges Opfer leiden wie angeblich Mykerinos' Tochter. Gerade für die Einschätzung der Geschicke des Perserreichs aber scheinen einige Haremsszenen von nicht geringer Bedeutung zu sein, denn sie charakterisieren die Stärken und Schwächen der Despotie. Bezeichnenderweise hängt am Reichsgründer Kyros die bekannte Legende vom bedrohten und auf wunderbare Weise erretteten Königskind[25], doch der erwachsene Mann agiert im Feld, ohne mit Frauengeschichten in Berührung zu kommen, bis ihn das Ende ereilt. Die Erzählung von seiner Begegnung mit Tomyris läßt sich dann aber auch auf ihren erotischen Subtext hin lesen: Da ist die todbringende, amazonenhaft kämpfende Frau und rächende Mutter, um die Kyros zum Schein geworben hatte und die vergeblich versuchte, ihn von seinem tödlichen Kampfbegehren abzuhalten.

Kyros' Sohn Kambyses erhält seinen ersten Auftritt als zorniger Knabe im Harem der Frauen, wo er verspricht, um der Ehre der Mutter wegen ganz Ägypten auf den Kopf stellen zu wollen – ein Anzeichen für die Maßlosigkeit des künftigen Despoten und für Platon mit ein Grund, die Weibererziehung am Königshof als eklatanten Mangel der persischen Staatszustände anzusprechen[26]. Als Erwachsener nimmt Kambyses dann sein königliches Recht in Anspruch, den Nomos der Perser zu beugen, um eine eheliche Verbindung mit zwei seiner Schwestern zu legitimieren (III 31). Daß er eine davon zu Tode beförderte, weil sie ihm die Ermordung ihres gemeinsamen Bruders Smerdis vorwarf, macht das schaurige Bild despotischer Willkür nur noch plastischer (III 32)[27].

Dareios, der nicht durch irgendwelche Gunst der Haremspolitik, sondern durch List und Gewalt und nicht zuletzt dank seiner sophistischen Disputationskunst den Thron gewann, scheint aus festerem Holz geschnitzt, ein tüchtiger Verwalter der Macht, stets auf pekuniären Vorteil bedacht. Doch seine verderblichen Pläne, sich in einer Serie von Eroberungszügen Ruhm zu verschaffen, wurden in Herodots Augen von Atossa im Ehebett mitbestimmt. Daß die Königin dabei als Werkzeug des griechischen Arztes Demokedes von Kroton, der sie von einem häßlichen Geschwür an der Brust geheilt hatte, wirkte, erhöht die Pikanterie: Ein Grieche war es, eine Figur mit Schelmenzügen, der dem Großkönig seines persönlichen Vorteils wegen über seine Gattin Griechenland als vorrangiges Ziel seiner Eroberungsgelüste schmackhaft machte (III 129-138; vgl. bes. 134)[28].

Atossa war es auch, die durch ihre informelle Macht am Hof die Thronfolge zugunsten ihres Sohnes Xerxes regelte (VII 2-3). Der hatte es besonders schwer, vor Herodots Augen als achtbarer Herrscher zu bestehen, denn sein Bild war nicht zuletzt durch Aischylos' Tragödie ganz entscheidend vorgeprägt. Herodot fügte das seine zum Xerxes-Bild dazu. Einen nicht unwesentlichen Aspekt stellt dabei das Thema des Mannes dar, der sich wie ein feiges Weib verhält. Seinem Oheim Artabanos, der von vornherein vom Feldzug gegen Hellas abriet (VII 10), drohte der junge König im Zorn, er müsse zu Hause bei den Frauen bleiben, während die Männer in den Kampf ziehen würden (VII 11,1). Nach dem erlittenen Debakel seiner Streitmacht zur See und auf dem Felde aber sollte Xerxes noch ein weiteres, ein moralisches Desaster erleiden: Der Großkönig verstrickte sich in Haremsintrigen und macht dabei als Opfer seiner Leidenschaften eine klägliche Figur (IX 108-113). Xerxes hatte demnach vergeblich die Gunst seiner Schwägerin, der Frau seines Bruders Masistes, zu gewinnen versucht und sich dann mit deren Tochter Artaynte, seiner eigenen Schwiegertochter, getröstet[29]. In doppelter Abhängigkeit von der Geliebten und der eifersüchtigen Gattin, Amestris, verlor der König jeden Rest von Souveränität. In seiner Not bot er Artaynte sogar die Herrschaft über Städte und das Kommando über ein Heer an, nur um sein Verhältnis vor der Gattin verheimlichen zu können (IX 109). Und er war nicht imstande, diese von grausamen Rachetaten abzuhalten, die mit Artayntes' Mutter eine Schuldose trafen und dafür sorgten, daß fast das ganze Reich in Aufruhr gestürzt wurde (IX 113). In der Brutalität ihrer Rache – sie ließ Masistes' Frau Brüste, Nase, Ohren, Lippen und Zunge wegschneiden – gewinnt Amestris die Züge eines weiblichen Gegenstücks zum männlichen Greuelbild des Despoten, der Unschuldige verstümmeln läßt[30]. Dazu paßt die schaurige Nachricht, sie habe einmal angeordnet, vierzehn Knaben und Mädchen als Opfer für die Gottheiten der Unterwelt lebendig zu begraben – ein Musterbild barbarisch-wilden Brauchtums (VII 114). Zwei Szenen männlicher Ohnmacht angesichts der Entschlossenheit weiblicher Gewaltbereitschaft rahmen so mit den Geschichten um Gyges und Xerxes Eingang und Ende der Haupthandlung in den Historien[31].

Allerdings hat die Geschichte der königlichen Eroberer, ihres Glanzes und ihres Scheiterns eine weit zurückliegende Vorgeschichte, in der mythenberühmte Frauengestalten eine ganz entscheidende Rolle spielen[32]. Dabei läßt Herodot – schon in der ersten Episode der Historien – auf eindrucksvolle Art erkennen, wie die Grenzen zwischen Hellenen und Barbaren im Kampf um Macht und Besitz verfließen, wenn er eine Szenerie entwirft, in der von außen, aus einer fremden Perspektive[33], die Tradition über die Anfänge des Kriegs zwischen beiden Seiten beleuchtet wird. Herodot beginnt seine Historie mit einem knappen, nicht ohne Ironie gestalteten Rückblick auf die ersten Streitfälle, die nach dem Zeugnis der Dichter und Mythenerzähler zwischen Hellenen und Barbaren entstanden waren. Frauenraub, begangen an Io und Europa, Medeia und Helena, bot den Anlaß zum Zwist, der bis zum Trojanischen Krieg eskalierte (I 1-5). Herodot beleuchtet diese Kriegsserie aus persischer und phoinikischer Sicht und erreicht durch diese Verfremdung zunächst den Eindruck, daß die Hellenen mit der Eskalation privater Konflikte zum großen Krieg um Troja sich ins Unrecht gesetzt haben. Die ganze Erzählfolge beruht dabei auf dem Bild von verlockenden Frauen als einer leicht verführ- und entführbaren Beute. Dieser Effekt wird noch durch die Helena-Episode im Ägyptischen Buch gesteigert. Wenn Herodot nunmehr aus ägyptischer Perspektive die Überzeugung ausspricht, daß Helena während des Krieges gar nicht in Troja war, sondern in der Obhut des Königs Proteus zu Memphis (II 112-120), potenziert sich seine Kritik an den Kriegsmotiven der Dichtung: Priamos, der König der Trojaner, wäre samt seinen Leuten geistesgeschädigt – φρενοβλαβής – gewesen, hätten sie wirklich Volk und Vaterstadt in einem zehnjährigen Krieg aufs Spiel gesetzt, nur damit Alexandros (Paris) mit seiner Helena schlafen konnte (II 120,2). Die kriegerische Penetranz der Hellenen, die nicht glauben wollten, daß Helena wirklich nicht in Troja war (II 120, 5), wirkt dadurch sehr töricht. Nicht anders stehen im übrigen die sonst so klugen Athener in der Episode von Peisistratos' zweiter Machtergreifung dar, als sie sich eine entsprechend kostümierte einheimische Frau, Phye mit Namen, als die Gottheit Athene vorführen ließen (I 60)[34]. Doch zurück zu Helena. Herodot nimmt die Thematik im Rahmen der Schilderung der Schlacht von Plataiai nochmals auf, als er auf die Geschichte von der Entführung der Helena durch Theseus zu sprechen kommt (IX 73,2). Damit gerät der attische Gründerheros in eine bedenkliche Nähe zu Alexandros (Paris), dem Urheber des Trojanischen Krieges, und Helena stellt als *femme fatale* das verbindende Element dar. Theseus' Frevel aber steht der unmäßige Vergeltungswille der Lakedaimonier gegenüber, die mit einem großen Heeresaufgebot in Attika eingefallen waren (IX 73,2). Durch die Helena-Episoden erhalten somit der Peloponnesische Krieg und die Perserkriege eine gemeinsame mythische Vorgeschichte[35]. Sie stellt die Fatalität frevelhafter Gier nach fremdem Besitz vor Augen, warnt aber auch davor, in der Vergeltung erfahrenen Unrechts alles Maß zu verlieren und Konflikte zum verheerenden Krieg eskalieren zu lassen[36].

22

I 2 Frauengestalten der griechischen Welt

Dem Maße nach, in dem sich die Machtverhältnisse bei den Griechen denen bei den Barbaren vergleichen lassen, nehmen sich auch die Frauengestalten ähnlich aus. Wo sich monarchische Herrschaftsformen in Nachbarschaft zu den großen Reichen des Orients ausbilden, kann Frauen eine entsprechende Rolle in der dynastischen Politik zufallen. So verkörpert Ladike aus Kyrene als Gemahlin des Amasis eine potentielle Verschwägerung der Battiaden mit dem letzten souveränen König Ägyptens – nur läßt Herodot ihre Herkunft letztlich offen (II 181). Dagegen dürfte die in ihrer Historizität notorisch unsichere Geschichte von den ermordeten persischen Gesandten am Hofe des Makedonen Amyntas (V 17-21) den beschönigenden Hintergrund für eine faktische Verschwägerung der Temeniden mit einer noblen persischen Familie darstellen: Amyntas' Tochter Gygaia, die Schwester des Alexandros, wird mit dem Perser Bubares verehelicht; ihrer beider Sohn heißt nach dem Großvater mütterlicherseits Amyntas und regiert später als Vasall des Großkönigs eine Stadt in Phrygien (V 21; VIII 136)[37]. Während Gygaia wiederum eine der blassen Frauenfiguren Herodots darstellt, hängt an Ladike immerhin eine pikant-berührende Geschichte: Ihrem Gemahl wollte zunächst kein Geschlechtsverkehr mit ihr gelingen, was ihm bei seinen anderen Frauen nicht widerfuhr, so daß er sich für behext hielt und Ladikes Leben bedrohte. Doch in ihrer Not betete die junge Frau zu Aphrodite, fand das erhoffte Gehör und die Liebe des Königs und dankte dafür der Göttin mit einem respektablen Weihgeschenk (II 181). Damit wird sie als ehrbare Gattin zu einem Gegenstück der Dirne Rhodopis, die aus ihren körperlichen Reizen in Ägypten soviel Geld schlagen konnte, daß sie in Hellas, und zwar an keinem geringeren Ort als in Delphi, gleich hinter dem Altar der Chier, ein Weihgeschenk aus Liebeslohn stiften konnte (II 134-135)[38].

Im Ambiente des Orients, im Königtum von Kyrene, tritt auf Seiten der Griechen aber auch der Typus jener despotischen Frauen hervor, die in ihrer Rachegesinnung und in ihrer Grausamkeit den Männern in nichts nachstehen. So rächte Eryxo, die Gemahlin Arkesilaos' II., die Ermordung ihres Gatten durch dessen Bruder Learchos, indem sie diesen auf listige Weise selbst umbrachte (IV 160). Pheretime schließlich, die Mutter Arkesilaos' III., wächst unter Herodots Regie zu einer dämonischen Regentin heran. Als ihr Sohn aus Kyrene vertrieben wurde, floh sie nach Salamis auf Zypern und begehrte von ihrem Gastfreund, König Euelthon, ein Heer, das unter ihrer Führung Kyrene zurückerobern sollte. Euelthon aber schlug diese Bitte aus und schenkte ihr, die mit ihrem Begehren nicht nachließ, schließlich einen goldenen Spinnrocken, das veredelte Symbol geziemender weiblicher Tätigkeit (IV 162). Ihr Sohn gewann derweil mit Hilfe von Söldnern und neuen Kolonisten

Kyrene zurück, verzog sich später aber, einem Orakelspruch folgend, nach Barke (IV 163-164). Pheretime regierte nun an seiner Stelle in Kyrene und saß sogar im Rat (IV 165,1). Als aber ihr Sohn Arkesilaos in Barke einem Mordanschlag zum Opfer fiel, floh sie erneut, diesmal nach Ägypten, wo sie beim Statthalter Aryandes das bekommen sollte, was ihr Euelthon vormals verweigert hatte: ein Expeditionsheer. Aryandes gab ihr aber wohlweislich persische Kommandanten mit (IV 165-167). Während die von Aryandes geplante Unterwerfung Libyens scheiterte, konnten die Perser Barke erobern und die Kontrolle über Kyrene gewinnen (IV 200-204). Freilich hatte schon Arkesilaos III. seinerzeit Kambyses Tribut geleistet (IV 165). Pheretime herrschte nun als Vasallin von Gnaden des Großkönigs und hielt ein grausames Strafgericht über die aufständischen Bürger von Barke: Sie ließ die Männer pfählen und ihren Frauen die Brüste abschneiden, um sie an der Stadtmauer aufzuspießen (IV 202). Später aber ging sie selbst elend zugrunde, als ihr Leib von Würmern wimmelte. „So leiden die Götter allzu heftige Rache der Menschen nicht" (IV 205)[39].

In Hellas selbst boten die Regelungen des Staatswesens Frauen keinen vergleichbaren Wirkungsraum[40]. Der Unterschied der Geschlechter wird damit noch auffälliger[41]. Wo sich in den Städten eine Tyrannis etabliert und durch Heiratspolitik zu legitimieren trachtet oder wo sich führende Familien, von den Philaiden und Alkmeoniden Athens bis zu den rivalisierenden Königsfamilien in Sparta, genealogischer Vorzüge rühmen, da begegnen auch in Griechenland Frauen als wichtige Glieder im verwandtschaftlichen Netzwerk, aber sie bleiben passiv. Die Erzählung von der Hochzeit der Agariste, der Tochter des Tyrannen Kleisthenes von Sikyon, dient dazu, einen ganzen Katalog potentieller Freier vorzuführen und damit eine Miniatur aristokratischer Politik, die sich über die verschiedenen Städte weg spannt, zu zeichnen, doch das Mädchen selbst bleibt farblos, eine dem Vater gehorsame und gutausgestattete Braut (VI 126-131)[42]. Die Gestalt der Argeia wiederum, einer Tochter aus dem mythischen Königshaus Thebens, aus dem Geschlecht von Kadmos und Oidipus, dient Herodot dazu, die heraklidischen Königsgenealogien Spartas mit einer phoinikischen Deszendenzlinie zu verknüpfen (IV 147; VI 52). Doch von Argeia selbst, der Gattin des Aristodemos und Mutter der künftigen Königsfamilien, der Agiaden und Eurypontiden, wird nur eine Anekdote erzählt, die eine typische Mutterrolle fixiert: Als sie nicht deklarieren wollte, welcher ihrer Zwillingssöhne das Erstgeburtsrecht beanspruchen dürfe, verriet sie sich, da sie den Erstgeborenen beim Stillen und Baden bevorzugte (VI 52)[43]. Polykrates' Tochter spielt brav die Rolle der tragisch-vergeblichen Warnerin, kann aber ihren Vater nicht von seinen ehrgeizigen Plänen abbringen, die ihn in einen schmählichen Tod führen sollte. Weder des

Mädchens ahnungsvolles Traumgesicht noch ihre Erklärung, lieber unverheiratet bleiben zu wollen als den Vater zu verlieren, vermochten diesen zur Einsicht zu bewegen (III 124-125)[44]. Polykrates' Tochter bleibt ebenso namenlos wie die Tochter des korinthischen Tyrannen Periandros, die vergeblich den Vater mit ihrem Bruder auszusöhnen trachtete, ein Zug rührender Geschwisterliebe, der das düstere Bild der Tyrannis nur noch verstärkt (III 53). Zu dieser Tendenz paßt auch die passive Rolle der gleichfalls ungenannten Tochter des Alkmeoniden Megakles. Er hatte sie dem Peisistratos zur Frau gegeben, doch da der Tyrann mit ihr nicht der Sitte gemäß verkehrte und dieser Ehe somit keine Kinder entspringen konnten, sah sich der Schwiegervater geprellt und rüstete zum Aufruhr. Das führte nach Herodot zur zweiten Vertreibung des Peisistratos (I 61)[45].

Einen etwas kräftiger gezeichneten weiblichen Typus als den der Tochter hält die Rolle einer Mutter des künftigen Machthabers bereit. Hier hat wohl die orientalische Legende von der geheimnisvollen Herkunft und wunderbaren Errettung des bedrohten Königskindes so wie bei der Kyros-Geschichte Pate gestanden. Herodot läßt eine variantenreiche Erzähltradition erkennen. Da ist zunächst Phronime hervorzuheben, die Mutter des Battos, der zum ersten König in Kyrene werden sollte. Phronime mußte als Mädchen viel Leid erdulden, ehe sie verheiratet wurde. Auch machte ihr der Sohn, der stotterte und lahmte, wohl noch Kummer genug, doch erwies er sich schließlich als zu einer höheren Aufgabe berufen (IV 154-155)[46]. Mit Labda in Korinth, der Mutter des Tyrannen Kypselos, steht eine Frau vor uns, die trotz ihrer körperlichen Behinderung mit List das Leben ihres Kindes schützte (V 92 b-d)[47]. Eine legendäre Geburtsgeschichte hat sich auch des Demaratos bemächtigt, des Königs in Sparta, der durch die Intrige seiner Gegner Leutychides und Kleomenes vertrieben wurde und zuletzt als weiser Ratgeber des Xerxes figuriert. Demaratos Mutter bleibt bei Herodot namenlos, doch mit den Spekulationen über die Herkunft des Königssohnes aus einer heiligen Hochzeit mit dem Heros Astrabakos bleibt ein Reflex kultisch-propagandistischer Tradition von einem Heilskönig auch an der Muttergestalt hängen (VI 61-70; bes. 68-69)[48]. Zudem erhält diese ihrerseits eine märchenhafte Kindheitsgeschichte: Sie war ein häßliches Kind, das aber durch den Segen der Helena zu einem wunderschönen Mädchen heranwuchs (VI 61)[49]. Als Mutter eines bedeutenden Staatsmannes wird schließlich auf Seiten der Athener Agariste, die Gattin des Alkmeoniden Xanthippos hervorgehoben. Als sie noch schwanger war, schaute sie einen Traum, in dem sie meinte, einen Löwen zu gebären, und nur wenige Tage darauf brachte sie den Perikles zur Welt (VI 131). Durch diese kleine und scheinbar nebensächliche Episode gerät der spätere Stratege und Lenker des athenischen Seebundes in eine assoziative Nähe zu heimischen Tyrannen und barbarischen Despoten[50]. Agariste selbst aber spielt nur eine bescheidene Rolle, ein Gegenstück zu Mandane.

Zumindest eine faszinierende Frauengestalt in den Geschichten um griechische Tyrannen und Staatsmänner kündigt sich bei Herodot wenigstens an, auch wenn ihr Ruhm in den Historien nicht so richtig sichtbar wird: Melissa, die Gattin des Periandros, die bei Herodot nur als Tote figuriert. Auf eine Weise, die Herodot im unklaren läßt, war Periandros am Tode seiner Gattin schuldig geworden, und deren Vater hielt das auch den Enkelkindern vor Augen. Während sich aber der Ältere davon unbeeindruckt zeigte, richtete Lykophron seinen Haß auf den Vater. Ehe noch das Versöhnungswerk, um das sich vor allem die Schwester bemühte, gelingen konnte, wurde Lykophron fern von der Heimat ermordet (III 50-53). Melissa aber übte noch als Tote eine eigentümliche Macht über Priandros aus. Als eine Erscheinung der Toten ihn mahnte, sie friere in der Unterwelt, ließ der Tyrann allen Frauen von Korinth die Kleider wegnehmen, um sie Melissa zu opfern. Ihre Erscheinung hatte den Gatten durch einen metaphorischen Orakelspruch daran erinnert, daß er mit der frisch Verstorbenen noch sexuell verkehrt hatte – auch das ein Verhalten, das zeigt, wozu Tyrannen fähig sind (V 92 ê). Die assoziative Nähe von Sexualität und Tod macht Melissa zu einer schillernden Figur, doch setzt sie als Lebende keine Handlung von politischer Relevanz[51].

An der ägäischen Küste Kleinasiens, der notorischen Schnittzone des Machtbereichs der Griechen und Perser, begegnet mit Artemisia, der Regentin von Halikarnassos, schließlich die erstaunlichste Frauengestalt der Historien (vgl. Herodots persönliches Urteil in VII 99,1)[52]. Sie regierte in Herodots Heimatstadt nach dem Tode ihres Gatten und an Stelle ihres Sohnes. Ihr Vater Lygdamis war aus Halikarnassos, könnte dabei durchaus karische Vorfahren gehabt haben. Mütterlicherseits war Artemsia Kreterin (VII 99). Als Vasallin der Perserkönige hatte sie im Xerxes-Zug fünf Kriegsschiffe gestellt und führte das Kommando über das Aufgebot von Halikarnassos und den Inseln Kos, Nisyros und Kalymnos (VII 99). Wie keine andere Figur Herodots verkörpert sie das potentielle Wechselspiel der Geschlechterrollen, und dies auf eine Weise, deren latent ironische Stimmung die Leserschaft in ihren Gefühlen nicht mehr eindeutig festlegt. Klug und mutig, aber nicht ohne Eigennutz beriet sie Xerxes. Sie warnte ihn auch – natürlich vergeblich – vor der Seeschlacht im Sund von Salamis (VIII 68-69; 101-103). Während der Schlacht gewann der König den Eindruck, als wären aus seinen Männern feige Weiber geworden (VIII 88,3), während sich gerade Artemisia durch ihre Tapferkeit auszeichnen konnte. Doch macht Herodot klar, daß sich die Barbaren durchaus tapfer geschlagen hatten

(VIII 86). Artemisias Erfolg aber nimmt sich recht eigenartig aus: Sie war mit ihrem Schiff geflohen und hatte dabei – absichtlich oder aus Versehen – ein verbündetes Schiff gerammt, dessen Kommandeur mit ihr verfeindet war. Ihre athenischen Verfolger aber ließen sich durch dieses Manöver genauso täuschen wie der Großkönig am Ufer (VIII 87- 88). So wirkt die Ausübung militärischer und politischer Macht durch Frauenhände in Herodots Augen allemal dubios. Bezeichnenderweise berichtet Herodot auch, die Athener hätten 1000 Drachmen auf die Ergreifung Artemisias ausgesetzt, „denn sie hielten es für unerhört, daß ein Weib gegen Athen zog" (VIII 93). Aber es ist ebenso deutlich, daß gerade Frauengestalten, die die traditionellen Geschlechtergrenzen über- schreiten, sich als besonders eindrucksvolle Figuren auf der historischen Bühne zu behaupten vermögen. Das aber gilt schließlich auch für Anti- gone und Medea und alle ihre Theater-Schwestern.

II Frauenrollen und Sexualsitten im Bild der Fremdvölker

II 1 Die extremen Verhältnisse in der Randvölkerwelt

In Herodots Sicht der unterschiedlichen Lebenformen in der weiten Oikumene nehmen die Regelungen für das Sexualverhalten der Völker einen recht bedeutenden Platz ein[53], bedeutender als Kleidung und Ha- bitus, mindestens so bedeutend wie die Ernährungsweise und die For- men der Subsistenzsicherung, kaum minder bedeutend als der Umgang mit den Verstorbenen, als religiöse Anschauungen und Riten. Sexual- sitten scheinen in ganz besonderer Weise geeignet, das Erstaunliche und das Besorgniserregende fremder Kulturen zu verkörpern und dabei zu- gleich die Vorzüge und die Brüchigkeit der eigenen Zivilisation bewußt zu machen. Tabus und Gebote, die in zivilisierten Gesellschaften das sexuelle Verhalten zügeln, sind nicht selbstverständlich. Die zeitgenös- sische Kulturtheorie der frühen Sophistik hatte gelehrt, ein Bild tie- risch-roher Anfänge des Menschengeschlechts dem Mythus vom einem uranfänglich-seligen Dasein der Menschen entgegenzusetzen und die zivilisatorischen Errungenschaften der eigenen Welt als Differenz zu einem spekulativ erschlossenen Naturzustand zu begreifen[54]. Dessen Varianten glaubte man in der literarischen Tradition über die Randvölker der bekannten Welt wiederfinden zu können. So spiegelt die klassische Ethnographie der Randzonen der Oikumene ein Doppelbild: Neben den Typus eines frommen Daseins in einfachen, aber gesegneten Ver- hältnissen tritt ein Bild roher Wildheit, dem alle Merkmale zivilisatori- scher Errungenschaften abgehen.

Herodots Welt kennt noch den Typus des Frommenvolks, das am Rande der Welt ein seliges Dasein führt, hat ihn aber weitgehend entmythisiert und in einen historischen Rahmen einbezogen[55]. Seine Aithiopen, insbesondere die Makrobioten unter ihnen, die am fernen Südmeer hausen und deren König Kamybses' Abgesandten eine eindrucksvolle Lektion über die Ungerechtigkeit aller Eroberunsgkriege erteilt (III 21), repräsentieren diesen Typus noch am reinsten. Bemerkenswerterweise schweigt Herodot über das Sexualverhalten dieses Volks, während er jenen Typus der Randvölker, die durch ihre Rohheit herausragen, gerade auch durch ein rohes Sexualverhalten kennzeichnet. Allerdings ist festzuhalten, daß Herodot in seinen ethnographischen Skizzen weder Muster einander ablösender Kulturstufen entwirft – seine Ethnographie ist prinzipiell statisch und nicht evolutionistisch –, noch von flächendeckenden Zonen bestimmter Formen der Kultur oder Kulturlosigkeit ausgeht[56]. Vielmehr stellt er die Vielfältigkeit der Formen menschlichen Zusammenlebens heraus. Freilich bleibt er dabei ethnozentrischen Grundmustern verpflichtet. Extrem von der heimischen Sitte abweichende Formen der sexuellen Beziehungen begegnen folgerichtig in extremer geographischer Distanz.

Drei Völkerschaften schreibt Herodot den Brauch zu, den Geschlechtsverkehr ganz nach Art des Viehs nach Belieben und ohne erkenntliches Reglement in aller Öffentlichkeit zu vollziehen: den Anwohnern des Kaukasus im nördlichen Grenzbereich des Perserreichs (I 203,2), den indischen Völkerschaften im äußersten Osten der Oikumene (III 101,1) und den Bewohnern am sagenhaften Triton-See (IV 180,5), dem Grenzbereich, in dem die libysche Nomaden-Region endet (IV 191,1). In anderen Aspekten des Lebens, in Ernährung und Umgang mit den Toten unterscheiden sich die drei Völkerschaften in bezeichnender Weise. Die Anwohner des Kaukasus ernähren sich in ihrer Mehrzahl aus den Früchten des Waldes (I 203,1), die genannten Inder gehören teils zu Rohfleischessern – so die Padaier (III 99,1) –, teils sind sie reine Pflanzensammler, die kein Lebewesen töten (III 100) – beides entgegengesetzte Formen einseitiger Ernährung[57]. Um ihre Toten kümmern sich die letztgenannten Inder überhaupt nicht (III 100), während die Padaier – wie auch die Kallatier – ihre Verstorbenen verspeisen (III 38,4; 99,2) – auch dies entgegengesetzte Varianten denkmöglicher Extreme[58]. Bei den Anwohnern des Triton-Sees unterliegt die sexuelle Freizügigkeit allerdings gewissen Grenzen. So bildet die Jungfräulichkeit der Mädchen einen geschätzten Zustand, wie es von Herodot geschilderte Ritualkämpfe der Mädchen belegen, in deren Gefolge die „falschen Jungfrauen" an ihren Wunden sterben (IV 180,2). Auch erhält die „tierische" Promiskuität doch einen gewissen gesellschaftlichen Rahmen, geschaffen aus männlicher Sicht: der Verkehr mit den Frauen wird nämlich als ein gemeinsames Gut angesehen, vollzieht sich aber, wie eigens betont wird, nicht innerhalb fester Formen eines familiären Zusammenlebens, sondern nach Art des Viehs: μεῖξιν δὲ ἐπίκοινον τῶν γυναικῶν ποιέονται, οὔτε συνοικέοντες κτηνηδόν τε μισγόμενοι (IV 180,5). Eine Konsequenz daraus wird mit einer gut attisch-patriarchalisch wirkenden Erbtheorie gelöst: Sind die Neugeborenen etwas herangewachsen, so werden sie von den versammelten Männern jeweils demjenigen, dem sie am ähnlichsten sehen, als Kinder zugesprochen (IV 180,6)[59]. Auch der gemeinsame Besitz der Frauen durch die Männer bildet ein Thema, das Herodot ein paarmal variiert. Neben den Anrainern des Triton-Sees schreibt er die entsprechende Institution den Massageten jenseits des Araxes zu (I 216,1), mit denen er diesbezüglich die Nasamonen vergleicht (IV 172,2), und weiters den den Skythen benachbarten Agathyrsen (IV 104). Die Varianten zeigen schrittweise Annäherungen der Sitte an zivilisatorische Formen und Konzeptionen. Während der Geschlechtsakt bei den Anwohnern des Triton-Sees noch als „tierisch" konnotiert wird – er vollzieht sich in aller Öffentlichkeit –, findet er bei den Massageten in der Intimität ihrer Planwagen statt (I 212,1). Stehen die Frauen dort auch prinzipiell jedem Liebhaber zur Verfügung, so bilden die Massageten doch zugleich familiäre Verbände, die auf dem Prinzip einer Monogamie beruhen (I 216,1). Auch hier, bei den Massageten, wirkt die Kombination der – eingeschränkten – sexuellen Promiskuität mit einem ebenso eingeschränkten, nämlich auf gesunde, als brauchbare Opfer im kultischen Sinne angesehene und geehrte alte Verwandte – προσήκοντες – begrenzten Kannibalismus recht bizarr[60]. Anders aber als die kannibalischen Inder bilden die Massageten eine Art kriegerisch organisierter, monarchisch regierter Staatsgemeinschaft, an der Kyros und seine Armee zugrundegehen sollten.

Noch komplexer wirken die Sexualsitten der Nasamonen[61]. „Frauen hat nach ihrem Brauch jeder mehrere, den Verkehr mit ihnen aber machen sie zur gemeinsamen Sache, ganz ähnlich wie die Massageten: Sie stellen einen Stock vor die Tür und wohnen ihr bei" (IV 172,2)[62]. Nun sind Polygamie und Frauengemeinschaft nicht dasselbe und was sich Herodot vorstellt, ist m.E. eher eine Art sexuelles Schlaraffenland für triebstarke Männer als eine gesellschaftliche Institution. Andererseits geht Herodot offenbar doch von festen Heiratsformen aus, wenn er den Nasamonen auch noch den Brauch zuschreibt, daß alle Männer als Hochzeitsgäste das Recht hätten, gegen ein Geschenk mit der Braut zu verkehren (IV 172,2). In der Summe der Zuschreibungen sexuell befremdlicher Sitten bilden die Nasamonen ein besonderes Kuriosum. Dazu paßt wiederum die Nahrung: neben Datteln verzehren sie gedörrte, mit Milch zubereitete Heuschrecken. Andererseits aber zeigen sie auch Züge von edler wirkender Art. Sie halten die Gräber ihrer Ahnen in Ehren, pflegen die Wahrsagekunst und bekräftigen Eide und Treueschwüre durch Zeremonien (IV 172,3-4).

Den interessantesten Fall einer Frauengemeinschaft schreibt Herodot schließlich dem Volk der Agathyrsen, nördlichen Nachbarn der Skythen, zu. Ihre Charakterisierung fällt sehr knapp aus, aber sie zeitigte – vermutlich – eine kolossale Wirkung. Ἀγάθυρσοι δὲ ἁβρότατοι ἄνδρες εἰσὶ καὶ χρυσοφόροι τὰ μάλιστα, ἐπίκοινον δὲ τῶν γυναικῶν τὴν μεῖξιν ποιεῦνται, ἵνα κασίγνητοί τε ἀλλήλων ἔωσι καὶ οἰκήιοι ἐόντες πάντες μήτε φθόνῳ μήτ᾽ ἔχθεϊ χρέωνται ἐς ἀλλήλους. In den übrigen Sitten sollen sie den Thrakern gleichen (IV 104). Der weichliche Eindruck der Männer sollte nicht täuschen. Die Agathyrsen sind in Herodots Szenario bereit, den Skythen gegen Dareios' Invasionsheer beizustehen (IV 125, 4-5), nur kommt es nicht zur Probe aufs Exempel[63]. Der deklarierte Gedanke aber, daß die Frauengemeinschaft als ein Mittel dazu dient, Neid und Zwietracht unter den Bürgern zu verhindern, da alle miteinander verschwägert sind und sich als Angehörige einer einzigen umfassenden Hausgemeinschaft empfinden können, hat Furore gemacht[64]. In Aristophanes' *Ekklesiazusen* dient er noch dazu, die Idee einer Gütergemeinschaft des Demos auf den Kopf zu stellen, da diese mit einer grotesken Sexualgemeinschaft und der Vision einer einzigen – „demokratischen" – Wohngemeinschaft verquickt wird (vgl. bes. V. 673ff.). Doch dank Platons literarischem Spiel wurde die Idee der Frauengemeinschaft in ein dauerhaftes Sujet der Staatsutopie verwandelt[65].

Die Welt der Randvölker beheimatet neben extremen Formen sexueller Beziehungen, die auf dem Prinzip einer beliebigen Verfügbarkeit über die Frauen beruhen und solchermaßen an Phantasien männlicher Lust erinnern, auch ein konträres Paradigma: die Furcht vor der tödlichen Gewalt, die von kämpfenden Jungfrauen ausgeht. Schon die tödlichen Kampfspiele der Jungfrauen am Triton-See zu Ehren der dort verehrten waffentragenden Athene (IV 180,3-5) lassen Reminiszenzen an die Amazonen wach werden, die der poetischen Tradition nach auch in Libyen eine Heimstätte fanden. Dann ließe sich auch in der Nachricht, daß bei den noch weiter westlich hausenden Zaueken die Frauen die Streitwagen lenken (IV 193), Spuren einer entmythisierten Amazonen-Tradition wahrnehmen. Doch der klarste Fall, daß Herodot den Amazonen-Mythos in Ethnographie überführt, bildet seine Schilderung der Sauromaten, die im fernen Nordosten, hinter den Skythen hausen[66]. In diesem Volk erkennt Herodot Abkömmlinge der Amazonen, die aus einer – reizvoll geschilderten – Begegnung von Amazonen und Skythen-Kriegern in mythischer Vorzeit entstanden sind (IV 110-116). Anders als die pseudohippokratische *Umweltschrift*[67], die gleichfalls die Sauromaten mit Hilfe der Amazonen-Topik vorstellt, ohne aber den Namen des legendären Frauenvolks zu nennen (c. XVII)[68], hat Herodot den Amazonen-Mythos auf explizite Weise „entsorgt": In der von ihm als gegenwärtig beschriebenen Welt hat das reine Weibervolk, eine souveräne Gemeinschaft kämpfender Frauen, keinen Platz mehr[69]. Seine Sauromaten bergen zwar in ihren Sitten noch ein unübersehbares Erbe der Amazonen[70], voran die Pflicht jeder Jungfrau, einen Feind zu töten, ehe sie sich vermählen darf (IV 117)[71], doch sie bilden insofern ein „normales" Volk, als Männer und Frauen in festen Formen – sogar in Ehegemeinschaften – zusammenleben, allerdings mit einer für das griechische Auge befremdlich wirkenden Rollenverteilung[72]: Die Frauen tragen die gleiche Kleidung wie die Männer, reiten zur Jagd und ziehen mit in den Krieg (IV 116,2)[73].

Frauen in Waffen, die sich in der Domäne von Jagd und Krieg behaupten, sind dem griechischen Publikum durch mythische Umkehrbilder aus der eigenen Tradition vertraut[74]. In Herodots aktueller Ethnographie wird ihnen nur eine extreme Randposition zugeteilt. Dazu paßt eine komplementäre Beobachtung. In eben derselben Entfernung von aller erlebten Normalität begegnen Männer, die keine Waffen führen. Es sind im libyschen Fall (Südwesten) die Garamanten, die jeden Verkehr mit anderen Menschen meiden, keine Waffen besitzen und sich nicht zu wehren wissen (IV 174)[75]. Im konträr positionierten Gegenstück (Nordosten) begegnen in ferner Nachbarschaft der Skythen die waffenlos lebenden Argippaier. Anders als die Garamanten genießen sie einen besonderen Status: Sie gewähren Fremden Asyl und schlichten den Nachbarn den Streit (IV 23,5). Allerdings dürfte ihre gerühmte Friedfertigkeit[76] im Lichte ihrer Lebensumstände besehen als nicht sehr effizient erscheinen. Wohnen doch die Argippaier in weiter Distanz zur bekannten Welt[77], ernähren sich sehr bescheiden und hausen isoliert unter Bäumen (IV 23,3-4). Dazu kommt ihr groteskes Aussehen. In der Beschreibung der Argippaier wird nämlich – und das ist einmalig in Herodots Völkerkunde – der Unterschied der Geschlechter nicht nur in Bezug auf den Nomos (wie bei den Nachkommen der Amazonen), sondern auch in der Wahrnehmung der Physis verwischt: Männer wie Frauen sind von Geburt an kahlköpfig und haben eine platte Nase und ein großes Kinn (IV 23,2).

Neben den Frauen, die den Männern physisch weitgehend gleichen, und den Frauen, die wie Männer sich in Jagd und Krieg hervortun, führt Herodot schließlich auch den Typus der Angleichung der Geschlechter im Politischen vor: Die Frauen der Issedonen gelten den Männern gegenüber als gleichberechtigt – ἰσοκρατέες – (IV 26,2)[78]. Der Begriff der Isokratie, der sich im politisch-zeitgenössischen Kontext durchaus positiv ausnimmt (vgl. V 92 a 1), erscheint auf die Frauen der

Issedonen bezogen freilich in einem merkwürdigen Zwielicht[79], praktiziert dieses Volk doch Kannibalismus und einen merkwürdigen Schädelkult (IV 26). Die Aufhebung der Geschlechterdifferenz nach physischen, sozialen und politischen Aspekten bleibt in Herodots Ethnographie ein Phänomen der Randvölkerwelt, das in keinen ersichtlichen Wirkungszusammenhang zur eigenen Gesellschaft gestellt wird[80].

II 2 Sexualsitten und Geschlechterrollen als Merkmal der kulturellen Differenz

Aus einer ethnozentrischen Perspektive betrachtet sollten sich an den Regelungen, welche die sexuelle Promiskuität beschränken, unterschiedliche Grade der Zivilisation erkennen lassen. Im Idealtypus korrespondieren dabei räumliche und kulturelle Nähe. Herodots Libyscher Logos bietet dafür hübsche Beispiele. So besteht bei den Nasamonen neben der generellen Frauengemeinschaft eine feste Heiratssitte, nach der sich eine Braut allen männlichen Hochzeitsgästen als Gegenleistung für deren Geschenke darbietet (IV 172,2). Bei den Adyrmachiden hingegen, die als Nachbarn der Ägypter unter deren kulturellem Einfluß stehen (IV 168,1), genießt nur mehr der Herrscher das Vorrecht, die Mädchen zu entjungfern (IV 168,2) – ein Prototyp des neuzeitlichen Bildes vom *ius primae noctis*. Auch dürften die Adyrmachiden als monogam aufgefaßt sein. Denn Herodot geht von einer häuslichen Gemeinschaft aus, in welche die Jungfrauen eintreten (IV 168,2). Auch schreibt er den Frauen die Sitte zu, je einen Ring um beide Knöchel zu tragen (IV 168,1). Das läßt sich als ein indirektes Zeichen für Monogamie interpretieren, wenn man dazu das Gegenstück in Betracht zieht: die Sitte bei den Gindanen[81]. Die nämlich genießen – wie die Nasamonen – als weiter entfernte Wilde größere Promiskuität, und es ist dort sogar den Frauen gestattet, sich nach Belieben Partner zu suchen. Sie tragen so viele Lederriemen an ihren Knöcheln, wie sie Liebhaber hatten. Mit der Zahl steigt ihr Prestige (IV 176).

Ein probates Mittel, die Tendenz zur Promiskuität durch Regelungen einzugrenzen und doch dem männlichen Triebleben einen legitimen Spielraum zu gönnen, bildet die Institution einer normierten Polygamie. Eine solche begegnet an den Ufern des legendären Prasias-Sees im Norden des Landes der Paionen. Die dortigen Bewohner stellen nicht nur einen Prototyp von Pfahlbausiedlern dar, sie bauen ihr häusliches Glück – und das Leben, das Herodot skizziert, wirkt recht idyllisch (V 16) – buchstäblich auf der Institution der Polygamie auf: Pro Ehefrau rammt jeder Mann dort drei Pfähle in den Boden, auf denen dann sein Holzhaus errichtet werden soll. Da sich jeder zahlreiche Frauen nimmt (V 16,2), kommt offenbar genug fürs Haus zusammen.

Ein anderes Volk des Nordens, eine Gruppe der Thraker, stellt seine Hochschätzung der Polygamie dadurch unter Beweis, daß die verwitweten Frauen nach dem Tode ihres Mannes darum streiten, welche dem Verstorbenen als Meistgeliebte in den Tod folgen darf (V 5)[82].

Eine stärkere Form der Eingrenzung promiskuer Verhaltensweisen, als sie die geregelte Polygamie darstellt, bildet ihre Beschränkung auf die Zeit der Adoleszenz, der dann die „normale" Lebenszeit in monogamen Verbindungen – mit patriarchalem Grundmuster – folgt. Dem Gros der Thraker schreibt Herodot die Sitte zu, die Ehefrauen streng zu bewachen, während die Töchter verkehren können, mit wem sie wollen (V 6,1)[83]. Auch verkaufen die Thraker ihre Kinder in die Fremde, zahlen für ihre Ehefrauen dagegen einen hohen Kaufpreis (V 6,1). Die Lyder wiederum, die – anders als die roher gezeichneten Thraker – als ein Volk empfunden werden, das in den meisten Sitten den Hellenen gleicht, lassen ihre Mädchen als Prostituierte anschaffen (I 93,4; 94,1). Bei den Babyloniern sind es die ärmeren Schichten, von denen Herodot Ähnliches berichtet (I 196,5).

Zwei Völkern aber, die jeweils in der Gruppe der Nomaden wie in der Gruppe der Seßhaften die größte Kriegsmacht repräsentieren, werden durch einen ganz besonderen Typus der Polygamie charakterisiert, der mit den Begriffen von Harem und Hofstaat behelfsmäßig erfaßt werden kann[84]. In der Welt der wilden Völkerschaften genießen die Könige der Skythen das Privileg, über Nebenfrauen zu gebieten. Das wird aus der schaurigen Szenerie der Mitbestattung des Königs-Gefolges beim Begräbnis eines Herrschers ersichtlich (IV 71-72)[85]. Dabei figuriert nämlich unter den Opfern eine der Nebenfrauen des Königs (IV 71,4). Es gehört zu den Charakteristika von Herodots Skythenschilderung, daß das Königtum ins Bild eines Hofstaats mit Dienerschaft, Harem und reichen Schätzen gepreßt wird, während ansonsten das rigorose Nomadentum und ein eher egalitärer Status der freien Skythen hervorgehoben werden[86]. Im Gegensatz dazu verkörpern die zivilisierten Perser den Status einer aus dem Befreiungskampf gegen die Meder selbstbewußt hervorgegangenen Gesellschaft tapferer Krieger, die durch die Entfaltung ihrer Herrschaft nach innen wie nach außen in eine zwiespältige Lage geraten sind: reich an Gütern, aber den Launen ihrer Despoten ausgeliefert. Dazu paßt die Charakterisierung ihrer Sexualbräuche. Wo großer Reichtum herrscht, stellt sich auch Genußsucht ein. Als krasses Beispiel dafür wertet Herodot die Knabenliebe, die die Perser seiner Meinung nach von den Hellenen übernommen haben (I 135). Zum Eindruck sexueller Genußsucht paßt auch die – sachlich höchst problematische[87] – Feststellung, daß die Perser viele legitime Frauen ehelichen und dazu noch Nebenfrauen erwerben (I 136,1). Pikante Haremsszenen dienen der Charakteristik des Königshofs (vgl.

33

III 68,3; 84,2; 130,4-5; IX 108-113). Mit ins Bild gehören auch die Eunuchen. 500 verschnittene Knaben sollen als jährlicher Tribut allein aus dem Zweistromland an Dareios' Hof kommen (III 92,1). Lydien erscheint als ein Umschlagplatz im Geschäft mit Verschnittenen; Griechen haben ihren üblen Anteil daran (III 48; VIII 105)[88].

Im Gegensatz zum Bild persischer Sexualsitten, das vom Haremsklischee dominiert wird, prägt das Prinzip der Monogamie nach griechischer Art die Wahrnehmung der anderen führenden Völkerschaften des Vorderen Orients und der Ägypter. Mehrfach wird zudem die Sitte hervorgehoben, sich nach dem Geschlechtsverkehr zu reinigen (Ägypter II 64; Babylonier und benachbarte Araber I 198). Sexualverkehr in Heiligtümern gilt – wie in der griechischen Welt – als Tabubruch (explizit bezeugt für die Ägypter II 64; implizit für die Babylonier, aber auch für die Perser I 199; IX 116). Je näher aber die kulturellen Grundmuster in der Regelung sexueller Beziehungen aneinander rücken, desto wichtiger wird es, bestimmte Differenzen als bezeichnende Charakteristika der fremden Sitte hervorzuheben, um sich im Schutz der eigenen Kultur trotz der ins Auge springenden zivilisatorischen Errungenschaften der alten Städtewelt Ägyptens und des Orients überlegen fühlen zu können[89]. Diese elementare Funktion des ethnographischen Blicks, sich der Normen der eigenen Welt durch Abgrenzung vom Fremden zu versichern, verbindet sich bei Herodot allerdings mit einer recht beachtlichen Bereitschaft, gegen alle ethnozentrischen Prinzipien die eigene Welt kritischer zu sehen.

So zollt Herodot dem hohen Alter der ägyptischen Religion und ihren mutmaßlichen Einflüssen auf Griechenland großen Respekt, erachtete auch die sakrale Welt Babyloniens in manchen Zügen für durchaus bewundernswert und schrieb sogar den sonst nicht unbedingt geschätzten Phoinikern als Vermittlern kultischer Traditionen eine beachtliche Bedeutung zu. Gewisse kritische Töne in seiner Schilderung der fremden Welt, die der heimischen im zentralen Aspekt einer polytheistisch-anthropomorphen Götterwelt so frappant glich, lassen sich aber kaum überhören. Sie betreffen vorzugsweise notorische Probleme anthropomorpher Gottesvorstellungen, mit dem sich die intellektuelle Kritik in Griechenland schon geraume Zeit herumgeschlagen hatte. Dazu gehört die sexuelle Interaktion von Gott und Mensch, die in theriomorphen Varianten noch peinlicher für ein aufgeklärtes Bewußtsein wirkt. Eine kleine Skandalgeschichte, wie die von einer Frau, die sich in aller Öffentlichkeit vom Bock von Mendes begatten ließ (II 46,4), diskreditiert – da nicht nur Mendes und Pan, sondern die ganzen zentralen Göttergestalten Ägyptens und Griechenlands in Herodots Konzeption einander entsprechen[90] – auch die eigene Welt, die voll von Traditionen über den Verkehr von tiergestaltigen göttlichen Wesen und menschli-

34

chen Frauen war. Ein ähnliches Befremden[91] ruft auch die rituelle Konkretisierung der Erwartung hervor, sich der Gunst einer männlichen Gottheit dadurch versichern zu können, daß ihr eine Priesterin als Partnerin für nächtliche Begegnungen bereitgestellt wird. Herodots Zeugnis über eine solche Praxis in Babylon und sein Verweis auf analoge Praktiken in Ägypten und Lykien klingt sichtlich distanziert (I 181,5-182). Die in der griechischer Tradition verankerte Konzeption einer „Heiligen Hochzeit" wird nicht direkt angesprochen[92], dürfte aber als Gegenstand der Kritik gemeint sein[93]. Expliziten Unwillen bekundet Herodot vor der – angeblichen – Verpflichtung einer jeden Frau in Babylonien, sich einmal in ihrem Leben außerhalb des Heiligtums der Aphrodite-Mylitta zu prostituieren (I 199). Die kultische Aura des Akts wird rasch zu einem bösen Witz, wenn Herodot die Nöte der unattraktiven Frauen ausmalt, die unter Umständen Jahre warten müssen, bis sich ein „Freier" für sie findet (I 199,5)[94]. Da Herodot aber Parallelen nach Zypern zieht (I 199,5), geraten auch die von dort nach Griechenland gelangten Aspekte des Aphrodite-Kults in ein Zwielicht. Das wird noch deutlicher erkennbar, wenn Herodots Ansicht über die Wirkung der Aphrodite Urania von Askalon auf das Phänomen der Enareer ins Blickfeld kommt[95]. Diese Enareer sind eine Gruppe von Skythen, die über besondere Wahrsagekünste verfügen. Herodot hält sie für androgyn (IV 67,2). Nach seiner Ansicht leiden diese Enareer an einer weibischen Krankheit – θήλεα νοῦσος – als den Folgen einer Freveltat am Heiligtum zu Askalon (I 105,4)[96]. Die Verweiblichung des Mannes ist bei Herodot jedenfalls ein durchgängiges Thema, das eher perhorreszierend wirkt[97]. Es sei daran erinnert, daß auch der Bedarf an Eunuchen bei Herodot einen „orientalisch-weibischen" Touch erhält, und in denselben Kontext läßt sich m.E. auch Herodots Exkurs über die Sitte, das männliche Geschlechtsglied durch Beschneidung zu verändern, stellen. Denn Herodot hebt Ägypten und die Levante als Ursprungs- und Verbreitungsgebiet dieser für ihn befremdlichen Sitte hervor (II 36,3; 104,2-3)[98] und notiert nicht ohne kulturelles Überlegenheitsgefühl, daß die Phoiniker, die unter dem Einfluß der Hellenen stehen, nicht mehr die ägyptischen Sitten imitieren und den Nachwuchs nicht beschneiden (II 104,4). Passend zur Beschneidung des Glieds wird auch die Verehrung des Dionysos mit Umzügen, in denen phallische Bilder herumgetragen werden, als eine im Kern ägyptische, von Phoinikern weiter verbreitete Sitte interpretiert, die diesfalls auch Hellas erfaßt hat (II 49). Aber auch die kuriose Geschichte von König Sesostris' Siegesstelen, auf denen die „feigen" Völker durch die Abbildung weiblicher Schamteile verhöhnt worden sein sollen (II 102,5), umfaßt die Levante und reicht dann angeblich weiter bis Skythien und Thrakien (II 103,1). Im syrischen Palästina wären solche Stelen noch zu sehen, hält Herodot fest (II 106,1)[99]. Offensichtlich gelten Ägypten und der Vordere Orient als Nährboden für Traditionen, in denen Präsentation, Manipulation und Umwandlung der menschlichen Geschlechtsteile eine zentrale Bedeutung haben, so wie die sexuelle Interaktion männlich-göttlicher Wesen und menschlicher Frauen ebendort in auffälliger Weise thematisiert wird. Da paßt es ins Bild, wenn auch die Umkehr geschlechtsspezifischer Rollen und Rechte als ein signifikantes kulturelles Merkmal der ägyptisch-orientalischen Nachbarwelt erlebt wird. Staunend steht so der Betrachter vor den Verhältnissen in Ägypten. Keine Frau bekleide dort ein Priesteramt, betont Herodot gegen alle Realität. Dafür versehen Männer Priesterdienst bei weiblichen und bei männlichen Göttern. Auch müssen dort die Töchter ihre Eltern versorgen, nicht die Söhne (II 35,4). Und die Frauen treiben auf den Marktplätzen Handel, während die Männer zu Hause am Webstuhl sitzen (II 35,2)[100]. Kein Wunder, daß da auch intime Verrichtungen verkehrt herum ablaufen. Die Frauen urinieren im Stehen, die Männer hocken dabei (II 35,3)[101]. Auch sind die Bekleidungssitten geradezu umgedreht: die Männer tragen dort zwei Gewänder, die Frauen nur eins (II 36,3). – Auch die öffentliche Versteigerung der heiratsfähigen Mädchen bei den Babyloniern stellt die gewohnten heimischen Verhältnisse auf den Kopf. Allerdings wird bei Licht besehen hinter dem fremdartigen Brauch, den Herodot auch noch den Enetern in Illyrien zuschreibt (I 196,1), ein Ideal der eigenen Kulturwelt deutlich. Denn durch ein demokratisch-ökonomisches Instrumentarium sollen die Differenzen der Physis im Nomos ausgeglichen werden: Das Geld, das für die Schönen geboten wird, soll den Häßlicheren als Mitgift zugute kommen; Bürgen müssen außerdem gewährleisten, daß eine eheliche Lebensgemeinschaft beabsichtigt ist; sollten die Partner miteinander nicht auskommen, muß das Geld rückerstattet werden (I 196,1-4)[102]. Freilich gehöre das alles der Vergangenheit an. Jetzt seien die Babylonier verarmt, und die Leute aus dem Demos sollen ihre Töchter als Dirnen verkuppeln (I 196,5).

In größerer Nachbarschaft zu den Griechen, im Südwesten Kleinasiens, werden sogar patriarchale Normen auf den Kopf gestellt. Die Leute von Kaunos dulden im Gegensatz zu anderen Völkern, daß sich auch die Frauen und Kinder zu öffentlichen Symposien zusammenfinden (I 172,1). Und die benachbarten Lykier haben sogar die Sitte, sich nach den Müttern zu nennen und als Vorfahren die Mütter der Mutter aufzuzählen. Daraus werden Konsequenzen gezogen: Die Kinder von einer Frau aus der städtischen Bürgerschaft – einer γυνὴ ἀστή (I 173,5) –, die mit einem Knecht respektive einem Sklaven zusammenlebt, gelten als Kinder von edler Art; wenn dagegen ein Bürger Kinder von einer fremden Frau oder einer Konkubine hat, gelten diese als bürgerlich rechtlos (I 173,4-5). Aufs erste Hinsehen verkehrt sich hier aus griechischer Sicht gesehen die „normale" Welt. Nicht von ungefähr spielten Herodots Bemerkungen über die Sitten der Lykier eine große Rolle für Bachofens Lehre vom „Mutterrecht"[103], dessen Faszination bestehen bleibt, auch wenn sich die Evidenz der lykischen Inschriften dazu nicht fügen will[104]. Sieht man aber auf Herodots Theorie über die Herkunft der Lykier, die demnach aus Kreta kamen, ihren Namen aber nach dem Athener Lykos erhielten (I 172,1-3; vgl. VII 92), schwindet die Befremdlichkeit ihrer Ehe-, Erb- und Bürgerrechte. Immerhin erklärt das Recht von Gortyn auf Kreta die Kinder einer Verbindung zwischen einer freien Frau und einem Unfreien dann für Freie, wenn der Haushalt der Frau weitergeführt wird und sie nicht in den des Unfreien übertritt[105]. Und das perikleische Bürgerrechtsgesetz in Athen unterbindet die bis dahin bestehende Praxis, daß Kinder aus der ehelichen Verbindung eines Bürgers mit einer fremden Frau Bürgerstatus erwerben, womit sie in größte Nähe zu illegitimen Kindern rücken[106]. So zeigt der Blick in den Zerrspiegel fremder Sitte, die scheinbar alle vertrauten Normen auf den Kopf stellt, dem, der zu schen weiß, das Antlitz der eigenen Welt.

Anmerkungen

1   Da ich seit längerer Zeit mit zwei umfassenden Arbeiten über Herodot beschäftigt bin, die thematisch einschlägige Partien enthalten, ergeben sich zwangsläufig Überschneidungen mit dem hier präsentierten Beitrag. Viele inhaltliche Bezüge im Textteil, vor allem aber eine Fülle von konkreten Entsprechungen im Anmerkungsteil bestehen daher zu folgenden zwei Publikationen: R. Bichler, Herodots Welt. Der Aufbau der Historie am Bild der fremden Länder und Völker, ihrer Zivilisation und ihrer Geschichte (Antike in der Moderne, hrsg. v. W. Schuller), Berlin 1999/2000 (im Druck); R. Bichler – R. Rollinger, Herodot. Eine Einführung, Hildesheim 1999 (im Druck). – Die Übersetzung einzelner Herodot-Stellen erfolgt (wenn nicht anders angegeben) nach Walter Marg (Hrsg.), Herodot. Historien, übers. v. W. Marg, Einf. v. D. Fehling, Erläuterungen v. B. Zimmermann, 2 Bde, München 1991.

2   Diesen Aspekt beleuchtet Payen 1997 in aller Intensität.

3   Noch deutlicher wird das bei einer Betrachtung der männlichen Machthaber. Nicht zu Unrecht konstatiert Schmal 1995, 107, resümiert: Es „ließe sich sagen: Xerxes und Kambyses sind extreme griechische Tyrannen. Das unermeßliche Asien treibt manches auf die Spitze, aber im Prinzip sind die Menschen hier wie dort den gleichen Gesetzen des Kosmos unterworfen".

4   Die einzelnen Fälle werden später besprochen. Katalog: I 8-12; 61,1; II 121 e; 131,1; 181,2-3; III 31; 32.4; IV 43; V 92 ê; IX 108-113.

5   „Der ethnographische Diskurs thematisiert somit Alternativen zur eigenen Gesellschaftsordnung...Die Erfahrung der Relativität des Rechts und der Vielfalt der Sitten führt zur Problematik des Wertrelativismus, wirft die Frage nach dem Geltungsgrund der sozialen Normen auf, die in ihrer Varietät und Veränderbarkeit in Konflikt gesehen werden zu einer invarianten Natur"; Nippel 22f.

6	Vgl. dazu Bichler 1988.
7	Dewald 1981 registriert 97 Stellen über passiv erscheinende Frauen in einem Familien-Kontext und 31 über „passive women in groups"; dem stehen 212 Stellen über aktive Frauen gegenüber, davon betreffen 76 „groups of women within ethnographic accounts"; Appendix ebd. 120ff.
8	„Der Name seiner (scil. des Königs Kyros) Mutter ist unbekannt; die noch immer allgemein gültige, auf Herodot I 107 gründende Aufassung, K. II. sei der Sohn der Mandane gewesen,...ist irrig"; W. Hinz, Reallexikon der Assyriologie VI (1980/1983), 401, s.v. Kyros. Brosius 1996 rechnet mit einer medischen Tradition hinter der Geschichte von Kyros' Herkunft bei Herodot; a.O. 42ff.
9	Vgl. dazu den Tod der Poppeia Sabina bei Tacitus (Annalen XVI 6,1). Aly ²1969, 78, weist auf die Analogie in der Periandros-Legende bei Diogenes Laertios hin (I 94). Vgl. dazu und zum Tyrannen-Klischee im antiken Urteil über Periandros generell die Übersicht bei Berve II 1967, 525f.
10	Vgl. zu Dareios' Heiratspolitik nach Herodots Zeugnis vor allem die kritischen Betrachtungen bei Brosius 1996, 47ff., bes. 53ff. Sie hält bei allen Hinweisen auf die fiktionalen Elemente in Herodots Schilderung am Basis-Faktum fest und denkt, daß gerade Dareios' Bemühen, sich als Usurpator (der nach Brosius' Ansicht selbst den „echten" Smerdis getötet hatte) auch durch seine Heiratspolitik Legitimität zu verschaffen, Herodots Vorstellungen von einer kontinuierlichen dynastischen Folge über Heiratsverbindungen beeinflußt habe, und hält demgegenüber fest: „Of no other Achaemenid king do we hear that he took over the wives of the previous king"; ebd. 60. Vgl. zur vielverhandelten Frage nach der Identität des Herrschers, der zwischen Kambyses und Dareios den Thron innehatte, und einer angemessenen kritischen Einschätzung der Ahnenreihe des Dareios (wie sie vor allem in der Behistun-Inschrift und bei Herodot erscheinen) Rollinger 1998/99 mit weiteren Verweisen.
11	Vgl. dazu und zu möglichen altorientalischen Vorbildern der Traumsymbolik Bichler 1985, 130ff. Eine dem Weinstock-Thema in Astyages' erstem Traum verwandte Symbolik entfaltete Sophokles mit Klytaimnestras Traum von Agamemnons Szepter (Elektra 417ff.); vgl. dazu Cobet 1977, 21ff.
12	Asheri I 1988, 336; Burkert 1972, 125.
13	Vgl. zur Schatzhaus-Geschichte etwa die reizvolle, aber spekulationsfreudige Analyse bei Baudy 1996, der im Schatzhaus einen Getreidespeicher sieht und hinter dem Geschehen der Novelle Reifezeremonien aufspürt, während etwa Müller 1992 hinter der Prinzessin einen Todesdämon erkennen möchte. Vgl. zur Bestattung von Mykerinos' Tochter in einem offensichtlichen Kultbild Lloyd, Commentary 99-182 (1988), 81.
14	Brosius 1996, 56f., betont, daß Herodot die Geschichte der Phaidymie im Detail so gestaltet hat, daß sie zum edlen Charakter des Otanes, des Anwalts der Isonomie in der Verfassungsdebatte, paßt. – Zu den Motiven der Phaidymie-Geschichte vgl. Hampl 1979, 193f.; zu den fehlenden Ohren des angeblichen Usurpators vgl. einerseits Demandt 1972, andererseits West 1991.
15	Zur Frage nach der Gestaltung der Novelle und den Parallelüberlieferungen vgl. die Übersicht bei Erbse 1992, 3ff. Seel 1956 zeigt die Problematik der verbreiteten Ansicht, bei Platons Gyges-Erzählung (Politeia II p. 359 c – 360 b) liege gegenüber Herodot eine ältere märchenhafte Tradition zugrunde. Zur sorgfältig gestalteten Balance der Schuld des Kandaules und der Schuld des Gyges in Herodots Darstellung vgl. von Fritz 1967, Textband 214f.; Friedrich 1973, 126ff. Zur kompositorischen Verflechtung der Novelle mit der Geschichte von Xerxes und der Frau des Masistes vgl. unten Anm. 31.

16	Georges 1994, 175, betont, daß Kandaules' Frau als „a characteristically barbarian virago" gezeichnet wird, die wie ein Mann agiert. Dabei sei ihr Verhalten auf die angebliche lydische Sitte, daß sich die Mädchen ihre Aussteuer durch Prostitution erwürben (I 93,4; 94,1), ausgerichtet: Die makabre Wahl, vor die sie Gyges stellt, „is characteristically Lydian, thus, in that she arranges her own marriage to Gyges and furnishes her own dowry".
17	Gray 1995, 188ff., betont dementsprechend die Dichte der Bezüge zwischen der Geschichte von Kandaules' Frau und der von Astyages' Tochter Mandane: „They lead to the establishing of new dynasties in Lydia and Persia"; ebd. 189.
18	Die Mutter des Sataspes erbat das Leben ihres Sohnes, der die Tochter des noblen Zopyros geschändet hatte. Xerxes setzte darauf einen dubiosen Gnadenakt: Sataspes sollte zur Bewährung Libyen umsegeln. Als dies nicht gelang, wurde er zu Tode geschunden (IV 43). Xerxes erscheint so als ein willkürlich strafender Richter.
19	Wie prekär die Gunst ist, die der Despot zu gewähren vermag, lehrt auch die Geschichte vom gescheiterten Aufstand des Intaphrenes (III 118-119). Als die Frau des Empörers für das Leben ihrer männlichen Angehörigen bat, gewährte ihr Dareios das Leben eines der Inhaftierten und setzte sie damit der Qual der Wahl aus. Sie wählte das des Bruders. Denn ihr, deren Eltern tot sind, könne ein Bruder – anders als Mann und Söhne – durch niemand mehr ersetzt werden. Dareios erfüllte nun die Bitte und schenkte ihr, von ihrer Erwägung beeindruckt, auch noch das Leben des ältesten Sohnes; die übrigen männlichen Sippenmitglieder richtete er hin (III 119,3-7). Vgl. zum Aspekt der bedrohten Familie, für die sich die namenlosen Frauen einsetzen, Brosius 1996, 117f. Schmeja 1965 möchte in der herodoteischen Geschichte vom Ende des Intaphrenes nicht mehr recht verstandene Relikte eines iranischen Avunkulats konstatieren. Herodots Kritik an Dareios' Despotismus betont Erbse 1992, 79f. Zum Verhältnis der entsprechenden Szene von Sophokles' *Antigone* (V. 905ff.) zu Herodot vgl. Rösler 1990 mit den (mir einleuchtenden) Argumenten, die für eine Interpolation im Sophokles-Text sprechen. Erbse ebd. 71 Anm. 22 geht dagegen „nach wie vor" vom Vorbild der *Antigone*-Szene gegenüber Herodot aus: Dareios erinnere in seiner unerhörten Strenge an Kreon.
20	Baumgartner 1959, 300ff., rechnet gleichwohl mit einer älteren, romanhaften orientalischen Tradition über Semiramis. Zur späteren Entwicklung der Gestalt vgl. S. Comploi in diesem Band 223ff.
21	Zur kultisch-rituellen Seite der Anekdote vgl. Dillery 1992, bes. 34ff.
22	Der Name Nitokris ist in der ägyptischen Tradition fest verankert. Im babylonischen Schrifttum hat der Name dagegen keine Grundlage. Am bekanntesten ist Nitokris, die Tochter Psammetichs I., die Gottesgemahlin des Amun in Theben war. Doch die Forschung neigt dazu, die Bezugsperson für Herodots Tradition in einer Nitokris am Ende des Alten Reichs zu suchen; vgl. Lloyd, Commentary 99-182 (1988), 13ff.
23	Auf diese Interpretation macht mich Peter W. Haider aufmerksam. Seiner These nach verkörpert Nitokris eine historisierte Neith, die in der saitischen Theologie als Rächerin des Osiris in der Unterwelt auftritt, und zwar in der unteren Kammer ihres Tempels, die zum Festtag überflutet wurde; in der Gestalt der Schlangengöttin dringt sie in den Flammensee vor, die Feinde zu vernichten. Zum mythologischen Bild des Flammensees vgl. E. Hornung, Lexikon der Ägyptologie II (1977), Sp. 259f.
24	Zur Symbolik der Handlung vgl. Hartog 1980, 181.
25	Sie erscheint erstmals in der Tradition über Sargon von Akkad. Lewis 1980

geht von einem akkadischen Prototyp aus, der in der Moses-Legende bereits recht erheblich variiert wird; ebd. 263ff. Für die ältere Literatur vgl. Binder 1964, 158ff. (zum Vorderen Orient) und 17ff. (zur Kyrosgeschichte).

26 Vor allem die von Herodot bezeugte Sitte, die Erziehung der Knaben bis zum fünften Lebensjahr völlig den Frauen zu überlassen (I 136,2), läßt sich leicht ins Bild einer „Weiberwirtschaft" verdrehen, obwohl sie Herodot noch nicht so gemeint hatte. Platon hat in den *Nomoi* – vermutlich als Kritik an Xenophons *Kyrupädie* – am Beispiel von Kambyses und Xerxes drastisch vor Augen geführt, wie die verfehlte Weibererziehung die Nachfolger tüchtiger Könige verdirbt (Nom. III 693 e – 695 a). Bei Herodot ist dieser Aspekt noch nicht beleuchtet. Er sieht die Einrichtung vom patriarchalen Standpunkt aus positiv: So müssen sich die Väter nicht grämen, wenn ein Knabe früh stirbt. Der Vater bekam ihn ja noch gar nicht zu Gesicht (I 136,2).

27 Herodots Erzählung bietet zwei bildkräftige Varianten über die Umstände, wie diese Schwester Kambyses' Zorn erregte: Nach der „griechischen" Variante weinte sie beim Anblick eines Hündchens, das gegen einen jungen Löwen kämpfen mußte und dabei siegte, da ihm sein Bruder beisprang. Smerdis habe einen solchen Rächer nicht gefunden. Nach der „ägyptischen" Variante demonstrierte sie an einem ausgerupften Lattich, was Kambyses ihrem Haus angetan hatte (III 32). Die beiden Vorwürfe, der König habe sein eigenes Haus entvölkert (III 32,4) und Smerdis werde keinen Rächer mehr finden (III 32,2), erfüllen sich mit Kambyses' Tod in aller Konsequenz. Das muß der sterbende König noch selbst efahren (III 65, 4-5). Vgl. zu dieser Dramaturgie Köhnken 1980, 43 mit Anm. 30.

28 Vgl. dazu Brosius 1996, 117; zur Figur des Demokedes generell Griffiths 1987.

29 In diesem Wechsel liegt eines der notorischen Probleme mit der inneren Konsistenz und erst recht mit der Glaubwürdigkeit der Geschichte. Vgl. dazu Brosius 1996, 113 Anm. 68: „...it does not seem to be very consistent that Xerxes on one hand respected the position of the married woman, his brother's wife, but on the other disregarded it with his son's wife".

30 „Women and men fill these roles. The stereotyp is not fixed to gender"; Gray 1995, 198. Brosius 1996, 113 mit Anm. 68, skizziert die Hauptprobleme der historischen Glaubwürdigkeit der ganzen Geschichte von Xerxes und der Frau des Masistes.

31 „Hatte die Gygesgeschichte im Gesamtaufbau des Lyder-Logos den Sturz der Mermnadendynastie unter Kroisos vorausdeutend vorbereitet..., so scheint die Xerxes-Masistes-Novelle...die Niederlage der Perser gegen die Griechen nachträglich moralisch zu begründen"; Stoessl 1959, bes. 487ff.; Zitat 489. Vgl. weiters Wolff 1964/1982, 673ff.; Cobet 1971, 171ff.; Gammie 1986, 185ff.; Gray 1995, 190ff.

32 Es ist eine notorische Streitfrage der Herodot-Forschung, wie die Distanz einzuschätzen sei, die zwischen den Ereignissen, von denen nur die mythopoetische Tradition berichtet, und den Ereignissen einer jüngeren Vergangenheit, von denen Herodot eine genauere Kunde geben möchte, gelegen ist. Für die Frage nach Herodots Frauenbild spielt diese Distanz eine geringe Rolle. Flory 1987, 23ff., stellt dementsprechend die enge Relation zwischen der Eingangspartie der Historien (I 1-5,2) und der Gyges-Novelle heraus. Beidemal geht es um die Verflechtung von Macht und Verführung und die Rolle großer Frauengestalten im Spiel der Mächtigen. Dabei stelle Herodot zwei alternative Deutungsmuster des historischen Geschehens vor: eine distanzierend-rationalisierende und eine, welche die emotionalen Antriebe des Geschehens ernst nehme.

33 Wieweit diese fremde Perspektive eine rein griechische Konstruktion der Fremdperspektive darstellt oder authentische Elemente einer fremden Sicht auf die griechische Tradition birgt, ist gleichfalls notorisch umstritten.

34 Vgl. zum mutmaßlichen historischen Hintergrund der Phye-Geschichte in der Kultpolitik der Peisistratiden Brandt 1997, 332 mit Anm. 90. Vgl. zur kritischen, gegen eine naive religiöse Anschauung gewandten Tendenz der Stelle und zu den Textproblemen, die sie birgt, Burkert 1990, 22 mit Anm. 51.

35 Als ein direktes Zeichen dafür, welcher Seite in den großen Auseinandersetzungen der jüngeren Zeit eine primäre Schuld am Kriege zufällt, wären Herodots Ausblicke in die mythische Vergangenheit m.E. mißverstanden. Denn er bietet *in summa* eine Perspektive der Vorzeit, in der die Bilanz der gegenseitigen Kriegstaten eher ausgeglichen erscheint. Schon vor dem Trojanischen Krieg waren nach seiner Vorstellung nämlich die Myser und Teukrer über den Bosporus gezogen und bis zum Peneios in Thessalien und bis zum Meer der Ioner vorgestoßen (VII 20,2). Vgl. dazu Asheri 1990, 154, der vermutet, „Herodotus...might have modelled the Teucro-Mysian conquest of Europe after the Persian one, and the expulsion of the 'Strymonians' to Bithynia after the mass-deportation of the Paeonians to Phrygia by Darius".

36 Vgl. generell zum normativen Aspekt des Mythos, der durchaus als Ausdruck einer „intentionalen Geschichte" begriffen werden kann, Gehrke 1994, bes. 245ff.

37 Für Dewald 1981 zahlt Alexandros mit dieser Heiratsverbindung gegenüber dem – gewaltsam abgewehrten – sexuellen Übergriff der sieben Gesandten pikanterweise einen weit höheren Preis: „...a much deeper political bondage to Persia, in the form of marriage"; ebd. 96. Die Historizität der Geschichte von den ermordeten Gesandten ist allerdings höchst dubios. Erbse 1992, 101ff., hebt Herodot als ihren alleinigen Erfinder hervor.

38 Als königliche Kollegin hat sich Cheops Tochter immerhin eine ganze Pyramide, wenn auch von kleinem Ausmaß, anschaffen können. Der böse Witz, daß sie als Dirne arbeiten mußte, um zum Bau der riesigen Pyramide ihrers Vaters beizutragen (II 126), paßt ins Bild von Herodots Despotie-Kritik. Daß schließlich die Dirnen Lydiens ihren Teil zum Grabmahl des Königs Alyattes beitrugen (I 93), beleuchtet einen weiteren Aspekt des Themas, das Herodot zu gefallen schien. Aber erst die Geschichte vom Schatzhaus des Rhampsinitos bringt das Motiv der Prostitution der Königstochter in einen Konnex mit dem Thema von Grab und Tod, der wahrhaft mythologische Dimensionen ahnen läßt. Vgl. dazu oben Anm. 13.

39 Vgl. zu den dichten Entsprechungen zwischen der Pheretime-Geschichte und der Novelle um Amestris' Rache an der Frau des Masistes Schwarz 1991/ 2, 29ff.

40 Deswegen findet eine Pheretime keine Entsprechungen in Hellas. Herodots Bild grausamer barbarischer Herrscher und Herrscherinnen aber als reines Gegenbild gegen griechische Zustände zu verstehen, hieße seine Kritik an despotischen Herrschaftsformen in Griechenland und seine latente Gegenwartskritik (gerade auch an Athens imperialistischer Politik) zu unterschätzen. Dazu neigt Gray 1995 mit ihrem Resümee: „Yet the stories of Candaules and Astyages and Xerxes do display the otherness of royal barbaric power that threatened the freedom of the Greeks at key points in the narrative. Gyges' Lydians and Cyrus' Persians went to subject Asiatic Greece. Xerxes' story was a reminder of what the mainlanders escaped. The Greeks might have shuddered at the idea of domination by women, but this was only one oppressive aspect of those political systems..."; ebd. 210.

41	Vgl. zum auffälligen Nebeneinander einer stark männerdominierten „politischen" Öffentlichkeit und der intensivierten Thematisierung der Rolle der Frau im demokratischen Athen Schuller 1985, 61ff. Vgl. auch Wagner-Hasel 1988, 28ff. Sie stellt recht generell die Tauglichkeit der Kategorien von „öffentlich" und „privat" zur Bestimung der „sozialen Räume" von Männern und Frauen in Frage; vgl. dazu ebd. 18ff. mit weiterer Literatur.
42	Dewald 1981, 95, betont, daß hinter der ausgeschmückten Erzählung von der festlich-aufwendigen Erprobung der diversen Freier die Ängste des Machthabers sichtbar würden, durch die Verheiratung der Tochter an einen gefährlich starken Brautwerber ein hohes Risiko einzugehen. Ein solches Risiko zeige etwa die Geschichte vom Schwiegervater des Periandros, der seine Enkel gegen den Schwiegersohn aufzuhetzen suchte, um den Tod seiner Tochter zu rächen (III 50). Zu Melissa siehe unten Anm. 51.
43	Aly ²1969 vermutet ein Märchenmotiv, „das dem des Salomonischen Urteils...nahe steht"; ebd. 151f.; vgl. 1 Könige 3, 16-28.
44	Vgl. dazu Frisch 1968, 28ff.
45	Vgl. dazu Stahl 1987, 56ff. und bes. 93ff. zur Bedeutung von Heiratsallianzen. Nach Herodots Sicht habe Peisistratos die Tochter des Megakles wie eine Hetäre behandelt. Dazu ebd. 95 mit Anm. 156.
46	Aly ²1969, 137ff., betont die Märchenelemente der Geschichte von Phronime und Battos. Das betrifft zunächst die böse Stiefmutter und die „verdächtige Tugend" des Mädchens Phronime; ebd. 139. Battos' Berufung „gehört zu der großen Klasse der Märchen vom Dümmling, der der Erwählte ist"; ebd. 140.
47	Labda verbarg das Neugeborene in einer Kiste – κυψέλη, ein Detail, das aus dem Namen Kypselos gesponnen ist. Vgl. dazu Gray 1995, 186. Dewald 1981 zieht eine bezeichnende Parallele zu Astyages' Träumen von seiner Tochter Mandane: „The chest, in which Labda hides her child from his would-be murderers is a suggestive equivalent of the uterine imagery in the Cyrus story"; ebd. 95. Zu den Märchenmotiven vgl. Aly ²1969, 152f.
48	Vgl. dazu Burkert 1965/1990.
49	Zum Märchencharakter Aly ²1969, 152.
50	Vgl. zunächst die Bezüge zu Lydien: Eine Nebenfrau hatte dem Lyder-König Meles einen Löwen geboren; der sollte auf magische Weise die Mauern von Sardes schützen (I 84). Kroisos weihte einen goldenen Löwen nach Delphi (I 50,3). Vgl. zur Assoziation von Löwe und Lydermacht auch die Hinweise auf das Löwenbild im Münzwesen und die Rolle des Löwen im Dienst der Kybele bei Asheri I 1988, 293. – Eine Querverbindung zu den Peisistratiden bildet der Rätselvers „Dulde o Löwe..." in der Geschichte vom Ende des Hipparchos (V 56,1). Aristophanes dürfte in den *Rittern* (V. 1036f.) die Agariste-Geschichte parodieren. – Die politische Wertung der Agariste-Geschichte ist umstritten. Für Strasburger 1955/1982, 596f., überwog – gegen die *communis opinio* der älteren Literatur – die negative Konnotation des „ainigmatischen Bild(es) vom Löwen Perikles", nicht zuletzt auch wegen der oben angeführten Parallelstellen. Schuller 1987/1991, 96f., hebt dagegen die Ambivalenz des Bildes hervor.
51	Vgl. zur Geschichte von Melissa und ihren kultisch-märchenhaften Elementen Aly ²1969, 153f. Er nennt die Geschichte „durchaus dämonisch"; sie sei als „Beispiel abscheulicher Tyrannis" in die Geschichte von Periandros gewaltsam hineingestellt. Eine Übersicht über die Quellen zur Melissa-Tradition bietet Berve II 1967, 526.
52	Dewald 1981, 109f., vergleicht Artemisia als Heerführerin mit Tomyris. Leider konnte ich die von ihr zitierte Arbeit von R. Weil, Artémise ou le monde

à l'envers, in: Recueil Plassart, Paris 1976, 215-224, nicht einsehen; dazu Dewald 1981 Anm. 2 und 26. Die dabei angesprochene Ironie in Herodots Geschichte der Artemisia betont auch Schwarz 1991/2, 194ff.

53 Vgl. dazu Dewald 1981, 101f.: One of his (scil. Herodotus') most consistent ethnographic interests is the relation between the sexes and the variety of relationships that different cultures offer. He mentions details of feminine dress or appearance only six times, while fifteen times he discusses family customs (courtship, marriage, children); twenty-three times he describes sexual adaptations; twenty-one times he describes the participation of women in religious cult; and, finally, eleven times he desribes women as part of the public or social sphere that in Greece was usually reserved for men".

54 Vgl. dazu Kipp I 1980, 64ff.

55 Vgl. dazu generell Hadas 1935; Bichler 1995, 112ff.; speziell zur Aithiopen-Tradition Lesky 1959.

56 Vgl. dazu Nippel 1990, 21f. – Eine Fülle von Beispielen für das Fortleben von Herodots Vorstellungen über die Promiskuität der Randvölker und die Varianten ihrer Reduktion bietet I. Weiler in diesem Band 136ff.

57 Vgl. zum Konnex von Sexualbräuchen und Ernährung auch Rosellini – Said 1978, 955ff., die den Parallelismus von roher Sexualität und roher Ernährung betonen.

58 Denkmögliche Extreme im Umgang mit Toten zeigt Herodot auch in der Gegenüberstellung des Kannibalismus der Kallatier und der griechischen Sitte, die Toten zu verbrennen (III 38,3-4). Redfield 1985, 104f., stellt die Gemeinsamkeit im Gegensätzlichen des Brauchtums heraus: Die Person des Toten wird jedesmal aufgelöst, einmal aber, indem die Tote zu einem Stück Natur (Nahrung) verwandelt wird, ein andermal, indem er nur mehr im kulturellen Gedenken dank Grabmal und Erinnerung vorhanden ist, während seine Physis verschwindet. – Kannibalistische Sitten werden bei Herodot in verschiedenen Varianten vorgeführt. Redfield loc. cit. bezweifelt die Authentizität des Brauchtums.

59 Es sei nur an Aischylos' Orestie erinnert, in der Apollon die Anwaltschaft der Lehre übernimmt, daß ein Kind alleiniges Produkt des männlichen Samens sei (Eumeniden 657ff.), und Athene, als aus keiner Frau geboren ist, als Zeugin dafür aufbietet, daß die Vaterschaft die vorrangige Verwandtschaft festlegt (V. 662-666; vgl. auch Athenes Selbstzeugnis V. 736-738). Pikanterweise zeichnen sich die Anwohner des Triton-Sees als Verehrer einer Göttin aus, die der griechischen Athene entspricht, doch scheinen sie just die Vorstellung von Athenes Geburt aus dem Kopf des Zeus als anstößig empfunden zu haben (IV 180,5). – Pembroke 1967/1902, 105ff., geht zunächst von der Realität der von Herodot geschilderten Sitte aus, möchte sie aber in einen – von Herodot mißverstandenen – Kontext geregelter Polyandrie stellen. Die Pointe, daß Herodot hier eine auf den Vater als maßgebenden Kreator des Nachwuchses hinweisende „Erbtheorie" demonstriert, spielt bei Pembroke keine Rolle – Herodot habe generell kein besonderes Interesse an Vaterschaft gehabt; ebd. 131f. – Einen anderen Weg beschreiten Rosellini/Said 1978, 965f. Sie fassen die angeführte Sitte als Reflex eines Goldenen Zeitalters auf, als die Beziehung der Kinder zu beiden Elternteilen noch als naturhaft gegolten hätte.

60 Vgl. dazu Rosellini/Said 1978, 966ff., bes. 969f.

61 Vgl. zur Darstellung der Nasamonen, gerade auch im Vergleich mit den Massageten, bes. Rosellini/Said 1978, 975ff.

62 Herodot spielt mit sexueller Metaphorik: Bei den Massageten muß ein Liebhaber als Zeichen dafür, daß er bei einer Frau im Planwagen weilt, seinen

Köcher außen sichtbar aufhängen (I 216,1). Herodots Schilderung hat starke Wirkung erzielt und dürfte auf die Gestaltung zahlreicher ethnographischer Berichte über verwandte Sitten eingewirkt haben. Besonders deutlich wird dies m.E. in der Schilderung einschlägiger arabischer Sitten bei Strabon XVI 4,25 p. 783. Vgl. dazu und zu weiteren ethnographischen Parallelen Pembroke 1967/1992, 106ff., der in diesen Schilderungen einen deutlichen Reflex polyandrischer Sitte wahrnehmen möchte, deren Regelwerk durch die klassischen Gewährsleute nicht recht erkannt worden sei.

63 Rosellini/Said 1978, 996f., stellen hingegen den effeminierten Charakter der Agathyrsen heraus und diese den von Herodot zuvor behandelten wilden Taurern (IV 103) gegenüber. Die einen verkörpern demnach eine von interner Solidarität getragene „weibliche", die anderen eine von Haß und Feindschaft nach außen geprägte virile Welt.

64 Herodot biete in diesem Fall „clearly a sophisticated, moralizing justification" des Brauchs der Frauengemeinschaft; Hadas 1935, 121. Said 1985 sieht dagegen idealisierende Züge im Bild der Wilden erst unter kynisch-frühstoischem Einfluß ausgebildet und spricht Herodots Bild der Frauengemeinschaft solche Züge generell ab; bes. ebd. 148. – Pembroke 1967/1992, 103f., möchte hinter der vermeintlichen Frauengemeinschaft ein nichtverstandenes System von Verwandtschaftsbezeichnungen sehen, in dem Termini, die den Außenstehenden (Griechen) physische Verwandtschaft suggerieren, auf soziale Beziehungen angewandt wurden.

65 Vgl. dazu Bichler 1995, 155ff; zum Ideal der Reduktion von Familie, Privateigentum und Staat in der griechischen Utopie generell vgl. Dawson 1992; zur Entwicklung des Bildes der Frauengemeinschaft in der nachklassischen und hellenistischen Ethnographie vgl. Said 1985. Über die *Ekklesiazusen* handelt I. Weiler in diesem Band 151ff. ; vgl. ebd. 156ff. auch die ausführlicheren Darlegungen über die Rolle der Frauen in Platons staatstheoretischen Schriften.

66 Geographisch gesehen sind die Sauromaten nur vage verortet: Einmal werden sie drei Tagesreisen östlich vom Tanais und drei weitere nördlich vom Maietis-See angesiedelt (IV 116,1); das anderemal in einem fünfzehn Tagesreisen tiefen Landstreifen gleich jenseits des Tanais, der sich von der Spitze des Maietis-Sees nach Norden zieht (IV 21).

67 Text und Übersetzung bei Jacques Jouanna (Hrsg.), Hippocrate II 2: Airs, eaux, lieux. Texte établi et traduit, Paris 1996.

68 Vgl. dazu eingehend O. Wenskus in diesem Band 175ff.

69 „...une telle inversion du masculin et du féminin...semble constituer pour l'historien (scil. Hérodote) une sorte de limite qu'il n'ose pas penser, alors même qu'elle s'inscrit dans la logique de son discours"; Rosellini/Said 1978, 1001. Die Umkehrung des Amazonen-Mythos zur Etablierung feministisch-utopischer Perspektiven ist eine späte Entwicklung, die im neunzehnten Jahrhundert einsetzt; vgl. dazu Klarer 1991, 122f.

70 Dazu gehört freilich (noch) nicht die Sitte, den kleinen Mädchen die rechte Brust auszubrennen, wovon die *Umweltschrift* bezüglich der Sauromaten handelt (XVII 3). Vgl. dazu O. Wenskus in diesem Band 177f.

71 Den bösartigen Witz, den Herodot mit seiner Anspielung auf die alten Jungfern macht, die solcherart keinen Mann gefunden haben (IV 117), mag man mit seinem Spott über die peinliche Lage der an körperlichen Reizen benachteiligten Frauen angesichts der Verpflichtung zur „kultischen" Prostitution in Babylon vergleichen (I 199,5). Allerdings gibt sich Herodot bescheidener als die *Umweltschrift*, nach der das Töten dreier Feinde ins Pflichtprogramm der unverheirateten Sauromatin gehört (XVII 2). Zur mutmaßlichen

Realität hinter den durch den Amazonen-Mythos aufgeladenen Schilderungen Herodots und der Umweltschrift vgl. O. Wenskus in diesem Band 176ff.; vgl. dazu auch die a.o. Anm. 24 zitierte Arbeit der Verf. über „Amazonen zwischen Mythos und Ethnographie".

72 Smirnow 1966/1979 betont, daß sich in dem den antiken Sauromaten zugeschriebenen Gebiet östlich des Don mehr Waffengräber von Frauen fanden als im skythischen Gebiet, nämlich ein Anteil, der „bis zu 20 Prozent aller Waffengräber" betrage; doch dürfe man aus diesem Zeichen weiblichen Anteils am wehrhaften Nomadenleben nicht auf ein Matriarchat schließen; ebd. 68ff., bes. 70.

73 Mehr zur angeblichen Lebensweise der Sauromaten-Frauen bei O. Wenskus in diesem Band 176ff. Vgl. auch Bichler 1995, 111f.

74 Vgl. zu deren Funktion Bamberger 1974.

75 Herodot nennt neben diesen Garamanten, die im Land der wilden Tiere hausen (IV 174), jenes weit bedeutendere Volk gleichen Namens, das die westliche Nachbaroase von Augila bewohnt (IV 183). Diese letztgenannten Garamanten sind keineswegs friedfertig, machen sie doch mit ihren Viergespannen Jagd auf die aithiopischen Höhlenmenschen (IV 183,4).

76 Graßl 1991, 51f., stellt die Argippaier mit ihren „utopische(n) Züge(n)" als Repräsentanten dauerhaft gedachter, unbewaffneter Neutralität in den Rahmen einer Geschichte der Neutralitäts-Idee.

77 Die Skythen, die in Geschäftssachen bis zu ihnen vordringen, benötigen nach dem Diktum Herodots sieben Dolmetscher für sieben Sprachen (IV 24). Vgl. dazu Fehling 1989, 100 und 226.

78 Rosellini/Said 1978, 995, betonen dementsprechend die Nähe von Argippaiern und Issedonen. Beide stellen einen Fall weitgehender Aufhebung der Geschlechtsunterschiede dar. Dewald 1981 wertet Herodots Schilderung m.E. zu frauenfreundlich: „...clearly, however, Herodotus does emphasize the possibility that societies in which the roles of men and women are virtually symmetrical can meet basic cultural requirements in a fully satisfactory fashion"; ebd. 104.

79 Das Prädikat ἰσοκρατέες für die Gleichrangigkeit von Frauen und Männern bei den Issedonen (IV 26,2) stellt ein *hapax legomenon* in den Historien dar.

80 In ähnlicher Weise zeigt sich Herodot offensichtlich bemüht, in seinen Geschichtserzählungen das Thema des Frauenaufstands (und der vorübergehenden Gynaikokratie) zu meiden, ein Thema, das ihm von der attischen Komödie her ebenso sehr bewußt sein konnte wie von Seiten der mythographischen Tradition. Bezeichnend dafür ist die Episode vom Interregnum im Land der Skythen, während diese über Asien herrschten (IV 1-4). Da ließen sich die Frauen mit den Sklaven ein und gebaren ihnen Söhne (IV 1,3). Die wuchsen zu Herren heran, wurden später aber von den zurückkehrenden Männern mit der Peitsche dazu gebracht, wieder die „normalen" Verhältnisse von Herr und Knecht zu akzeptieren. Politisch aktiv wirken die Frauen in dieser Geschichte, die das Thema der Rechtsposition von Kindern unfreier Väter variiert, nicht. – Im Gegenstück, das die Geschichte von Argos liefert, nützen die Unfreien die großen Bürger-Verluste in der Schlacht bei Sepeia, um die Herrschaft zu übernehmen, bis die Söhne der Gefallenen herangewachsen waren und die Sklaven vertrieben. Die Frauen spielen in Herodots lapidarem Bericht scheinbar gar keine Rolle (VI 83,1). Doch läßt noch ein Orakelspruch erkennen, daß das Thema der Rollenumkehr im Hintergrund bewußt war: Der Spruch, der das Unheil für Argos angekündigt hatte, verhieß nämlich ausdrücklich den Sieg des Weiblichen über das Männliche als die Voraussetzung dieses schmachvollen Geschicks

(VI 77,2). – Vgl. dazu und zu weiteren Parallelen in der Verknüpfung von Frauenaufstand und Herrschaft der Nicht-Ebenbürtigen in der griechischen Tradition Vidal-Naquet 1970/1989, 187ff. Vgl. auch Dewald 1981, 97ff. bes. 99.; sie spricht von „Herodotus' resistance to traditional fantasies of gynocraticy". Zum Datum und zu den Folgen der Schlacht bei Sepeia vgl. Gehrke 1985, 25f. mit Anm. 6-7, 361ff. – Zum Thema männlicher Ängste vor einem Frauenaufstand in Herodots Zeit vgl. auch Schmal in diesem Band.

81 Vgl. dementsprechend Rosellini/Said 1978, 978. – Bei Aristoteles kehrt diese ethnographische Symbolsprache für dubiose sexuelle „Leistungen" auf den Kampf der Männer bezogen wieder: Karthagische Männer erhalten so viele Ringe, wie sie Feldzüge mitmachten; iberische Männer befestigen soviele Stäbe ums Grab, wie sie Feinde getötet haben; Politika VII 1324 b.

82 Varianten des Motivs, die den Ehrgeiz der Frauen, dem Mann in den Tod nachfolgen zu dürfen, am Beispiel der Inder herausstellen, bieten etwa Diodor (XIX 33f.) und Valerius Maximus (II 6,14). Vgl. dazu Sieberer 1995, 154 Anm. 236. In der griechischen Welt stellt der heroische Selbstmord der Witwe am Scheiterhaufen des gefallenen Gatten eine umwälzende Tat dar. Vgl. Euadnes' Tod in den *Hiketiden* des Euripides (V. 1057); dazu Aigner 1982, 99ff. – Hughes 1991, 9, betont den brutalen Charakter der von Herodot geschilderten Witwentötung und glaubt nicht, daß ihr Herodot mit seiner Wortwahl einen rituellen Anstrich geben wollte.

83 Die *Dissoi Logoi* übertragen das Bild auf die Makedonen; vgl. Diels Kranz Nr. 90 2,12. Vgl. dazu Pembroke 1967/1992, 113.

84 Diese Topik trägt wesentlich dazu bei, die Fremdheit der persischen Welt zu markieren. Vgl. zur Entwicklung des neuzeitlichen Haremsklischees Schnurr-Redford 1996, 15-56, bes. 48ff. Es geht dabei um ein *compositum mixtum* aus dem Bild orientalischer Haremstradition und jüdisch-christlicher wie zuvor klassisch-antiker Idealnormen, die die Frau von Stand an ihre häuslichen Pflichten binden sollen. – Vgl. für Kritik am Harems-Klischee als Folie zur Bestimmung des Status der Frauen im klassischen Athen auch Wagner-Hasel 1988, 25ff.

85 Die archäologisch faßbaren Realitäten der Gefolgschaftsbestattung in den weitläufig den Skythen zugeordneten Gebieten zeigen gegenüber Herodots Schilderung eine wesentlich geringere Intensität, dafür aber eine hohe geographische Streuung der generalisierten Sitte, und es lassen sich deutlich weniger an Mitbestattungen von – möglicherweise erdrosselten – Menschen, dafür aber in einzelnen Fällen extrem hohe Zahlen an „mitbestatteten" Pferden nachweisen. Vgl. die Übersichtsdarstellungen bei Haider 1974, 90ff.; Rolle I 1 1979, 80ff.

86 Vgl. Hartog 1980, bes. 207ff. zur Frage des Nomadismus in Herodots Wahrnehmung.

87 Zur Tendenz von Herodots Bild persischer Polygamie vgl. die kritischen Bemerkungen bei Pembroke 1967/1992, 96f.

88 Vgl. zur kontroversen Frage der faktischen Bedeutung von Eunuchen am persischen Hof Grayson 1995, 88f.

89 Dazu ist der sexuell derbe Witz gut geeignet. Ein schlagendes Beispiel liefert die Anekdote vom erblindeten König Pheros, der nur durch den Urin einer treuen Frau geheilt werden konnte und eine solche nur mit größter Mühe fand (II 111). Vgl. zur Topik Aly ²1969, 66.

90 Vgl. dazu bes. Burkert 1985.

91 Als Beispiel einer indirekten Kulturkritik durch den Verweis auf eine abnorm wirkende Sexualpraxis wirkt auch Herodots Feststellung, man habe in Ägypten die Sitte eingeführt, die Leichen schöner und vornehmer Frauen erst

dann mumifizieren zu lassen, wenn sie ein paar Tage abgelegen sind, um dadurch nekrophilen Begierden vorzubeugen (II 89). Der böse Witz geht dabei zu Lasten der unattraktiven Frauen. Das paßt zum „Babylonischen Heiratsmarkt" und ähnlichen Erzählstücken. Das Motiv der Nekrophilie kehrt in der Geschichte von Periandros und Melissa als charakteristisches Delikt von Gewaltherrschern wieder (V 92 ê).

92 Zum traditionsbeladenen Begriff des ἱερὸς γάμος und seiner spärlichen Grundlage in den griechischen Quellen vornehmlich mythisch-poetischer Art siehe Nilsson I 31967, 120ff.; Burkert 1977, 176ff.

93 Der von Herodot geschilderte Brauch ist dubios. Gesichert scheint, daß – passend zu Herodot I 181,5 – die Ausstattung des Hochtempels in Babylon nach dem Zeugnis der Esagil-Tafel (Z. 31 und 34) auch einen Raum mit Liegebett und Thron umfaßte; vgl. George 1992, 117. – Panitschek 1986 stellt die Rolle der Gottesgemahlin des Amun in Theben heraus und rechnet mit einer Übertragung auf Babylon, obwohl Herodot im Ägyptischen Logos die Funktion der Gottegemahlin des Amun gar nicht erwähnt. Für Babylon stellt Panitschek jeden Bezug auf eine Heilige Hochzeit oder eine symbolische Vermählung zweier Gottheiten in Abrede.

94 Auch der apokryphe Jeremias-Brief (V. 42f.) hebt diesen Zug an der rituellen Prostitution der babylonischen Frauen hervor, allerdings in tadelnder Weise: Die „Erwählte" verhöhnt die neben ihr noch am Wegrand sitzende und wartende Nachbarin. Der Verfasser steht sichtlich unter dem Eindruck der herodoteischen Schilderung. Vgl. zu deren Rezeptionsgeschichte Wilhelm 1990. Bei Wilhelm findet sich auch eine Übersicht über die altorientalischen Textstellen, die in der Diskussion um die angebliche Tempelprostitution eine entscheidende Rolle spielen. „Kann demnach an einer vom Tempel organisierten Prostitution in Babylonien kurz vor der Mitte des 2. Jahrtausends kein Zweifel mehr sein, so hat doch die Verwendung der Begriffe „Kultprostitution", „prostitution sacrée" damit noch keine Begründung"; so Wilhelm ebd. 516. Lambert 1992, 132ff., konstatiert zwar für Mesopotamien ein allgemeineres „involvement of prostitution" in den Kult der Ischtar-Inanna, hält dieses „involvement" aber für vielfach nur recht locker. Auch erklärt er dezidiert, daß sich für Herodots Zeugnis keine einzige keilschriftliche Bestätigung finden lasse. Trotzdem möchte er es nicht in Zweifel ziehen; vgl. bes. ebd. 136f. Zu größerer Skepsis mahnen die Darlegungen bei Rollinger 1993; vgl. bes. 181 Anm. 657.

95 Das Phänomen ist schon aus der pseudohippokratischen *Umweltschrift* bekannt. Die dort Anarier genannte Gruppe von Männern wird als Sonderfall eines allgemeinen Zustands bei den Skythen betrachtet. Kälte und Feuchtigkeit des Landes reduzieren die Empfängnisbereitschaft der Frauen, was sich auch in Zyklus-Störungen auswirkt. Zugleich schwächen diese Klimafaktoren die Potenz der Männer, denen auch noch das dauernde Reiten zu schaffen macht. Die Anarier sind nun überhaupt impotent, haben eine weibliche Stimme und verrichten Frauenarbeit. Sie werden aber als von einer Gottheit gezeichnet besonders verehrt. Das findet der Autor unrichtig, da alle Naturvorgänge gleichermaßen göttlich gewirkt sind (XXI-XXII). Die Möglichkeit, in den eunuchenhaften Anariern Opfer einer medizinisch klar klassifizierbaren Stoffwechselkrankheit zu sehen, debattiert O. Wenskus in diesem Band 180.

96 Die klassische Interpretation des Phänomens der Enareer als transsexueller Schamanen dankt sich Meuli 1935/1982, 464ff. Eine fundamentale Kritik der Meulischen These, die in eine Kritik der Kontamination von Pythagoreismus und Schamanismus eingebettet ist, bietet Zhmud 1997, 107ff. bes. 111ff.

– Einen wichtigen Zugang zur Erklärung der Enareer-Tradition erschließt möglicherweise die Konzeption der orientalischen Ischtar. Die unterschiedlichen Aspekte ihrer Verehrung umfassen nämlich sowohl spezifisch weibliche wie auch spezifisch männliche Aspekte. Zudem werden ihr spezielle Kultdiener zugeschrieben, die eine rituelle Transvestition durchführen. Ischtar erscheint dabei ausdrücklich mit der Macht ausgestattet, zum Schrecken für die Menschen aus einem Mann eine Frau zu machen. Vgl. dazu *en detail* Groneberg 1986. – Die Vorstellung von der Verwandlung eines Mannes in ein weibliches Wesen war auch dem griechischen Mythos durchaus vertraut, wie die Teiresias-Sage lehrt. Vgl. Schwenn 1934, Sp. 129ff., bes. Sp. 130 in Bezug auf die pseudohesiod'sche Melampodie (vgl. u.a. Apollodors Bibliothek III 69ff.).

97   Als Gegenstück läßt sich auch die physische Vermännlichung der Frau als ein Kuriosum im rituell-kultischen Ambiente des Orients, diesfalls in der südwestkleinasiatischen Nachbarschaft der Griechen, konstatieren: Der Athene-Priesterin im karischen Pedasos soll in gefährlichen Situationen ein langer Bart wachsen (I 175). Das soll schon zweimal bzw. dreimal geschehen sein (VIII 104; I 175). In diesem Zusammenhang darf auf die orientalische Vorstellung von der bärtigen Ischtar verwiesen werden; vgl. dazu Groneberg 1986, 30ff.

98   Daß Herodot irrigerweise den Phoinikern und den Syriern in Palästina die Sitte der Beschneidung zuschreibt (II 104,3), ermutigte Flavius Josephus zur These, daß Herodot eigentlich die Juden gemeint haben müsse; contra Apionem I 171; vgl. dazu Armayor 1980, 65.

99   Die ominösen Stelen machten Eindruck. Manetho respektive seine chronographischen Exzerptoren hoben sie und die sagenhafte Reichweite von Sesostris' Eroberungszügen durch ganz Asien und bis Thrakien hervor; vgl. F 34-36 Waddell. Herodots Darstellung und seine Autopsiebehauptung (II 106,1) problematisieren eingehend Armayor 1980, 63ff., und West 1985, 298ff.

100   Wenn der greise Oidipus klagt, daß in seiner Familie solche ägytischen Bräuche herrschen – Sophokles, Oidipus auf Kolonos 337ff. –, so trifft der Tadel die Söhne, nicht deren Schwestern, die in ihrer Freiheit durchaus positiv gewertet sind; vgl. zum Kontext der Stelle Schnurr-Redford 1996, 168f.; Wenskus 1997, 25.

101   Da Ausscheidung und Nahrungsaufnahme eng verbunden und die diesbezüglichen Sitten stark tabuisiert sind, nimmt es nicht wunder, daß sich in Herodots Vorstellung mit den geschlechtstypischen Verrichtungen der Notdurft auch die Zuordnungen zu den Bereichen des Öffentlichen und des Privaten umkehren: Die Ägypter verrichten ihre Notdurft daheim im Haus, zum Essen aber halten sie sich im Freien auf. Das wird mit einer klugen Sentenz plausibel gemacht: Das Häßliche, aber Notwendige soll man demnach im Verborgenen tun, was nicht unanständig ist, vor aller Augen (II 35,3).

102   Aristophanes hat in den *Ekklesiazusen* den „demokratischen" Ausgleich dieses Mißverhältnisses durch Zwang ad absurdum geführt. Asheri I 1988, 380, weist im Zusammenhang mit dem Heiratsmarkt – „Nessun uso del genere è attestato altrove in Babylonia" – auf die Ideen des Phaleas von Chalkedon zur sukzessiven Ausgleichung der Besitzverhältnisse auf dem Wege von Mitgiftregelungen (Aristoteles, Politika 1266 a 39 – 1266 b 5). Vgl. dazu Bichler 1995, 105ff. (zu den Ekklesiazusen) und 142ff. (zu Phaleas).

103   Vgl. zur Position Bachofens in der Geschichte der Konzeption vom Ursprung der (patriarchalen) Familie in der Disskussion des 19. Jahrhunderts Nippel 1990, 102ff. Vgl. auch I. Weiler in diesem Band 131ff.

104   Pembroke 1965 hat die Bedeutung der lykischen Termini erörtert, die sich auf verwandtschaftliche Beziehungen über die mütterliche Linie erstrecken

48

und die bisweilen gar nicht so unterschiedlichen griechischen Verhältnisse dagegengestellt. Seine Resultate sollten davor bewahren, in einer klischeehaft-unpräzisen Weise letztere als „patriarchal" einer „matriarchalen" lykischen Welt gegenüberzustellen. Das Resümee: „When the Greeks were asked to identify themselves, they did not say who their uncles were, but there is no sign that they regarded marriage as necessitating an absolute break with the womans's family either. If the structure of a Lycian familiy was not identical to that of a Greek one, it was a good deal closer to it than to the Antipodes presented by Herodotus"; ebd. 247. Darauf beziehen sich auch Rosellini/Said 1978, 951. Pembroke 1967/1992, 116ff., bes. 129ff., möchte vor allem den Hintergrund für das in dieser Form unzutreffende Bild über die Matrilinearität der Lykier erhellen und geht dabei dem Komplex von Vorstellungen über unkontrollierte weibliche Macht über Geburt und Deszendenz sowohl in der vermeintlichen eigenen (mythischen) Vergangenheit der Griechen wie in ihrem Bild der fremden Welt nach. Auffallenderweise schreibt Pembroke den um verschiedene Formen eingeschränkter Promiskuität kreisenden Schilderungen Herodots tendenziell einen authentischen Wahrnehmungskern zu, der nur verformt wurde, während er rund um das Thema der Matrilinearität der Lykier stärker auf Projektionen rekurriert; vgl. einerseits ebd. 103ff., andererseits 114ff. und 129ff. „Bei der Lektüre seines Beitrags gewinnt man...den Eindruck, daß die Grenze zwischen Imaginärem und Wirklichem beliebig verschiebbar ist", kritisiert Wagner Hasel 1989/1992, 330. Vidal-Naquet 1970/1989, 186, interpretiert Herodots Lykier-Bild als Projektion einer verkehrten Welt, die ihrerseits die eigene Identität bestärken soll: „Ob es sich um Amazonen oder Lykier handelt, die griechische *polis* hat sich in den Darstellungen ihrer Historiker und Ethnographen durch die Umkehrung als Männerbund dargestellt".

105 Text und Kommentar zu den entsprechenden Bestimmungen im Recht von Gortyn (Inscriptiones Creticae IV 72 VI,55 – VII,10) bei Koerner 1993, Nr. 172, ebd. 515ff. (mit sinnentstellender Auslassung einer Zeile in der Übersetzung). Eheliche Verbindungen eines Freien mit einer Unfreien figurieren in den Bestimmungen nicht. Sie galten sicherlich als Konkubinat.

106 Das Bürgerrechtsgesetz von 451/50 legte fest, daß nur mehr Bürgerrecht erhält, wessen beide Eltern Bürgerrecht haben; Haupt-Quelle: *Athenaion Politeia* 26,4. Dadurch konnten nicht mehr Kinder einer fremden Frau, ein Bürger geheiratet hatte, Athener werden; Kinder, die somit nicht in die Bürgerlisten eingetragen werden konnten, erhielten aber einen Status wie illegitime Kinder; vgl. dazu Bleicken²1994, 346f., 562f.

Literaturverzeichnis

Aigner 1982 = H. Aigner, Der Selbstmord im Mythos. Betrachtungen über die Einstellung der Griechen zum Phänomen Suizid von der homerischen Zeit bis in das ausgehende 5. Jahrhundert v. Chr. (Publikationen des Instituts für Alte Geschichte und Altertumskunde der Karl-Franzens-Universität 2) Graz 1982.

Aly 1969 = W. Aly, Volksmärchen, Sage und Novelle bei Herodot und seinen Zeitgenossen. Eine Untersuchung über die volkstümlichen Elemente der altgriechischen Prosaerzählung (1921), Göttingen ²1969.

Armayor 1980 = O. K. Armayor, Sesostris and Herodotus' Autopsy of Thrace, Colchis, Inland Asia Minor, and the Levant, Harvard Studies in Classical Philology 84, 1980, 51-74.

Asheri 1990 = D. Asheri, Erodoto. Le Storie. Libro I (Introduzione e commento) Mailand 1988.

Asheri 1990 = D. Asheri, Herodotus on Thracian Society and History, in: Hérodote et les peuples non grecs (Entretiens sur l' Antiquité Classique 35) Genf 1990, 131-163.

Bamberger 1974 = J. Bamberger, The Myth of Matriarchy: Why Men Rule in Primitive Society, in: M. Z. Rosaldo/L. Lamphere (Hrsg.), Women, Culture and Society, Stanford 1974, 263-280.

Baudy 1996 = G. Baudy, Der Thesauros des Rhampsinit. Ein religionswissenschaftlicher Deutungsversuch zu Herodot 2, 121-123, in: Athenaika. Festschr. C. W. Müller, Stuttgart/Leipzig 1996, 1-20.

Baumgartner 1959 = W. Baumgartner, Herodots babylonische und assyrische Nachrichten, in: W. Baumgartner, Zum Alten Testament und seiner Umwelt, Leiden 1959, 282-331.

Berve 1967 = H. Berve, Die Tyrannis bei den Griechen, 2 Bde., München 1967.

Bichler 1985 = R. Bichler, Die „Reichsträume" bei Herodot. Eine Studie zu Herodots schöpferischer Leistung und ihre quellenkritische Konsequenz, Chiron 15, 1985, 125-147.

Bichler 1988 = R. Bichler, Der Barbarenbegriff des Herodot und die Instrumentalisierung der Barbaren-Topik in politisch-ideologischer Absicht, in: I. Weiler/H. Graßl (Hrsg.), Soziale Randgruppen und Außenseiter im Altertum, Graz 1988, 117-128.

Bichler 1995 = R. Bichler, Von der Insel der Seligen zu Platons Staat. Geschichte der antiken Utopie I (Alltag und Kultur im Altertum 3) Wien 1995.

Binder 1964 = G. Binder, Die Aussetzung des Königskindes. Kyros und Romulus (Beiträge zur Klassischen Philologie 10) Meisenheim am Glan 1964.

Bleicken 1994 = J. Bleicken, Die athenische Demokratie, Paderborn/München/Wien/Zürich ²1994

Brandt 1997 = H. Brandt, Herakles und Peisistratos, oder: Mythos und Geschichte. Anmerkungen zur Interpretation vorklassischer Vasenbilder, Chiron 27, 1997, 315-334

Brosius 1996 = M. Brosius, Women in Ancient Persia. 559-331 BC, Oxford 1996.

Burkert 1990 = W. Burkert, Demaratos, Astrabakos und Herakles.

Königsmythos und Politik zur Zeit der Perserkriege (Herodot 6,67-69) (1965), in: Burkert, Wilder Ursprung. Opferritual und Mythos bei den Griechen, Berlin 1990, 86-95.

Burkert 1972 = W. Burkert, Homo Necans. Interpretation altgriechischer Opferriten und Mythen, Berlin/New York 1972.

Burkert 1977 = W. Burkert, Griechische Religion der archaischen und klassischen Epoche, Stuttgart/Berlin/Köln/Mainz 1977.

Burkert 1985 = W. Burkert, Herodot über die Namen der Götter: Polytheismus als historisches Problem, Museum Helveticum 42, 1985, 121-132.

Burkert 1990 = W. Burkert, Herodot als Historiker fremder Religionen, in: Hérodote et les peuples non grecs (Entretiens sur l' Antiquité Classique 35) Genf 1990, 1-32.

Cobet 1971 = J. Cobet, Herodots Exkurse und die Frage der Einheit seines Werkes (Historia Einzelschriften 17) Wiesbaden 1971.

Cobet 1977 = J. Cobet, Wann wurde Herodots Darstellung der Perserkriege publiziert?, Hermes 105, 1977, 2-27.

Dawson 1992 = D. Dawson, Cities of the Gods. Communist Utopias in Greek Thought, New York/Oxford 1992.

Demandt 1972 = A. Demandt, Die Ohren des falschen Smerdis, Iranica Antiqua 9, 1972, 94-101.

Dewald 1981 = C. Dewald, Women and Culture in Herodotus' Histories, in: H. P. Foley (Hrsg.), Reflections of Women in Antiquity, New York/London/Paris 1981, 91-126.

Dillery 1992 = J. Dillery, Darius and the Tomb of Nitocris (Hdt. 1.187), Classical Philology 87, 1992, 30-38.

Erbse 1992 = H. Erbse, Studien zum Verständnis Herodots (Untersuchungen zur antiken Literatur und Geschichte 38) Berlin/New York 1992.

Fehling 1989 = D. Fehling, Herodotus and his „Sources". Citation, Invention and Narrative Art, übers. v. J.G. Howie, Leeds 1989.

Flory 1987 = Flory, The Archaic Smile 1987

Friedrich 1973 = W. H. Friedrich, Der Tod des Tyrannen. Die poetische Gerechtigkeit der alten Geschichtsschreiber – und Herodot, Antike und Abendland 18, 1973, 97-129.

Frisch 1968 = P. Frisch, Die Träume bei Herodot (Beiträge zur Klassischen Philologie 27), Meisenheim am Glan 1968.

von Fritz 1967 = K. v Fritz, Die Griechische Geschichtsschreibung I: Von den Anfängen bis Thukydides, 2 Bde., Berlin 1967.

Gammie 1986 = J. G. Gammie, Herodotus on Kings and Tyrants: Objective Historiography or Conventional Portraiture?, Journal of Near Eastern Studies 45, 1986, 171-185.

Gehrke 1985 = H.-J. Gehrke, Stasis. Untersuchungen zu den inneren Kriegen in den griechischen Staaten des 5. und 4. Jahrhunderts v. Chr. (Vestigia 35) München 1985.

Gehrke 1994 = H.-J. Gehrke, Mythos, Geschichte, Politik – antik und modern, Saeculum 45, 1994, 239-264.

George 1992 = A.R. George, Babylonian Topographical Texts (Orientalia Lovaniensia Analecta 40), 109-119.

Georges 1994 = P. Georges, Barbarian Asia and the Greek Experience. From the Archaic Period to the Age of Xenophon, Baltimore/London 1994.

Graßl 1991 = H. Graßl, Probleme der Neutralität im Altertum, Tyche 6, 1991, 51-59.

Gray 1995 = V. Gray, Herodotus and the Rhetoric of Otherness, American Journal of Philology 116, 1995, 185-211.

Grayson 1995 = A. K. Grayson, Eunuchs in Power, in: M. Dietrich/O. Loretz (Hrsg.), Vom Alten Orient zum Alten Testament. Festschr. W. v. Soden (Veröffentlichungen zur Kultur und Geschichte des Alten Orients und des Alten Testaments 240) Neukirchen-Vluyn 1995, 85-98.

Griffiths 1987 = A. Griffith, Democedes of Croton: A Greek Doctor at the Court of Darius, in: H. Sancisi-Weerdenburg/A. Kuhrt (Hrsg.), Achaemenid History II: The Greek Sources, Leiden 1987, 37-51.

Groneberg 1986 = B. Groneberg, Die sumerisch-akkadische Inanna/Ischtar: Hermaphroditos?, Die Welt des Orients 17, 1986, 25-46.

Hadas 1935 = M. Hadas, Utopian Sources in Herodotus, Classical Philology 30, 1935, 113-121.

Haider 1974 = P. Haider, Gefolgschaftsbestattung in universalhistorischer Sicht, in: F. Hampl/I. Weiler (Hrsg.), Kritische und vergleichende Studien zur Alten Geschichte und Universalgeschichte (Innsbrucker Beiträge zur Kulturwissenschaft 18) Innsbruck 1974, 89-120.

Hampl 1979 = F. Hampl, „Denkwürdigkeiten" und „Tatenberichte" aus der Alten Welt als historische Dokumente. Ein Beitrag zur Glaubwürdigkeit von Selbstdarstellungen geschichtlicher Persönlichkeiten, in: I. Weiler (Hrsg.), Geschichte als kritische Wissenschaft III, Darmstadt 1979, 167-220.

Hartog 1980 = F. Hartog, Le miroir d'Hérodote, Paris 1980.

Hughes 1991 = D. D. Hughes, Human Sacrifice in Ancient Greece, London/New York 1991.

Kipp 1990 = G. Kipp, Die Entstehung von Pflanzenbau und Viehzucht nach den Vorstellungen der Antike. Beiträge zum entwicklungsgeschichtlichen Denken der Alten, besonders der Griechen, maschinschr. Habilitationsschrift, 2 Bde., Innsbruck 1990.

Klarer 1991 = M. Klarer, Frau und Utopie. Zur antiken Tradition moderner Frauenutopien, Arcadia. Zeitschrift für Vergleichende Literaturwissenschaft 26, 1991, 113-140.

Koerner 1993 = R. Koerner (Hrsg.), Inschriftliche Gesetzestexte der frühen griechischen Polis, (Akten der Ges. f. griech. u. hellenist. Rechtsgeschichte 9) Köln/Weimar/Berlin 1993.

Köhnken 1980 = A. Köhnken, Herodots falscher Smerdis, Würzburger Jahrbücher 6a, 1980, 39-50.

Lambert 1992 = W. G. Lambert, Prostitution, in: V. Haas (Hrsg.), Außenseiter und Randgruppen. Beiträge zu einer Sozialgeschichte des Alten Orients (Xenia 32) Konstanz 1992, 127-157.

Lesky 1959 = A. Lesky, Aithiopika, Hermes 87, 1959, 27-38.

Lewis 1980 = B. Lewis, The Sargon Legend: A Study of the Akkadian Text and the Tale of the Hero Who Was Exposed at Birth, Cambridge MA, 1980.

Lloyd 1976 = A. B. Lloyd, Herodotus. Book II. Commentary 1-98, Leiden 1976.

Lloyd 1988 = A. B. Lloyd, Herodotus. Book II. Commentary 99-182, Leiden/New York/Kopenhagen/Köln 1988.

Meuli 1982 = K. Meuli, Scythica (Hermes 70, 1935, 121-176), auszugsweise in: W. Marg (Hrsg.), Herodot. Eine Auswahl aus der neueren Forschung, Darmstadt ³1982, 455-470.

Muller 1992 = C. W. Müller, Das Schatzhaus des Rhampsinit oder die Überlistung des Todes. Zu Herodots ägyptischer Reise und der Authentizität seiner Quellenangaben, in: C. W. Müller/K. Sier/J. Werner, Zum Umgang mit fremden Sprachen in der griechisch-römischen Antike (Palingenesia 36) Stuttgart 1992, 37-62.

Nilsson 1967 = M.P. Nilsson, Geschichte der griechischen Religion Bd. 1, München ³1967.

Nilsson 1974 = M.P. Nilsson, Geschichte der griechischen Religion Bd. 2, München ³1974.

Nippel 1990 = W. Nippel, Griechen, Barbaren und „Wilde", Frankfurt a. M. 1990.

Panitschek 1986 = P. Panitschek, Mesopotamische Religion bei Herodot. Die Frau auf dem Turm in Herodot I. 181.5 – 182.2, in: H. D. Galter (Hrsg.), Kulturkontakte und ihre Bedeutung in Geschichte und Gegenwart des Orients (Beiträge z. Grazer Morgenländ. Symposion) Graz 1986, 43-50.

Payen 1997 = P. Payen, Les Iles Nomades. Conquérir et résister dans l'Enquête d'Hérodote. Préface de Francois Hartog (École des Hautes Études en Sciences Sociales) Paris 1997.

Pembroke 1965 = S. Pembroke, Last of the Matriarchs: A Study in the Inscriptions of Lycia, Journal of the Economic and Social History of the Orient, 1965, 217-247.

Pembroke 1992 = S. Pembroke, Frauen in Vormachtstellung. Die Funktion von Alternativen innerhalb der frühgriechischen Überlieferung und die antike Vorstellung vom Matriarchat (engl. 1967), in: B. Wagner-Hasel (Hrsg.), Matriarchatstheorien der Altertumswissenschaft (Wege der Forschung 651) Darmstadt 1992, 92-148.

Redfield 1985 = J. Redfield, Herodotus the Tourist, Classical Philology 80, 1985, 97-118.

Rolle 1979 = R. Rolle, Totenkult der Skythen I: Das Steppengebiet, 2 Bde. (Vorgeschichtliche Forschungen 18 I,1-2) Berlin/New York 1979.

Rollinger 1993 = R. Rollinger, Herodots Babylonischer Logos. Eine kritische Untersuchung der Glaubwürdigkeitsdiskussion an Hand ausgewählter Beispiele (Innsbrucker Beiträge zur Kulturwissenschaft 84) Innsbruck 1993.

Rollinger 1998/99 = R. Rollinger, Der Stammbaum des achaimenidischen Königshauses oder die Frage der Legitimität der Herrschaft des Dareios, Archäologische Mitteilungen aus Iran und Turan 30, 1998/99, 153-207.

Rosellini/Said 1978 = M. Rosellini/S. Said, Usages de Femmes et autres *nomoi* chez les ‚sauvages' d'Hérodote. Essai de Lecture structurale, Annali della Scuola Normale Superiore di Pisa 8, 1978, 949-1005.

Said 1985 = S. Said, Usages de femmes et sauvagerie dans l'ethnographie grecque d'Hérodote à Diodore et Strabon, in: La femme dans le monde méditerranéen I. Antiquité (Travaux de la Maison de l'Orient 10) Lyon 1985 137-150.

Schmal 1995 = S. Schmal, Feindbilder bei den frühen Griechen, Frankfurt a. M. 1995.

Schmeja 1965 = H. Schmeja, Zu Herodot III 119. Spuren von Avunkulat im Vorderen Orient, Gymnasium 72, 1965, 203-207.

Schnurr-Redford 1996 = Ch. Schnurr-Redford, Frauen im klassischen Athen. Sozialer Raum und reale Bewegungsfreiheit (Antike in der Moderne) Berlin 1996.

Schuller 1985 = W. Schuller, Frauen in der griechischen Geschichte (Konstanzer Bibliothek 3) Konstanz 1985.

Schuller 1991 = W. Schuller, Die griechische Geschichtsschreibung der klassischen Zeit (1987), in: J. M. A. Nunez (Hrsg.), Geschichtsbild und Geschichtsdenken im Altertum, Darmstadt 1991, 90-112.

Schwarz 1991/2 = D. Schwarz, Die pervertierte Ordnung. Frauen in Herodots Historien, maschinschr. Diplomarbeit Innsbruck 1991/2.

Schwenn 1934 = F. Schwenn, RE VI A 1 (1934), Sp. 129ff.

Seel 1956 = O. Seel, Herakliden und Mermnaden (Navicula Chiloniensis. Festschr. F. Jacoby) Leiden 1956, 37-65.

Sieberer 1995 = W. Sieberer, Das Bild Europas in den Historien. Studien zu Herodots Geographie und Ethnographie Europas und seiner Schilderung der persischen Feldzüge (Innsbrucker Beiträge zur Kulturwissenschaft 96) Innsbruck 1995.

Strasburger 1982 = H. Strasburger, Herodot und das perikleische Athen (1959), in: W. Marg (Hrsg.), Herodot. Eine Auswahl aus der neueren Forschung, Darmstadt ³1982, 574-608.

Smirnow 1979 = A. P. Smirnow, Die Skythen, Dresden 1979 (russ. 1966).

Stahl 1987 = M. Stahl, Aristokraten und Tyrannen im archaischen Athen. Untersuchungen zur Überlieferung, zur Sozialstruktur und zur Entstehung des Staates, Wiesbaden 1987.

Stoessl 1959 = F. Stoessl, Herodots Humanität, Gymnasium 66, 1959, 477-490.

Vidal-Naquet 1989 = P. Vidal-Naquet, Sklaverei und Frauenherrschaft in Überlieferung, Mythos und Utopie (franz. 1970), erw. in: Vidal-Naquet, Der schwarze Jäger, Frankurt a. M./New York 1989, 182-198.

Wagner-Hasel 1988 = B. Wagner-Hasel, „Das Private wird politisch". Die Perspektive „Geschlecht" in der Altertumswissenschaft, in: U. A. J. Becher/J. Rüsen (Hrsg.), Weiblichkeit in geschichtlicher Perspektive: Fallstudien und Reflexionen zu Grundproblemen der historischen Frauenforschung (suhrkamp 725) Frankfurt a. M. 1988,11-50.

Wagner-Hasel 1992 = B. Wagner-Hasel, Rationalitätskritik und Weiblichkeitskonzeptionen. Anmerkungen zur Matriarchatsdiskussion in der Altertumswissenschaft (1989), in: B. Wagner-Hasel (Hrsg.), Matriarchatstheorien der Altertumswissenschaft (Wege der Forschung 651) Darmstadt 1992, 295-373.

Wilhelm 1990 = G. Wilhelm, Marginalien zu Herodot Klio 199, in: Abusch/Huehnergard/Steinkeller (Hrsg.), Lingering over Words. Studies in Ancient Near Estern Literature. Festschr. W. L. Moran, Harvard Semitic Studies 37, Atlanta 1990, 505-524.

Wenskus 1997 = O. Wenskus, Das Haus als Bereich der Frauen und Tyrannen in der griechischen Tragödie, Philologus 141, 1997, 21-28.

West 1985 = St. West, Herodotus' Epigraphical Interests, Classical Quarterly 35, 1985, 278-305.

West 1991 = St. R. West, Pseudo-Smerdis' Ears, in: Georgica. Greek Studies in Honour of George Cawkwell, Bulletin of the Institute of Classical Studies of the University of London Suppl. 58, 1991, 176-181.

Wolff 1982 = E. Wolff, Das Weib des Masistes (1964), in: W. Marg (Hrsg.), Herodot. Eine Auswahl aus der neueren Forschung, Darmstadt ³1982, 668-687.

Zhmud 1997 = L. Zhmud, Wissenschaft, Philosophie und Religion im frühen Pythagoreismus (Antike in der Moderne) Berlin 1997.

Linda-Marie Günther

Geschlechterrollen bei Ammianus Marcellinus

Die ‚Römische Geschichte' des Ammianus Marcellinus ist zweifellos das bedeutendste spätantike Geschichtswerk in lateinischer Sprache, auch wenn von den *Res Gestae* der Kaiser Nerva bis Valens nur die letzten 18 Bücher, diejenigen über den Zeitraum ca. 350 bis 378 n.Chr., überliefert sind. Der aus dem syrischen Antiocheia gebürtige Autor steht in einer doppelten Tradition: Er ist mit seinem „Werk, das die Wahrheit berichtet"[1], sowohl der römischen wie der hellenischen Historiographie verpflichtet. Darüber hinaus beschreibt er die Regierungszeit der Kaiser Constantius II (337-361) bis Valens (364-378) nicht einfach als ‚Zeitzeuge', sondern als „ehemaliger Soldat und Grieche"[2], sozusagen als Augenzeuge an der Front, an den bedrohten Grenzen des Römischen Reiches. Von diesem spezifischen Standpunkt aus sind zum einen seine breiten Schlachtenschilderungen zu verstehen, zum anderen seine Darstellungen und Beurteilungen innerer Zustände. Nach Ammian waren Unfähigkeit und Korruption am Kaiserhof und in der Verwaltung verantwortlich für die beklagenswerte Lage des Imperium Romanum, das sich an seinen Grenzen endloser Scharen feindseliger Barbaren erwehren mußte[3].

Die *Res Gestae* schildern die mehr oder weniger angemessenen und entsprechend erfolgreichen Reaktionen der römischen Staatsmänner auf die mehr oder weniger permanente Bedrohung des Reiches an Rhein, Donau und gegen die Sassaniden im Osten. Da der ‚spätantike Tacitus' detailliert auf die römischen Feldzüge, Friedensschlüsse und sonstige Maßnahmen zur Konsolidierung in allen jenen Regionen eingeht und dabei auch die Situation bei den Reichsfeinden zumindest skizziert, bietet sein Werk Informationen über eben jene fremden Völkerschaften jenseits der Reichsgrenzen. Mehrere Exkurse widmet Ammian geographischen und ethnographischen Fragen[4], in deren Rahmen er – wie auch immer wieder im Kontext entsprechender militärischer Konfrontationen – „beiläufig...Mitteilungen über gesellschaftliche und kulturelle Zustände"[5] bei Germanen, Sarmaten, Goten usw. macht.

Die nach wie vor lebhaften althistorischen Diskussionen über seine Quellen, seine Glaubwürdigkeit, sein Geschichts- und Weltbild[6] beziehen auch gerade die ethnographischen Passagen ein. So führt beispielsweise eine Meinung die topische Gestaltung des Germanenbildes bei Ammian auf dessen Verzweiflung über die Ausweglosigkeit der allseits bedrohlichen Lage des römischen Reiches zurück[7]. Hier erhebt sich freilich die Frage, ob wirklich eine klischeehafte Darstellung der Germanen – wie ja auch anderer Barbaren – bei unserem Autor die Folge seiner – und eines guten Teils seiner Zeitgenossen – Resignation ist, oder ob nicht vielmehr umgekehrt aus der intensiven Traditionsgebundenheit der Gegnerwahrnehmung eine politische Perspektive resultiert, die keine ‚zukunftsweisenden Neuansätze‘[8], keine praktikablen Alternativen zur herkömmlichen Gestaltung der Reichssicherung zu sehen vermag.

Im Folgenden soll eben diese Frage erörtert werden, allerdings nicht durch detailierte Betrachtung des einen oder anderen Barbarenbildes etwa der Goten, der Hunnen –, sondern von den Phänomenen der Geschlechterrollen bei Ammian ausgehend. Dies mag umso überraschender erscheinen, als schon ein kurzer Blick auf die ethnographischen Passagen zeigt, daß dort kaum Informationen über spezifische Geschlechterrollen gegeben werden, da nämlich über die Frauen jener fremden Völker nur sehr wenig berichtet wird. Um gegebenenfalls diese Ignoranz zu bestimmten Intentionen in Beziehung setzen zu können, aber auch um das rudimentäre Barbarinnenbild mit dem der Römerinnen vergleichen zu können, ist nach den Geschlechterrollen bei Ammian im Allgemeinen zu fragen. Damit tangiert man sein vieldiskutiertes Menschenbild und seinen zeitkritischen Moralismus. Nach den grundlegenden Vorstellungen unseres Autors ist das Tun des Einzelnen, mag es auch von Personen seiner näheren Umgebung zum Guten wie zum Schlechten beeinflußt sein, abhängig von seiner Natur, mithin von den angeborenen *virtutes* und *vitia*[9]. So haben selbstredend Männer und Frauen unterschiedliche natürliche Vorgaben und Aufgaben. Daneben gibt es ein drittes, zwangsläufig widernatürliches Geschlecht: die Eunuchen. Während diese ‚Verschnittenen‘ infolge des gewaltsamen Eingriffs in ihre Natur dem Laster der *avaritia* bis zur Raubtierhaftigkeit hin verfallen können, sind die meisten Barbaren, von denen Ammian berichtet, ohnehin als Nomaden einer beutegierig-bestialischen Natur verhaftet. Somit scheint Geschlechterdifferenz dort irrelevant zu werden, wo Feinde der römischen Weltordnung als außerhalb menschlicher Zivilisation stehend definiert sind.

Im Folgenden soll zunächst zusammengestellt werden, in welchen Funktionen die von Ammian genannten Frauen in die Ereignisse eingebunden sind. Daran schließt sich eine entsprechende Auswertung von unmännlichem und ‚weibischem‘ Verhalten an, bevor die ethnographischen Passagen unter besonderer Berücksichtigung der Geschlechterrollen durchgegangen werden.

I

In vielen Fällen erwähnt Ammianus Marcellinus im Zuge seiner Schilderungen Frauen in eher beiläufiger Weise. So etwa ist vom Aberglauben alter Frauen[10], von heilkundigen alten Frauen[11], von einer geschändeten Jungfrau[12], von einer grausam ermordeten Schwangeren die Rede[13]; oder vom Wehklagen der Frauen in Nisibis bei der Vertreibung der römischen Zivilbevölkerung aus der an die Perser abgetretenen Stadt (im Jahr 363 n.Chr.)[14], ähnlich dem Wehklagen der Frauen im belagerten Leptis Magna[15] und dem der von den Goten versklavten Frauen in Thrakien[16]. Nur en passant hören wir von ehrwürdigen Damen (*matronae*), an deren Spenden sich christliche Bischöfe bereichern[17]. Auch, daß Kaiser Julian in Antiocheia einer Frau, die gegen einen Höfling prozessierte, Mut zusprach, ist nur eine marginale Erwähnung, auch wenn die Szene als Beispiel unter vielen für die *clementia* dieses Kaisers als Richter angeführt wird[18]. Auf dieselbe Tugend Julians sowie auf seine Keuschheit (*inviolata castitas*) hebt Ammian ab, wenn er erzählt, daß der Kaiser - wie einst Alexander der Große und auch Scipio Africanus - kriegsgefangene Mädchen unberührt ließ[19]. Selbst aus dem Lob des Autors auf die Keuschheit Julians im Nachruf[20] läßt sich über die Rolle von Frauen nur herauslesen, daß sie hier ganz traditionell als Objekte männlicher Sexualität gesehen sind und daß sie der *pudicitia* des Philosophen im Wege stehen durch die Herausforderung seiner Sinneslust[21].

Auf derselben moralisierenden Linie liegt auch die Kritik an mangelhafter *temperantia* und *castitas* des römischen Stadtpräfekten (von 368 n.Chr.) Olybrius[22] sowie des Höflings und Denunzianten Heliodor in Antiocheia[23].

Auch die Erwähnung von Frauen – Gattinnen, Witwen, Töchtern - des Kaiserhauses sind, so interessant sie im Einzelnen für bestimmte historische Situationen sein mögen, für unsere Fragestellung nur bedingt verwertbar[24]. Durchaus beiläufig vermerkt Ammian sodann auch gelegentlich, daß jemand bei seiner Flucht vor politischer (oder militärischer) Verfolgung von seiner Gattin begleitet wurde[25]. Neben den angeführten knappen Erwähnungen von Frauen verdient eine Gruppe von Berichten Beachtung, in denen Frauen eine offensichtliche Funktion für die erzählte Geschichte haben, nämlich insofern sie das Geschehen initiieren oder zumindest stark beeinflussen, und zwar – mit Ausnahme der Kaiserin Eusebia, die sich zugunsten Julians einsetzte[26] – stets zum fatalen Nachteil von (ihren) Männern und der Gesellschaft überhaupt[27].

Im Nachruf auf Constantius II kreidet Ammian dem Kaiser an, er sei in höchstem Maß von seinen Frauen (und seinen Eunuchen) abhängig gewesen[28]; allerdings erfährt der Leser dazu keine Details, abgesehen von der im jeweiligen Kontext berichteten Fürsprache der Kai-

59

serin Eusebia für Julian. Im Fall des Caesars Gallus, eines älteren Halb-
bruders Julians, den Constantius II. als Regenten in Antiocheia eingesetzt hatte (351-354), wird der verderbliche Einfluß seiner Gattin
Constantina ausführlich dargelegt: Als Schwester des Kaisers außeror-
dentlich überheblich, hetzte sie wie eine Furie den Gallus auf, dem sie
an Blutrünstigkeit nicht nachstand[29]. So trieb sie den Caesar ins Verderben[30], wie jener bei seinem Sturz selbst erkannte, als er vor dem kaiserlichen Tribunal angab, die meisten Verbrechen auf Betreiben seiner -
inzwischen verstorbenen – Gattin veranlaßt zu haben[31]. Seine massive
Mitschuld freilich bringt Ammian mit einer Alexander-Anekdote zum
Ausdruck, nach der ein Menschenleben nicht zur Vergeltung einer
Wohltat geopfert werden darf[32]. An drei Beispielen schildert unser Autor, in welcher Weise Constantina zur *inflammatrix* des Staatsterrors
wurde:

Bei einem Hochverratsprozeß, in dem der Reitergeneral Ursi-
cinus als nomineller Richter fungierte, ansonsten aber die Entscheidungen schon zuvor gefällt waren, soll die *regina* auch dadurch noch ihren
Einfluß demonstriert haben, daß sie hin und wieder ihren Kopf durch
den Vorhang steckte – so wie einst Skylla in rhythmischen Abständen
aus ihrer Höhle hervorgelugt und sich ein Opfer geschnappt hatte[33].

Constantinas Anstachelung zu Denunziationen zeigte sich
sodann in der Belohnung einer einfachen Frau, die in einer Karosse den
Palast verlassen durfte, in den sie sich heimlich Zutritt verschafft hatte,
um eine Verschwörung gemeiner Soldaten gegen Gallus anzuzeigen[34].
Das Ausspionieren von Kritik am Caesar und gegebenfalls am Kaiser
sowie darauf aufbauende Hochverratsklagen waren überhaupt die Verbrechen des Regentenpaares in Antiocheia[35].

In der breitesten Erzählung von derartigen Machenschaften
spielt neben Constantina auch wieder eine weitere Frau eine Rolle: Der
vornehme Alexandriner Clematius wurde hingerichtet aufgrund einer
Intrige seiner Schwiegermutter, die durch heimlichen Zutritt zum Palast und durch Bestechung der *regina* – mit einem wertvollen Collier –
erreichte, daß über den *comes Orientis* Honoratus das Todesurteil gegen
Clematius erging[36]. Hintergrund dieser Affäre soll ein Phädra-Motiv,
die unerwiderte Liebe jener Frau zu ihrem Schwiegersohn, gewesen sein.
Was immer der authentische Kern dieses angeblichen Justizmordes gewesen sein mag, Constantina agiert hier in rechtsbrecherischer Weise
aufgrund eigener Habsucht und Korruptheit. Aufgrund ihrer negativen
charakterlichen Disposition wird sie zur Anstifterin und zur Teilhaberin
an jenen Verbrechen, die vorhand auf das Konto des Caesars Gallus
gingen[37].

Ammian bemerkt dazu, daß eigentlich Constantina als Gattin
den Gallus durch nützliche Ratschläge auf den ‚Weg der Wahrheit und

Menschlichkeit' hätte zurückführen müssen, und zwar vermittels weiblicher Sanftmut[38]. Aus diesem so offensichtlichen Mangel an *lenitas feminea* und aus dem hohen Maß ihrer *avaritia (sc. humani cruoris)* darf wohl auf eine – Ammians Meinung nach – relativ ‚unweibliche' Natur Constantinas geschlossen werden. Hierbei ist aber weniger eine Überschreitung der Geschlechterrolle in Richtung auf Männlichkeit gemeint, sondern eine Transgression zum Bestialischen, wie des Autors Anspielung auf die Vergilische Skylla zeigt. Unter diesem Gesichtspunkt unterscheidet sich die Verderben stiftende *regina* von den beiden anonymen Frauen, deren Denunziationen jeweils die Strafverfolgungen in Gang setzten; während über die Motivation jener *mulier vilis* zur Anzeige des Komplotts nichts verlautet, handelte die Schwiegermutter des Clematius aus (verschmähter) Liebe, also aus einem durchaus rollenkonformen Beweggrund.

Von fatalen Initiativen zweier (Ehe)frauen weiß Ammian in den Fällen des Danus und des Barbatio zu berichten.

Der erste war ein Bürger aus Salona, den seine Gattin „wegen geringfügiger Dinge" anzeigte, und zwar „nur um ihn zu ängstigen"[39]. Dann ließ sich die Dame – eine *versabilis femina* – von Rufinus, dem Vorsteher des Büros des Prätorianerpräfekten, nicht nur zum Ehebruch verführen, sondern auch zu einer Erweiterung jener Anklage um Majestätsbeleidigung: Danus sollte vom Grab Diokletians eine purpurne Decke gestohlen haben[40]. Rufinus scheint sich von dem nun in Gang gesetzten Hochverratsprozeß seine Beförderung ‚bei Hofe' versprochen haben, doch endete die Intrige, dank eines ausnahmsweise wahrheitsliebenden und sorgfältigen Untersuchungsrichters, mit einem Freispruch für den unschuldigen Danus, aber der Hinrichtung des Rufinus und der verleumderischen Ehebrecherin[41]. Während Danus also den von seiner Frau angezettelten Prozeß überlebte, endete ein ganz ähnliches Verfahren gegen Barbatio, den *comes domesticorum* in Gallien, tödlich für ihn und für seine Frau[42]. Ammian nennt nicht nur deren Namen, Assyria, sondern auch ihre verhängnisvollen Eigenschaften: Geschwätzigkeit, Dummheit, Eitelkeit[43]. Das Unheil soll sich durch einen wilden Bienenstock im Haus Barbatios angekündigt haben, der als Omen für nahes Unglück interpretiert wurde. Offenbar gab es auch eine günstigere Auslegung, die nämlich die Erlangung des Kaisertums prophezeite. Assyria jedenfalls glaubte der zweiten Version, denn nur diese kann sie zu ihrem Brief an den Gatten, der auf einem Feldzug war, bewogen haben. In ihrer Eitelkeit und Mitteilsamkeit zog sie eine Sklavin ins Vertrauen, die Barbatio mit dem Hauswesen seines Amtsvorgängers Silvanus übernommen hatte, eines Franken, der als Usurpator geendet hatte. Die Sklavin schrieb den entscheidenden Brief nach Diktat in chiffrierter Form: Barbatio möge demnächst als Kaiser seine Assyria nicht verachten und sich auch nicht von ihr zugunsten einer Ehe mit der so schönen Kaiserin Eusebia trennen[44]. Bei ihrer so großen Dummheit merkte Barbatios Gattin nicht, daß die versierte *ancilla* heimlich eine Abschrift anfertigte; als Barbatio aus dem Felde zurückkehrte, floh die Sklavin zu Arbitio[45], der das Schriftstück freudig als hochverräterisches Indiz dem Kaiser Constantius II weiterleitete[46]. Damit war das Schicksal von Assyria und ihrem Gatten besiegelt - sie wurden enthauptet.

Vergleicht man die Rollen der Ehefrauen von Danus und Barbatio, so fällt auf, daß beider Intrigen nicht ohne fremde Anstiftung oder Mithilfe – hier eines Amtsträgers, dort einer Sklavin – stattfanden. Vielmehr wurden beide Frauen Opfer ihrer eigenen Schwächen – Verführbarkeit, Schamlosigkeit, Eitelkeit, mangelhafte Verschwiegenheit und fehlende Weitsicht –, die dem Autor und seiner Zeit offensichtlich als nicht ganz untypisch für das weibliche Geschlecht galten.

Die meisten Frauen kommen in Ammians Bericht über die Ehebruchs- und Magieprozesse in Rom unter dem stellvertretenden Stadtpräfekten Maximinus (370-372) und dann seinem Nachfolger Simplicius (372-375) vor[47]. Selbst Frauen wurden nicht weniger als Männer Opfer des - von unserem Autor so dargestellten - Terrorregimes: Auch von ihnen wurden mehrere aus vornehmen Familien umgebracht, da sie sich schändlichen Ehebruchs (*adulterium*) und der Unzucht (*stuprum*) schuldig gemacht haben sollen[48]. Als Beispiele werden nur Claritas und Flaviana genannt. Bei der zweiten ergänzt Ammian, daß deren Hinrichtung in ganz entwürdigender Weise vollzogen wurde, nämlich bei völliger Nacktheit der Frau, wofür der Scharfrichter später selbst mit dem Tode bestraft wurde[49]. Eine Matrone namens Hesychia gab sich den Tod im Haus des Gerichtsdieners aus Angst vor (weiteren?) Brutalitäten in der Untersuchungshaft[50]. Hingerichtet wurde auch eine gewisse Fausiana, während die ihretwegen verdächtigten Eumenius und Abienus, Herren höchsten Standes, sich zunächst einer Strafverfolgung durch Flucht entzogen[51].

Schließlich wurde Abienus aber doch entdeckt und hingerichtet[52]. Er hatte sich bei Anepsia versteckt gehalten, mit der er gleichfalls Unzucht betrieben zu haben beschuldigt wurde. Diese Frau suchte nun ihrem eigenen Todesurteil für dasselbe Delikt dadurch zu entgehen, daß sie den vornehmen Senator Aginatius des Schadenszaubers und sogar der Vergewaltigung bezichtigte; so entging sie allerdings ebensowenig wie jener den Todesschergen[53]. Unserem Berichterstatter geht es ausdrücklich um das Schicksal des Aginatius[54], in dessen gespannte Beziehungen zu dem eigentlichen Drahtzieher der Justizmorde Maximinus bereits früher Anepsia involviert war[55]. Aginatius beschuldigte nämlich den inzwischen verstorbenen Ehemann dieser Frau, einen gewissen Victorinus, dereinst Entscheidungen Maximinus verkauft zu haben; er drohte der Witwe mit diesem Vorwurf gerichtliche Streitigkeiten an, obgleich er selbst aus dem Testament des vorgeblichen Delinquenten mit einem beträchtlichen Legat bedacht worden war[56]. Die Frau suchte ihrerseits die Unterstützung des Maximinus mit einem vorgeblichen großzügigen Legat des Verstorbenen zu erkaufen, trat dann, als jener mehr forderte, die Hälfte der Erbschaft an ihn ab und gab sogar ihre Tochter dem Sohn des Maximinus zur Ehe[57]. Motor ihres Handelns war offensichtlich ihre Furcht vor Verleumdungen des Aginatius und seiner politischen Freunde[58]. Der zweite Akt der Affäre spielte sich erst unter Simplicius ab, nachdem Abienus Unterschlupf bei Anepsia gefunden hatte (373/4 n.Chr.)[59]. Als dann sein Aufenthaltsort verraten wurde - übrigens durch einen Sklaven Anepsias[60] - und er hingerichtet worden war, nahm die Witwe zur Rettung ihres eigenen Lebens, das ja nun durch den stuprum-Vorwurf gefährdet war, Zuflucht zur Verleumdung ihres alten Gegners Aginatius[61]. Anepsia handelte hier aus dem gleichen Motiv heraus wie schon bald nach dem Tod ihres Gatten, denn auch jetzt setzte sie auf die Protektion durch Maximinus, der sich übrigens inzwischen am Kaiserhof in Gallien aufhielt und auch tatsächlich nunmehr von Valentinian I das Todesurteil gegen Aginatius erwirkte[62]. Unklar bleibt aber trotz der breit geschilderten Verhaftung, Verhörung und Hinrichtung des Senators[63], warum auch Anepsia „pari sententia" erlitt[64]; möglicherweise erachtete es der Kaiser ebenso wie Maximinus als allzu einseitig, den gegen die Witwe erhobenen Vorwürfen nicht auch nachzugehen[65].

Die Magie- und Ehebruchsprozesse zu Rom in den letzten Lebensjahren Valentinians I. sind viel diskutiert worden[66]; für unseren Kontext ist lediglich die Frage nach den Geschlechterrollen relevant. Bemerkenswerterweise ergibt sich bei einer Beurteilung der von Ammian verhältnismäßig ausführlich vorgestellten Anepsia, daß sie in nicht geschlechtsspezifischer Weise agiert und daß ihr der Autor auch keine typisch weiblichen Eigenschaften zuschreibt[67]. Desweiteren geht aus dieser Schilderung deutlich hervor, daß das traurige Ende des Aginatius nicht (allein) durch die involvierte Frau, eben Anepsia, verursacht worden ist.

Über römische Matronen gibt Ammian ansonsten keine weiteren Auskünfte, auch nicht in seinen sozialkritischen und karikierenden Exkursen. Dort werden nur einmal vornehme Damen erwähnt, nämlich bei der Beschreibung der umfangreichen herrschaftlichen agmina, die durch die Straßen der Stadt ziehen, ja toben: „Selbst Matronen eifern diesem Treiben nach und eilen mit verschleiertem Kopf und in geschlossener Sänfte durch alle Stadtviertel"[68]. Demnach agierten Frauen wie Anepsia (und Hesychia) im Alltag ganz nach dem Beispiel ihrer männlichen Standesgenossen, das wiederum unser Autor gelegentlich als ,weibisch' karikiert[69]. Die Gleichartigkeit der Verhaltensweise von Damen und Herren der senatorischen Oberschicht in Rom findet sich schließlich noch im gegenseitigen Drängen von Gatte und Gattin, doch endlich das eigene Testament zu machen[70].

Eine gewissermaßen verringerte Geschlechterdifferenz mag desweiteren aus derjenigen Passage in Ammians erstem Romexkurs herausgelesen werden, wo von nach Tausenden zählenden (fremden) Tänzerinnen, Tanzmeistern und Schauspielern die Rede ist, die bei der Lebensmittelknappheit (des Jahres 383) nicht – wie indessen die nichtansässigen ,Wissenschaftler' – aus der Stadt ausgewiesen wurden[71]. Aus der Kritik unseres Autors, daß die Tänzerinnen „...ihrem Alter nach, wenn sie geheiratet hätten, schon dreimal Mütter hätten sein können"[72] und daß ihre Tanzfiguren von Posen aus Theaterstücken abgeleitet waren, wird deutlich, daß der Unterschied zwischen Tänzerinnen und Schauspielern tendenziell abnahm, vor allem aber ist die Absage dieser jungen Frauen an die herkömmliche Mutterrolle evident. Inwieweit Ammianus Marcellinus mit seinen Schilderungen der stadtrömischen Situation eine direkte Aussage über dekadente ,emanzipierte' Tendenzen bei den Frauen insbesondere auch der Führungselite verbindet, muß offen bleiben[73].

Eine eher traditionelle Frauenrolle spielt in einem Bericht Ammians über Vorgänge während des Perserfeldzuges Constantius' II. eine namentlich nicht genannte Frau, die Gattin des Craugasius, eines vornehmen Bürgers und *curialis* aus Nisibis[74]. Die Geschichte, die in der Forschung als „novellistische Einlage" etikettiert wird[75], soll sich im Jahr 358 ereignet haben, als der Perserkönig Schapor die römischen Kastelle Reman und Busan erobern konnte, in denen sich vor allem Frauen und Kinder aus Nisibis zu ihrem Schutz aufhielten, darunter die schöne Frau des Craugasius mit ihrer kleinen Tochter (nebst kostbarem Hausrat)[76].

Der König, der darüber informiert war, daß ihr Gatte sie innig liebte, hoffte nun, „...um diesen Preis den Verrat an Nisibis erkaufen zu können"[77], und stellte die Dame unter seinen persönlichen Schutz[78]. Weil sie ihrerseits an einer Wiedervereinigung mit ihrem Gatten interessiert war, nicht aber an einer neuen Heirat (sc. mit einem Perser) in jener ,anderen Welt'[79], schickte sie schon bald einen zuverlässigen Boten nach Nisibis, der dort auftragsgemäß heimlich und nur dem Craugasius das Überleben der Frau bezeugte und ihm die Aufforderung überbrachte, zu ihr auf die persische Seite überzuwechseln[80]. Als dieser *familiaris* dann die Stadt wieder verlassen hatte, fiel schwerer Verdacht auf Craugasius, daß er in hochverräterischer Absicht die Stadt verlassen würde; doch der zerstreute die – nur allzu berechtigten – Befürchtungen seiner Mitbürger dadurch, daß er als vorgeblicher Witwer nun eine neue Heirat plante[81]. Unter dem Vorwand der Festvorbereitungen auf seinem Landgut einige Kilometer außerhalb der Stadt gelang ihm dann tatsächlich die Flucht zu den Persern; er wurde vor den König Schapor geführt, fand Aufnahme in dessen Kriegsrat und erhielt seine Gattin, seine Verwandten und sein Vermögen zurück[82].

Die Vorstellung, Ammian habe hier eine romantische Novelle verarbeitet, hat zu der These geführt, daß die Gattin des Craugasius vollkommen dem Frauenideal des Ammianus Marcellinus entsprochen habe[83]. Um dieses großartigen Exempels schönster Gattentreue willen habe unser Autor sogar darüber hinweggesehen, daß der sehnsüchtige Ehemann zum Vaterlandsverräter wurde[84]. Wenn auch zuzugeben ist, daß die Geschichte novellistische Züge aufweist, so ist doch nicht zu übersehen, daß sie in erster Linie von der Flucht des Craugasius zu den Persern erzählt und daß es von Anfang an der Perserkönig – und Kriegsgegner des römischen Kaisers – war, der es auf einen so prominenten Überläufer aus Nisibis abgesehen hatte[85]. In diesem Sinne sprach Schapor die Frau an, sobald sie in seine Gewalt gekommen war, und stellte ihr die Wiedergewinnung des Gatten in Aussicht[86]. Für den mittelfristigen Plan, mit seiner Hilfe die Stadt kampflos einzunehmen, mußte jener aber erst einmal herbeigeschafft werden – ein Leichtes bei der großen Liebe zu seiner Frau! Diese mußte freilich desgleichen ‚mitspielen‘ und zunächst geheimen Kontakt mit Craugasius aufnehmen. Die Dame, die offenbar eine Vorzugsbehandlung genoß[87], wird gewußt haben, was man von ihr erwartete und daß mit einem Fehlschlag der Flucht des prominenten Ratsherrn aus Nisibis das Ende der persischen Rücksichtnahme ihr gegenüber verbunden wäre. Auf diesem Hintergrund erklärt sich die Geheimbotschaft der Frau an ihren Gatten[88] letztlich auch ohne ‚romantische‘ Liebe. Die Aufforderung, „er solle zu ihr kommen und mit ihr zusammen ein glückliches Leben führen"[89], entsprach durchaus rationalen Erwägungen[90]. Auch für Craugasius wird man neben emotionalen doch noch andere Motive für sein Überlaufen vermuten dürfen. Bei den Persern erhielt er sein Vermögen, seine Verwandten und seine Frau – diese Reihenfolge nennt Ammian! – zurück; möglicherweise waren diese Verwandten nicht erst wie die Gattin bei der Eroberung jener Kastelle den Persern in die Hände gefallen, sondern waren bereits unter den Überläufern (perfugae), die dem König Informationen über die Fluchtburgen Reman und Busan gegeben hatten, darunter den Hinweis auf die so ‚wertvolle‘ Frau des Craugasius[91]. Die Geschichte von der Flucht des Craugasius ist weniger eine Liebes- denn eine Verratsgeschichte. Der femina pulchra kommt eine wichtige Lockvogel-Funktion zu. Somit paßt diese uxor durchaus in das Schema der Gattinnen des Gallus, Barbatio und Danus: Sie fädelt eine Affäre ein aus primär eigensüchtigen Motiven – zum einen dazu animiert durch eine andere Person, hier durch den Perserkönig, zum anderen die Prädisposition des

65

Mannes nur verstärkend. Zu ihren positiven Eigenschaften gehören Schönheit, Schamhaftigkeit und auch ihre Weitsicht[92], kaum jedoch eine wirkliche Eigeninitiative[93]. Ansonsten erfahren wir, daß sie als kriegsgefangene Frau Gewalt – und dies wohl grundsätzlich nicht zu Unrecht – gegen sich befürchtet[94] und daß sie dann, als ihr diese Gefahr nicht mehr droht, keinen Geschmack an einer neuen Ehe oder am Quasi-Witwendasein finden mag. Ammian schildert die Gattin des Craugasius als Frau, die letztlich doch dafür zu tadeln ist, daß sie ihren Einfluß auf den Gatten nur dazu nutzt, ihn zu schändlichem Tun zu animieren; so wird sie gewissermaßen zur *inflammatrix* eines Überläufers[95]. Dies widerspricht umso mehr der Frauenrolle, als sie nicht bereit ist, ihr eigenes Schicksal in der Fremde zu akzeptieren. Indem sie vielmehr nun auch den Gatten ‚mobilisiert‘, enträt sie der Erwartung einer quasi-patriotischen Anhänglichkeit an Haus, Hof und Grabstätten der Familie in ihrer Heimat[96].

II

Zu den Entwurzelten der römischen Gesellschaft auf Regierungsebene gehören nach Ammian zweifelsfrei die Eunuchen. Infolge der Gewalt, die man ihrer Natur angetan hat[97], sind die ‚Verschnittenen‘ nicht nur ihrer ursprünglichen Heimat entfremdet – begegnen sie doch fern ihrer Geburtsorte –, sie haben auch keine Zukunft in einem ‚natürlichen‘ Familienkreis. Daher (!), beispielsweise in Ermangelung echter eigener Töchter, umarmen sie ihre Reichtümer[98]. Aus der ihnen zugeschriebenen geradezu unmenschlichen Habgier, die ihnen zur zweiten Natur geworden sein soll, pflegen im Weltbild Ammians die Eunuchen die Kunst der Intrige; sie geben erdichteten Anschuldigungen durch heimliche Einflüsterungen stets neue Nahrung[99]. Sie sind wie Giftschlagen – einmal bezeichnet unser Autor eine Schar junger Kammerdiener, die mit ihren einschmeichelnden Stimmen Gerüchte verbreiten, als schlangenbrutartige Nachkommen des kaiserlichen Oberkämmerers Eusebius[100]. Desweiteren charakterisiert Ammian Eunuchen als „stets gebärdig und erbittert"[101]. Ganz ähnlich heißt es auch von den sonstigen Höflingen: Sie trachten nach fremdem Eigentum[102], sie sind „stets unruhige Menschen" (*inquieti*)[103]. So ist nach dem Urteil unseres Autors der Kaiserhof eine Brutstätte aller Laster, denn die Höflinge „hielten kein Maß bei Bestechungen, beim Rauben oder Verschwenden, waren vielmehr stets darauf aus, fremden Besitz an sich zu reißen..."[104]. Indem Ammian hier die Hofhaltung des Kaisers Constantius‘ II. kritisiert, macht er unter anderem zwei Bemerkungen über das dekadente Palastleben, die für unser Thema der Geschlechterrollen den Zusammenhang zwischen Höflingen, insbesondere Eunuchen, und Frauen aufzeigen können: „Der übermäßige Gebrauch von Seide und die Kunstfertigkeit der Gewebe steigerten sich ... Zu diesen Schandflecken kam noch die schimpfliche Entartung der militärischen Disziplin hinzu: Der Soldat ersann allerlei zärtlichen Singsang anstelle eines Kampfliedes, nicht mehr diente den Kriegern wie früher ein Felsen als Lagerstatt, sondern Flaumfedern und geschmeidige Ruhebetten"[105]. Seidene und kunstfertig-bunt bestickte Kleidung galt nicht nur als Luxus, sondern auch als Zeichen für Verweichlichung und Verweiblichung[106]. Entsprechend ist der kritisierte Bettkomfort der Soldaten (!) zu interpretieren[107]. An erster Stelle der *flagitia disciplinae castrensis* stehen allerdings die *cantilenae molliores*[108], die unschwer die Assoziation der hellen Eunuchenstimmen hervorrufen[109].

Kurz: Eunuchen sind die Gegenbilder zu tüchtigen, tapferen Männern. Tugenden wie *fides* und *continentia* (Treue und Selbstbeherrschung) fehlen ihnen normalerweise, wie die von Ammian herausgehobene Ausnahme des Eutherius, des Kammerherrn des Caesars Julian zeigt[110]. Vielmehr pflegen sie ihre Habgier und ihre hinterhältigen Intrigen[111]. Eunuchen sind aber auch Gegenbilder zu anständigen Frauen, insofern sie keine Anhänglichkeit an Familie und Heimat zeigen können, auch Schamhaftigkeit (*pudor*) und Verschwiegenheit (*taciturnitas*)[112], wie sie von einer ‚guten' Frau erwartet werden dürfen, gehen den Eunuchen ab. Umso näher stellt sie Ammianus Marcellinus den Raubtieren und Giftschlangen, skizziert also eine Denaturierung ins Unmenschliche, Tierische[113], wo offenbar die Bedeutsamkeit von Geschlechterrollen unwesentlich ist. Die Lasterhaftigkeit der Eunuchen als zwar nicht notwendige - siehe das Ausnahmebeispiel Eutherios - aber übliche Folge des widernatürlichen Ausschlusses der Eunuchen von den männlichen wie den weiblichen *virtutes* führt dieses ‚dritte Geschlecht' in jene semibestialische Gegenwelt zum *humanum* der römischen Zivilisation.

III

Ammianus Marcellinus bietet in mehreren geographisch-ethnographischen Exkursen Beschreibungen von außerhalb des Imperium Romanum beheimateten Völkern. Dabei liegt seiner Gedankenführung die Vorstellung zu Grunde, daß es eine Abstufung des Barbarentums gibt nach dem jeweiligen Ausmaß des jeweils betriebenen Ackerbaus. Die Unterwerfung unter römische Herrschaft hat die davon glücklicherweise betroffenen Völker mehrere Schritte vorwärts zu einer höheren Zivilisation geführt[114]. Hat unser Autor die kulturelle Variabilität und die zahlreichen differenzierenden Details bei den behandelten Barbarenvölkern erkannt, so liegt doch eine Kritik der eigenen römischen Kultur nicht in seiner Absicht[115]. Über diese Grundhaltung, nach der die meisten Fremdvölker als Nomaden gesehen werden, also als eine vom Ackerbau weit entfernte Kategorie, täuscht auch nicht hinweg, daß er das kriegerische Potential und die militärischen *virtutes* der Barbaren lobt[116]. Mögen sie noch so kriegstüchtig sein, ihre Völker haben gewaltige, eigentlich unaufholbare zivilisatorische – und damit auch moralische – Defizite, durch die sie den Römern unterlegen sind (und bleiben).

Vergleichsweise am wenigsten trifft dies auf die Perser zu, doch auch für sie hat Ammian, der die *nationes* des Perserreiches in seinem Exkurs zusammenfaßt, mehr Kritik als Lob parat: Trotz ihrer Kampfkraft bedrohen sie nicht mehr wie früher ihre Nachbarn, denn sie leiden ständig unter inneren und äußeren Kriegen[117]. Bei den negativen Charaktistika fällt neben Hinterlist im Kampf[118], Gerissenheit und Überheblichkeit[119] vor allem ihre Grausamkeit auf, die sich in willkürlichen Todesurteilen vornehmlich gegen Sklaven äußert[120], aber auch ihren so brutalen wie konsequenten Gesetzen zur Sippenhaft[121]. Die Mitteilung, daß die Perser täglich das Schwert anlegen und daß sie Tafelluxus und Trunksucht verabscheuen, sich desgleichen vor Gift und Magie fürchten, steht neben der Information, daß sie zahlreiche Nebenfrauen und - bei entsprechendem Reichtum – auch mehrere Ehefrauen haben, mit denen sie sich hemmungslos den Liebesgenüssen hingeben, so daß ihre vielfach aufgeteilte Liebe *(caritas)* erlahmt[122]. Positiver Aspekt dieser moralisch ambivalenten Polygamie ist in den Augen unseres Autors, daß die Perser unsittlichen Umgang mit Knaben nicht kennen[123]. Dem anschließenden kurzen Hinweis auf die Schamhaftigkeit persischer Männer folgt die Beschreibung ihrer unbeherrschten, nachlässigen Bewegungen, aufgrund derer sie durchaus weibisch wirken[124]. Eben dieses effeminierte Erscheinungsbild wird im letzten Absatz unterstrichen, denn die Perser putzen sich mit bunten, flatternden Gewändern heraus und – seit sie die reichen Lyder besiegt haben – auch mit kostbaren Armbändern und Halsketten, Gold und Edelsteinen[125]. Hier liegt zum einen auf der Hand, daß Ammian die Perser als durch Luxus Geschwächte und zum äußeren Zeichen dessen Effeminierte präsentiert, und daß er sich zum anderen der traditionellen Topik des im Osten ‚besiegten Siegers' bedient[126]. Damit verliert der Exkurs seine ethnographische Qualität als mehr oder weniger authentische Beschreibung eines fremden Volkes.

Zwei weitere vergleichbare Exkurse, über die Gallier[127] und über die Amazonen[128], lassen die pseudo-ethnographische Intention unseres Autors leichter erkennen; daß es sich mit den Exkursen über Hunnen, Alanen und Sarazenen nicht viel anders verhält, ist noch zu zeigen.

Die ‚antiken' Amazonen sind beschrieben als ein kriegerisches Volk[129], das aus hitziger Habgier und mit blutigen Raubzügen seine Nachbarn zermürbt hatte, dann aber bei seinem verwegenen Unternehmen gegen die Athener vernichtend geschlagen worden war[130]. Daraufhin sind die kriegsuntüchtigen daheimgebliebenen Amazonen von den rachsüchtigen Nachbarn ins Gebiet am Thermodon vertrieben worden, von wo aus dann spätere Generationen in die Heimatregion zurückzukehren vermochten, nämlich infolge eines demographischen Wiedererstarkens in jenem friedlicheren Exil. Daß die Amazonen Frauen sind, wird nicht eigens gesagt; die grammatikalischen Formen bestätigen es. Von einer Geschlechterrolle der mythischen Kriegerinnen ist im Text nichts zu finden, da keine Differenzierungen vorgenommen sind. Allenfalls ließe sich das Daheimbleiben kriegsuntüchtiger Amazonen als ‚echt weiblich‘ interpretieren[131] und entsprechend dann die intensive Nachwuchsarbeit am neuen, weniger kriegerischen Siedlungsort als einer ‚natürlichen‘ Rolle besser angemessen. Die offenbar bescheideneren Ansprüche dieser Amazonen, die sich auf das Gebären tüchtiger Kinder und die Wiedergewinnung der ursprünglichen Heimat richteten, wurden mit Erfolg belohnt, während die unmäßige Kampflust der einst gegen Athen ausgezogenen Amazonen deren Vernichtung verursacht hatte. Will Ammian hier zum Ausdruck bringen, daß zur ‚richtigen‘ Stärke eines Volkes kriegerische Männer und häusliche Frauen jeweils das ihre beitragen müssen?

Die Bezeichnung ‚amazonenhaft‘ hätten die Gallierinnen früherer Zeiten verdient, von denen unser Autor Erstaunliches berichtet: Die Frau war bei den Galliern mindestens ebenso stark wie der Mann, sie kam ihrem Gatten auch gern bei einer Schlägerei zuhilfe, wobei sie „…mit geschwollenem Nacken und zähneknirschend die schneeweißen Arme schwingt und anfängt, Faustschläge abwechselnd mit Fußtritten auszuteilen, wie Wurfgeschosse..“[132]. Die Gemeinsamkeiten der Gallierinnen mit ihren Männern sind des weiteren ihre furchtbaren und drohenden Stimmen[133] sowie ihre Reinlichkeit an Körper und Kleidung: „…man sieht keinen Mann und keine Frau, selbst unter den Armen, ungepflegt in Fetzen von Lumpen wie anderswo“[134]. Daß die Gallierin ‚schneeweiße Arme‘ hat, läßt erkennen, daß sie ansonsten mehr im Hause tätig war und eben nicht der Witterung ausgesetzt und entsprechend kaum ‚durch Frost abgehärtet‘, wie es von den Männern zur Begründung für ihre Kampfkraft heißt[135]. Indem der Bericht Ammians mit der Eroberung Galliens durch die Römer in Caesars zehnjährigem Krieg endet, gibt er sich als historischen Rückblick zu erkennen; die Informationen über die Gallier hat er   mag er auch selbst im Gallien seiner Zeit reinliche Gallier und Gallierinnen gesehen haben – in älteren Barbarenbeschreibungen vorgefunden, vor allem bei Poseidonius und Tacitus[136]. Bemerkenswert bleibt allerdings, daß unser Autor sich überhaupt nicht zum Familienleben der Gallier äußert. Er nennt nur als seelische Charakteristika Übermut, Streitsucht und Furchtlosigkeit[137].

In den weiteren sogenannten ethnographischen Exkursen erwähnt Ammian das Familien- und Liebesleben der Barbaren dagegen vergleichsweise ausführlich, wobei sich der Sarazenenbericht in diesem Punkt von der ansonsten durchaus ähnlichen Darstellung der Hunnen und Alanen unterscheidet. Alle drei Völker werden als Nomaden vorgestellt; über die Sarazenen heißt es: „Keiner von ihnen faßt jemals einen Pflug an oder pflegt einen Baum...Vielmehr durchstreifen sie stets weit ausgedehnte Landgebiete, ohne Haus, ohne festen Wohnsitz und Gesetze...Sie führen ein Leben ständig in Bewegung...So streifen sie zeit ihres Lebens weit umher...“[138]. Selbstverständlich führen die Nomadenvölker ihre Familien mit sich; bei den Alanan beispielsweise „...paaren sich die Männer mit den Weibern (sc. auf ihren Wagen), auf ihnen erblicken die Kinder das Licht der Welt und werden erzogen...“[139]. Etwas ausführlicher formuliert der Autor den gleichen Tatbestand bei den Hunnen: „Hier (sc. auf ihren Wagen) nähen die Frauen für sie (= die Männer) die schmutzigen Kleidungsstücke, hier paaren sie sich mit ihren Männern, gebären ihre Kinder und ziehen sie bis zur Mannbarkeit auf. Niemand bei ihnen kann auf die Frage, woher er stamme, eine Antwort geben, denn irgendwo wurde er gezeugt, weit fort davon geboren und in noch größerer Entfernung erzogen...“[140]. Wenn es dem durchaus ganz entsprechend für die Sarazenen heißt: „Das Weib heiratet woanders, gebiert an einem anderen Ort und zieht die Kinder fern davon auf...“[141], so ist dies deswegen doch etwas überraschend, weil zuvor Ammian beschrieben hat, wie sich bei den Sarazenen die Eheschließung gestaltet und dabei ein gewisser Handlungsspielraum der Frauen, auch in Bezug auf Raum und Mobilität, deutlich wird: „Ihre Weiber mieten sie gegen Lohn für eine bestimmte Zeit mit einem Vertrag, und damit es den Schein einer Ehe gibt, überreicht die zukünftige Gattin als Mitgift dem Mann eine Lanze und ein Zelt, um nach einem bestimmten Tag davonzugehen, falls sie diese Wahl getroffen hat...“[142]. Hierzu ist vermutet worden, daß unser Autor die altarabische Zeitehe (*mut'a*) beschreibt, wenngleich dazu die Nachricht über eine Mitgift in Gestalt von Lanze und Zelt nicht recht paßt[143]. Offensichtlich hat Ammian topische Elemente über die Nomaden mit konkreten, authentischen Informationen über die Sarazenen vermischt. Wichtig sind ihm dabei aber gerade nicht jene präzisen ethnographischen Details, sondern das Klischeehafte. So etwa gehört die Leidenschaftlichkeit des sarazenischen Liebeslebens in den Kontext mangelhafter Monogamie – und weniger zum Bild von den Nomaden –: „...mit unglaublicher Leidenschaft geben sich bei ihnen beide Geschlechter der Liebe hin“[144]. Das Sexualleben der Hunnen und Alanen spielt sich, ihrer „unbeschreiblichen Wildheit“[145] und ihrer ruhelosen Mobilität entsprechend, auf ihren Wohnwagen ab, und zwar dergestalt, daß der Begriff *coire* der angemessene zu sein scheint[146] und daß im gleichen Atemzug mit ihm Geburt und Erziehung der Kinder genannt werden[147]. So wie die unbändigste Wildheit dieser Nomadenvölker sich in ihrer Ernährung mit vor allem rohem Fleisch[148] und in ihrer primitiven und unsauberen Kleidung zeigt[149], so konkretisiert sich ihre geradezu grenzenlose Mobilität im Fehlen einer ‚verorteten' Identität: „Niemand bei ihnen kann auf die Frage, woher er stamme, eine Antwort geben"[150].

Zur Verunklärung traditioneller Zuordnungen trägt bei den Hunnen auch die Bartlosigkeit der Männer bei: „Da gleich nach der Geburt in die Wangen der Kinder mit dem Messer tiefe Furchen gezogen werden, damit der zu bestimmter Zeit auftretende Bartwuchs durch die runzligen Narben gehemmt wird, werden sie unbärtig alt und ähneln, jeglicher Schönheit bar, den Eunuchen"[151]. Ammian zieht hier ausdrücklich den Vergleich zum widernatürlichen ‚dritten Geschlecht'[152], an das zudem der Hinweis auf die außerordentliche Goldgier der Hunnen gemahnt[153] wie wohl auch ihre betonte animalische Unfähigkeit, zwischen Ehre und Unehre zu unterscheiden[154]. Diese negativen Charakteristika sind eingebettet in weitere Topoi des antiken Barbarenbildes wie Treulosigkeit, Wankelmut, Jähzorn und Raubgier[155], doch sollte nicht ausgeschlossen werden, daß unser Autor die Goldgier und die Amoralität der Hunnen bewußt als Parallele zu den ihm verhaßten Eunuchen nennt. Die Rolle des ‚dritten' Geschlechts' vermittelt hier die explizite Assoziation des Bestialisch-Asozialen[156].

IV

Die Forschung hat sich in den letzten Jahrzehnten eingehend mit der historischen Realität der von Ammian beschriebenen Völker beschäftigt, hat seine Abhängigkeit von älteren Autoren erkannt und im Einzelnen nachgewiesen[157]. Desweiteren ist nach der hintergründigen Motivation des *miles quondam et Graecus* für seine so traditionalistische Präsentation der Barbaren gefragt worden. Die Antworten variieren die Vorstellung einer mehr oder weniger latenten Zeitkritik des Autors, insbesondere hinsichtlich des stark germanisierten respektive barbarisierten Heeres besonders in der Regierungszeit Theodosius' I.[158]

Einleitend ist auf die These verwiesen worden, daß sich das herkömmliche und topische Germanenbild Ammians „...eigentlich nur aus der Verzweiflung heraus verstehen" läßt[159]; und es ist daran die Frage angeschlossen worden, ob nicht eher die retrospektive Gegnerwahrnehmung Ammians (und vieler seiner Zeitgenossen) den Blick auf eine zukunftsweisende andersartige Einschätzung jener Barbaren verstellt hat. Tatsächlich war ja Theodosius bestrebt, durch eine nicht nur

quantitativ, sondern auch qualitativ neue Ansiedlungspolitik[160] die Wehr-
kraft des römischen Heeres zur Verteidigung der Reichsgrenzen zu kon-
solidieren. Am Kaiserhof dachte man ganz offensichtlich, daß allein eine
„Appeasementpolitik gegenüber den reichsangehörigen, assimilierbaren
Fremden"[161] ein sinnvoller Weg war. Die Haltung, die Ammian und
gleichgesinnte barbarophobe Kreise dazu einnahmen, läßt sich nicht
zuletzt ablesen aus der historiographischen Darstellung der bedrängten
römischen Situation in Thrakien im Vorfeld der großen Niederlage bei
Adrianopel (Sommer 378), nämlich aus der Gestaltung einer Episode
vom Herbst 377, die hier abschließend betrachtet werden soll: Da wird
berichtet von einer Anwerbung von Hunnen und Alanen „in höchster
Not" gegen die Goten[162], dann werden die gotischen Greueltaten geschildert, wobei das Wehklagen der versklavten thrakischen Zivilbevölkerung, vor allem der Frauen, ausgemalt ist[163]; schließlich erzählt
Ammian, wie vom römischen Heerführer Frigerid, einem Offizier Kaiser Gratians, der Gotenfürste Farnobius geschlagen wird und wie die
kapitulierenden Barbaren, nämlich Goten und Taifalen, in der südlichen Poebene (in Mutina, Parma und Regium) „als Bauern" angesiedelt
werden[164]. Unmittelbar daran schließt sich überraschenderweise eine
‚gelehrte' Notiz an: „Wie ich gehört habe, hat sich das widerliche
Taifalenvolk so scheußlichen Lebensgewohnheiten hingegeben, daß sich
bei ihnen heranwachsende Knaben mit Männern in unnatürlichem
Umgang verbinden und die Blüte ihrer Jugend in schändlichem Verkehr mit ihnen zubringen. Wenn aber ein junger Mann allein einen Eber
fängt oder einen gewaltigen Bären erlegt, so befreit ihn diese Tat von
dem Makel der Unzucht"[165].

    Was hat unseren Autor wohl dazu bewogen, diese quasi-eth-
nographische Information als ‚a propos' zu den zuvor genannten Taifalen,
socii der Goten des Farnobius, anzuhängen? Was will die Komposition
dieses Textes zum Ausdruck bringen, wenn die Taifalen zuerst als Verbündete der gotischen Plünderer im wehrlosen Thrakien begegnen, dann
als um Schonung bittende Überlebende einer siegreichen Römerschlacht
sowie als Neusiedler in Oberitalien, schließlich aber als ehrlose Knaben-
schänder? Der Leser dürfte den Eindruck gewonnen haben, daß diese
Taifalen nun auch in Mutina und Parma, mitten im ‚alten' Italien, ihren
schmutzigen Bräuchen nachgingen; und er mag sich gefragt haben, wo
denn die Eber und Bären zu finden waren, durch deren Erlegung ein
junger taifalischer Neubürger der ‚Besudelung' auskommen konnte! Für
die Intention Ammians bei diesem Aufbau seiner Goten-Taifalen-Pas-
sage ist es unerheblich, daß er betreffs der Homosexualität der jungen
Barbaren kaum auf zeitgenössische Berichte zurückgreift, sondern auf
eine Überlieferung schon des Poseidonius, für uns faßbar bei Diodor,
wonach die Gallier (!) „… ohne Empfinden für persönliche Würde …

leichthin die Blüte ihrer Körper anderen preis(geben) und...darin keine Schande (sehen)...“[166]. Das Entscheidende ist m.E. im hier interessierenden Kontext, daß – nach Ammian – die Römer nomadisierende Barbaren als Bauern ins Land holen, während gleichzeitig andere (noch wildere, bestialischere) gotische Banden ehrbare römische Frauen versklaven und mißbrauchen[167]. Eine kaiserliche Politik, so die ‚message‘, die in äußerster Not Bündnisse mit alanischen und hunnischen Nomaden abschließt, wobei deren Motive allein die in Aussicht gestellte Beute ist[168], und die besiegtes gotisches Räubergesindel samt seiner taifalischen Spießgesellen in Oberitalien als ehrbare Bauern ansiedeln zu können glaubt, eine solche Politik ist pervers und kann zu keinem guten Ende führen.

Kurz: Die Komposition des 9. Kapitels im 31. (und letzten) Buch der *Res gestae* zeigt, wie Ammian aus der sozusagen klassischen Überlieferung über Gallier und Germanen ein bestimmtes Detail mit gewisser Variation übernimmt, um damit zwischen den Zeilen die aktuelle Goten- und allgemein Barbarenpolitik zu kritisieren, ja zu verdammen.

Zugleich zeigt das ausgeführte Beispiel den Stellenwert von Geschlechterollen bei Ammian: Die Taifalenknaben übernehmen in ihrer homosexuellen Lebensphase die Frauenrolle, die per se mit Kriegsuntüchtigkeit und Feigheit konnotiert ist; wohl nur ausnahmsweise werden Eber- und Bärenjagd ihrer Ehrlosigkeit ein Ende machen! Tüchtige Männer und Krieger gewinnt der Kaiser, das Imperium Romanum, an ihnen nicht. Auch von den wilden, eunuchengesichtigen Hunnen, denen infolge ihres tierischen Entwicklungsstandes ohnehin jeder Ehrbegriff fehlt, ist letztlich trotz des römischen Bündnisses nichts anderes zu erwarten als die Ausplünderung des Reiches. Unstet, bestialisch und habgierig sind desweiteren die Alanen und Goten; ebenso sind die Sarazenen durch ihre große Mobilität für eine ortsgebundene und damit hinsichtlich der Reichsverteidigung effiziente Lebensweise ganz unbrauchbar. Einer Symbiose mit den Römern, die ja in geordnete Familienstrukturen eingebunden sind, steht sodann die sexuelle Promiskuität der Sarazenen entgegen, in der sie den Persern ähneln, mit welchen sie sich auch in politicis gelegentlich *promiscue zu* verbinden belieben[169].

Die Geschlechterollen in den sogenannten ethnographischen Exkursen bei Ammianus Marcellinus haben die Funktion, die jeweiligen Barbarenvölker nicht zuletzt hinsichtlich ihrer familiären Sozialisation als nicht der Weltordnung der Römer angehörig, nicht assoziierbar, zu charakterisieren. Der Autor sieht zugleich im Abweichen auch römischer Männer und Frauen von ihren natürlichen Rollen ein Krisen- und Dekadenzsymptom. Wie aufgezeigt werden konnte, hatte es in vielen

Einzelfällen fatale Folgen für die betreffenden Familien respektive auch weit über sie hinaus, wenn Frauen unangemessenen Einfluß auf ihre Ehemänner – gegebenenfalls auf andere nähere oder fernere Verwandte – nahmen und somit das Schicksal herausforderten. Frauen, die dergestalt ‚aus der Rolle‘ fallen, überschreiten aber nicht nur den ihnen zukommenden (und als ‚häuslich‘ zu charakterisierenden) Bereich, sie kommen durchaus in Gefahr, geradezu die Grenze des *humanum zu* überschreiten, gleichsam zum Tier zu werden[170].

In diesen Zwischenbereich gehören indessen die Eunuchen infolge ihres gewaltsamen Ausschlusses von der männlichen Natur und den männlichen *virtutes*. Demselben ‚semi-bestialischen‘ Sektor sind die Barbaren jenseits der Reichsgrenzen, zumindest die Nomaden, zuzurechnen. In diesem Bereich ist der Gegensatz der Geschlechter irrelevant, ebenso der Gegensatz Römer-Nichtrömer; dieser semi-bestialische Bereich ist die ‚Gegenwelt‘ zur römischen Oikumene.

In der Sichtweise Ammians expandiert dieser Bereich ungemein, unaufhaltsam – und droht die zivilisierte römische Welt zu verschlingen. Absicht des Historikers ist es, auf die Sogwirkung dieser Expansion des A-sozialen und A-moralischen aufmerksam zu machen, zum Widerstand aufzurufen, nämlich durch Besinnung auf die alten römischen Werte. Ammians Weltsicht ist nicht einfach pessimistisch angesichts der zahlreichen inneren und äußeren Schwierigkeiten seiner Zeit, er zieht sich nicht resigniert-verzweifelt auf das Bild von den Barbaren früherer Zeiten zurück; vielmehr ist Ammians Haltung fundamentalistisch, nämlich orientiert an einer vermeintlich natürlichen Ordnung der römischen Oikumene, aus der er schon immer sein Selbstverständnis bezogen hat. Aus einer derartigen egozentrischen Weltsicht läßt sich nur schwerlich eine ‚neue‘ Vorstellung von Rollen und Funktionen, eine ‚neue‘ Politik entwickeln.

Anmerkungen

1   Amm. 31, 16,9. – Im Folgenden sind alle lateinischen und deutschen Zitate der Ausgabe von Seyfarth 1978-1986 entnommen, sofern nicht anders vermerkt.
2   Amm. 31, 16,9 „... *miles quondam et Graecus...*“.
3   Vgl. Demandt 1965, 28-33; 45f.; 49f.; Rosen 1992, 85-90.
4   Amm. 14,4 (Sarazenen); 15,9-12 (Gallien); 17,12-12 (Sarmaten und Quaden); 22,8 (Thrakien), 22,15 (Ägypten); 23,6 (Persien); 27,4 (Thrakien); 31,2 (Hunnen, Alanen).
5   Seyfarth 1978, I 36.
6   Vgl. Demandt 1965, 99-112; Bringmann 1973, 53f.; Szidat 1992, 107-116; bes. 109; 112; 115; Günther 1997, 456f.
7   Wirth 1997, VIII-X.

8	Wirth 1997, VIIIf. „Die Zeit des Theodosius bleibt (sc. im Werk Ammians) außer Betracht; es scheint, daß der Autor in ihr einen wirklichen, zukunfts-weisenden Neuansatz nicht sah." - vgl. Wolfram 1979, 161f. „Die Reichsre-gierung konnte die aufgenommenen Barbaren und Föderaten weder ausrot-ten noch über die Donau zurückschlagen, ... wovon auch Ammianus Marcel-linus mitunter träumen mochte(.). Die Appeasement-Politik gegenüber den reichsangehörigen, assimilierbaren Fremden besaß keine glaubwürdige Al-ternative".
9	Rosen 1982, 117f.
10	Amm. 21, 16,18.
11	Amm. 16, 8,2; 29, 2,26.
12	Amm. 15, 7,5.
13	Amm. 29, 2,17.
14	Amm. 25, 9,5.
15	28, 6,14f; Die feindseligen Belagerer der Stadt, die Austorianer, zeigten da-bei Mitleid mit der Frau des von ihnen gekidnappten Bürgers Mychon; vgl. Günther 1996, 1647-1649; vgl. Sabbah 1992, 95.
16	Amm. 31, 8,6-8.
17	Amm. 27, 3,14.
18	Amm. 22, 10,5; - Julians Antwort auf die lärmend (!) vorgetragene Beschwer-de der Frau betreffs des Höflings, der nun doch wicdeι ‚gegurtet', also er-neut in Amt und Würden, anzutreffen war, zeigt einen hintergründigen Wortwitz: „...hic enim çinctus est, ut eιⱻeditius peι lutum incebat...".
19	Amm. 24, 4,27.
20	Amm. 25, 4,2f.
21	Amm. 25, 4,2f. wo mit dem Rekurs auf ein Dictum des Sophokles libido als „dominus rabiosus et crudelis" bezeichnet wird (vgl. dazu Seyfarth 1986, III 248 Anm.49). - Vgl. auch Amm. 30, 9,2 zum Lob der pudicitia des Kaisers Valentinian.
22	Amm. 28, 4,2, mit einem Seitenhieb auf sein amouröses Privatleben. Vgl. Amm. 28, 4,9, wo im zweiten Rom Exkuιs Honoratioren bei ihren Besuchen iu Thermenanlagen und ihre Kontakte mit käuflichen Damen karikiert wer-den.
23	Amm. 29, 2,7; Heliodor erhielt aus öffentlichen Mitteln Geschenke für seine Konkubinen und hatte sogar freien Zugang zum lupanar, womit nach Seyfarth 1986, IV 340, Anm.52, verächtlichend der kaiserliche Harem gemeint wäre; freilich übersetzt er „Frauengemächer". Ich möchte meinen, daß mit dem despektierlichen Ausdruck tatsächlich die Frauengemächer, nämlich einfluß-reicher Familien (in Antiocheia?) angesprochen sind, in denen Heliodor (skandalöserweise) ein- und ausging und wo er herumspionierte. Vgl. dazu auch Sabbah 1992, 103f.
24	Vgl. Amm. 26, 9,3: Der Usurpator Procopius hatte als Propagandamittel die Witwe und die kleine Tochter Constantius' II. bei sich; das Mädchen Constantia wurde später mit Gratian verheiratet: vgl. Amm. 29, 6,7. - Zu Eusebia, der (zweiten) Gattin Constantius' II: Amm. 21, 6,4; zu Helena, Schwester Constantius' II. und Gattin Julians: Amm. 21, 1,5.
25	Amm. 22, 3,6: Der Konsul Florentius flieht vor Julian aus Konstantinopel (361 n.Chr.); Amm. 26, 8,12. Der armenische Prinz Hormisdas, von Procopius zum Proconsul ernannt, flieht vor Valens' Truppen durch Phrygien; seine Gattin wird als matrona opulenta et nobilis beschrieben; vgl. dazu Jacob-Karau 1971, 151-153; Sabbah 1992, 95. – Amm. 29, 5,36: Der aufständische Mau-renfürst Firmus flieht vor seinen Gegnern; in der Lacuna im Text ist offenbar vom Tod der Gattin berichtet, vgl. Seyfarth 1986, IV 346 Anm. 143.

26 Vgl. Amm. 15, 2,8; 8,3; 21, 6,4. – Zum Einfluß der Eusebia auf Constantius II und eine sehr ausführliche Diskussion ihrer Motive für die Begünstigung Julians vgl. Aujoulat 1983, 87-103; 425-434.

27 Amm. 16, 10,18f. zeichnet ein negatives Bild auch von der ‚guten' Kaiserin Eusebia, die mit Heimtücke und Bestechung eine Schwangerschaft der Helena, Gattin Julians, verhindert und sogar die Tötung eines ihnen neugeborenen Söhnchens veranlaßt haben soll; diese Machenschaften bezweckten zum Schaden des Reiches „...ne fortissimi viri suboles appararet" (10,19). – vgl. zu der sinistren Geschichte De Jonge 1977, 137-146; Sabbah 1992, 97f.; Szidat 1996, 54f.; Aujoulat 1983, 435-438; 450f. (mit breiter Diskussion gegen die Annahme, es könnte sich um ein übles Gerücht handeln!).

28 Amm. 21, 16,16 „...uxoribus et spadorum gracilentis vocibus...nimium quantum addictus". – vgl. Den Boeft u.a 1991, 267f; Szidat 1996, 205; 221-223. – Zur massiven Abhängigkeit eines Kaisers von Frauen bei der Regierungstätigkeit vgl. H.A. Heliogabal 2,1; 4 (vgl. Seyfarth 1978, II 212 Anm.189).

29 Amm. 14, 1,2 „cuius acerbitate uxor grave accesserat incentivum germanitate Augusti turgida supra modum...Megaera quaedam mortalis inflammatrix saevientis assidua, humani cruoris avida nihil mitius quam maritus". – vgl. Sabbah 1992, 97.

30 Amm. 14, 1,8.

31 Amm. 14, 11,22.

32 Amm. 14, 11,22; – mit dem nicht befolgten exemplum Alexandri kontrastiert Ammian den Gallus mit seinem (Halb)bruder und Nachfolger im Amt eines Caesars Julian, der sich am Vorbild des großen Makedonen durchaus orientierte (vgl. Amm. 24, 4,27).

33 Amm. 14, 9,3 „cuius imperio truci stimulis reginae exsertantis ora subinde per aulaeum...periere complures" – vgl. Vergil Aen. 3, 425f.: „at Scyllam caecis cohibet spelunca latebris | ora exsertantem et navis in saxa trahentem". – Die vergilische Skylla ist ein Mischwesen aus dem Oberkörper einer Jungfrau und dem Unterkörper eines Drachen. – Vgl. auch Sabbah 1992, 97.

34 Amm. 14, 7,4. - Vgl. Sabbah 1992, 96.

35 Amm. 14, 1,2; vgl. 1,7: „Wenn ein Familienvater im geheimsten Zimmer, ohne daß ein Diener des Hauses anwesend war, seiner Frau ein Geheimnis ins Ohr flüsterte, erfuhr es der Caesar schon am nächsten Tage ... Aus diesem Grunde waren sogar die Wände als einzige Mitwisser von Geheimnissen gefürchtet".

36 Amm. 14, 1,3. – Vgl. Sabbah 1992, 95f.

37 Zum häufig verwendeten Begriff eines/einer particeps in negativem Kontext vgl. p. ausorum (15, 2,10); p. calamitatum (28, 1,28); p. furtorum (29, 5,6) ; p. facinoris (30, 5,1); p. rapinarum (28,6,8; 29, 5,50); sehr häufig: p. periculorum (15, 8,13; 17, 12,8; 30, 102,; 31, 12,5)

38 Amm. 14, 1,8.

39 Amm. 16, 8,3. – Daß es sich bei Danus um einen Bürger von Salona handelte, ist eine überzeugende Ergänzung einer Lücke im Codex Vaticanus (Lat. 1873): De Jonge 1977, 84f.

40 Amm. 16, 8,4.

41 Amm. 16, 8,5 -6.

42 Amm. 18, 3,1-4.

43 Amm. 18, 3,2 „nec taciturna nec prudens...perculsa vanitate muliebri..."; dagegen trifft die Gattin des Danus – neben ihrer Verführbarkeit – nur der Vorwurf der Schamlosigkeit: „...nec adulterii foeditate suppressa..." (Amm. 16, 8,6). – Vgl. Sabbah 1992, 92f.

44 Amm. 18, 3,2: „...ad maritum scripsit intempestive velut flens obtestans, ne post obitum Constanti propinquantem in imperfium ipse, ut sperabat, admissus despecta

se anteponeret Eusebiae matrimonium tunc reginae, decore corporis inter multas feminas excellentis". – vgl. Jacob-Karau 1971, 106f. mit der Annahme, daß Assyria sich ernsthafte Sorgen um ihre Zukunft als ‚abgelegte' Ehefrau gemacht habe.

45 Amm. 18, 3,3; über das Motiv für die Flucht und die Wahl des Fluchtziels ist nichts gesagt; zweifellos fürchtete die *ancilla*, für den leichtsinnigen Brief, der ohne ihre Mithilfe ja nicht hätte geschrieben werden können, zur Rechenschaft gezogen zu werden. – De Jonge 1980, 78f. vermutet durchaus überzeugend, daß die Sklavin wie ihr vormaliger Herr fränkischer Abstammung war und sie ihn an einem Profiteur seines Sturzes rächen wollte. Bei dieser Sicht läge die Initiative stärker, als Ammian es darstellt, bei der – ihrer Herrin intellektuell weit überlegenen – Sklavin.

46 Amm. 18, 3,4 *„hocque indicio ille confisus..."* („Arbitio schenkte dieser Angabe Glauben..."); dies ist eigentlich erstaunlich und gibt möglicherweise einen Hinweis auf vorausgegangene Kontakte der *ancilla* mit Arbitio, dem damaligen *magister equitum praesentalis*.

47 Amm. 28, 1,8-56. – Ein gewisser Marinus wurde hingerichtet, weil er eine gewisse Hispanilla durch Liebeszauber zu seiner Ehefrau hatte machen wollen (1,14); der Senator Cethegus wurde wegen Ehebruchs zum Tode verurteilt (1,16), desgleichen ein gewisser Esaias wegen Ehebruchs mit einer Rufina, die dann ebenso mit dem Tod bestraft wurde wie weitere ungenannte Mittäter und Mitwisser, darunter wohl auch ihr Gatte Marcellus, den Esaias seinerseits wegen Majestätsbeleidigung hatte verklagen wollen (1,44-45). – Vgl. zu dem Komplex der Affären Funke 1967, 165-175; Hamblenne 1980, 198-225; Matthews 1989, 213f.

48 Amm. 28, 1,28; - *adulterium* ist Ehebruch jeweils verheirateter Männer und Frauen, *stuprum* ist Ehebruch mit unverheirateten (z.B. verwitweten) Frauen.

49 Amm. 28, 1,28.

50 Amm. 28, 1,47.

51 Amm. 28, 1,48-49. -Die Formulierung „... *infamati sub Maximino in Fausianam feminam non obscuram...*" läßt vermuten, daß die Dame ebenfalls vornehm war. Die Übersetzungen nähren andere Assoziationen: „...im Hinblick auf eine nicht unbekannte Frau...in üblen Ruf gekommen." (Seyfarth); „...wegen einer nicht unbekannten Frau...in übles Gerede gekommen..." (Veh).

52 Amm. 28, 1,49f. - Zur Diskussion um die Identität des Abienus mit Rufus Festus Avienus, dem Autor der *Ora Maritima*, vgl. Seyfarth 1986, IV 327 Anm.52.

53 Amm. 28, 1,50-56.

54 Amm. 28, 1,30-34; - zu Aginatius, *Vicarius Romae* 368-370 n.Chr., vgl. PLRE I 29f. - Seine Familie, zu der im frühen 5. Jhdt. Caecina Decimus Aginatius Albinus zählen dürfte, war offenbar mit den Anicii verschwägert.

55 Amm. 28, 1,34f.

56 Amm. 28, 1,34. - Hintergrund war allerdings die Freundschaft zwischen Maximinus und Victorinus (1,27) und die Feindschaft gegenüber Maximinus, in die sich bei Aginatius Neid über dessen Karriere infolge des kaiserlichen Wohlwollens für den Pannonier mischte. Aginatius soll geplant haben, den Widersacher mit Hilfe des einflußreichen Olybrius zu stürzen, 1,31 33.

57 Amm. 28, 1,35. - Als Motiv des Maximinus für die Verschwägerung nennt Ammian sein habgieriges Verlangen nach dem Rest der Victorinus-Erbschaft. Dagegen ist sehr wohl denkbar, daß diese heiratspolitische Maßnahme schon zur Lebzeiten des Victorinus geplant war, daß sie dann aber bei ihrem Vollzug von den Gegnern Anepsias so negativ interpretiert wurde. Vgl. auch Jacob-Karau 1971, 115, wo die Eheschließung als „menschlich so widerliche(r) Han-

	del" bewertet wird: „...die Mutter gibt für ein gesichertes Leben die Tochter hin...".
58	Amm. 28, 1,35: „quae haec metuens ut Maximini muniretur auxilio...".Vgl. dazu Jacob-Karau 1971, 114 „Wiewohl ihr die Spielregeln des Machtkampfes und der Intrige nicht ganz fremd zu sein scheinen, beherrscht sie sie doch zu wenig, als daß sie sich darin mit dem auf diesem Gebiet erfahrenen Manne messen könnte. Darum scheitert sie...".
59	Abienus und Eumenius zählten wohl ebenso wie Terracius Bassus, Camenius und Eusafius (Amm. 28, 1,27) zu den Freunden des Victorinus und hatten daher unter Maximinus keine Verfolgung wegen der Sache mit Fausiana erlitten: „...post Victorini obitum, quo iuvante vixere securius, Simplicii adventu perterrefacti...ad secreta receptacula se contulerunt..." (1,48).
60	Amm. 28, 1,49.
61	Amm. 28, 1,50: „mulier vero ut continendae vitae spem firmam dilato posset habere supplicio... ".
62	Amm. 28, 1,51f.
63	Amm. 28, 1,52-56.
64	Amm. 28, 1,56; vgl. 1,54 zum hochnotpeinlichen Verhör auch der Anepsia durch den kaiserlichen Beauftragten Doryphorianus.
65	vgl. Amm. 28, 1,52 „(sc. Maximinus) metuensque gravioris invidiae pondus, ne pronuntiante Simplicio et consiliario suo et amico periret homo patriciae stirpis, retinuit apud se paulisper imperiale praeceptum".
66	Funke 1967, 145-175, bes. 170-175; Hamblenne 1980, 198-225; Matthews 1989, 209-215.
67	Vergleichbar ist insofern die knappe Notiz über die Matrone Hesychia, die sich selbst erstickt vor den bevorstehenden Verhören: „...multa pertinescens et saeva..." (Amm. 28, 1,47). - Ganz anders ist das Urteil von Jacob-Karau 1971, 116: „Die Anepsia Ammians ist amoralisch, egoistisch, durchtrieben - und muß doch harmlos wirken. Jede Eigenschaftsbezeichnung, die Anepsia als eine leichtfertige oder auch intrigante Frau, als unnachsichtige Herrin charakterisieren könnte, unterbleibt, obwohl sie so in Wirklichkeit ist, denn ihre Opferfunktion darf nicht verlorengehen."
68	Amm. 14, 6,16 „quos imitatae matronae complures... per latera civitatis cuncta discurrunt" - vgl. auch Amm. 28, 4,8 zu den agmina.
69	Amm. 14, 6,9 zum Kleiderluxus, wo von (Staats-)gewändern die Rede ist, „...die infolge der allzu großen Feinheit des Stoffes durchsichtig sind. Sie (= die vornehmen Herren) führen viele Bewegungen aus, meistens mit der linken Hand, damit die langen Fransen und die mit Tiergestalten bestickten Unterkleider in ihren verschiedenen Formen deutlich hindurchschimmern." - vgl. auch 6,18 zu den Gesängen und „seichtem Geklimper der Saiteninstrumente" in den vornehmen Häusern. - Vgl. auch Amm. 28, 4,8 und 4,18 zur Verbreitung seidener Gewänder.
70	Amm. 28, 4,26.
71	Amm. 14, 6,19.
72	Amm. 14, 6,20.
73	Jacob-Karau 1971, 120, hält die geschilderten Frauen nicht für die zahlreichen fremden Tänzerinnen, sondern für vornehme Römerinnen: „Von der Erfüllung ernster Mutterpflichten halten diese Damen verständlicherweise sehr wenig. Sie ziehen es deshalb vor, ledig zu bleiben; sie putzen sich lieber, lassen sich kunstvolle Lockenfrisuren aufstecken und geben sich mit Leidenschaft wilden Tänzen hin...". - Man hat hier fast den Eindruck, als sähe die Autorin (um 1970; selbst Jahrgang 1928!) vor ihrem geistigen Auge die Mädchen und jungen Frauen der so dekadent-kapitalistischen ‚BRD' vor sich!

78

74 Vgl. Sabbah 1992, 94f; - zu Craugasius siehe die kurze Notiz bei Baldwin 1976, 119.

75 Dazu vgl. Jacob-Karau 1971, 146-151; Seyfarth 1978, II 185 Anm.177; De Jonge 1980, 296: „...We are treated to a short novel...about the love of Craugasius of Nisibis for his wife, an erotic tale, therefore, but with a political edge. The truth of this need not to be daubted".

76 Amm. 18, 10,1f.

77 Amm. 18, 10,3.

78 Amm. 18, 10,3; 19, 9,3.

79 Amm. 19, 9,3f. „Die Frau des Craugasius, die ihre Keuschheit unversehrt behielt...trauerte darüber, daß sie gleichsam eine andere Welt ohne ihren Gatten sehen sollte...Sie verabscheute die Trennung von ihrem Mann ebenso wie eine neue Heirat...".

80 Amm. 19, 9,4-5.

81 Amm. 19, 9,6-7; vgl. Matthews 1989, 387f; 399.

82 Amm. 19, 9,7.

83 Jacob-Karau 1971, 149.

84 Jacob-Karau 1971, 150; - vgl. Sabbah 1992, 94 „...La sympathie teintée d'amiration...est d'autant plus remarquable que sa conduite...est à l'origine d'une trahison...".

85 Amm. 18, 10,1.3; vgl. 10,4: „...(sc. Schapor) heuchelte für den Augenblick menschliches Verhalten, damit alle...ihre Furcht aufgeben und freiwillig zu ihm kommen sollten..."

86 Amm. 18, 10,3.

87 Sie hatte wohl direkten Zugang zum König: vgl. 19, 9,5 „...Als sie (sc. die erwünschte Botschaft aus Nisibis) erhalten hatte, bat sie den König durch Vermittlung seines Heerführers Tamsapor, sobald sich eine Möglichkeit ergebe, noch bevor er aus dem römischen Gebiet abzöge, ihren Mann gnädigst in seine Gewalt holen zu lassen...".

88 Amm. 19,9,4 „...Mit ihm sandte sie eine Botschaft und geheime Nachrichten aus ihrem Privatleben und beschwor den Gatten..." („...dimisit mandatis arcanisque vitae secretionis maritum exorans ..."). - Bei den in der Forschung diskutierten arcana vitae secretionis (vgl. De Jonge 1982, 178) handelt es sich am ehesten um intime (Wieder-)erkennungszeichen, damit Craugasius sicher sein konnte, daß der Bote wirklich von ihr selbst kam.

89 Amm. 19, 9,4.

90 Amm. 19,9,3: „An ihre eigene Sache denkend und kommende Ereignisse weit vorausschauend, wurde sie von zweifacher Sorge gequält; sie verabscheute die Trennung von ihrem Mann ebenso wie eine neue Heirat." („...in rem consulens suam et accidentia longe ante prospiciens anxietate bifaria stringebatur viduitatem destans et nuptias").

91 Amm. 18, 10,1.3. - Die schnelle Eroberung bzw. Kapitulation der Kastelle (10,2) könnte sehr wohl auf ein gutes Einvernehmen mit den Persern zurückzuführen sein.

92 Amm. 19, 9,4.

93 So aber Jacob-Karau 1971, 148: „...es drängt die uxor zum Handeln, es macht sie listig, erfinderisch und tapfer..."; 149: „...in die Hände der mutigen Frau legt (sc. Ammian) das Schicksal der getrennten Ehegatten...".

94 Amm. 18, 19,3: „...vim in se metuentem...".

95 Aber wie unterscheidet sie sich von anderen Frauen aus Nisibis! vgl. Amm. 25, 9,5 zum Wehklagen anonymer Frauen, die nur fünf Jahre später (363 n.Chr.) infolge des von Jovian mit den Persern geschlossenen ‚Schandfriedens' diese Stadt verlassen mußten: „...Manche Matrone raufte sich ihr Haar, da

79

sie nun als Verbannte aus dem Hause fliehen mußte, in dem sie geboren und erzogen war, und manche Mutter, die ihre Kinder, oder Witwe, die ihren Gatten verloren hatte, wurde von deren Grabstätte fortgetrieben." - Eine weitere Matrone aus Nisibis erwähnt unser Autor kurz, indem er von dem eigenen Erlebnis beim Feldzug von 358 berichtet, daß er außerhalb der Stadt einen Knaben am Straßenrand aufgelesen hatte, den seine Mutter bei ihrer überstürzten Flucht dort verloren hatte: Amm. 18, 6,10.

96	Vgl. dazu unten S. 68ff. zu den Barbarinnen bzw. Nomadenfrauen!
97	Vgl. Amm. 14, 6,17 zu Semiramis als ,Erfinderin' der Knabenkastration.
98	Amm. 18, 5,4.
99	Amm. 14, 11,3.
100	Amm. 18, 4,4.
101	Amm. 18, 5,4: „...*feri et acidi semper...*".
102	Amm. 31, 14,3: „...*ut sunt in palatiis nonnulli alienarum rerum avidi...*".
103	Amm. 31, 14,3.
104	Amm. 22,4,2. - Vgl. allgemein Demandt 1965, 45f; Matthews 1989, 274-277.
105	Amm. 22, 4,5f.
106	Zur Kleidung vgl. Amm. 14,6,9 (s.o.Anm.69); vgl. Amm. 28, 4,18. – Dazu auch Den Boeft u.a 1995, 42, mit Hinweis auf Solin. 50,3: „*Sericum...quo ostendere potius corpora quam vestire primo feminis, nunc etiam viris luxuriae persuasit libido*".
107	Vgl. Amm. 28, 1,47, wo sich die Matrone Hesychia im Haus des Gerichtsdieners mit einem Federbett erstickt.
108	Amm. 22, 4,6: Diese ,sanften Melodien' treten an die Stelle des „iubilus" = des Kriegsgeschreis: vgl. Den Boeft u.a. 1995, 44 mit der Beobachtung, daß *iubilus* vor allem bei christlichen Autoren, kaum bei heidnischen vorkommt und nach Hil. *in psalm.* 65,3 dem griechischen Begriff ἀλαλαγμός entspricht.
109	Vgl. Amm. 18, 5,4: Die Eunuchen schmeicheln sich ein dank ihrer *gracilitas vocis semper puerilis et blandae;* - vgl. Amm. 21, 16,16: Constantius II ist seinen Ehefrauen und den *voces graciles* (= den sanften Stimmen/ den Einflüsterungen) der Eunuchen ergeben (vgl.o.Anm.28).
110	Amm. 16, 7,6; - Eutherius wird außerdem als *semper sobrius et in primis consistens* gerühmt.
111	Vgl. auch den Fall des Gorgonius, Kammerherr des Caesars Gallus, der sich durch eine *conspiratio spadorum* einer Verurteilung entzieht, obwohl er *particeps* und *concitor* der Untaten des Gallus gewesen war: Amm. 15, 2,10.
112	Vgl. Amm. 16, 7,6: Eutherius ließ sich niemals hinreißen, ein Geheimnis zu verraten.
113	Vgl. Amm. 14, 11,3 (über die Eunuchen Constantius' II.): „...*quorum...plus habendi cupiditas ultra mortalem modum adolescebat...*"; zur ,Schlangenbrut': Amm. 18, 4,4; - vgl. allgemein zum ,image' der Eunuchen im 4. Jahrhundert n.Chr. Hopkins 1978, 172-196; bes.193f.; Guyot 1980, 164-166; 37-42 (zur Effemination).
114	Vgl. Amm. 15, 12,5f.
115	Eine Ausnahme stellt der tadelnde Vergleich derjenigen Römer dar, die sich den Daumen abschneiden, um dem Kriegsdienst zu entgehen, mit den kampfbegierigen Galliern: Amm. 15, 12,3.
116	z.B. Amm. 14, 4,2, zu den Sarazenen: „Bei diesen Stämmen sind alle Männer Krieger von gleichem Rang...(sie) ziehen...auf ihren schnellen Pferden und schlanken Kamelen im Frieden und in Kriegszeiten umher...".- Amm. 15, 12,3, zu den Galliern: „Zum Kriegsdienst sind sie in jeder Altersstufe sehr geeignet, und gleich beherzt zieht der Greis in den Kampf wie der Jüngling...". - Amm. 13, 6,80, zu den Persern: „(sie sind)...sehr leidenschaftliche

Krieger...im Fernkampf schreckenerregend..."; Amm. 6, 83: „Durch ihre militärische Ausbildung und Disziplin und durch ständige Übung in der Kriegführung und Waffenhandhabung sind sie selbst größten Heeren furchtbar, zumal sie sich auf die Tüchtigkeit der Reiterei verlassen...", - Amm. 31, 2,9, zu den Hunnen: „Man möchte sie aus dem Grund die furchtbarsten von allen Kriegern nennen, weil sie im Fernkampf mit Pfeilen kämpfen,... im Nahkampf ohne Rücksicht auf sich selbst fechten..."; - Amm. 31, 2,20, zu den Alanen: „...alle sind infolge vielfacher Übung geschulte Krieger...".

117 Amm. 23, 6,83; mit den *bella externa* sind wohl die Kriege zur Verteidigung der persischen Nordostgrenze (u.a. gegen die Hunnen) gemeint.

118 Amm. 23, 6,80: „...cum sint acerrimi bellatores, sed magis artifices quam fortes...".

119 Amm. 23, 6,80: „...magnidici, graves ac taetri...callidi, superbi...".

120 Amm. 23, 6,80.

121 Amm. 23, 6,81.

122 Amm. 23, 6, 76; - vgl. Sall. Iug. 80,6-7, zur Bewertung der Polygamie bei den Numidern und den Mauren: „so teilt sich ihre Zuneigung in der großen Zahl; keine (sc. Frau) behauptet sich als Lebensgefährtin, alle sind gleich wenig wert" („ita animus multitudine distrahitur: nulla pro socia obtinet, parites omnes viles sunt") (80,7).

123 Amm. 23, 6,76.

124 Amm. 23, 6,80: „adeo autem dissoluti sunt et artuum laxitate vagoque incessu se iactantibus, ut effeminatos existimes... „.

125 Amm. 23, 6,84: „Die meisten Perser kleiden sich in Gewänder, die in aller Farbenpracht leuchten, aber obwohl sie sie vorn und an den Seiten geschlitzt tragen und im Winde flattern lassen, ist vom Scheitel bis zur Sohle kein Stück des Körpers unbedeckt zu sehen. Goldene Armreifen und Halsketten, Edelsteine und vor allem Perlen zu tragen, von denen sie große Menge besitzen, haben sie sich erst nach dem Sieg über Lydien und Kroisus angewöhnt."

126 Vgl. z.B. die Makedonen des 2. Jahrhunderts v. Chr. in der Sicht des Livius im Vergleich zu den Makedonen des Eroberungszuges Alexanders des Großen: Liv. 9, 17,16-18,3: „...Bewertet man (sc. den Alexander) aber nach der Haltung in seiner neuen Lage..., so hätte er bei seiner Ankunft in Italien mehr Ähnlichkeit mit Dareius gehabt...und ein Heer mitgeführt, das Makedonien vergessen hatte und schon dabei war zu entarten und persische Sitten anzunehmen..." (18,2f.; Übersetzung H.J. Hillen, München 1994).

127 Amm. 15, 12.

128 Amm. 22, 8,18.

129 Amm. 22, 8,18f.

130 Zum Mythos des Amazonenfeldzuges gegen Athen: Tyrell 1984, 3-22.

131 Vgl. Amm. 22,8,19 „...residuae ut imbelles domi relictae..."; - als *imbellis* wird bei Ammian auch unbewaffnetes Büropersonal bezeichnet (24, 1,4), meistens aber Frauen, Kinder und Alte (19, 8,4; 31, 2,20). Einmal findet sich ‚unkriegerisch' verbunden mit *ignavus* nämlich zur Charakterisierung des Magister Militum Sabinianus (18, 5,5); zweimal begegnen *ignavi* zusammen mit *degeneres*, nämlich als Verachtete bei Parthern (23, 6,44) und Alanen (31, 2,22).

132 Amm. 15, 12,1.

133 Amm. 15, 12,2.

134 Amm. 15, 12,2; bei der betonten Parallelität der Geschlechter wäre auch zu vermuten, daß die Frauen ebenso wie die Männer bei den Galliern als der Trunkenheit ergeben gedacht sind: vgl. Amm. 15, 12,4.

135 Amm. 15, 12,3; in dieser Formulierung steckt implizit die Information, daß die Gallier Ackerbau betreiben, was zwar nirgends ausdrücklich gesagt wird, aber als wohlbekannt vorausgesetzt ist.

136   Vgl. Strab. 3, 3,8; 4, 4,2; Diod. 5, 32,2; Tac. Germ. 7; - dazu Sontheimer 1926, 19-28; zu Sallust als Vorlage Ammians: Sabbah 1978, 67 Anm.16.

137   Amm. 15, 12,1-3.

138   Amm. 14, 4,3f. - Ganz ähnlich ist es nach Amm. 31, 2,10, bei den Hunnen: „...Niemand...bei ihnen...berührt jemals den Pflug. Denn sie alle kennen keine festen Wohnsitze, sondern schweifen umher, ohne Haus, ohne Gesetz und feste Lebensweise, immer wie auf der Flucht mit ihren Wagen, auf denen sie wohnen...". - Bei den Alanen, die „in allem den Hunnen recht ähnlich, aber gemäßigter in ihrer Lebensart und Tracht (sind)..." (Amm. 31,2,21), geht es ganz gleich zu: Sie „...kennen nämlich keine Hütten oder den Gebrauch des Pflugschars...Sie setzen sich auf ihre Wagen, die sie mit gewölbter Baumrinde bedecken, und fahren mit ihnen über die grenzenlosen Weiten hin..." (Amm. 31, 2,18); vgl. Amm. 22, 8,42, wo es von den Alanen (sowie von den Kostoboken und ‚zahllosen skytischen Stämmen') heißt: „...Ihre Familien und Wohnstätten und ihr billiger Hausrat sind auf Wagen verladen, die mit Baumrinde gedeckt sind...sie fahren ihre Wagen dorthin, wo es ihnen gerade gefällt...".

139   Amm. 31, 2,18.

140   Amm. 31, 2,10.

141   Amm. 15 4,5; der Satz lautet dann noch „...und niemals besteht für sie (sc. die Frau) die Möglichkeit, sich auszuruhen."

142   Amm. 14, 4,4.

143   Zur Diskussion vgl. Jacob-Karau 1971, 129-131; Seyfarth 1968, 211f.

144   Amm. 14, 4,4: „...*et incredibile est, quo ardore apud eos in venerem uterque solvitur sexus*"; vgl. Amm. 23, 6,76, wo dasselbe über die polygamen Perser gesagt ist (vgl.o.Anm.122).

145   Amm. 31, 2,1 „...*omnem modum feritatis excedit*".

146   Amm. 31, 2,10: „...*cum carpentis in quibus habitant; ubi coniuges...coeunt eum maritis...*"; - 2,18: „...*velut carpentis civitates impositas vehunt maresque supra cum feminis coeunt...*".

147   Amm. 31, 2,10.18; vgl. 14, 4,5, wo gebären und erziehen mit der Heirat zusammengestellt sind.

148   Zur Ernährung vgl. Amm. 31,2,4: „...(die Hunnen) sind...durch ihre Lebensweise so abgehärtet, daß sie keines Feuers und keiner gewürzten Speise bedürfen, sondern von den Wurzeln wilder Kräuter und dem halbrohen Fleisch von jedwedem Getier leben, das sie zwischen ihre Schenkel und den Pferderücken legen und etwas erwärmen." - Die Ansichten und Interpretationen zu dieser berühmten Überlieferung sind vielfältig: vgl. Seyfarth 1968, 208; Maenchen-Helfen 1978, 11f.; Shaw 1982/3, 25f.; Matthews 1989, 337f.; - Zur Ernährung der nomadischen Alanen vgl. Amm. 31,2,18: „...(sie) leben von Fleisch und der reichlich vorhandenen Milch"; Amm. 31, 2,19 bezeugt ihre Großtier- und Kleintierzucht! - Vgl. auch zu den Sarazenen Amm. 14, 4,6: „Für alle bietet das Fleisch wilder Tiere Nahrung, außerdem Milch, die es hier im Überfluß gibt und die die Hauptnahrung ist. Dazu kommen verschiedene Kräuter und Vögel, falls sie solche fangen. Die meisten von ihnen kennen, wie ich selbst gesehen habe, weder den Gebrauch von Getreide noch Wein.". - Ein m.W. noch nicht in diesen Kontext gestellter Hinweis auf den außerordentlichen großen Fleischverzehr der (insbesondere gallischen bzw. barbarischen) Soldaten des für den Perserfeldzug in Antiocheia gesammelten Heeres unter Kaiser Julian. bezeugt, daß diese Art Nahrung nach Meinung Ammians (und seiner Zeitgenossen) einer ‚unordentlichen' Lebensweise entsprach: Amm. 22, 12,6: „(sc. infolge der zahlreichen Tieropfer)...kam es, daß beinahe täglich Soldaten auf

den Schultern von Passanten aus öffentlichen Gebäuden...über die Plätze in ihre Quartiere getragen wurden, denn sie lebten infolge des Mastfutters an Fleisch haltlos dahin und waren vom Verlangen nach Trunk verdorben worden. Vor allem waren es die Petulanten und Kelten..., „.

149   Zur Kleidung der Nomaden vgl. Amm. 14, 4,3, über die Sarazenenkrieger: „...(sie sind)...halbnackt in bunte Umhänge bis zu den Hüfte gehüllt...“; vgl. 31, 2,5f.: „(sc. die Hunnen)...kleiden sich in linnene Gewänder oder solche, die aus Fellen von Waldmäusen zusammengenäht sind, und haben keine besondere Kleidung für den Hausgebrauch und außerhalb des Hauses, sondern wenn sie einmal den Kopf in ein solches Hemd von schmutziger Farbe gesteckt haben, legen sie es erst ab oder wechseln es, wenn es durch langen Verschleiß in Fetzen aufgelöst und zerfallen ist. (6) Den Kopf bedecken sie mit einer runden Kappe und schützen die behaarten Beine mit Ziegenfellen...“. - Zum engen Zusammenhang zwischen der Kleidung und der jeweiligen Art der Ernährung vgl. auch Amm. 31, 2,14f, wo es von den Vidinen und Gelonen (im Norden Skythiens) heißt, sie würden getötete Feinde häuten „...und sich daraus Kleidung und für ihre Streitrosse Decken herstellen“; während die noch weiter entfernt lebenden Melanchlänen (‚Schwarzmäntel‘) und Anthropophagen, natürlich gleichfalls Nomaden, sich sogar von Menschenfleisch ernährten (2,15).

150   Amm. 31, 2,10: „...nullusque apud eos interrogatus responderet, unde oritur, potest“.

151   Amm. 31, 3,2.

152   Die gleiche Sitte der Hunnen begründet Jord. Get. 127, damit, daß schon die Kinder gegen Schmerzen abgehärtet werden sollten (vgl. Matthews 1989, 338f.).

153   Amm. 31, 2,11: „...auri cupidine immensa flagrantes...“.

154   Amm. 31, 2,11: „...inconsultorum animalicum ritu, quid honestum inhonestumque sit, peritus ignorantes...“.

155   Amm. 31, 2,11: „...infidi et inconstantes...mobiles, totum furori incitatissimo tribuentes...permutabiles et irasci faciles...“; vgl. Wirth 1997, 896. - Zur Raubgier der Sarazenen vgl. Amm. 14, 4,1: „...milvorum rapacium similes..“; zur Raubgier der Alanen vgl. 31, 2,21:„...latrocinando et venando...discurrentes...“.

156   Vgl. dazu die Homosexualität der Taifalen: Amm. 31, 9,6; s.u S. 72.

157   Rosen 1982, 69-71; Sabbah 1978, 89-91; - vgl. für Details Maenchen-Helfen 1978, 9-11; 16f.; Dittrich 1984, 170-191; 220-230; Matthews 1989, 332-355; 379f.: „His description of the Huns repeats stereotypos of a pastoral nomadic people, but he still achieves a specific description of their physical appearance, pattern of life and social customs.“

158   Demandt 1965, 28-44; Dittrich 1984, 226-230,sieht generell die Barbarentypologie als Negativfolie für das Idealbild des Römers und definiert Ammian als Vertreter eines modifizierten römischen Weltherrschaftsanspruchs. - Vgl. Maenchen-Helfen 1978, 7f. mit der These, insbesondere als Anhänger des Usurpators Eugenius habe Ammian die Truppen des Theodosius, insbesondere die siegbringende (vermutlich) hunnische Reiterei, gehaßt. Der Autor nimmt desweiteren an, Ammian habe seine Informationen von gotischen, also hunnenfeindlichen Gewährsmännern.

159   Wirth 1997, IXf.

160   zum Gotenfoedus von 382 n.Chr. vgl. Wirth 1967, 231-251; Wolfram 1979, 156f; Martin 1987, 36; 161f.; Heather 1991, 157-192, bes. 165-175; Rosen 1992, 85-90; Gesa 1994, 36-45.

161   Wolfram 1979, 161f. (vgl.o.Anm.8).

162   Amm. 31, 8,4 „...necessitate postrema...“.

163   Amm. 31, 8,6-8.

164	Amm. 31, 9,3-4.
165	Amm. 31, 9,5: „porro si *qui iam adultus aprum exceperet solus vel interemerit ursum immanem colluvione liberatur incesti*";- vgl. zur Stelle Wirth 1997, 899: „...Die Behandlung von Goten und Taifalen fällt auf. Sie scheint Geste, dem Gegner das Einlenken zu erleichtern, erklärt sich zugleich aber aus dem allgemeinen Menschenmangel und den althergebrachten entsprechenden Verfahrensweisen."
166	Diod. 5, 32,7; vgl. Strab. 4, 4,6 (C 199). - Dort fehlt allerdings die eigenartige Eber- oder Bärenjagd zur Gewinnung von Ehrbarkeit, d.h. zur Beendigung homosexueller Betätigung. Bei Ammian mag ein Reflex derjenigen Passage aus Tacitus' *Germania* vorliegen, wo von den Chatten berichtet wird, daß sie bis zur Erlegung eines Feindes Haupthaar und Bart lang wachsen lassen und daß entsprechend ‚Feiglinge und unkriegerische Naturen' dieses struppige Aussehen lange beibehalten: „...*ignavis et imbellibus manet sqalor...*" (Tac. Germ.31).
167	Vgl. Amm. 31, 8,7-8.
168	Amm. 31, 8,4.
169	vgl. Amm. 23, 3,8 (verbündet mit den Römern); 24, 2,4 (verbündet mit den Persern); - vgl. Matthews 1989, 148; 351f.
170	Vgl. Constantina als Skylla (s.o.Anm.33). - Hier wäre wohl auch das ‚tierhafte' intellektuelle Unvermögen zur Unterscheidung von *honestum* und *inhonestum* anzuführen (vgl. Amm. 31, 2,11; s.o.Anm. 154), wie es offenbar bei der schamlos-ehebrecherischen Gattin des Danus anzutreffen war (s.o.S. 61), eventuell auch bei der Gattin des Craugasius, die zwar nicht ‚dumm', aber doch unpatriotisch war (s.o.S. 64ff.).

Literaturverzeichnis

Aujoulat 1983 = N. Aujoulat, Eusébie, Hélène et Julien, Byzantion 53, 1983, 78-103; 421-452.

Baldwin 1976 = B. Baldwin, Some Addenda to the Prosopography of the Later Roman Empire, Historia 25, 1976, 118-121.

Bringmann 1973 = K. Bringmann, Ammianus Marcellinus als spätantiker Historiker, A&A 19, 1973, 44-60.

Cesa 1994 = M. Cesa, Impero tardoantico e barbari: La crisi militare da Adrianopoli al 418, Como 1994.

De Jonge 1977 = P. De Jonge, Philological and Historical Commentary on Ammianus Marcellinus XVII, Groningen 1977.

De Jonge 1980 = P. De Jonge, Philological and Historical Commentary on Ammianus Marcellinus XVIII, Groningen 1980.

De Jonge 1982 = P. De Jonge, Philological and Historical Commentary on Ammianus Marcellinus XIX, Groningen 1982.

Demandt 1965 = A. Demandt, Zeitkritik und Geschichtsbild im Werk Ammians, (Diss.) Bonn 1965.

Den Boeft u.a. 1991 = J. Den Boeft/D. Den Hengst/ H. C. Teitler, Philological and Historical Commentary on Ammianus Marcellinus XXI, Groningen 1991.

Den Boeft u a. 1992 = J. Den Boeft/D. Den Hengst/H. C. Teitler (Hrsg.), Cognitio Gestorum. The Historical Art of Ammianus Marcellinus, Amsterdam/Oxford 1992.

Den Boeft u.a. 1995 = J. Den Boeft/D. Den Hengst/H. C. Teitler, Philological and Historical Commentary on Ammianus Marcellinus XXII, Groningen 1995.

Dittrich 1984 = U. B. Dittrich, Die Beziehungen Roms zu den Sarmaten und Quaden im vierten Jahrhundert n.Chr. (nach der Darstellung des Ammianus Marcellinus), (Diss.) Bonn 1984.

Funke 1967 = H. Funke, Majestäts- und Magieprozesse bei Ammianus Marcellinus, JAC 10, 1967, 145-175.

Günther 1996 = L.-M. Günther, Die Austorianer als Belagerer tripolitanischer Städte (um 365 n.Chr.) ? in: M. Khanoussi/P. Ruggeri/C. Vismara (Hrsg.), L'Africa Romana XI, Sassari 1996, Bd.3, 1643-1650.

Günther 1997 = L.-M. Günther, Die ‚Leptis-Magna-Affäre' bei Ammianus Marcellinus (28,6), Klio 79, 1997, 444-458.

Guyot 1980 = P. Guyot, Eunuchen als Sklaven und Freigelassene in der griechisch-römischen Antike, (Diss.) Stuttgart 1980.

Hamblenne 1980 = P. Hamblenne, Une ‚conjuration' sous Valentinien? Byzantion 50, 1980, 198-225.

Heather 1991 = P. J. Heather, Gothes and Romans 332-489, Oxford 1991

Hopkins 1978 = K. Hopkins, Conquerors and Slaves, Cambridge 1978.

Jacob-Karau 1971 = L. Jacob-Karau, Das Bild der Frau in den Res Gestae des Ammianus Marcellinus, (Diss.) Berlin <Ost> 1971.

Maenchen-Helfen 1978 = O.J. Maenchen-Helfen, Die Welt der Hunnen, Wien/Köln/Graz 1978 (engl. 1973).

Martin 1987 = J. Martin, Spätantike und Völkerwanderung, München 1987.

Matthews 1989 = J. Matthews, The Roman Empire of Ammianus, Baltimore 1989,

PLRE I = A. H. M. Jones/J. R. Martindale/J. Morris, The Prosopography of the Later Roman Empire, Bd. 1, Cambridge 1971.

Rosen 1982 = K. Rosen, Ammianus Marcellinus (EdF 183) Darmstadt 1982.

Rosen 1992 = K. Rosen, Wege und Irrwege der römischen Gotenpolitik" in Ammians 31. Buch, in: Den Boeft u.a. 1992, 85-90.

Sabbah 1978 = G. Sabbah, La méthode d'Ammien Marcellin. Recherches sur la construction du discours historique dans les Res Gestae, Paris 1978.

Sabbah 1992 = G. Sabbah, Présence Féminines dans l'Histoire d'Ammien

Marcellin. Les rôles politiques, in: Den Boeft u.a 1992, 91-105.

Seyfarth 1968 = W. Seyfarth, Nomadenvölker an den Grenzen des spätrömischen Reiches. Beobachtungen des Ammianus Marcellinus über Hunnen und Sarazenen, in: Das Verhältnis von Bodenbauern und Viehzüchtern in historischer Sicht (Veröff. d.Inst.f. Orientforschung, Beiheft 69) Berlin 1968, 207-213.

Seyfarth 1978 = W. Seyfarth, Ammianus Marcellinus. Römische Geschichte, lateinisch-deutsch und m. Komm., Bd.l, II Darmstadt ⁴ 1978.

Seyfarth 1986 = W. Seyfarth, Ammianus Marcellinus. Römische Geschichte, lateinisch-deutsch und m. Komm., Bd.III, IV Darmstadt ³ 1986.

Shaw 1982/3 = B.D. Shaw, ‚Eaters of Flesh, Drinkers of Milk': The ancient Mediterranean Ideology of the Pastoral Nomad, Anc.Soc. 13/4, 1982/3, 5-31.

Szidat 1992 = J. Szidat, Ammian und die historische Realität, in: Den Boeft u.a. 1992, 107-116.

Szidat 1996 = J. Szidat, Historischer Kommentar zu Ammianus Marcellinus Buch XX-XXI, Bd. 3,   Stuttgart 1996.

Tyrell 1984 = W. B. Tyrell, Amazons. A study in Athenian Mythmaking, Baltimore 1984.

Wirth 1967 = G. Wirth, Zur Frage der foederierten Staaten in der späten römischen Kaiserzeit, Historia 16, 1967, 231-251.

Wirth 1997 = G. Wirth, Ammianus Marcellinus. Das Römische Weltreich vor dem Untergang, Einleitung und Kommentare zur Übersetzung von O. Veh, Amsterdam 1997 (veränderter Nachdruck der Ausgabe Zürich/ München 1974) Amsterdam 1997.

Wolfram 1979 = H. Wolfram, Geschichte der Goten, München 1979.

86

Stephan Schmal

Frauen und Barbaren bei Euripides

Euripides: Sodann vom ersten Vers an ließ ich niemand müßig stehen,/ und reden mußte mir die Frau und reden selbst der Sklave,/ es sprach der Mann, die Jungfrau sprach, das alte Weib –
Aischylos: Und hast du/ nicht schon für das den Tod verdient?
Euripides: Bewahre, Gott Apollon!/ nur demokratisch handelt ich[1].

Schon zu Lebzeiten hat Euripides den Streit der Meinungen, der ja zugleich sein Thema ist, heftig entfacht, da er die hohe Kunst der Tragödie auf den Bühnenboden der Tatsachen geholt und damit einen breiten Spannungsbogen zwischen Mythentradition, kritisch hinterfragtem Kult, intellektueller Rhetorik und banaler Alltäglichkeit gezogen hat. Sein Realismus liefert ein neues, sehr vielfältiges, oft paradoxes Menschenbild: Psychologie und individuelle Schilderung bringen den Menschen mit zahllosen Schwächen, Unzulänglichkeiten und Affekten auf die Bühne. Das Leiden, immer noch kathartisches Grundanliegen der Tragödie, ist nicht mehr so sehr schicksalsbedingt und gottgewollt, sondern entspringt der Psyche des seiner selbst bewußter, verantwortlicher, damit aber auch unsicherer gewordenen einzelnen Menschen.

Aus zwei Grundfesten der euripideischen Kunst erklärt sich ihre besondere Vorliebe für den Einsatz der hier zu besprechenden beiden ‚Menschengeschlechter‘, der Frauen und der Barbaren: zum einen sind sie die Schwachen, die – realistischerweise – Opfer der Kriege und auch der sozialen Umstände sind, also zum Leiden geradezu prädestiniert, zum anderen tragen ihre Charaktere angeblich manche Schwäche, die mit dazu führt, daß einzelne Figuren dieser Gruppen ihren Untergang selbst verursachen und zu verantworten haben.

Will man sich auf strukturalistische Sichtweisen einlassen – was hier nur sehr ansatzweise geschehen soll – so haben Frauen und Barbaren noch eine grundlegende Gemeinsamkeit: sie sind das ‚Andere‘, bilden das Gegenstück zu dem in unseren Quellen ausschließlich redenden männlichen athenischen Vollbürger, der jeden Maßstab setzt. Ein Mindestmaß an psychologischer Wachsamkeit muß uns daher stets daran gemahnen, daß die hier zur Sprache kommenden negativen Werturteile und Stereotype *auch* die Seele des Sprechers, Dichters, männlichen Zeitgenossen kennzeichnen, die urmenschliche Ängste und Negativbilder in die Objekte der Dichtung hineinprojiziert.

Die vorliegende Studie will zum einen die beiden Bilder nachzeichnen und zu den Grundmustern der jeweiligen Urteile vordringen. Des weiteren soll versucht werden, einerseits die Wechselbeziehungen von Barbarenbild und Frauenbild darzulegen, also Überschneidungen aufzuführen und zu zeigen, ob und inwieweit sich einzelne Stereotype verstärken, wenn beide Faktoren zusammentreffen, wenn also barbarische Frauen gezeigt oder beurteilt werden. Andererseits sollen Unterschiede herausgearbeitet werden, durch die das eine Bild zur Akzentuierung des anderen dienen kann. Sehr bald aber wird sich zeigen, daß die Auflistungen und Vergleiche auf rein inhaltlicher Ebene nicht weit führen oder aber ins Paradoxon. Hier wird es nötig sein, verschiedene funktionale Ebenen in die Texte einzuführen, denn ein Urteil steht selten für sich allein: in gut sophistischer Manier sucht Euripides geradezu die gegeneinanderstehenden Meinungen und läßt auch die Gegenposition gerne zu Wort kommen. Besonders im Falle der Frauen werden wir sehen, daß die Geschlechterdiskussion aktuell gewesen zu sein scheint und beiderseits viele Facetten enthält.

Im rhetorischen Widerstreit der Argumente wird klar, daß ein Urteil nicht mehr notwendig das Urteil des Autors ist, sondern einem zeitspezifischen Argumentationspool entnommen, aus dem der Autor Versatzstücke für jeweils verschiedene Zwecke, zur Charakterisierung von Personen, zur Motivation von Rede und Gegenrede, ja manchmal auch zur Motivation des Handlungsganges entnimmt. Auch das ist aber möglicherweise noch nicht die letzte Stufe der Abstraktion, und wir werden fragen, inwieweit Euripides Distanz zu Urteilen und Stereotypen einnimmt, diese als Ganzes zur negativen Charakterisierung von Personen hinzieht oder sie sogar in ein ironisches Spannungsverhältnis zum Umfeld der Tragödie bringt.

I.

Machen wir uns zunächst ein Bild anhand der zahlreichen Äußerungen, mit denen Barbaren bei Euripides charakterisiert werden[2] – Äußerungen, die im seltensten Falle inhaltlich isoliert stehen, die vielmehr in geringen Variationen und freilich sehr unterschiedlicher Deutlichkeit die griechische Literatur zumindest der zweiten Hälfte des fünften Jahrhunderts durchziehen.

Zu den durchgängigsten Elementen des attischen Barbarenbildes zählen Gold, Wohlleben und Luxus, die ja schon bei Archilochos und Sappho deskriptiv auftreten[3], bei Herodot mindestens in der Person des Kroisos Symbolcharakter bekommen und Kritik erfahren[4], während sie dann in der Komödie vielfach als Klischee ausgeschlachtet werden[5].

Auch bei Euripides trägt der Komplex topischen Charakter und kommt vielfältig zur Anwendung, wenn der Dichter etwa die „goldschimmernden Lyderfrauen"[6] vorstellt (*I.A.* 787f., πολύχρυσος), „Phrygiens goldreiche Burg" (*Hel.* 928, πολύχρυσος) oder in den *Bakchen* das „goldreiche Asien" einführt (13, πολύχρυσος), ein Epitheton, das offenbar ganz selbstverständlich zu dem Kontinent gehört[7]. Daß Asiens Schätze schon längst ein Mythos sind, zeigt der abstrakt symbolische Gebrauch der Redewendung des Herakles, der nicht die Herrschaft über Asien noch seine Schätze eintauschen will gegen die Jugend (*Herakles* 644-646); „ist doch Hektor nicht/ noch Priamos noch das Goldland, sondern Hellas hier", wirft Hermione – in der Sache völlig unmotiviert – ihrer Rivalin Andromache entgegen (*Andr.* 169f.).

Im Konkreten sind es die Frauen Trojas, die wiederholt mit goldenen Accessoires ausgestattet werden (*Andr.* 1f.), vor allem mit goldenen Spiegeln (*Hek.* 925; *Tro.* 1107), ein Ausstattungsstück, bei dem sich anschaulich der Luxus mit der Eitelkeit verbindet. Auch Paris wird mehrfach zum ‚barbarisch' eitlen Pfau, dessen glänzende Hülle Helena betört[8]. Schon hier erhält der Topos leitmotivischen Charakter und eine eminent wichtige Funktion im angedeuteten Verlauf der Trojahandlung.

Die Helenagestalt zeigt freilich auch, daß die Prunksucht kein Laster allein der Barbaren bleibt, schließlich hat sie sich davon blenden lassen und wird hart dafür gerügt. Im *Orestes* scheinen die luxuriöse Ausstattung ihres Gemachs und auch die Dienerschaft[9] einen wesentlichen Teil ihrer insgesamt negativen Charakterisierung darzustellen, der Aspekt des Imports wird dabei klar thematisiert: „So bringt sie Trojas Üppigkeit (τρυφή) mit sich hierher?"/ „Ja, nur ein armes Hüttchen dünkt ihr unser Land." (1113f.) Wäre das allein ihrer herausragenden Stellung als je nach Interpretation mehr oder weniger verantwortlicher Auslöserin des Trojanischen Krieges geschuldet, so wäre daran nichts weiter verwunderlich, umso erstaunlicher ist es aber die Tatsache, daß sie in Klytemnestra eine offenbar seelenverwandte Parallelerscheinung findet. Elektra schildert die Erscheinung der Mutter dem Chor: „Doch unter Phrygerbeute stolz auf ihrem Thron/ sitzt meine Mutter: Dienerinnen Asiens,/ Gefangne meines Vaters, stehn um ihren Sitz,/ die bunten Phrygermäntel schön befestigend/ mit goldnen Spangen; aber schwarz klebt noch das Blut/ des Vaters an den Wänden, ..." (*El.* 314-319). Klytemnestra, die Griechin, ist regelrecht korrumpiert worden vom Reichtum Asiens, den ihr Mann mitbrachte, und das scheint auch noch im Zusammenhang mit ihrer grausamen Tat zu stehen. Nicht unmittelbar beeinflußt worden sein kann indes Hermione von den Barbaren, im Gegenteil: vom Vater schon seien ihr der goldene Schmuck und die prächtigen Kleider aus Lakonien selbst vererbt worden, brüstet sie sich – kurz bevor sie umgekehrt der vermeintlich barbarischen Andromache vorhält, daß hier nicht „das Goldland (sei), sondern Hellas" (*Andr.* 147-153 bzw. 170, s.o.).

Für Gold oder Geld kann man Menschen kaufen, offenbar vor allem in oder aus Asien: „Wen, einen Lyder oder Phryger, den du dir/ um Geld erkauftest, wähnst du so zu schelten, Sohn?", schilt Pheres den Admetos (*Alk.* 675f.); auch hier weist der idiomatische Charakter der Äußerung klar auf einen bereits althergebrachten Topos, der offenbar das ‚Silber' in Zusammenhang bringt mit dem Sklaventum, das den Athenern – in der Theorie[10] wie auch im Athener Alltag – eben in den Barbaren begegnet[11]. Auch das freilich ist nicht mehr nur auf die Barbaren selbst beschränkt, bzw. die Opfer sind austauschbar: „Um goldenen Lohn verkauft" zog die Dienerin Iphigenies ins Land der Barbaren (*I.T.* 1111f.).

Die „Weichlichkeit" und mangelnde Kampfkraft als Deduktion aus den Siegen in den Perserkriegen, wie sie später weidlich ausgebeutet wird und die auch Aristophanes gerne reflektiert[12], hat bei Euripides keinen sonderlich hohen Stellenwert. Sie erscheint aber doch, zumal in Verwandtschaft zu dem Aspekt von Eitelkeit und Luxus, so etwa in der Figur des schönen, weibischen Dionysos in den *Bakchen*, dessen langes Haar nicht vom Ringkampf verwirrt sei, nach der Bemerkung des Pentheus (453f.). Sehr markant ist das Bild vom schlaffen und feigen Barbaren im *Orestes* gezeichnet – so kraß freilich wiederum, daß es die Grenze zur Karikatur gelegentlich überschreitet, wie wir noch sehen werden. Auch in diesem Punkt wirkt die schlechte Eigenschaft offenbar ansteckend: Klytemnestra z.b. fährt mit dem Wagen vor und läßt sich demonstrativ von trojanischen Sklavinnen beim Aussteigen helfen (*El.* 998f.), eine Szene, die stark an die *Acharner* des Aristophanes erinnert, wo die athenischen Gesandten über ihre Fahrt zum persischen Hof jammern, die sie in üppig bequemen Wagen liegend hätten durchstehen müssen (68-71).

Zwiespältig bewertet werden die geistigen Fähigkeiten der Barbaren. Thoas in der *Iphigenie bei den Taurern* läßt sich noch recht simpel hinters Licht führen, desgleichen Theoklymenos in der *Helena*, der noch dazu in einem witzigen Dialog regelrecht vorgeführt wird, weil ihm, wie er selbst zugibt, Achaias Bräuche unbekannt sind[13]. Der Sklave seiner Schwester Theonoe freilich, der ihn sogar physisch davon abhält, diese im Zorn zu töten, zeigt dem Herrscher recht deutlich, daß er, der Diener, mindestens in diesem Falle klüger ist als sein Herr (1627-1641) und dieser das hinnehmen muß. Hier ist es vor allem das Modell der

‚verkehrten Welt', in der der König dem Sklaven gehorchen muß, das komödiantisch durchgespielt wird. Dem nicht unähnlich ist die Figur des Phrygersklaven im *Orestes*, der zwar ein Schwächling ist, aber den Orestes – obzwar ungebildet – mit gewitzten Antworten zu seinen Gunsten umstimmen kann (1507-1527). ‚Schläue' freilich im Sinne simpler egoistischer Berechnung des eigenen Vorteils zeigt auch Polymestor in der *Hekabe*, der Klischee-Barbar par excellence; diese Art der Geistesleistung ist wenig schmeichelhaft[14].

Eine andere Interpretation des tiefen Unverständnisses nichtgriechischer Denkart, das die Griechen den Barbaren entgegenbringen, ist da anders zu bewerten: der offenbar vorhandene Glaube an geheime Mittel und Kräfte, die fremden Völkern zur Verfügung stehen. Das kann ganz positiv bewundernd gemeint sein, wenn etwa von den Heilmitteln auf thrakischen Tafeln geredet wird (φάρμακον, *Alk*. 965), ist aber zumeist mindestens zwiespältig besetzt, wie die Zaubereien des Dionysos, die den Handlungsgang der *Bakchen* stark mitbestimmen. Die Fähigkeit, eine Frau unfruchtbar zu machen, scheint ebenso im unterstellten Handlungsbereich einer Barbarin zu liegen[15] wie das Gegenteil: Medea behauptet, Mittel zu kennen, die die Empfängnis herbeiführen (*Me*. 718f.). Der Weg zum Giftmord ist da nicht weit: Medea nutzt ihre Fähigkeiten aus, auch der Hekabe wird von Agamemnon einmal die Neigung zum Giftmord unterstellt (*Hek*. 878). In mindestens einem Punkt freilich scheinen die geheimen Kräfte der Barbaren, die hier als ‚Irrationalität' vielleicht sogar eine Spielart des Verstandesmangels sind, den Griechen Bewunderung einzuflößen: Polymestor weissagt dem Agamemnon seinen Untergang (*Hek*. 1259-1281), dasselbe tut Kassandra (*Tro*. 356-363), und auch Theonoe, die ‚Gottesschauerin', ist in diesem Zusammenhang nicht zu vergessen[16]. Hier paart sich beim griechischen Betrachter offenbar Unverständnis mit Respekt vor dem Unbekannten.

Ist die Ratio nicht unbedingt Stärke der Barbaren, so scheinen auch ihre Länder in zivilisatorischen Belangen im Rückstand zu sein: „Von den Bergeshöhn der Phryger/ in die weiten Reigenplätze/ und die Straßen der Hellenen" führt Dionysos in den *Bakchen* den Bromios (86f.); auch Polymestor in der *Hekabe* kommt aus dem Gebirge und hat zwar einen Palast, aber keine Polis[17]. Ein bemerkenswerter Hinweis darauf, daß man die ‚Stadt' offenbar schon frühzeitig mit ‚Zivilisierter Welt' assoziiert hat, ist auch die Renomisterei des Achill, der nicht zulassen will, daß Agamemnon Iphigenie anrührt: „Sonst hieße Sipylos eine Stadt, dies Fleckchen im/ Barbarenlande[18], wo der Feldherrn Ahn gewohnt,/ und Phthia wäre namenlos, mein Name nichts!" Weglos ist das taurische Barbarenland (ὁδόι ἀνόδοι, *I.T*. 889), öde Libyen, ungastlich seine Buchten (ἄξενος, *Hel*. 404), die ägyptische Helena empfindet den Kontrast zwischen ihrer Heimat und der Fremde, in die sie das Schicksal verschlagen hat, ebenso tief (*Hel.* 247; 276) wie die taurische Iphigenie (*I.T.* 218-228).

Das steht im Zusammenhang mit weiteren moralisch-kulturellen Elementen: ‚Recht und Sitte' lernte Medea nach Meinung Jasons erst in Griechenland „und dem Gesetz gehorchen, nicht der rohen Kraft"[19]. Ganz pointiert und abstrakt verwendet auch Demophon in den *Herakliden* den Topos: „Ich herrsche nicht wie ein barbarischer Tyrann:/ das Rechte wird zuteil mir, üb ich selbst das Recht."[20]

Wo kein Gesetz herrscht, kann es auch keine ‚Sitten' geben: „Du wagst, dem Sohn des Mannes, der den Gatten dir/ gemordet, beizuwohnen, und dem Mörder selbst/ gebärst du Kinder. Solches ist Barbarenbrauch (τοιοῦτον πᾶν τὸ βάρβαρον γένος):/ der Vater freit die Tochter, und die Mutter freit/ den Sohn und Brüder Schwestern, und der Liebsten Hand/ erschlägt die Liebsten: alle dem wehrt kein Gesetz!" (*Andr.* 171-176). Bei Barbaren sei es wohl so üblich, den Gast zu morden, meint Agamemnon zu Polymestor (*Hek.* 1247), Barbaren achten Freunde nicht als Freunde (*Hek.* 328f.). Medea ist für Jason schon gleich der Inbegriff des Bösen: „Kein Weib in Hellas hätte dies jemals vermocht" (1339f.), ihre Dreistigkeit sei ihr – von Natur aus? – „eingepflanzt" (ἐμπέφυκέ σοι θράσος, 1345).

Soweit das Arsenal der negativen Zuschreibungen an Nichtgriechen, das offenbar zum allgemeinen Gedankenschatz der Zeit gehörte, auch wenn es in unseren Quellen des späteren fünften Jahrhunderts selten so kraß formuliert wird wie bei Euripides.

Dementsprechend wird auch das Verhältnis zwischen Griechen und Barbaren mehrfach thematisiert: Freundschaft zwischen Griechen und Barbaren sei unmöglich, so Hekabe (*Hek.* 1199f.); Thoas und Theoklymenos (*I.T.* und *Hel.*) kommen dem nach, wenn sie angeblich jeden Griechen töten (lassen), der ihr Land betritt.

Die aulische Iphigenie ist sicherlich diejenige Figur, die den Gegensatz der beiden ‚Völker' am krassesten thematisiert: „Hellas' Volke sei der Fremdling untertan, doch, Mutter, nie/ fröne Hellas' Volk den Fremden: Knechte (δοῦλοι) sind sie, Freie wir!"[21]. Das ganze Stück baut ja auf einer sehr strikten Antithese auf, da das Trojaunternehmen gleichsam zum Rachefeldzug gegen Barbaren, die griechische Frauen rauben, hochstilisiert wird (*I.A.* 1274f.; 1380f.).

Die reine Bedeutungsebene der Urteile, auf der wir uns bislang ausschließlich bewegen, kann freilich noch nichts Gültiges über den Stellenwert der Barbaren bei Euripides aussagen. Es gilt daher, die Art, wie die Fremden auf die Bühne gebracht und dort repräsentiert werden, genauer zu betrachten.

Ganz im Gegensatz zu dem Realismus des Aischylos in der

92

Perserdarstellung[22], der sich überwiegend auch in der bildenden Kunst der ersten Jahrhunderthälfte ausdrückt[23], ist bei Euripides nicht mehr viel zu spüren vom realistischen Interesse am Fremden[24]. Fremde Wörter sind selten gebraucht[25], auf Kleidung, wenn überhaupt Thema, wird meist generell als ‚anders‘ verwiesen[26], an ‚Sitten und Gebräuchen‘ ist es bezeichnenderweise lediglich die symbolträchtige Proskynese, die ein gewisses Gewicht hat[27]. Daß Euripides hingegen der fremdländischen Musik größeren Raum gibt[28], mag der Bühnenwirksamkeit geschuldet sein, da er sie Aristophanes zufolge offenbar spektakulär und populär einsetzte[29]. Der Übergang vom „actual concrete foreigner" zum „thematic" bzw. „symbolic foreigner"[30] zeigt sich auch deutlich in der sprachlichen Unschärfe der Völkernamen: Trojaner etwa sind wahlweise Lyder, Phryger oder Barbaren, umgekehrt ruft Helena sogar gegen Ägypter rüde zum griechischen Kampf gegen die Barbaren und erinnert an den Troja-Ruhm (*Hel.* 1593f.; 1603f.).

Die zunehmende Undifferenziertheit macht sich natürlich vor allem am Gebrauch des Wortes βάρβαρος fest[31], der schon rein quantitativ bei weitem über die Verwendung bei Aischylos und Sophokles hinausgeht[32]. Das Bedeutungsfeld ist dabei so breit, daß man wahrscheinlich eine semantische Aufspaltung des Begriffs konstatieren muß[33], denn einerseits findet sich häufig die neutrale geographische Verwendung[34], wie z.b. ‚Griechen und Barbaren‘ im Sinne von ‚alle Menschen‘[35], außerdem nennen sich die Barbaren selbst so[36]. Andererseits gibt es rein pejorative Verwendungen, die unserem Verständnis von ‚barbarisch‘ entsprechen, wie die βάρβαρα κακά[37] oder das barbarische Geschrei, daß Agamemnon grob dem gerade geblendeten Polymestor untersagen will (*Hek.* 1129). Dabei wird die Loslösung von der Urbedeutung und die negative Stereotypisierung des Begriffs besonders deutlich, wenn er auf Griechen übertragen wird: die βάρβαρα κακά nämlich hätten sich die Griechen ausgedacht, sagt Andromache, und in den *Herakliden* heißt es einmal über Kopreus: „Zwar trägt er Tracht und Kleidung nach Hellenenbrauch,/ doch was er hier getan hat, ist Barbarenwerk"[38].

Besonders unscharf und oszillierend ist die Zuweisung der TrojanerInnen. Einerseits werden sie als Barbaren nicht nur geographisch bezeichnet, sondern auch ideologisch gebrandmarkt und als solche im pejorativsten Sinne zum Erzfeind stilisiert wie in der *Iphigenie in Aulis*, oder zur Zielscheibe gröbster Barbarenklischees wie in der *Andromache*. Andererseits sind gerade die leidenden Frauen zu ‚griechischen‘ Heroinen stilisiert, und es entsteht der Eindruck, daß es auch im späten fünften Jahrhundert nicht ohne weiteres möglich war, die vertrauten Gestalten der Ilias zu ‚Fremden‘ umzubilden. Zwei Stellen vor allem zeigen dieses Dilemma sehr anschaulich: als Polymestor sein frevlerisches Handeln damit zu rechtfertigen versucht, daß er doch nur den Griechen habe helfen wollen, hält Hekabe ihm entgegen: „niemals wird der Volksstamm der/ Barbaren dem Hellenenvolk befreundet sein/ und kann es niemals werden"[39]. Diese Worte aus dem Munde einer Trojanerin, die soeben mit Billigung der Griechen einem Barbaren die Augen ausgestochen hat, machen nur dann Sinn, wenn in diesem Moment lediglich Polymestor Barbar ist, nicht aber Hekabe. Dem entspricht in den *Troerinnen* das Wort Hekabes, daß sie dem Priamos Söhne geboren habe, „Wie keine Frau von Troja, kein Barbarenweib,/ wie keine Griechin eines Sohns sich rühmen mag."[40] Hier gibt es also nicht mehr nur ‚Hellenen und Barbaren' auf der Welt, sondern drei Menschenklassen – offenbar weil man eben die Trojaner nicht recht einzuordnen wußte.

Dieser begrifflichen Unschärfe enspricht auch die Inszenierung ‚barbarischer' Figuren insgesamt, denn die geht keineswegs konform mit den oben nachgezeichneten Stereotypen. Gerade die trojanischen Heldinnen, die so sehr griechischem Ideal entsprechen wie Hekabe, Polyxena und Andromache, deren Tugend auch noch mit der Arroganz und Eitelkeit der Hermione kontrastiert, zeigen, daß von einer ‚barbarischen' Charakterzeichnung hier nicht die Rede sein kann. Umgekehrt tragen Helena und auch Klytemnestra, wie gesehen, durchaus ‚barbarische' Eigenschaften. Anders ist es vielleicht mit der Schilderung des eitlen und gewalttätigen Gottes Dionysos in den *Bakchen*; man wird auch der wilden, hinterlistigen und grausamen Medea aus der Handlung heraus einige von den barbarischen Attributen zuschreiben können, die Jason ihr vorhält – oder ihrem Frausein, wir werden noch darauf zurückkommen. ‚Echte' Barbaren, also solche Figuren, die auch in ihrem Auftreten voll dem Klischee entsprechen, gibt es in den erhaltenen Stücken jedoch nur zwei: in der *Hekabe* den verschlagenen, unehrlichen, grausamen Polymestor, dem aus seiner Goldgier zuletzt wie dem Polykrates bei Herodot der Strick gedreht wird[41], und den Phrygersklaven im *Orestes*. Dieser weist auf sein Barbarentum mehrfach selbst hin, stottert, klagt in Barbarenlauten[42], trägt Phrygersandalen und erzählt, wie er nach phrygischem Brauch der Helena Luft zugefächelt habe (1426-1430). Beim Kampf mit Pylades hätten er und seine Mitsklaven keine Chance gehabt, und schließlich wirft er sich dem Orest vor die Füße – „nach Barbarenbrauch"[43] –, kann den mit einer gewissen Bauernschläue beeindrucken und wird dafür von ihm, nicht ohne ironisches Spiel mit seiner Sklavenrolle, glücklich entlassen. Der Phryger ist fürwahr ein „‚stagebarbarian' character"[44], die Inszenierung des Klischees und geradezu eine aristophaneische Figur[45], aber natürlich weit davon entfernt, ein ‚realistischer' Trojaner oder Phryger zu sein. Auch die jeweils die Flucht einleitenden Dialoge mit Thoas und Theoklymenos, in denen die Barbarenkönige nicht unbedingt vorteilhaft abschneiden[46], tragen komödiantische Züge und sind ein wenig auf schnelle Effekte hin konzipiert.

94

Die Barbaren des Euripides sind alles in allem oberflächlich gezeichnet, die Zuordnung zum Barbarentum ist willkürlich und von jeweils wechselnden funktionalen oder ästhetischen Interessen abhängig; sehr oft ist die Herkunft der Figuren eher gleichgültig, d.h. in den meisten Fällen sind die Barbaren überhaupt keine ‚Barbaren' im übertragenen Sinne.

II.

Wenn wir nun zum Frauenbild übergehen, sollten wir zunächst die (teilweise banalen) Unterschiede klären, die die Repräsentation der Frauen von denen der Barbaren und die Rezeption beider ausmachen. Denn das Band, das beide zusammenhält, nämlich gegenüber dem Subjekt der Tragödie ‚das Andere' zu sein, ist dünn und rechtfertigt sich aus literaturwissenschaftlicher Sicht nur durch die grundsätzliche und überprüfbare Annahme, daß selbst eine ‚realistische' Menschendarstellung nicht allein auf einem Abbild des Objekts beruht, sondern einerseits durch die vielschichtige psychische Disposition des Dichters und seiner (männlichen) Zeitgenossen gefiltert und gebündelt wird, zum anderen in der Literatur als ‚Bild', Genre oder Topos eine Eigendynamik entwickelt, die möglicherweise ähnlichen Gesetzen gehorcht wie das Bild des Barbaren, das ja seinerseits gerade bei Euripides sehr weit weg von einer etwa realistischen Zeichnung der historischen Anschauungsobjekte entfernt ist. Demgegenüber wirken die realen Unterschiede der Objekte auf zwei Ebenen: der Barbar war zwar in der alltäglichen Begegnung durchaus regelmäßig präsent, aber doch in seiner sozialen Rolle auf einen sehr engen gesellschaftlichen Raum begrenzt und außerdem als politisches Thema zur Zeit des Euripides nur selten wirklich aktuell und auf dem besten Weg, nur noch in der politischen Rhetorik als Metapher zu existieren. Die Frau hingegen war natürlich Gegenstand ständiger engster Erfahrung, zudem Teil eines gemeinsamen Lebens- und Verstehensraumes, während die Barbaren den Griechen als Menschen wohl immer fremd geblieben sind.

Die zweite Ebene liegt, trivialer, in unserem eigenen Erfahrungshorizont: ist der Barbar der griechischen Tragödie für uns tatsächlich und vollends eine Metapher und ein Bild, so sind die Frauen nicht nur ebenfalls Gegenstand alltäglicher Erfahrung, sondern sie haben auch mächtige FürsprecherInnen, die das Bild der Forschung nicht unwesentlich beeinflußt haben. Die Grundannahme von der ‚Frau' als einem politischen und sozialen Konstrukt dürfte längst die Schützengräben feministischer Orthodoxie verlassen und einen festen Platz in jeglicher moderner Theoriebildung eingenommen haben. Wenn wir also heute von ‚Frauenrollen' sprechen, müssen wir uns eines weit komplexeren modernen Interpretationsapparates bewußt bleiben als ihn die vergleichende Literaturforschung eigentlich bräuchte, wenn sie sich auf bloße Topoi beschränken wollte[47]. Die Frau ist der ‚Acker des Mannes' (ἄρουρα, *Or.* 553), zugleich in jeder Hinsicht von diesem abhängig (*Me.* 228-243; *Or.* 308-310) und einzig auf die Ehe fixiert (*Me.* 14f.; *Andr.* 372f.). „Wenn ein Mann stirbt, ist große Trauer im Haus, ein Weib wird nicht so vermißt (*I.T.* 1005f.; vgl. *I.A.* 1394). Die Rollenverteilung sieht vor, daß die Frau Kinder und Haus hütet[48], selbst dort muß sie zurückgezogen bleiben, da sie einen guten Ruf zu verlieren hat (*Herakliden* 476f.; *Tro.* 647-653). Die Krone der weiblichen Tugend will Euadne erlangen, indem sie auf den Scheiterhaufen ihres Mannes springt[49]. Soweit die Eckpunkte der Frauensoziologie, wie sie uns bei Euripides markant entgegentreten.

Wie wird dieser Rahmen nun ausgefüllt, das Bild vom anderen Geschlecht gezeichnet?

Da ist zunächst die Eitelkeit, wie sie vor allem an Helena im *Orestes* kritisiert wird (1110-1112; 1426-1430), aber auch die Prunksucht der Hermione wird ja in der *Andromache* recht drastisch vorgeführt[50]. Daß Klytemnestra sich putzt, obwohl der Mann vom Hause fort ist, wird zum Ausgang ihrer Verfehlungen (*El.* 1069-1075). Medea schließlich packt ihre Rivalin Glauke bei der Eitelkeit, um sie zu vernichten (*Me.* 983-985).

Schwatzhaft seien die Frauen[51], dabei töricht, eine Meinung, die freilich nicht unumstritten ist (*Hik.* 294). In der *Medea* erhält das Thema fast leitmotivische Funktion: daß sie gehaßt werde, *weil* sie klug sei, gehört zu den wesentlichen Anklagepunkten Medeas gegen die Männer[52], die demnach also verlangen, daß eine Frau dumm ist[53]. Medea rächt sich: um ihre Kinder zu bekommen, täuscht sie einen Sinneswandel vor und entschuldigt sich noch damit, daß die Frauen nun einmal nicht so gescheit wären (889f.) – und stellt damit Jason bloß, der naiv darauf eingeht[54]. Das ist nicht die einzige Stelle, wo Frauen den Männern durch List überlegen sind[55], vielmehr durchzieht die listige Frau die euripideischen Tragödien als Dauerthema[56]. Im *Orestes* plant Elektra souverän den Anschlag auf Hermione, den letztlich erst Apollon vereitelt, sie wird auch ausdrücklich für ihren Mut gelobt (1204); in der *Elektra* will die Heldin besonders abgefeimt ihre Mutter bei ihren Mutterinstinkten packen (651-658). Kreusa weiß im *Ion* eine schlaue List (985). Die taurische Iphigenie heckt den Fluchtplan aus und kommentiert: „Im Ränkespinnen sind die Fraun doch gar geschickt"[57]. Ganz ähnlich geht die Protagonistin in der *Helena* zu Werke, und hier scheint geschicktes Taktieren geradezu geschlechtsspezifisch der männlichen ‚Haudrauf'-Mentalität gegenübergesetzt: unmöglich, meint Menelaos, wäre die

96

Flucht, „doch wenn ich, im Palast versteckt,/ mit diesem doppel-
schneidigen Schwert ihn (König Theoklymenos) mordete –?" (1043-
1045), das geht aber auch nicht, schließlich meint Helena: „Hör zu, vielleicht sagt Weises auch ein Frauenmund./ Sprich, magst du wohl tot
heißen, du, der Lebende? *Menelaos:* Zwar Vorbedeutung böser Art, doch
bringt's Gewinn,/ so will ich wohl tot heißen, ich, der Lebende." Spöt-
tisch darauf Helena: „Die Locken scherend, würde ich nach Frauenart/
in Klagen dich bejammern vor dem frevlen Mann." Doch Menelaos
begreift noch immer nichts: „Wie sollte das ein Mittel uns zu retten
sein?/ Veraltet ist, was du in deinem Vorschlag rätst." Auch in der Folge
braucht Menelaos eine Weile, bis er den engagiert entwickelten Plan
seiner Frau versteht[58]. Mehrfach scheint es, als müßten die Frauen ihre
Verstandesleistung erst gegen die diesbezüglich negative Erwartungshaltung der Männer durchsetzen, und daß sie es schaffen, mag zeigen,
daß Euripides mindestens in diesem Punkt das weibliche Geschlecht
über die offenbar vorherrschende Meinung stellt. Man könnte einwen-
den, daß diese Art von Frauenlist eher auf der Ebene der Barbaren-
schläue liegt, in der Realität der Stücke freilich ist sie wesentlich erfolgreicher.

Wenn man an den plötzlichen Sinneswandel denkt, den Medea
trickreich inszeniert, so könnte man meinen, daß dieser überhaupt zum
Repertoire der Frauen gehört, auch dort, wo er nicht auf List beruht:
die aulische Iphigenie und ihre plötzliche Opferbereitschaft bilden da
eine Parallele zu Hermione in der *Andromache,* die sich plötzlich umbringen will (802-808). Allerdings gehören beide Stücke nicht unbedingt zu den psychologisch stärksten des Dichters, und manche Wendung wirkt hier bemüht – so auch im Gegensatz dazu der plötzliche
Sinneswandel des Agamemnon, den dieser mühsam rechtfertigen muß[59].

Was allerdings die Frauenklugheit deutlicher in Frage stellt
und damit doch wieder in die Verwandtschaft zur barbarischen Schläue
bringt, ist die oft betonte Facette von Unehrlichkeit, Falschheit und
Verstellung[60]: „Du hast ihr Trug bereitet nach der Frauen Art?"[61], fragt
Orest die Hermione in der *Andromache,* „Du findest viele Ausflüchte,
bist du doch ein Weib", hält die Protagonistin selbst schon vorher ihrer
Dienerin vor (85); auch Phaedra lügt (*Hipp.*), und Medea ist ohnehin
sehr erfinderisch. Hat Pylades also recht, wenn er den Frauen aus Überzeugung nur wenig traut (*Or.* 1103)?

Die (unterstellte) Neigung zu Giftmord, Zauberei und ähnlichen Hinterhältigkeiten gehört an die Seite der Falschheit und ist (auch)
von den Personen her schwer vom Barbarischen zu trennen, denn die
Exponenten sind, wie gesehen, mehrfach Barbarinnen (Medea, Hekabe
und Andromache) – aber nicht nur, denn Kreusa (*Ion*) gehört ebenso zu
den Giftmörderinnen wie – unfreiwillig – Deianeira, die zweite Frau

des Herakles. Es zieme seiner Herrin, meint Kreusas Diener, „eine Frauentat zu tun (γυναικεῖόν τι δρᾶν) :/ du mußt ein Schwert ergreifen (!), mußt durch eine List,/ durch einen Gifttrank dein Gemahl und seinen Sohn/ dem Tode weihn" (843-846); auch Medea sieht sich im übrigen explizit als *Frau* „in allem Bösen listig und erfinderisch" (*Me*. 408f.; vgl. 385). Die Amme der Phaedra hat angeblich „Zaubermittel zur Besänftigung/ der Liebe" (*Hipp*. 509). Verwandt mit diesem Komplex ist gewiß auch die erwähnte ‚irrationale' Gabe des Hellsehens, die außer Polymestor vor allem Barbar*innen* (Theonoe, Kassandra) betreiben.

Daß die ‚Kampfkraft' von Frauen wenig hoch ist, mag nicht originell sein, der Punkt steht immerhin in logischem Zusammenhang mit Giftmord, Ausreden und sonstigen Listen[62]. Dazu zählt wohl, daß Frauen angeblich einen Hang zum Leiden hätten: „denn es ist/ Genuß den Frauen, die das Unglück heimgesucht,/ es auf den Lippen und im Mund zu führen stets" (*Andr*. 93-95), daß zudem Gefühl und Tränen weibisch, Klage ‚Frauenart' sei[63]. Wirklich feige oder doch auffallend furchtsam in Szene gesetzt ist allerdings nur Helena zu Beginn des *Orestes*. Auf der anderen Seite gibt es zahlreiche ausgesprochen stark auftretende Frauencharaktere, was wir hier gar nicht näher zu erörtern brauchen.

Daß Frauen sich den Männern unterzuordnen haben, ist dennoch stets mitgedachte Voraussetzung, aber eben offenbar nicht so selbstverständlich, daß es nicht thematisiert würde: „Und wahrlich, schmachvoll ist es, wenn im Haus das Weib,/ und nicht der Mann gebietet", sagt Elektra (*El*. 932f.). Mehrfach gewinnt der Geschlechterdialog den Charakter eines Machtkampfes, spielerisch etwa in der *Helena* bei den bereits erwähnten Beratungen um die Fluchtstrategie, sehr dezidiert und von spezifischen Rolleninteressen getragen in den Gesprächen zwischen Agamemnon und Klytemnestra in der *Iphigenie in Aulis*: Agamemnon versucht, seine Frau, die als „befehlsgewohnte Person"[64] auftritt, in Schranken zu halten, da sie der angeblichen Hochzeit Iphigenies beiwohnen will: „Gehorche!", sagt er, während sie deutlich auf ihren – wenigstens häuslichen – Machtanspruch pocht: „Nein, bei Argos' Götterkönigin!/ Du ordne draußen dein Geschäft: daheim tu ich's!" (739f.) Die Sentenz, mit der Agamemnon die Szene verläßt, wirkt daraufhin nicht eben souverän: „Wohl muß ein folgsam edles Weib der weise Mann/ im Hause hegen, oder nehm er lieber keins!" (749f.) Später stellt sie ihn wieder in sehr dominanter Form zur Rede: „Antworte wahr auf meine Fragen, mein Gemahl. *Agamemnon*: Wozu die Mahnung? Frage nur: ich bin bereit. *Klytemnestra*: Dein Kind und meines wolltest du dem Tode weihn? *Agamemnon*: Unselig Wort! Du ahnest, was du nicht gesollt. *Klytemnestra*: Sei ruhig,/ und gib zuerst auf jene Frage mir Bescheid. *Agamemnon*: Sobald du schicklich fragtest, hörst du Schickliches. *Klytemnestra*: Nicht anders frag ich, rede du nicht anders mir" usw. (1129-

1135). Später appelliert sie noch einmal deutlich an seine Familienvaterpflichten: „Oder gilt bei dir/ allein das Zepter, kannst du bloß Heerführer sein?" (1194f.) Ist die Frau einmal im Recht – und daß es Klytemnestra hier ist, wird durch die wankelmütige Haltung ihres Mannes ebenso deutlich unterstrichen wie durch die bluttriefende Vorgeschichte ihrer Ehe (1148-1152) – kann und darf sie dieses einfordern, auch von dem Heerführer aller Griechen.

In einer Reihe von Passagen werden bei Euripides die Frauen in einer Weise pauschal geschmäht, die weit über die bis jetzt referierten Inhalte hinausgeht, und es dürften solcherart exponierte Szenen sein, die dem spottlustigen Aristophanes die oberflächliche Vorlage gaben, den Euripides als ‚Weiberhasser' vorzuführen. „Tod über euch! Ich werde niemals satt, die Fraun/ zu hassen, sage mancher auch, ich spräche stets/ schlecht von den Frauen: sind sie doch stets nur zu schlecht!/ Drum lehre jemand Sittsamkeit und Zucht die Fraun:/ sonst werde mir gestattet, stets auf sie zu schmähn!" (*Hipp.* 664-668). Auch Polymestor, ohnehin ein grober Charakter, will die Rachetat Hekabes und ihrer Schicksalsgenossinnen an seiner Person auf die Schlechtigkeit der Frauen schlieben (*Hek.* 1178-1182).

Vielschichtiger und interessanter ist freilich *Orestes*, wo vor allem der Protagonist mehrfach eine grundsätzliche Skepsis gegenüber dem anderen Geschlecht zu erkennen gibt[65]. Dementsprechend versucht er bei seiner Verteidigung, dem Muttermord eine grundsätzliche Rechtfertigung zu geben: „Drum höre, wie ich Hellas' ganzem Volk genützt./ Vermessen nämlich Weiber sich zu solchem Trotz,/ die Gatten hinzumorden, und erflehen sie/ der Kinder Mitleid durch die dargebotne Brust,/ dann achten sie der Ehegatten Mord für nichts,/ Vorwänd ersinnend, wie's beliebt." (*Or.* 565-570). Die Argumentation spitzt sich später noch zu: „ist der Gatten Mord/ den Fraun gestattet, werdet ihr dem Tode nicht/ entrinnen, oder ihr seid Knechte eurer Fraun"[66]. Das ist schon Erzfeindrhetorik und – dem Barbarenbild vor allem in einigen Passagen der *Iphigenie in Aulis* sehr verwandt: auch hier ging es ja existentiell um Herrschaft und Knechtschaft und um permanente Bedrohung, der es vorbeugend gewaltsam zu begegnen gelte (s.o.).

Das fügt sich in eine ganze Reihe von Parallelen zwischen Barbaren- und Frauenbild ein, wie sie bisher zum Teil schon klar auf der Hand liegen: der Hang zu Luxus und Wohlleben scheint beiden besonders eigen, beide neigen (angeblich) zur Klage, sind körperlich unterlegen; wenn es um die geistigen Fähigkeiten geht, so verfügen beide (angeblich) eher über magisch-okkulte Stärken als über zivilisatorisch-kulturschaffende Intelligenz – auch wenn der Einsatz der Frauen in den Stücken dem insgesamt klar widerspricht; an diesen Komplex schließt sich zumindest der Verdacht auf Hinterlist und Falschheit an.

In beiden Fällen ist der Umgang mit dem ‚Anderen‘ im übrigen ‚ansteckend‘[67], und zwar ganz explizit: nicht nur unterstellt Tyndareos im *Orestes* dem Menelaos: „so lange bei Barbaren, wardst du selbst Barbar" (484), sondern in demselben Stück findet es auch Pylades „ganz natürlich, daß des schlimmen Weibes Mann ein schlimmer wird" (737).

Wenn man will, kann man alle diese Felder aus zwei Bereichen herleiten: einerseits die – freilich auch nur bei den Frauen objektiv vorhandene – körperliche Unterlegenheit und zum zweiten ein Nichtverstehen des anderen, das mit Bedrohungsgefühl, aber auch Geringschätzung einhergeht – nicht umsonst stehen die ‚unverständlichen Laute‘ wahrscheinlich am Beginn der (griechischen) Geschichte des Wortes βάρβαρος[68], aber man wird dem Nichtverstehen auch subtilere Unterschiede der sozialen Rolle, der Betätigungsfelder, der Erziehung, der Lebenssituation usw. zugrunde legen können, so daß sich Mißachtung von Frauen hieraus ebenfalls motivieren läßt.

In der historischen und literaturwissenschaftlichen Diskussion ist die auffallende Parallelität der Bilder bislang nur dort beachtet worden, wo die strukturale Anthropologie einen stärkeren Einfluß hat und versucht wird, aus Wahrnehmungen historischer Gruppen von Menschen bestimmte Grundmuster der Erkenntnisfindung herauszudestillieren; Ethnographie reduziert sich damit in letzter psychologischer Konsequenz auf die reine Projektion des Subjekts, die sich schablonenhaft wiederholt. In dieser Schule sind Frauen ebenso ‚the Other‘ (‚l'Autre‘) wie die Barbaren[69]. Folgt man der Levi-Strauss'schen Dichotomie *weiblich* = *Natur* und *männlich* = *Kultur*[70], so liegen die Überschneidungspunkte auch hier im ‚Verstehen‘ im weiteren Sinne[71].

Kaum anders akzentuiert im übrigen die soziologische Deutung, nach der sich Frauen und Barbaren im Status der Sklaven träfen[72], eine Ansicht, die zwar in Aristoteles einen starken Verbündeten hat[73], aber insgesamt doch wohl zu neuzeitlich gedacht ist und die tatsächliche Position der Frau wenigstens im Haushalt unterschätzt.

Auch die textimmanente Betrachtung liefert noch weiteres Material, das die Parallelität verdeutlicht, wenn man stärker die einzelnen Figuren betrachtet. Gibt es einen griechischen Mann, dessen Verhalten ebenso deutlich ‚barbarisch‘ korrumpiert worden wäre wie das der griechischen Frauen Klytemnestra in *Elektra*, Helena im *Orestes* und der *Bakchen*[74]? In der Ausführung von besonderen Grausamkeiten trifft sich – neben den Bakchantinnen – das Weibliche und das Barbarische in Hekabe und Medea[75]. Letztere ist hierbei das herausragende Beispiel, da einerseits die Art ihres Auftretens sowie die Untaten selbst klar durch ihr Frausein motiviert sind[76], zum anderen ihre Herkunft ebenfalls (von Jason) dafür verantwortlich gemacht wird: „Kein Weib in Hellas hätte dies jemals vermocht:/ ... Du, eine Löwin, nicht ein Weib, von wildrer

Art/ als Skylla tief im Meeresfels Tyrrhenias." (*Me.* 1339-1343; vgl. 1329-1332) Daraus resultiert wohl, daß im Frausein *und* im Barbarischsein ein gewisser Multiplikationseffekt der hiermit verknüpften Eigenschaften liegt.

Letztendlich kann die Existenz von Parallelen zwischen Frauen- und Barbarenbild nicht der Weisheit letzter Schluß sein, denn so bedeutsam ist die Entdeckung nicht, daß Negativbilder sich überschneiden, die bis zu einem gewissen Grade tatsächlich nur das spiegeln, was eine eng zu umreißende Gruppe von Menschen für schlecht hält. Weit interessanter hingegen ist die Frage, inwieweit Euripides die Bilder gewissermaßen als seine eigene Meinung einsetzt, bzw. sie unreflektiert transportiert, oder ob über den Vorurteilen und Invektiven nicht mitunter eine Ebene liegt, auf der diese wiederum in Frage gestellt und relativiert werden.

III.

Beginnen wir mit der Frage, inwieweit eigentlich die jeweilige Gegenseite zu Wort kommt: was die Barbaren anbetrifft, muß die Antwort lauten: ‚gar nicht', denn das Barbarenbild ist ja insgesamt, wie gesehen, viel zu oberflächlich und klischeehaft, als daß der Dichter sich die Mühe gemacht hätte, original fremdländisches Gedankengut nachzuempfinden. Ganz anders dagegen die Frauen: zahlreiche Szenen zeigen, daß die Heldinnen keineswegs nur weibliche Namen tragen, sondern auch – im griechischen Sinne natürlich – spezifisch weiblich auftreten und argumentieren, so etwa in den bereits erwähnten ehelichen Streitszenen der *Iphigenie in Aulis*; in derselben Tragödie ist es auch der Chor der Frauen, der die lagernden Griechenhelden nach sehr ‚weiblichen' Kriterien begutachtet[77]. Natürlich zählen die verwitweten und ihrer Kinder beraubten Trojanerinnen in zahlreichen Stücken dazu sowie die rasende verstoßene Ehefrau und Mutter Medea[78]. Das Anliegen des Dichters, Frauen als solche ‚realistisch' auf die Bühne zu bringen, wird aber auch durch die Opferbereitschaft Iphigenies (*I.A.*) und Alkestis' verdeutlicht[79].

Zudem läßt Euripides des öfteren Frauen in einer Weise für sich sprechen, die sie als eigene ‚Partei' etabliert und aus dieser Position heraus die Stereotype des männlichen Diskurses pariert und sogar umkehrt: „Daß ich heraustrat, scheltet nicht Verwegenheit (θράσος),/ o Freunde, dieses bitt ich mir vor allem aus", entschuldigt sich Makaria in den *Herakliden*, mögliche männliche Vorwürfe vorwegnehmend: „Denn eine Frau ziert Schweigen, ziert Bescheidenheit/ am schönsten und im Hause harrend still zu sein./ Auf deine Klagen hin verließ den Tempel ich,/ Iolaos, nicht als Sprecherin für mein Geschlecht[80],/ nein ... (476-

482). Daß die Präsupposition, Frauen neigten dazu, für sich als ‚Partei'
zu sprechen, nicht aus der Luft gegriffen ist, führt Euripides mehrfach
vor: „Viel reiner sind wir als das/ falsche Männergeschlecht (ἄροτος
ἀνδρῶν)", wehrt sich der Chor im *Ion*[81], „Widerrufend ertöne/ ein
Schmählied über gebrochne/ Treue, zeihend die Männer!" (1094-1098).
Der (anonyme) Konflikt zwischen Mutter und Sohn wird damit – auch
– zum Streit der Geschlechter erhoben, der sich schon frühzeitig an-
deutet: „Wir armen Frauen!", sagt Kreusa bereits bei ihrem ersten Auftritt, „Götter, was erkühnt ihr euch?/ Wie nun? Wohin uns wenden um
Gerechtigkeit,/ wenn uns das Unrecht niederdrückt der Mächtigen?"[82]

Daß der Geschlechterdualismus schon quasisoziologisch
durchdacht und formuliert ist, wird in der *Medea* bekanntlich mustergültig vorgeführt: „Von allem, was auf Erden Geist und Leben hat,/
sind doch wir Fraun das Allerunglückseligste./ Mit Gaben ohne Ende
müssen wir zuerst/ den Gatten uns erkaufen, ihn als unsern Herrn/ an-
nehmen: dies ist schlimmer noch als jenes Leid./ Dann ist das größte
Wagnis, ob er edel ist,/ ob böse: denn unrühmlich ist's dem Weibe, sich/
vom Mann zu trennen; auch darf es ihn nicht verschmähn./ Und freit in
neue Sitten und Gesetze sie,/ muß sie wohl, weiß sie's nicht von Haus,
Prophetin sein,/ zu wissen, welchem Lose sie entgegengeht./ Doch wenn
wir dies nur glücklich uns vollendeten,/ und wenn der Gatte froh mit
uns am Joche trägt,/ ist unser Los zu beneiden: anders sei es Tod!/ Auch
kann der Gatte, wenn daheim ihn Ärger quält,/ auswärts des Herzens
Überdruß beschwichtigen: Uns ist in eine Seele nur der Blick vergönnt./
Sie sagen wohl, wir lebten sicher vor Gefahr/ zu Hause, während sie
bestehn der Speere Kampf,/ die Toren: lieber wollte ich dreimal ins
Graun/ der Schlacht mich werfen, als gebären einmal nur."[83] In der
Elektra verteidigt sich Klytemnestra einmal mit dem ausführlichen Hinweis darauf, daß Männer- und Frauenrecht mit verschiedenem Maß
gemessen würde, da doch ein Mann an ihrer Stelle umgekehrt das gleiche wie sie ohne Tadel hätte tun dürfen (1035-1040). Die Chorführerin
pariert diesen Gedankengang gleichwohl, indem sie den status quo ein-
fordert: „Denn eine Gattin, ist sie klug, muß überall/ dem Gatten
nachsehn."

Mehr noch gibt der Chor in der *Medea* in einer skurrilen Vision zu erkennen, daß Geschlechterrollen bedingt sind und – wie es dann
Aristophanes in den *Ecclesiazusen* so schön ausführt – auch vertauscht
denkbar wären: „Die Quellen der heiligen Ströme fließen rückwärts,/
Recht und alles hat sich auf Erden verkehrt:/ Männer verüben Betrug,
nicht mehr besteht/ unter Göttern die Treue./ Umgewandelt hat sich
mein Ruf, und die Ehre kränzt mein Leben:/ Hoher Ruhm verherrlicht
auch der Fraun Geschlecht (γυναικεῖον γένος),/ schmähend belastet
der Ruf nicht mehr des Weibes Namen./ Nun werden die Musen mit

ihren alten Liedern/ stille sein von unserem treulosen Sinn./ Phoibos, der König der Lieder, hauchte nicht/ göttliche Lyragesänge/ unserm Geist ein: anders erschölle mein Lied, ihr Männer, schmachvoll/ euch entgegen; wohl vermag die lange Zeit/ vieles von unserem und der Männer Los zu sagen." (410-423) Das besagt, daß Geschlechterrollen eine Form der Überlieferung sind, die von denen gestaltet ist, die die Meinungshoheit in der Gesellschaft besitzen und immer besaßen. An anderer Stelle wird freilich deutlich, daß selbst die ‚Tradition' so eindeutig nicht ist: in der *Hekabe* drückt Agamemnon seine Zweifel an der (kämpferischen) Tauglichkeit des Frauengeschlechtes aus, und Hekabe repliziert souverän mit dem Mythos: „Wie? Gaben Fraun Aigyptos' Söhnen nicht den Tod,/ und tilgten sie auf Lemnos nicht die Männer aus?" (*Hek.* 886f.) In der Ferne kann ohnehin vieles anders sein, wie man von Herodot weiß: nicht erst bei den Indern, sondern immerhin in Ägypten sei es ihm zufolge so, daß die Frauen auf den Markt gingen und Handel trieben, während die Männer zuhause säßen und webten[84]. Man kann aus alledem – mit Blick auf die *Ecclesiazusen* – mutmaßen, daß ein Rollentausch der Geschlechter zwar nicht als realistisch angesehen wurde, aber doch als denkmöglich, und daß zu diesem Thema bereits ein Argumentationspool zur Verfügung stand, der sich in einer doch regelmäßigen Alltagsdiskussion herausgebildet haben muß[85].

Das ist aber nur der theoretische Überbau für eine geschlechterspezifische Parteilichkeit, die den Frauen wiederholt zugeschrieben wird. Daß die Frauen die Schwächen ihrer Geschlechtsgenossinnen allezeit beschönigen sollen (*Andr.* 955f.), gehört noch in den Bereich der erwähnten ‚Meinungshoheit'. Darüber hinaus zieme es sich für Frauen, den Frauen hilfreich zu sein, wie Helena in ihrem einzigen positiven Stück fordert[86], was denn auch tragenden Charakter erlangt, denn sie gewinnt in Theonoe tatsächlich einen starken Beistand – ebenso wie die Protagonistin in der auch hier ganz ähnlichen *Iphigenie bei den Taurern*: „Wir sind doch Frauen, eine will der andern wohl;/ was uns gemein ist, wahren wir mit treuem Sinn"[87], appelliert sie an ihre Schicksalsgenossinnen. Der geprellte Thoas erkennt die ‚Partei' seiner Feinde denn auch sehr wohl (1431f.).

Auch Medea setzt auf Geschlechtersolidarität, da sie ihre Amme zum Betrug zu Jason schickt: „Denn dich gebrauch ich überall, wo's Treue gilt./ Doch nichts verrate, was von mir beschlossen ward,/ wenn du ein Weib bist und der Herrin zugetan." (821-823) Verschwiegenheit fordert und bekommt im übrigen auch Phaedra[88]. Daß mehrere Frauen unter sich eine dauernde latente Bedrohung für den Mann sind, formuliert am deutlichsten Hermione in der *Andromache* und macht daraus ein bizarres Argument für die Monogamie: „Ach, lasse nimmer, nimmer – zehnmal sag ich es –/ ein Mann von Einsicht, welcher sich ein Weib erkor,/ zu seiner Gattin andre Fraun ins Haus herein:/ denn diese leiten immer nur zum Bösen an (διδάσκαλοι κακῶν)./ Die eine, jagend nach Gewinn, verführt die Frau,/ die andre möchte, daß sie gleich ihr sündigte,/ viel andre treibt die blinde Gier. So muß das Glück/ des Manns im Hause schwinden. Wahrt hiergegen wohl/ mit Schlössern und mit Riegeln eures Hauses Tor:/ Denn keinen Segen schaffen euch die fremden Fraun/ mit Schwatzen und Besuchen, sondern Unglück nur."[89] Selbst der freundschaftliche Umgang der Frauen untereinander wird da schon als Gefahrenherd gebrandmarkt, man könnte geradezu von einer Verschwörungstheorie sprechen.

Hier tut sich also eine Front auf, die – ähnlich dem Barbarentum (τὸ βάρβαρον γένος, z.B. Hek. 1200) – auch sprachlich als solche akzentuiert wird – wie gesehen, ebenfalls sehr oft im Zusammenhang mit γένος[90].

IV.

Es scheint ein zeittypisches Phänomen zu sein, daß in der zweiten Hälfte des fünften Jahrhunderts zunehmend Menschengruppen kategorisiert und Identitäten neu definiert werden. Zum einen schafft der Peloponnesische Krieg ein Klima, das massive Abgrenzungen stark begünstigt, führt doch Thukydides anschaulich die politischen Polarisierungen vor, die Griechenland erlebt[91], und er füllt sie auch mit Inhalten. Einer der wesentlichen Kriegsgründe zwischen Athen und Sparta liegt seiner Meinung nach darin, daß die Gegner von unterschiedlicher Mentalität sind[92]. Athener und Spartaner sind geradezu verschiedene Menschentypen, deren Aufeinanderstoßen etwas Naturgesetzliches hat, denn „wir wissen", läßt Thukydides die Mytilener sagen, „daß keine Freundschaft unter Männern Bestand hat und keine Gemeinschaft zwischen Staaten, wenn sie nicht gegenseitig von ihrer Redlichkeit überzeugt und auch sonst gleichartig (ὁμοιότροποι) sind; auf den Unterschieden der Gesinnung beruhen nämlich auch die Zerwürfnisse im Leben"[93]. Das ist nicht zu trennen von der Ideologisierung des ganzen Krieges, die Thukydides in den jeweiligen Propagandareden vorführt[94], in denen etwa auch die Stammesverschiedenheit zwischen Ioniern und Doriern ein sehr polemisches Thema wird[95]. Anderssein scheint zwangsläufige Ursache von Feindschaft zu sein, man könnte hier von Feindbildern in sehr modernem Sinne sprechen.

Verbale Neuschöpfungen unterstreichen diese Polarisierungen und Parteibildungen: neben dem μηδισμός tauchen jetzt auch parallel dazu ἀττικισμός und ἀττικίζειν für die Solidarisierung mit dem athenischen bzw. athenfreundlichen Kriegsgegner auf[96]. Neben solchen

104

ideologischen Abgrenzungen erfährt auch der ‚Feind‘ eine semantische Weiterentwicklung; er ist nicht mehr nur sachlich das Gegenüber im Kampf, sondern es gibt jetzt die ‚absoluten Feinde‘[97] die ‚ewigen Feinde‘[98] und sogar den ‚natürlichen Feind‘[99]. Vor diesem Hintergrund dürfte auch das γυναικείον γένος einen anderen Klang gewonnen haben als es etwa noch bei Hesiod besaß.

Zum zweiten mag es der Prozeß der Politisierung selbst gewesen sein, der neue Identitäten geschaffen oder doch verstärkt hat. Ein neues Wir-Gefühl, wie es die Forderung nach Gleichheit, Konsens und Solidarität mit sich bringt, steht vielleicht in notwendigem Zusammenhang mit einer verstärkten Abgrenzung nach außen, mit der Stigmatisierung von Außenseitern. Das hilft gewiß mit zur Erklärung der Radikalisierung des Barbarenbildes gegen Ende des Jahrhunderts, aber möglicherweise auch zur Einordnung ähnlicher Entwicklungen im Frauenbild. Einerseits ist hier ja rhetorisch vieles aus der politischen Diskussion, manches unüberhörbar direkt aus der Barbarentopik entlehnt, zum anderen waren die Frauen im politischen Sinne ja ebenfalls Außenseiter und nicht zum ‚Wir‘ im Sinne des handelnden Subjekts gehörig[100].

V.

Was bei Euripides die Frauenfront von der Barbarenfront gravierend unterscheidet, ist, daß hier beide Seiten, also auch die der Frauen, wie gesehen, durchaus ernstgenommen werden. Wenn dem allerdings so ist, muß man mit weit kritischerem Blick die Glaubwürdigkeit und die Sprecherposition derjenigen prüfen, die nurmehr scheinbar die Meinungsführer der Debatte sind, und die Frage stellen, inwieweit die aufscheinenden Anti-Frauen-Stereotype und Invektiven überhaupt die Billigung des Autors haben können oder auch nur eines Großteils des Publikums. Oder ob nicht auch hier „der Geschlagene ... zu gleicher Zeit der eigentliche Sieger“ ist[101] und ob die Pauschalurteile nicht vielmehr gezielt dazu eingesetzt werden, den Sprecher zu charakterisieren, und damit eine höhere Bedeutungsebene erlangen.

In einem Falle ist das krasse Mißverhältnis zwischen Sprecher und inhaltlicher Anmaßung offensichtlich. Der Thraker Polymestor in der *Hekabe* ist eine viel zu negativ präsentierte, fast lächerliche Figur, um sich glaubhaft derartig frauenfeindlich zu äußern, wie er es tut[102].

Aber auch die Person des „misogynist“ Hippolytos[103] ist durchaus zwiespältig präsentiert[104] – gerade in seiner Haltung gegenüber Frauen. Er, der Aphrodite „von allen Göttinnen die schlechteste“ nennt: „Allein von allen Bürgern im Troizenerland,/ verschmäht (er) die Liebe, kostet nicht der Ehe Glück“ (*Hipp.* 11-13), seine Einstellung ist also weit vom gängigen Maßstab entfernt, und sein Diener geht mit ihm deswegen hart ins Gericht (88-113). Doch der passionierte Jäger versteift sich auf Moralismus: „Kein Gott gefällt mir, welcher nachts gefeiert wird" (106). Er verweist Phaidras Amme rüde sogar die Berührung seines Gewandes (606) und hält sich selbst ausdrücklich für den tugendhaftesten Menschen, den es im Umkreis gibt (1100f.). Phaidra dagegen, frühzeitig als Opfer Aphrodites gekennzeichnet (26-28), weiß sich im Unrecht und ringt sich, um ihre Tugend zu retten, bald zur äußersten defensiven Konsequenz durch[105]. Zum mindesten wird hier das Problem der Tugend an sich thematisiert, und wer in diesem Punkt den Sieg davonträgt, ist keineswegs klar entschieden. In diesem Kontext wird deutlich, daß die lange Hetzrede des Hippolytos auch ein Stück Charakterisierung seiner starren Persönlichkeit ist – und das nicht eben schmeichelhaft, zumal, wenn man bedenkt, daß der Humor keinesfalls zu seinem Repertoire gehört, mehrere Passagen aber durchaus als Parodie beim Zuschauer angekommen sein dürften. Was etwa sonst soll ein Zeitgenosse, der im übrigen ein gesundes Verhältnis zu Aphrodite hat, von der Idee halten, daß man die Kinder doch besser im Tempel sollte kaufen können (618-623), oder davon, daß derjenige am besten fahre, „wessen Weib, ein träges Nichts,/ unnütz in Einfalt brütend still im Hause sitzt." (638f.) Oder davon: „Zu Frauen sollt' auch keine Magd ins Zimmer gehn:/ mit stummen Tieren sollten sie zusammensein,/ daß keiner wäre, welchen sie anredeten" (645-647)? Bei allem Vorbehalt, den die zeitliche Distanz unserem Urteil gebietet: solche Stellungnahmen können bei einem Publikum, das gerade auch von Euripides her gewöhnt ist, geistreiche und tatkräftige Frauen vorgeführt zu bekommen, nicht geeignet sein, den Sprecher noch als ernsthaften Meinungsträger zu charakterisieren[106].

Der scheinbar situationsunabhängige Haß des Hippolytos – „Tod über euch! Ich werde niemals satt, die Fraun/ zu hassen,..." (664f., s.o.) – verbindet diesen mit Orest, der angeblich nie müde wird, ein ruchloses Weib zu töten (*Or.* 1590; vgl. 518), und sich damit verteidigt, für ganz Hellas eine gute Tat vollbracht zu haben, indem er an der Gattenmörderin ein Exempel statuiert habe (565-571; vgl. 934-938). Gewiß läßt sich auch hier ein frauenfeindlicher Grundton in der ganzen Tragödie nicht ganz leugnen, doch wiederum streift das „Banditentrio"[107] den Bereich des Komischen, wenn Pylades allen Ernstes behauptet, mit dem Mord an Helena könne Orestes sich von der Blutschuld an seiner Mutter reinwaschen (1140-1142). Hermione aber, die er ebenfalls umbringen wollte, muß er schließlich zur Frau nehmen, so will es der schlichtende Gott. Auch das wäre zumindest grob paradox, wenn man es nicht komisch nennen wollte.

Bar jeder Komik ist dagegen die *Medea*. Die Untaten der Protagonistin lassen diese am Ende mit einigem Recht in die Nähe des Barbarischen gerückt erscheinen und aller Schmähungen würdig, doch zunächst ist es Jason, der sich mit der Wahl einer neuen Frau grob ins Unrecht setzt, sich nur auf das Fadenscheinigste verteidigt und überhaupt in den Dialogen inhaltlich eine schlechte und unsichere Figur macht. Bald hebt auch er – mit uns schon bekannten Argumenten – den Konflikt auf eine allgemeine Ebene des Geschlechterkampfes: „Doch also seid ihr Frauen: wenn der Ehe Bund/ durch nichts getrübt wird, fühlt ihr euch vollkommen wohl;/ wenn dann ein Unfall euer Glück zu stören droht,/ gilt euch das Beste, Schönste für das Feindlichste./ Nachkommen schaffen sollten sich auf anderm Weg/ die Menschen, nicht mehr sollte sein der Fraun Geschlecht:/ so träfe niemals Ungemach die Sterblichen." (569-575) Die Feststellung über das weibliche Eheverständnis ist an dieser Stelle aus der Position des Stärkeren und Rechtsbrechers heraus blanker Zynismus, der sich rächen wird, und zwar ganz direkt, denn Medea macht sich nun die männlichen Vorurteile, die Jason hat, zunutze. Töricht seien nun einmal die Weiber, meint sie, um ihren gespielten Sinneswandel vor ihm zu motivieren (869-893); plump fällt Jason auf die Kehrtwendung herein und lobt noch ausdrücklich die Klugheit seiner Frau (913) – die sie, ganz im Gegensatz zu ihm, in weit höherem Maße besitzt als er ahnt. Das Schema wiederholt sich noch einmal: Tränen zeigen sich in Medeas Augen, und Jason wird doch noch einmal mißtrauisch; sofort serviert ihm Medea wieder ein Klischee: „Ich bin es (guten Mutes) und mißtraue deinen Worten nicht:/ schwach sind die Frauen und zu Tränen stets geneigt." (927f.) Der Chor der korinthischen Frauen, der schon zuvor das Bild der ‚verkehrten Welt' mit Ruhm und Ehre der Frauen entwickelt hatte, nimmt das Thema des Verstandes noch einmal auf und macht die Tragödie damit vollends zum expliziten Austragungsort von grundsätzlichen Diskussionspunkten zwischen Mann und Frau: „In die Tiefen der Weisheit hab ich mich oft/ schon sinnend vertieft und kühner gekämpft,/ zu durchforschen die Wahrheit, als es geziemt/ dem Geschlechte der Fraun: doch auch uns ward Geist/ von der Muse verliehn, die die Weisheit lehrt –/ zwar nicht allen, doch einige fändest du wohl/ vielleicht heraus aus der Menge der Fraun,/ die die Gabe der Muse besitzen." (1081-1088) Wie keine andere Tragödie zeigt die *Medea*, in der das Geschlechterverhältnis auf den verschiedensten Ebenen ausdiskutiert ist (vgl. auch 230-250), die Fragwürdigkeit und Transparenz von Geschlechterstereotypen, die weiters darauf schließen lassen, daß die ganze Tragödie vom Autor – auch – als ohnmächtiges Aufbegehren der exemplarischen Frau gegen ein System gedacht ist, das ihr ansonsten wenig Rechte und Freiheiten gewährt.

Die Tatsache, daß also viele Fraueninvektiven durch Kontext oder Sprecherpersönlichkeit kritisch unterlegt sind, ist zweifellos ein Argument gegen die vermeintliche Frauenfeindlichkeit des Euripides, ganz zum Schweigen bringen lassen wird sich diese Meinung freilich nicht[108]. Denn die kritische Ebene, die zuweilen über den Schimpftiraden liegt, kann nicht darüber hinwegtäuschen, daß, erstens, die Inhalte, einmal gesprochen, in jedem Falle nachklingen, und daß, zweitens, der überwiegende Teil der Negativurteile, zumal die kleineren Malicen, nicht gebrochen wird, vor allem dann, wenn sie, was häufig vorkommt, von Frauen selbst gesprochen werden[109]. Zum dritten ist es die Handlung der Stücke selbst, die, wenn auch durch den Mythos mitbedingt, doch allzuoft ein gewisses Grauen vor der Frau vermittelt, wenn man an die *Medea* denkt; sicher auch die *Bakchen* sind hier zu nennen, die zahlreichen Giftmorde, aber etwa auch die weit überwiegend negative Interpretation der Helena-Figur, die mit Sparta-Animositäten wohl nur unzureichend zu erklären ist[110].

VI.

Letztendlich ist das persönliche Frauenbild des Euripides Geschmacksache und soll hier auch gar nicht weiter Thema sein. Was uns interessiert, ist die Transparenz von Stereotypen, die Frage nach dem Bewußtsein der Unrechtmäßigkeit allzu scharfer Pauschalurteile und die Ebene einer Kritik an solchen Urteilen. Da die Meinungen über Frauen teilweise offensichtlich derartige Züge tragen, muß sich die Frage stellen, ob nicht auch einige Äußerungen über Barbaren kritisch belastet sind und jeweils eine Funktion in der Gesprächssituation oder im ganzen Stück einnehmen, die nicht nur nicht den Inhalten dieser Äußerungen entspricht, sondern diese womöglich sogar konterkariert.

Dieser Aspekt ist nicht neu. Susanne Saïd hat sich pointiert für eine sehr kritische Einschätzung der Hellenen-Barbaren-Antithese durch Euripides selbst stark gemacht. „On peut peut-être ... se demander, ... , si Euripide ne remet pas en question à presque tous les niveaux le bien-fondé de la distinction Grec/Barbare...“[111]. Sie stellt dies vor einen politischen Hintergrund: „Il semble qu'au moins aux yeux d'Euripide le fossé qui séparait la civilisation grecque de la sauvagerie barbare au temps des guerres médiques n'ait plus de raison d'être à une période où les Grecs rivalisent de cruauté dans la guerre du Péloponnèse.“[112]

Natürlich ist die *Medea* hier wiederum ein zentrales Zeugnis. Wie schon erwähnt, ist Jason nicht nur klar im Unrecht mit seiner neuen Verbindung, er ist auch als labil und geistig unscharf in Szene gesetzt. Seine Verteidigung etwa, er habe mit der neuen Ehe doch nur *sie* retten wollen und königliche Brüder für die schon vorhandenen Kinder produzieren (593-597), liegt weit unter dem sonstigen Niveau euripideischer Rededuelle, wo fast jeder subjektiv zunächst einmal das Recht für sich beanspruchen zu können scheint. Folgerichtig läßt sich Jason von Medea sehr leicht hinters Licht führen (s.o.). Vor diesem Hintergrund wirkt es in der Tat wenig glaubwürdig, wenn gerade *er* Recht und Sitte von Hellas vor roher barbarischer Kraft und den Ruhm der Klugheit vor Gold und Gesang lobt (536-545). Seine oben besprochenen misogynen Stellungnahmen passen ebenfalls in das Bild des seiner Sache unsicheren Sprechers, der sich hinter Stereotypen verschanzt.

Dazu kommt, daß die Fremdheit Medeas vor Ort wie wohl in keiner anderen überlieferten Tragödie des Euripides ernstgenommen wird: „Heimisches Land, väterlich Haus,/ nie mög ich von euch verbannt sein,/ um hilfeberaubt und ratlos/ durch die Welt zu irren,/ schmachtend in kläglicher Not!/ In den Tod, in den Tod wünscht ich zu gehn,/ ehe dieses Los sich an mir erfüllt:/ Denn der Heimat beraubt zu sein,/ nenn ich der Übel größtes", sagt der Chor (645-653), und das hat für Medea gleich eine doppelte Bedeutung: erstens hat sie ihre ursprüngliche Heimat verraten und verlassen zugunsten Jasons, was sie nun bitter bereuen muß, da sie, zweitens, erneut die vertraut gewordene Umgebung aufgeben soll. Nicht nur der Hellene in fremden Landen ist heimatlos, sondern prinzipiell auch die Barbarin in Griechenland, hierin liegt eine deutliche Relativierung des hellenischen Ethnozentrismus' und ein weiteres Infragestellen der durch Jason so platt vorgetragenen Vorzugsstellung Griechenlands. Genau diese Voreingenommenheit hält sie ihm ja auch explizit vor, die Ehe mit der Barbarin (βάρβαρον λέχος) scheine ihm nicht ehrenvoll (591f.). Zurecht meint Saïd, daß der Dichter den Leser dazu einlade, die Einschätzung der Anrüchigkeit der Ehe mit einer Nichtgriechin kritisch zu betrachten, wenn er diese der Barbarin in den Mund lege[113].

Nicht unähnlich ist die Grundkonstellation der Sprecher in der *Andromache*. Hermione, die Hausherrin, die sich in geradezu ‚barbarischer' Weise an Schmuck und Kleidung erfreut[114] und im übrigen als Lakedaimonierin in diesem Anti-Sparta-Hetzstück ohnehin moralisch auf verlorenem Posten steht[115], wirft der völlig tugendhaften Widersacherin Klischees entgegen betreffs „Barbarenbräuchen" (s.o.), die zum Teil in sich selbst höchst fragwürdig sind. Macht es etwa Sinn, sich barbarische Unzucht und Inzucht zu verbitten, wenn der griechische Mann der Bigamist ist[116]? Auf zwei Ebenen hebelt denn auch die kluge Andromache die Vorurteile der Spartanerin aus. Auf deren Bemerkung, Barbarenbräuche kenne man nicht in ihrer Stadt, meint sie: „So dort wie hier bringt Schande, was schmachwürdig ist" (244), setzt also dem kleinlichen Lokalchauvinismus universelle Werte entgegen. Darüber hinaus gibt sie der Auseinandersetzung um den Mann eine psychologische Note: „Der Tugend Reize sind es, die den Gatten freun./ Verdrießt dich etwas, hoch erhebst du dann die Stadt/ der Sparter, achtest Skyros'

109

Inselland für nichts./ Reich prahlst du vor nicht Reichen, und Menelaos gilt/ mehr als Achilleus: darum haßt dich dein Gemahl." (208-212) Nicht in Hochmut (φρόνημα) dürfe eine Frau hadern (214). Nur naheliegend erscheint es, auch den antibarbarischen Vorurteilen der Hermione einen Platz in dieser arroganten und hoffärtigen Charakterphysiognomie zuzuweisen und die Funktion, eben zur Entlarvung solcher charakterlichen Mängel zu dienen[117].

Auch in der *Hekabe* stehen Sprecher und moralisierend antibarbarische Aussage in krassem Gegensatz – so sehr, als sei dieser Gegensatz gezielt so aufgebaut: „Doch ihr Barbaren", meint Odysseus, – „achtet ihr nur immerhin/ die Freunde nicht als Freunde ..." (328f., s.o.). Er selbst aber, der vom Chor ungewöhnlich hart als „verschlagener Schalk und Schmeichler des Volks"[118] bezeichnet wird, muß sich als undankbaren Lügner bloßstellen lassen, der den ehemals empfangenen Freundschaftsdienst nicht erwidert (239-250).

Bisher war es relativ einfach, das Mißverhältnis zwischen dem moralischen Anspruch einer antibarbarischen Überheblichkeit und dem tatsächlichen Verhalten im Falle einzelner Personen nachzuweisen. Susanne Saïd ist aber ehrgeiziger und sucht in größerem Zusammenhang die ironische Ebene eines Stückes. Denn die Hellenen-Barbaren-Antithese sei zwar überall spürbar, aber sie sei „trop caricaturale", als daß man sie ernstnehmen könne[119].

So besteht beispielsweise bei den Taurern, wo ‚ein Barbar über Barbaren herrscht' (*I.T.* 31), der grausame, wahrhaft ‚barbarische' Brauch, alle Griechen, die das Land betreten, zu opfern (s.o.), jedoch, meint Saïd, wenn man die Ironie des Dichters einkalkuliert, dann gäben sich die Taurer wenigstens noch damit zufrieden, *Fremde* zu opfern, während vielfach in Erinnerung gerufen wird, daß die Griechen ihre *eigenen* Familienmitglieder opferten[120]. Wie wir (und die athenischen Zuschauer) wissen, ist die Opferung Iphigenies bei weitem nicht der einzige Mordfall in dieser Familie, und als Thoas vom Muttermord erfährt, macht er eine vor diesem Hintergrund nun wirklich komische Bemerkung: „O Phoibos! Selbst ein Wilder hätt das nicht gewagt."[121] Da es vollkommen unsinnig ist, daß ein Barbar ein derartig griechisch-ethnozentrisches Urteil abgibt, wird hier nicht nur die Moral vermittelt, die Griechen seien schlimmer als die Barbaren, sondern das ganze Barbarenklischee als solches wird spielerisch in Frage gestellt.

Ein ähnlicher Verdacht wird geweckt bei der Kampfszene in der *Helena*, wo Menelaos seine Gefolgschaft recht markant zum Kampf gegen die Barbaren aufruft (1593-1604) und Helena selbst an den Troja-Ruhm gemahnt, den sie diesen Barbaren (konkret hier Ägypter!) doch beweisen sollten – und das alles nur, um dann mit zuvor versteckten Schwertern die fast unbewaffneten Feinde niederzuhauen[122].

110

Deutlicher wird ein ironischer Zug sicherlich im *Orestes*, wo die Kampfszene von ähnlicher Anlage ist, hier aber die Eunuchen in den Frauengemächern den beiden griechischen Eindringlingen nicht nur wehrlos gegenüberstehen, sondern als Barbaren derartig karikaturistisch überzeichnet sind (s.o.), daß es wahrlich kein Ruhmesblatt für die Griechen mehr ist, wenn die Sklaven selbst die Ohnmacht des phrygischen Volkes vor dem griechischen Speer bejammern[123]. Dennoch könnte man sagen, daß die Phrygerszene insgesamt eine besonders bösartige Spielart der Barbarendiskriminierung darstelle, wenn es nicht frappierende Anzeichen dafür gäbe, daß der Phryger bewußt als Karikatur von Orestes selbst in Szene gesetzt ist[124]. Wenn der Phryger sagt: „Überall ist Leben süßer als der Tod dem klugen Mann" (1509), so wiederholt er damit Orest, der von Menelaos die Rettung seines Lebens, „das höchste meiner Güter" (644f.), erbeten hatte. Orest forderte auch die Rettung, „nach der sich alle sehnen" (679), der Phryger hält ihm später vor, daß jeder Mensch das Licht dem Tode vorziehe (1523). Er verrät seine Herrin und redet, sein Leben zu retten, dem Orest nach dem Munde, daß Helena mit vollstem Recht von seiner Hand stürbe (1513-1517) – Orest selbst war Menelaos bei der Liebe zu seiner Frau um Rettung angegangen – „um schmeichelnd dich zu gewinnen, sag ich dieses nicht" (670) – ganz gleich muß er dann die Schmeichelei des Sklaven beargwöhnen (1516): natürlich sind beide gleichermaßen Schmeichler. Der Phryger wirft sich vor Orest ebenso auf die Knie – „nach Barbarenbrauch"[125], wie es Orest vor Helena getan hatte (1414f.). Daß die Person des Orest im Stück insgesamt sehr fragwürdig ist, steht ohnehin außer Zweifel, daß ihr aber in Form des Phrygers ein verzerrtes Spiegelbild zur Seite gestellt wird, welches mehrfach ausdrücklich auf Barbarentum und griechisches Heldenschema anspielt, zeigt unbedingt, wie unglaubwürdig letzteres geworden ist und wie transparent und variabel die Klischees von Euripides verwendet werden.

Im *Orestes* wird im übrigen wiederum ein Barbarenklischee im direkten Dialog diskutiert und mit einem guten Schuß Ironie bloßgestellt. Als Menelaos vor Tyndareos den Orest verteidigt, meint der Schwiegervater: „so lange bei Barbaren, wardst du selbst Barbar."[126] Menelaos gibt zurück: „Verwandte lieben ist doch auch Hellenenbrauch (Ἑλληνικόν)." (484f.) Er spielt also mit der Umpolung des Klischees, indem er die Präsupposition vertauscht: die *Barbaren* lieben ihre Verwandten. Das heißt, er wehrt sich damit nicht nur gegen die inhaltlichen Unterstellungen, die sich an *sein* angebliches Barbarentum knüpfen, sondern er opponiert hier genau gegen die Form des Angriffs, also gegen das Barbarenstereotyp selbst. Man könnte sogar soweit gehen, daß er damit – als einziger Sprecher bei Euripides, soweit wir wissen – tatsächlich eine ehrlich barbarische Position einnimmt.

111

Die *Iphigenie in Aulis* wird oft – mit gutem Grund – als ein besonders ausgeprägtes Machwerk von athenischem Chauvinismus angesehen. Aber auch hier kann man, sofern man sich bei der notorisch schwierigen Überlieferungslage des Textes überhaupt auf eine Diskussion einlassen will[127], eine kritische Ebene sehen, die sich an dem Verdikt des Agamemnon aufhängt, der seinem Bruder auf die Frage, ob er denn nicht mit Hellas den Kampf bestehen wolle, antwortet: „In dir und Hellas rast ein Gott, der euch betört." (411) Abgesehen davon, daß die Entführung einer einzelnen Frau an sich schon kaum dazu ausreicht, die Auseinandersetzung mit Vernunft zum Freiheitskampf Griechenlands gegen Asien hochzustilisieren, ist schon der Frauenraub selbst zweifelhaft. Daß Klytemnestra das „schnöde Weib" verdammt, dem sein Kind zu opfern nicht angemessen sei (1169f.; vgl. 1204), ist noch eindeutig persönlich zu motivieren, aber auch der Chor spricht von Helena einerseits als dem Geschenk der Aphrodite (181), andererseits davon, „daß Hellas sie, die der Heimat/ um die fremde Lieb' entfloh,/ wiederfordre mit Gewalt."[128]

Überhaupt sind es eher die Griechen, bei denen ‚Gewalt' das übliche Vorgehen zu sein scheint[129], was schon bei dem Brief anfängt, den Menelaos dem Boten entreißt (315). Agamemnon fürchtet, daß Odysseus das Kriegsvolk dazu verführt, seine ganze Familie zu ermorden und seine Stadt zu schleifen (531-535), „an den blonden Locken" werde er Iphigenie fortreißen, befürchten Achill und Klytemnestra[130]. Tatsächlich stellen sich „alle Griechen" einschließlich seiner eigenen Leute gegen Achill und proben den Aufstand (1345-1431). Mag man dies der dramatischen Zuspitzung einerseits und dem rauhen Lagerleben andererseits, zudem der gut homerischen Tradition des innergriechischen Streits zuschreiben wollen, überraschend bleibt in jedem Falle, daß Euripides einen gänzlich unpopulären Überlieferungsstrang[131] bemüht, um die Familiengeschichte der Atriden näher auszuleuchten. Klytemnestra rechnet mit ihrem Mann ab: „Erst nahmst du – dieses rück ich dir am ersten vor -/ mich wider Willen zum Gemahl und raubtest mich,/ nachdem du mir den frühern Gatten Tantalos/ erschlugst und meinen Säugling, den du meiner Brust/ entrafft gewaltsam, auf dem Grund zerschmettertest." (1148-1152) Sei dies nicht, so Saïd, von Euripides erfunden oder gewählt worden „par une intention ironique et une volonté de démystifier par avance les lieux communs sur les rapts barbares?"[132] Vielleicht ebenfalls hintergründig im Sinne der Aufhebung der Grenzen zwischen Griechen und Barbaren ist auch der – in der Überlieferung gleichfalls unpopuläre – abfällige Hinweis des Achill auf die Herkunft des Agamemnon aus Sipylos, „dies Fleckchen im/ Barbarenlande"[133]. Kann man vor diesem Hintergrund die Opferrede der Iphigenie, diese Aneinanderreihung von Absurditäten[134], noch ernstnehmen?

In urplötzlicher Kehrtwendung wird da die reinste Kriegspropaganda vorgetragen von einem Mädchen, das bislang so wenig mit dem Geschehen zu tun hatte, daß es kurz zuvor nicht einmal den Wohnort der Phryger kennt (662). Zweifel an seiner Glaubwürdigkeit bleiben angebracht[135].

Vermischung der Grenzen im eher konkreten Sinne sind Thema des letzten Stückes des Dichters, der *Bakchen*, die vielleicht nicht nur zeitlich der *Iphigenie in Aulis* verwandt sind. Dionysos, Herr der Bakchen, führt sich mit den Worten ein, daß er aus Asien käme, „wo der Hellene mit Barbarenvolk gemischt" in zahlreichen Städten wohne (17f.), eine Einführung, der Saïd geradezu „une valeur programmatique" zuweist[136]. Das findet seine Entsprechung am Schluß im ungewöhnlichen Schicksal des Kadmos: „Und ich, ich Armer, muß hinaus zu Fremdlingen (βάρβαροι)/ als Greis entwandern und dazu – so will es Zeus -/ nach Hellas führen ein gemischtes Fremdlingsheer."[137] Dazwischen liegt eine barbarische Invasion auf verschiedenen Ebenen. Ein deutlich barbarisch gezeichneter Dionysos (bes. 231-236), weibischer Frauenheld und Zauberer, bringt über Theben ein Unheil, das einer merkwürdigen Zwangsläufigkeit folgt, die in der Allmacht des Gottes wurzelt. Die Frauen folgen ihm eher freiwillig, Pentheus hingegen läuft ins Verderben, weil er versucht, sich zu widersetzen – auch er wird aber vorher durch List zum ‚Barbaren' gemacht, denn der Gott überredet ihn zu Frauenkleidern und damit zum Rollentausch[138]. Diese symbolische Verkleidung markiere, so Saïd, „l'abolition de la frontière qui sépare normalement l'homme grec du Barbare efféminé"[139], und dies sei auch Aussage der ganzen Tragödie, die sich von allen am gründlichsten mit der Griechen-Barbaren-Antithese auseinandersetze[140]. In der Tat ist hier das Verhältnis zwischen Griechen und Barbaren sehr viel konkreter Thema als etwa in der stereotypen Rhetorik der *Iphigenie in Aulis*. Daß es aber auch hier mit kritischem Hintersinn versehen ist, zeigt der Dialog, in dem Dionysos dem Pentheus seinen Kult schmackhaft machen will: „Schon feiern alle Nichthellenen (βάρβαροι) dieses Fest." Pentheus hält dagegen: „Nun, weil sie sehr viel dümmer sind als Griechenvolk!" (482f.) Das ungeschickte Verhalten des Pentheus sowie die tatsächliche Begeisterung der thebanischen Frauen für den Kult führt diese Aussage ad absurdum, und der apodiktische Stil läßt stark darauf schließen, daß sie hier ironisch gemeint ist und als Klischee vorgeführt wird[141].

Saïd versucht, eine Entwicklung dahingehend dingfest zu machen, daß die alte Hellenen-Barbaren-Antithese einerseits durch die Erfahrung der innergriechischen Grausamkeiten des Peloponnesischen Krieges obsolet geworden sei, andererseits sich auch die sophistische These von der ursprünglichen Gleichheit der Menschen bei Euripides Bahn gebrochen habe, und damit das Modell vom lediglich weiteren

Evolutionsstadium der Griechen, das jederzeit Rückfälle erfahren könne[142]. Tendentiell ist diese Einschätzung sicher richtig, der Aspekt der Spiegelung des Griechen im Barbaren, auch die Übertragung des ‚Barbarischseins' auf Griechen, ist meines Erachtens jedoch überbewertet und damit die vermeintliche Aussage des Dichters bei weitem überfrachtet[143]. Der Befund Saïds, daß es eine echte ethnische und geographische Grenze zwischen Griechen und Barbaren in den Tragödien nicht (mehr) gebe, wird doch in erster Linie bestimmt von dem sprachlichen Phänomen der Abstraktion des Barbarenbegriffs[144]. Und wenn sich das Bild des ‚Barbaren' von der konkreten Bezeichnung des geographischethnischen Gegenübers ablöst und zum Sammelsurium negativer Charaktereigenschaften wird, ist klar, daß sich mit dessen geographischer Übertragbarkeit allein keine weitergehenden moralischen oder politischen Implikationen verbinden müssen. Es kann also nicht weiter verwunderlich sein, daß dann auch einmal ein Grieche ‚barbarisch' sein oder werden kann – ungefähr so, wie wenn ein Mann ‚weibisch' ist[145].

Dennoch dürfte – mit Saïd – klar sein, daß es nicht möglich ist, bei Euripides allein aus Stereotypen und Negativurteilen eine klare Hellenen-Barbaren-Antithese herauszulesen. Zumindest in den *Bakchen* ist die ‚Barbarei' von Griechen klar Thema, in der *Iphigenie in Aulis* gewiß nahegelegt. Bei allem Patriotismus, der im übrigen natürlich ebenfalls tradiert und Bestandteil zeitgenössischer Rhetorik ist, hält Euripides einen kritischen Blick auf Hellas und sucht überdies – hier wie dort – das rein Menschliche seiner Personen.

VII.

Auf mehreren Ebenen wird die Zeichnung des Anderen bei Euripides eingesetzt. Erstens und nicht sonderlich originell: realistisch, bzw. zur neutralen Kennzeichnung von Geschlecht oder Herkunft. Um es noch einmal zu wiederholen: auch das Wortfeld βάρβαρος verliert nie die Facette eines rein geographischen Einsatzes.

Zweitens: Das Negativklischee ist da und trägt inhaltlich voll. Der *Orestes* zeigt eine solche Anhäufung von Frauenfeindlichkeiten, gerade auch in Frauenreden, daß die moralische Fragwürdigkeit des Protagonisten und seines Vorgehens diese nur ganz unzureichend absorbiert. Auch der typisch barbarische Bösewicht Polymestor wird nicht ironisch gebrochen, und ob der griechische Trojafeldzug in der *Iphigenie in Aulis* so kritisch gesehen wird, daß hier – im Sinne Saïds – alle antibarbarischen Äußerungen und Initiativen als Teil absurder griechischer Anmaßung vorgeführt werden, bleibt doch fraglich.

Drittens: Negative Pauschalurteile werden in den Raum gestellt und dadurch hinterfragt, daß ein Mitglied der betroffenen Gruppe widerspricht – etwa die Protagonistin in der *Andromache* als Barbarin oder Medea und mehrfach die Chöre für die Frauen. Das ist der erste Schritt der Rhetorisierung des Klischees, da es als nur *eine* mögliche Meinung zum Thema gleichsam isoliert wird.

Viertens, als Weiterentwicklung des vorangegangenen Punktes: das Klischee als Element der negativen Sprechercharakteristik, am deutlichsten nachzuweisen in den Dialogen der arroganten Hermione (*Andr.*).

Fünftens, sicher oft spekulativ und nicht immer klar zu belegen: die ironische Ebene über einen großen Teil des Stückes hinweg. Die Phrygerfigur im *Orestes* wird erst im Kontrast mit der Rede des Orestes vor Menelaos zum Zerrbild des Griechen und damit zur Kritik an griechischer Überheblichkeit. Agamemnon ist im Barbarenland geboren und schwingt sich zum ‚griechischen‘ Befreier auf (*I.A.*) etc. Wenn man will, kann man hier auch die Phönikerinnen anführen, die zum Schiedsrichter in einem griechischen Bürgerkrieg werden (*Phön.*). In diese Kategorie gehört ebenfalls die dem Klischee entsprechende Fehleinschätzung des Gegenübers: Pentheus hält Dionysos für einen barbarischen Weichling und bekommt dessen brutale Kraft zu spüren. Medea selbst bedient die Vorurteile ihres Mannes bezüglich weiblicher Dummheit und Nervenschwäche, um ihn zu besiegen etc.

Sechstens, sicher am schwersten zu beweisen, gleichwohl mehrfach wahrscheinlich: die ironische Verbindung hin zu Stoffen außerhalb des Stückes, also zu nicht direkt angesprochenen Teilen des gerade zitierten Mythos‘, zu anderen Mythen oder auch zum Zeitgeschehen, jedenfalls in irgendeiner Form zum Wissen des Publikums über das Stück hinaus, also etwa, wenn ausgerechnet ein Mitglied der Atridenfamilie den Verwandtenmord als barbarisch geißelt, vielleicht auch, wenn dem mythenbewanderten Zuschauer der Inzest als angeblich ungriechische Unart vorgeführt wird[146].

VIII.

Deutlich wird: bei Euripides sind Wort und Urteil im allgemeinen mehrdeutiger und transparenter als bei Aischylos oder auch bei Herodot. Man mag das auf einen Zeitgeist zurückführen, in dem sich Unsicherheiten breitmachen, weil überkommene Werte und Traditionen nicht mehr den gleichen Rückhalt bieten, sei es im politischen, religiösen oder philosophischen Bereich. Die Götter werden in Frage gestellt, Athens Macht wankt und fällt, die Innenpolitik verliert – jedenfalls in den Augen eines konservativen Betrachters – ohnehin Kontinuität und Legitimität, schließlich wird auch noch die Jugend verführt, die sich geradezu ins Recht gesetzt fühlt, die eigenen Eltern zu verprügeln, wie es Aristophanes in den *Wolken* den Strepsiades erleben läßt. Das Wort an sich, die Vielfältigkeit seiner Bedeutungen und die Wirkung seines Einsatzes, steht dabei zumindest in bezug auf Politik und Erziehung im Zentrum der neuen Entwicklungen. Wenn man diesen reserviert gegenübersteht – und das tut auch Euripides – ist man letztlich gezwungen, jedes Wort mehrfach umzudrehen, bevor man ihm glauben kann. Dies führt der Dichter vor, wenn er fragwürdige Sprecher fragwürdige Urteile abgeben läßt.

Neben dem grundsätzlichen Mißtrauen muß man natürlich auch den intellektuellen Fortschritt konstatieren, der im Anwachsen der Bedeutungsebenen von Urteilen liegt. Daß bei zunehmender Rhetorisierung der Gegenstände fragwürdige Gemeinplätze herauskommen und das Wort sich von der Wirklichkeit entfernt, ist z.b. eine Erkenntnis, die auch Thukydides vermittelt, der Form und Wirkung der Kriegsrhetorik vielfältig vorstellt[147] und das Problem theoretisch so weit durchdringt, daß er etwa in der Pathologie meint: „man schaffte sich vielmehr einen guten Namen, wenn es gelang, gerade durch den Schönklang eines Wortes eine Tat des Hasses zu vollführen." (III.82.8, Landmann)

Daß eine Meinung zuweilen nur ein grobes Versatzstück ist, das aus Literatur und Rhetorik stammen mag, aber der detaillierten Wirklichkeit nicht gerecht wird, führt Euripides selbst ganz explizit vor, wenn er Kreusa im *Ion* sagen läßt: „Denn Männern gegenüber ist der Frauen Stand/ beklagenswert: auch gute werden mitgehaßt/ im Schwarm der Bösen[148]: das ist unser Unglückslos." (398-400) Ganz ähnlich antwortet der Chor der *Hekabe* auf die Frauenfeindlichkeiten des Polymestor: „Nicht trotzig überhebe dich, nicht also schilt/ in deinem Unglück ohne Wahl der Fraun Geschlecht!"[149] Diese prinzipielle Reflexion des pauschalen Urteils, also die Erkenntnis, daß ein solches eine Ungerechtigkeit birgt, hält Euripides freilich keineswegs davon ab, es trotzdem in seinem Sinne unkritisiert zu verwenden. Mit diesem Widerspruch, der Rhetorik und Literatur wohl bis in alle Zeiten begleiten wird, müssen wir leben. Den Griechen, und hier besonders Euripides, kommt dabei trotzdem großes Verdienst darin zu, diese Problematik transparent gemacht zu haben.

Anmerkungen

1   Aristophanes, *Frösche* 949-954 (Seeger).
2   Das attische Barbarenbild ist vielfach behandelt worden, siehe dazu v.a. Georges 1994; Tourraix 1991; Nippel 1990; Walser 1984; Lévy 1984; Diller 1962; Schwabl 1962; zum Barbarenbild der attischen Bühne immer noch weitestgehend gültig Helen Bacon 1961, Kritik an ihr erfolgt zumeist aus den Reihen angloamerikanischer und französischer Forschung, die – aus soziologischer und anthropologischer Sichtweise heraus – zuweilen fehlende Metaebene moniert, was man m.E. ebensogut als Pluspunkt werten kann; desweiteren zur Bühne: Hall 1989; Long 1986.
3   Archilochos rühmt Macht und Reichtum des Gyges (frgm. 22D); vgl. die Lyder bei Sappho (bes. frgm. 17 und 152D).
4   Vgl. etwa auch *Hdt.* IX.122.3; kritische Bemerkungen über „nutzlosen Prunk" der Lyder schon bei Xenophanes (frgm. 3D).
5   Aristophanes, *Acharner* 73-89; *Wolken* 51f.; *Wespen* 1145-1147 u.a.m.
6   Alle deutschen Euripides-Zitate aus: Euripides: Sämtliche Tragödien in zwei Bänden, nach der Übersetzung von J. J. Donner, bearbeitet von Richard Kannicht. Alfred Kröner Verlag, Stuttgart 1958.
7   Vgl. auch *Troerinnen* 994-997: „Von Sparta scheidend, hofftest du (Helena), die Phrygerstadt,/ von Golde strömend, werde dir im Übermaß/ Genüsse spenden, weil des Gatten Haus dir nicht/ genügte, schwelgend deine Gier zu sättigen."
8   *Tro.* 991f., *I.A* 74f., *Kyk.* 182-184.
9   Vgl. Willink 1989, 270 zu 1113.
10   *I.A.* 1400f., später bes. Aristoteles, *Politik* 1252a26-1252b9.
11   Ehrenberg 1951, 177; Long 1989, 108; Meagher 1989, 143; bei Aristophanes gibt es bezeichnenderweise selbst im Hades barbarische Polizeisklaven (*Frösche* 608).
12   *Acharner* 68-75; *Vögel* 292f.; 1244; vgl. auch Xenophon, *Anabasis* I.7.3f.; II.2.35; III.2.19; *Agesilaos* 1.28; 7.5
13   Bes. *Hel.* 1412-1440; zur Figur des Theoklymenos siehe auch Seidensticker 1982, 190-192.
14   Die von Hall gesehene Dichotomie im Urteil über Verstandestätigkeit dürfte vorhanden sein: „subversive barbarian guile is not the same as the Greek power of reasoned persuasion through speech-making, *peitho*." (1989, 200) Ob freilich die kluge und kritische Medea als Beispiel für ersteres herhalten kann, wie sie meint (200), ist doch fraglich.
15   Andromache und Hermione, *Andr.* 32f., vgl. 205; 355; Hermione weist die Zauberei explizit zu: „Denn stark in solchem Treiben ist in Asien/ der Geist der Frauen;" (159f.).
16   Bes. *Hel.* 145f.; „In tragic myth, therefore, prophecy was often hauled outside the spiritual horizons of Hellas." Hall 1989, 151.
17   Hall 1989, 192.
18   ἢ Σίπυλος ἔσται πόλις, ἔρεισμα βαρβάρων, *I. A.* 952; vgl. Hall 1989, 192.
19   νόμοις τε χρῆσθαι μὴ πρὸς ἰσχύος χάριν, *Me.* 538; vgl. *Andr.* 176.
20   οὐ γὰρ τυραννίδ᾽ ὥστε βαρβάρων ἔχω· ἀλλ᾽, ἣν δίκαια δρῶ, δίκαια πείσομαι, *Herakliden* 423f.
21   *I. A.* 1400f.; vgl. frgm. 127, *Telephos* (85 B 2DK).
22   Vor allem in den *Persern* sind die Neugier und die Freude am Fremden deutlich zu spüren, wenn man etwa an die vielen persischen Namen denkt, die mindestens zu einem großen Teil iranischer Herkunft und nicht nur nachempfunden sind (Schmitt 1978, 70; Bacon 1961, 23) und denen neben zahl-

reichen weiteren Wendungen wie dem persischen Griechennamen Ἰαόνων (178) auch präzise Herrscher- und Amtstitel hinzuzufügen wären, wie der δεσπότης δεσποτᾶν (666), oder das „Auge des Königs", das sich wohl hinter πιστὸς πάντ' ὀφθαλμός verbirgt (979); zu den Titeln ausführlich Schmitt 1978, 19f. Auch auf die äußere Darstellung der Perser legt Aischylos Wert: wir finden Verweise auf die Tiara des Königs (661), auf Sandalen (660), Barttracht (315; 1056) und was die Bewaffnung anbetrifft, vor allem auf den charakteristischen Bogen (26; 31; 239). Daß Xerxes am Ende mit leerem Köcher dasteht (1016f.), erhebt dies deskriptive Element geradezu zum Leitmotiv.

23 Bovon 1963, insb. 580-585; Schmal 1995, 130.

24 Für die bildlichen Darstellungen von Barbaren in der zweiten Jahrhunderthälfte resümiert Raeck, daß „für alle östlichen Barbaren ein einheitliches, wohl im wesentlichen der Bühne entlehntes, Kostüm eingeführt wird, das eine Bestimmung seiner Träger unter trachtkundlichem Aspekt nicht mehr erlaubt." Er sieht ein „Anwachsen von Stereotypen" und „Vereinheitlichung und Schablonisierung" in der Barbarendarstellung (1981, 227), verweist allerdings auch auf einen allgemeinen Stilwandel in der bildenden Kunst, in dessen Verlauf die realistischen Elemente des Strengen Stils zunehmend abgebaut worden seien (219).

25 Nach Bacon sind es insgesamt bei Euripides nur sechs Wörter im Gegensatz zu 22 bei Aischylos und 20 bei Sophokles (1961, 117).

26 Z.B. *Herakliden* 130f.; *Hek.* 734f.; dazu Saïd 1984, 28.

27 *Andr.* 165; *Tro.* 1021; *Phön.* 293; *Or.* 1507; vgl. Aischylos, *Perser* 152; 588f.; *Agamemnon* 918-922.

28 Vgl. *Bak.* 58; 127f.; 139; 1034; *I.A.* 572-577; *I.T.* 145f.; 179-202.

29 *Frösche* 1301-1307; *Thesmophoriazusen* 1175.

30 Bacon 1961, 168f.; vgl. Hall 1989, 161.

31 Zur Entwicklung und inhaltlichen Besetzung des Begriffs siehe u.a. Lévy 1984, 5-8; Funck 1981.

32 Zum Verhältnis genauer Bacon 1961, 169.

33 Saïd 1984, 44; Lévy 1984, 5.

34 *Hel.* 1042; 1134; *I.T.* 739; *Ion* 1160 etc.

35 *Tro.* 477; 771; *Phö.* 1509.

36 *An.* 870; *Phö.* 679f.; 1301; vgl. Aischylos, *Perser* 635f.

37 *Tro.* 764; vgl. Herodot VII.35.2, barbarische und frevelhafte Worte des Xerxes: βάρβαρά τε καὶ ἀτάσθαλα.

38 καὶ μὴν στολήν γ' Ἕλληνα καὶ ῥυθμὸν πέπλων ἔχει, τὰ δ' ἔργα βαρβάρου χερὸς τάδε, *Herakliden* 130f.

39 πρῶτον οὔποτ' ἂν φίλον τὸ βάρβαρον γένοιτ' ἂν Ἕλλησιν γένος οὐδ' ἂν δύναιτο, *Hek.* 1199-1201, s.o.; dazu Harder 1993a, 416 u. Anm. 132.

40 *Tro.* 477f., dazu Hall 1989, 212; Segal weist darauf hin, daß politische Einrichtungen und Kleidung der Trojaner denjenigen der Griechen ebenso ähneln wie die Leiden der Frauen (bes. *Hek.* 649-56; Segal 1993, 171). Da aber die oberflächlichen, wo überhaupt vorhandenen Beschreibungen des Euripides als ‚Ethnographie' im engeren Sinne kaum taugen, kann dieses objektbezogene Argument der Gleichberechtigung der Trojaner nicht greifen.

41 Herodot III.122-125. Die Thraker waren offenbar zu dieser Zeit besonders unbeliebt, vgl. etwa Thukydides VII.29.4; möglicherweise gibt es auch Bezüge zu Sitalkes (Hall 1989, 108f.), insofern muß man hier vielleicht die Pauschalität des Barbarenbildes ein wenig einschränken; zum Weiterleben des Thrakerbildes siehe Segal 1993, 171.

42 αἴλινον αἴλινον ἀρχὰν θρήνου βάρβαροι λέγουσιν, *Or.* 1395f.

43 νόμοισι βαρβάροισι, *Or.* 1507.

44   Meagher 1989, 146.
45   Vgl. etwa den Skythen in den *Thesmophoriazusen*. Die Abgrenzung von Hall
     gegenüber Bacon, daß die Figuren Polymestors und des Phrygers gerade dem
     von Bacon formulierten Übergang vom „concrete" zum „symbolic foreigner"
     (s.o.) widersprächen, ist gewollt und nicht nachvollziehbar, zumal Halls eige-
     ne Akzentuierung der Entwicklung vom „rich ethnographic detail" zu einem
     „(von kritisch-reflexivem sophistischen Interesse geprägten) move towards a
     simpler, binary articulation of the Hellenocentric world view" den Befund
     Bacons nur unwesentlich modifiziert (Hall 1989, 160f.).
46   Tendentiell sicher richtig das Urteil von Walter Jens: vor allem in diesen
     beiden Stücken, meint er, „stellen sich die Hellenen (...) als die Klug-Souve-
     ränen vor, deren geistiger Überlegenheit es gelingt, die dummen Fremden
     zu überlisten." (1968, 23).
47   Zur sozialen Situation der Frau in Griechenland siehe vor allem: Blundell
     1995; Berggreen/Marinatos 1995; Segal 1985; Peradotto/Sullivan 1985; zur
     Rolle der Frau auf der Bühne: Foley 1981, bes. 127-68; Taaffe 1993; Assaël
     1985; speziell zu Euripides (neben zahlreichen Einzeluntersuchungen):
     Luschnig 1995; Croalley 1994; Segal 1993; Rabinowitz 1993; Harder 1993a;
     March 1990; Nancy 1983; Lemaitre 1981; Vellacott 1975, insb. auch zu den
     Fragmenten 91-95.
48   *I.A.* 569-574; *Me.* 244-250; *Herakliden* 476f.; 711; vgl. Xenophon, *Hauswirt-
     schaftslehre 7.3.*
49   *Hik.* 1061-1071; vgl. *Alkestis*, insb. 153-155, 623f., damit soll kein Urteil dar-
     über gefällt sein, wie Euripides zum gesellschaftlichen System steht, ob er
     dieses bejaht und über die Bühne perpetuiert, oder ob er ihm eine kritische
     Haltung entgegenbringt. Man darf in diesem Zusammenhang nie aus den
     Augen verlieren, daß Euripides den Frauen ganz ungewöhnlich viel Platz in
     seinen Stücken zugesteht, oftmals die Hauptrolle, daß er sie darüber hinaus
     oft einfühlsam und nuanciert zeichnet und ihnen eine kritische Stimme ver-
     leiht. Mindestens für die Bühnengeschichte ist das allein ein großer Fort-
     schritt. Nicht zu Unrecht geht Assaël so weit zu sagen, Euripides habe die
     Frau in Griechenland geradezu „erfunden" (1985, 97).
50   *Andr.* 147-154; zu diesem Topos vgl. auch *El.* 175-177; *Hek.* 923-926; *Hipp.*
     630-637.
51   *Phö.* 198-201; *Tro.* 651-656; vgl. Aristophanes, *Thesmophoriazusen* 394.
52   *Me.* 303; die Haltung des Hippolytos z.B. gibt ihr recht: „Am besten fährt
     noch, wessen Weib, ein träges Nichts,/ unnütz in Einfalt brütend still im
     Hause sitzt./ Die Kluge haß ich: unter meinem Dache soll/ kein Weib ver-
     weilen, klüger, als es Frauen ziemt!" (*Hipp.* 638-641).
53   Auch diese Erwartungshaltung scheint weitverbreitet gewesen zu sein, wenn
     man nur an die junge Braut denkt, die Xenophon exemplarisch in der *Haus-
     wirtschaftslehre* charakterisiert (bes. 7.4f.).
54   Vgl. auch *Elektra*, wo Klytemnestra die Wendung „Wohl sind die Weiber
     töricht, ich bestreit es nicht;/ doch ..." gezielt dazu benutzt, im understatement
     ihre Argumentation zu stützen (1035f.).
55   Vgl. *Me.* 407-409: „auch erschuf Natur/ uns Frauen wohl in edlen Künsten
     ungeschickt,/ in allem Bösen listig und erfinderisch".
56   „...whereas deceit and intrigue are condemned in woman, they are also seen
     as natural to her sphere of operations and the dictates of her nature" (Zeitlin
     1985, 76).
57   δειναὶ γὰρ αἱ γυναῖκες εὑρίσκειν τέχνας, *I.T.* 1032.
58   In dieselbe Richtung der Auseinandersetzung zwischen männlichem Kraft-
     gehabe und weiblicher List geht schon der Dialog *Hel.* 805-814, insb. 813f.:

119

„Helena: So geht's nicht weiter: hier bedarf es einer List. *Menelaos:* Der tapfre, nicht der tatenlose Tod ist schön."

59 *I.A.* 388f.; Stockert weist darauf hin, daß der Sinneswandel geradezu typisch für die *Iphigenie in Aulis* sei, da er ja auch Menelaos betrifft (1992, 12).

60 Zeitlin 1985, 80; sie mutmaßt, daß der Frau als „mistress of mimesis" schon von ihrer Natur her eine exponierte Rolle auf der Bühne zukäme, und ebendies bei Euripides auch umgesetzt sei (80).

61 μῶν ἐς γυναῖκ' ἔρραψας οἶα δὴ γυνή, *Andr.* 911.

62 Zu dem in den Tragödien weit verbreiteten Aspekt der weiblichen Lüge meint Poliat-Golbery zutreffend: „Faible physiquement et inférieure à l'homme, la femme ne peu dominer que par son esprit, au sens très large." (1990, 126). Daß die ‚Schwäche' der Frau sehr vielschichtig ist, zeigen die *Bakchen* eindrucksvoll, wo das ‚Weibische' auf beide männlichen Protagonisten übertragen wird: bei Pentheus werden die Frauenkleider zum Symbol seiner Schwäche und Niederlage, während sich hinter der effeminierten Fassade des Dionysos Schläue und überlegene Zauberkraft verbergen (Zeitlin 1985, 63). Selbst der rein physische Aspekt der Überlegenheit gewinnt in typischer Männerrhetorik eine gewisse Kontur, wenn etwa Talthybios in den *Troerinnen* Andromache in ihre Schranken weisen will mit dem Kommentar: „Hin Troja, hin ist Hektor, du bist Sklavin hier,/ und wir vermögen wahrlich doch mit einer Frau/ zu kämpfen." (731f.) Im *Orestes* schmäht der Protagonist den Tyndareos: „Nicht zum Speereskampf erschaffen, ist er stark bei Frauen nur." (754).

63 *Hel.* 991f.; vgl. *Herakles* 536; *Or.* 1022.

64 Stockert 1992, 14.

65 *Or.* 251f.; 1607; vgl. Tyndareos: 518; Pylades: 737; Chor: 605f.

66 ἢ γυναιξὶ δουλεύειν χρεών, *Or.* 935f.

67 Saïd spricht im Zusammenhang mit den *Bakchen* von „contagion" (1984, 50).

68 βαρβαρόφωνος, Il.II.867; siehe auch ‚βάρβαρος' bei Frisk, der meint, daß sich die Wendung „gewiß zuerst auf die Sprache bezogen" habe.

69 Vgl. etwa Hall: „Femaleness, barbarism, luxury, and hubris are thus ineluctably drawn into the same semantic complex, as interconnected aspects of all that Greek manhood should shun." (1989, 206) Grundsätzlich zur Parallelität der Bilder auch Meagher 1989, bes. 142f.

70 Foley z.B. führt das aus: „Despite her confinement within the household in Athenian life, woman in Greek myth is associated with animals and the wild; the untamed female must submit to the civilizing effects of the marriage yoke before she can begin to be envisioned as cultured. Woman's association with nature is linked with the natural irrationality, lack of control and irresponsibility attributed to her in the entire range of our Athenian evidence. Hence women in Athenian literature and Greek myth are seen as naturally inimical to culture, a source of anarchy in the male-controlled *polis*." (1981, 134) Foley selbst geht freilich auf Distanz zu dem Modell (bes. 147), unter anderem mit dem zutreffenden Hinweis auf zahlreiche Männer, die im Mythos zur Bestie werden und von Wahnsinn geschlagen (143).

71 Nach Meagher etwa sind Frauen, Sklaven und Barbaren gleichermaßen „object of systematic misunderstanding" (1989, 142).

72 Meagher 1989, 143; die Wendung in der *Elektra*, nach der die Protagonistin „wie eine Sklavin" (1010) von zuhause weggetrieben worden sei, mag in diese Richtung weisen, ist aber doch wohl zu metaphorisch, um weiter reichende Interpretationen zuzulassen; vergleichbar wäre aber die Parallelität bei Aristophanes, *Frösche* 949, nach der Euripides auch Frauen und Sklaven zu Wort hätte kommen lassen (s.o.).

120

73   *Politik* 1252a26-1252b8.

74   Man könnte hier an Pylades denken, der nach Meinung des Menelaos durch sein langes Leben in Barbarenlanden selbst barbarisch wurde (*Or.* 485), aber das wird nicht näher inhaltlich umgesetzt.

75   Vgl. Segal 1993, 170f., wobei er aber ansonsten die ‚otherness' der beiden Protagonistinnen m.E. zu weit gleichsetzt. Medeas Barbarentum ist thematisiert, und im Text deutet vieles darauf hin, daß ihr Verhalten durch ihre Herkunft motiviert ist. Hekabe hingegen tritt ausgesprochen ‚zivilisiert' auf, ihr Barbarentum ist praktisch kein Thema, die Rachetat an Polymestor (der in dem Stück der wahre ‚Barbar' ist, s.o.), steht, so gesehen, eher etwas isoliert.

76   „In anderm ist das Weib voll zager Furcht,/ zum Kampfe mutlos, und zu feig, ein Schwert zu schaun;/ doch ward der Ehe heilig Recht in ihr gekränkt;/ verlangt wohl keine Seele mehr nach Blut und Mord." (*Me.* 265-268; vgl. 408f., s.o.).

77   *I. A.* 164-205; der Eindruck mag hier subjektiv sein: besonders romantisch scheint die Helenageschichte referiert (178-184), in der Schilderung der Männer steht der äußere Reiz im Vordergrund, wie bei dem „blonden Held Menelaos" (175) und „Nireus, Schönster in Hellas" (204f.), das Frausein der Sprecherinnen ist auch Thema: „...eilt ich her,/ von jungfräulich blühender Scham/ meine Wange gerötet" (187-189); Stockert meint, daß die schüchternen Frauen „in einem reizvollen Kontrast zu der grimmigen Heeresmacht" stunden (1992, 39).

78   In der Mutterrolle z.B. sehr nachdrücklich und ausführlich Iokaste in den *Phönikerinnen* (304-326), vergleichbar auch die Rolle der sorgenden Schwester Elektra (*Or.* 221f.).

79   In einem Fall könnte man in Zweifel geraten: Antigone fragt in den *Phönikerinnen* (114-116) mit überraschender Präzision nach dem Zustand der Tore von Theben bei der Belagerung und erinnert damit an die Szene der Ilias, da Andromache ihrem Mann zum Abschied vor dem Kampf rät, wie er seine Mitstreiter aufstellen soll (VI.433-439). Ob man aus solchen Szenen mit Pomeroy Indizien für ein früheres Matriarchat ablesen will (1992, 220-224), oder ob man lieber doch nur auf den nicht nur hier zugestandenen gesunden Menschenverstand der Frau verweist, sei dahingestellt. Im weiteren Sinne wäre das Problem ja durchaus noch zum ‚Haushalt' zu zählen, nämlich zur Verteidigung desselben. Man kann aber auch den Zusammenhang herstellen zu den Plänen, die Helena (*Hel.*), Iphigenie (*I.T.*) und Elektra (*Orestes*) jeweils als gute Strateginnen ausweisen.

80   οὐ ταχθεῖσα πρεσβεύειν γένους.

81   Ähnlich auch frgm. 499, *Melanippe* 1-3.

82   *Ion.* 252-254; vgl. 398-400.

83   *Me.* 230-250; Assaël weist darauf hin, daß die weiblichen Forderungen bei Euripides keineswegs karikiert würden und daß sie durch ihre Ernsthaftigkeit „une valeur d'exemplarité" gewännen (1985, 98).

84   II.35.2; zum teilweise sehr ‚verkehrten' Frauenbild bei entfernteren Völkerschaften in den *Historien* siehe Bichler 1995, 121f.

85   Sicher zurecht meint Bichler: „Die Frauen-Verschwörung als öffentlich wirksame, im Falle der *Lysistrate* auch im engsten Wortsinn hochpolitische Aktion läßt aber eine neue Sensibilität für die Polarität der Geschlechterrollen erkennen, wie sie gerade auch in den apostrophierten Tragödien des Euripides zum Ausdruck kommt." (1995, 103).

86   γυναῖκα γὰρ δὴ συμπονεῖν γυναικὶ χρή, *Hel.* 329; vgl. 830.

87   γυναῖκές ἐσμεν, φιλόφρον ἀλλήλαις γένος, σώιζειν τε κοινὰ πράγματ' ἀσφαλέσταται, *J. T.* 1061f.

88 *Hipp.* 712-714; zurecht hebt Segal „privacy and concealment" als wichtiges Thema der zwischenweiblichen Kommunikation hervor (1993, 92f.).

89 *Andr.* 943-953; zum Zusammenhalt der Frauen siehe auch Jens 1968, 31; Pauliat-Golbery 1990, 141.

90 Dazu auch Segal 1993, 89; Loraux 1978; der Begriff γένος γυναικῶν taucht schon bei Hesiod auf (*Theogonie* 591); vgl. auch Aristophanes, *Thesmophoriazusen* 186f.

91 Bes. I.1.1; III.82.

92 Insb. I.70; Schmal 1995, 201-204.

93 Landmann, ἐν γὰρ τῷ διαλλάσσοντι τῆς γνώμης καὶ αἱ διαφοραὶ τῶν ἔργων καθίστανται, III.10.1.

94 Schmal 1995, 190-199.

95 Bes. VI.77.1; 79.2; 80.3; 82.2f.; VII.5.4.

96 Thukydides III.64.5; IV.133.1; VIII.38.3; 87.1; vgl. den λακωνισμός bei Xenophon (*Hellenika* IV.4.15; VII.1.46).

97 πολεμιώτατοι, Thukydides III.39.2.

98 ἀεὶ πολέμιοι, Thukydides II.2.3; III.40.3; V.95; VI.80.3; 82.2.

99 φύσει πολέμιος, IV.60.1; VI.79.2.

100 Ausführlich zum Thema der politischen Interpretation der Feindbilder Schmal 1995, 248-258.

101 Jens 1968, 31.

102 *Hek.* 1178-1182, s.o.; auch im *Kyklop* wird die Frauenfeindlichkeit – „Wäre doch der Fraun Geschlecht (γένος...γυναικῶν)/ gar nie geschaffen worden" – ironisch gebrochen: „– als allein für mich!", 186f.

103 Rabinowitz 1986, 128.

104 Selbstgefälligkeit etwa sieht auch Lesky: „Selbstbespiegelung" sei in den Versen 654f. zu spüren, „die das Bild der eigenen Vollkommenheit ausgenießt." (1972, 319). Von „Hybris" spricht Vellacott (1975, 115; vgl. 116).

105 *Hipp.* 400-404; „En effet, qu'Euripide mette en scène la passion coupable de Phèdre ne signifie nullement qu'il blâme son personnage." (Assaël 1985, 94).

106 Ein ironisches Verständnis dieser Passage kann freilich nicht über den frauenfeindlichen Tenor der ganzen Tragödie hinwegtäuschen; besonders herauszuheben wären die Stellen von „female self-hatred" (Rabinowitz 1986, 131; 1993, 160), wo also Frauen Abfälligkeiten gegen ihr Geschlecht in den Mund gelegt wird: *Hipp.* 161-163; 405-418; „Phaedra's position is embedded in a generalized disdain for women" (Rabinowitz 1986, 131).

107 W. Schmid bei Lefèvre 1993, 172.

108 Diese Diskussion fängt ja bekanntlich (spätestens) schon bei Aristophanes an (*Lysistrate* 368f.; *Thesmophoriazusen* 383-432; 467-519 etc.; aber auch *Frösche* 949, s.o.; zur angeblichen Fehlinterpretation des Euripides durch Aristophanes Assaël 1985, insb. 94f.); zur Wertung des euripideischen Frauenbildes siehe u.a. March 1990; Assaël 1985, insb. 92; Lemaitre 1981; Jens 1968, 31. Fast alle versuchen, den Dichter zu entlasten, was aber zunächst beweist, daß der Rechtfertigungsbedarf hoch ist.

109 *Hipp.* 161-163; 405-418, s.o.; *Or.* 605f.; *El.* 1035; *Andr.* 270-273; 943-953; *I.A.* 1162-1163.

110 Zur Bewertung Helenas bei Euripides: Harder, 1993b; Schmal 1995, 227f.

111 Saïd 1984, 28; ähnlich auch Meagher: „the overall effect of his (=Euripides') treatment of barbarians is to dissolve the category of barbarian" (1989, 146).

112 Saïd 1984, 45.

113 Saïd 1984, 32.

114 S.o., *Andr.* 147-154; daß hier eine gewollte Spiegelung oder gar Ironisierung des Luxus-Klischees erfolgt, könnte man auch damit belegen, daß solche Nei-

gungen im krassen Gegensatz zum gängigen Bild der Spartaner stehen. Man kann es freilich auch, und m.E. mit mehr Berechtigung, als Indiz dafür nehmen, daß ebendieses Spartabild zum einen sehr künstlich und zum zweiten um diese Zeit noch gar nicht ausdifferenziert war, so daß dem Zuschauer eine prunksüchtige Spartanerin gar nicht weiter aufgestoßen sein mag; siehe dazu Schmal 1996, bes. 662f.

115 Lesky nennt die betreffende Passage „ein Meisterstück an Charakteristik dieses dumm-eitlen, im Stolz auf den aus Sparta mitgebrachten Putz sich blähenden Weibchens." (1972, 340). Zur Diskussion um die politischen Bezüge der *Andromache* auch Lesky 1972, 347f. und Schmal 1995, 224-226; gegen die Sichtweise von „anti-Spartan propaganda" Vellacott 1975, 32-34.

116 *Andr.* 177f.; später wird der Vorwurf der Bigamie noch einmal in einer Weise aufgenommen, die man komisch nennen müßte, wenn nicht eben der Sparta-Haß so überdeutlich dominieren würde. Der Chor nimmt das Thema auf: „Nie kann ich loben, daß ein Mann der Frauen zwei/ und zweier Mütter Söhne nährt,/ ... / Trägt sich doch auch im Staate zweier Herrscher Joch/ nicht leichter als des einen Herrn:/ Da häuft sich Last auf Last und Bürgeraufruhr." 465-475ff. – aus der ‚barbarischen' Bigamie wird hier offenbar eine böswillige Parallele zum spartanischen Doppelkönigtum!

117 Bezeichnend ist in diesem Zusammenhang sicher auch die Zauberei, die Hermione – klischeetypisch – der Barbarin vorwirft, die diese aber souverän ins Reich der Spekulation verweist und statt dessen die menschlichen Schwächen der Widersacherin offenlegt (*Andr.* 157f.).

118 ὁ ποικιλόφρων κόπις ἡδυλόγος δημοχαριστής, *Hek.* 131f.; zur Person des Odysseus in der *Hekabe* siehe Mossman 1995, 103.

119 Saïd 1984, 32.

120 Saïd 1984, 43; Erinnerungen an die Opferung Iphigenies: *I.A.* 6-27; 177; 211f.; 339; 360 besonders ausführlich; 770 etc.; was allerdings dagegen spricht, der – zudem dramaturgisch wichtigen – Griechenverfolgung der Taurer einen zu großen Stellenwert zuzuschreiben, ist die Tatsache, daß in der *Helena* ganz parallel der König alle Griechen, die er zu greifen bekommt, tötet (bes. 155), ohne daß dem hier vergleichbare griechische Untaten gegenübergestellt würden.

121 οὐδ' ἐν βαρβάροις ἔτλη, *I.T.* 1174; vgl. Hall 1989, 188.

122 Vgl. Saïd 1984, 39. Gegen diese Interpretation spricht wiederum parallel die *Iphigenie bei den Taurern*, wo die flüchtenden Griechen sich im Kampf Faust gegen Faust eindeutig bewähren (1364-1371); anzuzweifeln wäre im übrigen auch das Urteil Saïds, daß in den beiden Tragödien (bzw. Tragikomödien) doch der Ausgang für die Griechen unrühmlich sei, da der Erfolg nur durch List und Betrug bewerkstelligt werde (Saïd 1984, 39). Nimmt man es einmal für gegeben, daß sich das schwerfällige tragische Heldenschema bei Euripides doch stark gelockert hat, so geht der Lohn für die klugen Frauen jeweils in Ordnung, zumal, was noch schwerer wiegt, die Barbarenkönige mehrfach im Dialog regelrecht als Tölpel vorgeführt werden (*I.T.* 1159-1221; *Hel.* 1399-1440; daß der (männliche!) Kampf an sich fragwürdig ist, dürfte zutreffen; auch Seidensticker spricht in diesem Zusammenhang von einer „Parodie auf den trojanischen Krieg" (1982, 195); vergleichbar wäre dem der *Kyklop*, wo der Troja-Ruhm eindeutig verballhornt wird, wenn Odysseus auf den Rat hin zur Flucht vor dem Kyklopen (!) großspurig tönt: „Nein, nein! Gewaltig täten da die Troer groß,/ wenn wir vor einem flöhen: und ich hielt doch oft/ vor vielen tausend Phrygern stand mit meinem Schild./ Nein! Soll der Tod uns treffen, sei's ein edler Tod:/ und wenn wir leben, retten wir den alten Ruhm." (198-202).

123

123	*Or.* 1484f.; Seidensticker weist zudem darauf hin, daß der Kampf zusätzlich dadurch ad absurdum geführt wird, daß er nichts einbringt, weil Helena ja verschwunden ist, und spricht von der Aristie des Orestes und Pylades als „lächerlicher Farce" (1982, 108).
124	Vgl. Saïd 1984, 41; Seidensticker 1982, 112 mit weiterer Literatur dazu.
125	νόμοισι βαρβάροισι, *Or.* 1507.
126	βεβαρβάρωσαι, χρόνιος ὢν ἐν βαρβάροις, nach dem Thesaurus das erste Auftreten der Verbalform, man könnte von einer Übertragbarkeit und Dynamisierung sprechen, vgl. Saïd 1984, 52.
127	Ausführlich dazu Stockert 1992, insb. 63-66.
128	*I.A.* 270-272; vgl. auch Saïd 1984, 38.
129	Saïd 1984, 38.
130	*I.A.* 1364f.; es gibt freilich einen Komplex, den Saïd gänzlich unberücksichtigt läßt, der eine etwaige kritische Haltung des Dichters gegenüber dem griechischen Vorgehen doch relativiert, nämlich den Trend, peloponnesische Übeltäter verantwortlich zu machen. Das erklärt m.E. zum Teil die negative Zeichnung und Verantwortung von Menelaos (bes. *I.A.* 97f.) und auch Odysseus sowie die Schuldzuweisungen an Helena. Es gibt hier zwar keine expliziten Ausfälle gegen Sparta, aber der Vergleich mit anderen Tragödien des Dichters fordert zu dieser Einschränkung auf, vgl. dazu Schmal 1995, 227-229.
131	Die Variante sei wahrscheinlich sogar von ihm erfunden, um das Pathos zu steigern, meint Stockert (1992, 18).
132	Saïd 1984, 38.
133	*I.A.* 952, s.o.; Saïd 1984, 38, sie möchte im übrigen der Präsentation des Agamemnon noch mehr ‚barbarische‘ Attribute zuweisen: „Car Agamemnon, loin d'incarner la liberté grecque, fait constamment figure d'esclave..." (37). Vielfach seien seine Zwänge gegenüber Hellas, dem Kriegsvolk, dem Schicksal oder der Furcht herausgestellt (37). Das geht gewiß zu weit, liegt doch einer der Vorzüge dieser Tragödie gerade im psychologischen Wettstreit der Notwendigkeiten, die die Seele Agamemnons zu einem offenen Schlachtfeld werden lassen, wo auf einer höheren Ebene die Bedingtheit des Menschen ausgeleuchtet wird.
134	Saïd 1984, 36.
135	Ein ironisches Verständnis der patriotischen Passagen deutet auch Vellacott an (1975, 176f.), Stockert gesteht vorsichtig die Möglichkeit ironischer Aspekte zu (1992, 6).
136	Saïd 1984, 52.
137	ἐσ Ἑλλάδ᾽ ἀγαγεῖν μιγάδα βαρβάρων στρατόν, *Bak.* 1354-1356.
138	*Bak.* 827-836; 850-855; 912-917.
139	Saïd 1984, 30.
140	Saïd 1984, 49.
141	Die Stelle ist in der Tat vergleichbar mit Herodot I.60 (Saïd 1984, 42) und zwar – gegen Saïd – sehr wohl auch im ironischen Gehalt! vgl. dazu schon den Herodotkommentar von Baehr.
142	Saïd 1984, 45 bzw. 52 unter Verweis auf die Archäologie des Thukydides. Vgl. dazu einige explizit universalistische Passagen bei Euripides: frgm. 777; 902; 1047 (Nauck); vgl. auch *Me.* 493f. und *Andr.* 244 (s.o.).
143	Vgl. vor allem die von mir nicht näher berücksichtigten, weil m.E. allzu konzisen Ausführungen Saïds zu den *Phönikerinnen* (45-49), aber etwa auch weite Teile ihrer Interpretation Agamemnons in der *Iphigenie in Aulis* (s.o., 37).
144	Saïd streift diesen Aspekt anfangs, indem sie die wenig realistische Ausstattung des Barbarentums auf der Bühne konstatiert (1984, 28f), und weist in

dem Zusammenhang auch zurecht auf die erwähnte semantische Bifurkation hin (44), zieht aus dieser aber keine adäquaten Schlüsse.

145   Z.B. *Bak.* 353; *Herakles* 1412.

146   In diesem Sinne Hall 1989, 189 zu *Andr*. 174f. mit zahlreichen Beispielen für griechischen Inzest im Mythos.

147   Dazu Schmal 1995, 189-199; die Inhalte der Kriegspropaganda sind schon mustergültig herausgearbeitet worden von Großmann 1950. Vor allem die Perserkriegsterminologie wird als billige Rhetorik abqualifiziert: „Die ganzen alten Geschichten freilich, was soll man die erzählen...?" (τὰ μˆν πάνυ παλαιὰ τί δεῖ λέγειν, I.73.2; vgl. V.89); vgl. auch Gorgias, der aus der Verteidigung gegen den Medismos ein Schulstück der Redekunst macht (frgm. 11a) oder Demosthenes, wenn er sagt: „Wegen all dieser Fragen also müßt ihr, so meine ich, eine Gesandtschaft ausschicken, die mit dem Großkönig spricht, und ihr müßt die törichten Äußerungen (...) sein lassen, wie ,ach, der Barbar' (ὁ δὴ βάρβαρος) und ,der gemeinsame Feind aller' und alle solche Redensarten." (X.33, *4. Rede gegen Philipp*); vgl. dazu auch die Odysseuskarikatur im *Kyklop*, bes. 198-202, s.o.

148   κἂν ταῖς κακαῖσιν ἀγαθαὶ μεμειγμέναι μισούμεθˈ.

149   μηδˆν θρασύνου μηδˈ τοῖς σαυτοῦ κακοῖς τὸ θῆλυ συνθεὶς ὧδε πᾶν μέμψηι γένος, *Hek.* 1183f.

Literaturverzeichnis

Assaël 1985 = J. Assaël, Misogynie et féminisme chez Aristophane et chez Euripide, Pallas 32, 91-103

Bacon 1961 = H. Bacon, Barbarians in Greek Tragedy, New Haven 1961

Berggreen/Marinatos 1995 = B. Berggreen/N. Marinatos (Hrsg.), Greece and gender, Bergen 1995

Bichler 1995 = R. Bichler, Von der Insel der Seligen zu Platons Staat. Geschichte der antiken Utopie (Alltag und Kultur im Altertum 3), Wien 1995

Blundell 1995 = S. Blundell, Women in ancient Greece, Cambridge (MA) 1995

Bovon 1963 = A. Bovon, La représentation des guerriers perses et la notion de Barbare dans la première moitié du Ve siècle, BullCorrHell 87, 579-602

Croalley 1994 = N. T. Croalley, Euripidean Polemic. The Trojan Women and the function of tragedy, Cambridge (GB) 1994

Diller 1962 = H. Diller, Die Hellenen-Barbaren-Antithese im Zeitalter der Perserkriege, in: Grecs et barbares. Entretiens sur l'antiquité classique 8, Genéve 1962, 37-68

Ehrenberg 1951 = V. Ehrenberg, The people of Aristophanes. A sociology of Attic comedy, Oxford 1951

Foley 1981 = H. P. Foley, The concept of woman in Athenian Drama, in: Foley, Reflections of Women in Antiquity, New York 1981, 127-68

125

Funck 1981 = B. Funck, Studie zu der Bezeichnung βάρβαρος, in: E. Ch. Welskopf (Hrsg.), Untersuchungen ausgewählter altgriechischer sozialer Typenbegriffe, Bd. 4, (Ost-)Berlin 1981, 26-51

Georges 1994 = P. Georges, Barbarian Asia and the Greek experience: from the archaic period to the age of Xenophon, Baltimore (MD) 1994

Großmann 1950 = G. Großmann, Politische Schlagwörter aus der Zeit des Peloponnesischen Krieges, Zürich 1950

Hall 1989 = E. Hall, Inventing the Barbarian: Greek Self-Definition Through Tragedy, Oxford 1989

Harder 1993a = R. E. Harder, Die Frauenrollen bei Euripides, Stuttgart 1993

Harder 1993b = R. E. Harder, Die Figur der Helena in den Tragödien des Euripides, in: B. Zimmermann (Hrsg.), Griechisch-römische Komödie und Tragödie, Stuttgart 1993, 135-155

Jens 1968 = W. Jens, Euripides, in: Ernst-Richard Schwinge (Hrsg.), Euripides, Darmstadt 1968, 1-35

Lefèvre 1993 = E. Lefèvre, Euripides' *Bakchai* und die politische Bedeutung seines Spätwerks, in: B. Zimmermann (Hrsg.), Griechisch-römische Komödie und Tragödie, Stuttgart 1993, 156-181

Lemaitre 1981 = Ch. Lemaitre, De la prétendue misogynie d'Euripide, ConnHell 8, 20-24

Lesky 1972 = A. Lesky, Die tragische Dichtung der Hellenen, Göttingen 1972³

Lévy 1984 = E. Lévy, Naissance du concept de barbare, Ktèma 9, 5-14

Long 1986 = T. Long, Barbarians in Greek Comedy, Carbondale (IL) 1986

Loraux 1978 = N. Loraux, Sur la race des femmes et quelques-unes de ses tribus, Arethusa 11, 43-87

Luschnig 1995 = C. A. Luschnig, The Gorgon's severed head. Studies in Alcestis, Electra and Phoenissae, Leiden 1995

March 1990 = J. March, Euripides the Misogynist? in: A. Powell (Hrsg.), Euripides, Women, and Sexuality, London 1990, 32-75

Meagher 1989 = R. Meagher, Mortal Vision. The Wisdom of Euripides, New York 1989

Mossman 1995 = I. Mossman, Wild justice: a study of Euripides' Hecuba, Oxford 1995

Nancy 1983 = C. Nancy, Euripide et le parti des femmes, in: E. Lévy (Hrsg.), Femmes dans les sociétés antiques. Actes des colloques des Strasbourg Mai 1980 et Mars 1981, Strasbourg 1983, 73-92

Nippel 1990 = W. Nippel, Griechen, Barbaren und „Wilde", Frankfurt/
M. 1993

Pauliat-Golbery 1990 = G. Pauliat-Golbery, Femmes chez Euripide:
condition et psychologie de la femme grecque à travers le
théâtre d'Euripide. Limoges 1990

Peradotto/Sullivan 1985 = J. Peradotto/J. P. Sullivan (Hrsg.), Women in
the Ancient World. The Arethusa Papers, Albany (NY) 1985

Pomeroy 1992 = S. B. Pomeroy, Andromache – ein verkanntes Beispiel
für das Matriarchat, in: B. Wagner-Hasel (Hrsg.): Matriarchatstheorien der Altertumswissenschaft, Darmstadt 1992,
220-224

Rabinowitz 1986 = N. S. Rabinowitz, Female speech and female sexuality.
Euripides' Hippolytos as model, in: M. Skinner (Hrsg.),
Rescuing Creusa. New methodological approaches to women
in antiquity = Helios 8, 2, 127-140

Rabinowitz 1993 = N. S. Rabinowitz, Anxiety veiled. Euripides and the
traffic in women, Ithaca (NY) 1993

Raeck 1981 = W. Raeck, Zum Barbarenbild in der Kunst Athens im
sechsten und fünften Jahrhundert v. Chr., Bonn 1981

Saïd 1984 = S. Saïd, Grecs et Barbares dans les tragédies d'Euripide. La
fin des différences? Ktèma 9, 27-53

Schmal 1995 = St. Schmal, Feindbilder bei den frühen Griechen, Frankfurt 1995

Schmal 1996 = St. Schmal, Sparta als politische Utopie, in: B. Funck
(Hrsg.), Hellenismus. Beiträge zur Erforschung von Akkulturation und politischer Ordnung in den Staaten des hellenistischen Zeitalters, Tübingen 1996, 653-670

Schmitt 1978 = R. Schmitt, Die Iranier-Namen bei Aischylos, Wien
1978

Schwabl 1962 = H. Schwabl, Das Bild der fremden Welt bei den frühen
Griechen, in: Grecs et barbares. Entretiens sur l'antiquité
classique 8, Genéve 1962, 3-23

Segal 1985 = Ch. Segal, The Menace of Dionysus: Sex Roles an Reversals
in Euripides' Bacchae, in: J. Peradotto/J. P. Sullivan (Hrsg.),
Women in the Ancient World. The Arethusa Papers, Albany
(NY) 1985, 195-212

Segal 1993 = Ch. Segal, Euripides and the poetics of sorrow: art, gender,
and commemoration in Alcestis, Hippolytos, and Hecuba,
Durham (NC) 1993

Seidensticker 1982 = B. Seidensticker, *Palintonos Harmonia*. Studien zu
komischen Elementen in der griechischen Tragödie,
Hypomnemata 72, Göttingen 1982

Stockert 1992 = W. Stockert, Euripides, Iphigenie in Aulis, Bd.1: Einleitung und Text, Wien 1992

Taaffe 1993 = L. K. Taaffe, Aristophanes and Women, London 1993

Tourraix 1991 = A. Tourraix, L'Orient, une invention grecque, in: R.-P. Droit (Hrsg.): Les Grecs, les Romains et nous: l'Antiquité est-elle moderne? Paris 1991, 89-97

Vellacott 1975 = P. Vellacott, Ironic Drama: A Study of Euripides' Method and Meaning, Cambridge 1975

Walser 1984 = G. Walser, Hellas und Iran, Darmstadt 1984

Willink 1989 = Ch. W. Willink, Euripides, Orestes. With Introduction and Commentary, Oxford 1989

Zeitlin 1985 = F. I. Zeitlin, Playing the Other: Theater, Theatricality, and the Feminine in Greek Drama. Representations 11, 63-94

Ingomar Weiler

Materialien zum Verhältnis der Geschlechter im antiken utopischen Schrifttum: Mythographische, ethnographische und poetische Quellen

Gegenstand der folgenden Überlegungen ist das Rollenbild, das der Frau in antiken utopischen Konzepten zugewiesen wird. Dieses Bild wird im Altertum bekanntlich ausschließlich von Männern bestimmt. Und das bleibt unverändert so bis ins Mittelalter. *Le Livre de la Cité* von Christine de Pizan (14. Jahrhundert), ein „feministisch-utopisches Werk",[1] steht am Beginn jener literarischen Utopietradition, die auch von Frauen selbst gestaltet wird. Zwar läßt sich der Einfluß der französischen Autorin auf spätere Utopien im einzelnen kaum verbindlich verifizieren, doch ist er, wie M. Klarer mit Recht konstatiert, auch nicht in Abrede zu stellen. Der rezeptionsgeschichtliche Nachweis, inwieweit Christine de Pizan ihrerseits auf antike Vorbilder zurückgreift, ist ebenfalls nicht leicht zu führen. Daß sie die griechische und römische Dichtung kannte, dokumentieren zahlreiche Zitate. Was jedoch ihr visionäres neues Rollenbild der Frau betrifft, so scheint sich de Pizan trotz ihrer Rekurse auf die Amazonen, auf Kirke, Semiramis und andere Frauengestalten des Altertums primär auf eigene und vielleicht andere zeitgenössische Konzepte bezogen zu haben. Der besondere Stellenwert des französischen Werkes über die *Stadt der Frauen* erklärt sich vor allem aus der Tatsache, daß mit Christine de Pizan offensichtlich zum ersten Mal eine Frau als Autorin ins Blickfeld des Utopiediskurses rückt. Dichterinnen und Verfasserinnen von Sachbüchern hat es auch in der Antike gegeben, mit Visionen über einen neuen sozialen Stellenwert der Frau und der Geschlechterbeziehungen haben sie sich aber kaum beschäftigt. Hier erweist sich die Pariserin als einsame, wohl auch ihrer eigenen Zeit vorauseilende Pionierin. Ihr Werk darf als opus novissimum bezeichnet werden. Im Altertum haben sich zu den Fragen der Geschlechterbeziehung ausführlicher nur Männer zu Wort gemeldet. Utopische Gedanken, die Eingang in die Literatur gefunden haben, waren also in der Antike wie so vieles andere ‚Männersache'.

Sehen wir von spontanen Einfällen und Streunotizen im großen ‚Trümmerfeld' der literarischen Hinterlassenschaft der griechischrömischen Antike ab, so sind es vor allem drei größere Bereiche, in denen Rollenbilder von Frauen und Geschlechterbeziehungen zum Gegenstand dystopischer oder eutopischer Schilderungen werden.[2] Sie finden ihre literarische Ausdrucksform dabei vorwiegend in der Mythographie, ferner in der Ethnographie und schließlich auch in der Komödien- und Satirendichtung.[3] Diesen drei Überlieferungssträngen ist gemeinsam, daß die Grenze zwischen Schilderungen, die auf Empirie basieren und solchen, die als Konstrukte einer ‚Verkehrten Welt' bzw. als idealisierende oder negative Gegenwelten entworfen werden, nicht leicht zu ziehen ist. Ihnen liegen Wunschdenken, Angstvorstellungen und Alltagserfahrungen antiker Poeten und Schriftsteller zugrunde.[4] Utopische Literatur enthält zum einen phantastische, im Altertum (anders als in der Neuzeit) nicht wirklich umsetzbare Vorstellungen, anderseits aber auch durchaus reale Elemente. Bernhard Kytzler hat für den Technologiesektor einige Belege der erstgenannten Kategorie, der Mythographie, angeführt, indem er auf literarische Quellen verweist, „in denen antike Mythen und Poeten die Verwirklichung jener menschlichen Wünsche vorwegnehmen, die dann von der modernen Technik erfüllt wurden: etwa den Lufttransport, wie ihn Hermes' Flügelschuhe und Alexanders Greifenwagen, wie ihn Pegasus und der Widder der Helle, Daidalos und Ikaros vor Augen führen; oder die Transplantation menschlicher Organe, wie sie doch offenbar die Töchter des Phorkys praktizierten, die sich wechselweise zu dritt nur eines Auges und eines Zahnes bedienten; oder die Kunststoffchirurgie, präfiguriert in der elfenbeinernen Schulter des Pelops; oder all die Roboter und Automaten, wie sie bei Homer von Hephaist verfertigt werden [...] und in der Alten Komödie [...] ihr Wesen treiben, Gebrauchsgegenstände, die auf das Wort zur Stelle sind, selbsttätig sich bewegende Dreifüße, automatische Bratpfannen und dergleichen."[5] Solche Wunschträume bleiben nicht allein auf technische Lebenshilfen beschränkt. Die Gynaikokratie der Amazonen oder das bei Aristophanes in den *Ekklesiazousai* propagierte Aufstellen einer Rangordnung beim Geschlechtsverkehr, das Robert von Pöhlmann zu der Feststellung veranlaßt,[6] die Polis werde „nicht nur ein Luxushotel, sondern auch ein Gratisbordell", gehören ebenfalls in diese Welt antiker Fiktionalität. Auf der anderen, reale Verhältnisse widerspiegelnden Seite wäre an Polygamie oder Matrilinearität zu denken, deren historische Faktizität für das Altertum ethnographische Berichte belegen. Die utopischen Entwürfe sind also durchsetzt mit realen und virtuellen literarischen Versatzstücken. Im folgenden geht es hier nicht um den Nachweis, welcher der beiden Welten das jeweilige Gedankengut zuzuordnen ist, als vielmehr darum, das Rollenbild der Frau und damit die Vorstellungen vom Verhältnis der Geschlechter zueinander im antiken utopischen Schrifttum zu orten und in Umrissen darzulegen. Aus der Fülle der einschlägigen Textstellen dieser drei oben genannten Quellenkategorien können hier nur einzelne illustrative Beispiele ausgewählt werden.

1. Die Mythographie

Bei seinem Versuch zu erklären, *Wie Athen seinen Namen empfing,*[7] kommt Augustinus auf den Streit zwischen Athene und Poseidon um die Vorherrschaft in Attika zu sprechen. Dabei erzählt der Kirchenvater, daß König Kekrops zu einer öffentlichen Beratung und Abstimmung sowohl Männer als auch Frauen zusammengerufen habe. *Es war nämlich*, so der Kommentar des spätantiken Interpreten, der sich auf Varro beruft, *damals und dortzulande üblich, daß auch die Frauen an öffentlichen Beratungen teilnahmen.* Nach dem Gewährsmann des Augustinus unterlagen die Männer, die alle für Poseidon votierten, mit nur einer einzigen Stimme den Frauen, die sich für Athene aussprachen. Damit habe sich Athens Bevölkerung den Zorn des Meeresgottes, der Überschwemmungen ins Land schickte, zugezogen. Um den erzürnten Gott zu besänftigen, hätten die Männer Athens *den Frauen eine dreifache Strafe auferlegt: Keine von ihnen durfte hinfort mehr mitstimmen, kein Kind den mütterlichen Namen tragen und niemand sie fernerhin Athenerin heißen.* In diesem aitiologischen Mythos, der von einer frühen politischen Gleichberechtigung der Geschlechter erzählt, spiegelt sich die Vorstellung, daß in Athen ursprünglich eine matrilineare Ordnung existiert habe. Denn ausdrücklich heißt es, daß die Kinder den Namen ihrer Mutter führten, wie dies Herodot in seinem berühmten Lykienlogos behauptet.[8] Dahinter steht auch die Vorstellung von einem ehelosen Zustand zwischen den Geschlechtern. Für J. J. Bachofen liefert die Augustinus-Stelle den Ausgangspunkt und ersten Nachweis für ein ‚vorkekropisches‘ Mutterrecht in Athen, das dann aufgrund der hier erwähnten Ereignisse angeblich „dem Vaterrecht weichen mußte.‟[9] Für seinen Nachweis dieses Wandels beruft sich der Basler Privatgelehrte neben zahlreichen weiteren ‚mythischen Parallelen‘[10] schwerpunktmäßig auf den Sagenstoff, wie er der aischyleischen *Orestie* zugrunde liegt. Den methodischen Ansatz dafür liefert der Mythos, der für Bachofen die Existenz einer frühen mutterrechtlichen Ordnung bestätigt. Denn: „Die mythische Überlieferung [...] erscheint als der getreue Ausdruck des Lebensgesetzes jener

Zeiten, in welchen die geschichtliche Entwicklung der alten Welt ihre Grundlagen hat, als die Manifestation der ursprünglichen Denkweise, als unmittelbare historische Offenbarung, folglich als wahre, durch hohe Zuverlässigkeit ausgezeichnete Geschichtsquelle."[11] In der erwähnten Tragödie des Aischylos repräsentieren nach J. J. Bachofen die Erinyen die alte mutterrechtliche Welt, Apollon die neue Paternität. Dazu kommt hier nachdrücklicher als bei der Interpretation des Kekrops-Mythos die Auffassung, daß das urzeitliche Athen gynaikokratisch beherrscht worden sei. Erst Theseus hätte dieser politischen Frauenherrschaft zugleich mit seinem Sieg über die in Attika einfallenden Amazonen das Ende bereitet.

Daß die mythographische Tradition zur Frühzeit Athens auch andere Ausprägungen hinsichtlich des Rollenbildes der Frauen erfahren hat, tritt dort hervor, wo über die Anfänge der Sklaverei spekuliert und die These vertreten wird, daß, bevor es im alten Hellas Sklaven gegeben habe, Mädchen und Frauen an deren Stelle arbeiteten.[12] Pherekrates, einfallsreicher Schlaraffenlanddichter (etwa 460 bis nach 420 v. Chr.),[13] spricht von einer Zeit, in welcher noch *niemand einen Manes oder Sekis*[14] *oder überhaupt einen Sklaven besaß, sondern die Frauen selbst alle schwere Arbeit im Hause verrichten mußten. Auch seien sie es gewesen, die von früher Stunde an das Getreide mahlten, so daß das Dorf davon widerhallte, wie sie die Mühlen drehten.* Ähnlich ist übrigens bei Herodot, der sich in diesem Kontext auf Hekataios beruft, von einer pelasgischen Frühzeit die Rede, in welcher *die Athener und die anderen Griechen noch kein Dienstpersonal hatten*: οὐ γὰρ εἶναι τοῦτον τὸν χρόνον σφίσι (bei den Athenern) κω οὐδὲ τοῖσι ἄλλοισι Ἕλλησι οἰκέτς.[15] Mit dem Gedanken an eine gynaikokratische Gesellschaftsordnung lassen sich derartige Spekulationen kaum assoziieren.

Daß die antiken Schilderungen über das Volk der männerverachtenden Amazonen, deren Heimat in Kleinasien lokalisiert wird, die aber der Sage nach mit mehreren griechischen Landschaften, so auch mit Attika, in Kontakt kommen, deutliche Spuren in den späteren Utopien, insbesondere in den feministischen Diskursen hinterlassen haben, braucht hier wegen des hohen Bekanntheitsgrades nicht weiter ausgeführt zu werden. Der Staat der Amazonen, die mit Männern nur zum Zwecke der Zeugung einer Nachkommenschaft Verbindung aufnehmen, hat für viele ‚autarke Frauenstaaten' mittelalterlicher und neuzeitlicher Provenienz Anregungen geliefert.[16] Im antiken Schrifttum dominiert die kriegerische Komponente als ein Charakterzug der Amazonen. Dieses literarische Stereotyp kann aber nicht auf das Frauenbild generell ausgeweitet werden. In anderen mythographischen und pseudohistorischen Erzählungen werden Frauen mit Frieden und Friedensliebe assoziiert werden. Zum einen stellt diese Tradition die Antithese zu den streitbaren Amazonen dar, zum anderen auch zu den martialischen Helden in der Welt der *Ilias*. Frauen spielen darin nur eine marginale Rolle. Und in der *Odyssee* läßt sich ein Konnex von Frauen und Frieden nur dort vermuten, wo in der Phaiakenepisode davon die Rede ist, daß die Bewohner der Insel Scheria Pfeil und Bogen nicht kennen und Arete, die Königin, mehr Einfluß besitzt als dies sonst bei Frauen in den homerischen Epen der Fall zu sein scheint. Eine kleine Andeutung mag man auch in der Rolle Nausikaas erkennen, die ihren Gefährtinnen die Angst vor Odysseus mit der Bemerkung nehmen möchte, daß kein Mann in kriegerischer Absicht sich der Phaiakeninsel nähern wird.[17] Deutlichere Konturen bei der Identifikation der Frauen und Friedensgesinnung zeichnen sich dort ab, wo Hesiod Eirene als eine der drei Töchter anführt, die aus der Verbindung des Zeus mit seiner zweiten Gemahlin Themis hervorgehen (Hes. *theog.* 901 f.).[18] Bezeichnenderweise nennt Euripides Eirene *die schönste der Göttinnen*, die im antiken Bildprogramm auch für Fruchtbarkeit und Wohlergehen steht. Kephisodotos hat die Skulptur der Göttin mit dem Plutosknaben,[19] also mit dem Reichtum zusammen dargestellt, und leitmotivisch wird auch die weibliche Gestalt der Pax Augusta mit ,Fruchtbarkeit und Fülle' assoziiert.[20] Ad oculos demonstrieren dieses Rollenbild der Frau die aristophanischen Komödien, allen voran *Eirene*, *Ekklesiazousai* und *Lysistrate*. Hinter den Gestalten der erstgenannten Komödie, den Personifikationen von Frieden und Krieg, Eirene und ihrem Gegenspieler Polemos, der seine Rivalin in einer Höhle einsperrt, aus der sie von Bauern, Kaufleuten und Handwerkern befreit wird, steht jene Allegorie, die jene im Mythos beobachtbare Affinität zwischen Frau und Frieden bzw. Mann und Krieg zum Ausdruck bringt. Es wird noch zu zeigen sein, daß J. J. Bachofens Mutterrechtsthese auch auf Mythen rekurriert, die von diesem Gedanken bestimmt sind.

Für den Nachweis des Mutterrechts und der Vorstellung von einer friedlichen Gesellschaft vor dem Übergang zum Patriarchat liefert der Mythos nicht nur für Athens Frühzeit eine wesentliche Grundlage; auch für Lykien, Kreta, Lemnos, Ägypten, Indien, Orchomenos, Lesbos, Lokroi Epizephyrioi, Mantineia, Etrurien und Elis glaubt Bachofen Belege für seine Gynaikokratie-These vorlegen zu können. Mytheninterpretationen spielen in seiner Argumentation dabei eine hervorragende Rolle. Auf diese vielen Sagenlandschaften soll hier nicht näher eingegangen werden. Lediglich auf Elis und Olympia möchte ich noch die Aufmerksamkeit lenken. Was nun den schon oben angesprochenen Gegensatz Krieg (Amazonen) versus Frieden anlangt, so kann man in Bachofens Darstellung der Frühgeschichte von Elis, das wie Athen vor dem Auftreten der patriarchalischen Götter von Frauengottheiten und Heroinen dominiert war (so jedenfalls sah es der Autor), zahlreiche Parallelen zu Athen beobachten. Für sein dreistufiges Entwicklungsschema, demzufolge der chthonische Tellurismus mit Entsprechung in Hetairismus, Promiskuität, Geschlechts- und Besitzkommunismus durch einen lunaren Tellurismus abgelöst werde, mit dem wiederum das Mutterrecht und die Gynaikokratie korrespondierten, findet Bachofen in den Mythen Olympias eine weitere Stütze. Seiner Mytheninterpretation folgen weitere Autoren, die insbesondere auch die Anfänge Olympias und der Spiele sowie einzelner Institutionen wie der Ekecheiria vor diesem Hintergrund erklären wollen.[21] Hippodameia repräsentiert dabei die „elische Gynaikokratie"; und mit Pelops, der der Sage nach aus Kleinasien nach Olympia gelangt und nach seinem Sieg im Wagenrennen über Oinomaos die Königstochter heiratet (Matrilokalität), kommt es zur Ablösung dieser Sozialordnung und zur Begründung ‚einer höheren Kulturstufe': „Die Stufe der Männlichkeit, welche mit Pelops ausschließlich hervortritt, ist die tellurische, phallisch-zeugende, welche mit der poseidonischen (d. h. der Hippodameias) auch die hephaistische verbindet." Hinsichtlich der Friedfertigkeit der vorpatriarchalischen Gesellschaft schreibt Bachofen: „Das Muttertum ist so sehr das Prinzip der Ruhe und friedlicher Gestaltung eines jeglichen rohen Mannesgewalt abgeneigten Daseins [...], daß der nach weiblicher Auffassung genannte Mars Quirinus als Friedensgott verehrt wird, und zu Geronthrai in Lakonien den Frauen das Betreten des Areshains am jährlichen Feste untersagt ist. Es erscheint als höchst bedeutsam, daß in der ältesten elischen Tradition das Gesetz des Friedens mit der hohen Stellung, welche dem Weibe zukam, in Verbindung gesetzt wird [...]. Der Gottesfriede, der die heilige Elis schützte, und den selbst die Tiere beobachten, wird weiblich als Ekecheiria personifiziert."[22] Hera und Hippodameia stehen somit als Paradigmata für diese frühere friedvolle Gesellschaft in Olympia.

Verweilen wir noch in Olympia! Im Kontext mit den Gründungsmythen Olympias finden sich weitere Hinweise auf das Rollenbild der Frauen. Die zahlreichen frühen Kultdenkmäler für weibliche Gottheiten (Heratempel, Metroon, Gaion, Kultmal für die Geburtshelferin Eileithyia, Altar der Demeter Chamyne), die Rolle der Demeterpriesterin und die Institution des ‚Olympischen Friedens' selbst, die Ekecheiria,[23] seien Relikte dieser später dann verdrängten mutterrechtlichen Ordnung. Schließlich wird durch den ‚Sieg des Patriarchats' die olympische Festgemeinde zur Männergesellschaft, aus der verheiratete Frauen unter Androhung der Todesstrafe ausgeschlossen bleiben.[24] Zu diesen angeblichen gynaikokratischen Rudimenten werden auch die *Heraia* gerechnet, Laufwettbewerbe für Hera im Stadion, an denen nur Mädchen und Frauen – außerhalb des offiziellen Festprogramms – im Rahmen eigener Wettspiele teilnehmen. Dem Pausanias wird von Eleern über den Ursprung dieses Wettkampfs eine Sage erzählt,[25] wonach

Hippodameia der Hera zum Dank für ihre Hochzeit mit Pelops die sechzehn Frauen versammelt und mit ihnen zuerst die Heraia veranstaltet habe.[26] In einer weiteren Erzählung über die blutige Rache, die Herakles am Eleerkönig Augias nimmt, indem er das Land verwüstet und die männliche Jugend austilgt, heißt es, wiederum beim Periegeten,[27] die Eleerinnen hätten zu Athene gebetet, um diesen Verlust wettzumachen: *Sie möchten sofort schwanger werden, wenn sie mit ihren Männern zusammenkämen.* Ihr Gebet sei erhört worden und eine neue Generation herangewachsen, weshalb die Frauen für Athena Meter ein Heiligtum errichtet hätten. Pausanias fügt noch hinzu: *Da sie nun, Frauen wie Männer, besondere Freude an der körperlichen Vereinigung hatten, nannten sie nicht nur den Ort, an dem sie zum ersten Male zusammen kamen, Bady, sondern auch den dort fließenden Fluß und das Wasser im einheimischen Dialekt: Bady.* So kryptisch dieser mit der Reinigung des Augiasstalls verbundene Mythos auch sein mag, zu seinem Inhalt gehören jedenfalls die Vorstellungen, daß Frauen wie Männer am Geschlechtsverkehr Freude haben[28] und die Frauen bei der Frage des Nachwuchses die Initiative ergreifen.

Zahlreiche weitere soziomorphe Mythen, die einen Beitrag zur Rolle der Frau und zu den Beziehungen der beiden Geschlechter zueinander in der griechischen Welt leisten, müssen hier übergangen werden; an einige sei zumindest erinnert, um eine Vorstellung vom breiten Spektrum und dem Variantenreichtum zu vermitteln: die Mythen von Alkestis (Opferbereitschaft, für den Gemahl das eigene Leben hinzugeben), Antigone (Widerstand gegen unmenschliches Gesetz), Aphrodite (Sinnlichkeit und körperliche Schönheit, eheliche Untreue), Artemis (Beschützerin der Jugend und der Jungfräulichkeit), Athene (Repräsentantin der Jungfräulichkeit, des Kriegs ebenso wie des Friedens, sowie des Handwerks und der Weisheit), Demeter (Verkörperung der Fruchtbarkeit, des Wachstums), Hera (als Götterkönigin und Beschützerin der Ehe verfolgt sie eifersüchtig die Seitensprünge des Zeus), Kassandra (wehrt sich standhaft gegen Zudringlichkeiten Apollons, erhält Sehergabe und wird von Aias vergewaltigt), Klytaimnestra (Ehebrecherin, die ihren Gemahl ermordet), Medea (von dem Ehemann verstoßene ‚Barbarin‘, die die gemeinsamen Kinder tötet), Pandora (die verführerische Frau, die alle Übel in die Welt bringt), Penelope (Vorbild der treuen Gattin, die zwanzig Jahre auf den Ehemann wartet), Phaidra (verheiratete Frau, die sich erfolglos einem Jüngling nähert und aus Furcht vor der Entdeckung des Versuchs diesen verleumdet) und auch von Teiresias (soll klären, ob beim Geschlechtsverkehr der Mann oder die Frau mehr Genuß habe; seine Antwort: von zehn Teilen des Liebesgenusses fielen der Frau neun Anteile zu). Zu diesen mythologischen Gestalten, die ein facettenreiches Frauenbild liefern, gehören auch noch zahlreiche Erzählungen über amouröse Abenteuer vieler Götter und Heroen, denen wenige von Frauen gegenüberstehen, über Vergewaltigungen, Geschwisterehen (Inzest) sowie über Erziehung, Aussetzung und Tötung von Kindern. Auch wenn es unmöglich ist, den historischen Hintergrund dieses Erzählgutes zu rekonstruieren, so bleibt doch unbestreitbar, daß diese vielschichtige Mythentradition ein Arsenal von literarischen Figuren und Motiven darstellt, aus dem die Verfasser utopischer Werke Anregungen beziehen.

Ziehen wir eine Zwischenbilanz aus diesen mythographischen Quellen, so erhellt daraus, daß zumindest folgende Elemente in späteren utopischen Gesellschaftsentwürfen wiederkehren:

1. Patri- und Matrilinearität
2. Namensgebung durch den Vater oder die Mutter
3. Geschlechterbeziehungen auf der Grundlage der Promiskuität
4. Teilnahme der Frauen an öffentlichen Beratungen und Abstimmungen
5. Patriarchat und Gynaikokratie
6. Krieg/Frieden-Thematik, besondere Assoziation Frau-Frieden

Summa summarum reflektieren die Mythen eine von Männern dominierte Welt. Die große Zahl der von Königen beherrschten Reiche, von Vätern verwalteten Familien und von Vergewaltigungen mag dies exemplarisch veranschaulichen. Daneben findet sich aber auch Erzählgut, das alternative Vorstellungen von der sozialen Rolle der Frauen vermittelt.

2. Die ethnographischen Quellen

Es wurde bereits darauf hingewiesen, daß Schilderungen von mutterrechtlich organisierten Gesellschaften schon vor dem Erscheinen von J. J. Bachofens Hauptwerk existierten. Der Jesuitenpater J. F. Lafitau[29] hat nach seinem ersten Amerikaaufenthalt über gynaikokratische Regierungsformen bei den Irokesen und Huronen berichtet und als Erklärung dafür auf die Einwanderung der Stämme aus Kleinasien verwiesen, wo sie mit den Lykiern und Amazonen in Verbindung gekommen seien. Lafitau rekurriert dabei nicht nur auf Herodot, er vertritt auch die Auffassung, daß Gynaikokratie bei fast allen barbarischen Völkern Griechenlands vorauszusetzen sei. Die spätere ethnographische Literatur rezipiert diese Hinweise auf die Stellung der Frau in der indianischen Gesellschaft. Über die evolutionistischen Geschichtskonzepte von L. H. Morgan (1818-1881) und F. Engels (1820-1895)[30] werden diese Vorstellungen

136

von einer frauenherrschaftlichen Gesellschaftsordnung, die auf dem Wege von der Wildheit über die Barbarei zur Zivilisation ,überwunden' wird, nicht nur zu einem der „klassischen Dogmen der sozial- bzw. kulturgeschichtlichen Entwicklungslehre" des Marxismus, sie werden auch zu einem der Leitbilder der Frauenbewegung und der protofeministischen und feministischen Utopieliteratur des späten 19. und des 20. Jahrhunderts.[31] Dieser neuzeitlichen Tradition ist hier nicht weiter nachzugehen.

Wer sich auf die antike Ethnographie konzentriert, wird rasch feststellen, daß das facettenreiche Frauenbild, wie es bei den Randvölkern der alten Welt geschildert wird, zahlreiche Elemente enthält, denen sich auch Mythographen verpflichtet fühlen und von denen manches in die antiken Utopien Eingang gefunden hat. Daß jene von Lafitau, Morgan und Engels ausgehende These von einer Korrelation zwischen kulturellem Standard und Geschlechterrollen schon in den ethnographischen Exkursen Herodots suggeriert wird, zeigt R. Bichler, der zugleich auf die Konsequenzen dieser Beobachtung für die „Genese der ethnographischen Utopie" aufmerksam macht. Groß ist das Interesse an den Familien-, Gesellschafts- und Regierungsformen bei den beschriebenen Stämmen, und immer wieder wird dabei auf den Anteil der Frau Bezug genommen. Als besonders reichhaltig erweist sich dabei die Herodotlektüre.[32] Ob der *pater historiae* hier deskriptiv verfährt und inwieweit hier Fiktionen und Motive der ,Verkehrten Welt' vorgelegt werden, mag in unserem Zusammenhang von sekundärer Bedeutung bleiben. Entscheidend ist hier, daß bestimmte Frauenrollen und Geschlechterbeziehungen vorgestellt werden, die im späteren utopischen Schrifttum teilweise rezipiert worden sind. Herodot und die auf ihn folgenden Ethnographen erwähnen verschiedene Formen der Promiskuität, die teilweise auf soziale Eliten beschränkt bleiben, und die mit der Idee des gemeinsamen Besitzes von Frauen assoziiert werden. Beschrieben werden neben Monogamie und Polygamie auch matrilineare Verhältnisse, also Namensgebung nach der Mutter, Ehe- und Erbrecht, Gynaikokratie, ferner „emanzipierte und/oder kriegerische Frauen im Bereich der Randvölker," Virginitätsvorstellungen, Prostitution und Tempelprostitution und das literarische Motiv der ,Verkehrten Welt' hinsichtlich der Frauenrolle in der Gesellschaft.

Einige Textproben aus Herodots *Historien* und späteren ethnographischen Exkursen mögen diese generellen Vorstellungen konkretisieren:

1. Zur **Promiskuität** bei den nordafrikanischen Gindanen und den thrakischen Agathyrsen:[33]

Hdt. 4, 176: *An die Maken stoßen die Gindanen, deren Frauen viele Lederringe um die Gelenke tragen. Als Grund wird folgendes angegeben: Bei jedem Verkehr mit einem Mann bindet sie sich ein Knöchelband um. Die Frau, die die meisten Ringe besitzt, wird am höchsten geschätzt, weil sie von den meisten Männern geliebt wird.*

Eine spezielle Begründung des häufig wechselnden Geschlechtsverkehrs mit verschiedenen Partnern, wie sie auch für andere Stämme gelten mag, bietet der Historiker im Falle des Thrakerstammes. Soziale Spannungen sollten durch diese Lebensform vermieden werden:

Hdt. 4, 104: (Die Agathyrsen) *leben in Frauengemeinschaft* (ἐπίκοινον τῶν γυναικῶν), *damit alle untereinander verwandt und verschwägert sind und kein Neid und keine Zwietracht bei ihnen aufkommen kann.*

Diod. 3, 15, 2 (über die Ichthyophagen bei Agatharchides):[34] *Von diesen Wilden leben die einen völlig nackt in Weiber- und Kindergemeinschaft ähnlich wie Viehherden und nehmen von Vergnügen oder Beschwerden nur die durch die Natur bereiteten wahr. Von Gut und Schlecht besitzen sie keine Vorstellung [...]. 17, 2-4: Obendrein paaren sie sich, durch die Überfülle leicht zu beschaffender Nahrung losgelöst von jeglicher Sorge, auch zum Kinderzeugen bei dieser Gelegenheit mit den Weibern, die ihnen zufällig in die Quere kommen [...]. Von den Kindern werden die Säuglinge auf dem ganzen Wege von den Müttern, die der Milch entwöhnten von den Vätern getragen; was über fünf Jahre ist, zieht mit den Eltern dahin und tollt voller Spaß umher, so als ob es zum schönsten Vergnügen ginge.* (Übersetzung: G. Wirth)

Artem. 1, 8: *Sodann besteht ein wesentlicher Unterschied zwischen den allen Menschen gemeinsamen Sitten und Gebräuchen und denen, welche individueller Natur sind. Beachtet das einer nicht, können ihm dadurch große Irrtümer unterlaufen. Zu den allen gemeinsamen Sitten und Gebräuchen gehören Götterfurcht und Götterverehrung; denn es gibt kein Volk auf Erden, das nicht an die Götter glaubte, so wenig es eines ohne Obrigkeit gibt, nur verehren die einen diese, die anderen jene Götter, aber alle meinen schließlich dasselbe. Ferner ist zu nennen: das Aufziehen von Kindern, Schwäche der Frauen und der Verkehr mit ihnen, tagsüber zu wachen, nachts zu schlafen, Nahrung zu sich zu nehmen, nach der Arbeit auszuruhen, unter einem Dach und nicht unter freiem Himmel zu wohnen. Das sind die gemeinsamen Sitten und Gebräuche. Die Mossyner am Schwarzen Meer üben den Geschlechtsverkehr in aller Öffentlichkeit aus und begatten sich wie die Hunde, ein Verhalten, das bei den übrigen Menschen als schamlos gilt.* (Übersetzung: K. Brackertz)

Mela 1, 106: (Die Mossyner) *üben den Beischlaf gemeinschaftlich und in voller Öffentlichkeit aus* [...]. (Übersetzung: K. Brodersen)
Cass. Dio 76, 12, 2 (= Epitome 77, 12, 1 f.): *Beide Völkerschaften (Mäaten und Kaledonier) bewohnen wilde, wasserarme Gebirge sowie einsame, sumpfige Ebenen, und sie besitzen weder Mauern noch Städte noch bebaute Felder* [...]. *Nackt und unbeschuht wohnen sie in ihren Zelten, besitzen ihre Frauen als Gemeingut und ziehen ebenso gemeinschaftlich auf, was geboren wird.* *Was ihre Verfassung anlangt, so leben sie großenteils in einer Demokratie, im übrigen verlegen sie sich mit Leidenschaft aufs Plündern.* (Übersetzung: O. Veh)

2. Polygame Eheformen, die mehrfach auch mit Gütergemeinschaft assoziiert werden und die dann in utopischen Konzepten wiederkehren, werden beispielsweise für die libyschen Nasamonen (hier in Verbindung mit dem *ius primae noctis*), die illyrischen Paionen und Thrakerstämme bezeugt:

Hdt. 4, 172, 2: *Jeder von ihnen* (von den Nasamonen) *pflegt viele Frauen zu haben, die sie gemeinsam besitzen wie die Massageten* (γυναῖκας δὲ νομίζοντες πολλὰς ἔχειν ἕκαστος ἐπίκοινον αὐτέων τὴν μεῖξιν ποιεῦνται τρόπῳ παραπλησίῳ τῷ καὶ Μασσαγέται). *Wenn sie ihren Stab vor der Behausung in den Boden gesteckt haben, vereinigen sie sich mit ihnen. Bei der ersten Heirat eines Nasamonen ist es Brauch, daß die Braut in der ersten Nacht bei jedem Gast der Reihe nach schläft. Dabei gibt der Gast ein Geschenk, das er von Hause mitgebracht hat.*

Hdt. 4, 180, 5f.: *Die Auseer leben in Frauengemeinschaft und haben keine eigenen Frauen* (μεῖξιν δὲ ἐπίκοινον τὴν γυναικῶν ποιέονται), *sondern begatten sich wie das Vieh. Wenn das Kind einer Frau herangewachsen ist, versammeln sich die Männer im dritten Monat und sprechen das Kind dem zu, dem es ähnlich ist* (ἐπεὰν δὲ γυναικὶ τὸ παιδίον ἁδρὸν γένηται, συμφοιτῶσι ἐς τὠυτὸ οἱ ἄνδρες τρίτου μηνὸς, καὶ τῷ ἂν οἴκῃ τῶν ἀνδρῶν τὸ παιδίον, τούτου παῖς νομίζεται).

Hdt. 5, 5: *Bei den Stämmen nördlich der Krestonaier* (auf Chalkidike) *herrscht folgende Eigenart: Jeder Mann besitzt viele Frauen* (ἔχει γυναῖκας ἕκαστος πολλάς). *Wenn nun einer von ihnen stirbt, kommt es unter den Frauen zu großem Streit. Auch die Freunde des Toten beteiligen sich eifrig daran festzustellen, welche Frau wohl der Verstorbene am meisten geliebt habe. Welcher nun der Ehrenpreis zuerkannt ist, die wird unter dem Feiergeleite von Männern und Frauen am Grabe von ihrem nächsten Angehörigen umgebracht und dann mit dem Gatten zusammen begraben. Die anderen Frauen sind sehr unglücklich; denn das ist für sie die größte Schande.*

Hdt. 5, 16, 3: *Dort* (bei den Paionen) *heiratet aber jeder Mann viele Frauen* (ἄγεται δὲ ἕκαστος συχνὰς γυναῖκας).

Caes. *Gall.* 5, 14: *Sie* (die Britannier) *haben zehn oder auch zwölf*

Frauen gemeinsam, vor allem unter Brüdern, aber auch unter Vätern und Söhnen. Wenn eine Frau ein Kind zur Welt bringt, gilt dieses als das Kind desjenigen, dem die Mutter als Jungfrau zugeführt wurde. (Übersetzung: M. Deissmann)

Strab. *geogr.* 16, 4, 17 (775): *Von den Troglodyten wird berichtet, daß Frauen und Kinder allen gemeinsam gehören, wovon nur die Herrscherfrauen ausgenommen sind* (κοιναὶ δὲ καὶ γυναῖκες καὶ τέκνα πλὴν τοῖς τυράννοις ἐστί). *Wer die Frau eines Herrschers schändet, hat ein Schaf als Strafe zu erlegen.* (Übersetzung: A. Forbiger)

Mela 1, 42: *Obwohl sie* (libysche Stämme) *familienweise allenthalben und ohne Gesetzmäßigkeit zerstreut sind und daher nichts gemeinsam beraten, sind sie doch, weil der einzelne zugleich einige Ehefrauen und daher auch mehr Kinder und sonstige Anverwandte hat, nirgends nur wenige.* (Übersetzung: K. Brodersen)

Mela 1, 45: *Keiner von ihnen* (Garamanten) *hat eine bestimmte Ehefrau. Von den Kindern, die bei dem so ungeregelten Beischlaf der Eltern allenthalben ohne Kenntnis der Herkunft geboren werden, erkennen sie die, welche sie als die eigenen aufziehen wollen, an ihrer äußeren Ähnlichkeit.* (Übersetzung: K. Brodersen)

Daß bei ‚Barbaren' die Polygamie dominiert, zeigt Tac. *Germ.* 18f.: *Gleichwohl sind streng dort die Ehen, und in keinem Punkte möchten ihre Sitten mehr zu loben sein. Denn sie sind fast die einzigen unter den Barbaren, die mit einem Weibe sich begnügen, äußerst wenige ausgenommen, welche nicht aus Sinnenlust, sondern um ihres Adels willen zu mehreren Eheverbindungen angegangen werden [...]. So empfangen sie nur einen Mann, wie einen Leib nur und ein Leben, damit kein Gedanke darüber hinaus, nicht weiter irgendein Verlangen reicht, damit nicht sowohl den Ehemann sie in ihm lieben als die Ehe.* (Übersetzung: W. Boetticher)

Solin. *Collectanea, App.* 22, 12-15: Bei den Hebriden hat der König kein Eigentum, keine eigene Frau, keine eigenen Kinder (*rex nihil suum habet, omnia universorum [...]. nulla illi femina datur propria, sed per vicissitudines, in quamcunque commotus sit, usuriam sumit. Unde ei nec votum nec spes conceditur liberorum. Ad aequitatem certis legibus stringitur ac ne avaritia devertat a vero, discit paupertate iustitiam, utpote cui nihil sit rei familiaris*).[35]

3. Als Kronzeugnis für **Matrilinearität, Namensgebung und Erbrecht** und damit auch für das Mutterrecht nach Lafitau/Bachofen gilt Herodots Lykienlogos:

Hdt. 1, 173, 3f.: *Die Lykier kamen ursprünglich aus Kreta zugewandert. Ganz Kreta war vor Zeiten von Nichtgriechen bewohnt [...]. Ihre Bräuche sind teils kretischer, teils karischer Herkunft. Einen Brauch aber pflegen sie für sich, der sich sonst nirgends auf der Welt findet* (ἕν δὲ τόδε ἴδιον νενομίκασι καὶ οὐδαμοῖσι ἄλλοισι συμφέρονται ἀνθρώπων): *Sie nennen sich nach ihren Müttern, nicht nach den Vätern* (καλέουσι ἀπὸ τῶν μητέρων ἑωυτοὺς καὶ οὐκὶ ἀπὸ τῶν πατέρων). *Fragt man einen Lykier nach seiner Herkunft, dann nennt er den Namen seiner Mutter und zählt ihre weiblichen Vorfahren auf* (μητρόθεν). *Wenn eine Frau aus dem Bürgerstande* (γυνὴ ἀστή) *Kinder mit einem Sklaven hat, gelten sie als Freigeborene* (γενναῖα τὰ τέκνα νενόμισται). *Wenn aber ein freier Bürger* (ἀνὴρ ἀστός), *mag er auch noch so hoch stehen, eine fremde Frau oder eine Nebenfrau* (γυναῖκα ξείνην ἢ παλλακὴν ἔχῃ) *unterhält, bleiben seine Kinder ohne bürgerliche Ehrenrechte* (ἄτιμα τὰ τέκνα γίνεται).

Nikolaos von Damaskos (= Müller FHG 3, 461): *Die Lykier erweisen den Frauen mehr Ehre als den Männern. Sie nennen sich nach der Mutter und vererben ihre Hinterlassenschaft auf die Töchter, nicht auf die Söhne.*

4. Isokratie und Gynaikokratie: Das gynaikokratische Herrschaftssystem der Amazonen, nach J. J. Bachofen von Bellerophon begründet,[36] begegnet auch im ethnographischen Schrifttum häufig. Hier sei nur auf einige ausgewählte Stellen verwiesen.

Hdt. 4, 26, 1f.: *Von den Bräuchen* (νόμοισι) *der Issedonen erzählt man folgendes:* [...] *Im übrigen sollen diese Leute rechtlich denken. Die Frauen sollen gleiche Rechte haben wie die Männer* (ἄλλως δὲ δίκαιοι καὶ οὗτοι λέγονται εἶναι, ἰσοκρατέες δὲ ὁμοίως αἱ γυναῖκες τοῖσι ἀνδράσι).

Herakl. Pont. (= Müller FHG 2, 217): *Sie* (die Lykier) *leben von der Räuberei, haben keine Gesetze, nur Gebräuche, und werden von altersher von den Frauen beherrscht* (γυναικοκρατία).

Diod. 3, 53, 1: *Berichten zufolge wohnte einst im westlichen Teil von Libyen, ganz am Ende der Welt, ein Volk mit Weiberherrschaft und einer Lebensweise, die von der unseren vollkommen verschieden war. Denn dort war es Sitte, daß die Frauen den Kriegsdienst auf sich nahmen; sie hatten eine Zeitlang zu Felde zu ziehen und mußten währenddessen Jungfrau bleiben. Waren diese Jahre vorbei, so verbanden sie sich zwar mit den Männern zur Kinderzeugung, Ämter und Staatsverwaltung jedoch blieben völlig in ihrer Hand.* (Übersetzung: G. Wirth)

Mela 1, 116: bezeichnet die Mäotider, einen Sauromatenstamm, als *gynaecocratumenoe*, d.h. *von Frauen Beherrschte*. (Übersetzung: K. Brodersen)

5. Stämme mit kriegerischen und relativ selbständigen Frauen, wie sie soeben von Libyen, vor allem aber von den Amazonen geschildert werden. Von den Sauromaten, die zur Zeit Herodots in eine Region drei Tagesreisen nördlich des Maiotissees übersiedeln, heißt es:

Hdt. 4, 116, 2-117: *Seitdem führen die Sauromatenfrauen die alte Lebensweise.* Sie reiten zur Jagd mit und ohne Männer, ziehen in den Krieg und tragen die gleiche Kleidung wie die Männer (καὶ διαίτῃ ἀπὸ τούτου χρέωνται τῇ παλαιῇ τῶν Σαυροματέων αἱ γυναῖκες, καὶ ἐπὶ θήρην ἐπ᾽ ἵππων ἐκφοιτῶσαι <καὶ> ἅμα τοῖσι ἀνδράσι καὶ χωρὶς τῶν ἀνδρῶν, καὶ ἐς πόλεμον φοιτῶσαι καὶ στολὴν τὴν αὐτὴν τοῖσι ἀνδράσι φορέουσαι). (117) *Die Sauromaten sprechen die skythische Sprache; doch haben sie darin seit altersher ihre Eigenheiten bewahrt, weil die Amazonen die Sprache damals nicht gut gelernt hatten. Bei ihrer Verheiratung besteht folgende Sitte: Nicht eher darf eine Jungfrau heiraten, bevor sie nicht einen Feind getötet hat. Manche werden alt und sterben, ohne sich zu vermählen, weil sie das Gesetz nicht erfüllen konnten* (τὰ περὶ γάμων δὲ ὧδέ σφι διάκειται· οὐ γαμέεται παρθένος οὐδεμία πρὶν ἂν τῶν πολεμίων ἄνδρα ἀποκτείνῃ. αἱ δέ τινες αὐτέων καὶ τελευτῶσι γηραιαὶ πρὶν γήμασθαι, οὐ δυνάμεναι τὸν νόμον ἐκπλῆσαι).

Hdt. 4, 193: Vom nordafrikanischen Stamm der Zaueken wird berichtet, daß bei ihnen *die Frauen mit in den Krieg ziehen und die Kriegswagen lenken* (τοῖσι αἱ γυναῖκες ἡνιοχεῦσι τὰ ἅρματα ἐς τὸν πόλεμον).

Hdt. 1, 146, 2f. (Die Karerinnen protestieren gegen ihre ionischen Ehemänner): *Die Ionier aber, die einst vom Prytaneion in Athen ausgingen und glaubten, die edelsten ihrer Art zu sein, haben bei ihrer Auswanderung keine Frauen mitgenommen, sondern Karerinnen geheiratet, deren Eltern sie erschlagen hatten. Wegen dieses Blutbades haben diese Frauen unter Eid sich einen Brauch auferlegt, den sie auf ihre Töchter vererbten: niemals mit ihren Männern gemeinsam zu essen oder sie mit ihren Namen zu rufen, weil sie ihre Väter, Männer und Söhne erschlagen und sie dann geheiratet hatten. Das war in Milet geschehen.*

Diod. 3, 53, 1: *Denn dort* (in Libyen) *war es Sitte, daß die Frauen den Kriegsdienst auf sich nahmen; sie hatten eine Zeitlang zu Felde zu ziehen und mußten währenddessen Jungfrau bleiben.* (Übersetzung: G. Wirth)

Mela 1, 114: *Bei ihnen* (den Mäotikern) *üben die Frauen dieselben Beschäftigungen aus wie die Männer, so daß sie nicht einmal vom Kriegsdienst befreit sind. Die Männer dienen zu Fuß und fechten mit Pfeilen, jene nehmen den Kampf zu Pferde auf sich und kämpfen nicht mit Eisenwaffen, sondern ziehen die, die sie mit Schlingen fangen, an sich und töten sie. Dennoch heiraten sie, ja es gibt keine Altersbeschränkung dafür, daß man sie für heiratsfähig hält.* (Übersetzung: K. Brodersen)

Mela 3, 34f.: *Der Stamm* (der Sarmaten) *ist kriegerisch, freiheitlich gesinnt, unbändig und von so leidenschaftlicher Wildheit, daß sogar die Frauen gemeinsam mit den Männern Krieg führen. Damit sie hierzu geeignet sind, brennt man ihnen sofort nach ihrer Geburt die rechte Brust aus;*

142

dadurch bleibt der Arm, den sie beim Stechen emporheben, unbehindert, und ihre Brust gleicht der eines Mannes. (35) Bogenspannen, Reiten und Jagen sind die Aufgaben ihrer jungen Mädchen, und einen Feind zu töten, Dienste der erwachsenen, denn keinen erlegt zu haben, gilt als Schande; die Strafe hierfür ist, daß sie Jungfrau bleiben müssen. (Übersetzung: K. Brodersen)

Tac. Germ. 8: *Es wird erzählt, daß manche schon weichende und wankende Schlachtordnung von Weibern wiederhergestellt worden sei durch Beharrlichkeit ihres Flehens, durch Entgegenhalten ihrer Brust, durch ihre Hinweisung auf nahe Gefangenschaft, deren Gedanke sie um ihrer Weiber willen weit empfindlicher noch peinigt, so daß diejenigen Gaue sich stärker gebunden fühlen, von denen man unter den Geiseln auch edle Jungfrauen fordert.* (Übersetzung: W. Boetticher)

Tac. Germ. 18: *Mitgift bringt nicht das Weib dem Manne, sondern der Mann dem Weibe zu. Zugegen sind Eltern und Verwandte und mustern die Geschenke, Geschenke nicht zu Weibertändeleien auserlesen, noch zum Putz der Neuvermählten, sondern Rinder und ein aufgezäumtes Roß und einen Schild nebst Frame und Schwert. Gegen solche Geschenke wird die Gattin in Empfang genommen, wie sie selbst nun auch ihrem Manne ein Waffenstück bringt. Dieses gilt ihnen als das stärkste Band, dieses als geheimnisvolle Weihe, dieses als Ehebundsgötter. Damit sich nicht die Frau aller Gedanken an männliche Tugenden und aller Kriegsschicksale enthoben wähne, wird sie schon durch die Eintrittsfeier der beginnenden Ehe daran erinnert, sie komme als Gefährtin der Beschwerden und Gefahren, bestimmt, im Frieden und im Kampfe Gleiches zu dulden, Gleiches zu wagen. Dieses kündigen die zusammengejochten Rinder, dieses das aufgeschirrte Roß, dieses die überreichten Waffen an; so müsse sie leben, so sterben; sie empfange, was sie ihren Kindern unentweiht und preiswürdig übergeben, was ihre Schwiegertöchter empfangen und dann wieder auf ihre Enkel kommen solle.* (Übersetzung: W. Boetticher)

6. Virginitätsvorstellungen:

Hdt. 4, 180, 2: *Am jährlichen Fest der Athene kämpfen ihre Jungfrauen* (αἰ παρθένοι) *in zwei Gruppen mit Steinen und Knüppeln gegeneinander. Sie erklären, damit erfüllten sie eine von den Vätern ererbte Pflicht gegenüber der einheimischen Göttin, die wir Athene nennen. Sie nennen die Mädchen, die an ihren Wunden sterben, falsche Jungfrauen* (ψευδοπαρθένοι).

Mela 1, 36 erwähnt *ludicra virginum inter se decertantium* am Tritonsee an der Kleinen Syrte.

Diod. 3, 53, 1: *Denn dort* (in Libyen) *war es Sitte, daß die Frauen den Kriegsdienst auf sich nahmen; sie hatten eine Zeitlang zu Felde zu ziehen und mußten währenddessen Jungfrau bleiben.* (Übersetzung: G. Wirth)

Mela 1, 114: *Wenn sie* (die Mäotiker) *nicht einen Feind getötet haben, bleiben sie Jungfrauen.* (Übersetzung: K. Brodersen)

143

Mela 2, 21: *Jungfrauen (nupturae virgines) werden für die Hochzeit [...] entweder öffentlich zur Ehe verdungen oder verkauft.* (Übersetzung: K. Brodersen)

Mela 3, 35: *Bogenspannen, Reiten und Jagen sind die Aufgaben ihrer jungen Mädchen (der Sarmaten), und einen Feind zu töten, Dienste der erwachsenen, denn keinen erlegt zu haben, gilt als Schande; die Strafe hierfür ist, daß sie Jungfrau bleiben müssen.* (Übersetzung: K. Brodersen)

Mela 3, 48: *Die Priesterinnen (des gallischen Orakels von Sena) sollen durch dauernde Jungfräulichkeit geheiligt und neun an der Zahl sein; man nennt sie Gallizenae und glaubt, sie seien in einzigartiger Weise begabt: Sie könnten nämlich Meere und Winde durch Zaubersprüche erregen, sich in jedes beliebige Lebewesen verwandeln und heilen, was andere unheilbar nennen, sie wüßten das Künftige und könnten es vorhersagen, doch täten sie dies absichtlich nur für Seefahrer, und dabei nur für diejenigen, die losgefahren sind, um sie zu befragen.* (Übersetzung: K. Brodersen)

Tac. *Germ.* 19: *Noch besser freilich steht es bei denjenigen Volksstämmen, in welchen nur Jungfrauen sich verheiraten und es mit der Hoffnung und dem Gelübde der Gattin bei einem Male sein Bewenden hat.* (Übersetzung: W. Boetticher)

7. Prostitution und Tempelprostitution:

Hdt. 1, 93, 2-94 (über die Lyder): *Das Grabmal (des Alyattes) selbst ist aufgeschüttete Erde. Markthändler, Handwerker und käufliche Dirnen* (αἱ ἐνεργαζόμεναι παιδίσκαι) *haben es aufgeführt. Oben auf dem Grabmal standen noch zu meiner Zeit fünf Tafeln. Darauf war verzeichnet, was die einzelnen Gruppen gearbeitet haben. Offenbar war der Anteil der Dirnen, wenn man ihn mit den andern vergleicht, der größte. Die jungen Töchter der Lyder verkaufen sich alle und sammeln sich ihre Aussteuer, bis sie so in die Ehe treten. So statten sie sich selbst aus* (τοῦ γὰρ δὴ Λυδῶν δήμου αἱ θυγατέρες πορνεύονται πᾶσαι, συλλέγουσαι σφίσι φερνάς, ἐς ὃ ἂν συνοικήσωσι τοῦτο ποιέουσαι· ἐκδιδοῦσι δὲ αὐταὶ ἑωυτάς) [...]. (94) *Die Lyder haben ganz ähnliche Sitten wie die Griechen, abgesehen davon, daß sie ihre jungen Töchter als Dirnen gehen lassen* (Λυδοὶ δὲ νόμοισι μὲν παραπλησίοισι χρέωνται καὶ Ἕλληνες, χωρὶς ἢ ὅτι τὰ θήλεα τέκνα καταπορνεύουσι).

Hdt. 1, 196, 5: *Die Verarmung des Landes* (Babylonien) *durch die Unterwerfung und der Verfall des Vermögens hat alle aus dem Volk aus Mangel an Lebensunterhalt dazu geführt, ihre Töchter* (als Dirnen) *zu verkuppeln* (ἐπείτε γὰρ ἁλόντες ἐκακώθησαν καὶ οἰκοφθορήθησαν, πᾶς τις τοῦ δήμου βίου σπανίζων καταπορνεύει τὰ θήλεα τέκνα).

Hdt. 2, 121e, 2 (Schilderung der Ägypter: keine divergierenden Sexualsitten; wohl aber Einzelgeschichten über Prostitution von Königstöchtern): *Er (= Pharao) schickte seine Tochter in ein Freudenhaus*

144

und trug ihr auf, sich jedem Mann, der komme, ohne Unterschied hinzuge-
ben. Vor dem Verkehr aber sollte sie jeden nötigen, ihr die verschlagenste und
frevelhafteste Tat seines Lebens zu erzählen. Hdt.
2, 126: *Cheops ging in seiner Schlechtigkeit so weit, daß er*
aus Geldmangel die eigene Tochter in ein Freudenhaus brachte und sie dort
eine möglichst hohe Summe Geld verdienen ließ. Die Priester haben mir die
Summe allerdings nicht genannt. Sie beschaffte aber das vom Vater befohlene
Geld und faßte dazu noch den Gedanken, ein Denkmal für sich zu errichten.
So bat sie jeden Mann, der zu ihr kam, ihr einen Stein für den Bau zu schen-
ken. Aus diesen Steinen, so erzählt man, wurde die mittlere der drei Pyra-
miden gebaut [...].

Tempelprostitution:
Hdt. 1, 199: *Der folgende Brauch verstößt am meisten gegen den*
Anstand bei den Babyloniern: Jede Babylonierin muß sich einmal in ihrem
Leben in den Tempel der Aphrodite setzen und einem fremden Manne hinge-
ben (δεῖ πᾶσαν γυναῖκα ἐπιχωρίην ἱζομένην ἐς ἱρὸν Ἀφροδίτης ἅπαξ
ἐν τῇ ζόῃ μειχθῆναι ἀνδρὶ ξείνῳ) [...]. *Die meisten Frauen aber machen es*
so: Sie sitzen im Tempel der Aphrodite und tragen eine fadengeflochtene Binde
um den Kopf. Viele sind zu gleicher Zeit da; die einen kommen, die andern
gehen. Schnurgerade Gassen ziehen sich kreuz und quer durch die Reihen der
Wartenden, und die fremden Männer schreiten hindurch und wählen aus.
Hat sich eine Frau hier einmal niedergelassen, dann darf sie nicht eher nach
Hause zurückkehren, als bis ein Fremder ihr Geld in den Schoß geworfen und
ihr außerhalb des Heiligtums beigewohnt hat [...]. *Sie lehnt keinen ab. Wenn*
sie sich hingegeben hat, ist ihre Pflicht gegen die Göttin erfüllt, und sie kehrt
nach Hause zurück. Später kann man ihr bieten, soviel man will; man wird
sie nicht noch einmal gewinnen. Die Schönen und Stattlichen kommen sehr
schnell davon, die Häßlichen unter ihnen aber müssen lange warten und kom-
men nicht dazu, den Brauch zu erfüllen. Drei, vier Jahre müssen manche
bleiben. Auch an manchen Orten auf Kypern herrscht ein ähnlicher Brauch.
Strab. geogr. 11, 14, 16 = 532 f.: *Den ganzen Götterdienst der*
Perser haben auch die Meder und Armenier stets zu ehren gewußt, und zwar
die Armenier besonders den Dienst der Anaitis, welcher sie an verschiedenen
Orten, namentlich auch in Akilisene), Tempel errichteten. Dort weihen sie der
Göttin Diener und Dienerinnen, und darüber dürfen wir uns nicht wundern.
Aber auch selbst die vornehmsten des Volks weihen ihr ihre noch jungfräuli-
chen Töchter, für welche es Gesetz ist, nachdem sie sich geraume Zeit lang im
Dienste der Göttin preisgegeben haben, eine Ehe einzugehen, indem sich nie-
mand weigert, eine solche zu heiraten (Übersetzung: A. Forbiger): [...]
ἀνατιθέασι δ᾽ ἐνταῦθα δούλους καὶ δούλας. καὶ τοῦτο μὲν οὐ
θαυμαστόν, ἀλλὰ καὶ θυγατέρας οἱ ἐπιφανέστατοι τοῦ ἔθνους
ἀνιεροῦσι παρθένους, αἷς νόμος ἐστὶ καταπορνευθείσαις πολὺν χρόνον

παρὰ τῇ θεῷ μετὰ ταῦτα δίδοσθαι πρὸς γάμον, οὐκ ἀπαξιοῦντος τῇ τοιαύτῃ συνοικεῖν οὐδενός.

Strab. *geogr.* 12, 3, 36 = 559: *Auch gibt es da (in Komana) selbst eine Menge von Mädchen, die mit ihrem Körper verdienen, und von welchen die meisten dem Tempel geweiht sind* (Übersetzung: A. Forbiger): [...] καὶ πλῆθος γυναικῶν τῶν ἐργαζομένων ἀπὸ τοῦ σώματος, ὧν αἱ πλείους εἰσὶν ἱεραί.

8. Verheiratung der hübschen und häßlichen Mädchen, wobei der Kaufpreis der Schönen den anderen Mädchen zukommt:

Hdt. 1, 196: *Ihre Sitten (der Babylonier) bestehen im folgenden: Die weiseste, die, wie ich erfahre, auch in Illyrien bei den Enetern herrscht, ist die, daß einmal im Jahr in jedem Dorf folgendes geschieht: Sie holen alle heiratsfähigen Mädchen zusammen und führen sie dichtgedrängt auf einen Platz. Ringsherum stellt sich der Schwarm der Männer* (ὅσαι ἀεὶ παρθένοι γινοίατο γάμων ὡραῖαι, ταύτας ὅκως συναγάγοιεν πάσας, ἐς ἓν χωρίον ἐσάγεσκον ἀλέας, πέριξ δὲ αὐτὰς ἵστατο ὅμιλος ἀνδρῶν). *Nun steht ein Herold auf und versteigert der Reihe nach alle Mädchen, die Schönste zuerst. Hat er sie zu einem hohen Preis verkauft, ruft er die nächste aus, die Zweitschönste. Als Kaufbedingung gilt, daß sie geheiratet werden. Die reichen Freier überbieten einander und kaufen die schönsten Mädchen. Die Jünglinge aus dem Volke, denen es nicht so sehr um Schönheit geht, bekommen die häßlicheren und noch Geld dazu. Hat nämlich der Herold den Verkauf der Schönsten erledigt, läßt er die Unansehnlichste aufstehen oder eine Verkrüppelte. Auch sie bietet er aus, wer sie wohl zum geringsten Aufgeld erwerben und zur Frau nehmen möchte, bis sie an den kommt, der sich zu der geringsten Summe versteht. Das Geld bringen die hübschen Mädchen ein, und so verheiraten die Schönen die Häßlichen und Verkrüppelten. Es ist verboten, seine Tochter einem beliebigen Mann zur Frau zu geben. Auch darf der Käufer das Mädchen nicht heimführen, ohne einen Bürgen zu stellen. Erst wenn solche dafür erbracht sind, daß man mit der jungen Frau leben wolle, darf man sie heimführen. Wenn die Eheleute sich nicht verstehen, muß das Geld nach dem Gesetz zurückerstattet werden. Auch junge Leute aus den anderen Dörfern dürfen beliebig hinkommen und kaufen. Das war also ihr höchst vernünftiger Brauch, der aber jetzt nicht mehr geübt wird. In letzter Zeit haben sie ein anderes Mittel dafür ausfindig gemacht, um den Mädchen kein Unrecht zu tun und sie in eine fremde Stadt zu bringen.*

Mela 2, 21: *Jungfrauen werden für die Hochzeit nicht von den Eltern ihren Männern übergeben, sondern entweder öffentlich zur Ehe verdungen oder verkauft. Was davon geschieht, wird von Gestalt und Charakter entschieden. Sittsame und schöne Mädchen stehen hoch im Kurs, für die anderen gibt man dem Gatten noch Geld dazu.* (Übersetzung: K. Brodersen)

9. Selbstbefruchtung der Frauen:

Mela 3, 93: *Auf dieser* (Insel vor der westafrikanischen Küste) *soll es nur Frauen geben, die am ganzen Körper behaart sind und ohne Begattung mit Männern von selbst fruchtbar sind; sie sind von so rauhen und verwilderten Sitten, daß manche kaum durch Fesselung dazu gebracht werden können, ihren Widerstand aufzugeben. Dies berichtet Hanno, dem man Glauben schenken muß, da er Häute mitgebracht hatte, die getöteten Frauen abgezogen waren.* (Übersetzung: K. Brodersen)

10. Eugenik:

Nach der ersten kriegerischen Auseinandersetzung erkennen die Skythen das ‚eugenische' Potential dieser ‚mannhaften' Frauen und gehen nun daran, mit deren Hilfe eine wehrhafte Nachkommenschaft zu erlangen. Der Versuch gelingt, und die jungen Männer verbinden sich mit den maskulinen Frauen.[37]

Zur Erzeugung einer kriegstüchtigen und ‚männlichen' Rasse geht man dazu über, ‚weibliche' Merkmale soweit als möglich zu unterbinden oder, wie Plutarch es ausdrückt, *alle Weichlichkeit, Verzärtelung und andere weibische Eigenschaften auszurotten* (Plut. *Lykourgos* 14, 1). Das Moment der Fortpflanzung und Eugenik, das in vielen späteren Utopien auf mannigfache Weise abgewandelt wird, ist ein zentrales Anliegen dieser Sparta-Utopie. So darf hier das kriegerische Element auch in der Fortpflanzung bzw. den Heiratssitten nicht fehlen, die auf einem stilisierten Frauenraub basieren, wobei die Frau als Mann kostümiert wird.[38]

11. Das literarische Motiv der ‚Verkehrten Welt': Ägypter: Umkehr von typischen Verhaltensweisen und Berufsrollen.

Hdt. 2, 35: *Jetzt gehe ich dazu über, ausführlicher über Ägypten zu berichten, weil es sehr viel Wunderliches und Werke aufweist, die man in ihrer Größe kaum schildern kann im Vergleich zu jedem anderen Land. Darum will ich das Land etwas genauer beschreiben. Wie der Himmel bei den Ägyptern anders ist als in anderen Ländern, der Strom sich anders verhält als die anderen Flüsse, so stehen auch die Sitten und Bräuche der Ägypter größtenteils in allen Stücken im Gegensatz zu denen der übrigen Völker. Bei ihnen gehen die Frauen auf den Markt und treiben Handel, während die Männer zu Hause sitzen und weben. Die anderen Völker schlagen beim Weben den Einschlag von oben nach unten, die Ägypter tun es umgekehrt. Die Männer tragen die Lasten auf dem Kopf, die Frauen auf den Schultern. Den Urin lassen die Frauen im Stehen, die Männer im Sitzen. Ihre Notdurft verrichten sie in den Häusern, das Essen nehmen sie draußen auf der Straße ein. Dafür geben sie als Grund an: das Häßliche, aber Notwendige, müsse man im Verborgenen tun, das nicht Häßliche offen. Keine Frau versieht ein Priesteramt, nicht bei männlichen und nicht bei weiblichen Gottheiten. Männer dagegen sind Priester bei Göttern und Göttinnen. Bei den Söhnen besteht, wenn sie es ablehnen, keine Verpflichtung zur Fürsorge für die Eltern. Aber für die Töchter besteht volle Verbindlichkeit, auch wenn sie nicht wollen.* Diod. 3, 53, 2: *Die Männer* (in Libyen) *hingegen führten ein zurückgezogenes Leben zu Hause, ähnlich den Gattinnen bei uns, und hatten den Befehlen ihrer Frauen zu gehorchen. Weder zogen sie in den Krieg noch durften sie ein Amt bekleiden oder an öffentlichen Angelegenheiten teilhaben, als Folge dessen sie vielleicht sich besinnen und dann den Frauen würden Schwierigkeiten machen können.* (Übersetzung: G. Wirth)

Viele dieser hier aufgelisteten Texte der antiken Ethnographie, die als Doubletten oder in leicht verfremdeter Form auch in Mythos und Poesie wiederkehren, finden Eingang in das utopische Gedankengut. Zutreffend spricht W. Nippel beispielsweise von der Integration ethnographischer Topoi in „Utopien, Reiseromane (wahrscheinlich aus der Zeit des 3. Jahrhunderts v. Chr.) wie des Hekataios von Abdera über die Hyperboreer (2, 47) oder des Jambulos über die Sonneninsel (2, 55-60) [...] in das Geschichtswerk des Diodor."[39] Mit anderen Worten: Den Schilderungen bei Diodor liegt nicht zwangsläufig eine historische Realität zugrunde. U. Wesel erklärt am Beispiel des Herakleides Pontikos, der über eine angeblich skythische Gynaikokratie berichtet, wie es zu derartigen Vorstellungen kommen konnte:[40] „Die Stellung der griechischen Frau zu seiner Zeit war sehr schlecht. Für einen griechischen Mann war die Kombination von Matrilinearität, Matrilokalität und Frauenerbrecht und die damit verbundene gesellschaftliche Gleichstellung von Frauen und Männern unerhört. Nichts lag für ihn näher, als dafür das Wort Gynaikokratie zu gebrauchen. Es war kein Matriarchat. Es war einfach eine unglaubliche Verrücktheit."[41] Was hier über lykische Frauenherrschaft gesagt wird, gilt *mutatis mutandis* auch für die anderen von antiken Ethnographen erwähnten Erscheinungsformen der Geschlechterbeziehungen und Frauenrollen, wie sie hier besprochen wurden:

1. Verschiedene Formen der Promiskuität, die teilweise auch auf Eliten beschränkt bleibt
2. Gemeinsamer Besitz von Frauen
3. Monogamie, Polygynie und Polygamie
4. Matrilineare Verhältnisse mit Namensgebung nach der Mutter, Ehe- und Erbrecht
5. Emanzipierte und/oder kriegerische Frauen
6. Virginitätsvorstellungen
7. Prostitution und Tempelprostitution
8. Das literarische Motiv der ‚Verkehrten Welt‘

Daß aus einigen dieser Komponenten schließlich das Matriarchatsprinzip deduziert wurde, hat man bekanntlich auch mit ethnologischen Forschungen zu den Gentilordnungen früher Gesellschaftsverbände zu stützen versucht. Dafür lieferten Historiker und Ethnologen unterschiedlichster ideologischer Provenienz ihre Argumente, wie U. Wesel bemerkt hat:[42] „Es war eine bemerkenswerte Dreieinigkeit, die die Lehre vom Matriarchat für fast ein Jahrhundert in der marxistischen Literatur begründet hatte. Bachofen, Morgan und Engels. Ein erzkonservativer Patrizier, ein bürgerlicher Liberaler und ein kämpferischer Sozialist."

3. Poesie und Frauenutopie

Vor allem in den Komödien und Satiren des Altertums kommen Frauenbilder zur Darstellung, deren Quellenwert über ‚Männerphantasie' – und zwar nicht nur über die erotische – mehr sagt als über die Historizität der Geschlechterbeziehungen. Zynismus und männlicher Humor haben dabei Akzente gesetzt, die Eingang in die utopische Weltliteratur gefunden haben. Antike Dichter beschränkten sich dabei freilich nicht auf die beiden genannten literarischen Genres. Hesiods poetische Gestaltung des Pandoramythos[43] in seinen beiden Epen und der sog. *Weiberiambos* des Semonides von Amorgos, der die Frauen mit den ‚negativen Charakteren' von Tieren, unter anderem von Schwein, Esel, Fuchs, Affe und Hund vergleicht – nur der Fleiß der Biene würde die Frau auszeichnen –, haben das Sujet bereits aufgegriffen, das allen Hohn und Spott über Frauen ergießt. Dabei lassen sich auch schon Versatzstücke der späteren Utopie ausmachen. Diese Kennzeichnung der Frau findet ihren volkstümlichen Ausdruck später dann auch in Fabeln wie der *Witwe von Ephesos* oder in simplen Frauenwitzen, wie sie im *Philogelos* (§§ 244-51) gesammelt worden sind.

An Bosheit und Polemik gegenüber der Frauenwelt und an Ausführlichkeit bei der Befassung mit diesem Gegenstand erweisen sich die attischen Komödien des 5. und 4. Jahrhunderts, später dann auch die römischen Satiren, darunter besonders die sechste Satire Iuvenals, als kaum überbietbare Spitzenreiter. Die wirkungsgeschichtliche Bedeutung beispielsweise der aristophanischen Frauenkomödien zeigt sich bis in die Gegenwart, und zwar nicht allein in den vielen modernen Inszenierungen, sondern auch im Rahmen feministischer Aktivitäten, die von grundlegenden gesellschaftsverändernden Visionen bestimmt sind. Oliver Taplin[44] verweist in diesem Kontext auf „die größte aller Komödien über den Kampf der Geschlechter [...] *Lysistrata*." Bei der Gestaltung des zentralen Themas, das von Ehefrauen handelt, die sich ihren ständig kriegführenden Männern bis zum erzwungenen Friedensschluß sexuell verweigern, mag zwar Aristophanes die ‚Lacher' auf seiner Seite haben, was aber später Geborene nicht gehindert hat, hier anders zu reagieren. Und gerade hierin manifestieren sich Auswirkungen sowohl auf utopische Konzepte als auch auf praktisches Handeln organisierter Frauen. Zum Vorbildcharakter der *Lysistrate* für Frauenaktivitäten der heutigen Generation, die sich eine bessere Welt wünschen, schreibt der englische Altphilologe Taplin: „Als in den frühen achtziger Jahren außerhalb der Militärstützpunkte Comiso auf Sizilien, Seneca Falls in Amerika und Greenham Common in England Frauen sich zu Protestaktionen niederließen, war naheliegend, daß sich eine feministische Anti-Kriegszeitschrift *Lysistrata* nannte. Noch größere Geistesverwandtschaft besteht vielleicht bei den finnischen Frauen, die [...] die Schwangerschaft verweigern, bis die Regierung alle Atomkraftwerke schließt." Offensichtlich haben diese Demonstrantinnen sich am attischen Komödiendichter orientiert, der den Frauen bei der Herstellung des Friedens mehr Engagement zubilligen möchte als den Männern. Wenn die Männer vom Krieg ablassen, wollen die Ehefrauen ihren Boykott beenden; Lysistrate prophezeit zu Beginn des Stückes ihren Geschlechtsgenossinnen für den Fall, daß sie sich den Männern verweigern:[45] *Sie machen Frieden, sag ich euch, und bald!* Und zu Ende der Komödie verspricht sie den nachgebenden Männern:[46]

> *Dann laden*
> *Wir Frauen euch auf die Burg zu uns und bieten*
> *Euch alles an, was wir im Schubfach haben.*
> *Dort sollt ihr auch den Eid der Treue schwören,*
> *Und Jeder nimmt dann seine Frau und geht*
> *Mit ihr nach Haus!*

Trotz der weiblichen Solidarität für den Frieden und männlicher Kriegslust schildert Aristophanes die Frauen hier vor dem Hintergrund obszöner und frivoler Dialoge und macht sie so zum Gegenstand seines derben Spottes. Die Affinität der Frau zum Friedensgedanken bleibt aber beim attischen Dichter bekanntlich nicht auf *Lysistrate* beschränkt. Auch in *Eirene* und in den *Thesmophoriazousai* dominiert diese Thematik.

Lysistrate bedeutet ‚Heerauflöserin'; der Name der Titelheldin in den *Ekklesiazousai*, Praxagora, läßt sich ebenfalls übersetzen: ‚die auf der Agora/in der Versammlung handelt'.[47] Diese Programmatik der Namen, die in *Eirene* auf den Punkt gebracht wird, signalisiert den Themenwechsel von der weiblichen ‚Außen- respektive Friedenspolitik' zur Innenpolitik, zur politischen Mitsprache in der Volksversammlung – beides für Athenerinnen visionäre utopische Konzepte, zumal die Stellung der Frau, so eine der Hauptthesen von W. Schullers Monographie über *Frauen in der Griechischen Geschichte*, gerade „ihren Tiefpunkt [...] in der klassischen Zeit insbesondere in der athenischen Demokratie (wenn auch nicht in so abscheulicher Weise, wie es gerne behauptet wird) [hatte], während vorher und nachher (und vielleicht gleichzeitig außerhalb Athens) der Spielraum des weiblichen Teiles der Bevölkerung deutlich größer war."[48] Aristophanes schildert die Pläne der Frauen für eine neue Staats- und Gesellschaftsordnung. Mit der Aufhebung von Privateigentum, Geld, Ehe, und der Einführung von Promiskuität, Speisegemeinschaften und dem *dolce farniente* – die Arbeit verrichten die Sklaven – stiftet der Dichter Verwirrung, die reichlich Stoff für sein (und des Publikums) Bedürfnis liefert, sich über das ‚schwache Geschlecht' lustig zu machen. Ihrem Ehemann Blepyrus beschreibt Praxagora das künftige Leben in den Kommunen folgendermaßen:[49]

Hört: Alles wird künftig Gemeingut sein, und allen wird alles gehören,
Sich ernähren wird einer wie alle fortan, nicht Reiche mehr gibt es noch Arme,
Nicht besitzen wird der viele Morgen Lands und jener kein Plätzchen zum Grabe;
Nicht Sklaven in Menge wird halten der ein' und der andre nicht einen Bedienten,
Nein, allen und jeden gemeinsam sei gleichmäßig in allem das Leben!

Es gibt auch kein Geld mehr, weshalb auch die ‚käufliche Liebe' zum Problem zu werden scheint. Jedenfalls plagt Blepyros nicht nur die Frage, wie er sich dann neue Bekleidung beschaffen kann,[50] sondern vor allem, wie es sich dann mit den Frauen verhalten werde, wenn einer etwa ein attraktives Mädchen sieht und sich zu ihm legen möchte. Womit solle er sie beschenken, wenn alles Gemeingut ist? Auch dafür hat seine Ehefrau eine Antwort parat, wenn sie auch den Adressaten zu Zusatzfragen veranlaßt:[51]

Praxagora:
Er kann doch umsonst sie beschlafen;
Denn die Weiber werden auch Gemeingut sein, und zu jedem wird jede sich legen
Und schwängern sich lassen von jedem, der will!
Blepyros:
Doch wie, wenn auf eine dann alle
Losgehen, auf die Schönste – wie sollten sie nicht? –, und begehren, mit ihr sich zu paaren?

Praxagora:
> *Stumpfnasige, häßliche Weiber sind stets an der Seite der hübschen gelagert,*
> *Wer die Schöne begehrt, der bequeme sich nur, erst das häßliche Weib zu besteigen.*

Damit diese Vorgangsweise auch allgemein beachtet wird, fassen die Frauen in ihrer Volksversammlung auch einen Beschluß, der auf einer Schriftrolle festgehalten und den Männern zur Kenntnis gebracht wird:[52]

> *Wenn ein junger Mann*
> *Ein junges Weib begehrt, da darf er nicht*
> *Zustoßen, eh er's einer Alten tat.*
> *Und will er nicht, läuft er den Jungen nach,*
> *So dürfen ihn die alten Fraun am Säckel*
> *Ergreifen, ungestraft, und fort ihn schleppen.*

Aus diesem für die (männlichen) Theaterbesucher offensichtlich amüsanten Gedankenspiel über eine für die Athenerin ungewohnte neue Rolle ergeben sich einige Aspekte, die die poetische Phantasie beflügelten. Fassen wir die wichtigsten Punkte zusammen, so ergibt sich folgendes Bild in dieser aristophanischen Komödie:[53]

1. Eheliche Bindungen haben keine Geltung
2. Geschlechtsverkehr ist für alle gratis
3. Das Problem dabei: Es gibt schöne und häßliche, junge und alte Menschen, die nicht in gleicher Weise am Geschlechtsverkehr partizipieren können
4. Vorgeschlagener Ausweg aus dem ‚Dilemma': Vor der schönen Frau muß der Mann die häßliche nehmen
5. Das versteht sich als ‚demokratischer' Plan, da auch das Problem Arm-Reich damit gelöst werden kann
6. Eine konsequente Frage, die aus dieser Form der Geschlechterbeziehungen resultiert: Was geschieht mit den Kindern?
7. Die Kinder sehen in allen älteren Männern ihre Väter
8. Bei Gewalttätigkeit gegen alte Menschen empfindet man es dann nicht mehr als Schande, vom eigenen Kind gedemütigt zu werden

Was diese Form der Geschlechterbeziehungen anlangt, so dürfte sie aus dem Gedankengut der Ethnographie und aus zeitgenössischen sophistischen Diskursen über utopische und paradiesische Lebensformen wichtige Anregungen bezogen haben. Das gleiche gilt wohl in besonderem Maße auch für die gynaikokratische Komponente in den *Ekklesiazousai*.

In der Gestalt der Praxagora und dem auf der Bühne inszenierten Staatsstreich, bei dem die Frauen die Bürger in der Volksversammlung durch einen simplen Garderobetrick entmachten, findet dieser Gedanke, wenn auch komödiantisch verfremdet, seinen Ausdruck. Auch die mythographischen Quellen, die von Gynaikokratie ‚fabeln‘, mögen Aristophanes dabei inspiriert haben.

Offensichtlich hat den Dichter die phantastische Ausgestaltung des neuen ehelosen Sexuallebens literarisch mehr gereizt als das politische Thema der Institutionalisierung eines von Frauen regierten Staates. Ähnliches ließe sich für *Lysistrate* zeigen, wo auch nicht ein ‚außenpolitisches‘ Engagement der Athenerinnen im Vordergrund steht, sondern vor allem die privaten Irritationen, die aus der von den Frauen beschlossenen sexuellen Abstinenz resultieren und die immer wieder Anlaß zu neuem Witz und Zynismus liefern. In der patriarchalischen und monogam strukturierten Gesellschaft Athens des 5. und 4. Jahrhunderts hat der Dichter denkbare Alternativen vorgestellt, die ohne Respekt vor Tabus auf ein ‚Schlaraffenland‘ sexueller und erotischer Libertinage hinauslaufen.[54]

Der Staat der *Ekklesiazousai* garantiert nicht nur Sex für alle; die postulierte Gütergemeinschaft verspricht auch in anderer Hinsicht ein Luxusleben. Die Polis sorgt für kostenlose Ausspeisung:[55]

Aus Mangel wird nie mehr ein Mensch etwas tun; denn alles ist Eigentum aller;
Brot, Kuchen, Gewänder, gepökeltes Fleisch, Wein, Erbsen und Linsen und Kränze.

Kleider werden verschenkt, Lebensmittelmarken verteilt. In öffentlichen Gebäuden wird groß aufgekredenzt, und Mädchen verwöhnen als Tänzerinnen und Serviererinnen die Gäste mit künstlerischen Darbietungen und köstlichen Speisen, deren lukullischen Höhepunkt und Abschluß jene vielzitierte Pastete mit dem unaussprechlichen Namen bildet:[56]

Austernschneckenlachsmuränenessighonigrahmgekrösebutter-
drosselhasenbratenhahnenkammfasanenkälbehirnfeldtaubensirup-
heringlerchentrüffelngefüllte Pasteten.

Diese letzteren Wunschvorstellungen, die später dann in der fiktionalen Cucania-Literatur zu einem eigenen Utopietyp führen, haben auch die Gemüter älterer Komödienautoren bewegt. Pherekrates (etwa 460 bis 420) meinte, daß alles Abmühen in der Arbeit nutzlos werde, denn[57]

153

Von selber werden [...] durch die Gassen sich rauschende Ströme von dampfender Brühe ergießen, Speck und Klößchen mit sich führen [...], wer mag, schöpft sich die Schüssel voll. Würzigen Rauchwein regnet Zeus auf die Dachziegel herab, die Wasserspeier speien saftige Trauben aus, Honigkuchen und Linsenbrei und Hörnchen und Brezeln und Semmeln [...]. Und die Bäume draußen im Gebirge tragen nicht Blätter, sondern schimmernde Würste und Kabeljaus und zarte Drosseln. Und auch Krates, ein attischer Komödienschreiber des 5. Jahrhunderts, schwärmt von einem schwelgerischen Leben ohne Arbeit, wo alles von selbst geschieht;[58] wo man zum Tisch nur sagen muß: *Komm und decke dich*, zum Backtrog: *Knete den Teig*, und zum Becher: *Geh, und spül dich.* Ohne Mühen, d.h. automatisch wird Getreide gemahlen, Brot gebacken, fließen Ströme von Wein, Honig, Milch, hagelt es Geld, regnet es Gold. Beachtet man, daß die Frauen zusammen mit den Sklaven den Großteil dieser Arbeiten zu verrichten haben, so bedeutet diese Form des Wunschdenkens indirekt auch eine Besserstellung der arbeitenden Frau. Wenn Antipatros von Thessalonike Jahrhunderte später davon spricht, daß die Mädchen an den Mahlsteinen durch Einsetzen der Wasserkraft ihre Arme in den Schoß legen können, so wird dieser Bezug zur Frauenarbeit hergestellt.[59] Ob die hier genannten attischen Poeten ähnlich dachten, wissen wir nicht.

Im Hinblick auf die eingangs gestellte Frage zum Einfluß der hier ausgewählten Dichtung auf die utopischen Konzepte bzw. zu thematischen Anklängen der beiden literarischen Kategorien lassen sich einige Beobachtungen zusammenfassen:

1. Die Frauen stellen eine Gegenwelt zu jener der Männer dar und werden aufgrund einer Negativideologie auf vielerlei Art lächerlich gemacht
2. Den Frauen wird ausgeprägter Friedenswillen zugebilligt
3. Dazu kommt politisches Engagement, das sich in der Schilderung gynaikokratischer Verhältnisse artikuliert
4. Ohne eine Art feministischen Aktionismus sind die Geschehensabläufe in *Lysistrate* und *Ekklesiazousai* nicht denkbar
5. Den Frauen werden ausgeprägte sexuelle Bedürfnisse zugeschrieben
6. Die Frauen fordern Aufhebung des Eigentums, der Ehe und damit der Familie
7. Die Kinder gehören nicht einzelnen Vätern, sie sind Gemeinbesitz
8. Indirekt erschließbar ist die Vorstellung, daß durch die Automatisierung der Hausarbeit die Lasten der arbeitenden Frauen erleichtert werden

4. Frauenutopie

„In der utopischen Literatur kamen die Frauen einer wirklichen Gleichberechtigung näher als in jeder anderen Gattung der antiken Literatur, ganz zu schweigen vom wirklichen Leben."[60] Trotz des vielleicht aufkommenden Mißverständnisses bei der Formulierung von Utopie und Realität ist S. Pomeroy bei ihrer Feststellung zuzustimmen. Ein Grund dafür wird wohl darin zu sehen sein, daß eben die antiken Theoretiker von utopischen Konzepten ihre Anregungen aus Mythographie, Ethnographie und Dichtung bezogen haben. Das sollte in den vorangegangenen Abschnitten plausibel gemacht werden. Freilich schließt das nicht aus, daß gelegentlich auch eigene Phantasie und Wunschdenken dabei mit im Spiel waren. Im folgenden soll versucht werden, in einigen Utopien des Altertums, bei denen eine theoretische Perspektive überwiegt (wenngleich die Grenzen zu Dichtung und Philosophie nicht eindeutig zu ziehen sind), die Rolle der Frau näher zu bestimmen. Dabei werden vor allem die Modelle von Phaleas, Platon, Iamboulos sowie die in diesen Fragen eher vagen Konzepte der Stoiker und Kyniker zu berücksichtigen sein.

Beginnen wir mit Phaleas von Chalkedon, über den Aristoteles als einziger Gewährsmann berichtet.[61] Der ideale Staat, in dem es zu keinen Revolten kommt, setzt für Phaleas Bürger mit gleichem Besitzstand voraus. Während nun bei der Neugründung von Gemeinwesen dieser Aspekt problemlos berücksichtigt werden könne, stellt sich für den Philosophen aus Chalkedon die Frage, wie dies in bereits vorhandenen Staaten mit unterschiedlichem Privatbesitz zu erreichen wäre. Sein Vehikel dafür sind die Frauen, genauer gesagt, die Hochzeiten, bei denen es über die Mitgift allmählich zu einem gesellschaftlichen Güterausgleich käme. Wenn nämlich *die Reichen Mitgiften gäben, keine aber entgegennähmen, die Armen aber keine gäben, wohl aber annähmen*, könnte jener Besitzgleichstand erreicht werden, der für Ruhe und Ordnung sorge. Zwar werden die Frauen hier nicht direkt angesprochen, ihre Funktion als stabilisierender Faktor im Staat ist aber unverkennbar. In seiner Kritik an diesem Vorschlag zum gleichen Besitzstand argumentiert Aristoteles dann auch nicht mit der Rolle der Frauen, sondern damit, daß ein *Ausgleich lediglich im Hinblick auf den Grundbesitz* geschaffen werden könne und der *Reichtum an Sklaven, Vieh und Geld und überhaupt der reichliche Bestand an sogenannten Mobilien* nicht einkalkuliert sei.[62] Auch sei verschieden großer Reichtum durchaus akzeptabel, jedenfalls für Platon, auf den sich Aristoteles hier beruft, wenn er nicht die Relation 1:5 übersteigt.[63] Um diese Egalität des Besitzes zu erreichen, kommt es, wie der aristotelische Diskurs hier deutlich macht,[64] zu zwei weiteren notwendigen Maßnahmen, die ebenfalls die Welt der Frauen in erheblichem Maße tangieren: die staatliche Kontrolle der Geburtenrate und die ‚Verstaatlichung' aller Handwerker.[65] Frauen- und Kindergemeinschaft sind bei Phaleas – jedenfalls der Quelle nach – kein Thema, obwohl damals die Ethnographen darüber schon häufig gesprochen haben.

Im Anschluß an dieses, vor allem am Postulat des gleich großen Grundbesitzes orientierten Konzepts referiert Aristoteles über den Idealstaat des Hippodamos, für den eine Frauenthematik – ebenfalls nach dem Zeugnis der *Politik* – nicht relevant zu sein scheint. Der Hinweis, man habe Frauen in frühen Zeiten in Griechenland voneinander gekauft, und der Gesetzesvorschlag, Kriegswaisen staatlich zu versorgen, lassen keine Rückschlüsse auf die Rolle der Frau im hippodamischen Konzept zu, was angesichts der ansonsten detailreichen Darstellung nicht ganz unerheblich ist.

Mit großer Aufmerksamkeit hingegen widmet sich Platon in mehreren Schriften der Rolle der Frau in seinen Staatsentwürfen. Was Aristoteles bei einzelnen ‚Privatleuten', Philosophen und Politikern wie Phaleas und Hippodamos vermißt, findet er bei seinem Lehrer, auf den er vermutlich den Satz bezieht: *Denn kein anderer hat noch die Gemeinschaft von Kindern und Frauen als Neuerung eingeführt oder Tischgenossenschaften der Frauen, vielmehr gingen sie in höherem Grade von den Notwendigkeiten aus.*[66] Aus rezeptionsgeschichtlicher Sicht zählt Platons Aufhebung des Privatbesitzes sowie die Frauen- und Kindergemeinschaft in der *Politeia* wohl zu den bedeutendsten sozialen Leitlinien seines Idealstaates. In der Schlüsselstelle dazu heißt es in stark gekürzter Form:[67] *Daß diese Weiber alle allen diesen Männern gemein seien, keine aber irgendeinem eigentümlich beiwohne und so auch die Kinder gemein, so daß weder ein Vater sein Kind kenne, noch auch ein Kind seinen Vater.*[68] Dieser bekannte Passus impliziert die Vorstellung, daß die Frauen den Männern gehören, sie bedeutet keine Gleichrangigkeit, auch wenn es in seinem besten Staat ‚Wächter und Wächterinnen' (οὐ φύλακες καὶ αὐ φυλακίδες) nebeneinander gibt und beide dieselben Aufgaben verrichten.[69] In den *Nomoi* gibt es zumindest altersmäßige Abstufungen, was die Staatspflichten anlangt: *Zur Bekleidung eines Amtes beträgt das vorgeschriebene Alter für eine Frau vierzig, für einen Mann dreißig Jahre; zum Kriegsdienst für einen Mann zwanzig bis sechzig Jahre. Einer Frau aber, soweit man etwa im Krieg ihre Dienste für nötig hält, nachdem sie ihre Kinder geboren hat, soll man das jeweils Mögliche und Schickliche anbefehlen bis zum fünfzigsten Lebensjahr.*[70] Gemeinsamer Lebensunterhalt,[71] Aufhebung des Eigentumbegriffs, die das Ende der Rechtsstreitigkeiten bewirkt, *weil keiner etwas Eigenes hat außer seinem Leibe, alles andere aber gemeinsam ist,*[72] und Gemeinschaft der Lust und Unlust (ἡ μὲν ἡδονῆς τε καὶ λύπης κοινωνία)[73] waren die Garanten, die das Zusammenleben im Staat ausmachten. Die Voraussetzungen für das Erreichen dieser Ziele sollte die dem Staat überantwortete Kompetenz in sämtlichen Fragen der Ehe- und Kinderangelegenheiten schaffen. Ausschlaggebend dafür war der platonische Gedanke, daß die κοινωνία der Frauen und Kinder für die Wächter und zugleich für den Staat als μέγιστον [...] ἀγαθόν gelte,[74] oder, anders gesehen, sie sei die Ursache für das höchste Gut: τοῦ μεγίστου ἄρα ἀγαθοῦ τῇ πόλει αἰτία ἡμῖν πέφανται ἡ κοινωνία τοῖς ἐπικούριοις τῶν τε παίδων καὶ τῶν γυναικῶν.[75]

Diese Zielsetzung erfordert ein umsichtiges Konzept insbesondere für die ‚Züchtung' des Nachwuchses. Es erstreckt sich auf die Organisation und Selektion der Partnerwahl, die einer genauen Überprüfung unterzogen werden soll; es erstreckt sich ferner auf eugenische Maßnahmen,[76] um für den Staat eine kräftige junge Generation zu gewährleisten, und schließlich auf eine staatliche Kontrolle der Neugeborenen hinsichtlich ihrer Lebenstauglichkeit. Dazu kommt noch ein geschlechtsneutrales Erziehungsprogramm, zumal Mann und Frau dieselbe Natur haben.[77] Daß spartanische Lebensformen für diesen Entwurf Pate standen, ist oft festgestellt worden und wohl auch unbestreitbar. Es kann aber nicht außer acht bleiben, daß hinsichtlich der Frauen- und Kindergemeinschaft und der Wehrtüchtigkeit des weiblichen Geschlechts auch ethnographische und mythographische Vorlagen eine Rolle gespielt haben. Im einzelnen erwartet der Autor der *Politeia* vom Gesetzgeber, daß er geeignete Männer und Frauen zusammenführe: *Sie aber, wie sie denn gemeinsame Wohnungen und Speisungen haben und keiner etwas der Art für sich allein besitzt, werden also zusammen sein. Und wenn sie sich so zusammenfinden auf den Übungsplätzen und im übrigen Leben, werden sie, denke ich, sich miteinander vermischen. Oder scheine ich dir nicht ganz Notwendiges zu sagen?*[78] Was bei der Züchtung von Jagdhunden, Pferden, edlen Vögeln und anderen Tieren gilt,[79] das dürfe man auch vom ‚Kindermachen' (παιδοποιία) erwarten. Regellos sich untereinander zu vereinigen (ἀτάκτως μὲν μείγνυσθαι ἀλλήλοις), das sei unfromm (οὔτε ὅσιον) und werde von den Archonten nicht toleriert.[80] Platon bringt seine Theorie der *paidopoiia* auf die Formel: der Beste sollte der Besten möglichst oft beiwohnen, für die Schwächlichsten und Geringwertigsten gelte das Gegenteil:[81] Ἐν τοῖς γάμοις τοίνυν καὶ παιδοποιίαις ἔοικεν τὸ ὀρθὸν τοῦτο γίγνεσθαι οὐκ ἐλάχιστον. Πῶς δή; Δεῖ μέν, εἶπον, ἐκ τῶν ὡμολογημένων τοὺς ἀρίστους ταῖς ἀρίσταις συγγίγνεσθαι ὡς πλειστάκις, τοὺς δὲ φαυλοτάτους ταῖς φαυλοτάταις τοὐναντίον [...]. Ein besonderes Privileg sollte jenen Jünglingen gewährt werden, die erfolgreich aus dem Krieg heimkehrten. Öfter als anderen sei es ihnen zu gestatten, den Frauen beizuwohnen.[82] Ansonsten wäre an die Einrichtung von Festveranstaltungen zu denken, bei denen die Partner zusammengeführt werden könnten.[83]

Was die auf diesem Wege gezeugten Kinder und ihre Erziehung anlangt, so gäbe es dafür ein spezielles Kontrollamt, in welches sowohl Männer als auch Frauen aufzunehmen seien. Die gesund geborenen Kinder sollten den Müttern abgenommen und in ein ‚Säuglingsheim' (σεκός) in einem besonderen Stadtteil gebracht werden, wo sie von Wärterinnen betreut werden. Die schlechteren oder behinderten Kinder gehörten an einen unzugänglichen und geheim gehaltenen Ort.[84] Die jungen Mütter hätten ihre Milch im ‚Säuglingsheim' abzuliefern, ohne daß sie ihre eigenen Kinder dabei kennenlernten. Denn die ‚Eltern' sollten ihre Kinder nicht kennen.[85] Dieses Procedere im Umgang mit den Neugeborenen sollte bewirken, daß das Geschlecht der Wächter rein bleibe:[86] εἴπερ μέλλει, ἔφη, καθαρὸν τὸ γένος τῶν φυλάκων ἔσεσθαι.

Die Gesellschaft, in der die Geschlechterrollen in der eben beschriebenen Art konzipiert sind, würde nach Platons *Politeia* die Wächter glücklich machen, glücklicher sogar als Olympiasieger, weil *der Sieg, den sie erringen, das Heil des gesamten Staats ist, und mit Unterhalt und allem, was das Leben bedarf, werden sie und ihre Kinder gekrönt und haben dies zum Geschenk von ihrem Staat, solange sie leben, und nach ihrem Tode erhalten sie eine würdige Bestattung.*[87] In den *Nomoi*, dem ‚zweitbesten Staat', der weniger abgehoben ist vom realen Leben, plädiert der Philosoph für eine Rückkehr zur Monogamie und der traditionellen Rollenverteilung zwischen Mann und Frau.[88] Der Wunsch, das junge Paar müsse darauf bedacht sein, Kinder für die Polis in die Welt zu setzen, und zwar ‚möglichst schöne und gute' (ὡς ὅτι καλλίστους καὶ ἀρίστους εἰς δύναμιν ἀποδειξομένους παῖδας τῇ πόλει),[89] verrät auch hier eugenisches Gedankengut, zumal wieder Tiervergleiche strapaziert werden wie etwa hinsichtlich der vorehelichen Keuschheit:[90] *Die Vögel und viele andere Tiere leben [...] bis zur Fortpflanzung ehelos und keusch und rein von geschlechtlichem Verkehr; besser als Tiere sollten nun unsere Bürger schon sein. Wenn sie sich aber von den übrigen Hellenen und den meisten Barbarenvölkern verführen lassen, weil sie sehen und hören, daß bei ihnen die sogenannte gesetzlose Aphrodite eine gewaltige Macht ausübt, und wenn sie dadurch unfähig werden, in diesem Kampf den Sieg zu erringen, so müssen die Gesetzeswächter zu Gesetzgebern werden und für sie ein zweites Gesetz ersinnen.* Die Kontrolle bei Kinderzeugung und Erziehung, Ehe- und Kinderlosigkeit, Scheidung und Wiederverheiratung fällt in die Kompetenz staatlicher Institutionen. Bleiben Ehen kinderlos, ist Scheidung vorgesehen.[91] Die richtige Kinderzeugung beaufsichtigen weibliche Kontrollorgane (ἐπίσκοποι [...] γυναῖκες).[92] In alkoholisiertem Zustand Kinder zu zeugen, wird verurteilt. Die Eltern gefährden dabei die physische und seelische Gesundheit ihrer Kinder.[93] Die Polis erwartet, daß nur die ersten zehn Ehejahre, nicht länger, der *paidopoiia* gewidmet sein sollten.[94] Was die moralischen Ehevorstellungen und den außerehelichen Geschlechtsverkehr anlangt, so appelliert Platon an das Scham- und Ehrgefühl (αἰσχύνη) sowie an die Einhaltung der traditionellen Sitten und des ungeschriebenen Gesetzes (νόμιμον ἔθει καὶ ἀγράφῳ νομισθὲν νόμῳ), um schließlich, anders als in der *Politeia*, die Monogamie gesetzlich zu fordern: Es sollten Richtlinien bestehen, *daß es niemand wagt, eine edle und freie Person mit Ausnahme der eigenen Ehefrau zu berühren* (πλὴν γαμετῆς ἑαυτοῦ γυναικός) *und mit Kebsweibern* (παλλακαί) *eine ungeweihte und uneheliche oder mit Männern eine unfruchtbare Saat wider die Natur zu säen*, eine Bestimmung, die umgekehrt auch für Ehefrauen gelten sollte. Daran schließt sich die grundsätzliche Feststellung: *Dieses Gesetz also [...] soll für den Geschlechtsverkehr und überhaupt für alle Liebesverhältnisse gelten, die wir infolge solcher Begierden miteinander in erlaubter und unerlaubter Weise eingehen.*[95] Für Ehebruch sind daher ebenso wie für Ehe- und Kinderlosigkeit Sanktionen vorgesehen.[96] Daß für die Überwachung einzelner dieser Bestimmungen beide Geschlechter mitverantwortlich sind, gilt beispielsweise für die Scheidungs- und Wiederverheiratungsbestimmungen, die neben einem Zehnmännerkollegium auch von zehn für Ehefragen zuständigen Frauen observiert werden.[97]

Die *Nomoi* weisen meines Erachtens im Unterschied zur *Politeia* und zum Konzept, das Platon im *Politikos* entwickelt, hinsichtlich der Geschlechterrollen eine größere Distanz auf. Im *Politikos* vertrat der Philosoph bei seiner Beschreibung des Zeitalters des Kronos noch die Auffassung, daß man in dieser mythischen Frühzeit noch keine Verfassungen und auch keinen Besitz an Frauen und Kindern kannte (πολιτεῖαί τε οὐκ ἦσαν οὐδὲ κτήσεις γυναικῶν καὶ παίδων), was wohl eher auf jene Vorstellungen hinweist, die in der *Politeia* geschildert werden. Das fügt sich auch gut in jenen Kontext, in welchem dieser Passus im *Politikos* steht: Hier wird eine idyllische Welt im Stile des hesiodeischen Goldenen Geschlechts beschrieben, wo die Natur den Menschen *automatisch*, also ohne den Ackerbau, reichlich Früchte bescherte, wo man im Freien bei mildem Klima nackt herumlief und glücklicher (εὐδαιμονέστερον) lebte als in späteren Zeiten. Während Platon hier nicht auf geschlechtsspezifische Unterschiede eingeht, wird im *Timaios*, wo von einer Regierungsschicht, bestehend aus *archontes kai archousai*, die Rede ist und Philosophen und Philosophinnen gemeinsam in der Staatslenkung agieren, ein teilweise peioratives Frauenbild gezeichnet.[98] Auch hier spricht er über die Frühzeit und die ersten Menschen. Ähnlich wie im Pandoramythos scheint es eine Zeit gegeben zu haben, in der nur das männliche ‚erdgeborene‘ Geschlecht die Welt bevölkert habe. Dort, wo nun die Frage zur Diskussion gestellt wird, wie man sich die Genese der Frauen zu erklären habe, heißt es:[99] *Unter den als Männern Geborenen verwandelten sich alle, die Feiglinge* (δειλοί) *waren und ihr Leben*

159

ungerecht zubrachten, der Wahrscheinlichkeit nach bei ihrer zweiten Geburt in Frauen. Eine im Anschluß an diese Aussage gebotene komplizierte Beschreibung, die an chirurgische Eingriffe in den menschlichen Körper erinnert, mündet dann in das Resultat, daß beim Mann die Geschlechtsorgane ähnlich wie bei den Tieren sich freizügig entwickelten, während die Frau mit der Gebärmutter und mit einem auf Kindererzeugung ausgerichteten Trieb (ζῷον ἐπιθυμητικὸν ἐνὸν τῆς παιδοποιίας) ausgestattet wurde. Die Götter hätten den Menschen nun den ‚Trieb zur Vereinigung‘ (τὸν τῆς συνουσίας ἔρωτα) verliehen und damit die Fortpflanzung gewährleistet.

Zahlreich sind die Perspektiven, unter denen Platon die Frage der Geschlechterrollen behandelt. Die Ergebnisse lassen sich nicht zu einer einheitlich geschlossenen Interpretation zusammenfassen. Zu unterschiedlich sind die Auffassungen. Hier habe ich vor allem auf jene zurückgegriffen, die als Bausteine seiner Staatsentwürfe besonderes Gewicht besitzen. Auch dabei konnte nicht den Verästelungen nachgegangen werden, die diese Diskurse auszeichnen. Im Rahmen der vorliegenden Abhandlung haben vor allem jene Partien Berücksichtigung gefunden, in denen die geschlechtsspezifischen Aspekte im Hinblick auf die *raison d'être* und sozialutopische Fragestellungen Relevanz besitzen. Und dabei zeigt sich, daß von keinem anderen Autor des Altertums ein quantitativ und qualitativ vergleichbares Schrifttum hinterlassen wurde. So nimmt es auch nicht wunder, wenn Platons Entwürfe die späteren Staatsutopien von Thomas Morus bis ins 20. Jahrhundert nachdrücklich beeinflußt haben.

Hinsichtlich der *koinonia* von Frauen und Kindern setzt die Platonrezeption und -kritik schon bei Aristoteles ein, der im Unterschied zu Platon selbst verheiratet war.[100] In seinem terminologischen Exkurs über die Problematik des gemeinsamen Besitzes von Frauen und Kindern, den Aristoteles ablehnt, wird das Argument angeführt, daß sich *die Leute um das Eigene am meisten kümmerten, um das Gemeinsame weniger oder doch nur, sofern es den Einzelnen angeht.* Das gilt für Sachen in gleicher Weise wie für Personen. Und so lautet die Prognose des Platonschülers: Der einzelne Bürger, der ‚tausend Söhne‘ bekommt, wird *sie alle in gleicher Weise vernachlässigen.* Dort, wo Ähnlichkeiten zwischen Kindern und Eltern bestehen, mag diese Äquidistanz besonders schwierig aufrecht zu halten sein. Und es ist nicht verwunderlich, wenn Aristoteles hier auf einige nordafrikanische Stämme verweist, bei denen zwar die Frauen Gemeinbesitz seien, die Kinder aber nach dem äußeren Kriterium der Ähnlichkeit aufgeteilt werden, schließlich gäbe es auch im Tierreich Weibchen, *die durchaus von Natur aus dazu angelegt sind, Junge zu werfen, die den Erzeugern ähnlich sind.* Wenn schon eine Frauengemeinschaft bestehen sollte, so der Platonkritiker, dann eher im Bauernstande als bei den Wächtern. Begründet wird dieser Standpunkt wie folgt:[101] *Denn wenn Kinder und Frauen gemeinsam sind, wird es weniger Freundschaft geben, es ist aber nötig, daß es derartige Beherrschte gibt im Hinblick darauf, daß sie gemeinsam sind und keine Neuheiten planen.* Zusätzliche Schwierigkeiten sieht Aristoteles noch in dem Umstand, daß Kinder von einem Stand an einen anderen übergeben werden. *Gewiß aber verfügt auch das Überführen der neugeborenen Kinder, einerseits von den Bauern und Handwerkern zu den Wächtern, andererseits von diesen zu jenen, über eine große Verwirrung [...].* *Diejenigen, die die Kinder übergeben und überführen, müssen wissen, wem sie welche übergeben.* In seiner Zusammenfassung plädiert dann Aristoteles zwar für eine Gemeinsamkeit des Grundbesitzes und der Früchte, die er trägt, die Frauen- und Kindergemeinschaft findet aber nicht seine Zustimmung.[102] Angesichts seiner Vorstellung von der Subordination von Frau und Kindern in der Familie erweist sich die aristotelische Kritik an Platons Entwurf von der Frauen- und Kindergemeinschaft als durchaus konsequent. Über Frauen müssen die Männer herrschen wie die Staatsführer, über Kinder wie Könige,[103] *denn das Männliche ist von Natur aus führungsgeeigneter als das Weibliche*, lautet die lapidare Begründung. Auch bei den Barbaren verhielte es sich in diesem Punkt nicht anders.[104] Gynaikokratische Verhältnisse im Haus assoziiert Aristoteles mit Tyrannis.[105] Eine der wichtigsten Voraussetzungen bei der Gründung eines Staates ist daher für Aristoteles, wie er gleich zu Beginn der *Politik* bemerkt,[106] die Zusammenführung der Männer und Frauen zum Zwecke der Fortpflanzung – *und das nicht zufolge einer freien Entscheidung, sondern wie das sowohl bei den anderen Tieren als auch bei den Pflanzen als Trieb naturgegeben ist, ein derartiges anderes Wesen zu hinterlassen, wie man es selbst ist –, zum anderen aber das von Natur aus Herrschende und das Beherrschte wegen der Lebenserhaltung. Denn das, welches in der Lage ist, mit dem Denken vorauszusehen, ist von Natur aus das Herrschende und das von Natur aus Gebietende, doch das, welches in der Lage ist, eben das mit dem Körper durchzuführen, das ist das Beherrschte und das von Natur aus Dienende. Daher ist dem Herrn und dem Sklaven ein und dasselbe von Nutzen. Von Natur aus ist also das Weibliche und das sklavisch Dienende getrennt.* Hier geht Aristoteles einen anderen Weg als sein Lehrer. Kritik überwiegt, die Rezeption bleibt aus.

Daß Platon auf andere Autoren und Personenkreise des Altertums größere Wirkung zeigte, bleibt unbestreitbar. Sein Konzept von der Frauengemeinschaft in der *Politeia* hat selbst die Damen der römischen kaiserzeitlichen Gesellschaft beeindruckt, wie ein Epiktetfragment mokierend bemerkt:[107] *Platos Republik ist in Rom in den Händen vieler Damen, weil er Weibergemeinschaft verlangt. Sie halten sich nämlich bloß an die Worte, nicht an den Gedankengang des Mannes. Er rät nicht etwa erst Ehe und eheliches Zusammenleben und will dann Weibergemeinschaft, son-*

dern er hebt einen solchen Ehestand (der dem gemeinen Besten und der allge-
meinen Liebe nachteilig wäre) auf und führt eine andere Art von Ehestand
ein. Auch A. Gellius bringt eine Anspielung auf die Popularität der pla-
tonischen Frauengemeinschaft, indem er auf ein Rätselspiel bei den
Kronia in Athen verweist, bei dem die zweite Frage lautete:[108] *Wie wohl*
das verstanden und aufgefaßt werden müsse, was Plato (de rep. V, 457 C)
damit meinte, wenn er in der von ihm schriftlich entworfenen Republik sagt:
κοινὰς τὰς γυναῖκας, *d. h. daß die Frauen Gemeingut seien, und wie hat er*
auf die Idee kommen können, das Gekose mit Knaben und Mädchen als Lohn
für die tapfersten Männer und für die hervorragendsten Kriegshelden zu be-
stimmen? Daß diese vor allem in der *Politeia* entwickelten Vorstellungen
eine Fernwirkung zeigen, die bis zu den Frauenutopien der Neuzeit
reicht, hat M. Klarer in seinem Buch über *Frau und Utopie* immer wieder betont.[109]

Im 4. Jahrhundert scheint auch der Kyniker Diogenes ideal-
staatliche Vorstellungen entwickelt zu haben: Für ihn befand sich die
einzig wahre Verfassung des Staates im Kosmos, oder, wie W. Nestle
übersetzt: „Die einzig richtige Staatsordnung ist die Weltordnung":[110]
μόνην τε ὀρθὴν πολιτείαν εἶναι τὴν ἐν κόσμῳ. Jedenfalls berichtet
Diogenes Laertios von einer Gemeinschaft, in der alles Eigentum den
Weisen gehöre, weil unter Freunden alles gemeinsam sei (κοινὰ δὲ τὰ
τῶν φίλων).[111] Das bezog sich auch auf Frauen und Kinder. Im Unterschied zum Begründer des Kynismus Antisthenes, der für die Heirat mit
den schönsten Frauen eintrat, um Kinder in die Welt zu setzen,[112] emp-
fahl Diogenes Frauen- und Kindergemeinschaft; es bedürfe keiner Hochzeit, sondern der Überzeugungskraft, um mit einer Frau beisammen zu
sein. Deshalb sollten auch die Söhne gemeinsamer Besitz sein:[113] ἔλεγε
δὲ καὶ κοινὰς εἶναι δεῖν τὰς γυναῖκας, γάμον μηδένα νομίζων, ἀλλὰ
τὸν πείσαντα τῇ πεισθείσῃ συνεῖναι· κοινοὺς δὲ διὰ τοῦτο καὶ τοὺς
υἱας. In seinem Kommentar zu dieser Stelle schreibt der russische
Altertumswissenschaftler Isaj Nachov:[114] „Diese Lösung erscheint auf
den ersten Blick schockierend, trotzdem wurde hier nicht die Promiskuität, die ‚freie Liebe' proklamiert, sondern die Freiheit der Wahl für
beide Seiten, die gegenseitige, gleichberechtigte Liebe, die in der offiziellen Ehe so selten war. Es kann auch nicht die Rede davon gewesen
sein, die Frau zum allgemeinen und willigen Lustobjekt zu machen; das
hätte dem grundsätzlichen Asketismus des Kynikers, ihrem Abscheu vor
der Sinnlichkeit und ihrer Auffassung widersprochen, daß Mann und
Frau vor dem Angesicht der Tugend gleich seien (Diogenes Laertios VI
12)." Die partnerschaftlich gleichen Ehebedingungen, die Ablehnung
der Lust[115] und der gleiche Tugendkanon (letzterer bezieht sich auf
Antisthenes, nicht auf Diogenes) für Mann und Frau, wie sie I. Nachov
in der zitierten Textstelle sehen möchte, erweckt bei mir den Eindruck,

162

als ginge es hier um die Beschönigung eines marxistischen Paradehelden des antiken ‚Proletariats'. Was griechische Autoren in ihren Anekdoten über den ‚Bürgerschreck' aus Sinope erzählen, fügt sich nicht in dieses hehre Diogenesbild.[116]

Ein Zeitgenosse des Diogenes, Ephoros von Kyme, zuweilen als erster Verfasser einer Universalgeschichte apostrophiert, schildert die Skythen als Repräsentanten eines einfachen und tugendhaften Lebens, deren Gerechtigkeitssinn jenen anderer Völker überrage; auch seien sie frei von Leidenschaft, unbesiegbar, lebten in Gütergemeinschaft und hätten auch Frauen und Kinder gemeinsam.[117] A. Demandt spricht hier von ‚platonischem Kommunismus' und ordnet die skythischen Stämme in seiner ‚Utopie in der Windrose' zusammen mit den Abioi und Hyperboreern den Nordvölkern zu.[118] Auch über die Bewohner der Hebriden existieren ähnliche Nachrichten von Frauen- und Kindergemeinschaft.[119] Es ist nicht leicht, zwischen diesen völkertypisierenden Schilderungen und ethnographischen Topoi, wie sie oben besprochen wurden, eine klare Grenze zu ziehen. Phantastische und historische Elemente gehen ineinander über, doch lassen sich jene Texte, die vom ‚einfachen Leben', von einer idealisierten Moral und vom Typus des Edlen Wilden erzählen, eher der Utopie als der Ethnographie zuordnen.

Deutliche staatsutopische Elemente kennzeichnen die *Politeia* des Zenon von Kition. Seine ideale Polis sollte auf jene Bauten verzichten, die gemeinhin zu den Charakteristika griechischer Städte zählen:[120] *Weder Tempel noch Gerichtshöfe noch Gymnasien dürften in den Städten errichtet werden.* Auch das Münzgeld brauche man nicht. Und was die Bewohner seines Idealstaates anlangt, so sollte das Gemeinwesen *nur die wirklich Tugendhaftesten* (τοὺς σπουδαίους μόνον), die Politen, die Freunde, die Verwandten und Freien beherbergen. Den Zusatz des Diogenes Laertios, daß nach stoischer Lehre Eltern und Kinder Feinde und nicht weise seien, wird man wohl im Hinblick auf die anschließende Wunschvorstellung deuten müssen, daß die Frauen in diesem Staatswesen als Gemeingut betrachtet werden, eine Auffassung, die der Verfasser der *vitae sophistarum*, wie er ausdrücklich vermerkt, auch von Chrysippos, Platon und seinem kynischen Namensvetter kennt: ὥστε τοῖς στωικοῖς οἱ γονεῖς καὶ τὰ τέκνα ἐχθροί· οὐ γάρ εἰσι σοφοί. κοινάς τε τὰς γυναῖκας δογματίζειν ὁμοίως ἐν τῇ Πολιτείᾳ. Eine weitere Vorschrift, die in den bisher behandelten Utopien noch nicht aufscheint, lautet, daß Männer wie Frauen dieselbe Bekleidung tragen sollten und darauf zu achten hätten, daß *kein Teil des Körpers verborgen bleibe*: καὶ ἐσθᾶτι δὲ τῇ αὐτῇ κελεύει χρᾶσθαι καὶ ἄνδρας καὶ γυναῖκας καὶ μηδὲν μόριον ἀποκεκρύφθαι. Weshalb diese Kleidervorschrift notwendig sei, ist nicht klar erkennbar. Vielleicht verfolgte Zenon damit einen erotischen Zweck, was denkbar wäre, zumal Diogenes im Anschluß an diese Information ein Werk Ἐρωτικὴ τέχνη erwähnt, in dem der Stoiker offensichtlich einschlägige Fragen behandelt.[121] Etwa hundert Kapitel später[122] kommt der Zenonbiograph nochmals auf seine Vorstellung vom gemeinsamen Besitz der Frauen zurück und fügt hier einschränkend hinzu, daß diese Geschlechterrollen *bei den Weisen* (παρὰ τοῖς σοφοῖς) gelten sollte; in der Begründung heißt es: *Wir werden allen Kindern die gleiche väterliche Liebe zuteil werden lassen, und aller Eifersucht wäre damit das Ende bereitet.* Dieses Argument spielt, wie schon gesagt, bei Aristophanes und Platon eine Rolle. Neu hinzu kommt der Hinweis auf Eifersucht und Ehebruch, der nach Auffassung unseres Gewährsmannes in einer Gesellschaft mit gemeinsamem Frauenbesitz bedeutungslos wird; oder wie ein moderner Interpret meint: er sollte zur Überwindung „egoistischer Interessen" beitragen.[123]

   Die bisherigen utopischen Entwürfe weisen, was die Geschlechterrollen betrifft, Gemeinsames und Divergentes auf. Das gilt nicht zuletzt von der Sozialordnung, über die Iamboulos (nach der Überlieferung bei Diodor) in seinem fiktiven Reiseroman berichtet: Danach lebten Sonnenverehrer auf einer Insel am Äquator in Gruppen von je 400 Personen zusammen, und zwar harmonisch und ohne eheliche Bindung. An ihrer Spitze steht jeweils der älteste Mann. Auch in diesen sozialen Einheiten existiert eine Gemeinschaft von Frauen und Kindern, denen die Männer gleiche Liebe zuteil werden lassen. Aufgezogen werden die Kinder von Ammen, bei denen es oft vorkomme, daß sie ihre Zöglinge verwechselten. Als Voraussetzung für ihre Aufzucht galt eine Art ‚Aufnahmeprüfung', bei der das neugeborene Kind bei einer Art ‚Probeflug' auf seine Lebenstüchtigkeit getestet wurde. A. Demandt[124] erkennt darin „eugenische Regelungen [...], wie sie ähnlich für Sparta überliefert sind und in vielen Idealstaatsentwürfen vorkommen." Am Ende des Lebens konnten die Bewohner der Sonneninsel durch Genuß einer Pflanze im Alter von 150 Jahren sanft entschlafen. Dazu wiederum Demandt:[125] „Die Euthanasie, der ‚schöne Tod', gehört stets zum utopischen Wunschprogramm." Wie bei allen übrigen Staatsutopien bedeutet auch hier der Gemeinbesitz der Frauen nicht die Gleichstellung der Geschlechter, sondern die Gültigkeit des Prinzips der Promiskuität – aus der Sicht der Männer. Sie können sich ihre Geschlechtspartnerinnen aussuchen.

5. Schlußbetrachtung

Ich komme zum Schluß. Die Rollenbilder von Frauen und die Geschlechterbeziehungen im utopischen Schrifttum, wie sie antike Texte offenbaren, entspringen ausschließlich der ‚Männerphantasie' und – möglicherweise – einzelnen Erfahrungen, die im Umgang mit fremden Völkern und Kulturen gesammelt worden sind. Dabei mag die eigene Welt des griechischen männlichen Bürgerverbandes eine neue Bilder konstituierende Folie darstellen. Sie haben, häufig in übersteigerter Form, in Mythographie und Poesie, aber auch in philosophischen Konzepten ihren Niederschlag gefunden. Das aus dem Altertum fragmentarisch erhaltene einschlägige Gedankengut lieferte Anregungen für die Geschlechterrollen der späteren utopischen Konzepte. Diese Entwürfe haben die Aufhebung der traditionellen Eheformen genauso inkludiert wie die des Privateigentums, aber sie haben im Altertum niemals zugleich die Beendigung der Sklaverei gefordert.[126]

Wie aus einem Steinbruch haben seit dem Mittelalter Autoren und Autorinnen für den Bau ihrer neuen Utopien Bruchstücke aus dem ‚Trümmerfeld‘ antiker Überlieferung entnommen. Überall dort, wo konventionelle Formen der Geschlechterbeziehungen in Frage gestellt wurden, hat man auf antike Modelle und Notizen zurückgegriffen und für Gemeinbesitz von Frauen und Kindern, für Polygamie und Polygynie, Promiskuität, Prostitution, Matrilinearität und Mutterrecht, für die Kriegerinnenrolle der Frauen, ‚freie Liebe‘ und verwandte Vorstellungen plädiert. Dabei haben in der Neuzeit ideologische Unterschiede in Religion und Parteipolitik zu divergierenden Ausprägungen von Sozialutopien geführt, wie sie etwa bei den Pionieren moderner Utopien Th. Morus und Th. Campanella sichtbar werden. Mit Rekurs auf Platon, Aristoteles, die Kyniker und Stoiker haben die christlichen Autoren strikte Monogamie (Th. Morus) genauso gefordert wie Gemeinbesitz von Frauen (Th. Campanella), ganz abgesehen von Ideologen ab dem 18. Jahrhundert, die immer wieder die Auflösung der bürgerlichen Ehe und an ihrer Stelle die ‚freie Liebe‘ forderten (und auch praktizierten).[127] Die eingangs erwähnte Innsbrucker Studie *Frau und Utopie. Feministische Literaturtheorie und utopischer Diskurs im anglo-amerikanischen Roman* von Mario Klarer vermittelt einen guten Eindruck darüber, welche literarischen Konzepte und Motive antiker Autoren bis zum heutigen Tag überlebten.

Anmerkungen

1   Klarer 1993, 61.
2   Bichler 1995, 6.
3   Kytzler 1973, 68 nennt als Hauptquellen „utopischen Wunschdenkens" Mythos, Poesie, Historiographie und Ethnographie.
4   Vidal-Naquet 1981/1989, 186.
5   Kytzler 1973, 53f.
6   Von Pöhlmann 1925/1984 I, 317. Mehrere Beispiele für kriegerische Frauenrollen in der griechischen Überlieferung bietet Vidal-Naquet 1981/1989, 182-198.

7   Aug. civ. 18, 9. Vgl. dazu auch Vidal-Naquet 1989, 195 und Pembroke 1967, 1-35.
8   Hdt. 1, 173.
9   Bachofen 1861, 140f. Zur Auffassung, daß nicht Bachofen als erster auf mutterrechtliche Gesellschaftsordnungen aufmerksam gemacht hat, sondern Herodot, und unter den Neueren J. F. Lafitau (1670-1740), vgl. Müller 1984, 373 (mit Anm. 44); Pomeroy 1985, 172.
10   Bachofen 1861, 167.
11   In seiner *Vorrede zum Mutterrecht* versucht der Autor die „Bedeutung der mythischen Tradition" als Argumentationsbasis für seine Hypothese nachzuweisen; Bachofen 1861, Zitat: 6f. Vgl. dazu den kritischen Methodendiskurs von Wesel 1980, 54-65.
12   Austin/Vidal-Naquet 1984, 167-169.
13   Pherekrates, *Die Wilden;* zitiert bei Athenaios, *Deipnosophistai* 6, 263b (= Kock, *Comicorum Atticorum Fragmenta* F 10).
14   Austin/Vidal-Naquet 1984, 169: „Manes ist ein typisch phrygischer Name, Sekis ein griechischer Sklavenname."
15   Hdt. 6, 137, 3.
16   Klarer 1993, 24-28. Vgl. dazu auch Vidal-Naquet 1981/1989, 186.
17   Zu Arete vgl. Finley 1968, 91f., der die Vorstellung, daß hier an Matriarchat gedacht werden könne, zurückweist. Hom. *Od.* 6, 270 (*Denn die Phaiaken kümmern sich nicht um Köcher und Bogen*).
18   Binder 1989, 224.
19   Binder 1989, 224. Daß die Assoziation ‚Friede und Reichtum' schon aus Hom. *Od.* (24, 486) bekannt ist, betont Simon 1988, 59.
20   Zanker 1987, 177.
21   Ulf/Weiler 1980, 6ff.
22   Bachofen 1861, 421f.
23   Die pazifistische Deutung der Ekecheiria ist längst und mit guten Gründen bezweifelt worden. Vgl. Lämmer 1982/83, 69f.
24   Paus. 5, 6, 7; 6, 20, 9.
25   Paus. 5, 16, 2-6.
26   Mehl 1962, 71-81 und ders. 1967, 1031f. Der Autor interpretiert diesen „einzigartigen Rest eines mutterrechtlichen vorhellen. Festes" übrigens anhand europäischer Parallelen als „Fruchtbarkeitslauf."
27   Paus. 5, 3, 1-4.
28   Das wird im Teiresiasmythos (Apollod.*bibl.* 3, 6, 7; Ov. *met.* 3, 316-38) anders gesehen.
29   Lafitau, Kapitel 4, 4-6. Vgl. dazu Müller 1984, 446.
30   L. H. Morgan, *Ancient Society, or: Researches in the Lines of Human Progress from Savagery through Barbarism to Civilisation,* New York 1877; F. Engels, *Der Ursprung der Familie, des Privateigentums und des Staates. Im Anschluß an Lewis H. Morgan's Forschungen,* Zürich 1884.
31   Klarer 1993, 40-61. – Zum evolutionistischen Konzept in der neuzeitlichen Ethnographie vgl. Müller 1984, 372-5.
32   Bichler 1995, 110-27; der Verfasser hat mir freundlicherweise auch Einblick in zwei für den Druck vorgesehene Manuskripte gewährt, wo der Sexualität bei Randvölkern in Herodots Werk besondere Aufmerksamkeit gewidmet wird. Ich beziehe mich im folgenden ferner auf seinen Vortrag (und das Handout) *Frauen in der antiken Ethnographie (Herodot). Sexualsitten: Von der Wildheit zur Zivilisation – von der Promiskuität zur Monogamie,* gehalten in Innsbruck am 20. Februar 1997.
33   Die Übersetzung der Texte folgt J. Feix. Herodot berichtet, die Agathyrsen

hätten die Promiskuität gepflegt, damit sie wie Brüder und Verwandte miteinander umgehen könnten und sich nicht mehr mit Neid und Haß begegneten. Vgl. auch Hdt.

4, 104 und 1, 216 über eine Ehefrauengemeinschaft bei den Massageten sowie 4, 172 und 4, 180 über andere Gemeinschaften, die die Promiskuität pflegten; dazu siehe Pomeroy 1985, 174.

34 Müller 1972, 285-87.
35 Lovejoy/Boas 1935/1997, 367.
36 Bachofen 1861, 65.
37 Klarer 1993, 11.
38 Klarer 1993, 13.
39 Nippel 1990, 27.
40 Wesel 1980, 40.
41 Eine Übersicht zur neueren Matriarchat-Diskussion bietet Georgoudi 1990/ 1993, 499-511.
42 Wesel 1980, 27.
43 Müller 1984, 17f.
44 Taplin 1991, 155f.
45 Aristoph. Lys.155 (Übersetzungen nach L. Seeger).
46 Aristoph. Lys.1183-8.
47 Demandt 1993, 52.
48 Schuller 1985, 125.
49 Aristoph. Eccl. 590-4.
50 Aristoph. Eccl. 653; siehe auch Eccl. 716-19. Dazu Pomeroy 1985, 176. „Die Prostitution sollte – sei es ausdrücklich oder implizit – in Utopia abgeschafft sein. In den Ekklesiazusai (Die Weibervolksversammlung) waren es die Frauen selbst, die die Prostituierten verbannten."
51 Aristoph. Eccl. 614-9.
52 Aristoph. Eccl. 1015-20.
53 Pöhlmann 1925/1984, 1, 317.
54 Bichler 1995, 97-109.
55 Aristoph. Eccl. 605-7.
56 Aristoph. Eccl. 1168-83.
57 Pherekrates, Perser F 130.
58 Krates, Theria F 14; vgl. dazu Pöhlmann 1925/1984, 1, 310.
59 Anth. Gr. 9, 418.
60 Pomeroy 1985, 173.
61 Aristot. pol. 1265 b 4 (Übersetzungen nach F. F. Schwarz). Dazu siehe auch Pomeroy 1985, 174 und Demandt 1993, 38f.
62 Aristot. pol. 1267 b 5ff.
63 Vgl. Plat. leg. 744 E (über die Grenzen der Armut): Indem der Gesetzgeber dies als Maßstab aufstellt, wird er das Doppelte davon und das Dreifache bis hin zum Vierfachen (!) zu erwerben gestatten. (Nomoi-Übersetzungen nach K. Schöpsdau).
64 Aristot. pol. 1266 a 30-37.
65 Aristot. pol. 1266 b 9 und 1267 b 10ff.
66 Aristot. pol. 1266 a 30ff. Vgl. hierzu Demandt 1993, 83f.
67 Plat. rep. 5, 457 C – 465 D (Politeia-Übersetzungen nach F. Schleiermacher).
68 Plat. rep. 5, 457 C.f.: τὰς γυναῖκας ταύτας τῶν ἀνδρῶν τούτων πάντων πάσας εἶναι κοινάς, ἰδίᾳ δὲ μηδενὶ μηδεμίαν συνοικεῖν· καὶ τοὺς παῖδας αὖ κοινούς, καὶ μήτε γονέα ἔκγονον εἰδέναι τὸν ὑτοῦ μήτε παῖδα γονέα.
69 Plat. rep. 5, 457 C.
70 Plat. leg. 785 B: πρὸς πόλεμον δὲ ἀνδρὶ μὲν εἴκοσι μέχρι τῶν ἑξήκοντα ἐτῶν· γυναικὶ δέ, ἢν ἂν δοκῇ χρείαν δεῖν χρᾶσθαι πρὸς τὰ πολεμικά, ἐπειδὰν παῖδας γεννήσῃ, τὸ δυνατὸν καὶ πρέπον ἑκάσταις προστάττειν μέχρι τῶν πεντήκοντα ἐτῶν.

71 Plat. *rep.* 464 C.
72 Plat. *rep.* 464 D: διὰ τὸ μηδὲν ἴδιον ἐκτῆσθαι πλὴν τὸ σῶμα.
73 Plat. *rep.* 462 B. Zu den Gefahren, die eine hemmungslose Sexualität für den Staat bedeuten könnte, vgl. Plat. *leg.* 8, 835 Dff.
74 Plat. *rep.* 464 B.
75 Plat. *rep.* 464 B.
76 Die Parallelen zur NS-Ideologie zieht u. a. Marrou 1948/1977, 52 und 67f.; ferner Losemann 1977, 105.
77 Plat. *rep.* 456 A: καὶ γυναικὸς ἄρα καὶ ἀνδρὸς ἠὲ αὐτὴ φύσις [...].
78 Plat. *rep.* 458 C f.: οἱ δέ, ἄτε οἰκίας τε καὶ ξυσσίτια κοινὰ ἔχοντες, ἰδίᾳ δὲ οὐδενὸς οὐδών τοιοῦτον κεκτημένου, ὁμοῦ δὴ ἔσονται, ὁμοῦ δὲ ἀναμεμειγμένων καὶ ἐν γυμνασίοις καὶ ἐν τῇ ἄλλῃ τροφῇ ὑπ᾽ ἀνάγκης, οἶμαι, τῆς ἐμφύτου ἄξονται πρὸς τὴν ἀλλήλων μεῖξιν· ἢ οὐκ ἀναγκαῖά σοι δοκῶ λέγειν;
79 Zu den Verweisen auf die Tierwelt siehe Plat. *rep.* 459 Af.
80 Plat. *rep.* 458 Df.
81 Plat. *rep.* 459 D – 461 A, wo es auch um die Frage geht, ob Kinder *von Blühenden und Vollkräftigen* (ἐξ ἀκμαζόντων) erzeugt werden müßten? Platon denkt dabei nicht nur an die volle Kraft der Zeugenden, sondern auch an das Lebensalter: Frauen sollten zwischen 20 und 40, Männer zwischen 30 und 55 Jahre alt sein; dies sei *die kräftigste Zeit des Körpers und auch des Verstande*s (461 A: Ἀμφοτέρων γοῦν, ἔφη, αὕτη ἀκμὴ σώματός τε καὶ φρονήσεως).
82 Plat. *rep.* 460 B.
83 Plat. *rep.* 459 E (ἑορταί τινες).
84 Plat. *rep.* 460 Cf.
85 Die Vorstellung, daß die Eltern ihre eigenen Kinder nicht kennen, wie sie Plat. *rep.* 457 D (*weder ein Vater kenne sein Kind, noch ein Kind seinen Vater*) hier für die Mütter postuliert, findet sich auch bei Aristoph. *Eccl.* 635-50, der in Aussicht stellt, daß in einer nach dem Prinzip der Promiskuität funktionierenden Gesellschaft für die Väter auch die Schmach ein Ende hätte, wissentlich von eigenen Söhnen geschlagen und gedemütigt zu werden: *Als Väter betrachten die Kinder Jedweden, der älter aussieht* [...] (636).
86 Plat. *rep.* 460 Cf.
87 Plat. *rep.* 465 Cf.
88 Vgl. Pomeroy 1985, 178.
89 Plat. *leg.* 7, 783 D.
90 Plat. *leg.* 8, 840 Df.
91 Plat. *leg.* 6, 784 B.
92 Plat. *leg.* 6, 784 A.
93 Plat. *leg.* 6, 775 A – D.
94 Plat. *leg.* 6, 784 B.
95 Plat. *leg.* 8, 841 B – 842 A; hier: 841 E – 842 A: οὗτος δὴ νόμος, εἴτε εἷς εἴτε δύο αὐτοὺς χρὴ προσαγορεύειν, κείσθω περὶ ἀφροδισίων καὶ ἁπάντων τῶν ἐρωτικῶν, ὅσα πρὸς ἀλλήλους διὰ τὰς τοιαύτας ἐπιθυμίας ὁμιλοῦντες ὀρθῶς τε καὶ οὐκ ὀρθῶς πράττομεν.
96 Plat. *leg.* 6, 784 E, 6, 773 E und 6, 784 B.
97 Plat. *leg.* 11, 929 E – 930 A; hier 930 A: δέκα μὲν ἄνδρας τῶν νομοφυλάκων ἐπιμελεῖσθαι τῶν τοιούτων ἀεὶ χρεὼν τοὺς μέσους, δέκα δὲ τῶν περὶ γάμους γυναικῶν ὡσαύτως.
98 Plat. *Tim.* 18 D; vgl dazu Demandt 1993, 82.
99 Plat. *Tim.* 90 C – 92 C (Übersetzung: H. Müller): κατὰ λόγον τὸν εἰκότα γυναῖκες μετεφύοντο ἐν τῇ δευτέρᾳ γενέσει (90 E).
100 Aristot. *pol.* 1261 b 15 – 1262 b 35.

101	Aristot. *pol.* 1262 b 1.
102	Aristot. *pol.* 1262 b 40f.
103	Aristot. *pol.* 1259 a 40.
104	Aristot. *pol.* 1252 b 5.
105	Aristot. *pol.* 1313 b 33. Vgl. hierzu Vidal-Naquet 1981/1989, 184.
106	Aristot. *pol.* 1252 a 25-35.
107	Epikt. *Fragment* 15 (nach der Übersetzung von R. Mücke, Epiktet. Was von ihm erhalten ist, Heidelberg 1924, 340). Vgl. dazu Graßl 1982, 190.
108	Gell. 18, 2, 8 (Übersetzung: F. Weiß). Ebenfalls ein Hinweis von Graßl 1982, 190.
109	Vgl. etwa die Zitate a.O. 125f. Pomeroy 1985, 177 spricht vom Einfluß Platons „auf die Ideen moderner radikaler Feministinnen wie Shulamith Firestone und Simone de Beauvoir."
110	Hossenfelder 1996, 22.
111	Diog. Laert. 6, 37.
112	Diog. Laert. 6, 11.
113	Diog. Laert. 6, 72.
114	Nachov 1976, 395.
115	Zum hedonistischen Prinzip bei Diogenes von Sinope nimmt der Biograph im Kapitel unmittelbar vor der Besprechung der Frauen- und Kindergemeinschaft Stellung: Diog. Laert. 6, 71.
116	Diog. Laert. 6, 51f.; 54; 59; 63.
117	Strab. *geogr.* 7, 302 (3, 9); vgl. dazu Lovejoy/Boas 1935/1997, 288f.
118	Demandt 1993, 175f.
119	Nikolaos von Damaskos, *Fragment* 123 (Müller, FHG III, 460); vgl. Lovejoy/Boas 1935/1997, 288f.
120	Diog. Laert. 7, 33.
121	Diog. Laert. 7, 34. Müller 1988, 73f. verweist bei der merkwürdigen Kleidervorschrift auf eine Bestimmung bei Th. Morus, „daß der Mann die Auserwählte doch wenigstens einmal vor der Hochzeit völlig nackt sehen sollte."
122	Diog. Laert. 7, 131.
123	Müller 1988, 73 f. Vgl. dazu auch Lovejoy/Boas 1935/1997, 260, wo auf die Beziehungen zu kynischen Denkern und auf die Bejahung des Inzests verwiesen wird: „That incest is permissible (Zeno, Chrysippus)"; Sextus Empiricus, *Hypothesen* 3, 205-212.
124	Demandt 1993, 184.
125	Demandt 1993, 185.
126	Vidal-Naquet 1981/1989, 183: „Es fiel ihnen leichter, sich die Abschaffung der Ehe und des Privatbesitzes vorzustellen, als eine Utopie ohne Sklaverei ..."
127	Müller 1988, 74.

Bibliographie

Austin/Vidal-Naquet 1984 = M. Austin/P. Vidal-Naquet, Gesellschaft und Wirtschaft im alten Griechenland (franz. 1973), München ²1984

Bachofen 1861 = Schroeter 1926

Bichler 1994 = R. Bichler, Von der Insel der Seligen zu Platons Staat. Geschichte der antiken Utopie (Alltag und Kultur im Altertum, Bd. 3) Wien/Köln/Weimar 1994

Binder 1989 = G. Binder, SAEVA PAX. Kriegs- und Friedenstexte, in: G. Binder/B. Effe (Hgg.), Krieg und Frieden im Altertum (Bochumer Altertumswissenschaftliches Colloquium, Bd. 1) Trier 1989, 219-45

Demandt 1993 = A. Demandt, Der Idealstaat. Die politischen Theorien der Antike, Köln/Weimar/Wien 1993

Engels 1884 = F. Engels, Der Ursprung der Familie, des Privateigentums und des Staates. Im Anschluß an Lewis H. Morgan's Forschungen, Zürich 1884

Finley 1967 = M. I. Finley, Utopianism Ancient and Modern, in: The Critical Spirit: Essays in Honor of Herbert Marcuse, Boston 1967, 3-20

Finley 1968 = M. I. Finley, Die Welt des Odysseus (engl. 1954), Darmstadt 1968

Georgoudi 1993 = S. Georgoudi, Bachofen, das Mutterrecht und die Alte Welt, in: P. Schmitt Pantel (Hg.), Antike (Geschichte der Frauen, hg. v. G. Duby/M. Perrot, Bd. 1), Frankfurt/Main 1993, 497-511

Grassl 1982 = H. Grassl, Sozialökonomische Vorstellungen in der kaiserzeitlichen griechischen Literatur, 1.-3. Jh. n. Chr. (Historia Einzelschriften, H. 41) Wiesbaden 1982

Hossenfelder 1996 = M. Hossenfelder, Antike Glückslehren. Kynismus und Kyrenaismus, Stoa, Epikureismus und Skepsis. Quellen in deutscher Übersetzung mit Einführungen, Stuttgart 1996

Klarer 1993 = M. Klarer, Frau und Utopie. Feministische Literaturtheorie und utopischer Diskurs im anglo-amerikanischen Roman, Darmstadt 1993

Kytzler 1973 = B. Kytzler, Utopisches Denken und Handeln in der klassischen Antike, in: R. Villgradter/F. Krey (Hgg.), Der utopische Roman, Darmstadt 1973, 45-68

Lafargue 1977 = P. Lafargue, Thomas Campanella, in: Vorläufer des neueren Sozialismus, Stuttgart - Berlin ²1922 (ND: Internationale Bibliothek, Bd. 48a. Berlin/Bad Godersberg 1977)

Lafitau 1724 = J. F. Lafitau, Mœurs des sauvages amériquains, comparées aux mœurs des premiers temps, Paris 1724

Lämmer 1982/83 = M. Lämmer, Der sogenannte Olympische Friede in der griechischen Antike, in: Stadion 8/9, 47-83

Losemann 1977 = V. Losemann, Nationalsozialismus und Antike. Studien zur Entwicklung des Faches Alte Geschichte 1933-1945 (Historische Perspektiven, Bd. 7) Hamburg 1977

Lovejoy/Boas 1935/1997 = A. O. Lovejoy/G. Boas, Primitivism and related ideas in Antiquity (1935), Baltimore/London 1997

Marrou 1948/77 = H. I. Marrou, Geschichte der Erziehung im klassischen Altertum (franz. 1948), München [7]1976/1977

Mehl 1962 = E. Mehl, Mutterrechtliche Reste in der Olymp. Festordnung, in: Festschrift für K. Diem, 1962, 71-81

Mehl 1967 = E. Mehl, Heraia, in: Kleiner Pauly 2, 1031f.

Morgan 1877 = L. H. Morgan, Ancient Society, or: Researches in the Lines of Human Progress from Savagery through Barbarism to Civilisation, New York 1877

Müller 1972/1980 = K. E. Müller, Geschichte der antiken Ethnographie und ethnologischen Theoriebildung, 2 Bd.e (Studien zur Kulturkunde) Wiesbaden 1972, 1980

Müller 1984 = K. E. Müller, Die bessere und die schlechtere Hälfte. Ethnologie des Geschlechterkonflikts, Frankfurt/Main/New York 1984

Müller 1988 = R. Müller (und R. Günther), Das Goldene Zeitalter, Leipzig 1988

Nachov 1976 = I. Nachov, Der Mensch in der Philosophie der Kyniker, in: R. Müller (Hg.), Der Mensch als das Maß der Dinge. Studien zum griechischen Menschenbild in der Zeit der Blüte und Krise der Polis (Veröffentlichungen des Zentralinstituts für Alte Geschichte und Archäologie der Akademie der Wissenschaften der DDR, Bd. 8) Berlin 1976, 361-398

Nippel 1990 = W. Nippel, Griechen, Barbaren und »Wilde«. Alte Geschichte und Sozialanthropologie, Frankfurt/Main 1990

Pembroke 1967 = S. G. Pembroke, Woman in Charge: the Function of Alternatives in Early Greek Tradition and the Ancient Idea of the Matriarchy, in: Journal of the Warburg and Courtauld Institutes 30, 1-35

Pöhlmann 1925/1984 = R. v. Pöhlmann, Geschichte der sozialen Frage und des Sozialismus in der antiken Welt, 2 Bd.e, München [3]1925, (Neuausgabe von K. Christ, Darmstadt 1984)

Pomeroy 1985 = S. B. Pomeroy, Frauenleben im klassischen Altertum (engl. 1984), Stuttgart 1985

Schroeter 1926 = M. Schroeter (Hg.), Der Mythus von Orient und Okzident. Eine Metaphysik der Alten Welt. Aus den Werken von J. J. Bachofen mit einer Einleitung von Alfred Baeumler, München 1926

Schuller 1985 = W. Schuller, Frauen in der griechischen Geschichte (Konstanzer Bibliothek, Bd. 3) Konstanz 1985

Taplin 1991 = O. Taplin, Feuer vom Olymp. Die moderne Welt und die Kultur der Griechen (engl. 1989), Reinbek bei Hamburg 1991

Ulf/Weiler 1981 = C. Ulf/I. Weiler, Der Ursprung der antiken Olympischen Spiele in der Forschung. Versuch eines kritischen Kommentars, in: Stadion 6, 1-38

Vidal-Naquet 1981/1989 = P. Vidal-Naquet, Der Schwarze Jäger. Denkformen und Gesellschaftsformen in der Antike (1981), Frankfurt/Main/New York 1989

Wesel 1980 = U. Wesel, Der Mythos vom Matriarchat. Über Bachofens Mutterrecht und die Stellung der Frauen in frühen Gesellschaften vor der Entstehung der staatlichen Herrschaft, Frankfurt/Main 1980

Zanker 1987 = P. Zanker, Augustus und die Macht der Bilder, München 1987

Otta Wenskus

Geschlechterrollen und Verwandtes in der pseudo-hippokratischen Schrift „Über die Umwelt"

Der im deutschen Sprachraum unter der Bezeichnung „Umweltschrift" oder „Schrift über die Umwelt" bekannte Text[1] dürfte in der zweiten Hälfte des 5.Jh. v.Chr. entstanden sein. Er ist im Corpus Hippocraticum überliefert, zusammen mit etwa 50 anderen Schriften von etwa ebensovielen verschiedenen Autoren. Keine dieser Schriften kann mit Sicherheit „dem" großen Hippokrates zugewiesen werden. Von den meisten Verfassern wissen wir wenig oder nichts; dies gilt auch für den Verfasser der Umweltschrift – leider, denn Vieles hängt von der Antwort auf die Frage ab, ob er zumindest einen Teil der von ihm beschriebenen Gegenden aus eigener Anschauung kennt. Was das Phasisgebiet und das Skythenland betrifft, so ist besagte Frage unlängst von Jouanna[2] mit dem Argument bejaht worden, die Beschreibung der Einwohner dieser Gegend setze Fragestellungen voraus, die nur Ärzte interessieren (und die bei Herodot, dessen Skythenlogos ungleich mehr Raum einnimmt als die Skythenkapitel von Aer., bezeichnenderweise fehlen). Wir werden jedoch sehen, daß die Sache nicht ganz so einfach ist; auch ist die Frage des Quellenverhältnisses trotz teilweise wörtlicher Übereinstimmungen einer einfachen Lösung nicht zugänglich. Grundsätzlich ist Jouanna zuzustimmen: die ethnographische Literatur des 5.Jh. muß viel reichhaltiger gewesen sein, als unsere Quellen auf den ersten Blick vermuten lassen[3].

Was die Textüberlieferung betrifft, so befinden wir uns inzwischen dank zahlreicher wichtiger Neufunde in einer weit günstigeren Lage als die früheren Forschergenerationen: für kaum ein fast vollständig erhaltenes Werk der antiken griechischen Literatur vergleichbarer Bedeutung ist der in den letzten Jahrzehnten erzielte Erkenntniszuwachs annähernd groß, und nicht nur das – Aer. liegt seit kurzem in der vorbildlichen Ausgabe von Jacques Jouanna vor.[4] Dies hat nun die Folge, daß sich das auch bei Altertumswissenschaftlern leider immer noch übliche Zitieren aus längst veralteten Ausgaben und Übersetzungen besonders bitter rächt, zumal gerade im Falle des „ethnographischen" Teils unserer Schrift das erkenntnisleitende Interesse der ersten Jahrzehnte unseres Jahrhunderts stark durch rassentheoretische Vorurteile geprägt war – in diesem Fall zwar nicht antisemitische, wohl aber panmongolistische. Die Rezeption der Umweltschrift im slawischen und deutschsprachigen Raum des ausgehenden 19. und frühen 20. Jh. wäre noch zu untersuchen (ich sehe mich mangels hinreichender Russischkenntnisse dazu nicht in der Lage); jedenfalls hat der Panmongolismus die deutschsprachigen Intellektuellen fasziniert, wie nicht nur Thomas Manns „Zauberberg" zeigt[5]: einige Forscher – darunter Max Pohlenz – meinten zu Unrecht, die Skythen müßten zumindest mongolische Züge aufgewiesen und Aer. müsse also auch die Skythen als Mongolen oder den Mongolen in vielen Punkten ähnlich beschrieben haben. Ja, Pohlenz griff sogar überflüssigerweise stark in den Text ein. So veränderte er die Aussage von 19, 5 (die Skythen sehen sich alle ähnlich, die Männer untereinander und die Frauen untereinander) zu der Behauptung, bei den Skythen sähen die Männer wie Frauen aus und umgekehrt , was bedeuten würde, daß die Skythen von Natur aus bartlos waren – wie die Mongolen. Das steht aber nun im krassen Widerspruch zur skythischen Ikonographie wie auch zu den Grabfunden, welche teilweise Spuren von Rasur zeigen.[6] Soweit ich sehe, ist ihm in diesem Punkt zwar kein Herausgeber gefolgt, aber mindestens ein Übersetzer holte sich die von ihm vermißte Behauptung aus einer anderen Textstelle[7] - und gerade eine solche Übersetzung übernahm Renate Rolle in ihrem grundlegenden und ansonst zu Recht einflußreichen Skythenbuch.[8] Alle diejenigen Aussagen Aer.s zum Aussehen der Skythen und Skythinnen, welche die moderne Skythologie vor große Probleme gestellt haben, sind weder im griechischen Text von Aer. überliefert noch durch die Nebenüberlieferung gestützt – Pohlenz und andere haben die betreffenden Stellen schlicht und einfach umgeschrieben bzw. in postulierte Lücken hineinkonjiziert! Es ist ein pures Wunder, daß sie den Skythen von Aer. nicht auch Schlitzaugen angedichtet haben. Aber genug des Spottes – der Panmongolismus ist passé; wir wissen heute Vieles besser (hoffentlich spricht sich dies auch herum). Daher sei nachdrücklich betont, daß es zwecklos ist, meine hier vorliegenden Ausführungen anhand einer anderen Ausgabe nachzuprüfen als der von irreführenden Konjekturen gereinigten Jouannas (was die Übersetzung betrifft, so weiche ich gelegentlich von Jouanna ab); lediglich für das 17. Kapitel käme man auch mit Diller ziemlich weit.

Die Umweltschrift richtet sich explizit an Ärzte, genauer gesagt: an wandernde Ärzte. Diese mußten sich, wenn sie in eine neue Polis kamen, meist erst das Vertrauen der Bewohner erwerben, und da die Arztausbildung nicht institutionalisiert war (jeder konnte sich als Arzt bezeichnen), dürfte dies nicht immer leicht gewesen sein. Hier will besonders der erste, allgemeine Teil der Umweltschrift hilfreich sein: er „beschreibt", mit welchen Krankheiten je nach vorherrschenden Winden, Beschaffenheit des Wassers u.ä. zu rechnen ist. Geschlechterrollen als solche interessieren den Verfasser so wenig, daß er zwar angibt, unter welchen Krankheiten in derselben Stadt einerseits die Männer und andererseits die Frauen leiden, aber ohne daß recht klar wird, wie scharf diese Trennung zwischen den Geschlechtern zu verstehen ist – leiden etwa die Frauen einer Stadt x nie an den Krankheiten, welche bei der männlichen Bevölkerung endemisch sind, etwa weil ihre Körper mit anderen, spezifisch weiblichen, evtl. auch pathologischen Prozessen auf die nosogenen Faktoren reagieren, oder weil Frauen anders leben als Männer?[9] Die Frage, ob es spezifische Frauenkrankheiten gibt (natürlich abgesehen von Krankheiten des Urogenitalbereichs und der Brüste), wurde in der Antike seit dem 5.Jh. durchaus kontrovers diskutiert – der Verfasser der Umweltschrift nimmt an dieser Diskussion nicht teil[10]. Die einzige Aussage zu einer spezifisch weiblichen Lebensweise im allgemeinen Teil der Schrift ist in ihrer Echtheit umstritten: sie steht in dem vielbeachteten Abschnitt 9, 6, in dem der Verfasser erklärt, warum (Frauen und ?) Mädchen weniger an Blasensteinen leiden. Er sieht den Grund einerseits in der Anatomie des weiblichen Urogenitalbereichs – soweit gilt der Text heute als unproblematisch – andererseits aber auch in der „Tatsache", daß die Mädchen mehr trinken als die Jungen. Diese letzte Bemerkung hat Diller getilgt, weil sie in den (in arabischer Übersetzung erhaltenen) Galenlemmata fehlt; sie findet sich aber außer in der griechischen Überlieferung auch in der alten lateinischen Übersetzung und ist somit zu halten. Jouanna erklärt sie plausibel mit der allen Hippokratikern gemeinsamen und wohl auch empirisch begründeten[11] Auffassung von der größeren Feuchtigkeit der weiblichen Konstitution – irgendwie muß dieser Feuchtigkeitsgehalt ja aufrechterhalten werden, hat sich der Verfasser von Aer. wohl gedacht. Dies könne nun aber nicht daran liegen, daß Mädchen weniger Flüssigkeit ausscheiden als Jungen (sonst müßten sie eher mehr als weniger an Blasensteinen leiden) – also trinken sie mehr. Mit anderen Worten: die einzige Bemerkung zur weiblichen Lebensweise, die Aer. im allgemeinen Teil macht, ist zwar textkritisch nicht so problematisch, wie Diller meinte, aber eine reine adhoc-Erklärung.

Auch im sogenannten „ethnographischen" Teil bringt Aer. den Geschlechterrollen ungleich weniger Interesse entgegen, als es die antiken Verfasser ethnographischer Schriften (oder Abschnitte) in der Regel tun. Die wenigen Ausnahmen – bes. die Abschnitte über die kämpfenden Sauromatinnen (17) und die sogenannten skythischen „Eunuchen"(22) – bestätigen die Regel, weil sie medizinisch relevant sind: die

175

„Eunuchen" sind (sowohl aus der Sicht des Verfassers wie auch nach der modernen retrospektiven Diagnose) aus organpathologischen Gründen impotent; die Sauromatinnen brennen angeblich ihren Töchtern die rechte Brust aus, um die ganze Kraft in den rechten Arm zu lenken. Von den Frauen der Makrokephalen (14) und der Phasisbewohner (15) ist nicht explizit die Rede; im Sauromatinnenkapitel 17 ist hinwiederum so gut wie nicht von den Männern die Rede; die einzige Bemerkung, welche das Verhältnis der Geschlechter zueinander betrifft, ist nicht eindeutig, wie wir sehen werden. Auch sonst stellt uns das Sauromatinnenkapitel vor die größten Probleme, weil der dringende Verdacht besteht, daß der Verfasser nicht nur griechische Wertvorstellungen in sein Bild der sauromatischen Gesellschaft projiziert, sondern auch Elemente des Amazonenmythos (während die Kolchis betreffenden Mythen einschließlich des Medeamythos keine greifbaren Spuren im Phasiskapitel 15 hinterlassen haben). Denn die von mir im Anschluß an Renate Rolle vertretene Theorie, die Kenntnis von den sauromatischen Oiorpata (wie laut Herodot 4, 110 die Kriegerinnen von den Skythen genannt wurden) habe nicht nur die Ikonographie der Amazonen deutlich beeinflußt[12], sondern auch den griechischen Mythos, mag bis auf einen Punkt – die Mythenbildung um Alexander den Großen – anfechtbar sein (sowohl die Assoziation der Amazonen mit der Reitkunst als auch die Geschichte vom Kampfgurt der Amazonenkönigin sind auch anders erklärbar) – die kumulative Evidenz für eine vom Mythos beeinflußte Sicht der Oiorpata scheint mir zumindest zu äußerster Vorsicht bei der Interpretation nicht nur von Herodot 4, 110-117, sondern auch von Aer.17 zu gemahnen. Daß der Verfasser von Aer. im Gegensatz zu Herodot die Amazonen nicht nennt, ist m.E. kein Gegenargument.[13] Hier meine Argumente, soweit sie Aer. betreffen:

1) Aer. sagt von den Sauromatinnen, sie ritten, schössen mit dem Bogen und würfen Speere – der Anklang an die Selbstcharakterisierung derjenigen Amazonen, die laut Herodot 4, 110-117 zu den Vorfahrinnen der Sauromaten wurden (114), ist evident. Nun finden sich tatsächlich in allen sauromatischen Oiorpata-Gräbern Pfeilspitzen und gelegentlich Pferdeknochen, Zaumzeug u.Ä., aber Speere sind eher in den Gräbern der kämpfenden Skythinnen gefunden wurden. Von kämpfenden Skythinnen ist jedoch in unseren griechischen Quellen nicht die Rede; tatsächlich war das Phänomen Oiorpata auf einen weit größeren Raum ausgedehnt; bei Herodot und Aer. liegt eine der in der griechischen Wissenschaft (einschließlich der Mathematik!) gar nicht so seltenen Einschränkungen auf einen nach unserem Kenntnisstand zu engen Bereich vor[14]: zwar scheinen kämpfende Frauen für die Sauromaten charakteristischer gewesen zu sein als für den übrigen nordpontisch-kaspi-

schen Raum, aber gerade Aer. schreibt den Skythinnen der Oberschicht (bes. 21, 2 f; im Gegensatz zu den skythischen Sklavinnen) dieselbe inaktive, auf das Innere der Wohnwagen beschränkte Lebensweise zu wie die herodoteischen Amazonen 4, 114 es tun. Bemerkenswert ist auch, daß er die Sauromaten zwar als skythisches Volk bezeichnet, aber betont, sie unterschieden sich „von den anderen Völkern (erg.: der Skythen? Europas? oder der bekannten Welt überhaupt?).[15] – Was das Speerewerfen betrifft, so ist dies für Frauen wegen der Valgusstellung der Armknochen eine wesentlich ungünstigere Kampftechnik als das Bogenschießen.[16] Entweder verwechselt also Aer. bzw. seine Quelle Skythinnen und Sauromatinnen – oder aber er ist von Mythen beeinflußt, in denen Amazonen auch mit dem Speer kämpften. Die beiden Erklärungen schließen sich m.E. nicht aus.

2) Vermutlich generalisieren Herodot und der Verfasser der Umweltschrift – oder deren Quelle(n) – wenn sie das Oiorpata – Stadium als obligatorische Etappe im Leben jeder Sauromatin darstellen. Zwar war das Oiorpata Phänomen nicht auf die Oberschicht beschränkt und sind etwa ein Fünftel aller Bestattungen mit Waffen im Sauromatengebiet Bestattungen von Frauen, aber wenn wirklich jede Sauromatin vor der Ehe einen Feind (Herodot 117) oder sogar drei (Aer.) töten mußte, wäre ein weit höherer Prozentsatz zu erwarten. Die Annahme liegt m.E. nahe, daß die Griechen an die mythischen Amazonenvölker dachten.

3) Einfluß des Mythos nehme ich auch für eine weitere, sehr einflußreiche Behauptung der Umweltschrift an. Es handelt sich um den ersten Beleg für den Topos der Verstümmelung (in diesem Fall durch Kauterisieren) der rechten Brust. Die communis opinio sieht hier m.E. zu Recht eine der gängigen Volksetymologien des Amazonennamens: „die Brustlosen".[17] Zweck dieses Eingriffes ist laut Aer., Kraft in den rechten Arm zu lenken: so auch Galen im Kommentar zur Stelle[18] sowie im Kommentar zu den Aphorismen (XVIII A 148, 11-14 Kühn). Häufiger lautet die Begründung (sie kann auch explizit auf die in der Antike für Kleinasien oder andere „historischen Sitze" postulierten Amazonen bezogen werden): die rechte Brust wäre beim Speerewerfen und/oder Bogenschießen im Weg; so etwa Apollodor 5, 9 (zur neunten Arbeit des Herakles): hier „zerquetschen" die Mütter den Töchtern die Brust[19]. – Von dieser Verstümmelung ist weder bei Herodot noch (soweit ich es nachgeprüft habe) in der erhaltenen epischen oder dramatischen antiken Literatur die Rede; sie ist auch ikonographisch nicht faßbar. Die Paläopathologie scheint sich dieses Problems noch nicht angenommen zu haben; übrigens weiß ich nicht, ob die erhaltenen Oiorpata-Skelette genug Geweberreste aufweisen, um einen Nachweis des von Aer. be-

schriebenen Eingriffs zu ermöglichen. Notabene: es ist nicht völlig aus-zuschließen, daß ihn die Oiorpata oder einige von ihnen tatsächlich aus dem von Aer. und Galen genannten Grund praktizierten (daß er unseres Wissens keinerlei positive Effekte hätte, ist kein Gegenargument); der Anklang an den griechischen Amazonennamen wäre dann ein merk-würdiger Zufall. Aber ich bin skeptisch.

4) Weniger skeptisch bin ich in Bezug auf die Behauptung, die erfolgreichen Oiorpata hätten sich ihre Männer selbst ausgesucht (so verstehe ich die Wendung ἑῳυῆ ἄρηται – Jouanna übersetzt vor-sichtiger „qui a obtenu pour elle un mari"). Vielleicht hatten die Sauromatinnen ja tatsächlich in dieser Beziehung mehr zu sagen als in Griechenland, und wenn sie wirklich vor der Ehe ein bis drei Feinde getötet hatten, waren sie wohl auch einige Jahre älter als etwa die jun-gen Athenerinnen zum Zeitpunkt ihrer ersten Ehe. Aber eine Unsicher-heit bleibt, denn die sauromatische Gesellschaft ist – Oiorpata hin, Oiorpata her – eindeutig männerdominiert. Vorsichtig sollte auch ein Blick auf die Mythenbildung um Alexander den Großen stimmen: Plutarch überliefert Alexander 46 einen (echten oder unechten – das tut hier nichts zur Sache) Brief Alexanders an Antipatros: der skythische Herrscher habe ihm, Alexander, die Hand seiner Tochter angeboten. Daraus macht der Mythos sehr rasch: die Amazonenkönigin Thalestris (oder Thalestria, so Strabon 11, 5, 4) will Kinder von Alexander und trägt ihm dieses Anliegen selbst vor...

Soviel zu den vermutlichen bzw. möglichen Einflüssen des Amazonen-mythos. Nun zu den Wertvorstellungen:

1) Mit hoher Wahrscheinlichkeit projiziert Aer.17 griechi-sche Wertvorstellungen, wenn er erklärt, die sauromatischen Jungfrau-en ritten. Nicht, daß die griechischen Jungfrauen in der Regel reiten, aber die Griechen sehen in der Ehe einen so starken Einschnitt, daß sie alles, was die Jungfrauen anderer Völker vor der Ehe tun, nicht so nega-tiv beurteilen – hier ist zu beachten, daß sich die Begriffe *parthenos* und „Jungfrau" nicht decken.[20] Der archäologische Befund spricht auf den ersten Blick gegen die Behauptung von Aer.: auch Frauen mit Kindern können mit dem typischen Mischinventar der Oiorpata begraben wer-den, wie der Fund von Čertomlyk im unteren Dnjeprgebiet zeigt: es handelt sich um die Skelette einer jungen Kriegerin und eines Säug-lings, den die Frau im Arm hält.[21] Gewiß, im unteren Wolgagebiet könnte es sich anders verhalten haben, aber ich bezweifle dies: Aer. 17 sagt von den verheirateten Sauromatinnen, sie ritten nur, wenn es aus zwingen-den Gründen erforderlich sei, und was ein zwingender Grund ist, ist

Ermessensfrage: derselbe Sachverhalt kann als Ausnahme oder als Regel gewertet werden – laut Herodot jagen und kämpfen die Oiorpata gemeinsam mit ihren Männern. Ob die Sauromaten selbst reitende Ehefrauen als Norm oder als der Begründung bedürfende Ausnahme empfanden, wie sich also bei ihnen tatsächlich der soziale Raum zur realen Bewegungsfreiheit verhielt, werden wir nie erfahren; auch eine Statistik würde nicht weiterhelfen.

2) Griechische Wertvorstellungen – die sich allerdings mit den skythischen vielleicht partiell decken – schlagen sich auch in der Behauptung nieder, die Sauromatinnen müßten erst drei Feinde töten (laut Herodot 4, 117 einen) und ganz bestimmte Opfer darbringen, ehe sie heiraten.[22] Ob diese Angaben zutreffen oder nicht – bezeichnend ist, daß unser an fremden Bräuchen ja nicht grundsätzlich interessierter Verfasser sie überhaupt in diesem Zusammenhang macht. Interessanterweise erklärt ausgerechnet Galen, dessen liebste literarische Form (pointiert ausgedrückt) der Exkurs ist, im Kommentar zur Stelle, dieser Abschnitt habe wenig mit Medizin zu tun – er hält nur die Angaben über die Kauterisierung der rechten Brust für relevant. Nota bene: hier schreibt der Mann, der sich in eben dieser Schrift seitenlang zu astronomischen Problemen geäußert hat. – Aber zurück zu Aer: Wir haben es hier mit rites-de-passage-Vorstellungen zu tun, was aber nicht bedeutet, daß ich der Theorie von der Genese der griechischen Amazonenmythen aus solchen Vorstellungen vorbehaltlos zustimme.[23]

Wie die besondere Stellung der Sauromatin zu erklären ist, sagt Aer. nicht – im Gegensatz etwa zu Herodot 4, 110-117.[24]

Nun zu der Beschreibung der skythischen Frauen in Aer. 18, 4 ; 19, 4f.; 20, 3 und 21, 2f. Ist es im Falle des Sauromatinnenkapitels nur ein wohlbegründeter Verdacht, daß der Verfasser generalisiert, so steht dies in diesem Falle fest: er behauptet von den freien Skythinnen ohne Einschränkung, sie verbrächten ihr ganzes Leben im Wohnwagen, bewegten sich weder zu Fuß noch zu Pferd fort und seien teils deshalb, teils wegen des Klimas schlaff, fett, kalt und feucht, was wiederum ihre Unfruchtbarkeit verursache. Hier stellt sich die Frage, ob der Verfasser a) die wahren Verhältnisse kennt und bewußt vereinfacht, b) nie bei den Skythen war und nur seiner Quelle bzw. seinen Quellen folgt oder c) nur einen Teil des skythischen Gebiets kennt und dort wirklich nur nichtkämpfende Skythinnen angetroffen hat. Daß er in 18 den Skythen ohne Einschränkung eine nomadische Lebensweise zuschreibt, 20 1 hingegen nur der Mehrzahl[25], hilft uns bei der Lösung des Problems auch nicht weiter. – Was die skythischen Männer betrifft, so sind sie zwar laut

Aer. auch fett , aufgeschwemmt, träge und wenig fruchtbar[26], unterscheiden sich von ihren Frauen aber einerseits durch das Reiten (18, 4), andererseits durch die Tatsache, daß sie ja kämpfen müssen und zu diesem Zweck ihre Gelenke kauterisieren (20, 1), was sie nach Ansicht von Aer. etwas austrocknet und so beweglicher macht. – Für uns als mit modernen Barbarenklischees Aufgewachsene wirken besonders die Bemerkungen Aer.s zur angeblich schwach ausgeprägten Libido der skythischen Männer und der völlig fehlenden Libido bei skythischen Jungen und männlichen Jugendlichen auffallend[27]; sie kulminieren im berühmten

22. Kapitel, das den sogenannten „skythischen Eunuchen" gewidmet ist, welche Herodot 1, 105 und 4, 67 *Enariees* nannte und Aer. vermutlich *Anarieis* (der Ausdruck ist durch eine typische Majuskelverwechslung zu *Andrieis* korrumpiert worden). Hier liegt vermutlich einer der seltenen Fälle vor, wo eine retrospektive Diagnose gewagt werden kann: laut Elinor Lieber[28] läßt der Text von Aer. – und zwar nicht nur von 22, sondern auch von anderen generalisierten Bemerkungen in den Skythenkapiteln[29] – darauf schließen, daß mehrere Familien der skythischen Oberschicht genetisch zu einer Eisenspeicherkrankheit prädisponiert waren, welche durch den extrem hohen Eisengehalt des Trinkwassers besonders des Dnjeprgebietes ausgelöst wurde: die Hämochromatose, welche u.a. zu Herzinsuffizienz, Aufgedunsenheit, Lethargie, Bronzefärbung der Haut und im Spätstadium eben zu Impotenz führt. Aer. sieht als Auslöser vornehmlich das Reiten und als verschärfend die skythische Praxis des Aderlasses, wobei er annimmt, die Skythen müßten die Adern neben den Ohren, denen er offenbar eine große Bedeutung für den Transport des „Samens" zuschreibt, auf Dauer geschädigt haben (n.B.: der Aderlaß ist bei Hämochromatose tatsächlich hilfreich und wird auch heute noch praktiziert). Die Skythen selbst erklärten diese Krankheit mit göttlicher Einwirkung – so vermutlich unabhängig voneinander, jedenfalls mit unterschiedlicher Schwerpunktsetzung Herodot 1, 105 und Aer. Besonders interessant ist für unsere Fragestellung, daß zwar aus der Neuzeit Beschreibungen von Ethnien mit endemischer Hämochromatose bekannt sind[30], aber nicht von vergleichbaren Konsequenzen für die Geschlechterrollen: wenn die Aderlaß-Therapie nicht anschlägt und die Impotenz fortbesteht, sprechen sich laut Aer. die betroffenen Skythen selbst die Männlichkeit ab, legen Frauenkleidung an, verrichten zusammen mit den Frauen weibliche Arbeiten und sprechen auch wie diese – aus dem Text geht nicht hervor, was genau damit gemeint ist: klingt ihre Stimme weiblich? Wenn ja: ist dies eine Folge der Krankheit, oder sprechen die Anarieis absichtlich höher? Eher Letzteres, denn das fragliche Verb steht in einer Aufzählung freiwilliger Handlungen. Oder bedienen sie sich vielleicht einer

spezifischen Frauensprache? Weiter: Dürfen wir aus der Beschreibung der Reaktionen der Patienten schließen, daß die Skythen, was die Geschlechterrollen betrifft, verhältnismäßig flexibel waren? Was wir von den kämpfenden Skythinnen wissen, weist immerhin in diese Richtung. Doch die durch eine Mischung von Scheu und religiöser Verehrung geprägte Reaktion der nicht von dieser Krankheit (zumindest nicht in diesem Stadium) Betroffenen, die Aer. so prägnant beschreibt, zeigt deutlich, daß die Skythen die Geschlechterrolle Anarieis als das Ergebnis unerwünschter göttlicher Einwirkung und somit keineswegs als normal auffaßten; dieser Schluß wird durch Herodot 1, 105 gestützt. – Unser Verfasser selbst bewertet die Geschlechterrollenwahl in diesem Kapitel ebensowenig explizit wie im Sauromatinnenkapitel; die Abwertung der barbarischen Lebensform ist aber offensichtlich – die Skythen ruinieren sich laut Aer. mit ihrer Lebensweise ihre Gesundheit im Allgemeinen und ihre Zeugungskraft im Besonderen. Der lange Abschnitt über die impotenten Skythen ist umso aussagekräftiger, als die männliche Impotenz (im Gegensatz zur weiblichen Unfruchtbarkeit) im Corpus Hippocraticum so gut wie nie erwähnt wird[31] – sie kommt weder in den zahlreichen Krankengeschichten der Epidemienbücher noch in den nosologischen Schriften je vor. Der griechische Mann – so das unausgesprochene Vorurteil – ist nicht impotent. Das sind allenfalls Barbaren aufgrund ihrer verfehlten Lebensweise und/oder ihrer verweiblichten Physis: den Schluß des Skythenabschnittes im Allgemeinen und des Anarieis-Kapitels im Besonderen bildet 22, 13 eine Aufzählung weiterer Gründe, welche laut Aer. für die geringe Potenz und Libido der Skythen verantwortlich sind. Die Skythen erscheinen als Opfer ihrer Sitten (Reiten und Hosentragen) und ihres Klimas – es ist einfach zu kalt im Skythenland. So ähneln von allen Völkern die Skythen am meisten den Eunuchen. – Kurzum, es ist schwer, sich ein Skythenbild vorzustellen, welches dem von Alexandr Blok weniger entspräche.

Anmerkungen

1   Der griechische Titel ist in mehreren Varianten überliefert; der konventionelle gr. Titel lautet περὶ ἀέρων ὑδάτων τόπων, der konventionelle lat. Titel *De aeribus aquis locis*, abgekürzt Aer.

2   Im Vorwort zu seiner Ausgabe 1996, 57-59.

3   Wie Anm. 2.- Zu einigen Gemeinsamkeiten und Unterschieden in den Sauromatenkapiteln der beiden Autoren s. Wenskus 1999.

4   S. Anm. 2; vgl. auch meine Rezension 1997b. Die Hauptüberlieferung ist nach wie vor schlecht – es gibt nur einen unabhängigen griechischen Textzeugen für die gesamte Schrift, einen Vaticanus des 12.Jh. – aber die Nebenüberlieferung ist ungewöhnlich reichhaltig; die Neufunde der letzten drei Jahrzehnte bezeichnet Joanna zu Recht als spektakulär. Sie zeigen übrigens

auch, daß der Text von V gar nicht so schlecht ist wie noch Pohlenz 1937; Pohlenz 1938 annahm; Jouanna konnte also einige folgenschwere Konjekturen eliminieren; dazu später.

5 Eines der Leitmotive dieses Buches sind die „Steppenwolfslichter" bzw., wie Hofrat Behrens sich ausdrückt, der Epikanthus der Russin Clawdia Chauchat, und als Settembrini I 5, 3 seine russischen Leidensgenossen als „Parther und Skythen" bezeichnet, versteht selbst der noch ungebildete Hans Castorp sofort:"Sie meinen Russen?"

6 Pohlenz 1937, 75; wiederholt in Pohlenz 1938, 102, Anm. 4 zu S.21. Pohlenz war zweifellos ein bedeutender Gräzist, aber das hippokratische Corpus hat nie zu seinen Spezialgebieten gehört. – Zur skythischen Ikonographie Rolle 1980.

7 Es handelt sich um 19,5, wo es heißt, das Fleisch der Skythen sei fett und kahl. Es ist also von fehlender oder geringer Körperbehaarung die Rede; so ist der Text in der Antike auch immer verstanden worden. Was den Wahrheitsgehalt dieser Behauptung betrifft, so vermutet Lieber 1996 plausibel eine Verallgemeinerung: Ausfall der Körperbehaarung (aber nicht des Haupthaares) ist eines der Symptome der Hämochromatose; s.u. zu 22. Ebenfalls Symptom der Hämochromatose ist die Bronzefärbung der Haut; es mag sein, daß dieses Symptom 20,3 erwähnt wird, wo unser Verfasser den Skythen eine rötliche Hautfarbe zuschreibt. Unnötig zu sagen, daß die interpretatio panmongolica auch diese Textstelle in ihrem Sinne übersetzt hat; leider erklärt auch Bäbler 1998, 170, der Verfasser von Aer. sage den Skythen „eine rötliche oder gelbliche Hautfarbe" nach.

8 Es handelt sich vermutlich um die Übersetzung von Capelle 1955. – Rolle 1980, 54-56; Bäbler1998, 170. Tatsächlich findet der Verfasser der Umweltschrift die Skythen und vor Allem die Skythinnen zu dick, schwerfällig und aufgedunsen (und dementsprechend vermutlich wenig attraktiv, aber dieses Urteil fällt er nicht explizit). Er schildert sie jedoch keineswegs als so unappetitlich und abstoßend, wie Rolle annahm- irregeführt durch die tendenziöse Übersetzung einer tendenziösen Textgestaltung. Nur ein Beispiel: noch Diller 1970 (deren Ausgabe bereits einen enormen Fortschritt darstellte) druckt 20, 2 τά τε θήλεα θαυμαστòν οἷον ῥοϊκά ἐστι τà εἴδεα καὶ βλαδέα und übersetzt „Die Mädchen und Frauen (der Skythen; Anm. d.Verf.) aber sind ganz erstaunlich krummbeinig und aufgeschwemmt anzusehen"; Jouanna hingegen zu Recht τὰ δὲ θήλεα θαυμαστòν οἷον ῥοϊκά ἐστι τà εἴδεα καὶ βλαδέα = „Les femmes, de leur côté, ont un corps étonnament flasque et lent à se mouvoir." Von „mongolischer" O-beinigkeit der Skythinnen ist bei Aer. also nicht die Rede – der Skythen auch nicht; vgl. 20, 2 und Jouannas Kommentar dazu. N.B.: die jeweils mit „krummbeinig" und „flasque" übersetzten Wörter unterscheiden sich nur dadurch, daß das zweite über dem Iota ein Trema hat, und in der Antike nahm man die Lesart ohne Trema für Aer. an. Entsprechend vorsichtig ist Jouanna auch – nur: *rhoikos* ohne Trema bedeutet nicht „o-beinig", sondern „x-beinig", und J. meint zu Recht, X-Beine seien zumindest bei den reitenden männlichen Skythen kaum zu erwarten. Erst recht nicht behauptet Aer. die Skythen seien kleinwüchsig (das erklärt er 19,3 nur von den wilden Tieren des Skythenlandes). Hier hat Pohlenz 1938, 21 u. 102 Anm 3 zu S.21 im Anschluß an Edelstein 1931, 50 Anm 1 eine Lücke im Text angenommen, in welcher er kurzerhand die seines Erachtens fehlende Behauptung unterbrachte. Wenn also Rolle und Bäbler behaupten, Aer. sei verantwortlich für die irrige Meinung der Panmongolisten, die Skythen seien Mongolen gewesen, so ist dies aus chronologischen Gründen wenig wahrscheinlich, da die gravierendsten Eingriffe in den Text der Skythenkapitel ja auf Pohlenz' Konto

gehen. Selbst wenn aber die Rezeption von Aer. für die Entstehung oder zumindest Festigung des Panmongolismus verantwortlich wäre (das müßte nachgeprüft werden), so wäre das nicht die Schuld des Verfassers von Aer., sondern einerseits der Tatsache, daß die griechische Hauptüberlieferung so schlecht ist (in einen Text, der nachweislich von Korruptelen, Lücken und Umstellungen entstellt ist, auch dann einzugreifen, wenn er sinnvoll ist oder scheint, war im 19. und frühen 20.Jh. gängige Praxis) und andererseits des erkenntnisleitenden (bzw. -verhindernden) Interesses der Panmongolisten bzw. der von panmongolistischen Ideen Beeinflußten.

9   Daß die weibliche Lebensweise vor bestimmten Krankheiten schützt, wird bes. in Epidemien I 1 vorausgesetzt (der/die Verfasser von Epid.I und III steht/stehen dem Verfasser von Aer. in Vielem sehr nahe) und VI 7,1 (nicht von dem/den selben Verfasser(n) wie I/III) gesagt; s. dazu Dean-Jones 1994, 137-139 und Wenskus 1997a, 25 f.

10   S. bes. Dean-Jones 1994, 118 f. zu Aer. 3-6 und 10. – Während Männer je nach den Umweltbedingen an allen möglichen Krankheiten leiden, ist im Zusammenhang mit den Frauen nur von Frauenleiden, Geburtskomplikationen und Sterilität die Rede; der Verfasser sagt auch nicht, die Frauen hätten manche Krankheiten mit den Männern gemein.

11   Während Föllinger 1996, bes. 29, meint, daß „der Ansicht von der größeren Feuchtigkeit der Frau die aus philosophischen Konzepten erwachsene Bedeutung der Qualitäten (oder Elemente) Feucht und Trocken zugrundeliegt", vertrete ich Wenskus 1998b, 27, die Auffassung, die Hippokratiker hatten im Fettgewebe einfach feuchteres Fleisch gesehen (nicht ohne Grund), im Muskelgewebe trockeneres. Da nun der weibliche Körper mehr Fettgewebe und somit auch mehr Wasser enthält, ist die antike Auffassung nicht nur verständlich, sondern vermutlich auch empirisch begründet. Warum freilich den Hippokratikern die Tatsache, daß Frauen „feuchter" sind als Männer, so viel wichtiger war als unseren Ärzten, ist schwer zu sagen: hat nun die Überbewertung der Oppositionspaare Feucht-Trocken und Warm-Kalt, gegen die bereits der Verfasser der Schrift Über die alte Medizin (VM) vergeblich polemisiert, zu dieser Haltung geführt – oder ist die umgekehrte Kausalbeziehung anzunehmen und hat eine Abgrenzung des Weiblichen vom Männlichen zur Überbewertung solcher Oppositionspaare zumindest beigetragen? – Unterschiedlich beantwortet wurde in der Antike die Frage, ob Männer oder Frauen wärmer sind; der Verfasser von Aer. hält die Frauen eindeutig für kälter.

12   Dazu jetzt Bol 1998.

13   Vgl. Rolle 1980a; Rolle 1980b; Rolle 1986; s. diese Arbeiten auch jeweils zu den skythischen und sauromatischen Realien; Wenskus1999. Auch Galen identifiziert die Sauromatinnen von Aer. mit den Amazonen, sowohl in seinem Kommentar zur Stelle als auch im Aphorismenkommentar XVIII A 148, 11-14 Kühn.

14   Zu in unseren Augen merkwürdigen Einschränkungen mathematischer Sätze bei Aristoteles s. W.Kullmann 1998, 81-97, zu Einschränkungen in der Zoologie Wenskus 1999.

15   Warum Müller 1972, 139, wider besseres Wissen nach der schon zu seiner Zeit völlig veralteten Übersetzung von J.Ruder zitiert, ist mir unklar; sie ist gerade für das Sauromatinnenkapitel nicht nur „nicht immer genau", sondern in wesentlichen Punkten völlig falsch.

16   Rolle 1980b; Rolle 1986. Beim Stechen mit der Lanze wirkt sich diese Stellung weit weniger ungünstig aus, aber von dieser Kampftechnik ist bei Aer. nicht die Rede.

183

17	Tichit 1991.
18	Dieser ist zwar im Original verlorengegangen, aber die arabische Überset-zung ist unlängst wiederentdeckt worden und wird zur Zeit von Gotthard Strohmaier für das Corpus Medicorum Graecorum ediert. Ihm sei an dieser Stelle herzlich gedankt.
19	Weitere Belege bei Jouanna 1997 z.St.
20	Grundlegend Sissa 1990 – Eine positiv bewertete reitende griechische Jung-frau ist die Ismene in Sophokles' Oidipous auf Kolonos; wie ich glaube ge-zeigt zu haben, stellt Sophokles sie als *parthenos* dar, die aus freien Stücken, aber in einer Ausnahmesituation das Haus verläßt, in dem sie im Normalfall verbleiben würde: Wenskus 1997a
21	Natürlich läßt dieser Fund die Möglichkeit offen, daß diese Kriegerin seit ihrer Eheschließung bzw. Schwangerschaft nicht mehr gekämpft hat, aber es bleibt bemerkenswert, daß sie die äußeren Kennzeichen ihres Oiorpata-Seins beibehalten und nicht ewa vor der Ehe geopfert hat, wie z.b. die jungen Athenerinnen ihr Spielzeug.
22	Bezeichnend das Wort für „Heiraten", das Aer. verwendet: das geschlechts-neutrale *synoikein*, also „einen gemeinsamen Haushalt führen" – nicht *gamein* (Aktiv; in der Regel von Männern) oder *gameisthai* (Mediopassiv; in der Re-gel von Frauen) .- Alle drei Ausdrücke können vollgültige Ehen wie auch andere Formen des Zusammenlebens bezeichnen. – Wie die divergierenden Zahlenangaben zu erklären sind, ist völlig unklar.
23	Vgl. etwa Dowden 1997.
24	Dazu Wenskus 1999.
25	Dies, wenn wir wie Jouanna in seiner Ausgabe dem Text von V folgen, wel-cher durch die arabische Übersetzung dieses Abschnittes bei ar-Ruhawi ge-stützt wird.
26	Was die ersten beiden Punkte betrifft, so scheint ein kleines Bäuchlein tat-sächlich zum Schönheitsideal der skythischen Oberschicht gehört zu haben (Rolle 1980, 8); die Aufgedunsenheit erklärt Lieber 1996 als Folge von Herz-insuffizienz, einem Symptom der Hämochromatose; s.u. zu Aer. 22.
27	Um Mißverständnisse zu vermeiden: dieser Zug ist laut Aer, nicht typisch barbarisch, sondern nur typisch skythisch, wie aus 22, 13 zweifelsfrei hervor-geht.
28	Lieber 1996. Sicher sind retrospektive Diagnosen natürlich nie, aber festzu-halten ist, daß der Verfasser von Aer. eine schwere organische Krankheit be-schreibt, nicht etwa eine von Androgynen ausgeübte schamanische Praxis oder gar eine Couvade (Literatur zu früheren Theorien bei Lieber).
29	S.o. sowie unsere Anmerkung 7.
30	Lieber 1996, 467.
31	Byl 1990, 311 f: um Eunuchen im strengen Sinne geht es Gen. 2, 1-3; um Impotenz oder Unfruchtbarkeit allgemein Loc.Hom 3, 4f (in diesen beiden Abschnitten wird ebenfalls das Durchtrennen bestimmter Adern als Ursache angenommen); Aphor. 5, 63; Vict. 2, 54, 4.

Literaturverzeichnis

Bäbler 1998 = B.Bäbler, Fleissige Thrakerinnen und wehrhafte Skythen, Stuttgart/Leipzig 1998

Bol 1998 = R. Bol, Amazones Volneratae: Untersuchungen zu den Ephesischen Amazonenstatuen, Mainz 1998

Byl 1990 = S.Byl, L'étiologie de la stérilité féminine, in: P.Potter u.a., La maladie et les maladies dans la collection hippocratique, Québec 1990, 303-322

Capelle 1955 = Hippokrates, Fünf auserlesene Schriften, eingeleitet und neu übertragen von W.Capelle, Zürich 1955

Dean-Jones 1994 = L.-A.Dean-Jones, Women's Bodies in Classical Greek Science, Oxford 1994

Diller 1970 = Hippokrates Über die Umwelt. Herausgegeben und übersetzt von H.Diller (Corpus Medicorum Graecorum I 1, 2), Berlin 1970

Dowden 1997 = K.Dowden, The Amazons: Development and Function, Rh.Mus 140 97-128

Edelstein 1931 = L.Edelstein, Peri aeron und die Sammlung der hippokratischen Schriften (Problemata IV) 1931

Föllinger 1996 = S.Föllinger, Differenz und Gleichheit. Das Geschlechterverhältnis in der Sicht griechischer Philosophen des 4. bis 1.Jahrhunderts v.Chr. (Hermes E 74), Stuttgart 1996

Jouanna 1996 = Hippocrate II 2· Airs, eaux, lieux. Texte établi et traduit par J.Jouanna, Paris 1996

Kullmann 1998 = W.Kullmann, Aristoteles und die moderne Wissenschaft (Philosophie der Antike 5), Stuttgart 1998

Lieber 1996 = Elinor Lieber, The Hippocratic „Airs, Waters, Places" on cross-dressing eunuchs, in: R.Wittern/P.Pellegrin (Hrsg.), Hippokratische Medizin und antike Philosophie, Hildesheim etc. 1996 451-476

Müller 1972 = K.E.Müller, Geschichte der antiken Ethnographie und ethnologischen Theoriebildung, Wiesbaden 1972

Pohlenz 1937 = M.Pohlenz, Hippokratesstudien, NGG Philol.-Hist.Kl. Altertumswiss. N.F. II 1937 67-101

Pohlenz 1938 = M.Pohlenz, Hippokrates und die Begründung der wissenschaftlichen Medizin, Berlin 1938

Rolle 1980 a = R.Rolle, Die Welt der Skythen, Luzern/Frankfurt 1980

Rolle 1980 b = R.Rolle, Oiorpata, Materialhefte zur Ur- und Frühgeschichte Niedersachsens 16: Beiträge zur Archäologie Nordwestdeutschlands und Mitteleuropas 275-294

Rolle 1986 = R.Rolle, Amazonen in der archäologischen Realität, in: Joachim Kreutzer (Hrs.), Kleist-Jahrbuch 1986 38-62

Sissa 1990 = G.Sissa, Greek Virginity, Cambridge 1990 (engl.Ü. von Le corps virginal, Paris 1989)

Tichit 1991 = M.Tichit, Le nom des Amazones, Revue de Philologie 65 229-242

Trüdinger 1918 = K.Trüdinger, Studien zur Geschichte der griechisch-römischen Ethnographie, Basel 1918

Wenskus 1997a = O.Wenskus, Das Haus als Bereich der Frauen und Tyrannen in der griechischen Tragödie, Philologus 141 21-28

Wenskus 1997b = O.Wenskus, Rez. von Jouanna 1996, AAW 50 162-167

Wenskus 1998 = O.Wenskus, Rez. von Föllinger 1996, AAW 51 26-29

Wenskus 1999 = O.Wenskus, Amazonen zwischen Mythos und Ethnographie, in: S. Klettenhammer/E. Pöder, Das Geschlecht, das sich (un)eins ist; erscheint voraussichtlich Innsbruck 1999

Robert Rollinger

Ethnographie und Geschlechterrollen bei Pomponius Mela

Sowohl die Beschäftigung mit der antiken Ethnographie als auch Untersuchungen zur Rolle des weiblichen Geschlechts, dessen Interaktion mit seinem männlichen Gegenpart sowie deren beider Bestimmung als historische Kategorien im Prozeß der Geschichte der antiken Welt haben in den letzten Jahren eine deutliche Intensivierung erfahren, sodaß es einigermaßen schwer fällt, in der Fülle der vorliegenden Forschungsliteratur leichte Orientierung zu finden[1]. Dennoch sind mehrere Trends unübersehbar.

In der wissenschaftlichen Auseinandersetzung mit den Texten der antiken Ethnographie steht nicht mehr ausschließlich das Bemühen um die Erfassung ,historischer Realitäten' im Vordergrund, sondern die Texte werden als ,historische Konstruktionen', vielfältige Brechungen der ,Wirklichkeit' durch vorgegebene Denkmuster, Projektionen der eigenen hochzivilisierten Kulturwelt und kontrastierende Spiegelbilder dieser Erlebnishorizonte erfaßt. Dadurch werden die greifbaren Texte nicht mehr nur als Quellen für die realen ethnographischen Lebensverhältnisse *außerhalb* des griechisch-römischen Kulturkreises erkannt, sondern auch als wichtige ,Codes' zur Erfassung von in den vergleichsweise hochzivilisierten Lebenswelten der sogenannten Oikumene entwickelten Denkmodellen *über* die Außenwelt für die historische Wissenschaft nutzbar gemacht[2].

Auch die historische Frauenforschung hat inzwischen ihre Positionen und Fragestellungen geschärft. So wurde die ursprünglich als Gegenbewegung zu der traditionellen und patriarchal bestimmten Klassifizierung historischer Phänomene entstandene Konzentration auf das Weibliche in der Geschichte gesprengt und durch die Kategorie des ,Geschlechts' (gender) ersetzt. Erst durch die Wechselwirkung der beiden Geschlechter zueinander, sowohl auf der Ebene der historischen Realität als auch auf jener der Erfassung, Beurteilung und Beschreibung dieser Realität läßt sich eine präzise und ausgewogene Vorstellung über die Kategorie des Weiblichen und des Männlichen gewinnen. Denn die Geschlechter werden erst durch ihre Opposition zueinander determiniert[3].

187

Es ist bemerkenswert, daß trotz der angedeuteten regen wissenschaftlichen Aktivitäten im Bereich der antiken Ethnographie und in jenem der sogenannten ‚Gender-Forschung' eine Kombination der beiden Untersuchungsgegenstände so gut wie kaum stattgefunden hat[4]. Dies mag damit zusammenhängen, daß die ‚Gender-Forschung' zunächst einmal damit beschäftigt ist, die Verhältnisse innerhalb der griechisch-römischen Kulturwelt einer eingehenden Analyse zu unterziehen,[5] wohingegen Untersuchungen zur antiken Ethnographie stärkeres Augenmerk auf die politische Instrumentalisierung legen, aber auch die ebenfalls durch die modernen Sozialwissenschaften angeregte Fragestellung des Verhältnisses des Eigenen zum Fremden stärker in den Vordergrund rücken[6]. Die folgende Untersuchung will versuchen, die beiden Fragestellungen zu kombinieren. Im Vordergrund des Interesses steht der Umgang mit dem Sujet ‚Geschlecht' und dessen Gestaltungsprinzipien im Kontext des ethnographischen Diskurses. Untersuchungsgegenstand ist mit Pomponius Mela ein Autor, der an der Schnittstelle zwischen der älteren griechisch-hellenistischen Tradition und ihren römischen (und nachantiken) Epigonen angesiedelt ist. Seine Analyse verspricht daher in besonderem Maße Aufschluß, einerseits über die mögliche thematische Verpflichtung gegenüber älteren Konzeptionen und den demgegenüber greifbaren Neuansätzen sowie andererseits über deren Nachwirkung zu geben.

*

Trotz in Fragmenten oder Exzerpten greifbarer und bekannter Vorläufer bietet Pomponius Mela für uns das älteste erhaltene ethnographisch-geographische Werk der lateinischen Literatur[7]. Mela verfaßte sein Opus während der Regierungszeit des Kaisers Claudius. Sowohl in der literarischen Form, die sich am Aufbau eines Periplus orientiert, als auch in der inhaltlichen Ausführung ist er besonders der älteren, in erster Linie griechischen Tradition verpflichtet. Die Forschung hat sich bisher allerdings sehr stark an dem geographischen Aspekt des Werkes orientiert[8], wohingegen die ethnographische Ebene eine vergleichsweise geringe Bedeutung in den Überlegungen spielte[9]. Dies geschah sicherlich zu unrecht, bietet Mela doch eine Fülle von ethnographischen Detailinformationen, die für sich ohne Zweifel mit großer Berechtigung die Aufmerksamkeit der modernen Forschung beanspruchen dürfen.

Um die Bedeutung der Kategorie ‚gender' im Werk Melas besser in den Griff zu bekommen, ist es zunächst von Bedeutung, dessen thematische Leitlinien innerhalb des ethnographischen Diskurses generell zu betrachten. Erst wenn dieser Kontext näher erschlossen ist, lassen sich Erkenntnisse über die Gewichtung von Einzelkategorien und deren Bedeutung für das ethnographische Gesamtbild des Autors gewinnen. Als Ethnographie wird in diesem Zusammenhang jede nähere Charakterisierung eines als zusammengehörige Gruppe von Menschen aufgefaßten ,Kollektivs' verstanden[10]. Damit werden im folgenden jene Völkerschaften näher untersucht, zu denen Pomponius Mela über eine bloße Namensnennung[11] und örtliche Fixierung hinaus auch weitere informative Details bietet. Diese nähere Charakterisierung kann einer Minimalanforderung entsprechen und im schlichtesten Fall lediglich aus einem Adjektiv bestehen, oder sie kann sich zu kleineren und größeren Exkursen erweitern. Eine durch ein Nomen Proprium bestimmbare Bezeichnung ist in diesem Sinne nicht unbedingt Voraussetzung für die Definition eines ,Ethnos'[12], sondern es können auch appellativische Kennzeichnungen vorkommen. Der Betrachtungshorizont erstreckt sich auf einen geographischen Raum außerhalb des engeren Bereiches des griechisch-römischen Kulturkreises. Als Arbeitsgrundlage wird dieser Kernbereich als eine Zone definiert, die Italien südlich des Po sowie Hellas einschließlich Makedoniens umfaßt.

Wird auf diese Weise die breitere oder auch engere Beschreibung einer als Ethnie markierten Gruppierung von Menschen außerhalb Italiens oder Griechenlands als ,Einzelstelle' definiert, so bietet Mela insgeamt 78 Passagen, die als ethnographische ,Notizen' anzusprechen sind. In diesen werden verschiedene Themenbereiche angesprochen, die in sich ein ziemlich geschlossenes Bild bieten. Verwendet man eine leicht modifizierte Variante des von K. Trüdinger zusammengestellten Rasters von Topoi[13], so ergibt sich zur Verteilung der thematischen Schwerpunkte innerhalb der Ethnographie des Mela etwa folgendes Bild[14]:

Nr.	ORI	PHY	KON	KLEI	WOH	SUBS	POL	REL	EHG	TOT	VCH	SING	HIST
1.				1,23	1,23						1,23		
2.											1,28		
3.								1,36					
4.								1,41			1,41		
5.			1,41	1,41	1,41								
6.				1,42	1,42	1,42		1,42			1,42		
7.					1,43			1,43				1,43	
8.				1,44	1,44						1,44		
9.					1,45			1,45					
10.								1,46	1,46	1,46			
11.			1,47										
12.		1,48											
13.		1,48											
14.	1,57/9			1,57/9	1,57/9			1,57/9		1,57/9	1,57/9	1,57/9	1,57/9

Nr.	ORI	PHY	KON	KLEI	WOH	SUBS	POL	REL	EHG	TOT	VCH	SING	HIST
15.	1,83*		1,83*										
16.													1,88
17.	1,105												
18.			1,106		1,106	1,106	1,106		1,106			1,106		
19.												1,106	
20.				1,107								1,107	
21.												1,110	
22.			1,114							1,114			
23.							1,116						
24.					1,116								
25.		1,117	1,117		1,117	1,117		1,117				1,117	
26.	2,16											2,16	
27.	2,2												
28.						2,2							
29.									2,9				
30.							2,10					2,10	
31.			2,10	2,10	2,10								
32.								2,11				2,11	
33.	2,11		2,11			2,11						2,11	
34.						2,11							
35.													2,11	
36.			2,12f					2,12f				2,12f	
37.						2,14							
38.			2,14										
39.				2,14									
40.													2,14	
41.			2,15					2,15					2,15	
42.						2,18/21			2,18/21	2,18/21	2,18/21	2,18/21	
43.											2,32		
44.											2,73		
45.						2,97							
46.					2,103								
47.													2,106
48.											3,15		
49.			3,18f					3,18f*		3,18f*	3,18f		
50.											3,30		
51.			3,26/8	3,26/8		3,26/8					3,26/8	3,26/8	
52.			3,33/5	3,33/5	3,33/5	3,33/5					3,33/5		
53.			3,37		3,37			3,37		3,37	3,37		3,37
54.								3,48	3,48				
55.			3,51f			3,51f	3,51f				3,51f		

Nr.	ORI	PHY	KON	KLEI	WOH	SUBS	POL	REL	EHG	TOT	VCH	SING	HIST
56.								3,53			3,53		
57.				3,56									
58.		3,56											
59.		3,56	3,56								3,56		
60.					3,58	3,58							
61.											3,59		
62.					3,60						3,60		
63.		3,62/6	3,62/6	3,62/6	3,62/6					3,62/6	3,62/6		
64.		3,67											
65.					3,67						3,67		
66.		3,75	3,75	3,75	3,75								
67.		3,81*											3,81
68.	3,85/8	3,85/8					3,85/8	3,85/8			3,85/8	3,85/8	
69.		3,91f			3,91f						3,91f	3,91f	
70.		3,93								3,93	3,93		
71.				3,95	3,95							3,95	
72.		3,96			3,96						3,96		
73.												3,102	
74.		3,103									3,103		
75.					3,103*						3,103		
76.					3,104								
77.					3,104								
78.					3,107								

Zeichenerklärung:

ORI Origo (einschließlich Genealogie und Etymologie)
PHY Physis (körperliche Erscheinung)
KON (Außen)Kontakte (friedlich: Gastfreundschaft etc., feindlich: Kampf, Bewaffnung etc.)
KLEI Kleidung
WOH Wohnung
SUBS Subsistenz (victus im weitesten Sinne, d. h. Lebensweise und -grundlage wie Wirtschaft, Nahrung, Eigentum, Besitz etc.)
POL Politik (Herrschaft, Zugehörigkeit zu einer größeren gens, Hierarchien und soziale Pyramide, ‚Verfassung')
REL Religion (Götter, Opfer, Weissagung, Magie, Eide und Flüche etc.)
EHG Ehe und Geschlechtsleben
TOT Totenkult
VCH Volkscharakter (allgemeine Aussagen über Wildheit und Zivilisation, Tier- und Menschsein, Körperschmuck und Sitten, Lebensalter, Sprache, Werte und Gerechtigkeitssinn sowie pauschale Vergleiche).
SING Singularität (Mundus inversus und sonst nicht klar zuordenbare Felder)
HIST Historie (außer Origo).

* Vorzeitigkeit
/ von ... bis

Auch wenn sich in Einzelfällen über die thematische Zuweisung der jeweiligen Stellen wohl diskutieren läßt[15], so liegt doch ein einigermaßen schlüssiges Gesamtbild vor, das Einblick in die Disponierung des Materials durch den Autor gibt. Beachtenswert ist in diesem Zusammenhang freilich die Gewichtung, die den einzelnen Feldern zukommt. Überblickt man die Stellen nach der Häufigkeit ihrer Belege, so präsentiert sich folgendes Bild:

Topos	Belege (absolut)	Belege (relativ)[16]
HIST	5	6,4%
ORI	5	6,4%
POL	7	9,0%
TOT	7	9,0%
KLEI	8	10,3%
EHG	8	10,3%
SING	11	14,1%
KON	14	17,9%
REL	14	17,9%
WOH	15	19,2%
PHY	16	20,5%
SUBS	33	42,3%
VCH	38	48,7%

Deutlich heben sich die beiden Felder VCH und SUBS von allen anderen Topoi ab. VCH ist beinahe bei der Hälfte aller Belegstellen greifbar. Es folgt eine Gruppe, die knapp über bzw. knapp unter 1/5 aller Belege vertreten ist (PHY, WOH, REL, KON). SING ist – wohl nicht zuletzt aufgrund der mangelnden thematischen Geschlossenheit – relativ isoliert und leitet zur nächsten Gruppe über, die sich auf etwa 1/10 aller Stellen verteilt (EHG, KLEI, TOT, POL). Relativ abgeschlagen figurieren ORI und HIST, die, auch wenn man sie unter einer Kategorie zusammenfaßt, nur unwesentlich über die vorher genannte Gruppe hinausragen. Damit werden Schwerpunkte in der Verteilung des Materials deutlich, die Beachtung verdienen. Das Übergewicht von VCH hängt sicherlich nicht nur mit der relativen Kürze der ethnographischen Beschreibungen Melas zusammen[17]. Hier ist wohl in besonderem Ausmaß die sich bietende Gelegenheit plakativer Charakterisierungen wahrgenommen worden. Auffallend ist sicherlich auch der geringe Stellenwert, der dem historischen Element zukommt[18], wodurch Melas Ethnographie weitgehend in einen zeitlosen Zusammenhang plaziert wird, ein Charakteristikum, das sich schon bei Herodot nachweisen läßt[19].

In unserem Zusammenhang besonders bemerkenswert ist die

Kategorie EHG. Allein hier scheint auf den ersten Blick die Kategorie des Geschlechts im ethnographischen Diskurs Melas in den Vordergrund zu treten, wobei unter diesem Blickwinkel zunächst die scheinbar geringe Präsenz dieser Thematik überrascht. Stellt die Ebene der Geschlechter und ihrer Interaktion tatsächlich nur einen Randbereich in der Ethnographie Melas dar?

Bevor wir auf diese Frage näher eingehen können, ist es angebracht, die unter EHG verbuchten Textstellen etwas näher zu untersuchen und damit ihre Bedeutung im jeweiligen Kontext zu spezifizieren.

*

Die Stellen verteilen sich auf die drei Kontinente Afrika (1,42; 1,45; 1,46; 3,93), Asien (1,106; 1,114) und Europa (2,18/21; 3,48) und sind mit einer Ausnahme (2,18/21) in Randbereichen des geographischen Weltbildes angesiedelt[20].

In 1,42 werden zunächst die Bewohner des afrikanischen Binnenlandes *(interiores)* allgemein charakterisiert, die gegenüber den näher an der Küste Siedelnden als *incultius* und generell als nomadisierende Viehzüchter *(vagi pecora)*, die in wohl als abbaubar gedachten Hütten *(tuguria)*[21] hausen, vorgestellt werden. Sie kennen außer ‚Familienverbänden‘ keine übergeordnete soziale oder politische Struktur und somit auch keine Gesetze *(Quam/nquam in familias passim et sine lege dispersi nihil in commune consultant...).* Diese Verbände bestehen offensichtlich aus einem Mann mit mehreren Ehefrauen, Kindern und nicht näher bezeichneten Agnaten *(...tamen quia singulis aliquot simul coniuges et plures ob id liberi agnatique sunt nusquam pauci).*

Unter den hier in der Kategorie EHG erfaßten Fällen werden die Garamanten (1,45) und die Augiler (1,46) näher beschrieben. Von den Garamanten wird nur wenig über ihre wirtschaftlichen Grundlagen berichtet. Sie gelten jedenfalls als Viehzüchter *(apud Garamantas etiam armenta sunt ...).* Interessanter erscheinen ihre intersexuellen Verhaltensweisen, die durch Promiskuität gekennzeichnet sind. Dieser Usus wird nicht nur durch den Hinweis auf einen *coitus confusus* klar von Polygamie unterschieden, sondern auch durch den Umstand deutlich, daß die leiblichen Väter zunächst unbekannt sind und nur durch die Ähnlichkeit zu den Kindern eruiert werden können *(nulli certa uxor est. ex his qui tam confuso parentium coitu passim incertique nascuntur quos pro suis colant formae similitudine agnoscunt).*

Bei den Augilern wird zunächst auf ihre religiosen Brauche eingegangen (1,46). Einzig die Seelen der Verstorbenen gelten bei ihnen als Götter. Diese spielen auch beim Schwur und im Orakelwesen eine Rolle. Schließlich treten aber auch hier eigentümliche Sexualsitten in den Vordergrund. Die Frauen geben sich in der Brautnacht jedem Gabenbringer hin, wobei es als besondere Ehre gilt, mit besonders vielen Männern verkehrt zu haben. Von diesem Anlaßfall abgesehen herrscht allerdings strikte Keuschheit *(feminis eorum sollemne est nocte qua nubunt omnium stupro patere qui cum munere advenerint, et tum cum plurimis concubuisse maximum decus, in reliquum pudicitia insignis est)*.

Noch weiter entfernt von der römischen Zivilisation liegt eine große Insel vor der afrikanischen Westküste, von der Mela nur sehr distanziert zu berichten wagt (3,93). Dort sollen am ganzen Körper behaarte ‚Frauen' wohnen, die ohne Begattung mit Männern von selbst *(sua sponte)* fruchtbar werden, sich durch äußerst wilde Sitten auszeichnen und kaum durch Fesselung zu überwinden sind *(in qua (scil. insula) tantum feminas esse narrant toto corpore hirsutas et sine coitu marum sua sponte fecundas, adeo asperis efferisque moribus, ut quaedam contineri ne reluctentur vix vinculis possint. hoc Hanno ret<t>ulit et quia detracta occisis coria pertulerat, fides habita est)*.

Im östlichen Bereich des Schwarzen Meeres leben die Mossyner (1,106). Diese verstecken sich in Holztürmen, tätowieren den ganzen Körper und essen im Freien. Sie werden als roh und unzivilisiert *(asperi inculti)* charakterisiert, was nicht zuletzt ihr aggressives Verhalten gegenüber Fremden nahelegt *(pernoxii appulsis)*. Doch scheinen sie in einem gewissen Maße soziale Strukturen zu besitzen. Sie wählen Könige in einer Abstimmung *(reges suffragio deligunt)*, die allerdings dann wie Gefangene gehalten werden und für schlechte Anordnungen in Form einer einen Tag währenden Hungerstrafe zur Verantwortung gezogen werden. Wie die Augiler pflegen sie ein promiscues Sexualverhalten, das durch die öffentliche Praxis noch eine Steigerung erfährt *(promisce concumbunt et palam)*.

In Asien, wohl im Mündungsbereich des Tanais, leben die Ixamaten (1,114). Bei ihnen üben Frauen und Männer dieselben Tätigkeitsbereiche aus. Dies schließt auch das Kriegshandwerk mit ein *(apud eos easdem artes feminae quas viri exercent, adeo ut ne militia quidem vacent)*. Allerdings sind die Kampftechniken andere. Während die Männer zu Fuß kämpfen und Pfeile benutzen, tun dies die Frauen zu Pferde und verwenden Lassos *(viri pedibus merent sagittisque depugnant, illae (scil. feminae) equestre proelium ineunt nec ferro dimicant, sed quos laqueis intercepere trahendo conficiunt)*. Heirat ist üblich, sogar ohne Altersbeschränkung *(nubunt tamen, verum ut nubiles habeantur non in aetate modus est)*. Nur für die Frauen scheint es allerdings die Pflicht einer Vorleistung zu geben, nämlich die Voraussetzung, einen Feind getötet zu haben – sonst bleiben sie Jungfrauen *(nisi quae hostem interemere virgines manent)*.

In 2,18/21 erhalten die thrakischen Geten, die in relativer Nähe zur griechisch-römischen Kulturwelt angesiedelt sind, eine realtiv ausführliche Beschreibung. Neben Besonderheiten der Subsistenz – sie kennen keinen Wein und versetzen sich durch das Verbrennen von Samen-

194

körnern in einen Trancezustand (2,21) –, sind Wildheit und äußerste Kampfeslust ihre Kennzeichen (2,18: *feri sunt et paratissimi ad mortem*). Dies wird mit ihren – in sich nicht geschlossenen – Vorstellungen vom Weiterleben nach dem Tod in Verbindung gebracht, die neben ihren Begränbnissitten eine relativ breite Darlegung erfahren. Dabei treten nicht nur ihre gegenüber der griechisch-römischen Kulturwelt veränderten Wertvorstellungen ins Blickfeld, sondern auch die Rolle der Frauen. Diese zeichnen sich durch die gleiche Verbissenheit wie die Männer aus (2,19: *ne feminis quidem segnis animus est*). Schon die Eheschließung weist bestimmte Besonderheiten auf, denn die jungfräulichen Mädchen werden nicht von ihren Eltern vergeben, sondern im Rahmen eines Heiratsmarktes öffentlich versteigert. *Species* und *mos* sind dabei die entscheidenden Kriterien. Was die Hübschen und Sittsamen einbringen, kann bei den weniger Begünstigten zugeschossen werden (2,21: *nupturae virgines non a parentibus viris traduntur, sed publice aut locantur ducendae aut veneunt. utrum fiat ex specie et moribus causa est. probae formosaeque in pretio sunt, ceteras qui habeant mercede quaeruntur*). Es überrascht kaum, daß auf diese Weise polygame Zustände vorherrschen, was deshalb besondere Bedeutung erhält, weil nach dem Ableben des Ehemannes dessen Ehegattinnen um das Privileg wetteifern, mit diesem bestattet zu werden. Die Entscheidung fällt in einem Wettstreit, wobei auch hier mos als entscheidende Kategorie festgehalten ist (2,19: *super mortuorum virorum corpora interfici simulque sepeliri votum eximium habent, et quia plures simul singulis nuptae sunt, cuius id sit decus apud iudicaturos magno certamine affectant. moribus datur estque maxime laetum, cum in hoc contenditur vincere*). Die anderen Frauen beteiligen sich unter Trauerrufen und durch das Tragen des Leichnams zum Begräbnis. Reichliche Grabbeigaben bedeuten ihnen einen Trost (2,20: *maerent aliae/alii vocibus, et cum acerbissimis planctibus efferunt. at quibus consolari eas/eos animus est, arma opesque ad rogos deferunt...*).

Schließlich ist die Insel Sena im Britannischen Meer hervorzuheben (3,48). Auch hier zeigt sich Mela leicht distanziert. Dort sollen, so wird erzählt, neun Gallizenae genannte Priesterinnen unter dem Gelöbnis ewiger Jungfräulichkeit das Orakel einer gallischen Gottheit betreuen *(cuius (scil. Gallici numinis oraculum) antistites perpetua virginitate sanctae numero novem esse traduntur, Gallicenas vocant ...)*. Sie sind mit einzigartigen Anlagen ausgestattet, können Winde und Meere durch ihre Sprüche manipulieren, sich in jedes beliebige Lebewesen verwandeln, selbst anderswo Unheilbares kurieren und in die Zukunft blicken. Ihre Dienste bieten sie allerdings ausschließlich Seefahrern an, die zu Konsultationen eigens anreisen *(... putantque ingenii singularibus praeditas maria ac ventos concitare carminibus, seque in quae velint animalia vertere, sanare quae apud alios insanabilia sunt, scire ventura et praedicare, sed nonnisi dedita navigantibus et in id tantum, ut se consulerent profectis)*.

195

Überblickt man die soeben besprochenen Textstellen, so springen einige Charakteristika sofort ins Auge. Zunächst sind ein Großteil der Beispiele in ein gesellschaftliches und kulturelles Umfeld eingebettet, das vom Blickwinkel des zivilisierten Römers aus betrachtet als primitiv anzusprechen ist. Dies wird allerdings nur teilweise plakativ ausgedrückt (1,42: *incultus*, 1,106: *asperi inculti*, 2,18: *feri*). In der Mehrzahl der Fälle sprechen die gezeichneten ‚indigenen‘ Lebensweisen für sich eine beredte Sprache. Nomadentum, mobile Hütten (1,42)[22], Behausungen aus natürlichen Baumaterialien wie Holz und Stroh (1,106) sind für den antiken Betrachter ebenso untrügliche Zeichen barbarischer Armseligkeit und Primitivität wie die Nahrungsaufnahme unter freiem Himmel, das Tätowieren des Körpers (1,106) und das Fehlen übergeordneter politischer Instanzen (1,42)[23]. Indifferenter sind die gezeichneten religiösen Verhältnisse der Ahnenvergöttlichung bei den Augilern bzw. der unterschiedlichen Vorstellungen vom Weiterleben nach dem Tod bei den Geten. Diese dürften eher in den Bereich bemerkenswerter Kuriositäten einzuordnen sein, die auch in der Ethnographie Melas eine gewisse Rolle spielen. Zweifellos hierher gehören das Großvieh der Garamanten mit seinen gigantischen Hörnern, die ‚geknechteten‘ Könige bei den Mossynern, die Vorstellung eines Mundus inversus bei den Geten, die die Niederkunft betrauern und die Neugeborenen beweinen, sowie deren Bestattungs- und Hochzeitsgepflogenheiten. Damit wird deutlich, daß ein Großteil der gezeichneten Lebensverhältnisse entweder unter dem Blickwinkel der barbarischen Inferiorität oder jenem der erstaunlichen Kuriosität betrachtet wird[24], und es stellt sich die Frage, welche Rolle in diesem Zusammenhang der Kategorie des Geschlechts zukommt.

Hier ist nun mehreres bemerkenswert. Die eben vorgestellten ethnographischen Exkurse zeichnen alle intersexuelle Verhaltensweisen, wie sie gerade nicht den Normvorstellungen der antiken Kulturwelt entsprechen. Die monogame Ehe scheint in den zitierten Fällen nicht auf. An ihre Stelle tritt eine Vielzahl alternierender Beziehungsgeflechte, von denen keines dem anderen genau gleicht und die in unterschiedlichen Abstufungen ‚Variationsmöglichkeiten‘ barbarischen Lebens aufzeigen. Dabei läßt sich durchaus eine Entwicklungsskala erstellen, an deren oberen Ende die (nicht genannte) monogame Ehe griechisch-römischen Zuschnitts steht und die die Distanz zur Welt des Barbaren ins Bewußtsein ruft. An ihrem unteren Ende stehen wohl die in öffentlicher Promiskuität lebenden Mossyner (1,106), die ja auch in ihren hölzernen Wohntürmen nicht eigentlich ‚wohnen‘, sondern sich dort (zum Schutz und wohl nur zeitweilig) ‚verkriechen‘ (*turres ligneas subeunt*). Die Promiskuität der Garamanten wird demgegenüber nicht näher klassifiziert (1,45); durch das Fehlen eines entsprechenden Hinweises liegt aber zumindest die Vermutung nahe, diese eher als intime Gepflogenheit einzuschätzen. Es folgt die auf einen spezifischen Anlaßfall eingeschränkte sexuelle Freizügigkeit der sich anläßlich ihrer Hochzeit jedem Gabenbringer hingebenden augilischen Braut, die sehr nahe dem Zustand einer ‚Gelegenheitsprostitution' gleichkommt und von Mela als *stuprum* jedenfalls deutlich qualifiziert wird (1,46)[25]. Ansonsten herrscht dort allerdings *insignis pudicitia*. Schließlich folgt die Polygamie, die sowohl allgemein (1,42), als auch unter einem speziellen Blickwinkel vorgestellt wird. Dieser äußert sich nicht nur in den für die Frauen beim Ableben des Ehemannes eintretenden Folgeerscheinungen, sondern auch in der Form der ‚Verehelichung', welche durch eine Art Heiratsmarkt erfolgt (2,18/21).

Damit läßt sich bereits eine erste Zwischenbilanz ziehen. Die Kategorie Geschlecht und ihre intersexuelle Ausgestaltung verstärkt den Eindruck von Primitivität und Kuriosität. Sie ist damit ein wichtiges Medium der Pauschalcharakterisitik, das weniger dazu eingesetzt wird, reale Lebensumstände in einem stimmigen Gesamtkontext zu skizzieren, sondern in ganz besonderem Maße durch Rückbezug auf Denk- und Lebensmodelle des zivilisierten antiken ‚Kulturmenschen' horrible Andersartigkeit ins Bewußtsein zu rufen[26]. Dazu paßt der geographische Rahmen, in dem die beschriebenen Kulturen lokalsiert werden. Sie sind, wie bereits festgehalten, mit einer Ausnahme in Randbereichen der zivilisierten antiken Kulturwelt angesiedelt. Diese Überlegung läßt sich noch vertiefen. Die Ebene der ethnographischen literarischen Beschreibung und die Plazierung der Kategorie Geschlecht ist in eine lange literarische Tradition eingebettet, die weit in die Vergangenheit zurückreicht und dadurch zusätzlich die Konnotationen einer typisierenden Scheincharakteristik erhält, die gängige Denkmuster befriedigt und weniger auf reale zeitgenössische Lebensumstände Rücksicht nimmt.

*

Die Mossynoikoi tauchen schon bei Hekataios und Herodot auf, ohne allerdings ethnographisch näher behandelt zu werden[27]. Bereits Xenophon charakterisiert sie als ein Volk „am weitesten von griechischen Sitten entfernt" (Anab. V.4.30-34)[28]. Dazu gehören öffentliche Promiskuität ebenso wie die Tätowierungen. Ähnliches berichtet auch Apollonios Rhodios (II.1015-1029). „Wie Schweine in einer Herde paaren sie sich auf dem Boden in Liebe zu wechselnden Frauen, ohne sich im geringsten um die zu kümmern, die dabei sind" (1023-1025, nach Glei und Natzel-Glei). Apollonios verknüpft – wohl zurückgehend auf volksetymologische Spekulationen[29] – mit ihnen bereits die Wohnform des Turmes, in dem er den unglücklichen König plaziert, der seine Fehler in der Rechtsprechung mit Hausarrest und Hunger büßen muß.

Die merkwürdigen Rinder der Garamanten tauchen ebenfalls schon bei Herodot auf (IV.183)[30]. Ebenso ist die Promiskuität und das mit ihr gedanklich verknüpfte Problem der Vaterschaftsausforschung durch die äußerliche Ähnlichkeit in Herodots libyschem Logos als Einheit bezeugt, dort allerdings mit den Ausseern in Verbindung gebracht (IV.180). Das Beharrungsvermögen dieser letztendlich auf die Vorstellung des männlichen Kindeskeims zurückgehenden Auffassung[31] ist deshalb bemerkenswert, weil die spätklassische und hellenistische medizinische Theorie schon längst deutlich differenziertere Vorstellungen entwickelte, die sowohl das männliche als auch das weibliche ‚Erbgut‘ berücksichtigten[32]. Offensichtlich war der ethnographische Exkurs ein besonderer Hort der Tradition, was sich auch in diesem Bild manifestiert.

Die feierliche Sitte der Augilerinnen, sich in der Brautnacht den männlichen Hochzeitsgästen hinzugeben, verbucht Herodot bei den Nasamonen, die er jedoch in Augila ansiedelt (IV.172). Den Umstand, mit möglichst vielen Männern sexuell verkehrt zu haben als besondere Ehre zu bewerten, wird von den Gindanen berichtet (IV. 176). Mit ersteren verbindet Herodot auch die Ahnenverehrung sowie die Sitte, sich zur Zukunftsschau auf die Grabhügel zu legen und Traumorakel zu empfangen.

Auch den Geten hat Herodot seine besondere Aufmerksamkeit gewidmet (IV.93-96). Sie werden schon dort als ein charakteristisches ‚Nordvolk‘ mit den typischen Kennzeichen von Kampfeslust und Wildheit vorgestellt[33] und durch einen besonderen Totenglauben markiert[34]. Der Heiratsmarkt ist aus Herodots babylonischem Logos übernommen (I.196)[35], wobei allerdings bereits die Historien die Übertragung des Topos auf die Geten durch Herodots Behauptung, auch bei den Enetern bestünde ein analoger Heiratsmarkt, und durch die Bemerkung, die Thraker kauften ihre Ehefrauen deren Eltern für hohe Preise ab (V.6), begünstigt haben mögen. Die Berauschung durch den aufsteigenden Rauch ins Feuer geworfener Samenkörper erinnert sowohl an Herodots Bericht vom ‚skythischen Schwitzbad‘, wo sich die Skythen am Dampf verbrennender Hanfkörner entzücken (IV.75), als auch an dessen Schilderung der Gepflogenheiten der Massageten am Araxes, die sich durch den Rauch verbrannter Früchte benebeln (I.202). Auch der Mundus inversus in Verbindung mit Geburt und Tod ist schon dem Halikarnassier bekannt. Er lokalisiert ihn in unmittelbarer Nachbarschaft zu den Geten, nämlich bei den thrakischen Trausern (V.4). Mitbestattungen von zumindest einer Ehefrau verbindet Herodot mit den Skythen (IV.71)[36]. Neben dieser Form der institutionellen Totenfolge kennt er jedoch auch ihre individuelle Variante[37], die er ebenfalls im thrakischen Umfeld einordnet. Die Stämme nördlich der thrakischen Krestonaier pflegen die Polygamie und den Brauch, eine der Frauen dem Toten ins Grab folgen zu lassen, was als besonders ehrenhafte Auszeichnung gilt und zu regelrechten Auseinandersetzungen der Ehefrauen untereinander führt (V.5). Allerdings fehlt an dieser Stelle der Scheiterhaufen, von dem Mela zu berichten weiß *(rogus)*. Lediglich etwas später wird allgemein festgehalten, daß die reichen Thraker die Toten verbrennen oder begraben (V.8). Die bei Mela indirekt angesproche Form der Witwenverbrennung überliefert allerdings Diodor 19,33f, um gleichfalls den besonderen Eifer der Frauen hervorzuheben[38]. Die Stelle stellt womöglich schon bei Herodot eine kontrastierende Variante zum Streit der Frauen um das Privileg möglichst vieler Beischläfer dar[39]. Insgesamt bietet sich jedenfalls ein Bild, in dem ethnographische Klischees wie Versatzstücke behandelt und zu neuen Bausätzen verbunden werden. Der prominente Platz, der den Geten in der antiken Ethnographie seit den Tagen Herodots zukommt, sichert ihnen auch die Aufmerksamkeit des Pomponius Mela, auch wenn ihre einstigen Wohngebiete gerade zu Melas Lebzeiten in das Imperium Romanum integriert wurden und sie schon lange kein Randvolk mehr im klassischen Sinne waren[40]. Hervorzuheben ist der Umstand, daß die auf intersexuelles Verhalten angelegte Zeichnung von Geschlechterrollen auch hier im Kontext eines übergeordneten ethnographischen ‚Exkurses' erscheint, dessen thematische Ausgestaltung eine einheitliche Akzentuierung aufweist.

Ein etwas differenzierteres Bild bieten demgegenüber allerdings die in 1,114; 3,48 und 3,93 gebotenen Erzählzusammenhänge. In allen drei Fällen liegt eine geschlechtsspezifische Darstellung vor, in der die Kategorie Geschlecht das Erzählmuster bestimmt. In allen drei Fällen geht diese Note über die bisher als EHG definierte Klassifizierung hinaus und weist der Kategorie Geschlecht auch jenseits des intersexuellen Verhaltens eine besondere Rolle zu. Die auf einer großen Insel vor der Küste Westafrikas geschilderten Verhältnisse gehen auf den als ‚Hannos Fahrtenbericht' bezeichneten Text zurück, über dessen Authentizität in der modernen Forschung nach wie vor Uneinigkeit herrscht[41]. Mela läßt die Insel im Gegensatz zu Hannos Darstellung ausschließlich von weiblichen Wesen bewohnt sein und schreibt ihnen folglich eine Fortpflanzung *sine coitu marum sua sponte* zu. Dabei geraten auch die Physis und die Verhaltensweisen der weiblichen Inselbewohner ins Blickfeld des Betrachters.

Dieselbe Traditionsgebundenheit läßt sich in 1,114 feststellen. Die Verhältnisse der Ixamaten in Asien gleichen einem verkappten Amazonenmythos, den Herodot bereits im Zusammenhang mit den Sauromaten vorgestellt hat (IV.116f)[42]. Auch hier beschränkt sich die Charakterisierung der Geschlechterrollen nicht auf Ehe und Geschlechtsleben, auch wenn diesem Aspekt ein wichtiger Stellenwert in der Darstellung zukommt. So heiraten die Frauen *(nubunt)*, wobei Mela zwei ergänzende Bemerkungen hinzufügt, die den ethnozentristischen Charakter der Betrachtung verraten. Es gibt keine Altersbeschränkung für die heiratswilligen Frauen *(verum ut nubiles habeantur non in aetate modus est...)*, jedoch die unabdingbare Voraussetzung, einen männlichen Feind getötet zu haben *(...nisi quae hostem interemere virgines manent)*. Erst aus dieser kontrastierenden Beschreibung – Altersbeschränkungen für Heiratswillige waren in der griechisch-römischen Kulturwelt im Gegensatz zur nachfolgenden Forderung üblich[43] – gewinnt die Darstellung ihr Profil aus der Sicht des antiken Betrachters[44]. Andererseits ist durch diese Aussage wiederum der übliche Rahmen gesprengt, und es sind vor allem die weiblichen Tätigkeitsbereiche, die eine stärkere Akzentuierung aufweisen. Männer und Frauen üben die gleichen Tätigkeitsbereiche aus. Frauen sind wie Männer in Jagd und Krieg aktiv *(apud eos easdem artes feminae quas viri exercent, adeo ut ne militia quidem vacent)*. Lediglich die Kampftechniken unterscheiden sich. Daß gerade dadurch die Distanz der barbarischen Lebensverhältnisse in besonderem Ausmaß hervorgehoben wird, braucht nicht eigens betont zu werden. Der Amazonenmythos, der sonst in der Darstellung Melas kaum eine deskriptive Rolle spielt[45], hat hier seine der Tradition entsprechende Gestaltung sowie seine Umsetzung in der ‚ethnographischen Realität‘ erfahren.

In ein ähnliches Muster sind die Priesterinnen auf der Insel Sena im Britannischen Meer einzuordnen (3,48). Hier spielen Sexualität und Ehe überhaupt nur eine marginale Rolle. Lediglich ihr Keuschheitsgelübde *(perpetua virginitas)* tangiert diesen Bereich. Ansonsten ist der Schwerpunkt der Darstellung ganz auf die religiöse Ebene verlagert. Wie bei den *feminae* der großen Insel vor der afrikanischen Westküste (3,93) ist der Exkurs ausschließlich auf ein ‚weibliches Phänomen‘ eingeengt, dem keine männliche Sphäre zur Seite gestellt wird. Der Verfremdungseffekt ist hier schwerer einzuschätzen, und – will man die Darstellung nicht einseitig auf das Phänomen des weiblichen Priestertums reduzieren – auch die Traditionsgebundenheit ist weniger klar als in den zuvor besprochenen Textpassagen[46]. Allerdings zeigen die Fähigkeiten, Naturgewalten durch Zauberlieder zu manipulieren, selbst Unheilbares heilen zu können[47] und in die Zukunft zu blicken eine mit Magie und Zauberei verknüpfte Begabung, deren geschlechtsspezifische Zuschreibung auch in der griechisch-römischen Welt nicht unbekannt war[48].

*

Die bisherigen Überlegungen haben gezeigt, daß der Kategorie Geschlecht in der Ethnographie Melas ein stark traditionsgebundenes Moment anhaftet, das sowohl im Kontext anderer Phänomene als auch als singuläre Kategorie Verfremdungseffekte in der Beschreibung einer längst typisierten Barbarenwelt hervorzurufen vermag. Dabei kommt der Ebene von Ehe und Sexualverhalten zwar ein besonderer Stellenwert zu, es ist aber keineswegs die einzige Möglichkeit, die Kategorie des Geschlechts im ethnographischen Diskurs zu betonen. Mela hat sich ihrer noch weit öfter bedient, wie abschließend gezeigt werden soll.

Überblickt man die Textpassagen in denen die Kategorie des Geschlechts generell eine Rolle spielt, so wird der durch EHG vorgegebene Rahmen deutlich gesprengt, und es ergibt sich ein wesentlich komplexeres Bild. Gemeinsam mit den bereits unter EHG diskutierten ,Exkursen' sind insgesamt 19 Textstellen greifbar, die eine geschlechtsspezifische Betrachtung aufweisen:

Nr.	ORI	PHY	KON	KLEI	WOH	SUBS	POL	REL	EHG	TOT	CH	SING	HIST
1.								1,56*					
2.					1,42	1,42	1,42		1,42		1,42		
3.						1,45			1,45				
4.								1,56	1,46	1,46			
5.	1,57-59				1,57-59	1,57-59		1,57-59		1,57-59	1,57-59	1,57-59	1,57-59
6.													1,88*
7.	1,105*												
8.			1,106		1,106	1,106	1,106		1,106		1,106		
9.			1,114*+						1,114				
10.							1,116*						
11.		1,117*+	1,117		1,117	1,117		1,117			1,117		
12.		2,16+									2,16+		
13.						2,18-21			2,18-21	2,18-21*+; 8-21*-		2,18-21	
14.													2,106*
15.			3,26-28	3,26-28+		3,26-28					3,26-28	3,26-28+	
16.			3,33-35*+	3,33-35	3,33-35	3,33-35					3,33-35		
17.			3,37		3,37			3,37*		3,37	3,37		3,37*
18.									3,48*		3,48*		
19.		3,93*							3,93*		3,93*		

201

Zeichenerklärung:

Fett*:   Geschlechtsspezifität weiblich
Fett+:   Geschlechtsspezifität männlich
Fett*+:   Geschlechtsspezifität männlich und weiblich
Kursiv: EHG (*weiblich)

Nur ein Teil der Textstellen gewinnt sein Profil durch eine direkte Gegenüberstellung weiblicher und männlicher Tätigkeitsbereiche. Der Schwerpunkt liegt bei wohl plazierten Aussagen, die einen auffälligen geschlechtsspezifischen Aspekt ins Blickfeld rücken und dadurch die Aufmerksamkeit des Lesers gewinnen. Es mag kaum überraschen, daß in diesem Zusammenhang vor allem die Kategorie des Weiblichen in besonderem Maße im Vordergrund steht. Neben den bereits besprochenen ‚Exkursen' 3,48 und 3,93 sind fünf weitere Beispiele zu nennen, die ihre Betrachtung ausschließlich weiblichen Spezifika widmen (1,36[49]; 1,88[50]; 1,105[51]; 1,116[52]; 2,106[53]). Ein weiteres Beispiel hebt diese Besonderheit im Kontext einer kollektiven Beschreibung hervor (3,37[54]).

Die Gegenüberstellung von männlichem und weiblichem Rollenverhalten erfolgt in neun Fällen. Insoweit hier intersexuelle Verhaltensweisen wie verschiedene Ehe- und Gemeinschaftsformen angesprochen werden, kommt dabei den unter EHG subsumierten Passagen teilweise ein besonderes Gewicht zu (1,42[55]; 1,45[56]; 1,46[57]; 1,106[58]; 1,114[59]; 2,18/21[60]), die aber bereits diesen inhaltlichen Rahmen sprengen können (1,114; 2,18/21). Drei weitere Beispiele stellen ausschließlich andere Themenschwerpunkte in den Vordergrund (1,57/9[61]; 1,117[62]; 3,33/35[63]).

Lediglich in einem Fall wird exklusiv ein männliches Geschlechtsspezifikum thematisiert (2,16[64]), in einem weiteren geschieht dies im Kontext einer kollektiven Beschreibung (3,26/28[65]).

Meist werden die angesprochenen Besonderheiten nicht ausgearbeitet, sondern sie beschränken sich auf bereits aus der Tradition bekannte Phänomene, die nur kurz angerissen werden, was offenbar zur Orientierung des Lesers genügt. In besonderem Maße betrifft dies den Amazonenmythos, dessen Erwähnung sich einerseits auf über punktuelle Signale nicht hinauskommende Markierungen beschränkt, der aber andererseits eine historisierende Verortung erfährt, was gleichsam schon vorgegeben war. Nur vage werden 1,116 die Königreiche der Amazonen angesprochen, ohne jedoch einen ausdrücklichen Hinweis auf Zustände der Vergangenheit zu geben. Deutlicher geschieht dies in zwei anderen kurzen Textpassagen, in denen den Amazonen eine Bedeutung im Zusammenhang mit mythischen Weihungen und Stiftungen zukommt. So sollen sie bei der Eroberung Asiens den Artemis-Tempel in Ephesos geweiht haben (1,88), und die Ebene Amazonium bei der Stadt Themiscurum wird auf das einstige Lager der Amazonen an eben diesem Ort zurückgeführt (1,105). Eine ähnliche Rolle spielen in diesem Fall die hier nicht näher untersuchten und zusammengestellten Textpassagen, die entweder keine ‚Exkurse' aufweisen oder aber ausschließlich Einzelpersonen in den Vordergrund treten lassen. So erwähnt Mela die Amazonen als Kollektiv dreimal (1,12; 1,13; 3,39), ohne jedoch weitere ethnographische Details zu bieten. Auch die restlichen Notierungen bleiben vergleichsweise inhaltsleer. So spricht er 1,109 von *Amaconici montes* und erwähnt 1,116 neben den *regna Amazonum* die *Gynaecocratumenoe*. Eine gewisse Bedeutung kommt in diesem Zusammenhang auch der Erwähnung der Amazonenkönigin Kyme zu, die als (Neu)-Gründerin der gleichnamigen Stadt vorgestellt wird (1,90). Ebenfalls in ferne nicht näher definierbare Zeiten *(aliquando)* verlagert ist der kurze Einschub, den Mela zu Lemnos bietet. Die Erzählung, daß diese Insel einst nur von Frauen bewohnt gewesen sein soll, nachdem diese alle männlichen Bewohner ausgemordet hatten (2,106: *et quam aliquando omnibus qui mares erant caesis tantum feminae tenuisse dicuntur Atho monti Lemnos adversa*), steht in Konnex mit dem Argonautenmythos und den dort geschilderten Zuständen auf dem Eiland (vgl. Apoll. Rhod. I.609ff)[66].

Ohne in gleichem Maße den Blick in die Vergangenheit zu richten, zeigen eine Reihe anderer Textpassagen die gleiche mythische Traditionsgebundenheit. Wenn Mela die *incolae* am Triton-See Wettspiele der Jungfrauen am Tag des Geburtstags der Göttin Athene zu deren Ehren veranstalten läßt (1,36: *...quod quem natalem eius putant ludicris virginum inter se decertantium celebrant*), so ist dies eine Reminiszenz an die bei Herodot bezeugte idente Sitte der Machlyer und Auseer (IV.180)[67]. Ähnliches gilt natürlich für die relativ breit vorgestellten Verhältnisse bei den Hyperboreern (3,37), deren ausführlichste Schilderung wiederum bei Herodot zu finden ist (IV.32-36)[68]. Mela plaziert den Mythos um das gerechte Frommenvolk als zeitloses Schaustück an den Rand der Welt, und auch hier findet sich die Vorstellung, daß die Erstlingsgaben der Felder einst durch Jungfrauen des eigenen Stammes übermittelt wurden *(initio per virgines suas)*.

Ein ähnlicher Blickwinkel ist auch in jenen Textpartien zu finden, die männliches und weibliches Rollenverhalten einander gegenüberstellen. Die Ixamaten, bei denen Frauen und Männer nahezu den gleichen Tätigkeitsbereichen nachgehen, wurden bereits angesprochen (1,114). Nahezu eine Dublette, ohne allerdings auf Ehe- und Geschlechtsleben einzugehen, bietet der Exkurs zu den Sarmaten, die sich Mela wohl am Rande Europas vorstellt (3,33-35). Zwar zeigt der Vergleich mit den Lebensbedingungen der Parther zeitgenössisches Kolorit[69], doch stand auch bei dieser Darstellung Melas letztendlich wiederum Herodots Sauromaten-Exkurs und die damit einhergehende Verortung des Amazonen-Mythos – wie schon bei den Ixamaten – Pate

(IV.110-117). Schon 1,116 waren die Amazonen als Teil der *gens* der *Sauromatae* präsentiert worden. So führen die Frauen gemeinsam mit den Männern Krieg *(...ut feminae etiam bella cum viris ineant)*. Damit sie dazu auch imstande sind, wird ihnen sofort nach der Geburt die rechte Brust ausgebrannt *(atque ut habiles sint, natis statim dextra aduritur mamma)*. Erst dadurch ist ein ungehinderter und den männlichen Voraussetzungen adäquter Umgang mit dem Bogen möglich *(inde expedita in ictus manus quae exeritur, virile fit pectus)*. Es überrascht nicht, daß Bogenspannen, Reiten und Jagen als ‚Mädchenaufgaben' betrachtet werden *(arcus tendere equitare venari puellaria pensa sunt)*. Im Gegensatz dazu obliegt es den etwas älteren Geschlechtsgenossinnen, wenigstens einmal einen Feind zu töten *(ferire hostem adultarum stipendium est)*. Gelingt dies nicht, ist Schande gewiß, und es folgt die Strafe *(poena)* bleibender Jungfernschaft *(adeo ut non percussisse pro flagitio habeatur sitque eis poenae virginitas)*. Die Diktion verrät den patriarchalen Standpunkt des Betrachters, der die Darstellung mit einer Mischung aus Abscheu und Schmunzeln zur Kenntnis genommen haben mag. Dieser Effekt erfährt eine Steigerung durch die deutliche Markierung der bei den Sarmaten herrschenden barbarischen Wildheit. Sie besitzen keine festen Wohnsitze, ziehen nomadisierend von Weideplatz zu Weideplatz. Die gens ist kriegerisch *(bellatrix)*, freisinnig *(libera)*, ungebändigt *(indomita)*[70] und von einer unglaublichen Wildheit *(immanis atrox)*. Letzteres wird direkt mit dem Anteil der Frauen am Kriegsgeschehen verknüpft. Hier begegnet ein weiteres Stück antiker Kulturanthropologie, wird doch die Rauheit des Wesens unmittelbar mit jener des ‚Klimas' verquickt *(ut caeli asperioris ita ingenii)*[71]. Die Sarmaten präsentieren sich somit als die besonders urtümliche Steigerungsform eines typisierten Nordvolks, ein Bild, an dem die Egalität der Geschlechterrollen einen ganz besonderen Anteil hat.

Hierher gehören auch jene beiden Textpassagen, in denen ausschließlich männliche Verhaltensweisen thematisiert werden. In beiden Fällen tritt uns ein Nordvolk mit seinen spezifischen Charakteristika entgegen. Beide sind – im Vergleich zu den Sarmaten – geographisch näher zu der griechisch-römischen Kulturwelt angesiedelt. Die Thraker leben in einem Land mit rauhem Klima, das wenig Fruchtbares hervorzubringen imstande ist (2,16). Doch was die Prägung der Männer anlangt – quasi in gemilderter Absetzung gegenüber den total verwilderten Sarmaten wird hier Wildheit und Kampfeslust ausschließlich mit dem männlichen Geschlecht verbunden –, ist die Natur großzügiger. Zwar weisen sie ein häßliches Äußeres auf, doch sind sie besonders zahlreich und grimmig *(viros benignius alit, non ad speciem tamen, nam et illis asper atque indecens corporum habitus est, ceterum ad ferociam et numerum, ut multi immitesque sunt maxime ferax)*.

Ähnlich verhält es sich mit der Schilderung der Lebensverhältnisse der Germanen (3,26/8). Sie besitzen eine wohl noch rohere Lebensweise als die Thraker, was sich nicht zuletzt im Verzehr rohen Fleisches äußert *(victu ita asperi incultique, ut cruda etiam carne vescantur aut recenti, aut cum rigentem in ipsis pecudum ferarumque coriis, manibus pedibusque subigendo renovarunt)*[72]. Entsprechend sind sie ungeschlacht an Geist und Körper, von angeborener Wildheit beseelt, kampferprobt und abgehärtet, was sich auch darin manifestiert, daß sie bis zur Mannbarkeit nackt bleiben *(qui habitant immanes sunt animis atque corporibus, et ad insitam feritatem vaste utraque exercent, bellando animos, corpora assuetudine laborum maxime frigoris. nudi agunt antequam puberes sint)*. Die Bemerkung, daß ihre Kindheit äußerst lange dauert *(et longissima apud eos pueritia est)*, ist als ein weiteres Charakterisitikum des nördlichen Menschenschlags und seiner gegenüber der südlichen Welt verzögerten Entwicklung zu werten. Lediglich durch den Aspekt der *pueritia* und des als *pubes* klassifizierten Zustandes schimmert ein unter männlicher Geschlechtsspezifizität präsentierter Betrachtungsstandpunkt durch[73], wohingegen der Großteil der Darstellung bis auf eine Ausnahme diesbezüglich neutral präsentiert wird. So bekleiden sich die Männer selbst im härtesten Winter nur mit kurzen Umhängen oder Baumrinde *(viri sagis velantur aut libris arborum, quamvis saeve hieme)*, was wohl als weiteres Spezifikum eines eng mit der Natur verbundenen, primitiven, äußerst rohen und abgehärteten nördlichen Volkes verstanden werden darf. Gerade weil diese Eigenschaften einen engen Konnex zu Kampf und Krieg aufweisen, sind sie vornehmlich mit dem männlichen Geschlecht verknüpft, und es verwundert deshalb nicht, daß sowohl die Thraker als auch die Germanen dem Leser gerade unter diesem Blickwinkel vorgeführt werden. Folglich führen die Germanen ständig Krieg mit ihren Nachbarn, freilich nicht um Herrschaft auszuüben, sondern um das Umland brach zu halten *(bella cum finitimis gerunt, causas eorum ex libidine arcessunt, neque imperitandi prolatandique quae possident, nam ne illa quidem enixe colunt, sed ut circa ipsos quae iacent vasta sin{un}t)*. Dies erinnert an eine viel diskutierte Passage der taciteischen Germania (Kap. 16), in der die zerstreute Siedlungsweise und die weiten Räume um die Gehöfte hervorgehoben werden[74]. Das Bemühen, das Umland siedlungsfrei zu halten, findet sich jedoch schon bei Caesar (B. G. VI.23)[75]. Der Umstand, daß die Kriege nichts mit Herrschaftserweiterung zu tun haben, erklärt sich aus der urtümlichen Einfachheit der Germanen, die mit einem weiteren Aspekt des nordischen Menschenschlages verbunden wird, nämlich ihrer angeblichen Faulheit und Trägheit[76]. Mela vermerkt ausdrücklich, daß die Germanen ihren Besitz nicht eifrig bestellen. Mangelnde Ausdauer ist bereits durch die Tradition als typische Eigenschaft vorgegeben. In diesem Sinne ist auch die Bemerkung Melas zu verstehen, die Germanen seien ausdauernd und eifrig im

Schwimmen *(nandi non patientia tantum illis, studium etiam est)*: Es handelt sich um eine Ausnahmeerscheinung, die einer eigenen Erwähnung bedarf.

Schließlich runden Faustrecht und Raub das Bild dieses ungezähmten Volkes ab *(ius in viribus habent, adeo ut ne latrocinii quidem puteat)*, wie die Mildheit gegenüber Gästen und Schutzflehenden wiederum die ‚kindliche‘ und urtümliche Seite ihres Wesens hervorhebt *(tantum hospitibus boni, mitesque supplicibus)*.

Dieser kindlich-utopische Aspekt eines unzivilisierten Randvolkes wird besonders bei der Betrachtung der im äußersten Asien lebenden Arimphäer deutlich (1,117). Durch höchst gerechte Sitten ausgezeichnet werden sie nicht nur von den Nachbarn verschont, sondern gewähren ihrerseits auch jedem Flüchtling Asyl *(adeoque ipsos nemo de tam feris gentibus violat, ut aliis quoque ad eos confugisse pro asylo sit)*. Dieser eutopische Zustand verbindet sich mit paradiesisch-urtümlichen Lebensverhältnissen. Sie besitzen keine Häuser, sondern leben in Hainen[77], und sie ernähren sich – ohne ein Lebewesen zu töten – von Beeren, die offensichtlich im Überfluß wachsen *(his iustissimi mores, nemora pro domibus, alimenta bacae)*. Dieser Status eines ‚Friedensvolkes‘ wird selbst von den Nachbarn respektiert und gewährt ihnen ein besonderes Ansehen *(sacri itaque habentur)*.

All diese Vorstellungen hatte bereits Herodot mit den Argippaiern verbunden, die in völliger Isoliertheit am äußersten Rande Asiens angesiedelt sind (IV.23)[78]. Dabei hatte schon Herodot ein besonderes Augenmerk auf die Physis dieses Volkes gelegt und dabei ein Phänomen notiert, das beide Geschlechter ins Blickfeld rückte. Die gleiche geschlechtsspezifische Notierung findet sich auch bei Mela. So bemerkt er, daß Frauen und Männer der Arimphäer gleichsam ein kahles Haupt besitzen *(feminis et maribus nuda sunt capita)*. Kahlköpfigkeit galt wohl schon bei Männern als auffällig, bei Frauen war sie sicherlich eine noch kuriosere Besonderheit, sodaß Mela diesen Umstand nicht nur eigens hervorhebt, sondern – im Gegensatz zum herodoteischen Vorbild – die Frauen auch an erster Stelle erwähnt. Insgesamt bieten die Arimphäer das Bild eines sonderbaren aber auch idyllischen Volkes, das neben der Konnotation der Fremdheit auch das Gefühl eines edlen Naturzustandes vermittelt. Diese Vorstellung des edlen Wilden kannte schon der griechische Mythos, und sie findet sich auch an einigen Stellen der herodoteischen Ethnographie[79]. Wohl durch die kynischen Philosophen und deren Weltauffassung wurde sie zu einem festen Bestandteil hellenistischer Kulturanthropologie[80]. Mela hat sich – wie schon am Beispiel der Hyperboreer deutlich wurde – auch dieser Betrachtungsweise bedient. Die Darstellung geschlechtsspezifischer Verhaltensweisen fügt sich allerdings kaum in diese Vorstellung ein. Sie dient vielmehr der Vermittlung des Kuriosen und Seltsamen, ein Etikett, das selbst idealtypisch gedachten Naturvölkern anhaftet.

Als ein Gegenstück zu diesen in naturhafter Kindheit lebenden Völkern, aber nichts desto trotz ebenso staunenswert und merkwürdig, gilt schon der griechischen ethnographischen Tradition das Kulturvolk der Ägypter, dem Mela einen relativ langen Exkurs widmet (1,57/59). Schon in Herodots ägyptischem Logos wurden die Ägypter als Angehörige einer uralten Kultur präsentiert, mit der sich kein anderes Volk messen kann[81]. Auch Mela trägt diesem Gesichtspunkt Rechnung. Die Ägypter sind nach eigener Auskunft die ältesten unter den Menschen überhaupt, besitzen eine unermeßlich lange Vergangenheit *(ipsi vetustissimi ut praedicant hominum trecentos et triginta reges ante Amasim, et supra tredecim milium annorum aetates certis annalibus referunt).* Unter Pharao Amasis verteilten sie sich auf 20000 bewohnte Städte. Andererseits hatte Herodot den ägyptischen Sitten und Gebräuchen einen eigenen Abschnitt gewidmet (II.35-98), der die Ägypter als ein besonders merkwürdiges und kurioses Volk darstellte, wurden doch ihre Lebensgwohnheiten fast gänzlich als die eines Mundus Inversus gezeichnet. Genau jenem Aspekt ist auch die Darstellung Melas verpflichtet. So führen die Ägypter vielfach ein anderes Leben als die übrigen Men schen. Anläßlich der Totenklage werden die Toten mit Kot beschmiert. Sie werden weder verbrannt noch begraben, sondern einbalsamiert. Die Buchstaben werden verkehrt gesetzt. Der Ziegellehm wird mit den Händen, Brotmehl mit den Füßen geknetet. Die Mahlzeiten werden öffentlich und außerhalb der Wohnungen eingenommen. Dafür wird die Notdurft im Inneren der Häuser verrichtet. Neben den Abbildern vieler verschiedener Lebewesen werden auch diese selbst göttlich verehrt, wobei diese Lebewesen zu töten als Kapitalverbrechen gilt. Sie werden vielmehr feierlich bestattet und betrauert, und der Apis-Stier gilt im besonderen als Gottheit.

Ähnlich wie dies bereits Herodot getan hat (II.35) – und nahezu in der gleichen Reihenfolge – rückt bei Mela ein im Vergleich zur griechisch-römischen Welt geschlechtsspezifischer Rollentausch ins Blickfeld. So kümmern sich die Frauen um öffentliche und private Geschäfte, während sich die Männer den Wollarbeiten und dem Haus zuwenden *(forum ac negotia feminae, viri pensa ac domus curant).* Die Frauen nehmen die Traglasten auf die Schultern, die Männer auf den Kopf *(onera illae umeris hi capitibus accipiunt).* Wenn die Eltern in Notstand geraten, ist es an den Frauen, ihnen Unterhalt zu gewähren; die Männer haben dafür lediglich auf freiwilliger Basis aufzukommen *(parentes cum egent, illis necesse est his liberum est alere).*

*

Die Analyse all jener Textpassagen, in denen Geschlechtsspezifität eine Rolle spielt, hat ein gegenüber den auf den Topos EHG beschränkten Stellen zunächst ein deutlich differnziertes Bild ergeben. Selbst wenn man den patriarchalen Standpunkt des Autors und die Zwänge der Sprache ins Kalkül zieht, die oft nur bedingt geschlechtsspezifische Urteile erkennen lassen und ‚weiblich' oft stillschweigend unter ‚männlich' subsumieren[82], so zeigt sich, daß die textlich deutlich markierte Geschlechterdifferenz im Werk Melas eine größere Rolle spielt als ursprünglich angenommen und deutlich über die Themenfelder Ehe und Geschlechtsleben hinausreicht. In 19 einem menschlichen Kollektiv gewidmeten Exkursen größeren und kleineren Charakters spielt Geschlechterdifferenz eine Rolle, was beinahe ¼ aller Belege entspricht (24,3%). Sieht man von den Themenfeldern WOH und SUBS ab, ist sie in allen anderen Bereichen vertreten. Dabei spielt allerdings EHG nach wie vor die wichtigste Rolle (8 von 19, 42,1%), gefolgt von PHY, REL, VCH und HIST (je 3, 15,7%), KON und SING (je 2, 10,5%) sowie ORI, KLEI, POL und TOT (je 1, 5,2%). Auch hier lassen sich allgemein Schwerpunkte erkennen, zumal wenn REL und TOT sowie HIST und ORI als verwandte Felder unter je eine Kategorie subsumiert werden. Auffallend ist die marginale Rolle, die KLEI in diesem Zusammenhang spielt, würde man doch auf den ersten Blick gerade dieser Kategorie eine besondere Eignung zur Darstellung von Geschlechterdifferenz zusprechen. Dies ist jedoch nur bedingt der Fall. Gerade in dieser Kategorie war Mela und seinem Publikum Geschlechterdifferenz aus der eigenen Welt vertraut und alles andere als eine Besonderheit. Dies verdeutlich erneut den hohen Stellenwert, dem das Absonderliche und Merkwürdige in der ethnographischen Darstellung allgemein und in der Geschlechterdifferenz im besonderen zukommt[83]. Das einzige Beispiel, in dem dieser Bereich thematisiert wird (3,26), unterstreicht diese Beobachtung. Es wird die kuriose Sitte der germanischen Männer betont, selbst im härtesten Winter nur kurze Umhänge oder gar Baumrinde als Kleidung zu tragen.

Bemerkenswert ist in diesem Zusammenhang die jeweilige geschlechtsspezifische thematische Notierung. Sie zeigt ein deutliches Übergewicht der Kategorie des Weiblichen. Schon unter EHG waren zwei Beispiele aufgefallen, die den Bereich Geschlechtsleben ausschließlich unter weiblicher Perspektive betrachteten (3,48; 3,93). Zwei weitere Bereiche zeigen dazu ein besonderes Nahverhältnis: REL und HIST. In beiden Bereichen wird ausschließlich eine weibliche Geschlechtsspezifität vermerkt. Dabei sind die jeweiligen Affinitäten beachtlich. Sowohl 1,36 als auch 3,37 weisen einen engen Konnex zum griechischen Mythos auf, 3,37 plaziert den Brauch der jungfräulichen Hyperboreerinnen, die Erstlingsgaben nach Delos zu bringen, ausdrücklich in die ferne Vergangenheit. Sieht man von den geschlechtsneutralen Darstellungen 1,57/9 und 3,81 ab, sind die unter HIST verbuchten Notierungen und somit die Betonung des diachronen Aspektes stark mit einer Hervorhebung weiblicher Geschlechtsspezifität verbunden. Dabei spielt der Mythos im allgemeinen und der Amazonenmythos im besonderen eine wichtige Rolle. Mit letzterem sind auch die unter ORI bzw. POL verbuchte Stellen 1,105 bzw. 1,116 verbunden[84]. Wie bereits gezeigt, steht die Verortung in der mythischen Vergangenheit in einem engen Zusammenhang mit der Hervorhebung auffallender Geschlechterrollen. Dies verstärkt deren Funktion im Kontext der ethnographischen Darstellung als Kuriosum, das der Tradition verpflichtet ist, andererseits sowohl räumlich als auch zeitlich in die distanzierende Ferne gerückt und dadurch zusätzlich verfremdet wird.

Im Gegensatz dazu spielen die unter ausschließlich männlicher Geschlechtsspezifität präsentierten Exkurse eine marginale Rolle. Darüber hinaus sind sie lediglich in zwei Themenfeldern exklusiv vertreten, dort allerings mit nur je einem Beispiel (KLEI, SING), wobei in einem Fall eine Gegenüberstellung von männlichem und weiblichen Rollenverhalten vorliegt (1,57-59) und sich alle Belege auf zwei ‚Nordvölkerexkurse‘ verteilen (2,16; 3,26-28).

Die relativ starke Betonung weiblicher Geschlechtsspezifität – sowohl singulär als auch in Gegenüberstellung zum männlichen Gegenpart – unterstreicht den überwiegend männlichen Betrachtungshorizont der Darstellung. Männliches Verhalten zu illustrieren, bedarf nicht unbedingt einer besonderen Notierung. Die Darstellung eines weiblichen Rollenbildes verlangt hingegen nach ausdrücklicher Markierung. Darüber hinaus wird das besondere Interesse eines patriarchalen Publikums an weiblichen Spezifika deutlich, in einer Welt, in der Frauen den Männern gegenüber sowohl geistig als auch körperlich als unterlegen galten[85]. Die Präsentation dieser Besonderheiten zielt jedoch nur bedingt auf die Vermittlung ‚ethnographischen Fachwissens‘ im Sinne einer Darstellung realer Lebensverhältnisse an den Randzonen der bewohnten Welt. Ebenso bedeutsam dürfte das Element des Ammusement – und in unserem speziellen Fall – jenes des partiarchal vergnügten Schmunzelns über eine fremde Welt sein. In der Darstellung Melas dominiert das Kuriose und Fremdartige, das in hohem Maße antiker Tradition verpflichtet und für eine gebildete Oberschicht zum topischen Gemeingut geworden ist[86]. Die Betonung der Geschlechterrollen und die Charakterisierung des Weiblichen im besonderen diente dabei in erster Linie als buntes Etikett, um bereits bestehende Eindrücke der Verfremdung zu bestärken und zu betonen. Es ist das Abartige, Fremde und Kuriose, das Mela bei der Betrachtung der Kategorie Geschlecht seinen Lesern vermittelte und dabei in einem hohen Maße auf griechische Wurzeln zurückgehende Konzeptionen einer römischen Nachwelt weiterleitete[87].

Anmerkungen

1   Vgl. etwa Foley 1981; Cameron/Kuhrt 1983; Pomeroy 1985; Vérilhac 1985; Gardner 1986; Brulé 1989; Nicols 1989; Winkler 1990; Evans 1991; Santoro l'Hoir 1992; Specht 1992; M. de Forest 1993; Vidén 1993; Brodersen 1994b; Dettenhofer 1994; Archer u. a. 1994; Flory 1995; Hawley/Levick 1995. Stumpp 1998.

2   Mancinetti Santamaria 1978/9; Hartog 1980; Lund 1990; Romm 1992; Sieberer 1995. Eine klassische Studie bleibt Pembroke 1965; Pembroke 1992. Vgl. auch Alföldy 1961. Ähnliche Methoden werden auch zur Erfassung geographischer Denkmodelle angewandt. Vgl. Nicolet 1991; Brodersen 1995. Vgl. auch Jacobs 1991.

3   Frevert 1992; Stollberg-Rillinger 1996; Landweer 1997. Vgl. auch Nagl-Docekal 1993.

4   Eine Ausnahme bilden etwa Rosselini/Saïd 1978; Saïd 1985.

5   Hier sind neben den in Anm. 1 bereits genannten Studien eine Reihe von Abhandlungen zu nennen, die ihre Untersuchung auf einen bestimmten Autor konzentrieren und somit eine Autorenperspektive bieten. Dewald 1981; Cooper 1980; Le Corsu 1981; Dixon 1985; Natzel 1992; Santoro l'Hoir 1994; Spät 1994; Waser 1994; Casevitz 1995; Nikolaidis 1997.

6   Bellen 1985; Thollard 1987; Nippel 1990; Nippel 1996; Trzaska-Richter 1991; Auberger 1994; Dihle 1994; Kremer 1994; Romilly 1994/95; Schmal 1995; Bichler 1996.

7   Vgl. allgemein Gisinger 1952; Lasserre 1972; Albrecht 1992, 984. Zum Text mit deutscher Übersetzung Brodersen 1994.

8   Vgl. stellvertretend Gisinger 1952 mit älterer Literatur.

9   Eine Ausnahme bildet freilich Müller 1980, 123-137. Kurze Erläuterungen finden sich auch bei Brodersen 1994, 5-9.

10   Zur Defintion von ‚Ethnographie' im antiken Sinne vgl. etwa Trüdinger 1918, 5-8; Müller 1980, 4-25; Lund 1990, 19-35.
     Geographie und Ethnographie sind freilich nicht immer exakt zu trennen. Vermerkt – und als ethnographisch eingestuft – sind im folgenden all jene Stellen, in denen Menschen im Kollektiv figurieren. In diesem Fall werden auch landschaftliche Besonderheiten vermerkt, wenn sie in Beziehung zu menschlichem Verhalten stehen. Ist dies nicht der Fall, werden sie nicht verbucht. So ist etwa die Utopie der Insulae Fortunatae 3,102 aufgenommen, jene von Erythia 3,47 jedoch nicht.

11   Bußmann 1983, 158a s. v. ‚Gattungsname', betont den fließenden Übergang von Gattungs- zu Eigennamen. Dies ist für die folgende Untersuchung insofern relevant, als ‚sprechende Namen' ohne jede weitere Charakterisierung hier nicht verbucht sind. Dazu gehören etwa Gynaikokratumner (1,116), Androphagen (3,59), Chelenophagen (3,75), Ophiophagen (3,81) aber auch Nomaden als singulärer Terminus (2,4; 2,5).

12   Zum Problem der ‚Ethnizität' vgl. etwa Lentz 1995; Mahmood 1992; Strobel 1998.

13   Trüdinger 1918, 175. Vgl. zum Wortgebrauch Bringmann 1989, 59f.

14   Die Anzahl der Buchungen pro Stelle sagt nicht unbedingt etwas über den Umfang des ‚Exkurses' aus. So können etwa in einer Aussage mehrere thematische Gesichtspunkte gleichzeitig angesprochen werden. Umgekehrt kann sich ein längerer Abschnitt ausschließlich auf einen Aspekt konzentrieren.

15   Hier ist zum einen die Kategorie SING anzusprechen, die in gewissem Sinne sicherlich eine ‚Verlegenheitslösung' darstellt. REL und TOT ließen sich ebenso unter einer Kategorie subsumieren wie ORI und HIST, doch geben

sie über bedeutsame Einzelaspekte Aufschluß. POL, KON, SUBS und VCH sind relativ weit gefaßt.

16 Zahlen gerundet.

17 Vgl. zum ‚Stil' Melas Gisinger 1952, der u. a. den „abrißartigen auswählenden Charakter" der Schrift hervorhebt (2389). Müller 1980, 130 spricht von einer „dürren Aneinanderreihung der ihm (scil. Mela) am wichtigsten scheinenden Fakten".

18 Entsprechend ist die Aussage von Müller 1980, 130 zu relativieren, wonach Mela „besonderes Interesse für die Entstehung bzw. Gründungsgeschichte der – bedeutenderen – Städt bekundet". Ebenso schon Gisinger 1952, 2390. Im ethnographischen Kontext ist dieses Interesse minimal bzw. auf bestimmte Phänomene eingeengt. Vgl. dazu unten.

19 Bichler 1999; Bichler/Rollinger 1999. Vgl. generell zu den Geschlechterrollen bei Herodot den Beitrag von R. Bichler in diesem Band.

20 Vgl. generell zum Konnex ‚Randvolk' und dessen Kultur in der gedanklichen Konzeption der Alten Welt Romm 1992. Siehe ferner Karttunen 1992.

21 Vgl. auch Plin. n.h. 16,3. Amm. Marc. 17, 13, 13.

22 Mit den Großvieh haltenden Garamanten ist wohl ebenso die gedankliche Assoziation des nomadisierenden Viehzüchters verknüpft (1,45).

23 Shaw 1982/3; Timpe 1997. Timpe hatte ausschließlich die ‚Nordbarbaren' ins Zentrum seiner Untersuchung gestellt. Die angeführten Kennzeichen treffen aber ebenso, wie die Textbeispiele bei Mela nahelegen, für ‚Südbarbaren' zu und besitzen somit einen universelleren Charakter.

24 So auch Müller 1980, 132: „Zugrunde liegt wieder das Bild von dem zentralen mediterranen Hochkulturraum und ihm rings umgebenden Barbarenkulturen, deren Zivilisationsniveau mit wachsender Entfernung zum Zentrum ständig an Höhe verliert und endlich, an der Peripherie der Ökumene, in die primitivsten Formen des Daseins ausläuft, ein Bild, das auch hier unverkennbar nicht das Ergebnis, sondern die *Voraussetzung* der Betrachtung darstellt." (kursiv Müller).

25 Vgl. dazu Fantham 1991.

26 Vgl. generell zur idealtypischen Vorstellung der römischen Frau Hesberg-Tonn 1983. Siehe auch Palmer 1974.

27 Vgl. allgemein Schachermeyr 1933 mit Belegen.
Zu beachten ist freilich, daß Hdt. I.203 den im nördlichen Grenzbereich des Perserreiches lebenden Anwohnern des Kaukasus – die somit in deutlicher geographischer Nähe zu den Mossynoikoi der späteren Literatur angesiedelt sind – auffallend rohe Sitten zuweist. Dazu gehört öffentlicher Geschlechtsverkehr „wie das Vieh" ebenso wie die Ernährung von den wilden Früchten des Waldes.

28 Vgl. dazu Lendle 1995, 330f., der Xenophons Beschreibung auf Autopsie zurückführt.

29 So expressis verbis Strabo 12,3,18.

30 Ruprechtsberger 1997, 13 geht auch in diesem Falle bei Herodot von „eigenen Erkundigungen und Recherchen sowie von ‚Autopsie'" aus, „so daß ein historischer Anspruch, von ihm (scil. Herodot) auch immer wieder zum Ausdruck gebracht, oftmals zu bestehen vermag". Vgl. dazu generell Bichler/Rollinger 1999 bzw. im besonderen zu Herodots Ethnographie Libyens Vanhaegendoren 1998. Allgemein zum Afrika-Bild der Antike Werner 1993.

31 Vgl. zum Locus classicus dieser Auffassung Flashar 1997. Siehe auch Thivel 1996.

32 Föllinger 1996.

33 Zu diesem markanten Klischee antiker ethnographischer Darstellung vgl. von See 1981, 47ff; Lund 1990, 55-100; Trzaska-Richter 1991; Kremer 1994.

211

34   Vgl. zu Salmoxis Bichler 1999.

35   Vgl. dazu McNeal 1988. Herodot hatte freilich die Sitte des Heiratsmarktes in eine idealisierte Vergangenheit verlegt.

36   Vgl. zu den Skythen und zum herodoteischen Skythenlogos Hartog 1980; Sieberer 1995 und zuletzt West 1999; zum Phänomen der Gefolgschaftsbestattung vgl. generell Haider 1974.

37   Zur terminologischen Unterscheidung vgl. Fisch 1993, 270-276.

38   Vgl. allgemein Fisch 1998. Siehe ferner Heckel und Hardley 1981. Allgemein zur Situation der Witwen in der Antike Venour 1990; Günther 1993; Krause 1994; Krause 1994b; Krause 1994c.

39   Weiss 1910, 1332 stellt den ‚realen' Charakter der Sitte der weiblichen Mitbestattung bei den Geten erst gar nicht in Frage. Zum Umgang mit den diesbezüglich greifbaren ‚ethnographischen' Quellen vgl. die kritischen Bemerkungen von Strobel 1998.

40   44/5 erhielt Moesia Provinzstatus, wurde allerings bereits zuvor gemeinsam mit Macedonia und Achaea als Großprovinz behandelt. Die neuen Verhältnisse standen wohl in Zusammenhang mit der zeitgleichen Umwandlung Thrakiens in eine römische Provinz. Vgl. Bechert 1999, 75f, 171, 178. Auch Müller 1980, 124 hob die Vorliebe Melas für älteres Quellenmaterial hervor. Ein besonders krasses Beispiel ist die unreflektierte Wiedergabe einer bereits uralten Konzeption, wonach ein Arm der Donau in die Adria münde (2,63). Vgl. auch Gisinger 1952, 2375 bzw. 2387.

41   Vgl. Bichler 1995, 131f mit weiterführender Literatur.

42   Vgl. allgemein zu den Amazonen Wenskus 1999.

43   Vgl. zu den Voraussetzungen zur Eheschließung in Rom Kaser ²1971, 74f; Kaser ²1975, 162-168. Siehe generell zur römische Ehe Deißmann 1989; Treggiari 1991; Franciosi 1995; Franciosi 1995b; Gardener 1995, 36-69. Zum Konkubinat Friedl 1996. Zur Familie Martin 1996.

44   Spätestens seit dem 5. Jh. v. Chr. diente der Amazonenmythos in der Literatur u. a. zur Konstruktion einer ‚Gegenwelt'. Vgl. dazu Hardwick 1990.

45   Vgl. dazu unten.

46   Vgl. Ihm 1910.

47   Ist die Qualität des *senare quae apud alios insanabilia sunt*, volksetymologische Spekulation zum Namen der Insel Sena?

48   Vgl. Wallinger 1994. Siehe auch die Beiträge von Günther, Schmal und Truschnegg in diesem Band. Den Prototyp dieser Vorstellung bieten freilich Kirke und Medeia.

49   Afrika (jenseits der [kleinen] Syrte, am Triton-Strom): Wettspiele der Jungfrauen am Tag des Geburtstages der Göttin Athene.

50   Asien (Ephesos): Amazonen sollen einst den Artemis-Tempel geweiht haben.

51   Asien (Ebene am Thermodon): Ebene Amazonium bei der Stadt Themiscurum nach dem einstigen Lager der Amazonen benannt.

52   Asien (Sauromaten): Königreiche der Amazonen.

53   Europa (Lemnos): soll – nach Ermordung der Männer – einst im Besitz der Frauen gewesen sein.

54   Schilderung der Sitten der Hyperboreer.

55   Afrika: Bewohner des Landesinneren.

56   Afrika: Garamanten.

57   Afrika: Augiler.

58   Asien: Mossyner.

59   Asien: Ixamaten.

60   Europa: Geten.

61   Schilderung der Sitten der Ägypter.

212

62	Asien: Arimphäer.
63	Europa: Sarmaten.
64	Europa: Thraker.
65	Europa: Germanen.
66	Siehe dazu ausführlich Natzel 1992, 170-180.
67	Vgl. dazu den Beitrag von R. Bichler in diesem Band sowie Bichler 1999 und Bichler/Rollinger 1999.
68	Vgl. zum Mythos Romm 1989; Bichler 1995, 76-78.
69	Über die Parther lagen seit den verlorenen Parthika des Apollodor von Artemita (um 100 v. Chr.) monographische Abhandlungen vor, die sicherlich auch die bei Strabo und Pompeius Trogus/Iustin erhaltenen Darstellungen beeinflußten. Vgl. dazu ausführlich Drijvers 1999 und Wickevoort-Crommelin 1999.
70	Vgl. zu dieser Konzeption Lund 1990, 15f.
71	Der Konnex zwischen Klima und menschlicher Natur wird erstmals in der pseudohippokratischen Umweltschrift deutlich formuliert und wird zu einem festen Topos antiker (und ebenso späterer) Kulturbetrachtung. Vgl. Lund 1990, 35-55; Lenfant 1991.
72	Vgl. zu diesem Aspekt unzivilisierter Wildheit Shaw 1982/3; Saïd 1985; Bichler 1999; Bichler/Rollinger 1999. Siehe auch Lund 1990, 56.
73	Vgl. zu *pueritia* und *pubes* als Voraussetzungen zur Ehefähigkeit Kaser ²1971, 75. Siehe allgemein Eyben 1985.
74	Vgl. dazu Timpe 1997.
75	Vgl. zu Caesars geographischem und ethnographischen Weltbild etwa Holzberg 1987; Dobesch 1989; Lund 1996.
76	Vgl. Lund 1990, 55-75.
77	Vgl. Timpe 1997.
78	Vgl. dazu Bichler 1995, 121.
79	Hadas 1935; Romm 1992; Bichler 1995; Bichler 1999.
80	Saïd 1985. Vgl. auch Ivancik 1996.
81	Vgl. zu diesem Aspekt Bichler/Rollinger 1999; Bichler 1999; zum ägyptischen Logos allgemein Froschauer 1991.
82	Dies hat etwa Gardner 1995b für die juridischen Texte nachgewiesen.
83	Vgl. Müller 1980, 133: „Die Hauptkriterien, nach denen die Auswahl und Beurteilung des Gebotenen erfolgt, sind also zum einen der *Mangel*, nämlich der Mangel an dem, was *zum Besitztum der Kultur des Betrachters* gehört, und zum anderen das Bestreben, an positiv Vorhandenem bevorzugt herauszugreifen, was *besonders auffallend, fremdartig und delikat* erscheint, so daß sich die Darstellung zur Hauptsache nur aus einem Negativkatalog auf der einen, und der Aufzählung einer Reihe von Merkwürdigkeiten auf der anderen Seite zusammensetzt" (kursiv Müller)
84	Auch unabhängig von den hier behandelten Zusammenhängen ethnischer Kollektive bieten individuelle Frauengestalten – göttlicher und mythischer Provenienz – oft einen wichtigen Anknüpfungspunkt für einen Blick in die Vergangenheit: von Artemis gegründete Grotte auf der Cherronesos (2,3), skythische Basiliden führen sich auf Herakles und Echidna zurück (2,11), Grabhügel und Mythos der Hekabe (2,26), von Äneas gegründetes Aphrodite-Heiligtum in Eryx (2,119), Semiramis (1,63), Artemisia und das Mausoleum von Halikarnassos (1,85), Amazonenkönigin Kyme (1,90), Andromeda und Perseus (1,64), Hero und Leander (1,97; 2,26), Iphigenie (2,11), Dionysos und Mänaden (2,17), Abdera nach der Schwester des Diomedes benannt (2,29), Kirke (2,71), Europa (2,112), Pasiphae (2,112), Ariadne (2,112), Kalypso (2,120), Gorgonen (3,99). Daneben werden erwähnt: Tempel der Artemis in Perga (1,79), Portus Verneris

(2,84), Tempel der Demeter auf Sizilien (2,118), Altar und Tempel der Hera in Spanien (3,4).

85   Gardner 1993, Kap. 4.
86   Vgl. zu Melas Quellen Gisinger 1952, 2398-2405; Müller 1980, 124; Brodersen 1984, 5f.
87   Zur ‚Wirkungsgeschichte‘ Melas vgl. Albrecht 1992; Brodersen 1995b.

Literaturliste:

Albrecht 1992 = M. von Albrecht, Geschichte der römischen Literatur. Von Andronicus bis Boethius. Mit Berücksichtigung ihrer Bedeutung für die Neuzeit. 2 Bände, München 1992.

Alföldy 1961 = G. Alföldy, Die Stellung der Frau in der Gesellschaft der Liburner, Acta Antiqua (Ungarn) 9, 307-319.

Archer u.a. 1994 = L. Archer/S. Fischler/M. Wyke (Hrsg.), Illusions of the night: Women in ancient societies, London 1994.

Auberger 1994 = J. Auberger, Ctésias et les femmes, Dialogues d'Histoire Ancienne 19, 253-272.

Bechert 1999 = T. Bechert, Die Provinzen des Römischen Reiches. Einführung und Überblick (Zaberns Bildbände zur Archäologie) Mainz 1999.

Bellen 1985 = H. Bellen, Metus Gallicus – metus Punicus. Zum Furchtmotiv in der römischen Republik, Abhandlungen der Akademie der Wissenschaften und der Literatur Mainz. Geistes- und sozialwissenschaftliche Klasse 1985, 3, Stuttgart 1985.

Bichler 1995 = R. Bichler, Von der Insel der Seligen zu Platons Staat. Geschichte der antiken Utopie. Teil I (Alltag und Kultur im Altertum, Band 3) Wien/Köln/Weimar 1995.

Bichler 1996 = R. Bichler, Wahrnehmung und Vorstellung fremder Kultur. Griechen und Orient in archaischer und frühklassischer Zeit, in: M. Schuster (Hrsg.), Die Begegnung mit dem Fremden. Wertungen und Wirkungen in Hochkulturen vom Altertum bis zur Gegenwart (Colloquium Rauricum 4) Stuttgart/Leipzig 1996, 51-74.

Bichler 1999= R. Bichler, Herodots Welt. Der Aufbau der Historie am Bild der fremden Länder und Völker, ihrer Zivilisation und ihrer Geschichte (Antike in der Moderne) Berlin 1999.

Bichler/Rollinger 1999 = R. Bichler/R. Rollinger, Herodot (Studienbücher Antike, Band 3) Hildesheim 1999.

Bringmann 1989 = K. Bringmann, Topoi in der taciteischen Germania, Abhandlungen der Akademie der Wissenschaften in Göttingen, phil.-hist. Kl., 3. Folge, Nr. 175 (1989), 59-78.

Brodersen 1994 = K. Brodersen, Pomponius Mela. Kreuzfahrt durch die Alte Welt, Darmstadt 1994.

214

Brodersen 1994b = K. Brodersen, Männer, Frauen und Kinder in Groß-
griechenland: Quellen und Modelle zur frühen Siedler-Iden-
tität, Mnemosyne 47, 47-63.

Brodersen 1995 = K. Brodersen, Terra cognita. Stduien zur römischen
Raumerfassung (Spudasmata 59), Hildesheim 1995.

Brodersen 1995b = K. Brodersen, Mela in Mittelfranken. Zu den Anfängen des Geographieunterrichts, in: Direktorat des Gymnasiums Fridericianum (Hrsg.), Festschrift zum 250-jährigen
Bestehen des humanistischen Gymnasiums Erlangen, Erlangen 1995, 7-16.

Brulé 1989 = P. Brulé, Des femmes au miroir masculin, in: M.-M.
Mactoux/E. Geny (Hrsg.), Mélanges Pierre Lévêque. Teil 2:
Anthropologie et société (Centre de Recherches d'Histoire
Ancienne. Volume 82) Paris 1989, 49-61.

Bußmann 1983 = H. Bußmann, Lexikon der Sprachwissenschaft (Kröners
Taschenausgabe Band 452) Stuttgart 1983.

Cameron/Kuhrt 1983 = A. Cameron/A. Kuhrt (Hrsg.), Images of women
in antiquity, London/Canberra 1983, 20-33.

Casevitz 1995 = M. Casevitz, La femme dans l'oeuvre de Diodore de
Sicile, in: Vérilhac 1995, 113-136.

Cooper 1980 = G. Cooper, Sexual and ethical reversal in Apuleius: the
Metamorphoses as Anti-Epic, in: C. Deroux (Hrsg.), Studies in
Latin literature and Roman history II (Collection Latomous
168) Brüssel 1980, 436-466.

Dean-Jones 1992 = L. Dean-Jones, The politics of pleasure: female sexual appetite in the Hippocratic Corpus, Helios 19, 72-91.

Deißmann 1989 = M.-L. Deißmann, Aufgaben, Rollen und Räume von
Mann und Frau im antiken Rom, in: J. Martin/R. Zoepffel,
Aufgaben, Rollen und Räume von Mann und Frau. Teilband
2 (Veröffentlichungen des Instituts für Historische Anthropologie, Band 5/2) Freiburg/München 1989, 501-564.

Dettenhofer 1994 = M. H. Dettenhofer, Reine Männersache? Frauen in
Männerdomänen der antiken Welt, Köln/Weimar/Berlin 1994.

Dewald 1981 = C. Dewald, Women and culture in Herodotus' Histories,
in: H. Foley 1981, 91-125.

Dihle 1994 = A. Dihle, Die Griechen und die Fremden. München 1994.

Dixon 1985 = S. Dixon, Polybius on Roman women and property, American Journal of Philology 106, 147-170.

Dobesch 1989 = G. Dobesch, Caesar als Ethnograph, Wiener Humani-
stische Blätter 31, 16-51.

Drijvers 1998 = J. W. Drijvers, Strabo on Parthia and the Parthians, in:
Wiesehöfer 1998, 279-293.

Eyben 1985 = E. Eyben, Geschlechtsreife und Ehe im griechisch-römischen Altertum und im frühen Christentum, in: E. W. Müller, Geschlechtsreife und Legitimation zur Zeugung (Veröffentlichungen des Instituts für Historische Anthropologie, Band 3) Freiburg/München 1985, 403-478.

Evans 1991 = J. K. Evans, War, Women and children in ancient Rome, London 1991.

Fisch 1993 = J. Fisch, Jenseitsglaube, Ungleichheit und Tod. Zu einigen Aspekten der Totenfolge, Saeculum 44, 265-299.

Fisch 1998 = J. Fisch, Tödliche Rituale. Die indische Witwenverbrennung und andere Formen der Totenfolge, Frankfurt a. M. 1998.

Fantham 1991 = E. Fantham, Stuprum. Public attitudes and penalties for sexual offenses in Republican Rome, EMC 35, 267-291.

Flashar 1997 = H. Flashar, Orest vor Gericht, in: W. Eder/K.-J. Hölkeskamp (Hrsg.), Volk und Verfassung im vorhellenistischen Griechenland. Beiträge auf dem Symposium zu Ehren von Karl-Wilhelm Welwei in Bochum, 1.-2. März 1996, Stuttgart 1997, 99-111.

Flory 1995 = M. B. Flory, The deification of Roman women, AHB 9, 127-134.

Foley 1981 = H. Foley (Hrsg.), Reflections of women in antiquity, New York 1981.

Föllinger 1996 = S. Föllinger, Differenz und Gleichheit. Das Geschlechterverhältnis in der Sicht griechischer Philosophen des 4. bis 1. Jahrhunderts v. Chr (Hermes Einzelschriften 74) Stuttgart 1996.

De Forest 1993 = M. de Forest (Hrsg.), Woman's power, man's game. Essays on classical antiquity in honor of Joy K. King, Wauconda, IL 1993.

Franciosi 1995 = G. Franciosi, Clan gentilizio e strutture monogamiche: contributo alla storia della famiglia romana, Neapel 1995.

Franciosi 1995b = G. Franciosi, Famiglia e persone in Roma antica: dall'età arcaica al principato, Turin 1995.

Frevert 1992 = U. Frevert, Geschichte als Geschlechtergeschichte? Zur Bedeutung des 'weiblichen Blicks' für die Wahrnehmung von Geschichte, Saeculum 43, 108-123.

Friedl 1996 = R. Friedl, Der Konkubinat im kaiserzeitlichen Rom. Von Augustus bis Septimius Severus (Historia Einzelschriften 98) Stuttgart 1996.

Froschauer 1991 = P. Froschauer, Herodots ägyptischer Logos. Die Glaubwürdigkeitsdiskussion in kritischer Sicht: Forschungsgeschichte – Ausgewählte Argumentationen – Archäologischer Befund. Diss., Innsbruck 1991.

216

Gardner 1993 = J. F. Gardner, Being a Roman citizen, London 1993.

Gardner 1995 = J. F. Gardner, Frauen im antiken Rom. Familie, Alltag, Recht, München 1995.

Gardner 1995b = J. F. Gardner, Gender-role assumptions in Roman law, EMC 29, 377-400.

Gisinger 1952 = F. Gisinger, s. v. Pomponius Mela, RE XXI.2, 2360-2411.

Günther 1993 = L.-M. Günther, Witwen in der griechischen Antike – zwischen Oikos und Polis, Historia 42, 308-325.

Hadas 1935 = M. Hadas, Utopian Sources in Herodotus, Classical Philology 30, 113-121.

Haider 1974 = P. W. Haider, Gefolgschaftsbestattungen in universalhitorischer Sicht, in: F. Hampl/I. Weiler (Hrsg.), Kritische und vergleichende Studien zur Alten Geschichte und Universalgeschichte, (IBK 18) Innsbruck 1974, 89-120.

Hardwick 1990 = L. Hardwick, Ancient Amazons – Heroes, outsiders or women, Greece & Rome 37, 14-36.

Hartog 1980 = F. Hartog, Le miroir d'Hérodote, Paris 1980.

Hawley/Levick 1995 = R. Hawley/B. Levick (Hrsg.), Women in antiquity. New assessments, New York 1995.

Heckel/Hardley 1981 = W. Heckel/J. C. Hardley, Roman writers and the Indian practice of suttee, Philologus 125, 305-311.

Hesberg-Tonn 1983 = B. von Hesberg-Tonn, Coniunx carissima. Untersuchungen zum Normcharakter im Erscheinungsbilde der römischen Frau. Diss., Stuttgart 1983.

Holzberg 1987 = N. Holzberg, Die ethnographischen Exkurse in Caesars Bellum Gallicum als erzählstrategisches Mittel, Anregung 33, 85-98.

Ihm 1910 = M. Ihm, s. v. Gallizenae, RE VII,1, 673.

Ivancik 1996 = A. Ivancik, Die hellenistischen Kommentare zu Homer Il. 13,3-6 – Zur Idealisierung des Barbarenbildes – Ephoros und die Philologen des alexandrinischen Schule, in: B. Funck (Hrsg.), Hellenismus. Beiträge zur Erforschung von Akkulturation und politischer Ordnung in den Staaten des hellenistischen Zeitalters, Tübingen 1996, 671-692.

Jacob 1991 = C. Jacob, Géographie et ethnographie en Grèce ancienne, Paris 1991.

Karttunen 1992 = K. Karttunen, Distant lands in classical ethnography, Grazer Beiträge 18, 195-204.

Kaser ²1971 = M. Kaser, Das römische Privatrecht. Erster Abschnitt: Das altrömische, das vorklassische und klassische Recht (Handbuch der Altertumswissenschaft 3,3,1) München ²1971.

Kaser ²1975 = M. Kaser, Das römische Privatrecht. Zweiter Abschnitt:

Die nachklassischen Entwicklungen (Handbuch der Altertumswissenschaft 3,3,2) München ²1975.

Krause 1994 = J.-U. Krause, Verwitwung und Wiederverheiratung. Witwen und Waisen im Römischen Reich I (Heidelberger althistorische Beiträge und epigraphische Studien, Band 16) Stuttgart 1994.

Krause 1994b = J.-U. Krause, Wirtschaftliche und gesellschaftliche Stellung von Witwen. Witwen und Waisen im Römischen Reich II (Heidelberger althistorische Beiträge und epigraphische Studien, Band 17) Stuttgart 1994.

Krause 1994c = J.-U. Krause, Witwen und Waisen im frühen Christentum. Witwen und Waisen im Römischen Reich IV (Heidelberger althistorische Beiträge und epigraphische Studien, Band 19) Stuttgart 1994.

Kremer 1994 = B. Kremer, Das Bild der Kelten bis in augusteische Zeit: Studien zur Instrumentalisierung eines antiken Feindbildes bei griechischen und römischen Autoren (Historia Einzelschriften 88) Stuttgart 1994.

Landweer 1997 = H. Landweer, Geschlechterklassifikation und historische Deutung, in: K. E. Müller/J. Rüsen (Hrsg.), Historische Sinnbildung. Problemstellungen, Zeitkonzepte, Wahrnehmungshorizonte, Darstellungsstrategien, Hamburg 1997, 142-164.

Lasserre 1972 = F. Lasserre, s. v. Pomponius Mela, Der Kleine Pauly 4, 1039f.

Le Corsu 1981 = F. Le Corsu, Plutarque et les femmes dans les vies parallèles, Paris 1981.

Lendle 1995 = O. Lendle, Kommentar zu Xenophons Anabasis (Bücher 1-7), Darmstadt 1995.

Lenfant 1991 = D. Lenfant, Milieu naturel et différence ethniques dans la pensée grecque classique, Ktema 16, 111-122.

Lentz 1995 = C. Lentz, ‚Tribalismus' und Ethnizität in Afrika – ein Forschungsüberblick, Leviathan 1995, 115-145.

Lund 1990 = A. A. Lund, Zum Germanenbild der Römer. Eine Einführung in die antike Ethnographie, Heidelberg 1990.

Lund 1996 = A. A. Lund, Caesar als Ethnograph, Der Altsprachliche Unterricht 39, 12-23.

McNeal 1988 = R. A. McNeal, The brides of Babylon: Herodotus 1.196, Historia 37, 54-71.

Mahmood 1992 = C. K. Mahmood, Do ethnic groups exist?: A cognitive perspective on the concepts of cultures, Ethnology 31, 1-14.

Mancinetti Santamaria 1978/9 = G. Mancinetti Santamaria, Strabone e l'ideologia Augustea, Annali della Facoltà di Lettere di Perugia 16/ N.S. 4, 129-142.

Martin 1996 = D. B. Martin, The construction of the ancient family. Methodological considerations, JRS 86, 40-60.

Martin 1993 = J. Martin, La famiglia come cornice per i rapporti tra i sessi, in: M. Bettini (Hrsg.), Maschile/femminile. Genere e ruoli nelle culture antiche, Siena 1993, 75-99.

Müller 1980 = K. E. Müller, Geschichte der antiken Ethnographie und ethnologischen Theoriebildung. Von den Anfängen bis auf die byzantinischen Historiographen. Teil II, Wiesbaden 1980.

Nagl-Docekal = 1993 = H. Nagl-Docekal, Für eine geschlechtergeschichtliche Perspektivierung der Historiographiegeschichte, in: W. Küttler/J. Rüsen/E. Schuli (Hrsg.), Geschichtsdiskurs. Band 1: Grundlagen und Methoden der Historiographiegeschichte, Frankfurt a. M. 1993, 233-256.

Natzel 1992 = S. A. Natzel, Κλέα γυναικῶν. Frauen in den ‚Argonautika' des Apollonios Rhodios (Bochumer Altertumswissenschaftliches Colloquium 9) Trier 1992 .

Nicolet 1991 = C. Nicolet, Space, geography, and politics in the early Roman Empire, Ann Arbor 1991.

Nicols 1989 = J. Nicols. Patrona ciuitatis: Gender and civic patronage, in: C. Deroux (Hrsg.), Studies in Latin literature V (Collection Latomous 206) Brüssel 1989, 117-142.

Nikolaidis 1997 = A. G. Nikolaidis, Plutarch on women and marriage, WS 110, 27-87.

Nippel 1990 = W. Nippel, Griechen, Barbaren und ‚Wilde'. Alte Geschichte und Sozialanthropologie, Frankfurt a. M. 1990.

Nippel 1996 = W. Nippel, Facts and fiction: Greek ethnography and its legacy, History and Anthropology 9, 125-138.

Oniga 1995 = R. Oniga, Sallustio e l'etnografia (Biblioteca di Materiali e discussioni per l'analisi déi testi classici 12) Pisa 1995.

Palmer 1974 = R. E. A. Palmer, Roman shrines of female chastity from the Caste Struggle to the papacy of Innocent I, RSA 4, 113-159.

Pembroke 1965 = S. Pembroke, Last of the matriarchs: A study in the inscriptions of Lycia, Journal of the Economic and Social History of the Orient 8, 217-247.

Pembroke 1992 = S. Pembroke, Frauen in Vormachtstellung. Die Funktion von Alternativen innerhalb der frühgriechischen Überlieferung und die antike Vorstellung vom Matriarchat, in: B. Wagner-Hasel (Hrsg.), Matriarchatstheorien der Altertumswissenschaft, Darmstadt 1992, 92-148.

Pomeroy 1985 = S. B. Pomeroy, Frauenleben im klassischen Altertum (Kröners Taschenausgabe Band 461) Stuttgart 1985.

Romilly 1994/95 = J. de Romilly, Cruauté barbare et cruauté grecque, WS 107/108, 187-196.

Romm 1989 = J. S. Romm, Herodotus and Mythic Geography: The Case of the Hyperboreans, Transactions of the American Philological Association 119, 97-113.

Romm 1992 = J. S. Romm, The edges of the earth in ancient thought: geography, exploration, and fiction, Princeton 1992.

Rosselini/Saïd 1978 = M. Rosselini/S. Saïd, Usages des femmes et d'autres nomoi chez les ‚sauvages' d'Hérodote: essai de lecture structurale, Annali della Scuola Normale Superiore di Pisa 8, 949-1005.

Ruprechtsberger 1997 = E. M. Ruprechtsberger, Die Garamanten. Geschichte und Kultur eines libyschen Volkes in der Sahara (Zaberns Bildbände zur Archäologie) Mainz 1997.

Saïd 1985 = S. Saïd, Usages des femmes et sauvagerie dans l'ethnographie grecque d'Hérodote ? Diodore et Strabon, in: Vérilhac 1985, 137-150.

Santoro l'Hoir 1992 = F. Santoro l'Hoir, The rhetoric of gender terms: ‚man', ‚woman' and the portrayal of characters in Latin prose (Mnemosyne Suppl. 120) Leiden/New York/Köln 1992.

Santoro l'Hoir 1994 = F. Santoro l'Hoir, Tacitus and women's usurpation of power, Classical World 88, 5-25.

Schachermeyr 1933 = F. Schachermeyr, s. v. Mossynoikoi, RE XVI,1, 377-379.

Schmal 1995 = S. Schmal, Feindbilder bei den frühen Griechen. Untersuchungen zur Entwicklung von Feindbildern und Identitäten in der griechischen Literatur von Homer bis Aristophanes (Europäische Hochschulschriften Reihe III: Geschichte und ihre Hilfswissenschaften, Band 677) Frankfurt a. M./Berlin-Bern/New York/Paris/Wien 1995.

Von See 1981 = K. von See, Der Germane als Barbar, Jahrbuch für internationale Germanistik 13, 42-72.

Shaw 1982/83 = B. D. Shaw, ‚Eaters of flesh, drinkers of milk': The ancient mediterranean ideology of the pastoral nomad, Ancient Society 13/14, 5-31.

Sieberer 1995 = W. Sieberer, Das Bild Europas in den Historien. Studien zu Herodots Geographie und Ethnographie Europas und seiner Schilderung der persischen Feldzüge (IBK 96) Innsbruck 1995.

Spät 1994 = Th. Spät, Männlichkeit und Weiblichkeit bei Tacitus. Zur Konstruktion der Geschlechter in der römischen Kaiserzeit (Geschichte und Geschlechter 9) Frankfurt/New York 1994.

Specht 1992 = E. Specht (Hrsg.), Nachrichten aus der Zeit. Ein Streifzug durch die Frauengeschichte des Altertums (Frauenforschung 18) Wien 1992.

Stollberg-Rilinger 1996 = B. Stollberg-Rilinger, Väter der Frauen-geschichte? Das Geschlecht als historiographische Kategorie im 18. und 19. Jahrhundert, HZ 262, 39-71.

Strobel 1998 = K. Strobel, Dacii. Despre compexitatea mărimilor etnice, politice şi culturale ale istoriei spaţiului dunării de jos, in: Studii şi cercetări de istorie veche şi arheologie 49, 61-95 (rumä-nisch mit ausführlicher deutscher Zusammenfassung).

Stumpp 1998 = B. E. Stumpp, Prostitution in der römischen Antike (Antike in der Moderne) Berlin 1998.

Thivel 1996 = A. Thivel, Die Zeugungslehren bei Hippokrates und den Vorsokratikern, in: R. Wittern/P. Pellegrin (Hrsg.), Hippo-kratische Medizin und antike Philosophie (Medizin der Anti-ke, Band 1) Hildesheim 1996, 3-13.

Thollard 1997 = P. Thollard, Barbarie et civilisation chez Strabon. Etude critique des livres III et IV de la géographie, Paris 1997.

Timpe 1997 = D. Timpe, Hausen und Häuser der Nordbarbaren in den Augen der mediterranen Kulturwelt, in: H. Beck/H. Steuer (Hrsg.), Haus und Hof in ur- und frühgeschichtlicher Zeit. Gedenkschrift für Herbert Jankuhn, Göttingen 1997, 255-276.

Trzaska-Richter 1991 = Ch. Trzaska-Richter, Furor Teutonicus. Das römische Germanenbild in Politik und Propaganda von den Anfängen bis zum 2. Jh. n. Chr (Bochumer Altertums-wissenschaftliches Kolloquium 8) Trier 1991.

Treggiari 1991 = S. Treggiari, Roman marriage. Iusti coniuges from the time of Cicero to the time of Ulpian, Oxford 1991.

Trüdinger 1918 = K. Trüdinger, Studien zur Geschichte der griechisch-römischen Ethnographie, Basel 1918.

Vanhaegendoren 1998 = K. Vanhaegendoren, Das afrikanische Volk der Ataranten. Zur ethnographischen Tradition der Antike (Mün-steraner Beiträge zur Klassischen Philologie 4) Grindelberg 1998.

Venour 1990 = K. Ch. Venour, The Roman widow: a social stuy. Diss., Calgary, Ottawa 1990 (xerox).

Vérilhac 1985 = A. M. Vérilhac (Hrsg.), La femme dans le monde méditérranéen. 1. Antiquité. Travaux de la Maison de l´Orient (TMO) Paris 1985

Vidén 1993 = G. Vidén, Women in Roman literature. Attitudes of authors under the early empire, Göteborg 1993.

Wallinger 1994 = E. Wallinger, Hekates Töchter: Hexen in der römi-schen Antike (Frauenforschung 28) Wien 1994.

Waser 1994 = Ch. Waser, Frau-Erotik-Sexualität. Zur Präsenz des Weib-lichen beim Satiriker Persius, GB 20, 127-161.

Weiss 1910 = J. Weiss, s. v. Getae, RE VII,1, 1330-1334.

Wenskus 1999 = O. Wenskus, Amazonen zwischen Mythos und Ethnographie, in: S. Klettenhammer/E. Pöder (Hrsg.), Das Geschlecht, das sich (un)eins ist. Innsbruck 1999.

Werner 1993 = R. Werner, Zum Afrikabild der Antike, in K. Dietz/D. Hennig/H. Kaletsch (Hrsg.), Klassisches Altertum, Spätantike und frühes Christentum. Adolf Lippold zum 65. Geburtstag gewidmet, Würzburg 1993, 1-36.

West 1999 = S. West, Introducing the Scythians: Herodotus on Koumiss (4.2), Museum Helveticum 56, 76-86.

Wickevoort-Crommelin 1998 = B. van Wickevoort-Crommelin, Die Parther und die parthische Geschichte bei Pompeius Trogus – Iustin, in: Wiesehöfer 1998, 259-277.

Wiesehöfer 1998 = J. Wiesehöfer (Hrsg.), Das Partherreich und seine Zeugnisse (Historia Einzelschriften 122) Stuttgart 1998.

Winkler 1990 = J. J. Winkler, The constraints of desire: the anthropology of sex and gender in Ancient Greece, London 1990.

Zeitlin 1996 = F. I. Zeitlin, Playing the other. Gender and society in classical Greek literature, Chicago/London 1996.

Sabine Comploi

Die Darstellung der Semiramis bei Diodorus Siculus

Bei einem Vergleich der Stellen mit Gender-Bezug in der *Bibliotheke* des Diodor fällt auf, daß einige Frauenfiguren sehr ausführlich beschrieben werden. Besonders in den ersten 5 Büchern, in denen sich Diodor vornehmlich mit mythischer und ethnographischer „Historie" beschäftigt, werden im Vergleich zum restlichen Werk viele Frauen erwähnt. Die assyrische Herrscherin Semiramis ist eine davon. Gegenstand dieser Studie soll die Frage sein, wie weit für Diodor die Möglichkeit bestand, die Figur der Semiramis und die Semiramisepisode als ganze nach eigenem Willen zu gestalten[1]. Durch die Ausführlichkeit, mit der sich Diodor dieser Persönlichkeit widmet, eignet sie sich darüber hinaus auch besonders gut, um seiner mit Frauen verbundenen Rollenerwartung nachzugehen[2].

Semiramis hat für Diodor innerhalb seines Werkes eine besondere Bedeutung. Zum einen sagt er das selber, indem er sie als „bedeutendste aller Frauen" (τὴν ἐπιφανεστάτην ἁπασῶν τῶν γυναικῶν)[3] bezeichnet, zum anderen wird das durch die Ausführlichkeit und Geschlossenheit der Darstellung deutlich. In insgesamt 17 Kapiteln[4] stellt er ihren gesamten Lebenslauf dar, von den merkwürdigen Umständen ihrer Geburt bis hin zu ihrem mysteriösen Ende[5]. Die Darstellung erfaßt die verschiedensten Bereiche ihres Lebens und beschränkt sich nicht etwa nur auf politisches Handeln, Bautätigkeit oder Kriegführung.

Vielfach betont Diodor die besondere Schönheit der Semiramis[6]: schon als Neugeborene und im Heiratsalter wird dieser Aspekt an ihr hervorgehoben. Ihr erster Mann Onnes verfällt ihrer Schönheit ebenso wie später ihr zweiter Gatte, der König Ninos. Die Schönheit ist es, die sie schließlich auf den Thron führt, weil Ninos ihr nicht widerstehen kann[7]. Tugenden wie ihre Tapferkeit, ihr Wagemut, ihre Klugheit, ihr Ehrgeiz, ihre „Natur, Großes zu unternehmen" werden hervorgehoben[8]. Ihr Gatte Onnes vertraut ihr vollkommen, unternimmt nichts ohne ihre Zustimmung und „fährt wohl dabei"[9]. Kein negativer Unterton ist hier zu bemerken, keine belächelnden Anspielungen auf einen verweichlichten, seiner Frau hörigen Mann sind hier eingefügt, sondern Semiramis' Fähigkeiten werden besonders unterstrichen[10].

223

Diodor erzählt über Semiramis von ihrer Geburt an. Sie ist die Tochter der Göttin, die bei den Syrern Derketo[11] genannt wird. Ihr Vater ist ein Sterblicher. Aus Scham über diese Verbindung setzt Derketo ihre Tochter aus[12], wirft sich in den Askalonsee und verwandelt sich halb in einen Fisch. Semiramis wird von Tauben ernährt[13], schließlich gefunden und vom Oberhirten Simmas aufgezogen. Durch ihre außergewöhnliche Schönheit wird Onnes, ein königlicher Aufseher auf sie aufmerksam und heiratet sie. Dieser Mann handelt, wie bereits besprochen, nur mehr nach ihrem Rat und hat damit großen Erfolg[14]. Aus dieser ersten Ehe hat Semiramis zwei Söhne[15], die in Diodors Erzählung weiter nicht mehr vorkommen, jedoch in einer anderen Überlieferung, die sich auf Ktesias beruft, ihrer Mutter nach dem Leben trachten. Darauf wird später noch eingegangen[16].

Onnes nimmt an der Belagerung Baktras teil und läßt seine Frau, weil er sie so sehr vermißt, nachkommen. Semiramis fertigt sich für die Reise Kleidung, die nicht erkennen läßt, ob sie eine Frau oder ein Mann ist[17]. Durch den Wagemut und den Einfall der Semiramis, Baktra an der steilsten, scheinbar uneinnehmbaren und deshalb wenig bewachten Stelle anzugreifen, kann diese Stadt eingenommen werden. Ninos[18] bewundert zunächst die Tapferkeit dieser Frau, verfällt dann aber ihrer Schönheit und möchte sie heiraten. Er bietet Onnes seine Tochter als Ersatz an, und, da dieser nicht von seiner Frau lassen möchte, droht er, ihm die Augen auszustechen. Onnes nimmt sich daraufhin das Leben[19].

M. Casevitz hat diese Episode sehr negativ bewertet[20], Semiramis ist für ihn eine femme fatale. In Parallele zu ihrer Mutter, die ihren sterblichen Liebhaber tötet, treibe Semiramis aus Machthunger ihren Mann in den Tod. Auch Auberger betont, daß Semiramis bei ihrer ersten Ehe nicht gefragt wird, daß man nicht weiß, welche Einstellung sie zu dieser Eheschließung hat. Bei der zweiten Ehe möchte er Semiramis hingegen als geschickte Verführerin sehen, die ihren Mann Onnes sterben läßt, um auf den Thron zu gelangen[21]. Festzuhalten bleibt jedoch, daß nach Diodors Darstellung Onnes sich dem Ninos beugt und nicht seiner Frau[22]. Auch bei der zweiten Eheschließung ist Semiramis also nicht selbst aktiv: Ninos[23] will sie haben, setzt die Aktionen. Was Semiramis von all dem hält, geht aus dem Text nicht hervor.

Semiramis schenkt ihrem zweiten Mann auch noch einen Sohn, Ninyas. Dieser erlangt im Zusammenhang mit ihrem Tod wieder Bedeutung, scheint aber in Verbindung mit den Taten der Semiramis zunächst nicht mehr auf. Kurz nach der Geburt des Ninyas stirbt Ninos und hinterläßt seiner Gemahlin die Herrschaft. Bautätigkeit und Kriegszüge der Regentin stehen dann in der Beschreibung im Vordergrund. Doch als Semiramis sich in Medien bei Chauon niederläßt, erwähnt Diodor, daß sie sich Schwelgereien aller Art hingibt und die schönsten

Soldaten als Liebhaber auswählt. Aus Angst, die Macht zu verlieren, heiratet sie nicht mehr und läßt sogar ihre Liebhaber umbringen[24]. Nach Medien durchzieht Semiramis Persien und andere Teile ihres Reiches. Schließlich gelangt sie nach Ägypten und Libyen. Dort besucht sie das Orakel des Ammon und erkundigt sich nach ihrem eigenen Tod[25]. Vom Ende der Semiramis berichtet Diodor, Semiramis habe sich zurückgezogen und sei dem Orakel gemäß zu den Göttern entrückt[26] (ταχέως ἠφάνισεν ἑαυτήν, ὡς εἰς θεοὺς κατὰ τὸν χρησμὸν μεταστησομένη). Als weniger glaubwürdig wird die Version der Verwandlung in eine Taube[27] angeführt (ἔνιοι δὲ μυθολογοῦντές φασιν αὐτὴν γενέσθαι περιστεράν).

Getrieben vom Ehrgeiz, sich ein unvergängliches Denkmal zu setzten und die Vorgänger in ihren Leistungen zu übertreffen, beginnt Semiramis laut Diodor eine eifrige Bautätigkeit. Sie errichtet ihrem verstorbenen Manne Ninos ein monumentales Grabmal. Sie gründet eine Stadt in Babylonien[28], deren Dimensionen von Diodor genauestens und unter Angabe verschiedener Quellen beschrieben werden. Die Brücke, die sie über den Euphrat bauen läßt, steht in ihrer Monumentalität den anderen Bauten der Semiramis nicht nach. Durch den Bau eines Tunnels verbindet Semiramis die Paläste auf beiden Seiten der Stadt[29]. Sie läßt an Euphrat und Tigris Häfen anlegen und fördert somit die Wirtschaft des Landes. In der Stadt Ekbatana läßt sie einen Palast bauen und die Stadt unter enormem Kostenaufwand durch eine aufwendige Wasserleitung mit Wasser versorgen. Aus Armenien läßt sie einen riesigen Felsen nach Babylon kommen. Allein sein Transport ist eine Herausforderung. Er ist ein „bewunderungswürdiges Schaustück" (παράδοξον θέαμα), wird von manchen Obelisk genannt und zu den Sieben Weltwundern gezählt[30].

Semiramis läßt sich auch mehrfach selber darstellen: einmal auf der Jagd, einmal mit den Statthaltern[31] und einmal – im Bagistanischen Gebirge[32] – mit Speerträgern. Dem Straßenbau widmet sie sich besonders, läßt bei Ekbatana ganze Bergwände abtragen und Abgründe aufschütten, um einen Weg dahin zu bauen[33]. Auch in anderen Gebieten scheut sie keine Kosten, um Berge abzutragen und Straßen zu bauen. An zwei Stellen läßt Semiramis Parks (παράδεισος) anlegen[34] und in einem davon „Lustschlösser" (οἰκοδομήματα πολυτελῆ πρὸς τρυφὴν) bauen. Die „hängenden Gärten" allerdings schreibt Diodor nicht der Semiramis zu[35]. In der Ebene läßt sie Hügel aufschütten, um ihre Heerführer zu begraben[36].

Semiramis erscheint in die Bautätigkeiten aktiv involviert, sie sorgt für eine optimale Organisation der Arbeitsteilung und kümmert sich ganz besonders um Ekbatana[37]. Diodor sagt, es sei noch vieles von dem erhalten, was Semiramis geschaffen habe, und werde Σεμιράμιδος ἔργα genannt. Sie läßt auch Sakralbauten errichten, zeigt also Ehrfurcht vor den Göttern. Sie setzt sich selber Denkmäler, bringt aber zugleich für ihre Untertanen Wohlstand und Verbesserung des alltäglichen Lebens durch die Förderung des Handels so wie durch Straßenbauten, Wasserleitungen und Dämme. Ihre Bedeutung als Bauherrin wird durch all diese erwähnten Taten besonders hervorgehoben[38].

Semiramis wird auch als kriegerische Frau dargestellt: sie zieht mit einer Streitmacht nach Medien, durchstreift dann Persien und andere Teile Asiens, erreicht schließlich Ägypten, unterwirft Teile Libyens und erobert den größeren Teil Äthiopiens[39]. Nach ihrer Rückkehr aus Äthiopien und Ägypten ist zwar von einer längeren Friedenszeit die Rede, im Text wird diese Friedenszeit jedoch nicht weiter ausgeführt. Diodor läßt sie direkt im Anschluß an ihre Rückkehr aus Ägypten und Äthiopien einen Kriegszug nach Indien unternehmen.

Obwohl mehrfach von Kriegszügen die Rede ist, werden keine militärischen Daten, strategische Überlegungen oder Schlachtenbeschreibungen gegeben. In der gesamten Beschreibung des Lebens der Semiramis nennt Diodor nur zwei konkrete kriegerische Taten. Einmal bewirkt sie durch ihren persönlichen Einsatz und durch ihre Klugheit und Tapferkeit die Einnnahme Baktras. Hier ist sie sehr erfolgreich und ist männlichen Kollegen überlegen. Diese Tat ist es auch, die ihr die Bewunderung des Königs Ninos zuträgt und sie schließlich auf den Thron bringt. Die andere konkrete militärische Leistung besteht in der Leitung eines Kriegszuges nach Indien. Es war Semiramis zu Ohren gekommen, Indien sei das größte und schönste Land der Erde, die Inder seien das stärkste Volk überhaupt. Deshalb war dieses Unternehmen eine Herausforderung für die Königin, die eine glänzende Kriegstat vollbringen wollte.

Dieser Indienfeldzug hebt sich in verschiedenen Punkten von den bisherigen Zügen ab:

Dies ist der einzige Feldzug gegen den der Autor moralische Bedenken zu erkennen gibt. Die Inder hätten Semiramis „nichts zuleide getan" (μηδέν προαδικηθεῖσα), und trotzdem greife sie ihr Land an. Daß dies auch für andere eroberte Gebiete zutrifft, wird hier nicht thematisiert und war auch vorher für Diodor kein Thema. Diese Bedenken lassen den Leser ein Scheitern des Unternehmens vorausahnen. Bei diesem Kriegszug nun werden die drei Jahre lang dauernden Vorbereitungen, die „Kopfzahl des versammelten Heeres" und der genaue Schlachtenhergang beschrieben. Es ist das erste Unternehmen der Semiramis, das – nach anfänglichem Erfolg – schließlich fehlschlägt. Die Warnungen des Inderkönigs Stabrobates werden in den Wind geschlagen, Semiramis in der Schlacht zweifach verletzt und sie verliert zwei Drittel ihres Heeres[40].

226

*

Der Vergleich der Schilderung Diodors mit anderen Semiramis-Darstellungen läßt einerseits die Spezifik der Darstellung Diodors erkennen, andererseits wird deutlich, daß Diodor in seiner Darstellung einem Prinzip folgt.

Strabo erwähnt im Unterschied zu Diodor Semiramis nicht in einer einheitlichen Erzählung, sondern nur in unterschiedlichen Zusammenhängen. Er spricht von ihr als Gattin und Nachfolgerin des Ninos und als Erbauerin Babylons. Er macht die explizite Feststellung, daß Ninos und Semiramis Syrer sind[41]. An einer weiteren Stelle schildert er, daß Alexander Semiramis mit seinem Zug durch die Gedrosische Wüste nachzueifern versucht[42]. Allerdings pflichtet Strabo Megasthenes in seiner Skepsis gegenüber diesem Bericht bei: Semiramis sei vor dieser Unternehmung gestorben[43]. Hier unterscheidet sich Strabo von Diodor und der noch zu besprechenden Darstellung Justins, die beide den Indienzug als historische Realität sehen. In erster Linie erwähnt Strabo aber Semiramis – an unterschiedlichen Stellen seiner Erdbeschreibung – im Zusammenhang mit großen, bedeutenden Bauten: Neben Babylon habe sie verstreut über fast die gesamte Erde Bauwerke errichtet: Erdhügel, Wallmauern, Festungen, Erdgänge, Wasserleitungen, Bergtreppen, Kanäle, so wie Straßen und Brücken[44]. Einige dieser Bauwerke sind sogar nach ihr benannt[45].

Justin gibt dem gegenüber einen kurzen aber zusammenhängenden Abriß mit den wichtigsten Episoden ihres Lebens[46]: Zuerst ergreift sie die Macht, was nur durch die Verkleidung als Mann möglich ist[47]. Dann vollbringt sie „große Werke" (magnas deinde res gessit). Als sie ihr wahres Geschlecht preisgibt, mindert dies die allgemeine Bewunderung für sie nicht, sondern steigert ihr Ansehen noch zusätzlich (nec hoc illi dignitatem regni ademit, sed admirationem auxit; quod mulier non feminas modo virtute, sed etiam viros anteiret)[48]. Semiramis gründet und ummauert Babylon und erweitert ihr Herrschaftsgebiet durch die Eroberung Äthiopiens. Schließlich zieht sie gegen Indien, was sie auf dieselbe Stufe wie Alexander den Großen hebt. Ihr Tod wird dadurch herbeigeführt, daß sie mit ihrem Sohn Ninyas schlafen möchte und er sie daraufhin tötet. Ihre Herrschaftsdauer gibt Justin – anders als Diodor, der von 42 Jahren spricht[49] – mit 32 Jahren an.

*

Sind die Unterschiede zwischen Strabo bzw. Justin und Diodor leicht erkennbar, so ist es für den Vergleich zwischen Diodor und seiner Hauptquelle Ktesias notwendig, die Prinzipien zu eruieren, nach denen Diodor seine Darstellung gestaltet hat.

In der wissenschaftlichen Diskussion hat sich inzwischen die Meinung durchgesetzt, daß Diodor für das Abfassen seiner *Bibliotheke* ein didaktisches Konzept hatte, das er auch durch alle 44 Bücher durchzuziehen vermochte[50]. Es ist gezeigt worden, daß er die ethisch-moralischen Ansprüche, die er mehrfach in seinem Werk wiederholt, nicht nur von seiner jeweiligen Quelle, beinahe gleich lautend, abgeschrieben haben kann[51].

Diodor ist der Meinung, daß der Sinn der Darstellung historischer Gegebenheiten darin liegt, daß der Leser daraus lernen kann. Die Geschichte birgt für ihn einen Schatz von „wertvollsten Erfahrungen" (καλλίστην ἐμπειρίαν)[52]. Der Beschreibung von Menschen und ihren Taten kommt besondere Bedeutung zu: „Die aus der Beschäftigung mit der Geschichte resultierende Einsicht in die verfehlten und richtigen Entscheidungen anderer Menschen läßt sich dagegen ohne Schwierigkeiten gewinnen" (ἡ δὲ διὰ τῆς ἱστορίας περιγινομένη σύνεσις τῶν ἀλλοτρίων ἀποτευγμάτων τε καὶ; κατορθωμάτων ἀπείρατον κακῶν ἔχει τὴν διδασκαλίαν)[53]. Um dieses Ziel zu erreichen, müssen sowohl positive Beispiele menschlichen Handelns als auch abschreckende, negative Taten und deren Folgen beschrieben werden. Mehrmals betont Diodor seinen Vorsatz, durch das Verfassen seiner *Bibliotheke* nützen zu wollen, indem er dem Leser zeigt, was richtiges und was falsches Handeln ist. Tiefere Zusammenhänge werden dadurch zugunsten eines plakativen Bildes seiner „HeldInnen" in den Hintergrund gedrängt[54]. Damit ist die Darstellung von großen Persönlichkeiten, ihres Handelns, ihrer Ziele ein zentrales Vehikel, um seine moralische Botschaft zu vermitteln. Die Guten erhalten aufgrund ihrer lobenswerten Taten und Errungenschaften die Unsterblichkeit, die Schlechten hingegen ihre Strafe: dadurch sollen Menschen zu gutem Handeln angespornt und von schlechten Taten abgeschreckt werden[55]. Weil Diodor dieses Schema den ausführlich behandelten Personen aufsetzt, ist er gezwungen, seine Quellen teilweise zu bearbeiten und zu verändern[56].

Geht man davon aus, daß Diodor sein Werk als ethisch-moralischen Leitfaden konzipiert hat, ist zu erwarten, daß auch die Frauengestalten diesem Anliegen untergeordnet worden sind. Auch sie müssen – besonders wenn er sie einer ausführlichen Behandlung für würdig erachtet – der Vorbildfunktion der beschriebenen Personen entsprechen und werden dadurch zu Trägerinnen seiner pragmatisch-didaktischen Geschichtsauffassung. Da Semiramis eine herausragende Frauengestalt im Werk Diodors ist und sie bereits Gegenstand einer längeren Traditionsbildung im antiken Schrifttum war, ist es nötig, Diodors Umgang mit seinen Quellen genauer zu betrachten. Erst dadurch läßt sich nachweisen, ob und wieweit er seiner Semiramis besondere Züge verliehen hat.

Die Umgangsweise Diodors mit dem ihm vorgelegenen Quellenmaterial ist weitgehend erforscht und kann Aufschluß über die Frage nach seiner Eigenständigkeit geben. Jane Hornblower[57] zeigt anhand verschiedener Beispiele auf, daß Diodor lange Passagen seiner Quelle übernimmt, dann aber wieder ganze Episoden wegläßt. Er faßt seine Quellen also nicht systematisch zusammen[58].

K. Sacks setzt sich genauer mit dem Umgang Diodors mit Ephoros auseinander, der Diodors wichtigste Quelle für die Bücher XI-XV, möglicherweise auch für das XVI Buch ist[59]. Was die Anschauungen bezüglich des Nutzens der Historie anlangt, stimmen Diodors Vorstellungen ziemlich genau mit jenen von Ephoros überein. Beide sehen die Vorbildfunktion besonders herausragender Persönlichkeiten als wichtig für ihr Werk an. Diodor geht allerdings weiter und meint, die Darstellung schlechter Menschen könne ebenso wie die guter Menschen zur Bildung der Leser beitragen, weil sie vor solchem oder ähnlichem Verhalten abschrecke[60]. In den Büchern, in denen Diodor sich auf Ephoros als Quelle beziehen kann, fällt es ihm aufgrund der grundsätzlichen Übereinstimmung leicht, das Material, das seinen Vorstellungen vom ethisch-moralischen Nutzen der Historie entspricht, zu übernehmen oder leicht anzupassen. Bei anderen von ihm benutzten Autoren findet er sein didaktisches Geschichtsbild nicht vor und ist somit auf seine eigene Gestaltung angewiesen, wenn er auch hier die moralische Vorbildfunktion aufrecht erhalten will[61]. Dieses Ergebnis wird durch die Untersuchung von R. Drews bestätigt. Er zeigt an Beispielen wie den kranken Truppen des Prusias und dem Tod von Antiochos Epiphanes auf, daß Diodor hier Polybios nicht einfach abgeschrieben hat: markanten Stellen, in denen die göttliche Fügung eine wichtige Rolle spielt und die Frevelnden ihrer gerechten Strafe zugeführt werden, drückt Diodor seinen eigenen Stempel auf[62]. Auch die Figur des Epameinondas wird deutlich Diodors eigenen Anschauungen angepaßt. Um das zu erreichen, läßt er neben Ephoros auch andere Quellen in seine Darstellung einfließen, damit er diesen von ihm so hochverehrten Helden als Vorbild aller Tugenden stilisieren kann[63]. An der Gestaltung Alexanders des Großen kann man diese Beobachtung ebenso machen[64]. Diodor kann also dem ihm vorliegenden Autor in der eigenen Darstellung beinahe wörtlich folgen, wenn er, wie im Falle des Ephoros, mit seinen didaktischen Ansprüchen übereinstimmt. Er kann aber auch eigenständige Zusätze machen, wenn die Vorlage seinen didaktischen Ansprüchen nicht genügt. Diodor geht aber auch so weit, daß er andere Quellen heranzieht und in seinen Text verarbeitet, wenn diese seinen Vorstellungen besser entsprechen als die Hauptquelle.

Der Umgang Diodors mit den Quellen und die Frage der Einheitlichkeit des von ihm hergestellten Textes wurde aber nicht nur von inhaltlicher Seite, sondern auch von der sprachlichen Warte aus untersucht. Bereits Palm[65] stellte fest, daß Diodor in den erzählenden

Passagen seines Werkes freier formuliert und sich nicht so sehr an die jeweilige Quelle hält wie in den beschreibenden Teilen. Die Geschichte der Semiramis ist weitgehend erzählerisch, und wenn Diodor hier eine stilistische Eigenständigkeit zugestanden wird, erhärtet dies auch die Hypothese einer gewissen inhaltlichen Eigengestaltung dieser Geschichte von Diodors Hand. Die Untersuchungen Volkmanns zur Verwendung der indirekten Rede in den ersten fünf Büchern Diodors unterstützen die These seiner Selbständigkeit für die Semiramisdarstellung ebenfalls. Das Ergebnis dieser Untersuchung zeigt nämlich, daß Diodor die indirekte Rede dann verwendet, wenn er sich als Berichterstatter, als Wiedergeber seiner Quelle sieht, während er die direkte Rede vorzugsweise in selbstgestalteten Berichten verwendet[66]. Die Geschichte über Semiramis und Ninos steht in der direkten Rede. Auch dies kann als stilistischer Hinweis auf ein selbständiges literarisches Gestalten gewertet werden.

*

Zu den von Diodor herangezogenen Quellen zählt auch Ktesias[67]. Im folgenden soll am Beispiel der Semiramis vorgeführt werden, daß Diodor die Darstellung des Ktesias, der die Grundlage für seine Beschreibung der Taten der Semiramis bildet[68], so bearbeitet und verändert hat, daß die für ihn wichtige Persönlichkeit Semiramis seinen didaktischen Ansprüchen genügt.

Ktesias wird im Text um Semiramis sieben Mal namentlich zitiert[69]. Es handelt sich dabei fast immer um Stellen, an denen es um Zahlen geht[70]: die Länge, Breite und Höhe von Bauwerken[71] so wie die Zahl der Teilnehmer am Kriegszug[72]. An einer einzigen Stelle geht es nicht nur um das Zitieren derartiger Zahlen. Hier heißt es allgemein, Ktesias habe „dies" erzählt (τοιαῦθ ἱστόρηκεν)[73]; hiermit sind sicherlich mehr als nur Lebens- und Regierungsdaten der Herrscherin gemeint[74].

Die Semiramisdarstellung, wie sie uns bei Diodor vorliegt, ist aber nicht in ihrer Gesamtheit Ktesias zuzuschreiben[75]. Dies wird einerseits daran deutlich, daß Diodor eigene Kommentare einfügt und Vergleiche mit der jüngeren Geschichte[76] bis hinauf in die Gegenwart[77] zieht, andererseits macht Diodor selber klar, daß er nicht nur Ktesias für seine Darstellung dieser Königin verwendet hat. Bei der Beschreibung der Mauern Babylons, nennt er „Kleitarch, und jene, die später mit Alexander nach Asien gezogen waren"[78]; bezüglich des Zeustempels, den Semiramis in Babylon erbauen läßt, erwähnt er, daß „die Autoren Unterschiedliches berichten", und hält fest, was an Berichten übereinstimmt[79]. Auch über den Tod der Semiramis gibt es laut Diodor verschiedene Überlieferungen[80]. Schließlich führt Diodor am Ende seiner Erzählung über Semiramis noch an, daß „Athenaios und einige andere Schriftsteller"[81] eine andere Version der Semiramis-Geschichte vertreten. Sie sei demnach eine schöne Hetäre, die durch eine List zunächst für fünf Tage an die Macht komme, aber schließlich den Gatten ins Gefängnis werfe und die Herrschaft ganz an sich reiße. Von da an herrsche sie bis ins hohe Alter und tue viel Gutes[82]. Dieser Athenaios ist uns weiter nicht bekannt, doch laut Aelian[83] kennt bereits Dinon aus Kolophon im 4. Jahrhundert in seinen *Persika* diese Variante der Geschichte.

Wie auch an anderen Stellen seines Werkes verflicht Diodor schließlich verschiedene Quellen[84] mit eigenen Erfahrungen und moralischen Beobachtungen[85]. Abgesehen von Diodors eigenen Aussagen über Quellen, die er neben Ktesias eingesehen hat, zeigt die Forschung, daß einiges an der Semiramisgeschichte, das wir in Diodors Text finden, gar nicht aus Ktesias stammen kann. Als Semiramis einen riesigen Stein nach Babylon bringen läßt, heißt es, daß manche ihn einen Obelisken nennen und ihn zu den 7 Weltwundern zählen[86]. Diese Feststellung kann nicht aus Ktesias übernommen sein, da sie hellenistischem Gedankengut entspringt[87]. Bei der Beschreibung des Zuges zum Ammonorakel sowie beim Indienfeldzug gibt es deutliche Parallelen zur Beschreibung Alexanders in den Büchern 17 und 18 der *Bibliotheke*[88]. In diese Richtung argumentiert auch König, wenn er meint, die Episode über Derketo als Göttin, ihre Verwandlung in eine Mixoparthenos und in ein Sternbild[89] sei frühestens um 200 v. Chr. zu datieren und könne somit nicht aus Ktesias stammen[90].

Nicht unbedeutend ist auch die Tatsache, daß Ktesias mit seinem Werk grundlegend andere Ziele verfolgte als Diodor mit seiner *Bibliotheke*. Ktesias wollte mit seiner *Persika* unterhalten und seine Leser in Staunen versetzen[91]. Diodor hingegen stellte, wie bereits dargelegt, hohe didaktische Ansprüche an sein Werk. Sicherlich mußte eine sensationslustige und romanhafte Passage[92] wie die Geschichte der Semiramis in seinem Werk anderen Kriterien untergeordnet und angepaßt werden. Wenn es außerdem stimmt, daß Ktesias' Beschreibung der Taten von Ninos und Semiramis zwanzig Mal länger war als die Beschreibung des Diodor[93], leuchtet es ein, daß Diodor die für ihn nicht passenden Elemente zu Semiramis weggelassen haben muß.

*

Nicht nur Diodor, sondern auch andere Autoren überliefern Ktesias' Schilderungen von Semiramis. Beim Vergleich dieser Überlieferungen mit jener Diodors fallen einige Ungereimtheiten auf, die m.E. in der wissenschaftlichen Diskussion zu wenig berücksichtigt worden sind, weil der Blick zu sehr auf die Gemeinsamkeiten unter den verschiedenen Überlieferungssträngen gerichtet war[94]. Die auffälligen Abweichungen in den Überlieferungen lassen sich wie folgt zusammenfassen.

231

Unterschiede im allgemeinen Urteil über Semiramis.

Wie bereits mehrmals dargelegt, beschreibt Diodor Semiramis sehr positiv. Dies ist in anderen Fragmenten durchaus nicht der Fall. Besonders auffällig wird der Unterschied, wenn man das kurze Athenagoras-Fragment (FGrHist 688, 1 m) mit der Beschreibung Diodors vergleicht: Semiramis wird hier ganz im Gegensatz zu Diodor als „geiles und blutbesudeltes Weib"[95] (λάγνος γυνὴ καὶ μιαφόνος) beschrieben.

Agathias (FGrHist 688, 1 o β) meint, daß „Ktesias mit Diodor übereinstimmt" (οὕτω γὰρ Κτεσία τῷ Κνιδίῳ τοὺς χρόνους ἀναγραψαμένῳ καὶ Διόδωρος ξύμφησιν ὁ Σικελιώτης). Er bezieht sich dabei auf die Dauer der Assyrischen Herrschaft von Ninos bis Sardanapallos. Wenn ihm beide Werke vorgelegen haben, hätte er ein längeres wortwörtliches Abschreiben sicher bemerkt und nicht von Übereinstimmung gesprochen.

Im Fragment des Anonymus (FGrHist 688, 1 c) findet sich eine kurze Zusammenfassung des Lebens der Semiramis. Sie stimmt im großen und ganzen mit dem überein, was bei Diodor berichtet wird[96]. Sieht man jedoch genauer hin, so wird deutlich, daß es feinste Unterschiede gibt: Baktra wird von Semiramis *mit* Onnes (μετὰ τοῦ ἀνδρός) eingenommen. Bei Diodor ist Semiramis allein aktiv und erkennt mit ihrem strategischen Auge die Schwachstelle Baktras[97]. Weiters ist Semiramis in dieser Überlieferung nicht die Gründerin Babylons, sondern sie läßt die Stadt lediglich ummauern (ετείχισε). Mit Diodor läßt sich dies nicht in Einklang bringen.

Die Beschreibung der Geburt.

Hygin (FGrHist 688, 1 e β) berichtet von einem Fisch, der Isis gerettet habe. Darauf führt er die Tatsache zurück, daß viele Syrer keinen Fisch essen und bezieht sich dabei auf Ktesias. Bei Diodor wird dieses Eßverhalten der Syrer mit der Göttin Derketo erklärt.

Eratosthenes (FGrHist 688, 1 e α) berichtet auch über die Mutter der Semiramis, weicht aber ebenso von Diodor ab: ein Fisch habe Derketo, die sich des Nachts in den See bei Bambyke geworfen habe, gerettet. Hier ändert sich die Handlung wesentlich, und der Ort des Geschehens ist nicht mehr Askalon, sondern Bambyke.

Tzetzes (FGrHist 688, 1 e γ) bezeichnet den Seitensprung der Derketo mit dem sterblichen Jüngling als „Hurerei" (μοιχεύεται), auch was die Aussetzung des Neugeborenen betrifft, läßt Tzetzes das Baby auf „die Felder" (ἐν τοῖς ἀγροῖς) bringen; schließlich stürzt sich Derketo in den See von Myris. Die Beschreibung Diodors liest sich da vollkommen anders: Der Seitensprung wurde durch die Rache der

Aphrodite herbeigeführt, die Schuld dafür trifft also nicht Derketo. Bei der Aussetzung des Neugeborenen berichtet Diodor von „ödem, felsigen Gelände" (τὸ δέι παιδίον εἴς τινας ἐρήμους καὶ πετρώδεις τόπους ἐκθεῖναι), und Derketo stürzt sich in den Askalonsee.

Das Verhältnis der Söhne zur Mutter.

In der Überlieferung des Nikolaos von Damaskos (FGrHist 90, 1), die sich auf Ktesias beruft, trachten die beiden Söhne der Semiramis aus erster Ehe ihrer Mutter nach dem Leben, weil es eine Schande sei, eine so „zügellose Mutter zu sehen, die in solchem Alter Tag für Tag lüstern sei nach jedem Jüngling, der ihr begegne" (περιορᾶν ἀκόλαστον μητέρα ἐν τοιᾷδε ἡλικίᾳ ὁσημέραι λιχνευομένην ὑφ ὧν ἐτύγχανεν ἀνθρώπων τοσούσδε νεανίας ὄντας). Bei Diodor findet sich diese Episode nicht. Sie könnte ein typisches Beispiel für die oben erläuterete Vorgangsweise Diodors sein. Gewisse Ereignisse aus dem Leben einer Persönlichkeit läßt er weg, wenn sie nicht in seine Vorstellung vom ethisch-moralischen Vorbild hineinpassen.

Kephalion (FGrHist 93, 1 und 1b) berichtet, Semiramis habe ihre Söhne niedergemetzelt, und sei schließlich von ihrem an dieser Stelle Ninos genannten Sohn getötet worden.

Semiramis als Bauherrin.

Synkellos (FGrHist 688, 1 i) weiß von der berühmten Semiramis zu berichten und beruft sich auf Ktesias, wenn er sagt, sie habe Dämme aufgeschüttet, unter dem Vorwand sie beugen Überschwemmungen vor. In Wahrheit habe sie sie aber als Grabstätten für ihre Liebhaber verwendet (ἢ πολλαχοῦ τῆς γῆς ἤγειρε χώματα παραφάσει μὲν διὰ τούς κατακλυσμούς τὰ δ᾽ ἦν ἀρα τῶν ἐρωμένων ζώντων κατορυσσομένων οἱ τάφοι, ὡς Κτεσίας ἱστορεῖ). Diodor berichtet uns nichts über die Begräbnissitten für ihre Liebhaber, obwohl er erwähnt, daß Semiramis ihre Liebhaber töten läßt[98]. Laut seinem Bericht baut Semiramis χώματα als Grabhügel für ihre Heerführer. Diodor hätte hier eine bedeutende Veränderung vorgenommen, um sein Semiramisbild nicht zu negativ zu gestalten.

Kephalion (FGrHist 93, 1 und 1b) überliefert, Semiramis habe Babylon ummauert[99]. Mit Diodor, der sie als geniale Gründerin dieser Stadt schildert, stimmt das nicht überein.

Semiramis als Kriegerin.

Diodor läßt Ninos bei der Belagerung Baktras gegen den Herrscher Oxyartes kämpfen[100]. Aus anderen Überlieferungen wird jedoch klar, daß Ktesias den Herrscher Zoroaster genannt hat (FGrHist 93, 1 und 1b). Auch bei Justin trägt der Herrscher den Namen Zoroaster.

233

Der Indienfeldzug wird bei Kephalion (FGrHist 93, 1 und 1b) kurz angesprochen. Bei Diodor kommt ihm – wie bereits dargelegt – besondere Bedeutung zu.

Der Tod der Semiramis.

Athenagoras (FGrHist 688, 1 m) beschreibt auch den Tod der Semiramis und meint mit Bezug auf Ktesias, es sei unwahrscheinlich, daß sich eine Frau in eine Taube verwandeln könne. Laut Diodor zieht sich aber Semiramis von den Menschen zurück. Er verweist hier auf Mythenerzähler (ἔνιοι δέ μυθολογοῦντές φασιν), die berichten, daß Semiramis sich in eine Taube verwandelt habe[101]. Die Geschichte der Verwandlung wird deutlich von seiner eigenen Version abgehoben und durch μυθολογοῦντές eher abgeschwächt.

Aus diesem Vergleich bzw. der Gegenüberstellung der sich auf Semiramis beziehenden Fragmente wird Diodors eigenständige Gestaltung der Semiramis-Geschichte schon klar erkennbar. Sie erhält weitere Bestätigung, wenn man die Gestaltung der Passagen über die Sakenkönigin Zarina hiermit vergleicht. Auch in diesem Fall ist Ktesias die Quelle für Diodor[102]. Auch hier stoßen wir auf eine Frauenpersönlichkeit, die Diodor offensichtlich viel bedeutet, wenn sie auch nicht so ausführlich wie Semiramis beschrieben ist.

„Über die Saken aber habe damals eine Frau geherrscht, die besonders kampfesfreudig war und sich durch Mut und Energie unter den sakischen Weibern auszeichnete, namens Zarina. Obwohl es nämlich in diesem Volke allenthalben tapfere Frauen gibt, die mit ihren Männern die Gefahren des Krieges teilen, so übertraf sie doch alle nicht nur an Schönheit; sondern war berühmt durch das, was sie unternahm und Schritt für Schritt auch zu Ende führte. Sie kämpfte die benachbarten Völker nieder, die in verstiegenem Vertrauen auf die eigenen kriegerischen Eigenschaften das Sakenvolk hatten besiegen wollen, machte einen großen Teil ihres Landes urbar und gründete viele Städte – kurz, das Leben ihrer Stammesgenossen wurde lebenswerter unter ihrer Herrschaft."

(βασιλεῦσαι δὲ τότε τῶν Σακῶν γυναῖκα τὰ κατὰ πόλεμον ἐζηλωκυῖαν καὶ τόλμῃ τε καὶ πράξει πολὺ διαφέρουσαν τῶν ἐν Σάκαις γυναικῶν, ὄνομα Ζαρίναν. καθόλου μὲν οὖν τὸ ἔθνος τοῦτο γυναῖκας ἀλκίμους ἔχειν καὶ κοινωνούσας τοῖς ἀνδράσι τῶν ἐν τοῖς πολέμοις κινδύνων, ταύτην δὲ λέγεται τῷ τε κάλλει γενέσθαι πασῶν ἐκπρεπεστάτην καὶ ταῖς ἐπιβολαῖς καὶ τοῖς κατὰ μέρος ἐγχειρήμασι θαυμαστήν. τῶν μὲν γὰρ πλησιοχώρων βαρβάρων τοὺς ἐπηρμένους τῷ θράσει καὶ καταδουλουμένους τὸ ἔθνος τῶν Σακῶν καταπολεμῆσαι, τῆς δέ χώρας πολλὴν ἐξημερῶσαι, καὶ πόλεις οὐκ ὀλίγας κτίσαι, καὶ τὸ σύνολον εὐδαιμονέστερον τὸν βίον τῶν ὁμοεθνῶν ποιῆσαι.)

Vergleicht man diese Darstellung Diodors mit den Ktesias Fragmenten bei Demetrios von Phaleron (FGrHist 688, 24) und aus dem Papyrus Oxyrrh. (FGrHist 688, 8 b.), so wird deutlich, daß diese die Episode mit der von Zarina unerwiderten Liebe des Meders Stryaglios ausführlich schildern, während Diodor diese Passage nicht wiedergibt. Sie paßte nicht in sein Bild der herausragenden Frau, die so viel Gutes für ihr Volk getan hat.

Es ist nicht leicht, zwingende Schlußfolgerungen aus diesen Inkongruenzen zwischen Diodor und den anderen Texten, die sich auf Ktesias berufen, zu ziehen, denn es ist durchaus denkbar, daß die anderen Fragmente eine zum Teil freie Interpretation des Ktesiastextes überliefern. Jacoby meint sogar, einige Autoren hätten ihre Behauptungen mit dem Namen Ktesias' „ausgeschmückt"[103]. Es gibt aber, und das möchte diese Untersuchung erhärten, viele Indizien dafür, daß Diodor Ktesias' Bericht eigenverantwortlich umgearbeitet und vor allem auch seinem Geschichtsbild entsprechend gefiltert hat.

*

Die oben geführte Untersuchung erlaubt einige resümierende Feststellungen.

Diodor stellt an sein Werk hohe Maßstäbe in Hinsicht auf einen praktischen und didaktischen Nutzen. Träger dieser Botschaft sind die historischen Akteure, die durch ihre Taten abschrecken oder zu Nachahmung anregen sollen. Auch eine Frau muß diesen pädagogischen Ansprüchen genügen[104]. Um dieses Ziel zu erreichen, bearbeitet Diodor seine Hauptvorlage, paßt sie seinen Vorstellungen an und zieht manchmal weitere Quellen hinzu. Auch die Darstellung des Ktesias wird diesem Verfahren unterzogen: Sie ist keineswegs als durchgehende Vorlage für die Kapitel 4-20 des zweiten Buches der *Bibliotheke* zu betrachten. Dagegen sprechen mehrere Tatsachen: Es gibt zu viele Bezüge zur eigenen Zeit Diodors, zu viele Erwähnungen anderer Quellen und schließlich zu viele Inkongruenzen zwischen Diodor und anderen Überlieferungen, die sich auf Ktesias von Knidos berufen. Die Abgrenzung dessen, was mit Sicherheit direkt auf Ktesias zurückgeht und was Diodors eigene Gestaltung ist, ist nicht ohne weiteres möglich. Diese Untersuchung zeigt, daß es unzulässig ist, mit einzelnen Abschnitten aus Diodor umzugehen, als handle es sich unmitterbar um Texte des Ktesias[105].

Die Abweichungen zwischen Diodor und den anderen Ktesiasüberlieferungen sind nicht gering. Sie reichen von unterschiedlichsten geographischen Lokalisierungen bis zu deutlichen Bewertungsunterschieden. Zentrale Episoden wie zum Beispiel der Versuch der Söhne, die eigene Mutter ob ihres liederlichen Lebenswandels zu töten, werden durch Diodor gänzlich weggelassen. Die Negativzeichnung und das Bild einer männermordenden, lüsternen Herrscherin scheint in den

Überlieferungen, die sich neben Diodor auf Ktesias beziehen, besonders stark zu sein. Sie spiegeln vielleicht eher das Semiramis-Bild des Knidiers wider. Dies paßte wiederum nicht in die Vorstellungen Diodors, da für ihn eine erfolgreiche Herrscherin auch eine gute Herrscherin sein mußte. Daher gestaltete er das Bild der Herrscherin in diesem Sinne um, milderte einige negative Züge und ließ sogar ganze Passagen weg. Auf diese Weise wird sie zur Wohltäterin ihres Volkes und erfolgreichen Staatsfrau. Auf die negative Seite der Herrscherin wird in der Erwähnung ihrer Liebhaber und deren Ermordung nur kurz angespielt. Selbst diese Taten schwächt Didodor jedoch dadurch ab, daß er sie mir der Angst der Königin vor dem Machtverlust zu rechtfertigen versucht. Es bleibt so in seiner kurzen und relativ harmlos klingenden Beschreibung von den den niederschmetternden Urteilen über die moralische Haltung der Herrscherin in anderen, oben besprochenen Überlieferungen nicht mehr viel übrig.

Diodor ist also von den ihm vorliegenden Quellen abgewichen und hat gerade herausragende Persönlichkeiten in seinem eigenen Sinne bearbeitet. Der Vergleich mit den außerhalb Diodors erhaltenen Fragmenten des Ktesias legt nahe, daß Diodor im Umgang mit Ktesias ebenso verfahren ist. Übernahm Diodor den Großteil seiner Erzählung über die bedeutende assyrische Herrscherin Semiramis aus Ktesias, so war der Umgang mit dieser Vorlage doch so frei, daß er Semiramis entsprechend seinen eigenen didaktischen Anforderungen, die er gegenüber jeder bedeutenden Persönlichkeit in seinem Werk stellte, gestaltete. Drews' Schlußfolgerung, für Diodor müsse ein erfolgreicher Herrscher ein rechtschaffener Herrscher sein, während ein gottloser, schlechter Herrscher bestraft werden müsse[106], trifft auch auf Semiramis zu.

Berücksichtigt man weiters die Argumente, die von sprachlicher Seite zeigen, daß Diodor einen eigenen, einheitlichen Stil durch sein gesamtes Werk hin erkennen läßt, wird deutlich, daß Diodors Hand in der Beschreibung einer bedeutenden Herrscherin wie Semiramis zu finden sein muß.

Genau wie Männer sind Frauen Teil der Geschichte, zuweilen sogar aktive Gestalten, an denen Diodor in seiner Absicht, eine Universalgeschichte zu verfassen, nicht vorbeikommt. Große Persönlichkeiten treten uns in Diodors *Bibliotheke* immer wieder als homogene, autonome Teile der Gesamtdarstellung gegenüber[107]. Diodor macht in der Schilderung seiner „Protagonisten" im Hinblick auf ihre exemplarische Funktion, moralische Vorstellungen vom Wirken der „Großen" zu bieten, keinen Unterschied, ob sie männlichen oder weiblichen Geschlechtes sind. Es trifft auch für Semiramis und Zarina zu, was Simonetti Agostinetti für die Frauengestalten der Bücher 18-20 feststellte[108]: beide Geschlechter haben ihre Aufgabe in seiner Geschichtsschreibung, beide müssen seinen Vorstellungen der „historia magistra vitae" entsprechen.

Anmerkungen

1   Der historische Aspekt, also in wieweit die bei Diodor beschriebene Semiramis wirklich gelebt hat, ist für diese Fragestellung nicht von Bedeutung und soll somit ausgeklammert werden. Siehe dazu neben den älteren Ausführungen von Lehmann-Haupt 1910 und 1918 auch Lewy 1952, Röllig 1969, Eilers 1971, 34-46 und Finkel 1990.

2   Untersuchungen zur Darstellung der Frau bei Diodor sind in der Sekundärliteratur nicht neu. Casevitz 1985 bietet uns eine Auflistung der Erwähnungen von Frauen mit kurzer Interpretation. Simonetti Agostinetti 1991 befaßt sich mit Frauen der Diadochenzeit, untersucht die Bücher 18-20 nach historischer Bedeutung und nach Wertung der Frauen.

3   Diod. 2,4,1. Die ins Deutsche übersetzten Textstellen werden zitiert nach: Diodoros, Griechische Weltgeschichte Buch I-X übersetzt von Gerhard Wirth und Otto Veh. Stuttgart 1993.

4   Diod. 2,4-20

5   Kurze Erwähnungen der Semiramis finden sich noch in 3,1,2; 3,3,1 und 11,16,6.

6   Diod. 2,4,5; 2,5,1; 2,5,2; 2,6,9. Vgl. dazu Auberger 1993, 256. Diese Betonung ist nicht selbstverständlich mit der Beschreibung einer „guten" Frau verknüpft: Simonetti Agostinetti 1991, 84f hat sich mit den Frauen der Diadochenzeit beschäftigt, unter denen gute Frauen nur bezüglich des Charakters beschrieben werden, während ihre Erscheinung, ihr Äußeres unerwähnt bleiben.

7   Die betonte Schönheit der Semiramis widerspricht der Bezeichnung in Momigliano 1931, 18 als „donna-uomo". Eilers 1971, 14 meint, das höchste Lob der Perser für eine Frau sei, „sie ist ein Mann".

8   Diod. 2,5,2; 2,6,5; 2,6,9; 2,7,2; 2,13,5; 2,16,1.

9   Vgl. Diod. 2,5,2

10   Auberger 1993, 257f. meint, Semiramis wird bis zu diesem Punkt als typisch griechische Heldin dargestellt, ab dem Moment, wo sie ihren Mann Onnes unterwirft, wendet sich ihre Rolle in ein 'Umkehrbild', sie verhält sich ab diesem Zeitpunkt wie ein Mann und wird wie ein solcher charakterisiert.

11   Zu den verschiedenen Überlieferungen und Benennungen dieser Göttin vgl. Jacoby 1875, 578f. Cumont 1901, 2236-2243; Eilers 1971, 13 und Drijvers 1995, 213-216.

12   Zu diesem Motiv siehe Auberger 1993, 256.

13   Der Bezug der Semiramis zu Tauben, zunächst bei ihrer Aussetzung und dann bei ihrem Tod, wird von Momigliano 1931, 21 genauer behandelt. Vgl. dazu auch Pirenne-Delforge 1994, 415. Eilers 1971, 14 sieht in der Rettung durch Tiere ein Lieblingselement der altorientalischen Sage.

14   Vgl. dazu Eilers 1971,13 und Auberger 1993, 257.

15   Zur Bedeutung des Gebärens männlicher Nachkommen vgl. Roscoe 1996, 221.

16   FGrHist 90, 1.

17   Dieses Element findet sich auch in der Überlieferung des Pompeius Trogus bei Justin 1,2,1-4. Dort wählt Semiramis eine Kleidung, die sie nicht als Frau entlarvt, um an Sohnes statt auf den Thron zu gelangen; vgl. auch Anm. 47.

Auberger 1993, 158 meint auch hier einen Hinweis darauf zu finden, daß Semiramis freiwillig ‚zum Mann' wird. Vgl. dazu auch Anm. 7.

18 Zur Entstehung des Ninos-Semiramis Mythos vgl. Momigliano 1931, 17-26.

19 Lenfant 1996, 358 Anm. 41 sieht die Ehe des Ninos mit Semiramis als Motiv, das sich bei Ktesias wiederholt findet: Ein König heiratet eine Frau, nachdem er sich ihres Gatten entledigt hat. Den Ursprung dieser Motive sieht sie in der mündlichen Tradition.

20 Casevitz, 1985, 120

21 Auberger 1993, 257 und 260

22 Anders sieht das Auberger 1995a, 63

23 Auberger 1995a, 60f. ist der Meinung, daß es sich dabei nicht um Liebe handelt, sondern daß Ninos Semiramis besitzen möchte. Onnes hingegen liebe seine Frau wirklich und zieht den Tod dem Verlust seiner Frau vor.

24 Vgl. dazu Auberger 1993, 260 und Auberger 1995b, 346.

25 Diese auffällige Parallele zu Alexander legt nahe, daß diese Episode aus einer hellenistischen Quelle stammen könnte.

26 Das Verschwinden von Herrschern, Heiligen und Göttern, verbunden mit dem Glauben an ihre Wiederkehr ist laut Eilers 1971, 31 Teil voriranischer Vorstellungen.

27 Eilers 1971, 25 und 29 verbindet diese Verwandlung mit der Interpretation, Semiramis sei die Inkarnation der Liebesgöttin Ischtar.

28 Der Name Babylon wird nicht explizit genannt.

29 Vgl. dazu Bigwood 1978, 38f.

30 Diod. 2,11,4. Vgl. dazu auch Eilers 1971, 33.

31 Diod. 2,8,6 und 7. Vgl. dazu Bigwood 1978, 42f.

32 Diod. 2,13,2 vgl. dazu Philipps 1972, 162-168 und Schmitt 1990, 290.

33 Vgl. dazu Eilers 1971, 31, der Semiramis hier als Berggöttin sehen möchte.

34 Diod. 2,13,1 und 2,13,3. Eilers 1971, 19 sieht darin die Umdeutung einer Kultstätte.

35 Vgl. dazu Brodersen 1996, 49 und u. a. 57.

36 Vgl. Diod. 2,14,1

37 Vgl. Diod. 2,13,6

38 Zu Mythos und Realität dieses Aspektes vgl. Eilers 1971, 16-24.

39 Diod. 2,14,3f., vgl. auch Diod. 1,56,5. In 3,3,1 sagt Diodor, daß Semiramis Äthiopien nicht erobern kann.

40 Laut Strabo 15,1,5 und 15,2,5 kommt Semiramis gar nur mit 20 Mann zurück.

41 Strab. 2,1,17 und 16,1,2

42 Strab. 15,1,5 und 15,2,5

43 Strab. 15,1,6

44 Strab. 16,1,2

45 Strab. 2,1,14; 11,14,8; 12,2,7; 12,3,37

46 Just. 1,1,10-1,2,11

47 Die Episode von der Verkleidung der Semiramis und der Begründung der medischen Tracht kommt weder bei Strabo noch bei Diodor oder in den sonst überlieferten Ktesiasfragmenten vor.

48 Just. 1,2,6

49 Diodor 2,20,2

50 Vgl. dazu Laqueur 1958, 290; Drews 1962, 184; Romilly 1979, 255; Cassola 1982, 726f. Sartori 1984, 492; Sacks 1990, 5 und Pavan 1991, 8. Dagegen hält Farrington 1947, 59f. Diodor noch für einen Historiker, der ohne Überlegung nur das wiedergibt, was andere bereits gesagt oder gedacht haben.

51 Vgl. Drews 1962, 385
52 Diod. 1,1,1
53 Diod. 1,1,2
54 Vgl. auch Palm 1955, 195
55 Vgl. Sacks 1990, 27; Pavan 1991, 12 und Camacho Rojo 1994, 67f.
56 Vgl. Camacho Rojo 1994, 69. Diese Haltung ist der stoischen Philosophie zuzuschreiben, der Diodor große Sympathien entgegenbrachte, vgl. dazu auch Farrington 1947, 56.
57 Hornblower 1981, 20
58 Hornblower 1981, 27
59 Vgl. Sacks 1990, 13
60 Vgl. Sacks 1990, 23-35
61 Vgl. Sacks 1990, 35f. und Sacks 1990, 23. Auch Romilly 1979, 252 gelingt es, für bestimmte Stellen nachzuweisen, daß Diodor von anderen Historikern in seiner Beschreibung abweicht, wenn er damit das Ziel der Vorbildfunktion bedeutender historischen Akteure erreicht.
62 Drews 1962, 385
63 Vgl. Drews 1962, 388f.
64 Vgl. Drews 1962, 391f.
65 Palm 1955, 194
66 Vgl. Volkmann 1955, 354f. und 359
67 Die Glaubwürdigkeit des Ktesias wurde viel diskutiert, und es gibt darüber gegensätzliche Meinungen in der Forschung. Vgl unter den jüngeren Arbeiten Dalley 1998, 110 und ausführlicher Dorati 1995.
68 Jacoby 1875 versucht den Beweis zu führen, daß Diodor Ktesias nicht direkt verwendet hat. Heute wird diese These nicht mehr vertreten vgl. dazu Bigwood 1980, 196 und Dalley 1998, 184; ebenso sieht es bereits Krumbholz 1886.
69 Diod. 2,5,4; 2,7,1; 2,7,3; 2,7,4; 2,8,5; 2,17,1; 2,20,3. Nicht berücksichtigt ist hier die Nennung in 2,15,2, da es dort nicht direkt um Semiramis geht, sondern um eine Gegenüberstellung zu Herodot bezüglich der Totenbestattung bei den Athiopen.
70 Vgl. Jacoby 1875, 562
71 Vgl. Bigwood 1978, 36-44
72 Vgl. Krumbholz 1886, 323. Er behauptet, man habe in der Antike seine Quellen nur zur Bestätigung unglaublich anmutender Zahlen zitiert.
73 Diod. 2,20,2f. „αὕτη μέν ο̇ὖν βασιλεύσασα τῆς Ασίας ἁπάσης πλὴν Ινδῶν ἐτελεύτησε τὸν προειρημένον τρόπον, βιώσασα μέν ἔτη ἑξήκοντα δύο, βασιλεύσασα δέ δύο πρὸς τοῖς τετταράκοντα. Κτησία μέν ο̇ὖν ὁ Κνίδιος περὶ Σεμιράμιδος τοιαῦθ ἱστόρηκεν" Vgl. dazu Krumbholz 1886, 327: er sieht diese Stelle als Beweis für die Tatsache, daß die ganze Semiramisgeschichte, und nicht etwa nur ihr Ende auf Ktesias zurückgeht.
74 König 1972, 38 ist allerdings der Meinung, Ktesias könne hier nicht gemeint sein, sondern Diodor müsse eine historisierte und hellenisierte Fassung verwendet haben.
75 Vgl. dazu Krumbholz 1886, 324f.
76 Diod. 2,5-7; 2,17,3
77 Diod. 2,9,9 . Man könnte hier einwerfen, daß Diodor auch den jeweiligen Zeitbezug aus einer Quelle entnimmt und somit nicht die eigene Gegenwart, sondern die seiner Quelle gemeint ist. Wie man die Stelle auch interpretieren mag, sie ist jedenfalls eine Abweichung von Ktesias. Vgl. dazu auch König 1972, 37.
78 Diod. 2,7,3
79 Diod. 2,9,4

80   Krumbholz 1886, 328 meint, daß es bereits bei Ktesias eine doppelte Über-
        lieferung über ihren Tod gegeben haben könnte.
81   Vgl. Jacoby 1875, 564; Krumbholz 1886, 322; Schwartz 1896 und Bigwood
        1980, 202.
82   Diod. 2,20,3-5
83   Aelian v. h. 7,1
84   Vgl. Krumbholz 1886, 323
85   Cassola 1982, 727
86   Diod. 2,11,5.
87   Vgl. dazu Jacoby 1875, 594; Clayton/Price1990, 21-23 und Brodersen 1996,
        9-13.
88   Vgl. dazu Jacoby 1875, 596, 600 und 602; Krumbholz 1886, 329 und 339;
        Drews 1973, Anm. 32 und Auberger 1993, 259. Letzterer sieht zwar die
        Parallelen zur Alexandervita, hat aber gleichzeitig kein Problem damit, den
        gesamten Diodortext als Ktesias zu interpretieren.
89   Die Verwandlung in ein Sternbild findet sich bei Hygin FGrHist 688, 1eβ.
90   König 1972, 37 ist in seiner Argumentation allerdings nicht sehr deutlich
        und gibt keine nähere Begründung für diese Behauptung an.
91   Vgl dazu Jacoby 1922, 2044; Drews 1973, 110f. und 116; Bigwood 1978, 44;
        Schmitt 1993, 444f. und Karttunen 1997, 636.
92   Vgl. Momogliano 1931, 25 und Auberger 1995a. In diese Richtung geht auch
        Drews 1973, 116.
93   So Drews 1973, 109
94   Vgl. Jacoby 1875, 561
95   Die Deutsche Übersetzung der Ktesiasfragmente wird aus König 1972 über-
        nommen.
96   Siehe auch Jacoby 1875, 580 und Krumbholz 1886, 327f.
97   Lenfant vergleicht die Einnahme Baktras durch Semiramis mit der Einnah-
        me von Sardes durch die Perser bei Hdt. 1,84
98   Diod. 2,13,4
99   Vgl. auch oben Anonymus FGrHist 688, 1 c
100   Hier wird der Einfluß einer hellenistischen Quelle angenommen. Es läge
        nahe, den Schwiegervater Alexanders, der ebenfalls Oxyartes hieß, einem
        uralten Geschlecht, das gegen Ninos und Semiramis gekämpft hat, abstam-
        men zu lassen vgl. Jacoby 1875, 583.
101   Diod. 2,20,1f.
102   Diod. 2,34,3-5. Drews, 1973, 112 hält die Geschichte für iranische Folklore.
103   Jacoby 1875, 580
104   Trotz der Selbständigkeit, die der Frau dadurch zugestanden wird, wird der
        patriarchale Rahmen, der sie umgibt nicht in Frage gestellt. Dies wird deut-
        lich, wenn sich Diodor die patriarchalen Strukturen des Reiches immerhin
        so ausgeprägt vorstellt, daß Semiramis bei einer Wiederverheiratung mit ei-
        nem Machtverlust rechnen muß.
105   So z. B. Auberger 1993, 256, 258, 260; Eilers 1971, 16
106   Vgl. Drews 1962, 392
107   Siehe auch Auberger 1995a, 71
108   Simonetti Agostinetti 1991, 87

Literaturverzeichnis

Auberger 1991 = J. Auberger, Ctésias Histoires de l'orient. Paris 1991.

Auberger 1993 = J. Auberger, Ctésias et les femmes, DHA 19/2, 253-272.

Auberger 1995a = J. Auberger, Ctésias romancier, AC 64, 57-73.

Auberger 1995b = J. Auberger, Ctésias et l'Orient. Un original doué de raison, Topoi 5/2, 337-352.

Bigwood 1978 = J.M. Bigwood, Ctesias' description of Babylon, AJAH 3, 32-52.

Bigwood 1980 = J. M. Bigwood, Diodorus and Ctesias, Phoenix 34/3, 195-207.

Brodersen 1992 = K. Brodersen, Zur Überlieferung von Diodors Geschichtswerk. ZPE 94, 95-100.

Brodersen 1996 = K. Brodersen, Die sieben Weltwunder. Legendäre Kunst- und Bauwerke der Antike. München 1996.

Burton 1972 = A. Burton, Diodorus Siculus, Book 1, a commentary, Leiden 1972.

Camacho Rojo 1994 = J.M. Camacho Rojo, En torno a Diodoro de Sicilia y su concepción moralizante de la historia, in: J. Lens (Hrsg.), Estudios sobre Diodoro de Sicilia, Granada 1994, 63-69.

Casevitz 1985 = M. Casevitz, La femme dans l'oeuvre de Diodore de Sicile, in: Verilhac (Hrsg), La femme dans le monde mediterraneen, Lyon 1985, 113-135.

Càssola 1982 = F. Càssola, Diodoro e la storia romana, ANRW 2,10,1, Berlin, New York 1982, 724-773.

Clayton/Price 1990 = P.A. Clayton/M.J. Price (Hrsg.), Die Sieben Weltwunder, Stuttgart 1990.

Cumont 1901 = F. Cumont, Dea Syria, RE 4,2, 2236-2243.

Dalley 1994 = S. Dalley, Nineveh, Babylon and the Hanging Gardens: cuneiform and classical sources reconciled, Iraq 56, 45-58 .

Dalley 1998 = S. Dalley, The legacy of Mesopotamia, Oxford 1998.

Dorati 1995 = M. Dorati, Ctesia falsario? QS 41, 33-52.

Drews 1962 = R. Drews, Diodorus and His Sources, AJP 83, 383-392.

Drews 1965 = R. Drews, Assyria in classical universal histories, Historia14, 129-142.

Drews 1973 = R. Drews, The greek accounts of eastern history, Cambridge, Massachussets 1973.

Drijvers 1995 = H.J.W. Drijvers, Atargatis, DDD 213-216.

Eilers 1971 = W. Eilers, Semiramis, Entstehung und Nachhall einer altorientalischen Sage, Wien 1971.

Farrington 1947 = B. Farrington, Head and Hand in Ancient Greece. Four studies in the social relations of thought. London 1947.

Finkel 1990 = I.L. Finkel, Die hängenden Gärten von Babylon, in: P.A.

Clayton/M.J. Price (Hrsg.), Die Sieben Weltwunder, Stuttgart 1990, 56-80.

Gabba 1981 = E. Gabba, True history and false history in classical antiquity, JRS 71, 50-62.

Gómez Espelosin 1994 = Etrategias de veracidad en Ctesias de Cnido, Polis 6, 143-168.

Graf 1984 = F. Graf, Women, war and warlike divinities, ZPE 55, 245-254.

Hornblower 1981 = J. Hornblower, Hieronimus of Cardia, Oxford, 1981.

Jacoby 1875 = F. Jacoby, Ktesias und Diodor, Museum für Philologie 30, 555-615.

Jacoby 1922 = F. Jacoby, Ktesias, RE 11,2, 2032-2073.

Karttunen 1997 = K. Karttunen, Ctesias in transmission and tradition, Topoi 7/2, 635-645.

König 1972 = F. W. König, Die Persika des Ktesias von Knidos, Graz 1972.

Krumbholz 1886 = P. Krumbholz, Diodors Assyrische Geschichte, Museum für Philologie 41, 321-341.

Krumbholz 1889 = P. Krumbholz, Wiederholungen bei Diodor, RhM 44, 286-298.

Krumbholz 1895 = P. Krumbholz, Zu den Assyriaka des Ktesias, RhM 50, 205-285.

Krumbholz 1897 = P. Krumbholz, Zu den Assyriaka des Ktesias, RhM 52, 237-285.

Laqueur 1911 = R. Laqueur, Ephoros, Hermes 46, 321-354.

Laqueur 1958 = R. Laqueur, Diodorea, Hermes 86, 258-290.

Lehmann-Haupt 1901 = C. F. Lehmann, Die historische Semiramis und Herodot, Klio 1, 256-281.

Lehmann-Haupt 1910a = C. F. Lehmann-Haupt, Die historische Semiramis und ihre Zeit, Tübingen 1910.

Lehmann-Haupt 1910b = C. F. Lehmann-Haupt, Berossos' Chronologie und die keilschriftlichen Neufunde, Klio 10, 476-494.

Lehmann-Haupt 1910c = C. F. Lehmann-Haupt, Eine neue Semiramisinschrift, Klio 10, 256-257.

Lehmann-Haupt 1918 = C. F. Lehmann-Haupt, Semiramis und Sammuramat, Klio 15, 243-255

Lenfant 1996 = D. Lenfant, Ctésias et Hérodote ou les reécritures de l'histoire dans la Perse achéménide. REG 109, 348-380.

Lenschau 1940 = T. Lenschau, Semiramis, RE Suppl. 7, 1204-1212.

Lewy 1952 = H. Lewy, Nitokris-Naqi'a, JNES 11, 265-284.

Lund 1990 = A.A. Lund, Zum Germanenbild der Römer. Eine Einführung in die antike Ethnographie, Heidelberg 1990.

MacGinnis 1988 = J.D.A. Macginnis, Ctesias and the Fall of Nineveh, Illinois Classical Studies 13,1, 37-41.

Meister 1997 = K. Meister, Diodor, DNP 3, 592-594.

Momigliano 1931 = A. Momigliano, Tradizione e invenzione in Ctesia. A&R 12, 15-44.

Müller 1972 = K. E. Müller, Geschichte der antiken Ethnographie und ethnologischen Theoriebildung, von den Anfängen bis auf die byzantinischen Historiographen, Teil 1, Wiesbaden 1972.

Müller 1980 = K. E. Müller, Geschichte der antiken Ethnographie und ethnologischen Theoriebildung, von den Anfängen bis auf die byzantinischen Historiographen, Teil 2, Wiesbaden 1980.

Nagel 1982 = W. Nagel, Ninus und Semiramis in Sage und Geschichte, Iranische Staaten und Reiternomaden vor Darius. Berliner Beiträge zur Vor-und Frühgeschichte Neue Folge, 2, Berlin 1982

Palm 1955 = J. Palm, Über Sprache und Stil des Diodoros von Sizilien, Lund 1955.

Pavan 1961 = M. Pavan, La teoresi storica di Diodoro Siculo, RAL 16, 19-52, 117-50.

Pavan 1991 = M. Pavan, Osservazioni su Diodoro, Polibio e la storiografia ellenistica, in: E. Galvagno/C. Molè Ventura (Hrsg): Mito storia tradizione, Diodoro Siculo e la storiografia classica. Catania 1991.

Pettinato 1988 = G. Pettinato, Semiramis. Herrin über Assur und Babylon. Zürich, München 1988.

Phillips 1972 = E. D. Phillips, Semiramis at Behistun, C&M 29, 162-168.

Pirenne-Delforge 1994 = V. Pirenne-Delforge, L'Aphrodite grecque. Contribution à l'étude de ses cultes et de sa personalité dans le panthéon archaique et classique, Athen, Liège 1994.

Radt 1993 = S. L. Radt, Textkritisches zu Diodor. Mnemosyne 4,44, 56-68.

Reid 1971 = C. I. Reid, Diodoros and his Sources (Summary), HSPh 75, 205-207.

Reinhardt 1912 = K. Reinhardt, Hekataios von Abdera und Demokrit. Hermes 47, 492-513.

Röllig 1969 = W. Röllig, Nitokris von Babylon, in: R. Stiehl/H.E. Stier (Hrsg.), Beiträge zur Alten Geschichte und deren Nachleben, Berlin 1969, 127-135.

Romilly 1979 = J. de Romilly, La douceur dans la pensée grecque, Paris 1979.

Roscoe 1996 = W. Roscoe, Priests of the goddess: Gender transgression in ancient religion, HR 35, 195-230.

Sacks 1990 = K. S. Sacks, Diodorus Siculus and the first century, Princeton, New Jersey 1990.

Sancisi-Weerdenburg 1987 = H. Sancisi-Weerdenburg, Decadence in the Empire or Decadence in the sources? From source to synthesis:Ctesias, in: H. Sancisi-Weerdenburg (Hrsg.), Achaemenid History 1, sources, structures and synthesis, Leiden 1987, 33-45.

Sartori 1984 = M. Sartori, Storia, „utopia" e mito nei primi libri della *bibliotheca historica* di Diodoro Siculo, Athenaeum 72, 492-536.

Schmitt 1990 = R. Schmitt, Bisotun, EnIr 4, 289-290.

Schmitt 1993 = R. Schmitt, Ctesias, EnIr 6, 441-446.

Schwartz 1896 = E. Schwartz, Athenaios (17), RE 2,2, 2024-2025.

Schwartz 1903 = E. Schwartz, Diodor (38), RE 5,1, 663-704.

Simonetti Agostinetti 1991 = A. Simonetti Agostinetti, Presenze femminili nei libri XVIII-XX della Biblioteca storica di Diodoro Siculo. in: E. Galvagno und C. Molè Ventura (Hrsg.), Mito storia tradizione. Diodoro Siculo e la storiografia classica, Catania 1991.

Spoerri 1959 = W. Spoerri, Späthellenistische Berichte über Welt, Kultur und Götter, Basel 1959.

Troilo 1941 = E. Troilo, Considerazioni su Diodoro Siculo e la sua storia universale, AIV C, 2, 1940-41, 17-42.

Trüdinger 1918 = K. Trüdinger, Studien zur Geschichte der griechisch römischen Ethnographie, Basel 1918.

Usher 1960 = Some observations on greek historical narrative from 400 to 1 b.C., AJP 81, 358-372.

Volkmann 1955 = H. Volkmann, Die indirekte Rede bei Diodor, RhM 98, 354-367.

Wirth 1993 = G. Wirth, Diodor und das Ende des Hellenismus. Wien 1993.

244

Lisa Noggler

Die edle Tanaquil, zum Bild der Frau bei Dionysios von Halikarnass

I

Die Ῥωμαικὴ ἀρχαιολογία des Dionysios von Halikarnass wurde in der älteren Forschung vor allem unter dem Aspekt einer seinerzeit modernen Definition von Historiographie untersucht[1]. So charakterisierte etwa einer der bekanntesten Vertreter dieser Richtung, Eduard Schwartz, das Werk des Dionysios als ein Beispiel für „altertümliche Anekdoten"[2], als lebloses Geschichtswerk, das unter der Vorgabe der rhetorischen Arbeit zu leiden scheint[3]. Diese Einschätzung versuchten nachfolgende Forscher ab den späten 60er Jahren zu hinterfragen bzw. zu relativieren[4]. Ihre Herangehensweise an Dionysios' Werk sah von einer Beurteilung, die sich primär an quellenkritischen Überlegungen über die historische Zuverlässigkeit orientiert, ab. Die jüngere Forschung rückte zunächst die Suche nach Dionysios' eigenen Vorstellungen von Historiographie und seinem Geschichtsbild in den Vordergrund. Die der vorliegenden Untersuchung zugrundeliegenden Ergebnisse dieser jüngeren Forschungsrichtung sollen kurz dargestellt werden.

Die Aufgabe eines Historiographen sieht Dionysios darin, die Geschichte pädagogisch lehrreich darzustellen, ihren moralischen Nutzen zu betonen[5]. Sein historisches Grundkonzept manifestiert sich schon im zentralen Thema seines Werks: In seiner Geschichte Roms besteht die Bevölkerung Italiens aus Ethnien, die alle früher, in ferner mythischer Zeit, oder später in das Land Italien eingewandert sind und sich über längere Abstammungslinien auf griechische Heroen und Vorfahren zurückführen lassen. Das gilt in erster Linie auch für die Römer, betrifft aber ebenso die als autochthon präsentierten Völker wie die Oenotrer oder die Tyrrhener. Diese Ethnien bilden auf Italiens Boden eine Einheit, die sich nach Dionysios besonders in Kultur und Religion ausdrückt[6]. Die zeitliche Differenz der Immigration dieser verschiedenen Ethnien griechischen Ursprungs wird angesichts der völligen gegenseitigen Assimilation zwischen den bereits ansässigen und den neu hinzugekommenen Einwanderern bedeutungslos[7]. Da sich dieses Geschichtskonzept mit Dionysios' tiefer Bewunderung für Rom als vorbildliches Imperium verbindet, wird die römische Geschichte von ihrem griechischen Beginn an von ihm positiv und ohne die Vorstellung eines Auf und Ab mit Phasen von Fortschritt und Verfall als gleichmäßig verlaufend dargestellt. Die überlieferten Krisen und Mißstände im historischen Ablauf, die gegen seine optimistische Betrachtung sprechen könnten, werden im Laufe seiner Darstellung so beschrieben, daß diese Gleichmäßigkeit des Geschichtsverlaufs keinen wesentlichen Einbruch erfährt[8].

Die Konsequenz, mit der Dionysios seinen Intentionen folgt, zeigt, wie wenig sich seine Vorstellung von den Aufgaben der Geschichtsschreibung mit den traditionellen Erwartungen der im 19. Jh. gepflegten Geschichtswissenschaft deckt[9]. Diese Erkenntnis führte in jüngerer Zeit dazu, von dementsprechend negativen Bewertungen abzusehen und einem neutraleren Bild, das auch den Blick auf bislang wenig erforschte Aspekte freigibt, Vorrang zu geben.

Vor dem Hintergrund dieser Neueinschätzung des Werkes von Dionysios, beschäftigt sich die vorliegende Untersuchung mit den bisher noch kaum untersuchten Erwartungen, die sich in der Ῥωμαϊκὴ ἀρχαιολογία mit der Rolle der Frau verbinden[10]. Dieser Untersuchung liegt zudem die Annahme zugrunde, daß das Konzept jedes Geschichtsbildes mit der eigenen Lebenswelt eng verknüpft ist und diese den horizontbildenden Kontext geschichtlicher Betrachtung darstellt[11]. Daher müssen auch einzelne Elemente dieses Geschichtsbildes wie das Geschlechterverhältnis oder die Rolle[12] von Frauen daran meßbar sein, was der Autor als normales oder befremdliches Verhalten empfindet. In Werken, die die Vergangenheit darstellen, können daher einschlägige Erwartungen oder Vorstellungen des Autors auch in der Darstellung ferner Zeiten, die unserer geläufigen Definition nach als mythisch gelten, gut erkennbar sein.

Nun ist Dionysios' Werk sehr stark auf die mythische Vergangenheit beschränkt. Wenn davon ausgegangen wird, daß er die von ihm herangezogenen Quellen seinem Geschichtskonzept unterstellt[13], das wiederum mit seinem lebensweltlichen Hintergrund – seiner kulturellen Provenienz[14] und seiner Intention, über die in Rom angeeignete ‚fremde' Kulturwelt zu berichten[15] – verknüpft ist, so müssen die Rollenerwartungen an Frauen auch in dem aus seiner Sicht historischen, aber zeitlich fernen, mythischen Bereich sichtbar gemacht werden können. Das ist von großer Bedeutung, da im Rahmen dieser Publikation, deren Hauptaspekt ethnographische Schilderungen bilden, das Beispiel des Dionysios etwas aus dem Rahmen fällt. Da sich aber die ethnographische Welt im Sinne des ‚Befremdlichen' auch in einer diachronen Perspektive – im mythischen Bereich – zeigen kann, stellt sich zunächst die Frage, inwieweit in seinem Werk am Beispiel der Frauen-Rollen ein ethnographisch – befremdliches Bild mythischer Zeiten feststellbar ist[16].

246

Das läßt sich, wie die Durchsicht des Werks ergibt, weitgehend vernei-nen, worin ein zusätzlicher Beleg für Dionysios' Konzept einer breiten gräko-römischen Völkerverwandtschaft auf Italiens Boden zu sehen ist. Es wurden für die vorliegende Untersuchung alle Passagen – ca. 190 Stellen – aus dem Werk des Dionysios herangezogen, in denen Frauen Erwähnung finden[17]. Die Häufigkeit der Angaben über weibli-che Wesen – Frauen, Nymphen, Göttinnen – nimmt in der Darstellung der zeitlich jüngeren Perioden (ab ca. 450-270 v. Ch.) ab. Grob einge-teilt finden sich namentlich genannte Frauen besonders häufig in der Geschichte der Zeit der Einwanderung in italisches Gebiet (1. Buch) als Bindeglied in einer Genealogie, in aitiologischer Funktion für die Lo-kalisation der Siedler oder als Beraterinnen (auf göttlicher und mensch-licher Ebene). Dieser thematische Kontext verändert sich ab der Zeit der ‚Könige' bis in die frühe Republik. Nun wird eine konkrete Ge-schichte herausragender Frauen erzählt. Diese greifen zum Teil auch aktiv in den historischen Ablauf ein (Ilia und Laurentia, Hersilia, Tarpeia, Tanaquil und Okrisia, Tullia, Lukrezia, Veturia und Volumnia in der Coriolan-Episode, Verginia). Hingegen finden sich in der Schilderung der Ereignisse ab ca. 450 fast nur mehr namenlose Frauen[18], die, mit ihren Kindern in einem Atemzug genannt, als Opfer oder als Objekt der Verteidigung in kriegerischen Auseinandersetzungen erscheinen.

Neben der namentlichen Nennung werden einzelne Frauen mittels bestimmter Begriffe aus der Verwandtschaftsterminologie näher charakterisiert: παῖς, παρθένος, μήτηρ, θυγάτηρ, ἀδελφή. Explizit als ‚Frauenberuf' definierbare Funktionen lassen sich lediglich für die reli-giöse, kultische Ebene feststellen (Priesterinnen, Göttinnen). Es würde zu weit gehen, Frauen, die ihre Männer im Krieg unterstützen, selbst als Kriegerinnen zu bezeichnen. Selbst aktiv handelnde Ehefrauen von Herrschern werden nicht mit einem eigenen Terminus als ‚Herrsche-rinnen' gewertet[19].

Ein Vergleich der Behandlung namentlich genannter, aktiv in den historischen Prozeß eingreifender Frauengestalten bei Dionysios zeigt, daß eine Figur unter allen anderen – allein schon am Textumfang und am Ausmaß ihres historischen Handelns gemessen – herausragt: die Etruskerin Tanaquil[20]. Während Tanaquil im livianischen Geschichts-werk als eine Gestalt mit befremdlicher Wirkung erscheint[21], wirkt sie bei Dionysios als eine durchgängig positiv gezeichnete Figur. Ihre etruskische Provenienz und ihre Zugehörigkeit zu einer mythischen Frühzeit dienen nicht dazu, sie fremdartig wirken zu lassen. Im Gegen-teil, sie scheint Tugenden und Qualitäten zu verkörpern, die einem ak-tuellen Idealbild entsprechen. Dieser Umstand gestattet es, am Fall der Tanaquil die spezifischen Konturen von Dionysios' Idealbild einer Frau von Rang in öffentlicher und privater Wirksamkeit deutlich zu machen.

Die Geschichte der Tanaquil spielt während der Regierungszeit zweier Könige, Lucius Tarquinius Priscus und Servius Tullius. Tanaquils Wirken ist eines der wesentlichen Elemente innerhalb der ausführlich geschilderten Regentschaft dieser Könige[22]. Die für die Thematik relevanten Abschnitte werden vorerst skizziert:

In Dionysios' Darstellung stammt Tanaquil aus einer vornehmen etruskischen Familie und lebt in ihrer Heimatstadt Tarquinii mit ihrem korinthischen Ehemann, der den etruskischen Namen Lucumo trägt[23]. Da Lucumo zwar über großen Reichtum verfügt, ihm aber aufgrund seiner griechischen Herkunft Ruhm und Ehre im etruskischen Tarquinii versagt bleiben, übersiedelt die Familie mit vielen Freunden nach Rom. Auf ihrem Weg dorthin deutet Tanaquil am Janiculum ein Adlerprodigium als gutes Vorzeichen für ihren Mann und prophezeit ihm die Königsherrschaft. Lucumo, der gemeinsam mit seinen tyrrhenischen Freunden vom römischen König einer Tribus und einer Curia zugewiesen wird, orientiert sich auch an den Sitten der römischen Namensgebung und nennt sich nun Lucius Tarquinius Priscus. Er wird aufgrund seiner Großzügig- und Liebenswürdigkeit, seiner außenpolitischen Verdienste und seines Sinnes für Recht nach dem Tod des Königs zu dessen Nachfolger gewählt. Seine Regierungszeit wird in einem sehr positiven Licht dargestellt.

Während eines seiner Kriegszüge fällt Tarquinius auch die Stadt Corniculum in die Hände. Die schwangere Okrisia, die Frau eines corniculanischen Mannes von königlichem Geschlecht, wird von Tarquinius von den übrigen Sklaven getrennt und Tanaquil geschenkt. Nachdem Okrisia ihren Sohn Servius Tullius geboren hat, gibt ihr Tanaquil jedoch die Freiheit.

Einer lokalen Fabel folgend – wie Dionysios selbst sagt[24] – schildert Dionysios aber auch noch eine andere Geburtsversion für Servius Tullius: Okrisia erscheint an der Feuerstelle des königlichen Hauses in Rom ein männliches Glied, und sie benachrichtigt daraufhin das Königspaar. Tanaquil deutet das Prodigium: Sie informiert ihren Mann, es sei vom Schicksal bestimmt, daß aus diesem königlichen Herd durch die Verbindung mit jener Frau, die als erste zur Feuerstelle gekommen sei, ein göttlicher Sproß geboren werden würde. Auch andere Wahrsager bestätigen diese Prophezeiung. Okrisia wird daraufhin diese Ehre zuteil und sie bringt einen Knaben namens Servius Tullius zur Welt. Die Besonderheit dieses Jungen findet ihre Bestätigung dadurch, daß ihm der Kopf in Flammen steht, ohne daß er dabei verletzt wird. Der Knabe wird nun wie ein Sohn des Königs aufgezogen, seine Verdienste in der Gefolgschaft des Königs verstärken die Beziehung zwischen Tarquinius und Tullius. Er wird schließlich mit der Tochter des Königs, Tarquinia, vermählt.

Inzwischen planen die ihrer Ansicht nach bei der Thronfolge übergangenen Söhne des ehemaligen Königs ein Mordkomplott gegen Tarquinius. Bei dessen Ausführung wird dem König eine todbringende Wunde zugefügt. Tanaquil nimmt nun die Situation in die Hand, indem sie den Palast schließen und davor Wachen postieren läßt. Ihre Enkel, den Schutz der Familie und den Thron vertraut sie Tullius an. Um für die Inthronisation des Tullius die allgemeine Anerkennung zu gewinnen, erläutert sie zunächst in einer Ansprache im Kreis der Familie ihren Plan, erst dann tritt sie vor das versammelte Volk. In der öffentlichen Rede verschweigt sie den wahren Zustand des Tarquinius und behauptet stattdessen seine baldige Genesung. Sie fordert das Volk auf, nach dem Willen des Königs in der Zwischenzeit auf seinen Schwiegersohn Tullius zu hören. Tullius führt die Amtsgeschäfte, übt Rache an den Mördern und festigt seine Macht. Erst dann wird der Tod des Königs bekanntgegeben. In der Folgezeit muß Tullius vor seinen Gegnern innerhalb der Bevölkerung Roms seine Herkunft und Herrschaft legitimieren. Während seiner Rede läßt Tullius auch Tanaquil und Okrisia unterstützend an seine Seite treten.

Im Anschluß an diese Skizze der Tanaquil-Geschichte soll nun ihre Charakterisierung durch Dionysios in bezug auf ihre Persönlichkeit, ihre Handlungsmotive, ihre Herkunft und auf die sie umgebenden Personen untersucht werden. Dabei ist der Vergleich mit anderen Frauenbeschreibungen als Folie nötig und nützlich. Die folgende Analyse ist das Ergebnis der Zusammenschau von Erzählelementen aus der Tanaquil-Episode und Parallelbeispielen weiterer Frauengestalten aus dem Werk des Dionysios.

II

Tanaquil weist in Dionysios' Darstellung mehrere als positiv erkennbare *Eigenschaften* bzw. *Verhaltensweisen* auf. Die Charakterzüge Tanaquils, Vorzüge wie ihr sorgendes und freundliches Wesen sowie ihr Einschätzungs- und Handlungsvermögen in besonderen Situationen, sind an Dionysios' Textkomposition und Sprache erkennbar. So profitiert etwa die versklavte Okrisia von ihrem Verhalten, das als freundlich bezeichnet werden kann. Die Frau des ersten Mannes aus Corniculum wird von Tarquinius seiner Frau Tanaquil geschenkt. Tanaquil gibt dieser jedoch aufgrund ihres Wissens um ihre Herkunft und die Umstände ihrer Versklavung bald nach Tullius' Geburt die Freiheit und behandelt sie mit Zuneigung und besonderer Ehrerbietung gegenüber allen anderen Frauen.

4, 1: [...] οὐ πολλοῖς χρόνοις ὕστερον ἐλευθέραν αὐτὴν ἀφίησι καὶ πασῶν μάλιστα γυναικῶν ἀσπαζομένη τε καὶ τιμῶσα διετέλεσεν.[25]

In bezug auf ihre Fähigkeiten verweist Dionysios mehrmals auf Tanaquils Sehergabe, die sie aufgrund ihrer etruskischen Vorfahren besitzt. Zunächst deutet sie das Adlerprodigium und stärkt so in ihrem Mann das Vertrauen, die Römer würden ihn aus freier Entscheidung zum König wählen. Die Situation wird folgendermaßen geschildert:

3, 47: θαυμαστοῦ δὲ καὶ παραδόξου πᾶσι τοῦ σημείου φανέντος ἡ γυνὴ τοῦ Λοκόμωνος ὄνομα Τανακύλλα ἐμπειρίαν ἱκανὴν ἐκ πατέρων ἔχουσα τῆς Τυρρηνικῆς οἰωνοσκοπίας, λαβοῦσα μόνον αὐτὸν ἀπὸ τῶν συνόντων ἠσπάσατό τε καὶ ἀγαθῶν ἐλπίδων ἐνέπλησεν ὡς ἐξ ἰδιωτικῆς τύχης εἰς ἐξουσίαν βασιλικὴν ἐλευσόμενον. σκοπεῖν μέντοι συνεβούλευεν ὅπως παρ' ἑκόντων λήψεται Ῥωμαίων τὴν ἡγεμονίαν ἄξιον τῆς τιμῆς ταύτης ἑαυτὸν παρασχών.[26]

Zum zweiten Mal stellt Dionysios in der Geschichte der Okrisia und ihrer Schwängerung durch das aus dem Feuer steigende männliche Glied ausdrücklich Tanaquils prophetische Fähigkeiten heraus. Obwohl diese Episode zur Erhöhung der Geburt des Servius Tullius dienen soll[27], erhält die Geschichte aufgrund der von Dionysios eigens hervorgehobenen Weissagungsgabe Tanaquils ihre spezifische Note:

4, 2: τὸν μέν οὖν Ταρκύνιον ἀκούσαντά τε καὶ μετὰ ταῦτ' ἰδόντα τὸ τέρας ἐν θαύματι γενέσθαι, τὴν δὲ Τανακυλίδα τά τ' ἄλλα σοφὴν οὖσαν καὶ δὴ καὶ τὰ μαντικὰ οὐδενὸς χεῖρον Τυρρηνῶν ἐπισταμένην εἰπεῖν πρὸς αὐτόν, ὅτι γένος ἀπὸ τῆς ἑστίας τῆς βασιλείου πέπρωται γενέσθαι κρεῖττον ἢ κατὰ τὴν ἀνθρωπείαν φύσιν ἐκ τῆς μιχθείσης τῷ φάσματι γυναικός.[28]

Ihre Prophezeihung wird durch andere Wahrsager bestätigt und Okrisia durch das göttliche Zeichen geschwängert.

Ein drittes Mal erwähnt Dionysios ihre prophetische Fähigkeit im Hinblick auf die Inthronisation des Tullius. Tanaquil wußte seiner Ansicht nach nicht zuletzt aufgrund vieler Orakel, daß Tullius die Königsmacht erlangen würde.

4, 4: οὐκ ἀφῆκεν ἐκ τῶν χειρῶν τὸν καιρόν. ἡ δὲ συγκατασκευάσασα τὴν ἡγεμονίαν αὐτῷ καὶ πάντων αἰτία γενομένη τῶν ἀγαθῶν ἡ τοῦ τετελευτηκότος βασιλέως ἦν γυνὴ γαμβρῷ τε συλλαμβάνουσα ἰδίῳ καὶ ἐκ πολλῶν συνεγνωκυῖα θεσφάτων, ὅτι βασιλεῦσαι Ῥωμαίων ἐκεῖνον τὸν ἄνδρα εἵμαρτο.[29]

Tanaquils herausragendste Leistungen bestehen für Dionysios in der Inthronisation zweier Männer – indirekt sogar auch noch eines dritten Mannes (ihres Enkels) – besonders aber in der Art, wie sie nach dem Mordanschlag auf ihren Mann Tarquinius die Versorgung ihrer Enkel und die Planung und Ausführung der Machtübernahme durch Tullius erfolgreich in die Hand nimmt. An Tanaquils herausragendem Einschätzungs- und Handlungsvermögen läßt Dionysios keinen Zweifel aufkommen:

4, 4: ἐνθυμουμένη δὲ τὴν περὶ τὸν οἶκον ἐρημίαν καὶ περιδεὴς οὖσα, μὴ κατασχόντες οἱ Μάρκιοι τὴν ἀρχὴν ἄρωνται τὰ παιδία καὶ πᾶσαν τὴν βασιλικὴν συγγένειαν ἀφανίσωσι, πρῶτον μὲν ἐπέταξε τὰς τῶν βασιλείων θύρας κλεῖσαι καὶ φύλακας ἐπ' αὐταῖς ἐπέστησε διακελευσαμένη μηδένα παριέναι μήτ' ἔσω μήτ' ἔξω· ἔπειτ' ἐκ τοῦ δωματίου πάντας ἐξελθεῖν κελεύσασα τοὺς ἄλλους, ἐν ᾧ τὸν Ταρκύνιον ἡμιθνῆτα ἔθεσαν, τὴν δ' Ὀκρισίαν καὶ τὸν Τύλλιον καὶ τὴν θυγατέρα τὴν συνοικοῦσαν τῷ Τυλλίῳ κατασχοῦσα καὶ τὰ παιδία ὑπὸ τῶν τροφῶν ἐνεχθῆναι κελεύσασα λέγει πρὸς αὐτούς.³⁰

In der Rede an ihre Familie stellt sie fest, daß Tarquinius seinen Lebensweg beendet habe, ohne seinen privaten oder herrschaftlichen Willen festzulegen. Die Situation, in der sich ihre Familie nun befindet, schätzt sie aufgrund der drohenden Machtübernahme durch die Marcier, die Mörder des Tarquinius, als besonders gefährlich ein. Sie fordert daher angesichts der Todesgefahr nicht nur die Rache an den Mördern des Tarquinius, sondern stellt der Familie ihren Plan vor, Tullius die Herrschaft zu übertragen. Zur Betonung ihres Handlungsvermögens läßt sie Dionysios die rhetorische Frage stellen: 4, 4: [...] βουληθέντων ἡμῶν πράττειν νῦν ἃ δεῖ. τίνα δὲ ταῦτ' ἐστί;³¹.

Und damit beginnt sie, die Schritte der Inthronisation des Tullius zu erläutern: Die Verbreitung von der Genesung des Königs, ihre Rede vor dem Volk, in der sie die einstweilige Machtübernahme des Tullius als Willen des Königs verkündet, die Verfolgung und Bestrafung der Mörder, denen – ausdrücklich nach den Vorstellungen Tanaquils – die Todesstrafe oder Konfiszierung der Güter droht, die Etablierung der Macht des Tullius und erst dann die Verkündung des Todes von Tarquinius. Innerhalb ihrer Familie übergibt sie die Erziehung der Enkel in Tullius' Hände und bestimmt die Thronfolge des älteren Knaben.

Dionysios läßt Tanaquil am Tag darauf ihre Rede vor dem Volk halten, in der sie ihrem Plan getreu handelt. Ihre Eigenschaften – wie das Vermögen, eine Situation einzuschätzen und sofort zu handeln, werden bestätigt: Alle von ihr erwarteten Reaktionen seitens des Volkes, wie die Bestürzung über das Mordkomplott, die Forderung nach der Bestrafung der Täter und die Erleichterung über die Geschäftsführung des Tullius, treten ein. Die Erwartungen, die Tanaquil in ihren Schwiegersohn setzt, werden ebenso erfüllt – eine besondere Betonung liegt dabei auf der Übernahme der Vormundschaft ihrer Enkel. Die Ausführung des Plans verläuft ohne Zwischenfälle bis zum von Tanaquil geforderten Staatsbegräbnis des Tarquinius und der endgültigen Anerkennung des Tullius³².

Tanaquils Klugheit und ihre prophetische Weissicht werden von Dionysios ausgiebig gewürdigt, weil sie dem Wohl Roms dienen. Auch Egeria, die ihre göttliche Weisheit dem Numa Pompilius weitergab, wirkt auf diese Weise zum Heil Roms. Denn dank ihrer Gabe kann Numa auf eine gute Amtsführung, auf die Einführung vieler Gesetze und religiöser Verordnungen zurückblicken[33]. Ein Gegenbeispiel zur Wertschätzung von Tanaquils Klugheit ist Dionysios' Urteil über Tullia, die ihrem Mann Ratschläge erteilt, die zu einem bösen Ziel, nämlich zum Mord an ihrem Vater und zur Herrschaft führen. Tullia wird trotz ihrer ‚erfolgreichen' taktischen Pläne und Ratschläge nie als klug oder weise bezeichnet[34], was nahelegt, genauer auf Tanaquils Handlungsmotive zu sehen.

Dionysios äußert sich klar über Tanaquils *Motive*, wenn er ihr aktives Handeln beschreibt. Der folgende Abschnitt enthält die Begründung für ihre Hilfestellung bei der Inthronisation des Tullius:

4, 4: ἡ δὲ συγκατασκευάσασα τὴν ἡγεμονίαν αὐτῷ καὶ πάντων αἰτία γενομένη τῶν ἀγαθῶν ἡ τοῦ τετελευτηκότος βασιλέως ἦν γυνὴ γαμβρῷ τε συλλαμβάνουσα ἰδίῳ καὶ ἐκ πολλῶν συνεγνωκυῖα θεσφάτων, ὅτι βασιλεῦσαι Ῥωμαίων ἐκεῖνον τὸν ἄνδρα εἵμαρτο.[35]

Besonders deutlich kennzeichnet Dionysios die Handlungsmotive in der Situation nach dem Mord an Tarquinius. Dionysios läßt Tanaquil eine Rede vor der versammelten Familie und eine zweite – nur indirekt erzählte – zum Volk halten. Sie positioniert sich darin als vorbildliche Ehefrau, als Mutter ihrer Kinder bzw. Großmutter ihrer Enkel und als Schwiegermutter, die nur das Wohl und die Ehre ihrer Familie und sogar ihres Volkes vor Augen hat. Besonders das Wohlergehen der Enkelkinder wird von Tanaquil betont. Ihr listiger Plan zur Sicherung der Machtübernahme durch Tullius wird keineswegs in negativem Sinn als Trug bezeichnet. Er erhält angesichts der bedrohlichen Situation für ihre Familie und angesichts ihres Wunsches für eine gute Zukunft dieser Enkel besondere Dringlichkeit und Legitimation.

4, 4: ἔτυχε δ' αὐτῇ νεανίας μὲν υἱὸς οὐ πρὸ πολλοῦ τετελευτηκὼς χρόνου, παιδία δ' ἐξ ἐκείνου δύο νήπια καταλειπόμενα. ἐνθυμουμένη δὲ τὴν περὶ τὸν ουκον ἐρημίαν καὶ περιδεὴς οὖσα, μὴ κατασχόντες οἱ Μάρκιοι τὴν ἀρχὴν ἄρωνται τὰ παιδία καὶ πᾶσαν τὴν βασιλικὴν συγγένειαν ἀφανίσωσι, [...].[36]

In ihrer Rede betont sie: ἔρημα δὲ καὶ ὀρφανὰ τὰ δύστηνα ταυτὶ παιδία καταλείπεται κίνδυνον οὐ τὸν ἐλάχιστον ὑπὲρ τῆς ψυχῆς τρέχοντα· εἰ γὰρ ἐπὶ Μαρκίοις τοῖς ἀνελοῦσι τὸν πάππον αὐτῶν τὰ τῆς πόλεως ἔσται πράγματα, τὸν οἴκτιστον ἀπολοῦνται τρόπον ὑπ' αὐτῶν· ἔσται γ' οὐδ' ὑμῖν ἀσφαλὴς ὁ βίος, οἷς ἐνεγγύησε Ταρκύνιος τὰς ἑαυτοῦ θυγατέρας ἐκείνους ὑπεριδών, ἐὰν οἱ φονεύσαντες αὐτὸν τὴν ἀρχὴν κατάσχωσιν, οὐδὲ τοῖς ἄλλοις αὐτοῦ φίλοις καὶ συγγενέσιν οὐδ' ἡμῖν ταῖς ἀθλίαις γυναιξίν· ἀλλὰ πάντας ἡμᾶς φανερῶς τε καὶ κρύφα πειράσονται διολέσαι.[37]

Um ihre Ziele zu erreichen, betritt Tanaquil auch ,öffentlichen', politischen und männerdominierten Boden[38], wenn sie etwa vom Balkon ihres Hauses aus ihre Rede an das Volk hält und diesem Weisungen erteilt[39]. Sie betritt die Öffentlichkeit aber – in Dionysios' Sinne – für ihr Vaterland, ihren Mann, ihre Familie – und besonders für ihre Kinder; sie handelt zum Teil im Dienste göttlicher Weisungen. Diese Motive sind für Dionysios in jedem Fall ehrbar und rechtfertigen damit offenbar die Mittel, die Tanaquil ergreift, nämlich die Überschreitung des informellen Rahmens weiblicher Wirksamkeit.

Sogar die Rede an ihre Familie, in der Tanaquil ihre Pläne nach dem Mord an Tarquinius erläutert, inszeniert sie wie einen öffentlichen Auftritt: sie läßt alle versammeln – auch die männlichen Mitglieder des Hauses. Sie beginnt ihre Rede, indem sie den Mord an Tarquinius beklagt. Er, in dessen Heim Tullius die Erziehung genoß und als bevorzugter Freund galt, hinterläßt seine Familie, seine Geschäfte, ohne seinen letzten Willen kundgetan zu haben. Sie verweist auf die Kinder, deren Leben im Fall der Machtübernahme der Marcier beendet wäre, ebenso wie dies ihrer Schwiegersöhne, in deren Hände Tarquinius seine Töchter gegeben habe. Genauso würde es auch dem Rest seiner Freunde und Verwandten und zuletzt auch ihnen, den Frauen, ergehen. Hier beendet sie die Klage um das Schicksal ihrer Familie und beginnt ihre Rachepläne auszusprechen: Angesichts dieser entsetzlichen Zukunftsgedanken dürften sie es den Mördern des Tarquinius und all seinen Feinden nicht erlauben, die Macht zu erlangen; man muß sie bekämpfen aber mit Geschick und Täuschung, denn dies sei im Moment am nützlichsten. Erst wenn der erste Schritt geglückt sei, könnten die Feinde endgültig auch offen in die Schranken verwiesen werden. Die Waffengewalt könne umgangen werden, wenn die nötigen Maßnahmen nun gesetzt werden würden. Damit beginnt Tanaquil ihren Plan zu erläutern: Sie würden den Tod des Königs dementieren, er hätte keine tödliche Wunde, die Ärzte würden ihn bald wieder für gesund erklären. Dann wird sie selbst, Tanaquil, in der Öffentlichkeit erscheinen, um dem Volk die 'Entscheidung' Tarquinius' mitzuteilen, er habe bis zu seiner Genesung einem seiner beiden Schwiegersöhne, nämlich Tullius, die Sorge für seine privaten und öffentlichen Interessen übergeben. Das römische Volk wird sich beglückt zeigen, da Tullius bereits öfters die Staatsgeschäfte übernommen habe. Im zweiten Teil des Plans sollten nach der überstandenen Gefahr mit militärischer Gewalt die Marcier zur Rechenschaft gezogen und mit dem Tod oder der Konfiszierung ihrer Güter bestraft werden. Dann könnte Tullius seine Macht festigen, indem er die Zuneigung des Volkes gewinne, keine Ungerechtigkeiten zulasse und den armen Leuten Zuwendungen mache. Nach einer gewissen Zeit könne man dann den Tod des Königs bekannt geben und ein öffentliches

Begräbnis abhalten. Sie beendet ihre Rede mit dem direkten Hinweis an Tullius – er, der von ihr und Tarquinius erzogen wurde, soll König der Römer werden. Das würde nur deshalb geschehen, weil sie – Tanaquil – ihm dabei helfe. Dafür müsse er aber all die Liebe eines Vaters zu den Kindern – ihren Enkeln – aufbringen und dem älteren einmal den Thron übergeben[40].

Der Vergleich mit anderen Passagen zeigt in der Tat, daß Dionysios den Auftritt von Frauen in der Öffentlichkeit dann billigt, wenn es zugunsten des Wohls ihres Mannes und ihrer Familie und des Vaterlands (ἡ πατρίς, Dion. Hal. 3,10) geschieht. Gerade der Fall der Valeria in der Coriolan-Episode macht dies deutlich[41]: Der mit den Volskern verbündete Römer M. Coriolanus rüstet zum Krieg gegen Rom. Nachdem die Gefahr nicht auf diplomatischem Wege abgewendet werden kann, wird Coriolanus durch die Initiative römischer Frauen, insbesondere durch die Matrone Valeria zur Abkehr von seinen Plänen bewegt, indem sie die Mutter des Coriolanus, Veturia, animiert, mit ihrem Sohn Kontakt aufzunehmen und ihn um Frieden zu bitten. Gemeinsam ersuchen die Frauen den Senat, ihrem Plan zuzustimmen. In ihrer Rede an die angesichts des drohenden Unheils angsterfüllten Frauen wirbt Valeria für ihren Plan mit folgenden Worten:

8, 39: Καὶ τί πράττουσαι ἂν ἡμεῖς αἱ γυναῖκες διασῶσαι δυνηθείημεν τὴν πατρίδα τῶν ἀνδρῶν ἀπειρηκότων; [...] Οὐχὶ ὅπλων, ἔφησεν ἡ Οὐαλερία, καὶ χειρῶν δεομένη· τούτων μὲν γὰρ ἀπολέλυκεν ἡμᾶς ἡ φύσις· ἀλλ' εὐνοίας καὶ λόγου.[42]

Ihre Aktionen für ihr Vaterland führen sie mit den anderen Frauen in die Öffentlichkeit:

8, 39: [Valeria] ἐπὶ τῆς ἀνωτάτω κρηπῖδος ἔστη τοῦ νεὼ καὶ προσκαλεσαμένη τὰς ἄλλας γυναῖκας πρῶτον μὲν παρεμυθήσατο καὶ παρεθάρρυνεν ἀξιοῦσα μὴ καταπεπλῆχθαι τὸ δεινόν·[43]

8, 43: ὥστ' ἐπὶ πολὺ [μέρος] ἐξακουσθῆναι τῆς πόλεως τὴν βοὴν καὶ μεστοὺς γενέσθαι τοὺς ἐγγὺς τῆς οἰκίας στενωποὺς ὄχλου. Nachdem Valeria die Frau und Mutter des Coriolanus von ihrer Mission überzeugt hatte προσήγγειλαν τὰ γενόμενα τοῖς ὑπάτοις.[44]

Taten zur Rettung des Vaterlands stellen in Dionysios' Werk auch sonst hoch geschätzte Verhaltensweisen dar, zu denen Frauen ebenso befähigt wie Männer erscheinen[45], und Frauen halten dazu in mehreren Fällen auch öffentliche Reden[46].

Um ein weiteres Motiv Tanaquils aus Dionysios' Sicht zu bewerten, nämlich ihren Willen, im Sinne ihres Ehemannes zu agieren, an seinen Mördern Rache zu üben und Tarquinius' Erbe zu bewahren, bietet die Darstellung der Gesetzgebung des Romulus den passenden Hintergrund. Dionysios verpackt seine Vorstellungen von einer guten Ehe, einem weiblichen Normverhalten in die mythische Vergangenheit, in die Ehegesetzgebung des Romulus. Anders als Livius nutzt Dionysios nämlich die Figur des mythischen Stadtgründers auch dazu, ein Paradigma der Familienpolitik zu geben[47]. Romulus als guter und gerechte Gesetze erlassender König regelt das Zusammenleben, das normgerechte Verhalten von Mann und Frau unter Bezugnahme auf die moralischen Erwartungen an Frauen – Gehorsam, Bescheidenheit und Anspruchslosigkeit. Um die Einzigartigkeit dieser Jurisdiktion hervorzuheben, zählt Dionysios zum Kontrast 'schockierende' Beispiele auf, Schreckensgeschichten vom Nachahmen der Tiere, von Promiskuität, von ungeregelten Heiratsnormen und der Schwäche anderer matrimonialer Gesetze. Die Romulus zugeschriebenen Gesetze machen klar, daß die absolute Loyalität der Eheleute zueinander gefordert wird[48], bei guter Eheführung und der ausgezeichneten Virtus (σωφρονεῖν) der Frau können sie als Herrin und Herr nebeneinander ihrem Haushalt vorstehen. Monogamie wird vorausgesetzt, nach der als heilig geltenden (2, 25 ἱερὸς γάμος) Hochzeit ist die Frau dem Mann untertan, sie soll den Besitz und die religiösen Gepflogenheiten mit ihm teilen und das Wohl ihres Mannes wie eine Tochter das ihres Vaters im Auge behalten. Ihr steht auch das Erbe beim Ableben ihres Mannes zu, um es entweder gut zu verwalten oder – im Fall von Kindern – dies mit ihnen zu teilen. Die Mißachtung dieser Gesetze seitens der Frau hat schwere Strafen zur Folge (Dion. Hal. 2, 24-26). Diese von Dionysios erwartete Rolle als Ehefrau erfüllt Tanaquil in allen Belangen[49].

Auch für das edle Motiv Tanaquils, im Dienste ihrer Familie insbesondere für das Wohl der Kinder zu handeln, finden sich viele Parallelen im Text, selbst wenn Dionysios das Rollenbild der vorbildlichen Mutter nicht so explizit vermittelt wie das der idealen Ehe, das in Romulus' Gesetzgebung verankert wird[50]. Die Aktionen Tanaquils sind jedenfalls durch ihre Fürsorge um die Familie, im besonderen um ihre Enkel motiviert und bestimmt. Sie verwaltet im Sinne ihres Mannes das Erbe des Hauses, in ihrem Fall das der königlichen Macht, indem sie dem ihrem Mann wohlgesonnenen Schwiegersohn zum Thron verhilft. Damit gibt sie den Mördern ihres Mannes keine Gelegenheit, ihre Familie zu zerstören. Sie handelt dabei als Matrone und steht sogar noch als solche während der Regierungszeit des Tullius bei einem öffentlichen Auftritt an seiner Seite[51].

Die positive Bewertung Tanaquils, die sich aufgrund ihres lobenswerten Charakters und ihrer Motive ergibt, erfährt eine zusätzliche Verstärkung, wenn zwei weitere Erzählelemente, nämlich die Beschreibung von Tanaquils *Herkunft* und ihrem *Umfeld* einer genaueren Betrachtung unterzogen werden:

Tanaquil wird lapidar als eine Frau aus bestem Hause eingeführt:

3, 46: [...] καὶ παιδεύσας [der Vater] ἀμφοτέρους [Arruns und Lucumo] Ἑλληνικήν τε καὶ Τυρρηνικὴν παιδείαν, εἰς ἄνδρας ἐλθοῦσιν αὐτοῖς γυναῖκαςἐκ τῶν ἐπιφανεστάτων οἴκων λαμβάνει.[52] Die Dionysios-Lektüre läßt erkennen, welche Bedeutung Dionysios einer herausragenden Herkunft beimißt.

Das gilt etwa für die Gestalt der Valeria, deren Herkunft folgendermaßen charakterisiert wird:

8, 39: ἔνθα δή τις αὐτῶν γένει τε καὶ ἀξιώματι προὔχουσα καὶ ἡλικίας ἐν τῷ κρατίστῳ τότ᾽ οὖσα καὶ φρονῆσαι τὰ δέοντα ἱκανωτάτη, Οὐαλερία μὲν ὄνομα, Ποπλικόλα δὲ τοῦ συνελευθερώσαντος ἀπὸ τῶν βασιλέων τὴν πόλιν ἀδελφή, θείῳ τινὶ παραστήματι κινηθεῖσα ἐπὶ τῆς ἀνωτάτω κρηπῖδος ἔστη τοῦ νεὼ καὶ προσκαλεσαμένη τὰς ἄλλας γυναῖκας [...].[53]

Auch die anderen Frauen an der Seite Valerias werden mit ähnlichen Herkunftsbezeichnungen versehen:

8, 40: [...] καὶ τὰς ἱκέτιδας ἡμᾶς φερούσας τὰ νήπια ταυτὶ καὶ αὐτὰς γενναίας [...].[54]

Ein bezeichnendes Beispiel für die Denkweise des Dionysios findet sich auch in der Darstellung der Tarpeia, die den feindlichen Sabinern für ihre geplante Eroberung Roms das Tor öffnet. Dionysios' Ansicht nach trachtete das Mädchen nämlich – entgegen der Annahme seines zitierten Gewährsmannes Fabius Pictor – nicht nach dem Gold der Sabiner, sondern es versuchte, ihnen die Waffen zu entlocken, um einen Sieg für Rom zu erwirken[55]. Seine Argumentation gegen Fabius beginnt mit der Schilderung der herausragenden Herkunft Tarpeias[56].

Die Schilderung der vornehmen Geburt, der explizite Hinweis auf die Herkunft aus einer ausgezeichneten Familie wird von Dionysios in aller Regel mit einer entsprechenden Einschätzung der Frau insgesamt verknüpft. Der Charakter und das Agieren der Frau erfährt bereits dadurch eine positive Konnotation. Dieses Prinzip läßt sich auch am Gegenbeispiel prüfen: Dionysios verliert über die Herkunft Tullias, deren frevelhaftes Verhalten ihrem Vater gegenüber heftige Kritik seinerseits findet, kein Wort, obwohl sie doch der Tradition nach aus 'königlichem' Hause stammt.

Während Livius' Schilderung der Könige Lucius Tarquinius Priscus und Servius Tullius im Kontext der Tanaquil-Geschichte gewisse Vorbehalte erkennen läßt[57], fällt Dionysios' durchgehend positive Charakterisierung der beiden Herrscher auf. Ihre Beliebtheit drückt sich an vielen Stellen aus[58]: Tarquinius beispielsweise wird von Dionysios folgendermaßen beschrieben:

3, 48f.: γενόμενος δὲ παρὰ τῷ βασιλεῖ τίμιος οὐδὲ τῆς ἄλλων Ῥωμαίων εὐνοίας διήμαρτεν, ἀλλὰ καὶ τῶν πατρικίων πολλοὺς ταῖς εὐεργεσίαις ὑπηγάγετο καὶ τὸ δημοτικὸν πλῆθος οἰκείως ἔχειν ἑαυτῷ παρεσκεύασεν εὐπροσηγόροις τε ἀσπασμοῖς καὶ κεχαρισμέναις ὁμιλίαις καὶ χρημάτων μεταδόσει καὶ ταῖς ἄλλαις φιλοφροσύναις. Τοιοῦτος μὲν δή τις ὁ Ταρκύνιος ἦν καὶ διὰ ταύτας τὰς αἰτίας ζῶντός τε Μαρκίου πάντων ἐγένετο Ῥωμαίων ἐπιφανέστατος καὶ τελευτήσαντος ἐκείνου τῆς βασιλείας ὑπὸ πάντων ἄξιος ἐκρίθη.[59] Hier ist keine Rede von unlauteren Mitteln zur Erlangung seiner Königswürde.[60] Seine Regierungszeit ist wiederholt mit folgenden oder ähnlichen Worten als rechtschaffen sowohl in Friedens- als auch Kriegszeiten gekennzeichnet[61]: 4, 1: Βασιλεὺς μὲν δὴ Ταρκύνιος οὐ μικρῶν οὐδ᾽ ὀλίγων ῾Ρωμαίοις ἀγαθῶν αἴτιος γενόμενος [...].[62]

Außenpolitische Triumphe und innenpolitische Erfolge in der Gesetzgebung, in religiösen Fragen und in seiner Bautätigkeit ergänzen das Bild seiner positiven Person und lassen die versuchte Kompromittierung und spätere Ermordung durch seine Gegner als völlig ungerechtfertigte Tat erscheinen, die eine schwere Bestrafung verlangt[63].

Tullius erfährt durch Dionysios eine ähnliche Charakterisierung:

3, 65: [...] ᾧ ῾Ρωμαῖοι μετὰ τὴν Λευκίου Ταρκυνίου τελευτὴν βασιλεύειν τῆς πόλεως ἐπέτρεψαν οὐκ οὔσης Ταρκυνίῳ γενεᾶς ἄρρενος, ἀγάμενοι τὸν ἄνδρα [Tullius] τῆς τε περὶ τὰ πολιτικὰ καὶ τῆς περὶ τὰ πολέμια ἀρετῆς. γένος δὲ τοῦ ἀνδρὸς τοῦδε καὶ τροφὰς καὶ τύχας καὶ τὴν ἐκ τοῦ θείου γενομένην περὶ αὐτὸν ἐπιφάνειαν, ὅταν κατὰ τοῦτο γένωμαι τὸ μέρος τοῦ λόγου, διηγήσομαι.[64]

Die Schilderung seiner göttlichen Herkunft sowie die Aufzählung seiner Verdienste im Gefolge des Königs[65] und seiner charakterlichen Vorzüge[66] lassen keinen Zweifel daran aufkommen, daß Tullius ein legitimer Königskandidat ist.

Eine weitere Person im Umfeld Tanaquils, die durch Dionysios näher beschrieben wird, ist Okrisia, die Mutter des nachfolgenden Königs und Schwiegersohnes der Tanaquil. Okrisia wird als καλλίστη τε καὶ σωφρονεστάτῃ τῶν ἐν Κορνικόλῳ γυναικῶν[67] gewürdigt. Schönheit ist dabei ein Charakteristikum, mit welchem, soweit ich sehe, nur positiv konnotierte Frauen bedacht werden; eine furienhafte oder frevlerisch agierende Frau, wie beispielsweise Tullia, gilt nicht als schön.

Eine dichte Parallele zur Bewertung Okrisias findet sich etwa in der Beschreibung der Lukrezia[68]: 4, 64: ταύτην τὴν γυναῖκα καλλίστην οὖσαν τῶν ἐν ῾Ρώμῃ γυναικῶν καὶ σωφρονεστάτην ἐπεχείρησεν ὁ Σέξτος διαφθεῖραι [...].[69] Die Vergewaltigung dieser verheirateten Frau durch den Sohn des letzten Königs stellt in der Schilderung des Dionysios den Anstoß zur Vertreibung der Könige dar.

Die Menschen, für die Tanaquil wirkt, ihr Mann Tarquinius, Servius Tullius, Okrisia, ihre Kinder und Enkel, aber auch das römische Volk, werden von Dionysios allesamt positiv gezeichnet; auch die Folgen der Bemühungen Tanaquils für diese Personen haben positive Auswirkungen. Die wechselseitige Beziehung zwischen Tanaquil und den sie umgebenden Menschen, die auch diejenigen sind, für die sie sich einsetzt, hat in der Darstellung des Dionysios keine negativen oder problematischen Seiten. Tanaquils Umfeld weist keine dunklen Stellen auf, die umgekehrt auf sie einen Schatten werfen könnten. Wenn etwa Tanaquils Beziehung zu Okrisia als herzliche Zuneigung charakterisiert wird, erfährt Tanaquils Umfeld in dieser Hinsicht durch den Umgang mit einem schönen, sittsamen Menschen eine positive Konnotation – Tanaquil wirkt auf ihr Umfeld ein und dessen Schilderung erhöht ihren Glanz.

Ein Kontrastbeispiel ist das der Tullia: Tullius verheiratet seine sanfte, vaterliebende Tochter mit seinem anmaßenden, arroganten Ziehsohn, seine bösartige, vaterhassende Tochter Tullia mit seinem milden, vernünftigen Ziehsohn, in beiden Fällen eine harmonische Beziehung erhoffend. Die Schwierigkeiten, die sich aus diesen Beziehungen ergeben, drücken sich vor allem in der Unzufriedenheit Tullias mit ihrem sanften, ihr wildes Wesen hemmenden Mann aus. Sie findet für sich einen Ausweg, indem sie den Mann ihrer Schwester heiratet, nachdem beider Ehepartner unerwartet und mysteriöserweise auf dieselbe Art den Tod fanden[70]. So sucht sich ein schlechter Charakter das passende Umfeld.

Wie sehr dagegen tugendhafte Frauen auf ihre Umgebung einwirken können, läßt sich wiederum in der Coriolan-Episode an der Gestalt der Veturia erkennen. Wie Tanaquil wirkt Veturia durch ihre tugendhaften Qualitäten auf das politische Geschick Roms ein. Sie, die Mutter des M. Coriolanus, kann mit ihren Argumenten, die ihren gefühlvollen Charakter als Mutter und Bittstellerin für ihr Vaterland offenbaren, den Sohn zum Einlenken bewegen – aus der Sicht der Römer eine gänzlich positive Wendung[71].

III

Die hier vorgelegte Studie über das dominierende Frauenbild im Geschichtswerk des Dionysios – sei es in seinen idealen, an Tanaquil besonders klar erkennbar verdichteten Zügen, sei es in negativen Kontrastbildern, wie sie Tullia bietet – macht ein paar Eigentümlichkeiten des Autors deutlich.

Anders als Livius[72] geht Dionysios mit negativen Beispielen furienhaften weiblichen Verhaltens sehr restriktiv um. Tullias Fall bildet in seiner Schärfe einen Einzelfall[73]. Anders steht es um Tanaquil. Zwar ist auch ihre Gestalt in der Dichte positiver Wertungen von singulärer Vorbildlichkeit, doch lehren die Vergleichsbeispiele, daß Dionysios eine deutliche Tendenz zu positiven Frauengestalten hat. Vor allem fällt auf, daß Dionysios weder unter ethnographischem Aspekt noch unter dem der mythologischen Ferne eine Kontrastwelt zur gegenwärtigen gräko-römischen Kultur zeichnet und in ihr Muster befremdlichen Verhaltens am Beispiel von negativ dargestellten Frauen vorführt. Gerade Tanaquil, eine Gestalt der etruskischen Frühzeit, stellt für ihn das weibliche Idealbild schlechthin dar[74].

Ein weiteres – meines Erachtens überraschendes Ergebnis – betrifft das öffentliche Wirken von Frauen nach Tanaquils Vorbild. In Forschungen, die sich mit Frauen in der Antike beschäftigen, stellt die Trennung des Lebens in einen öffentlichen und privaten Teil meist einen zentralen Aspekt dar, unter dem die Lebensverhältnisse der Frauen beleuchtet werden. Auch jene Literatur, die diese Trennung als eine künstliche Schaffung von Kategorien kritisiert und besonders die schematische Zuordnung des privaten Bereichs als Bereich der Frau verurteilt, kommt nicht umhin, eine – wenn auch fließende – Grenze zwischen formellem und informellem Leben zu sehen[75]. Bei Dionysios können vorbildliche Frauen auch öffentlich wirksam werden, ohne daß dies besonders hervorgehoben oder gar negativ konnotiert würde[76]. Die maßgeblichen Bewertungskriterien sind die Charaktereigenschaften und Aktionen von Frauen, die gemäß Dionysios' Erwartungen Familie und Vaterland unterstützen bzw. ihre Rolle als Ehefrau und Mutter erfüllen müssen. Das Terrain, das Frauen dazu betreten oder in dem sie agieren, ist für ihre Beurteilung nebensächlich oder verstärkt sogar die Dringlichkeit ihrer Anliegen in einem positiven Sinn[77].

Anmerkungen

1   Rosenberg 1921, 155-163. Zur Forschungsgeschichte: Gabba 1991, 5-9 und Fox 1993, 31.
2   Vgl. Fox 1993, 31, der in seiner Arbeit über Dionysios Schwartz' RE-Artikel, RE 5,1,934-961, zusammenfaßt.
3   Pohlenz 1924, 157 und 189. Vgl. auch Hill 1961, 88f., der das Ziel des Dionysios im Wiederaufleben des literarischen Modells des 4. Jh. v. Ch. sehen will, das Dionysios in einem sekundären Schritt erst mit Inhalt fülle. Als Rhetoriklehrer verleiht Dionysios seiner Darstellung der frühen römischen Geschichte Ausdruck, indem er die literarischen Vorgaben des 4. Jh. v. Ch. nachahmt – mit besonderer Bewunderung für Isokrates, Demosthenes und Theopomp. Einen wichtigen Platz nimmt dabei das Stilmittel der Rede, die ca. 1/3 des gesamten Werkes ausmacht, in Dionysios' Werk ein. Vgl.dazu die Schriften: Περὶ; μιμήσεως und Περὶ τῶν ἀρχαίων 'ῥητόρων – besonders in letzterem bewundert Dionysios die Beredtsamkeit der Antike, die in seiner Zeit nur mehr zur theatralischen respektlosen ‚asiatischen' Rede herabgesunken sei. Zu Dionysios' Bewunderung für die Redekunst und zur Häufig-

keit der Rede in seinem Werk vgl. Gabba 1991, 24-28; 60-90; 75-79; 153; Kaibel 1885, 509; Bonner 1969, 3; 12f.; Goold 1961, 185; Fox 1993, 32f.; 41f. und 43. Vgl. weiters zu Stilmerkmalen bei Dionysios Usher 1966.

4   Gabba 1991; Hill, 1961, 89 und Fox 1993, 31f.

5   Vgl. Dion. Hal 1, 6. Auch Fox 1993, 31f. und 37. Bonner 1969, 14. Das moralisch Gute der Geschichte betont Dionysios besonders in seiner Schrift Πρὸς Πομπήϊον Γεμῖνον ἐπιστολή. Sein pädagogisches Ziel führt ihn auch dazu, ein sowohl griechisches als auch römisches Publikum ansprechen zu wollen, um einerseits Roms Vergangenheit den Griechen näherzubringen und andererseits den Römern ihre eigenen Ursprünge vorzuführen. Vgl. Fox, 1993, der für ein sowohl griechisches als auch römisches Publikum plädiert, 43; auch Hill 1961, 88; Gabba 1991, 213; Alonso-Núñez 1983, 417f.; Goold 1961, 192.

6   Vgl. Dion. Hal. 1, 11-13: Dionysios versucht, die Abstammung der „Aborigines" bzw. Oenotrer von den Arkadiern zu 'beweisen', indem er auf die kultische Verbindung hinweist: in der oenotrischen Stadt Orvinium stehe ein Tempel der Athena 1, 14. Weitere Herkunftsmythen mit dem jeweiligen Hinweis auf die griechische Herkunft aufgrund kultischer und religiöser Gemeinsamkeiten berichtet er zu den Pelasgern (1, 17), den Tyrrhenern (1, 27f.), den Nachfolgern des Euander aus Arkadien (1, 31-33), den Römern (zunächst Albanern) aus Troia (über Aeneas 1, 46, 48-51, 53; 2, 1f.; 12, 21), den Troern selbst (über Atlas 1, 61), den Sabinern (2, 49) und Latinern (3, 32; 6, 62). Zu letzteren siehe Dion. Hal. 2, 49, 5: Das Heiligtum der Feronia verbindet Spartaner mit Sabinern bzw. mit Latinern, 3, 32, 1.

7   Zur Assimilation vgl. Gabba 1991, 12; 104f. und 110.

8   Vgl. Gabba 1991, 10 und 194; Fox 1993, 32-34 und 41. Dionysios äußert sich in seinem Werk nicht über Livius oder Augustus, dennoch entspricht sein Optimismus dem Aufbruchs- oder Konsolidierungsgedanken der augusteischen Zeit; Fox 1993, 47; Gabba 1991, 58f.. Zur Frage der ‚Augustus-Treue' des Dionysios vgl. Hill 1961, bes. 90-93 und Gabba 1991, 12; 212 und 39f..

9   Vgl. Fox 1993, 31; Usher 1966, 358. Gerade die Diskrepanz zwischen verschiedenen Erwartungen an die Geschichtsschreibung diskutiert beispielsweise Fox 1993, 31f..

10   Die Rolle von bzw. die Erwartungen an Frauen zu bestimmen, gilt als eines der Ziele der historischen Frauenforschung. Vgl. Frevert 1992, 108-123. Einen Überblick zur Frauen- bzw. Geschlechterforschung bieten beispielsweise Wagner-Hasel 1988, bes 11f.; Hausen 1983, 9-22; Bock 1983, 24-62; Schmitt-Pantel 1993, 14f.; Scott 1993, 37-58; Frevert 1995, 10; 109 und 13f.; Martin/Zoepffel 1989, 2f..

11   Das durch den Autor vorausgesetzte Alltagskonzept der Lebenswelt wird zudem durch das Publikum, durch die Leser zu kognitiven Zwecken verwendet. Vgl. Habermas 1988, 1, 148; 2, 192; 2, 203; 2, 208; für Habermas ist die Erzählung eine „spezialisierte Form der konstativen Rede, die der Beschreibung von soziokulturellen Ereignissen und Gegenständen dient" 2, 206f., 2, 208. Vgl auch Dougherty/Kurke 1993, 5.

12   Ich greife auf die in der Soziologie formulierte Definition vom Begriff ‚soziale Rolle' zurück. Die soziale Rolle bedeutet „die Summe der Erwartungen, die dem Inhaber einer sozialen Position über sein Verhalten entgegengebracht werden," und stellt „ein gleichmäßiges und regelmäßiges Verhaltensmuster, das mit einer sozialen Position oder einem Status in einem sozialen System assoziiert wird", dar; Lautmann/Buchhofer 1994, 567f..

13   Die von Dionysios benützten Quellen sind dieselben, die auch Livius zur Verfügung stehen. Neben griechischen Historiographen und den Rhetorikern

verwendet Dionysios die römischen Historiographen und Annalisten, definiert einige von ihnen aber als Lokalschreiber, vgl. Dion. Hal. 1, 7. Während Pohlenz 1924, 156 noch die Kenntnis des Dionysios über die Annalistik leugnet, sprechen sich Forscher in der Folgezeit für eine recht umfassende Quellenbasis aus, auf die Dionysios zurückgreifen konnte. Vgl. Pabst 1969, 4; Bonner 1969, 15; Fox 1993, 33; 43 und 46; Alonso-Núñez 1983, 412f.; Gabba 1991, 20-22 und 85. Als Konsequenz seiner Geschichtsauffassung, Rom sei in seinen Ursprüngen eine griechische Polis und der Garant für die griechische Kultur, benötigt und definiert Dionysios andere Kriterien, um den Wahrheitsgehalt der Quellen zu erkennen und sie einer Prüfung zu unterziehen, als beispielsweise Thukydides, den er besonders in seiner Schrift Περὶ; Θουκυδίδου kritisiert. Wahrhaftigkeit bedeutet für Dionysios, alle zur Verfügung stehenden Quellen wiederzugeben. Vor dem Hintergrund seines Geschichtskonzeptes prüft Dionysios die Plausibilität dieser Quellen und entscheidet sich daraufhin für eine Version. Besonderes Augenmerk legt Dionysios auf die genaue Dokumentation chronologischer Abfolgen. Vgl. Gabba 1991, 19 und 9f.; 23-59. Zur Chronologie im Werk des Dionysios vgl. McDonald 1982 und Timpe 1972, 947.

14   Dionysios kam nach eigenen Angaben um 30 v. Ch. nach Rom, studierte die Sprache der Römer 22 Jahre lang, hatte direkten Zugang zur römischen Literatur und Historiographie und sah sich als Lehrer mit kulturellen und politischen Zielen. Vgl. Dion. Hal. 1, 1 und 1, 7. Seine Heimat, die provincia Asia, litt unter den Auswirkungen der Zivilkriege, ihre Orientierung zum Westen und damit zum Zentrum der Macht – Rom – begann mit Oktavians Sieg in Actium über Ägypten. Vgl. dazu Gabba 1991, 1f. und Bonner 1969, 1f.

15   Dionysios kam freiwillig nach Rom und gehörte nicht zu jenen antirömisch eingestellten griechischen Schriftstellern, die die römische Frühgeschichte verhöhnen. Vgl. Gabba 1991, 192 und 195f.; Bonner 1969, 10; Fox 1993, 33f.. Zum ambivalenten Verhältnis von Griechen zu Rom allgemein Erskine 1995, 368. Zu einem Zirkel gebildeter Griechen und Römer im damaligen Rom Bonner 1969, 5; 10f.; Goold 1961, bes. 172f..

16   Zu dieser Thematik generell siehe Lund 1990, 19-55, bes. 30.

17   Die Zählung basiert nicht auf der quantitativen Erfassung einzelner Namen oder Frauentermini, sondern auf der Definition der Stelle als inhaltliche Einheit. Die entsprechenden Nachweise sind in einer Datenbank erfaßt, die am Institut für Alte Geschichte der Universität Innsbruck im Rahmen eines Forschungsprojekts erstellt wurde.

18   γυναῖκες, diese sehr allgemein verwendete Bezeichnung kann die Sklavin ebenso wie die Ehefrau des Königs meinen.

19   Keine der Frauen, die in Dionysios' historischer Darstellung an der Seite von Königen – οἱ βασιλεῖς – stehen, wird selbst mit einem adäquaten weiblichen Titel belegt. Selbst Tanaquil rangiert immer als ‚Frau des Königs' (ἡ τοῦ βασιλέως γυνή). Wenn Tarquinius mit Tanaquil gemeinsam auftritt, belegt Dionysios sie beide mit οἱ βασιλεῖς, vgl. Dion. Hal. 4, 2, 2.

20   Dion. Hal. 3, 46-48; 4, 1-2; 4, 4-5. Mit der ‚Sage der Tanaquil' beschäftigte sich besonders Bachofen hinsichtlich seiner Theorie zum Mutterrecht bzw. zu den orientalischen Einflüssen im römischen Mythos; vgl. Kienzle 1951, Gesammelte Werke Bachofens (1870); Kerényi 1934, 134-139.

21   Zu diesem Schluß kommt Brigitte Truschnegg in ihrem Vortrag ‚Tanaquil bei Livius'. Dieser Vortrag wurde im Rahmen der Ringvorlesung ‚Das Geschlecht, das sich (un)eins ist?' (WS 1998/99) an der Universität Innsbruck am 26. 11. 1998 zum Thema ‚Geschlechterrollen in der antiken Ethnogra-

phie' gehalten (Publikation der Vorlesung in Arbeit). Truschnegg resümiert nach eingehender Besprechung der einzelnen Passagen (Liv. 1, 34; 1, 39-41) und entsprechenden Verweisen auf weitere Frauengestalten bei Livius, daß die „anfänglich zurückhaltend wirkende Gestaltung der Tanaquil-Figur durch T. Livius einen starken negativen Charakter bekommen hat, der als eine Reaktion auf das von T. Livius propagierte Frauenbild verstanden werden kann."

22 Die Bedeutung, die ihr innerhalb der Königsgenealogie und der Chronologie beigemessen wird, drückt sich in einem eigenen Kapitel des Dionysios aus. Darin geht er der Frage nach, welcher Generation die Nachkommenschaft der Tanaquil angehört, ob dies ihre Kinder oder Enkel sind; Dion. Hal. 4, 6-7 und 4, 30.

23 Lucumos Vater war aus Korinth, seine Mutter eine Etruskerin aus Tarquinii, Dion. Hal. 3, 46.

24 Dion. Hal. 4, 2: Φέρεται δέ τις ἐν ταῖς ἐπιχωρίοις ἀναγραφαῖς καὶ ἕτερος ὑπὲρ τῆς γενέσεως αὐτοῦ λόγος ἐπὶ τὸ μυθῶδες ἐξαίρων τὰ περὶ αὐτόν [...]. „Es gibt in den lokalen Geschichten auch eine andere in bezug auf seine Geburt, die das ihn Betreffende ins Mythische rückt [...]."

25 Die folgenden Übersetzungen stammen von der Autorin nach Absprache mit klassischen Philologen. Dion. Hal. 4, 1: „[...] befreite sie kurz danach und fuhr fort, sie unter allen Frauen am meisten zu umsorgen und ehren."

26 Dion. Hal. 3, 47: „Dieses Vorzeichen erschien allen wunderbar und außergewöhnlich. Die Frau des Lucumo namens Tanaquil, die von ihren Vätern (Ahnen) her eine hinreichende Erfahrung in der tyrrhenischen Vogelschau besaß, nahm ihn von den anderen beiseite, umarmte ihn und erfüllte ihn mit großer Hoffnung, daß er aus seinem privaten Schicksal zu königlicher Macht kommen werde. Sie riet ihm, zu überlegen, wie er von den Römern als Freiwilliger die Macht bekommen würde, indem er sich selbst dieser Ehre als würdig erwies.

27 Vgl. Ridley 1975. Er nimmt in seinem Artikel zum Enigma des Servius Tullius auch Stellung zum ursprünglich römischen Mythos der Okrisia, der von Dionysios übernommen wird, 159-162; 169f..

28 Dion. Hal. 4, 2: „Tarquinius [...], der davon hörte und das Zeichen später erblickte, war verwundert. Tanaquil jedoch, die auch in anderen Dingen weise war und insbesondere nicht weniger als einer von den Tyrrhenern die Kunst der Deutung verstand, sagte ihm, daß es vom Schicksal bestimmt sei, daß aus dem königlichen Herd ein stärkeres Geschlecht als das menschliche entstehe, geboren aus der Frau, die sich mit dieser Erscheinung vereinigt hat."

29 Dion. Hal. 4, 4: „Diejenige, die ihm half, die Vorherrschaft zu erlangen, die Ursache für alles Gute war die Frau des toten Königs. Sie unterstützte ihn, weil er ihr Schwiegersohn war und weil sie aus vielen Orakeln wußte, daß es vom Schicksal bestimmt sei, daß dieser Mann der König der Römer sein sollte."

30 Dion. Hal. 4, 4: „An die Verwaisung ihres Hauses denkend und unter größter Angst, daß die Söhne des Marcius, wenn sie die Macht besäßen, diese Kinder vernichten und die königliche Familie ausrotten würden, befahl sie zuerst die Schließung der Tore des königlichen Hauses und stationierte Wachen davor mit dem Befehl, niemanden hinein oder heraus zu lassen. Dann ordnete sie an, daß alle den Raum, in den sie den sterbenden Tarquinius gelegt hatten, verließen, hielt Okrisia, Tullius und ihre Tochter, die mit Tullius verheiratet war, zurück und sprach, nachdem sie befohlen hatte, die Kinder durch ihre Ammen bringen zu lassen, zu ihnen das Folgende [...]".

31 Dion. Hal. 4, 4: „[...] wenn wir jetzt tun wollen, was nötig ist. Aber was ist nötig? Laßt uns [...]".

32 Vgl. Dion. Hal. 4, 8, 1.

33 Dion. Hal. 2, 60f.. Beispiele zur Verehrung weiblicher Wesen, Nymphen und menschlicher Frauen, aufgrund besonderer Verdienste finden sich immer wieder in Dionysios' Werk: Ein Beispiel dafür ist das der „Jungfrauen" (namentlich wird nur eine, Cloelia, genannt), von denen Dionysios berichtet, sie hätten (ca. 505 v.) im Krieg zwischen Römern und Tarquiniern zum Frieden beigetragen. Eine von ihnen wird aufgrund ihrer Tat, aber vor allem aufgrund ihrer Person mit Ehrungen bedacht. Dionysios läßt keinen Zweifel an seiner Begeisterung für diese Jungfrau: 5, 34: μίαν δέ παρθένον ἐκ τῶν ὁμήρων, ὑφ' ἧς ἐπείσθησαν αἱ λοιπαὶ διανήξασθαι τὸν ποταμόν, ἐπαινέσας ὡς κρεῖττον ἔχουσαν φρόνημα τῆς τε φύσεως καὶ τῆς ἡλικίας, καὶ τὴν πόλιν μακαρίσας ἐπὶ τῷ μὴ μόνον ἄνδρας ἀγαθοὺς ἐκτρέφειν, ἀλλὰ καὶ παρθένους ἀνδράσιν ὁμοίας, δωρεῖται τὴν κόρην ἵππῳ πολεμιστῇ φαλάροις κεκοσμημένῳ διαπρεπέσι. „Und er [der König der Tyrrhener] lobte [angesichts des römischen Konsuls] eine Jungfrau unter ihnen, von der die anderen überredet worden waren, über den Fluß zu schwimmen, daß sie einen besseren Verstand als für ihr Geschlecht und Alter zu erwarten wäre besaß. Er pries die Stadt glücklich, daß sie nicht nur mutige Männer sondern auch Jungfrauen, die den Männern gleichrangig sind, hervorbringt und beschenkte sie mit einem Kriegspferd geschmückt mit wunderbarem Geschirr." Die Nymphe Themis (auch Carmenta oder Thespidoros) wird aufgrund ihrer seherischen Fähigkeiten und ihrer Ratschläge mit dem Bau eines ihr gewidmeten Tempels und Ehrungen bedacht (1, 31; 1, 32f.). Daß auch Aphrodite für ihren Rat an die Troer, ihre Stadt zu verlassen, auf deren Weg nach Italien zahlreiche Tempel und Kulte erhält, gehört dagegen in eine kultische Tradition, die nicht weiter überraschen dürfte (1, 48; 1, 49-51; 1, 53).

34 Vgl. Dion. Hal. 4, 28f. und 4, 38.

35 Dion. Hal. 4, 4: „Diejenige, die ihm half, die Vorherrschaft zu erlangen, die Ursache für alles Gute war die Frau des toten Königs. Sie unterstützte ihn, weil er ihr Schwiegersohn war und weil sie aus vielen Orakeln wußte, daß es vom Schicksal bestimmt war, daß dieser Mann der König der Römer sein sollte."

36 Dion. Hal. 4, 4: „Es geschah, daß ihr junger Sohn kurz zuvor gestorben war und zwei unmündige Kinder hinterließ. An die Verwaisung ihres Hauses denkend und unter größter Angst, daß die Söhne des Marcius, wenn sie die Macht besäßen, diese Kinder vernichten und königliche Familie ausrotten würden, [...]".

37 Dion. Hal. 4, 4: „Und diese unglücklichen Kinder sind alleingelassen und verwaist und befinden sich in großer Lebensgefahr. Denn wenn die Macht in die Hände der Marcier fällt, der Mörder ihres Großvaters, werden diese sie auf gräßliche Weise töten. Sogar euer Leben, ihr Männer, denen Tarquinius seine Töchter in Verachtung der anderen gab, wird nicht mehr sicher sein, sollten seine Mörder die Macht erlangen. Genauso wie [es ergehen wird] den übrigen seiner Freunde und Verwandten und uns unglücklichen Frauen. Sie werden bemüht sein, uns zu zerstören in beider Hinsicht – öffentlich und privat."

38 Siehe Conclusio.

39 Dion. Hal. 4, 4: ἔπειτ' ἐγὼ προελθοῦσα εἰς τοὐμφανὲς [...]. „Dann werde ich in die Öffentlichkeit treten [...]".

40 Dion. Hal. 4, 4. Tanaquils Rede weist keinen Unterschied zu öffentlichen Auftritten von Männern auf. Vgl. etwa die Rede des Tullius vor dem Senat zu seiner Verteidigung, 4, 9. Siehe außerdem zur rhetorischen Frage Anm. 31.

41 Parallelen finden sich etwa in der (geraubten) Sabinerin Hersilia, deren Friedensmission im Krieg zwischen Sabinern und Römern besonders her-

vorgehoben wird (Dion. Hal. 2, 47) und den „Jungfrauen" (Dion. Hal. 5, 33-35); vgl. Anm. 45.

42 Dion. Hal. 8, 39: „ Und was können wir Frauen tun, um unser Vaterland zu retten, wenn die Männer es aufgegeben haben?" [...] Valeria: „Eine Kraft, die nicht nach Waffen oder Hände ruft – denn die Natur hat uns dafür nicht vorgesehen –, sondern nach Wohlwollen [Vernunft] und Rede."

43 Dion. Hal. 8, 39: [Valeria] „stellte sich auf die höchste Tempelstufe und rief die übrigen Frauen zu ihr, um sie zu trösten und ermutigen im Glauben, nicht zu erschrecken vor dem Furchtbaren."

44 Dion. Hal. 8, 43: „[...] ihr Geschrei wurde in einem großen Teil der Stadt gehört und die Straßen nahe dem Haus waren voll von Menschen." [Nachdem ....] „informierten sie die Konsuln über das Vorgefallene."

45 Dionysios schildert im Laufe seiner römischen Geschichte einige Frauen, die zu Retterinnen Roms wurden, vgl. Hersilia (2, 47), die „Jungfrauen" im Krieg gegen die Tarquinier (5, 34 und Anm. 33), Lukrezia, von der Dionysios berichtet, sie habe seiner Ansicht nach zum Sturz der Tyrannen beigetragen (4, 63) und habe gehandelt wie ein Mann, indem sei die Freiheit im Tod suchte (4, 82). Im Rahmen der kriegerischen Auseinandersetzungen selbst, in Schlachten beispielsweise, finden Frauen allerdings wenig Aufmerksamkeit. Auf der Seite der Verlierer sind sie passive Opfer, die mit ihren Kindern häufig Vertreibung oder Versklavung zu erleiden haben. Im Einzelfall erscheinen Frauen jedoch als aktive Beteiligte, nämlich dann, wenn sie ihre kriegführenden Männer von den Mauern der Stadt aus unterstützen (6, 92 im Krieg Römer gegen Volsker).

46 Auch Hersilia, die Sabinerin, hält eine Rede im Lager der römischen Feinde (Dion. Hal. 2, 45f.). Valeria hält auf der obersten Tempelstufe eine Ansprache (8, 39). Besonders ausführlich spricht die Mutter des M. Coriolanus, Veturia, zu ihm im feindlichen Lager der Volsker (Dion. Hal. 8, 45-46; 8, 48-53). Lukrezia, die von Sextus vergewaltigt wurde, will die ihr zugefügte Schande so vielen wie möglich zur Kenntnis bringen. Sie bittet ihren Vater, seine Freunde und Verwandte zu benachrichtigen, damit sie ihnen allen das Entsetzliche berichten könnte, um danach vor aller Augen Selbstmord zu begehen (4, 66-67, vgl. auch Anm. 68 und 69).

47 Livius bezeichnet Romulus als „göttlichen" Herrscher (diviniae originis divinitatisque post mortem creditae fuit 1, 15, 6), der vor allem die Verwaltung und innere Ordnung der Stadt festsetzt, Kulte einrichtet, Frauen in die Stadt holt (Sabinerinnen) und außenpolitisch äußerst erfolgreich ist. Bezüglich einer Gesetzgebung, die Ehe, Kinder oder die Familie betreffend, verliert Livius jedoch kein Wort.

48 Die erwartete Loyalität der Frau spiegelt sich auch in der Rede des Romulus an die Sabinerinnen (Dion. Hal. 2, 35), in der Rede der Hersilia (Dion. Hal. 2, 45-46), aber auch in der Handlungsweise der Latinerinnen, die mit Römern verheiratet sind (Dion. Hal. 6, 1) wider. Vgl Fox 1993, 35; 36.

49 Zur Ehegesetzgebung des Romulus vgl. auch Gabba 1991, 148-151; Pohlenz 1924, 172; allgemein zu den römischen Ehegesetzen Dixon 1985, 168-170; Dixon 1992, bes. 61-89; Clark 1996, 36-55; Gardner 1992b, 386-389; Saller 1994, 12-42; Gardner 1995, 36-69.

50 Als Parallelen wären folgende Abschnitte und Partien zu nennen: Die bereits zitierten Passagen zu Hersilia, die mit Frauen und deren Kindern ins feindliche Lager geht (2, 45-47). In der Coriolan-Episode wird für alle beteiligten Frauen besonders deren Mutterrolle betont: Valeria (8, 39), Volumnia, die Ehefrau des M. Coriolanus, die mit ihrer beider Kinder seine Mutter ins Lager der Volsker begleiten, um die Gefühle des Ehemannes und Vaters anzusprechen (8, 28f.; 8,

39), Veturia, die zu ihrem Sohn M. Coriolanus kommt und seine Gefühle als Sohn anspricht (8, 40-54). Nachdem sie ihn überzeugen konnte, sein Vorhaben gegen die Römer aufzugeben, antwortet er ihr: 8, 54: Νικᾷς, ὦ μῆτερ, οὐκ εὐτυχῆ νίκην οὔτε σεαυτῇ οὔτ᾽ ἐμοί· τὴν μὲν γὰρ πατρίδα σέσωκας, ἐμὲ δὲ τὸν εὐσεβῆ καὶ φιλόστοργον υἱὸν ἀπολώλεκας. „Dein ist der Sieg, Mutter, aber ein Sieg, der weder dich noch mich glücklich macht. Indem du dein Vaterland gerettet hast, hast du mich ruiniert, deinen gottesfürchtigen und liebevollen Sohn." Die Kombination ‚Frauen und Kinder' findet sich besonders häufig in Zeiten der Bedrängnis, im Krieg, in der Versklavung oder auf der Flucht: 3, 49f. Krieg zwischen Römern und Nomentanern; 4, 50 Krieg gegen Sabiner; 6, 27 gegen Volsker; 6, 51 Leidtragende im Krieg; 6, 80 Leidtragende bei internen Problemen in Rom; 8, 24 Leidtragende in der Coriolan-Episode; 10, 15 Kampf gegen Sabiner; 10, 20 und 10, 26 Leidtragende im Krieg gegen die Aequer, 11, 1f.; 11, 9 und 11, 22 Leidtragende während der Oligarchenherrschaft in Rom (ca. 447 v. Ch.). Umgekehrt wird die ‚Freiheit für Frauen und Kinder' als Kampfparole verwendet (4, 83 zum Sturz der Tyrannen; 6, 7 und 6, 9 Parole vor der Schlacht gegen die Latiner; 6, 28 vor der Schlacht gegen die Volsker; Frauen mit Kinder ständiges Argument in der Coriolan-Episode 8, 28f.; 8, 35 und 8, 39-57; 10, 28 gegen die Versklavung von Frauen und Kinder). Zur Mutterrolle generell vgl. Dixon 1992, bes. 116f.; Thomas 1992, bes. 95-102; Rousselle 1992, 296 336; Bradley 1991, bes. 76 102; Evans 1991, bes. 177-194 – sowie die Rez. dazu von Gardner 1992a, 126f.; Dixon 1988.

51 Dion. Hal. 4, 10.

52 Dion. Hal. 3, 46: „[...] und nachdem er [der Vater] sie [Arruns und Lucumo] im Griechischen und Tyrrhenischen unterrichtet hatte, verheiratete er sie, als sie erwachsen waren, mit Frauen der berühmtesten Familien."

53 Dion. Hal. 8, 39: „Dort gab es unter ihnen eine durch Herkunft und Rang ausgezeichnete in den besten Jahren befindliche äußerst geeignete, das Richtige zu denken [Frau], Valeria genannt und Schwester des Publicola, einer der Männer, der die Städte von den Königen befreit hatte. Bewegt durch einen göttlichen Einfluß, stieg sie auf die oberste Stufe zum Tempel und rief die anderen Frauen zu ihr, [...]."

54 Dion. Hal. 8, 40: „[...] und uns bittflehende Frauen, wir diese kleinen Kinder tragen, und selbst von nobler Geburt, [...]".

55 Dion. Hal. 2, 38f.. Ein anderes Beispiel dafür ist wiederum das der „Jungfrauen" im Krieg zwischen Römern und Tarquiniern, ihre Herkunftsbeschreibung lautet: 5, 32: [...] καὶ σὺν αὐτοῖς οἱ κατασταθέντες ὑπὸ τοῦ δήμου πρέσβεις ἄγοντες ἐκ τῶν πρώτων οἰκιῶν εἴκοσι παῖδας, οὓς ἔδει περὶ τῆς πατρίδος ὁμηρεῦσαι, τῶν ὑπάτων πρώτων τὰ τέκνα ἐπιδόντων, Μάρκου μὲν Ὁρατίου τὸν υἱόν, Ποπλίου δὲ Οὐαλερίου τὴν θυγατέρα γάμων ἔχουσαν ὥραν. „[...] und mit ihnen die vom Volk ernannten Boten die zwanzig Kinder aus den ersten [führenden] Häusern mitnahmen, damit sie als Geiseln für ihr Land dienten. Die Konsule mußten zu diesem Zweck als erste ihre Kinder geben, Marcus Horatius gab seinen Sohn an sie heraus und Publius Valerius seine Tochter, die das Heiratsalter erreicht hatte." Auch die (geraubte) Sabinerin Hersilia hat eine nicht unbedeutende Herkunft vorzuweisen: 2, 45· ἡ δὲ τοῦτο εἰσηγησαμένη τὸ βούλευμα ταῖς γυναιξὶν Ἑρσιλία μὲν ἐκαλεῖτο, γένους δ᾽ οὐκ ἀφανοῦς ἦν ἐν Σαβίνοις. „Diejenige, die diese Maßnahme den anderen Frauen vorschlug, wurde Hersilia genannt, eine Frau keiner unbekannten Herkunft."

56 Dion. Hal. 2, 38: [...] παρθένος τις ἀπὸ τοῦ μετεώρου κατεσκόπει θυγάτηρ ἀνδρὸς ἐπιφανοῦς [...]. „[...] Sie wurden von oben beobachtet von einer Jungfrau namens Tarpeia, der Tochter eines herausragenden Mannes [...]".

57   Liv. 1, 34, 7; 1, 35, 2.

58   Dion. Hal. 3, 47: Trotz des Reichtums wird Lucumo in Tarquinii nicht aner-
      kannt, er erträgt seine Geringschätzung traurig und beschließt dann mit seiner
      Frau, dem Besitz, Haushalt und den Freunden, die ihn begleiten wollen, nach
      Rom zu gehen. Es waren viele, wie Dionysios beschreibt, die mit ihm fortgehen.

59   Dion. Hal. 3, 48f.: „Angesehen beim König, verlor er das Wohlwollen der
      übrigen Römer auch nicht; denn er gewann aufgrund seiner großzügigen
      Wohltaten nicht nur viele der Patricier für sich, sondern verschaffte sich auch
      die Zuneigung des gemeinen Volkes durch seine freundliche Begrüßung, sei-
      ne angenehme Unterhaltung, seine Verteilung von Geld und seinen anderen
      freundlichen Handlungen. Das war der Charakter des Tarquinius und aus
      diesen Gründen wurde er während der Lebenszeit des Marcius der berühm-
      teste aller Römer und wurde nach dem Tod des Königs von allen für Wert
      befunden, König zu werden."

60   Vgl. dagegen Liv. 1, 35, 1f., wo Tarquinius eine Tücke benötigt, um die Kö-
      nigssöhne von der Wahl fernzuhalten.

61   Dion. Hal. 3, 55.

62   Dion. Hal. 4, 1: „König Tarquinius, der für die Römer nicht wenige bedeu-
      tende Wohltaten hervorbrachte [der Urheber war], [...]".

63   Dion. Hal. 3, 72f..

64   Dion. Hal. 3, 64: „[...] er [Tullius] war es, dem die Römer nach dem Tod des
      Tarquinius ohne männlichen Nachfolger, erlaubten, die Polis zu regieren.
      Denn sie bewunderten ihn für seine Verdienste [Tapferkeit] in der Polis und
      im Krieg. Ich werde einen Bericht über die Geburt, Erziehung, Schicksal
      und die Erscheinung, die aus dem Göttlichen ihm zuteil wurde, geben, wenn
      ich zu diesem Teil meiner Geschichte komme."

65   Dion. Hal. 4, 3f..

66   Dion. Hal. 4, 3: Ἃ δὲ πρὸ τοῦ βασιλεῦσαι διεπράξατο λόγου ἄξια, ἐξ ὧν
      Ταρκύνιός τ᾽ αὐτὸν ἠγάσθη καὶ ὁ Ῥωμαίων δῆμος τῆς μετὰ βασιλέα τιμῆς
      ἠξίου, τοιάδε. „Das was er vor seiner Inthronisation Nennenswertes getan
      hatte, aufgrund dessen ihn Tarquinius bewunderte und das römische Volk
      ihn nach dem König der Ehre für würdig hielt, ist folgendes [...]."

67   Dion. Hal. 4, 1: „[... verheiratet mit Okrisia,] einer der schönsten und ver-
      nünftigsten aller Frauen in Corniculum".

68   Dion. Hal. 4, 63-67; 4, 70-71; 4, 82.

69   Dion. Hal. 4, 64: „Diese Frau, die sich unter allen römischen Frauen in Schön-
      heit und Verstand auszeichnete, versuchte Sextus zu verführen [...]."
      Im Vergleich zu ähnlichen Passagen scheint eine Beschreibung wie die der
      Lukrezia als schön und tugendhaft für eine Vergewaltigung vorausgesetzt zu
      sein, denn würde die Frau nicht sittsam und tugendhaft sein, wäre keine
      Gewaltanwendung nötig, sie zum Geschlechtsakt zu bewegen.
      Parallelbeispiele zu Lukrezia sind die der schönen Verginia (Dion. Hal. 11,
      28-41) oder Vergehen an schönen und tugendhaften Frauen in Rom (ca. 447
      v. Ch.) während der Oligarchenherrschaft (Dion. Hal. 11, 1-2): 11, 2: τῶν
      νέων [...] ἀφῃροῦντο τοὺς νόμῳ κτησαμένους, ἀλλὰ καὶ εἰς τὰς γαμετὰς
      αὐτῶν τὰς εὐμόρφους παρενόμουν καὶ εἰς θυγατέρας ἐπιγάμους καθύβριζον
      καὶ πληγὰς τοῖς ἀγανακτοῦσιν ὥσπερ ἀνδραπόδοις ἐδίδοσαν· [...]. „Diese
      jungen Männer", „[...] vergingen sich auch an ihren schönen Ehefrauen, miß-
      brauchten ihre heiratsfähigen Töchter und gaben ihnen wie Sklaven Schlä-
      ge, wenn sie nicht willig waren."

70   Dion. Hal. 4, 28f.. Dionysios suggeriert 4, 30, daß der Tod beider Ehepart-
      ner kein natürlicher war. Später, anläßlich der Vertreibung des Tarquinius
      Superbus ist die Ermordung seiner ersten Frau und seines Bruders, des er-

266

sten Ehemannes der Tullia, durch Gift eine der ausführlich aufgelisteten Anschuldigungen; vgl. 4, 79.

71   Dion. Hal. 8, 45f. und 8, 48-53. Als Vergleichsfälle können auch all jene Passagen angeführt werden, in denen Frauen oder Göttinnen als Initiatorinnen von Kulten, Gesetzen oder Städtegründerinnen fungieren, vgl. Themis (Thespidoros, Carmenta) 1, 31f.; Besiegelung des Friedens durch die Ehe zwischen Lavinia und Aeneas 1, 60; Egeria beeinflußt Numitor positiv 2, 60f..

72   Der Vergleich mit Livius zeigt, daß Tanaquil zur selben Zeit eine durchaus andere Charakterisierung erfahren kann. Vgl. Liv. 1, 34-35; 1, 39-40. Obwohl Dionysios und Livius etwa zeitgleich mit denselben Quellen über dasselbe Objekt schreiben, unterscheidet sie doch die Herkunft, die Sprache, in der sie ihr Werk abfassen, die Disposition und die Autorenintention – zwei voneinander sehr unterschiedliche Darstellungen der römischen Geschichte entstehen. Zu Quellensituation vgl. Anm. 13, hinsichtlich der unterschiedlichen Bearbeitung der Quellen durch Dion. Hal. und Liv. bes. Gabba 1991, 96. Zur Disposition bes. in bezug auf den mythischen Bereich vgl. Gabba 1991, 48-58; Timpe 1972, bes. 935-937. Zu den Intentionen der Autoren vgl. Dion. Hal. 1, 6, Liv. Praefatio, sowie Gabba 1991, 22. Livius unterscheidet sich in der Darstellung Tanaquils nicht nur im unterschiedlichen Aufbau seiner Geschichte (im Vergleich zu Dionysios fügt er die einzelnen Abschnitte anders zusammen, läßt einige Episoden weg, fügt umgekehrt aber auch Erzählelemente hinzu), sondern auch in seiner Aussage über den Charakter Tanaquils (Liv. 1, 34, 4-7 und 1, 41, 2-5). Zur unterschiedlichen Darstellungsmöglichkeit generell: Clark 1994, 292f..

73   Dion. Hal. 4, 28-30; 4. 38f..

74   Eine Ausnahme zur üblicherweise wertfreien Schilderung über die Etrusker findet sich in der Tarpeia-Episode (2, 38-40), in der Dionysios die ‚weichlichen Sitten der Tyrrhener' schildert. In bezug auf die Etrusker ist dies das einzige Beispiel einer im ethnographischen Sinne wertenden Bemerkung. Es liegt daher nahe, daß dies ein übernommenes Erzählelement darstellt. Zum – durch Dionysios ansonsten in keiner Weise vertretenen – lasziven Sittenbild der Etrusker vgl. Pfiffig 1964, 17-36. Dionysios folgt hingegen strikt seinem Grundkonzept, vgl. den Abschnitt zur strikten griechischen Herkunft aller Ethnien und Anm. 6-7, insbesondere hier die Herkunftsschilderungen zu den Tyrrhenern bei Dion. Hal. 1, 27; 1, 28. Die Assimilation der Tyrrhener drückt sich auch in der selbstverständlichen Akzeptanz der religiösen oder seherischen Fähigkeiten der etruskischen Tanaquil aus – sie ist auch in ihren religiösen Praktiken keine Fremde.

75   Zur Frage, ob die Lebenswelt zwischen ‚privat' und ‚öffentlich' getrennt werden kann vgl. Frevert 1995, 119; Rosaldo 1980, 392. Zu Frauen und Öffentlichkeit in der römischen Antike: Dettenhofer ²1996, 133-157 sowie die Rez. dazu von Clark 1995, 356f.; Clark 1996, 36-55, bes. ab 49; Saxonhouse 1985, 93-124; MacMullen 1980, 208-218; Bauman 1992; Deißmann 1989, 531-544.

76   Das Agieren von Frauen im öffentlichen Raum wird durch Dionysios nur in ganz bestimmten Fällen kritisiert. Erkennbar ist einmal eine Bekleidungsvorschrift, die Frauen in der Öffentlichkeit zu befolgen hätten, vgl. die Schwester des Horatius, die gegen diese Regel verstößt, als sie ihrem Bruder entgegenläuft 3, 21. Vgl. Dion. Hal. mit Liv..

77   Alle zitierten Passagen, in denen Frauen vom Tempel oder ihrem Haus aus, im feindlichen Lager zwischen Männern ihre Reden halten, können als Beispiele für die Verstärkung ihrer positiv konnotierten Handlungen angeführt

267

werden. Zur Tanaquil wurde bereits erwähnt, daß in der Darstellung des Dionysios nicht nur ihre Rede an das Volk Öffentlichkeitscharakter besitzt, sondern auch ihre Ansprache im Kreis der Familie wie ein formeller Auftritt inszeniert wirkt. Vgl. auch die Coriolan-Episode, 8, 28; 8, 39 und 8, 55.

Literaturverzeichnis

Alonso-Núñez 1983 = J. M. Alonso-Núñez, Die Abfolge der Weltreiche bei Polybios und Dionysios von Halikarnassos, Historia 32, 411-426.

Bauman 1992 = R. A. Bauman, Women and politics in Ancient Rome, London-New York 1992.

Bock 1983 = G. Bock, Historische Frauenforschung: Fragestellungen und Perspektiven, in: K. Hausen (Hrsg.), Frauen suchen ihre Geschichte, München 1983, 24-64.

Bonner 1969 = S. F. Bonner, The literary treatises of Dionysius of Halicarnassus. A study in the development of critical method, Amsterdam 1969.

Bradley 1991 = K. R. Bradley, Discovering the Roman family. Studies in Roman Social History, New York-Oxford 1991.

Clark 1994 = G. Clark, Rez.: G. Vidén, Women in Roman Literature. Attitudes of Authors under the Early Empire, Gotëborg 1993, The Classical Review new series 44, 1, 292-293.

Clark 1995 = G. Clark, Rez.: M. H. Dettenhofer (Hrsg.), Reine Männersache? Frauen in Männerdomänen der antiken Welt, Köln 1994, The Classical Review new series 45, 356f..

Clark 1996 = G. Clark, Roman Women, in: I. McAuslan / P. Walcot (Hrsg.), Women in Antiquity, New York 1996, 36-55.

Deißmann 1989 = M.-L. Deißmann, Aufgaben, Rollen und Räume von Mann und Frau im antiken Rom, in: J. Martin / R. Zoepffel, Aufgaben, Rollen und Räume von Frau und Mann, 2, München 1989, 531-564.

Dettenhofer [2]1996 = M. H. Dettenhofer, Frauen in politischen Krisen. Zwischen Republik und Prinzipat, in: M. H. Dettenhofer (Hrsg.), Reine Männersache. Frauen in Männerdomänen der antiken Welt, München [2]1996, 133-157.

Dixon 1985 = S. Dixon, Polybius on Roman Women and Property, AJPh 106, 147-170.

Dixon 1988 = S. Dixon, The Roman Mother, London-Sydney 1988.

Dixon 1991 = S. Dixon, The Sentimental Ideal of the Roman Family, in: B. Rawson (Hrsg.), Marriage, Divorce, and Children in Ancient Rome, New York 1991, 99-113.

Dixon 1992 = S. Dixon, The Roman Family, Baltimore-London 1992.

Dougherty/Kurke 1993 = C. Dougherty / L. Kurke (Hrsg.), Cultural Poetics in Archaic Greece: Cult, Performance, Politics, Cambridge 1993.

Erskine 1995 = A. Erskine, Rome in the Greek world: the significance of a name, in: A. Powell (Hrsg.), The Greek World, London-NewYork 1995, 368-382.

Evans 1991 = J. K. Evans, War, Women and Children in ancient Rome, London-New York 1991.

Fox 1993 = M. Fox, History and Rhetoric in Dionysius of Halicarnassus, JRS 83, 31-47.

Frevert 1992 = U. Frevert, Geschichte als Geschlechtergeschichte? Zur Bedeutung des „weiblichen Blicks" für die Wahrnehmung von Geschichte, Saeculum 43, 1, 108-123.

Frevert 1995 = U. Frevert, „Mann und Weib, und Weib und Mann". Geschlechterdifferenzen in der Moderne, München 1995.

Gabba 1991 = E. Gabba, Dionysius and the history of Archaic Rome, Berkley-Los Angeles-Oxford 1991.

Gardner 1992a = J. F. Gardner, Rez.: J. K. Evans, War, Women and Children in Ancient Rome, New York 1991, The Classical Review new series 42, 1, 126-127.

Gardner 1992b = J. F. Gardner, Rez.: S. Treggiari, Roman Marriage: Justi coniuges from the time of Cicero to the time of Ulpian, Oxford 1991; B. Rawson (Hrsg.), Marriage, Divorce and Children in Ancient Rome, Oxford 1991; A. Mette-Dittmann, Die Ehegesetze des Augustus. Eine Untersuchung im Rahmen der Gesellschaftspolitik des Princeps, Stuttgart 1991, The Classical Review 42, 386-389.

Gardner 1995 = J. F. Gardner, Frauen im antiken Rom. Familie, Alltag, Recht, München 1995.

Goold 1961 = G. P. Goold, A Greek Professorial Circle at Rome, TAPhA 92, 168-192.

Habermas 1988 = J. Habermas, Theorie des kommunikativen Handelns, 2 Bde., Frankfurt a. M. 1988.

Hausen 1983 = K. Hausen, Frauen suchen ihre Geschichte, München 1983.

Hill 1961 = H. Hill, Dionysius of Halicarnassus and the Origins of Rome, JRS 51, 88-93.

Kaibel 1885 = G. Kaibel, Dionysios von Halikarnass und die Sophistik, Hermes 20, 497-513.

Kerényi 1934 = K. Kerényi, Rez.: L. Eunig, Die Sage von Tanaquil, in: W. F. Otto (Hrsg.), Frankfurter Studien zur Religion und Kultur der Antike, 2, Frankfurt a. M. 1933, Gnomon 10, Heft 3, 134-139.

Kienzle 1951 = E. Kienzle (Hrsg.), J. J. Bachofens Gesammelte Werke 6. Die Sage von Tanaquil mit den zugehörigen Beilagen und verwandten Stücken, Basel ²1951.

Lautmann/Buchhofer 1994 = R. Lautmann / B. Buchhofer, Rolle, soziale, in: W. Fuchs-Heinritz / R. Lautmann / O. Rammstedt / H. Wienold (Hrsg.), Lexikon zur Soziologie, Opladen ³1994.

Lund 1990 = A. A. Lund, Zum Germanenbild der Römer. Eine Einführung in die antike Ethnographie, Heidelberg 1990.

MacDonald 1982 = B. R. MacDonald, Miszellen. The Alban King-list in Dionysius I, 70-71: A numerical analysis, Historia 31, 113-120.

MacMullen 1980 = R. MacMullen, Women in Public in the Roman Empire, Historia 29, 208-218.

Martin/Zoepffel 1989 = J. Martin / R. Zoepffel (Hrsg.), Aufgaben, Rollen und Räume von Frau und Mann, 2 Bde., Freiburg-München 1989.

Pabst 1969 = W. Pabst, Quellenkritische Studien zur inneren römischen Geschichte der älteren Zeit bei T. Livius und Dionys von Halikarnass, Diss. Innsbruck 1969.

Pfiffig 1964 = A. J. Pfiffig, Zur Sittengeschichte der Etrusker, Gymnasium 71, 17-36.

Pohlenz 1924 = M. Pohlenz, Eine politische Tendenzschrift aus Caesars Zeit, Hermes 59, 157-189.

Ridley 1975 = R. T. Ridley, The Enigma of Servius Tullius, Klio 57, 1, 147-177.

Rosaldo 1980 = M. Z. Rosaldo, The Use and Abuse of Anthropology: Reflections in Feminism and Cross-Cultural Understanding, Signs 5, 384-417.

Rosenberg 1921 = A. Rosenberg, Einleitung und Quellenkunde zur Römischen Geschichte, Berlin 1921.

Rousselle 1992 = A. Rousselle, Body Politics in Ancient Rome, in: P. Schmitt Pantel (Hrsg.), A History of Women in the West. I. From Ancient Goddesses to Christian Saints, Cambridge-Massachusetts-London 1992, 296-336.

Saller 1994 = R. P. Saller, Patriarchy, property and death in the Roman family, Cambridge 1994.

Saxonhouse 1985 = A. W. Saxonhouse, Women in the history of political thought. Ancient Greece to Machiavelli, New York 1985.

Schmitt-Pantel 1993 = P. Schmitt-Pantel (Hrsg.), Antike (= G. Duby / M. Perrot (Hrsg.), Geschichte der Frauen, 1) Frankfurt a. M.-New York 1993.

Schwartz 1903 = E. Schwartz, Dionysios von Halikarnassos (113), RE , 5, 1, 934-961.

Scott 1993 = J. W. Scott, Von der Frauen- zur Geschlechtergeschichte, in: H. Schissler (Hrsg.), Geschlechterverhältnisse im historischen Wandel, Frankfurt 1993, 37-58.

Thomas 1992 = Y. Thomas, The Division of the Sexes in Roman Law, in: P. Schmitt Pantel (Hrsg.), A History of Women in the West. I. From Ancient Goddesses to Christion Saints, Cambridge-Massachusetts-London 1992, 83-137.

Timpe 1972 = D. Timpe, Fabius Pictor und die Anfänge der römischen Historiographie, in: Aufstieg und Niedergang der Römischen Welt, 2, Berlin-New York 1972, 928-969.

Usher 1966 = S. Usher, Some observations on Greek historical narrative from 400 to 1 B.C.. A study in the effect of outlook and environment on style, AJPh 81, 358-372.

Wagner-Hasel 1988 = B. Wagner-Hasel, „Das Private wird politisch." Die Perspektive „Geschlecht" in der Altertumswissenschaft, in: U. A. J. Becher / J. Rüsen (Hrsg.), Weiblichkeit in geschichtlicher Perspektive. Fallstudien und Reflexionen der Historischen Frauenforschung, Frankfurt a. M. 1988, 11-50.

Peter W. Haider

Eine jüdische „Basilissa megale" und die Messiasprojektion auf das flavische Kaiserhaus

Immer wieder war Julia Berenike II. aus herodianischem Geschlecht Gegenstand historischer Betrachtung, meist nur kursorisch im Rahmen einer Abhandlung über die flavischen Kaiser oder die jüdische Geschichte[1], gelegentlich aber auch in monographischer Form[2].

Ein besonderes Interesse fand diese Frau, die älteste Tochter des jüdischen Königs Marcus Iulius Agrippa I. und seiner Gattin Kypros, in der neueren Literatur nämlich deswegen, weil sie als einzige jüdische Königin offiziell den Titel einer „basilissa megale" trug und als langjährige Geliebte des jungen Titus beinahe zur römischen Kaiserin aufgestiegen wäre.

Unser Augenmerk soll sich an dieser Stelle auf zwei spezielle Aspekte aus der Geschichte dieser interessanten Frau richten, welche in der Forschung bisher nur gestreift bzw. gar nicht in Verbindung mit ihrem Wirken gesehen wurden:

a) Zum einen die wirtschaftliche Basis ihres in den Quellen immer wieder gerühmten Reichtums, der ihr auch gestattete, Vespasian finanziell großzügigst zu unterstützen[3]; und

b) zum anderen sei auf den religiösen Hintergrund im Königshaus, bzw. in der geistigen Elite des Judentums jener Zeit hingewiesen, aus dem heraus eine derartig uneingeschränkte Loyalität und bedingungslose Unterstützung der Flavier verständlicher wird.

Denn eine Loyalität dem julischen und dann besonders dem claudischen Haus gegenüber basierte bekanntlich auf der politischen Abhängigkeit und persönlichen Verbundenheit der Herodianer mit besagten Familien. So existierte ein enges Verhältnis zwischen jüdischen und römischen Machthabern von Caius Iulius Caesar über Marcus Antonius bis hin zu dessen Tochter Antonia, der Mutter des Kaisers Claudius[4]. In deren Haushalt in Rom war nicht zuletzt auch Berenikes Vater als Spiel- und Jugendfreund des Claudius aufgewachsen[5].

Um so überraschender und erklärungsbedürftiger erscheint deshalb auch das Ausmaß der politischen, ökonomischen und militäri-

273

schen Unterstützung der Herodianer für die Usurpatoren. Schließlich war nicht vorherzusehen, ob Vespasian und Titus ihre politischen Ziele überhaupt erreichen würden.

I

Wenden wir uns also zuerst der Frage nach der wirtschaftlichen Basis für den Reichtum der Julia Berenike zu. Hier stehen wir jedoch vor dem Problem, daß leider keine Quelle zur Verfügung steht, die uns unmittelbar über die gesamten Besitz- und Einkommensverhältnisse dieser Dame informiert. Nur gelegentlich erfahren wir das eine oder andere Detail. So sind wir genötigt, diese speziellen Informationen auf der Basis unserer sonstigen allgemeinen Kenntnisse um ihre Vita einem entsprechenden ökonomischen Hintergrund zuzuordnen.

Zum Beispiel erfahren wir, daß Berenike offensichtlich aus dem väterlichen Erbe wie ihr Bruder Agrippa II. Besitzungen in der Jesreelebene in der Gegend der Kisonberge ihr eigen nannte[6]. Der Ertrag daraus bestand aus landwirtschaftlichen Produkten, vornehmlich Getreide, das unter anderem in Besara gesammelt, in Silos eingelagert und verwaltet zu werden pflegte[7]. Die Erträge dienten wohl der Versorgung ihres eigenen Haushaltes bzw. dem ihrer Gutshöfe in jener Region.

Diese Besitzungen dürften kaum die einzigen der Berenike aus dem väterlichen Erbe gewesen sein. Doch wie umfangreich dieselben auch immer gewesen sein mögen, die Inhaberin zu einer überdurchschnittlich reichen Frau zu machen, vermochten sie sicher nicht[8]. Um so bedeutsamer müssen folglich als einzige verbleibende Alternative die Einnahmen aus ihren beiden ersten Ehen gewesen sein. Wenden wir uns also diesen zu (Abb. 1 u. 3).

274

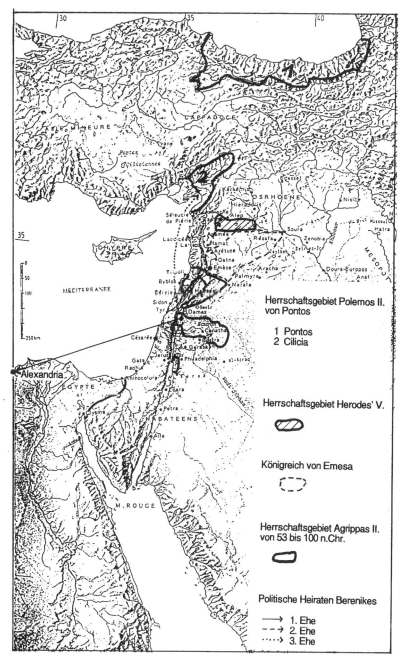

Abb. 1: Herrschaftsgebiete Herodes' V., Agrippas II. und Polemos II.,
politische Heiraten Berenikes II.

275

Im Jahre 41 hatte Agrippa I. seine damals dreizehnjährige Tochter mit Marcus Iulius Alexander, dem Sohn seines persönlichen Freundes und Gönners, des damaligen „*Arabarches*" in Ägypten, (Caius) Iulius Alexander, vermählt[9]. Dessen Familie zählte bekanntlich zu den reichsten und nicht zuletzt auch geistig führenden unter den hellenisierten Juden in Alexandrien jener Jahrzehnte. So bekleidete der Vater als Arabarch seit Tiberius das Amt des Steuer- und Zolleinnehmers in der reichsten Provinz des römischen Reiches[10]. Außerdem agierte er als Finanzverwalter der Antonia, der Tochter des Marcus Antonius, welche ihrerseits namhafte, sowohl von ihrem Vater und ihrem Gatten Drusus als auch von Angehörigen der ägyptischen Aristokratie ererbte Besitzungen im Land am Nil ihr eigen nannte[11]. Ein Bruder des Arabarchen war niemand geringerer als der bedeutende hellenistisch-jüdische Theologe und Philosoph Philo von Alexandrien[12].

Marcus nun, dem Gatten Berenikes, oblag damals nichts weniger Einträgliches als die Organisation und Verwaltung des von Ägypten aus über die Routen Koptos, Myos Hormos und Berenike florierenden Arabien- und Indienhandels. Diese Tätigkeit wird für die Jahre 37 bis 43/44 durch das Geschäftsarchiv eines gewissen Nikanor belegt[13].

Möglicherweise war Marcus darüber hinaus aber auch noch die Ausbeutung der einen oder anderen der über ein Dutzend Goldminen wie der Smaragdgruben im Gebiet der ägyptischen Ostwüste[14] zwischen den besagten Städten anvertraut worden (Abb. 2). Wie auch immer, allein am Indienhandel konnte Marcus jährlich ein kleines Vermögen mitverdient haben.

Doch schon im Jahre 43 oder Anfang 44 war dieser Sohn des Arabarchen verstorben und Berenike nach dreijähriger Ehe zur Witwe geworden[15].

Auffälligerweise vermählte sie ihr Vater nun umgehend mit ihrem Onkel Herodes, dem damaligen König von Chalkis[16]. Dessen Herrschaftsgebiet war aber nicht, wie gängigerweise in der neueren Literatur angenommen, mit dem gleichnamigen, nach dem Jahre 37 v.Chr. nicht mehr belegten ituräischen Zwergstaat in der südlichen Beka'a-Ebene identisch, sondern es umfaßte mit großer Wahrscheinlichkeit den römischen Vasallenstaat in Nordsyrien (Abb. 3), wie G. Schmitt schon 1982 überzeugend darlegte[17].

Damit hatte Herodes wie seine junge Gattin Anteil an dem Gütertransfer, der einerseits auf der Ost-Westachse von Nordmesopotamien[18] zur syrischen Küste und zurück wie andererseits auf der Nord-Südachse von Anatolien nach Palästina, Arabien oder Ägypten und *vice versa* rollte.

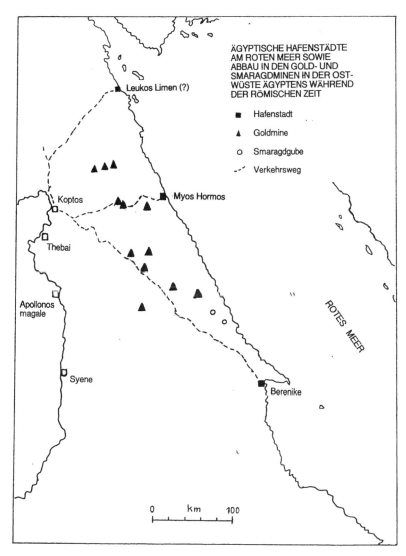

Abb. 2: Gold- und Smaragdminenabbau in Ägyptens Ostwüste
in römischer Zeit

277

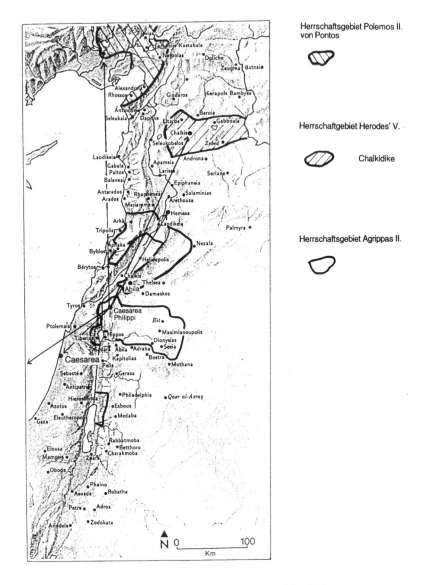

Herrschaftsgebiet Polemos II.
von Pontos

Herrschaftgebiet Herodes' V.

Chalkidike

Herrschaftsgebiet Agrippas II.

Abb. 3: Chalkidike, Herrschaftsgebiet Agrippas II. und die politischen
Heiraten der Töchter Agrippas I.

Mag dieser Handel auch floriert haben, seine Erträge blieben wohl sicher weit hinter denen zurück, die Berenikes erster Gatte zu erwirtschaften vermochte.

Als Herodes im Jahre 48 verstarb, hinterließ er zwei Söhne im Kleinkindalter, die ihm Berenike geboren hatte[19]. Kaiser Claudius überantwortete das Königreich von Chalkis samt den Sonderrechten für Jerusalem nun bis zum Jahre 53 ihrem Bruder Marcus Iulius Agrippa II.[20]. Dann dürfte die Herrschaft über Chalkis auf den erstgeborenen Sohn des Herodes namens Aristobulos aus erster Ehe[21] übergegangen sein, da Berenike sich entschloß, an den Hof ihres Bruders Agrippa II. in Caesarea Philippi zu übersiedeln[22].

Von nun an führte sie nicht nur analog zur Titulatur ihres Vaters und Bruders den Titel einer *basilissa megale*[23], sondern sie trat bekanntlich an der Seite ihres Bruders innerhalb dessen Königreich auch politisch handelnd und damit als Herrscherin auf[24]. Aus dieser Tatsache resultierte auch der Umstand, daß sie nicht nur in Inschriften – einmal sogar vor ihrem Bruder gereiht[25] – als „Königin" angesprochen[26] erscheint, sondern zusammen mit ihrem Bruder als *hoi basileis*, „Ihre Majestäten", tituliert wurde[27], wie es z.b. im Ptolemäerreich üblich war, wo König und Königin aktiv Politik betrieben hatten.

Als sich Berenike nach „langer Zeit"[28] entschloß, neuerlich eine eheliche Verbindung einzugehen, veranlaßte damals „ihr Reichtum"[29] den Freier, König Polemo II. von Pontos und Ostkilikien[30] (Abb. 1 u. 3), dafür zum Judentum überzutreten und sich beschneiden zu lassen[31].

Somit ist klar, daß Berenike nach ihren beiden ersten Ehen bereits über einen beträchtlichen Reichtum verfügt haben muß. Einen solchen kann sie nach den bereits oben dargelegten Fakten vorwiegend nur aus den Einkünften ihres Erbes aus erster Ehe[32], d.h. hauptsächlich aus dem Indienhandel, geschöpft haben. Hinzu mag dann wohl auch eine nicht unansehnliche Apanage getreten sein, die sie als Königinwitwe aus Chalkis bezogen haben wird. Ihre respektablen Einkünfte aus Ägypten könnten Berenikes Vater einst auch dazu veranlaßt haben, sie mit ihrem Onkel zu verheiraten, damit dieser Reichtum innerhalb der herodianischen Familie bleibt.

Jedenfalls änderte die dritte Ehe nichts an den Vermögensverhältnissen der „Großkönigin". Denn obwohl sie dann ihrerseits Polemo nach kurzer Zeit verlassen hatte[33] und noch vor dem Jahre 65 an den Hof ihres Bruders zurückgekehrt war[34], war Berenike offensichtlich im Vollbesitz ihres Reichtums verblieben und unterstützte bekanntlich wenige Jahre später Vespasian.

Diese materielle Hilfestellung hatte zweifelsohne eine politisch-ideologische Grundlage. Daß hierbei bestimmte jüdische Glaubens-

279

vorstellungen und -hoffnungen eine bedeutende Rolle spielten, soll im weiteren aufgezeigt werden.

II

Wenn wir uns fragen, was über die Glaubensvorstellungen am Hof der Herodianer und dabei speziell über die der Berenike überliefert ist, so kann fürs erste nur ganz allgemein konstatiert werden, daß die Kinder und Enkel Herodes des Großen mit einer hellenistischen Bildung aufgewachsen die traditionellen mosaischen Glaubensvorstellungen zwar in Grundzügen angenommen bzw. beibehalten hatten, darüber hinaus aber Inhalte und Praktiken dieser Religion in individueller und somit unterschiedlich weitgehender Form uminterpretiert, säkularisiert oder ganz aufgegeben hatten. Dabei spielten fallweise Nützlichkeitsüberlegungen eine Rolle.

So erwartete man z.b. von jenen Ehemännern der herodianischen Prinzessinnen, welche nichtjüdischer, aber orientalischer Herkunft waren, daß sie zum Judentum übertreten und sich folglich auch beschneiden lassen[35], eine Forderung, an der Berenike II. selbst noch als reife Frau gegenüber Polemo II. festgehalten hat[36].

Nicht mehr zur Debatte stand dieses Postulat offensichtlich dann, wenn ein römischer Freier erwählt wurde, wie das Beispiel der jüngsten Schwester Berenikes, Drusilla, sowie auch die Liaison Berenikes mit Titus zeigen[37].

Auch der eigenmächtige Entschluß und die Praxis, mit der alle Schwestern, Berenike, Mariamme und Drusilla, ihre Gatten verließen[38], entsprach nicht orthodoxen jüdischen Gepflogenheiten[39].

Andererseits legte Berenike – unbekant aus welchem konkreten Grund – ein jüdisches Nasiräatsgelübde ab und unterwarf sich dabei den traditionellen Regeln[40].

Wie distanziert die Einstellung und Haltung ihres Bruders Agrippa II. zur traditionellen jüdischen Religion waren, zeigen nicht nur seine hellenistische Kulturpolitik[41], sondern auch seine Auseinandersetzung mit der Priesterschaft am Tempel in Jerusalem[42]. Ein Engagement für das Judentum legte der König dort an den Tag, wo es um den Tempel als soziales und wirtschaftliches Herzstück Judäas und die traditionelle Funktion und das Ansehen der dortigen Priesterschaft ging, ohne dabei seinen persönlichen Glauben unter Beweis stellen zu müssen[43].

Die bauliche Vollendung und Ausschmückung des Heiligtums war Agrippa zweifelsohne ein Anliegen, das seinen persönlichen Ruhm steigern sollte. Darüber hinaus dienten diese Baumaßnahmen bezeugtermaßen auch einem Arbeitssicherungsprogramm[44].

Gesetzt den Fall, Agrippa und Berenike hatten sich tatsächlich gegen die von Titus beabsichtigte und schließlich befohlene Zerstörung des Tempels[45] ausgesprochen[46], so trübte die Tatsache, daß das Heiligtum auf römischen Befehl in Schutt und Asche sank, in der Zeit danach trotzdem nicht das Verhältnis der Herodianer zu dem jungen Flavier. Aber auch dann, wenn sie sich nicht für die Schonung des Heiligtums eingesetzt haben sollten, verlangt ihr Verhalten eine Erklärung.

Diese Haltung „Ihrer Majestäten" kann wohl kaum allein in der Tatsache, daß der Tempel damals für die Radikalen nicht nur in religiöser Hinsicht, sondern auch realiter strategisch das Herzstück des Widerstandes gewesen ist, ihre Begründung finden. Darüber hinaus muß die Einstellung zum Tempel auf seiten Agrippas und Berenikes eine gewesen sein, die sie scheinbar so gelassen den Untergang desselben hinnehmen ließ. Greifbar wird uns diese einerseits in der – zumindest in ihrem Tenor authentischen[47] – Rede Agrippas an das Volk. Außer der pragmatisch-rationalen, von stoischen Maximen geprägten Weltsicht schlägt hier deutlich eine antiapokalyptische wie antipharisäische Einstellung durch[48]. Andererseits läßt sich ihr Verhältnis zum Tempel indirekt ermitteln.

Stellte es nämlich für die traditionell Gläubigen ein Dogma dar, daß im Tempel von Jerusalem die kultische Gegenwart Gottes zu sehen sei, und das Heiligtum nicht allein Himmel und Erde, sondern Gottes Schöpfung insgesamt repräsentiere[49], so hatte durch den Einfluß der hellenistischen Philosophie in der griechisch gebildeten Oberschicht eine weitaus transzendentere Gottesvorstellung, die von einer Unerfaßbarkeit und Unerforschlichkeit Jahwes ausging, Platz gefunden[50]. Diese spiegelt sich z.B. nicht nur im 4. Buch Esra wider, sondern sie fand einen der prominentesten Vertreter in Philo von Alexandrien, den Bruder des Arabarchen und Onkel des ersten Gatten der Berenike. Aufgrund der auch sonst belegten engen Bande zwischen der Familie des Arabarchen und der Agrippas I.[51] darf wohl davon ausgegangen werden, daß sich Agrippa II. und Berenike zumindest in Grundzügen die von Philo vertretene Glaubensvorstellung zu eigen gemacht hatten: „Als das höchste und wahrhafteste Heiligtum Gottes ist das ganze Weltall zu betrachten, das zum Allerheiligsten den heiligsten Bestandteil der Schöpfung, den Himmel, hat. Dessen Weihgeschenke die Sterne , dessen Priester als Diener der göttlichen Kräfte die Engel sind, körperlose Seelenwesen, nicht Mischungen aus vernünftiger und vernunftloser Natur wie unsere Seelen, sondern frei von Vernunftlosigkeit, ganz und gar Geist, reine, der höchsten Einheit gleichende Verstandeswesen. Zudem gibt es aber ein von Menschenhand erbautes (Heiligtum) ...", ohne das die meisten der gläubigen Menschen nicht auszukommen vermögen[52].

Umso unüberbrückbarer blieb – nicht allein machtpolitisch bedingt – die Kluft zwischen den Radikalen einerseits, die von der Heiligkeit, Reinheit und Unzerstörbarkeit des Tempels überzeugt sich zudem als definitive Vollstrecker des göttlichen Willens verstanden, und sich in der Gewißheit wähnten, Gott werde in seiner ganzen Herrlichkeit im Endkampf unmittelbar an ihrer Seite streiten[53], und jenen Gemäßigten andererseits, für die in dieser Form Wille und Wirken Gottes in Vergangenheit und Gegenwart völlig unzugänglich und unerforschlich ist und bleibt. Ein Beispiel für diese Weltsicht bietet die knapp nach 31 v.Chr. verfaßte „Schrift des Sem". In ihr will der Verfasser u.a. einsichtig machen, daß es Gottes unerforschlicher Ratschluß war, daß Oktavian über Marcus Antonius siegte, obwohl sich die Juden auf dessen Seite geschlagen hatten[54].

Vor dieser Gottesvorstellung wird nun auch die Verkündigung der Prophezeiung des Josephus Flavius in seiner Eigenschaft als Jerusalemer Priester an Vespasian verständlicher. Denn seine Interpretation der in der jüdischen Literatur immer wieder gedeuteten Thora-Stellen, vornehmlich der von Numeri 24, 17-19, laut denen aus Judäa der Messias kommen werde, richtet sich zum einen explizit gegen die traditionelle und in der damaligen Situation von den radikalen Aufständischen stets im Munde geführte Deutung auf einen jüdischen Messias[55]. Zum anderen betont Josephus, offensichtlich getragen von dem universalistischen Gottesbild, nicht ein Jude sei hier „in den heiligen Schriften" gemeint, wie irrtümlich angenommen, sondern nur ein Mann aus Juda, der zum Herrscher über die ganze Welt auserkoren sei. Dieser von Gott gewollte Retter war nun in den Augen des Josephus der römische Feldherr Vespasian[56].

Konnte diese seine Ansicht eine treffendere Bestätigung erfahren als die, daß es just ein Jude war, der Vespasian am 1. Juli 69 als Erster zum Kaiser ausgerufen hatte? Dieser Jude war zudem niemand anderer als der damals das Amt des Präfekten von Ägypten bekleidende Neffe Philos von Alexandrien, Tiberius Julius Alexander[57]. Wenn Gott einst dem Oktavian, dem späteren Kaiser Augustus, den Sieg über den Hoffnungsträger der Juden verliehen hatte, warum sollte er jetzt nicht wieder einen Römer, nämlich Vespasian erwählt haben? Maßgeblich für die Projektion der jüdischen Messiaserwartung auf Vespasian waren sicher einmal seine militärischen Erfolge gegenüber den Aufständischen, welche durch ihr terroristisches Vorgehen gegen die eigenen gemäßigten Landsleute immer mehr von diesen – darunter auch Josephus selbst – ins prorömische Lager überwechseln ließen[58]. In den Augen dieser Leute mußte der Flavier geradezu als Retter aus dem landesinternen Chaos erscheinen, ein Chaos, das nach dem Tode Neros gegen das Ende des sogenannten Vierkaiserjahres zudem eine überregionale, gleichsam 'weltweite' Dimension angenommen hatte.

Aber nicht nur Josephus münzte damals die traditionelle Messias-Prophezeiung in besagter Weise auf Vespasian. Die rabbinische, von Josephus weitgehend unabhängige Überlieferung weiß von einem weiteren Fall: einer der bedeutendsten Pharisäer, der Rabban Johanan ben Zakkai, habe sich vor der Zernierung Jerusalems seinerseits, wohl als einer der Wortführer der prorömischen Priesteraristokratie in dieser Stadt[59], in die Hand der Römer begeben, und Vespasian angeblich mit den Worten „Vive domine imperator!" begrüßt, ihn als „König" angesprochen und ihm die Herrschaft über das Imperium verkündet[60].

Gefördert hatte diese Projektion der Messiaserwartung auch die im Glauben der jüdischen Oberschicht beheimatete Astrologie. Nicht allein die Qumran-Schriften aus späthellenistischer und frührömischer Zeit[61] und der bekannte ‚Stern von Bethlehem' legen Zeugnis für die vertraute Praxis der Sterndeuterei ab, sondern auch die schon oben angesprochene ‚Schrift des Sem' und Stellen im aramäischen Targum[62]. In letzterem hatte ein gewisser Onkelos, ebenfalls ein Zeitzeuge des ersten jüdischen Aufstandes[63], die Formulierung in Numeri über das Kommen des „Szepter(s)" und des „Stern(s)" als die Ankündigung eines „Szepter-Sterns" gedeutet, was auch als „Ruten-Stern"/„Schweif-Stern", und somit als das Erscheinen eines Kometen über Judäa verstanden werden kann[64]. Dieses himmlische Zeichen sollte also das Kommen des Messias ankündigen.

Vor diesem Hintergrund gewinnt die Mitteilung bei Josephus, daß im Jahre 69/70 über Jerusalem „ein schwertähnliches Gestirn erschien und ein Komet ein ganzes Jahr lang am Himmel (sichtbar) blieb"[65], was seine partielle Bestätigung bei Cassius Dio findet, der für das Jahr 69 ebenfalls das Erscheinen eines Kometen mitteilt[66], entsprechendes Gewicht.

Wie ungemein tief ein derartiges Schauspiel am nächtlichen Himmel die Gemüter der Gläubigen erregte, sie in ihren Deutungen beflügelte und zu Handlungen motiviert hat, gibt Josephus ebenfalls zu erkennen, wenn er die im Extremistenlager propagierte radikal antirömische Deutung der Himmelserscheinung als eine in seinen Augen völlig verfehlte anprangert[67].

Sollten die Hofgesellschaft und damit allen voran „Ihre Majestäten" von diesen Phänomenen, welche die innerjüdischen Auseinandersetzungen in ideologisch-theologischer wie politischer Hinsicht aufs heftigste anheizten, unberührt geblieben sein? Dies ist wohl kaum glaubhaft.

So muß davon ausgegangen werden, daß nicht allein die militärischen Erfolge Vespasians gegen die messianisch-fundamentalistischen Aktivisten und die daraus erwachsenen politischen Realitäten für die „Großkönigin" Berenike Anlaß genug waren, den Flavier zu unterstützen, sondern daß auch sie in den auffälligen Erscheinungen am Himmel die Bestätigung für eine gottgewollte Sendung dieses Römers im jüdisch-messianischen Sinn hellenistischer Prägung gesehen hat.

Erst die Fakten und Konsequenzen auf beiden Ebenen, die real machtpolitische und die irrational-theologische zusammen, ließen Berenike Vespasian in jener uneingeschränkten ideologisch-politischen wie finanziellen Hinsicht fördern und unterstützen.

Schließlich führte der militärisch-politische Erfolg des Titus durch die endgültige Niederschlagung der Aufständischen und die *de facto* Beseitigung der Radikalen dazu, daß auch er in der Rolle des gottgesandten Retters gesehen werden konnte.

Beide, Vespasian und Titus, entsprachen des weiteren auch insofern den Erwartungen um den Messias, der nach seinem endgültigen Sieg ein goldenes Zeitalter des Friedens einleitet, als die Errichtung des Forum Pacis in Rom und die Einweihung desselben im Jahre 75 zumindest propagandistisch diese Hoffnung erfüllte. So sollte die damals von Agrippa und Berenike angetretene Romreise wie ihre zu postulierende Teilnahme an dem betreffenden Staats- und Festakt[68] nicht, wie in der neueren Literatur ausnahmslos üblich, nur aus politischen und für Berenike wegen ihres Liebesverhältnisses zu Titus zudem aus rein privaten Gründen gesehen werden, sondern darüber hinaus eben auch aus dieser theologisch-ideologischen Motivation heraus. Gerade die Zusammenschau aller dieser genannten Gründe, die sich ja gegenseitig nicht ausschließen, sondern ganz im Gegenteil einander kausal bedingen und somit ergänzen, erweitert und vertieft unseren Blick in das „Warum" des Handelns und Geschehens jener Tage.

Eine indirekte Bestätigung für die hier herauszustellen versuchte Bedeutung des ideologisch-theologischen Faktors auf jüdischer Seite findet sich bezüglich der Erhebung Vespasians zum Kaiser auch in Ägypten. Denn hier – als ein altes pharaonisches Erbe in hellenistischem Gewand weiter lebendig – bejubelten die Alexandriner den Flavier im Jahre 69 als „Sohn des Ammon", „Gott Kaiser" und „Soter"[69], schrieben ihm als Gottessohn Wunderheilungen und das Auslösen einer die Fruchtbarkeit des Landes sichernden Nilflut zu[70].

Nicht unterschätzt werden darf dabei die Überzeugung auf seiten der in diesen Glaubensvorstellungen verhafteten Menschen, daß es sich bei den genannten, im Dienste ideologisch-politischer Propaganda stehenden Mythologemen um Realitäten handle.

So darf der Anteil am Erfolg der Erhebung Vespasians innerhalb Palästinas durch die „*basilissa megale*" Julia Berenike II. als beträchtlich eingeschätzt werden. Dies betraf nicht allein ihre finanzielle Unterstützung für den Flavier, sondern umfaßte zudem die ideologisch-propagandistische Ebene auf ihrer religiös verankerten Basis. Dabei waren es bei ihr neben realpolitischen wie persönlichen Motiven eben auch jüdisch-messianische Hoffnungen, die nicht zuletzt durch astrologisch-mythische Glaubensvorstellungen aktualisiert worden waren.

Anmerkungen

1 Schiller 1883, 518; Schürer 1901, 559, 564, 589-597, 601, 723; Domaszewski 1909, 131, 148, 155; Henderson 1927, 8; Graf 1937, 49; Jones 1938, 139, 206., 209, 216ff.; Scaramuzza 1940, 58f.; Fuks 1949, 15ff.; Crook 1951, 162-175; Fortina 1955, 45 Anm 70, 86f.; Perowne 1958, 98, 121, 138, 54, 158, 163, 179, 206, 227, 240f.; Frankfort 1962, 659-672; Fuks 1964, 197-203; Schalit 1969, 36-145, 543-562, bes. 81-87, 124-130, 554-562; Schürer u.a. 1973, 474-476, 479; Garzetti 1974, 218, 259; Stern 1974, 298, 301-304; Greenhalgh 1975, 131f.; Sullivan 1977a, 311f., 314, 329f., 337f., 341; Sullivan 1977b, 923, 934f.; Barrett 1978, 443; Nicols 1978, 28-52; Bengtson 1979, 54f., 157f., 165, 284; Rogers 1980, 91-95; Smallwood 1981, 274, 290., 385-388; Jones 1984, 45f., 59-63, 91ff., 114, 120f.; Braund 1984, 120ff.; Goodman 1987, 123, 148, 239; Christ 1988, 288; Schwartz 1990, 76, 132, 134, 175; Paltiel 1991, 195, 204f., 240, 299, 301; Kokkinos 1992, 72; Safrai 1994, 91, 114; Demandt 1996, 76, 84, 120; Stahlmann 1997, 97; Kokkinos 1998, 198, 294f., 302, 306, 308, 313f., 321-324.

2 Wilcken 1897, 287ff.; Macurdy 1935, 246-253; Macurdy 1937, 84-91; Mireaux 1951; Jordan 1974.

3 Tac. hist. 2, 81 („nec minore animo regina Berenice partes iuvabat ... et .. Vespasiano magnificentia munerum grata").

4 Verwiesen sei hier nur auf: Schürer 1901, 360-453, 549-54, 585-600; Mommsen 1902, 501-509, 515, 523-525; Schalit 1969, 36-145, 543-562, bes. 81-87, 124-130, 554-562; Schürer u.a. 1973, 287-357, 442-454, 471-483; Sullivan 1977a, 331-338; Jones 1984, 59f.; Schwartz 1990, 39-54, 67-73; Paltiel 1991, 17-24, 72-108, 164-172, 176-186, 189-199, 206-224, 281-301; Kokkinos 1998, 98-325.

5 Jos. ant. 19, 360f. Siehe dazu Schürer u.a. 1973, 443; Schwartz 1990, 39-44; Paltiel 1991, 164ff.; Kokkinos 1998, 271ff., 317f.

6 Jos. vita 24 u. 118f., vgl. auch 126f. sowie bell. 2, 595.

7 Quellen wie in Anm. 6. Dazu ausführlich Alt 1953, 389f.; vgl. auch Stern 1976, 575 und Safrai 1994, 91, 114.

8 Stern 1974, 302 und Jones 1984, 75 Am. 105 scheinen allen Ernstes zu glauben, Berenikes Reichtum wäre allein aus diesen Einkünften geflossen.

9 Jos. ant. 19, 276f.- Zur freundschaftlichen Verbundenheit zwischen Agrippa I. und dem Arabarchen Jos. ant. 18, 159f.; vgl. dazu Sullivan 1977a, 311, 314, 329; Sullivan 1977b, 934f.; Schürer u.a. 1973, 392f.; Schürer u.a. 1986, 136f., 815 Anm. 14; Paltiel 1991, 194f.; Kokkinos 1998, 198, 247, 278, 294f.

10 Jos. ant. 18, 159f.; 19, 176; 20, 100; bell. 5, 205f. Eingehender dazu Burr 1955, 13, 16; Fuks 1967, 200-203; Schürer u.a. 1986, 136f., 815 Anm. 14; Paltiel 1991, 29ff., 184, 194f.; Kokkinos 1992, 32, 70f., 73, 160.

11 Die insgesamt 13 Papyrusurkunden, welche uns als Quelle für die Besitzungen der Antonia Augusta auf ägyptischem Boden zur Verfügung stehen, hat zuletzt Kokkinos 1992, 68-86 analysiert und ausgewertet. Dazu treten die Nachrichten bei Cic. phil. 2, 41 und Cass. Dio 51, 15, 7. Vgl. dazu Rostowzew 1910, 290f. Zum Besitzreichtum von Frauen in Ägypten s. generell Pomeroy 1984, 148-173; Pomeroy 1988, 713-723; Hobson 1983, 311-321; Kutzner 1989, 111-134; und Paltiel 1991, 167ff.

12   Jos. ant. 18, 259. Zur Familie s. Schwartz 1953, 591-602. Zur großen Bedeutung Philons sei hier aus der Fülle an Sekundärliteratur nur verwiesen auf die Arbeiten von Bousset 1926, 33ff.; 438-455; Hegermann 1965, 326-342; Schürer u.a. 1973, 392f.; Schürer u.a. 1986, 809-889; Bogen 1984, 233-282; Sandmel 1984, 3-46; sowie auf die insgesamt zehn weiteren umfassenden Beiträge zur Philosophie und Theologie Philons in ANRW II 21.1, 1984, 47-586. Eine geraffte Information zu Philons Werken bei zusätzlichem Verweis auf neuere Literatur bietet Maier 1990, 83-88, 113, 128ff., 191f., 274f.

13   Dieses Archiv aus Koptos veröffentlichte Tait 1930, 116-122 (Nr. 220-304). Siehe dazu die Rezension von M. Rostovtzeff im Gnomon 7, 1931, 21-26, und besonders die Arbeit von Fuks 1951, 214f., zuletzt Schürer u.a. 1986, 137; Schwartz 1990, 107-111, 203-207; Kokkinos 1998, 302, 306, 308. Zur Person des Marcus: Fuks 1949, 10-17; Fuks 1964, 197-200; Paltiel 1991, 29f.; Kokkinos 1992, 73. Die Hafenstadt Berenike (Sokket Bender el-Kebir) war von Ptolemaios II. gegründet und nach seiner Mutter Berenike I. benannt worden (Zur schriftlichen Überlieferung und zum archäologischen Befund s. Sethe 1897, 280f.; Meredith 1957, 56-70). Eine eigene damals erbaute Wüstenstraße verband Koptos im Niltal mit dieser Neugründung, deren Stationen unter Augustus eben erst erneuert worden waren (CIL III 6627). Die ältere, weitaus kürzere Verbindung von Koptos nach den Häfen Leukos Limen (Abu Schar?) und nach Myos Hormos (Quseir al-Qadim, und nicht, wie in der älteren Literatur, mit Abu Schar gleichzusetzen: s. jetzt Whitcomb 1996, 747-772; vgl. auch Sidebotham 1996, 773-783) blieb weiter genutzt, wie besagtes Archiv bezeugt.- Zum ägyptischen Besitz einer Julia Berenike aus dem Jahre 136 n.Chr. (Pap. Hamburg 8), die wohl eine Nachfahrin Berenike II. gewesen war, s. Kokkinos 1992, 72.- Zum Arabien- und Indienhandel s. Rostovtzeff 1957, 94-97, 155, 577 Anm. 18, 604f. Anm. 19; Dihle 1978, 548ff., 568ff.; Heimberg 1981, 23ff., 30-36; Casson 1984, 182ff. u. Ballet 1996, 809-840.

14   Klemm/Klemm 1994, 206-217, Abb. 6 u. 8: über zwei Dutzend Lagerstätten waren während der spätptolemäischen und der römischen Ära abgebaut worden.

15   Jos. ant. 19,277. Zur Datierung s. Fuks 1949, 15-17. Weiters sei verwiesen auf die Ausführungen bei Schürer 1901, 723; Schürer u.a. 1973, 474, 571; Kokkinos 1998, 302 mit Anm. 134, 306, 308.

16   Jos. ant. 19, 277; bell. 2,217. Im Jahre 41 hatte Kaiser Claudius das Königtum von Chalkis konstituiert und Herodes V. überantwortet (Jos. ant. 19, 277; 20, 15; bell. 2, 217). Nach dem Tod Agrippas I. im August des Jahres 44 erhielt Herodes auch die Oberaufsicht über den Jerusalemer Tempel und den dortigen Schatz übertragen, sowie das Recht zugesprochen, Hohepriester zu ernennen (Jos. ant. 20, 15f. u. 103f.).- Vgl. dazu Jones 1938, 139, 206f., 209, 216-218; Schürer u.a. 1973, 571ff.; Paltiel 1991, 216-222, 261f., 281; Kokkinos 1998, 308f.

17   Schmitt (1982, 112f., 116ff., 120) und Schottroff (1982, 145) betonen zurecht, daß in der Tatsache, daß die römischen Kolonien von Berytus und Heliopolis (Baalbek) den identischen Namen „Colonia Iulia Augusta Felix" tragen, ein unübersehbarer Hinweis zu sehen ist, daß beide zur gleichen Zeit eingerichtet worden waren. Da dieser Zeitpunkt für Berytus im Jahre 15 v.Chr. festliegt, müßte er auch für Heliopolis gelten. Gestützt wird diese Datierung bezüglich Heliopolis dadurch, daß schon in augustäischer Zeit das koloniale Territorium in der Beka'a-Ebene bis an die Quellen des Orontes reichte (Strabo 16, 2,19). Folglich war de facto kein Raum mehr für ein Königtum von Chalkis ad Libanum übrig geblieben. Deshalb ist in der vom Ituräerkönig

Lysanias II. gegründeten Stadt Abila auch die neue Residenz für den unter dem Namen Abilene laufenden Reststaat des ehemaligen Königreiches der Ituräer von Chalkis zu sehen. Dieses Abilene war dann im Jahre 37 n.Chr. an Agrippa I. übergeben worden (Jos. ant. 18, 237 u. 275; bell. 2, 215).- Unverständlich bleibt, warum Paltiel (1991, 238 u. 281) und Kokkinos (1998, 306) trotz ihrer Kenntnis von der Arbeit Schmitts (1982) besagtes Chalkis ohne Argumentation nach wie vor mit dem in der Beka'a gleichsetzen.

18 Vom nordsyrischen Chalkis ad Belum führten zwei Routen an den Euphrat: eine nordostwärts über Hierapolis (Membidsch) nach Caeciliana (Qal'at in-Nigm), die andere direkt ostwärts nach Barbalissos (Balis). Während von dieser Stadt aus der Handel dem Euphrat folgte, schloß an Caeciliana ostwärts eine Transitroute zum Tigris an, von wo der Verkehr über Hatra ebenfalls den Süden Mesopotamiens erreichte. Außerdem verlief von Chalkis aus eine Handelsroute südostwärts über Seriane (Isriya) nach Palmyra: s. dazu Poidebard 1939, 767-770; Bowersock 1989, 64ff.; Hauser 1995, 225-235.- Indirekt besaß dieses Chalkis aufgrund seiner verkehrsgeographischen Lage auch einen Zugang zum Seidenhandel: Raschke 1978, 324ff.

19 Jos. ant. 19, 354; 20, 104; bell 2, 221.

20 Jos. ant. 20, 104 u. 138; bell. 2, 223 u. 247. Ohne Stütze in den Quellen und daher sachlich unhaltbar ist die Behauptung von Jones (1984, 61) und Paltiel (1991, 238 u. 281), Claudius habe Chalkis nach dem Tod des Herodes der römischen Provinz zugeteilt; s. dagegen die Argumentation bei Schmitt 1982, 113f.

21 Jos. ant. 18, 134f.; 20, 13 u. 104; bell. 2, 221.- Im Jahre 54/55 übertrug ihm Nero auch die Herrschaft über Klein-Armenien (Jos.ant. 20, 158; bell. 2, 252; Tac. ann. 13, 7; s. dazu Sullivan 1977a, 319-321). Im Jahre 72 ist Aristobulos ausdrücklich als König über die Chalkidike bezeugt (Jos. bell. 7, 226).- Zu Aristobul s. weiters Schürer 1901, 722f.; Schürer u.a. 1973, 571, 575; Paltiel 1991, 244, 253, 257, 261f., 281, 299, 306, 309f., 314; Kokkinos 1998, 313f.

22 Jos. ant. 20, 145.

23 So in der Ehreninschrift mit Standbild, welche die Ratsversammlung vom Areopag und die der Sechshundert gemeinsam mit dem Volk von Athen um das Jahr 60 für Berenike hatte aufstellen lassen: CIG 361 = OGIS 428.- S. dazu: Macurdy 1937, 84f.; Schürer u.a. 1973, 308 Anm.70, 452 Anm. 41, 479 Anm. 41; Sullivan 1977a, 337f.; Goodman 1987, 123, 148.

24 Jos. bell. 2, 310-314, 323f., 344, 402; vita 343 u. 355.- Auch wenn der Bericht in den acta apost. 25-26 selbst in seinem Kern schwerlich historisch ist, so spiegelt er doch das damals aus Erfahrung bekannte Faktum des in der Öffentlichkeit gemeinsamen Auftretens von Agrippa II. und Berenike II.- Während Plümacher (1972, 80-85) und Haenchen (1977, 642-664) den bewußt gewählten dramatischen Episodenstil dieser schriftstellerischen Komposition herausstellen und betonen, daß diesen Szenen kein historischer Kern zugrunde liegt und somit nicht die Wiedergabe historischer Verhandlungen sind, sahen Roloff (1981, 345-356) und Weiser (1985, 390, 637-655) außer in den dramatischen Effekten in der im Text deutlich greifbaren theologisch-politischen Intention den überzeugenden Hinweis darauf, daß der Bericht frei gestaltet worden war. Zumindest im Kern für historisch halten den Bericht Wilcken 1897, 288; Schürer 1901, 591f.; Macurdy 1937, 89f.; Schürer u.a. 1973, 475; Sullivan 1977a, 337 Anm. 245; Jones 1984, 75 Anm. 101; Schille 1984, 443-446; Hemer 1989, 131f. mit Anm. 94.

25 So auf dem Forum von Berytus (Beirut): AE 1928, 82; Lauffray 1977, 148.

26 Quint. 4, 1, 19; Tac. hist. 2, 2 u. 81; Suet. Titus 7.

27 Jos. bell. 2, 598; vita 49 u. 180f. Auf dieses Faktum wies schon Macurdy 1937, 86 besonders hin.

Jos. ant. 2, 145. Angeblich, um dem Gerücht, sie lebe mit ihrem Bruder in einem inzestiösen Verhältnis, den Wind aus den Segeln zu nehmen. Doch Josephus erwähnt diesen Vorwurf erst an dieser Stelle, sonst zeichnet er in den früher verfaßten Teilen seiner Werke ein ausschließlich positives Bild von der Königin und ihrem Bruder. Auch Tacitus, Sueton und Cassius Dio wissen nichts von einem solchen Gerücht. Allein Juvenal (sat. 6, 158-160) scheint im Westen dieses Gerücht kolportiert zu haben. Doch angesichts seiner generellen Frauenfeindlichkeit und seiner Verachtung der Juden (s. den Kommentar bei Högg 1971, 90f.; Gérard 1976, 392ff.; Courtney 1980, 281f.) kommt gerade seinem Zeugnis kaum eine Beweiskraft im Sinne der Historizität des Inzests zu. So vermutete Macurdy 1937, 87ff. u. 91, daß Josephus diese gehässige Verleumdung erst nach dem Tod des Titus (13.8.81) und wohl auch dem der Berenike aus gekränkter Eitelkeit wegen der zweimaligen Fürsprache der Königin zugunsten des Justus von Tiberias, des bekanntlich von Josephus als Historiker abqualifizierten Landsmannes, zu Papier brachte.- Ohne kritische Distanz hält Sullivan (1977a, 312-330 und 1977b, 923) den Inzest für historisch. Dagegen betrachteten Schürer 1901, 559, 589; Schürer u.a. 1973, 474, 75; Smallwood 1981, 385f.; Jones 1984, 61, 75 Anm. 103 und Hemer 1989, 173 nur das Gerücht für eine historische Realität.

Jos. ant. 20,146.

Jos. ant. 20, 145. Josephus nennt Polemo hier nur „König von Kilikien", während er ihn zum Jahre 43 als Herrscher „über Pontos" anspricht (ant. 19, 338). Daß es sich bei diesem Polemo um (Caius) Iulius Polemo II. von Pontos (Pap. London III 1178, Zl. 8-31: Smallwood 1967, 104 Nr. 374) handelt, der im Jahre 39 von Caligula auf seinen väterlichen Thron gesetzt worden war (Cass.Dio 59, 12, 2), und der dann im Jahre 41 das Kernland des ehemaligen Königreiches Bosporus auf der Krim zugunsten des von Kaiser Claudius inthronisierten Mithridates VII. gegen „ein Gebiet Kilikiens" eintauschen mußte (Cass.Dio 60, 8, 2), und nicht um Marcus Antonius Polemo, einen Priesterkönig („*basileus*" und „*archiereus*") von Olba im Rauhen Kilikien (s. dazu eingehend Barrett 1978, 439-442, 445f.), hatte schon Schürer (1901, 557-559; Schürer u.a. 1973, 450 Anm.34 u. 474) erkannt und war zuletzt mit Nachdruck von Kokkinos 1998, 322, 381f. herausgearbeitet worden. Dennoch geht die gängige Auffassung davon aus, daß Berenike Polemo von Olba geheiratet habe. Dagegen sprechen aber folgende Fakten und Überlegungen: Denn völlig unhaltbar ist die Auffassung, die zuletzt Sullivan (1977a, 312, 330; und 1977b, 925; 1980, 926-929) vertreten hat, nämlich daß Polemo II. von Pontos sein praenomen und sein nomen gentile nach Bedarf gewechselt habe und deshalb mit Polemo von Olba identisch gewesen sei. Weiters hätte der Zwergstaat von Olba keinen auch nur annähernd gleichwertigen Ersatz für das bosporanische Reich darstellen können, was schon Barrett 1978, 444f. zurecht betonte. Da Polemo II. unter Nero (gezwungenermaßen?) als König von Pontos abdankte und ihm nun nur noch sein kilikisches Herrschaftsgebiet verblieben war (Suet. Nero 18), könnte der Umstand, daß ihn Josephus (ant. 20, 15) zum Zeitpunkt seiner Heirat mit Berenike nur als Herrscher über Kilikien anspricht, ein Hinweis dafür sein, daß die Eheschließung frühestens im Jahr des Thronverzichts in Pontos erfolgt war. Da die letzten von Polemo II. als König von Pontos geprägten Münzen aus dem Jahre 62/63 stammen, dürfte die Abdankung mit großer Wahrscheinlichkeit damals oder kurze Zeit danach erfolgt sein. Sollte Josephus die Titulatur chronologisch korrekt wiedergegeben haben und nicht anachronistisch, dann fiel die besagte Hochzeit wohl ins Jahr 63/64, denn zwei Jahre später kehrte Berenike bereits wieder an den Hof von Caesarea Philippi zurück (s. Anm. 34). Für die

Richtigkeit dieser Chronologie könnte m.E. weiters sprechen, daß bezeugtermaßen just der Reichtum der Königin für Polemo – besonders nach Verlust seines Königreiches Pontos – von Interesse war, weil er dafür auch den Übertritt zum Judentum in Kauf nahm.- Ohne Begründung sahen schon Bengtson 1978, 54 und Smallwood 1981, 385 im dritten Gatten der Berenike Polemo von Pontos. Daß Josephus mit Polemo, dem „König von Kilikien", den Priesterkönig von Olba meinte, wie z.b. zuletzt Stern (1974, 298 u. 301f.) und Paltiel (1991, 135, 137, 139, 158, 204f.) behaupteten, ist auch deswegen äußerst unwahrscheinlich, weil der Herrscher dieses Zwergstaates Olba selbst bei grober Vereinfachung der Sachlage nicht als „König von Kilikien" , ja nicht einmal in solcher des „Rauhen Kilikien" schlechthin bezeichnet werden konnte. Außerdem wäre die Tatsache des Übertritts eines Sakralkönigs von Olba zum Judentum von Josephus wohl mit einem entsprechenden Hinweis herausgestrichen worden, wie schon Barrett 1978, 443 vermutete.

31 Jos. ant. 20, 145 u. 147.- Kokkinos 1998, 382.

32 Zu den Besitzverhältnissen von Frauen, die auf das Erbe ihrer verstorbenen Gatten zurückgehen und die uns besonders für das ptolemäische und kaiserzeitliche Ägypten urkundlich belegt sind, s. Häge 1968, 91ff.; Pomeroy 1985, 196-199, 248-250; Kutzner 1989, 69-78,111-14. Außerdem sicherte die seit dem Beginn der Prinzipatszeit gültige Form der gewaltfreien Ehe *(sine manu)* der Frau den Verbleib ihres Vermögens in ihrem Besitz; vgl. dazu Kreck 1975, 17-24; Pomeroy 1985, 236-240; Gardner 1986, 5-8.

33 Jos. ant. 20, 146.

34 Denn bereits im Mai des Jahres 66 hielt sich Berenike im Rahmen eines von ihr abgelegten Nasiräatsgelübdes in Jerusalem auf, wo sie bekanntlich auch politisch intensiv tätig wurde (Jos. bell. 2, 310-314, 333f., 344, 402).

35 Verwiesen sei hier nur auf die entsprechenden Heiraten der Töchter Agrippas I.: Jos. ant. 19, 355; 20, 139.

36 Jos. ant. 20, 145.

37 Jos. ant. 20, 141-144.

38 Jos. ant. 20, 141f. u. 146f.

39 Schon in den ptolemäischen Eheverträgen der ansässigen Ägypter (Typ C nach Pestman 1961, 69ff.) besaß allein die Frau das Recht eine Scheidung einzuleiten, d.h. daß der Bestand der Ehe somit nur vom Willen der Frau abhängig war. Ansonsten konnte hier die Gattin wie der Gatte die Scheidung ohne Probleme oder Sanktionen einreichen (s. dazu die Untersuchung von Häge 1968, bes. 242ff. mit sämtlichen Belegen zu den entsprechenden rechtlichen Verhältnissen bei Gräko-Ägyptern; vgl. auch Kutzner 1989, 53-56). Auch das römische Recht gab seit der spätrepublikanischen Zeit in der Ehe *„sine manu"* der Frau die entsprechende Möglichkeit zur Scheidungsklage (vgl. dazu die Arbeiten von Kreck 1975, bes. 17-25, und Gardner 1986, 41-50, 81, 86.

40 Jos. bell. 2, 312ff. Josephus spricht nur allgemein davon, daß es Krankheit oder eine sonstige Notlage gewesen sein kann; zum Nasiräatsgelübde s. Num 6,6-12: Safrai 1976, 877.

41 Zusammenfassend mit den Quellenbelegen behandelt bei Schürer u.a. 1973, 474f.; Sullivan 1977, 338f.; Kokkinos 1998, 318, 324.

42 Jos. ant. 20, 189-196; s. dazu Schürer 1901, 591; Schürer 1973, 475.

43 Jos. ant. 15, 407; 20, 9-12 sowie 134f.; Jos. bell. 2, 245. Vgl. dazu Schürer 1901, 592; Schürer u.a. 1973, 476; Paltiel 1991, 299; Kokkinos 1998, 318f.

44 Jos. ant. 20, 189 sowie 216-223; Jos. bell. 5, 36. Schürer 1901, 592; Schürer u.a. 1973, 476.

45 Daß die Behauptung des Josephus, Titus habe den Tempel schonen wollen,

nicht der historischen Realität entsprochen hat, sondern der Flavier aus militä-risch-strategischen wie ideologisch-propagandistischen Gründen den Befehl zur Zerstörung des Heiligtums gegeben hatte, konnte I. Weiler in einer quellen-kritischen Studie (1968, 139-158, bes. 148-156) überzeugend darlegen. Innere Widersprüche bei Josephus selbst, aber vor allem die entsprechenden Infor-mationen bei Sulpicius Severus (chron. 2, 30, 3-7), Cassius Dio 6, 2f., Plinius n.h. 5, 70 und Orosius adv. paganos 7,9,6f. ermöglichen die besagte Korrektur. Ungerechtfertigtermaßen blieb aber Weilers Arbeit weitgehend unberücksich-tigt. Nur Jones 1984, 54f. und Schwier 1989, 308-316, scheinen eine rühmli-che Ausnahme darzustellen, indem sie Weilers Argumentation und Ergebnis übernehmen und im Fall Schwier auch weiter vertiefen.

46   Dies legt die Rede Agrippas an die Bevölkerung Jerusalems (Jos. bell. 2, 345-404; bes. 399-404) nahe, welche die Zustimmung Berenikes fand (bell. 2, 402), worauf schon Weiler 1968, 154f. zurecht hinwies. Nur Schwartz 1990, 175 hält es bisher als einziger für wahrscheinlich, daß Agrippa II. und Berenike II. gemeinsam mit Titus für die Zerstörung des Tempels plädiert hatten. Er stützt sich dabei auf die Tatsache, daß die drei Genannten unmittelbar nach dem Sieg über Jerusalem just in Caesarea Philippi, der Residenzstadt von Agrippa und Berenike, triumphale Feierlichkeiten mit blutigen Spielen in-szenierten (Jos. bell. 7, 23f. u. 37f.). Unverständlicher Weise läßt Kokkinos 1998, 328 die Frage, wer für die Zerstörung des Tempels aufgetreten war und wer nicht, ganz ausgeblendet.

47   Die deutlich unterschiedlichen Geisteshaltungen, ihre religiösen wie ideologi-schen Inhalte und ihre divergierenden politischen Ziele in den verschiedenen Reden bei Josephus hat Michel 1984, 945-976 in umfassender Weise analysiert und herausgearbeitet. Zudem wissen wir, daß Agrippa II. den Text mit seiner Rede bei Josephus gelesen und für die Veröffentlichung freigegeben hatte (Jos. vita 364f.). Folglich hat ihr Inhalt den einschlägigen Auffassungen des Königs bzw. seinen Wünschen vom offiziellen Bild seiner Politik entsprochen.

48   Jos. bell. 2, 345-401; bes. 390-400.

49   Belegstellen und Diskussion bieten zuletzt bes. Levenson 1984, 275-298; Schwier 1989, 55-101; Maier 1990, 196-199; 205; vgl. auch schon Hengel 1961, 211- 229.

50   Montes-Peral 1987 passim; in knapper Zusammenfassung bei Maier 1990, 195f.

51   Siehe dazu die Quellen- und Literaturangaben oben in Anm. 9, 10 u. 12.

52   Philo Alex., de spec. leg. 1, 66f. (Übersetzung vom Vf.).

53   Eine eingehende Behandlung dieser Thematik auf der Basis sämtlicher Quellenzeugnisse bietet zuletzt die Monographie von Schwier 1989, 55-170; vgl auch schon Hengel 1961, 129-132; Schalit 1975, 222-226.

54   1, 5-9; 2, 3; 3, 6.; 6, 13-17; 7, 16. Diese Schrift veröffentlichte zuletzt mit Einführung, Kommentar und Übersetzung Charlesworth 1987b, 951-987. Zur einschlägigen Textstelle s. Charlesworth 1987b, 954ff.

55   Jos. bell. 6, 288; 310-315. Darüber hinaus Tac. hist 5, 13, 1-3; Suet. Vesp. 4, 9 (dazu Schalit 1975, 230ff.). In umfassendster Weise analysierte Schalit 1975, 215-218 u. 235-240 die Quellen unter Aufarbeitung der gesamten älteren Literatur.

56   Jos. bell. 6, 312f.; so auch Tac. hist 5, 13, 2. Eingehend behandelte diese Themaik Schalit 1975, 235-259. Schalit kann (1975, 260f. u. 287-300) zei-gen, daß Josephus seine Prophezeiung wohl erst gegen Mitte Juni 69 und keinesfalls früher ausgesprochen hatte.

57   Tac. hist. 2, 79-81 (dazu Nicols 1978, 65ff.; Jones 1984, 44). Zur Person des Tiberius Iulius Alexander, seine Karriere und historische Bedeutung s. die

290

nach wie vor umfassendste Monographie aus der Feder von Burr 1955; Zur Kaiserproklamation: Burr 1955, 59-62; vgl. auch Turner 1954, 63f. Zu den diplomatischen Aktivitäten Agrippas und Berenikes, um Alexander für die Erhebung Vespasians zum Kaiser zu gewinnen: Burr 1955, 55-59).

58   Die eingehendste Untersuchung zur prorömischen Gruppe während der Jahre 66-70 bietet Schwier 1989, 173-189.

59   Es stehen dafür vier rabbinische Parallelüberlieferungen zur Verfügung (Aboth des Rabbi Nathan, Version A und B; Midrasch Ekha Rabbati, Abschn. 1, Abs. 31; bGittin 56ab). Neben Schalit 1975, 261, 265f., 305-320, bietet Schäfer 1979, 43-101 nicht nur die Texte, sondern auch eine quellenkritische Analyse. Schäfer 1979, 90-93 kritisiert auch mit schlagenden Argumenten die Ansicht von Schalit 1975, Johanan ben Zakkai habe Stadt und Tempel von Jerusalem retten wollen.- Zur Bedeutung des Rabban Johanan ben Zakkai für das rabbinische Judentum, als dessen Begründer er galt, s. Safrai 1974, 404-407, 419; Applebaum 1976, 603, 611, 695-698; Stemberger 1979, 16f., 23, 41, 56f., 115f. Zu seiner Rolle als Angehöriger der prorömischen Partei s. bes. Schäfer 1979, 80ff. Schäfers Ansicht, die Erzählung von Johanans Prophezeiung sei aus Josephus' Bericht abgeleitet, widersprechen Schäfers eigene Ausführungen über die damals allgemein bekannten und diskutierten Weissagungen sowie der Umstand, daß sich Johanan auf eine messianisch geprägte Exegese von Jes. 10, 34; 11, 1 stützte: Midrasch im Jerusalemer Talmud, jBer 2,4 Joh. 5a (Schäfer 179, 86f.); zur Midraschstelle: Dexinger 1975, 249-278, bes. 270f.

60   Neusner 1962, 110-115; Levenson 1975, 189-204; Schalit 1975, 265f.; Schäfer 1979, 84. Berücksichtigt wurde diese Überlieferung bereits von Weiler 1968, 156 Anm. 6.

61   Die Horoskope unter den Qumran-Texten haben Carmignac 1965, 199-217; Beckwith 1980, 167-202; und Charlesworth 1987a, 938-950 bearbeitet und ausgewertet. Zusammenfassend dargestellt bei Strobel 1987, 1077-1083.

62   Zur Magiererzählung in Mt. 2, 1-12, sei auf die Analyse von Strobel 1987, 1083-1087 mit reichen Literaturangaben verwiesen. vgl. auch Hughes 1980, 182ff.- Zur „Schrift des Sem": Charlesworth 1987b, 951-987; bes. 958ff. (zum astrologischen Grundthema).- Zu den Stellen im aramäischen Targum: Schalit 1975, 240-246 mit weiterführenden Literaturangaben.

63   Zu Onkelos und seinem Targum: Schürer 1901, 147-150; Schürer u.a. 1973, 100-105; Schalit 1975, 240.

64   Schalit 1975, 242f.

65   Jos. bell. 6, 289. Schalit 1975, 244f.

66   Cass.Dio 68,8,1.

67   Jos. bell. 6, 289-298 u. 312f.- Zur Interpretation bei den militanten Aktivisten s. Schalit 1975, 247-259.

68   Jos. bell. 7, 158-162; Suet. Vesp. 9 und Titus 7,1; Cass. Dio 66, 15, 1 u. 4.- Weiler 1968, 154; Kokkinos 1998, 329.

69   Pap. Fuad 8, 5-21 (Sherk 1988, 123f. Nr. 81). Diese zeitgenössische literarische Beschreibung bezieht sich entweder auf die Ausrufung Vespasians am 1.7.69 im Hippodrom von Alexandrien (so Burr 195, 60f.) oder auf die Begrüßung des neuen Kaisers anläßlich seines Besuches in Alexandrien im Dezember desselben Jahres (so Henrichs 1968, 59ff., 71).- Zur Anerkennung Vespasians als Sohn Gottes im Sarapistempel von Alexandrien: Tac. hist. 4, 82, 1f.; Suet. Vesp. 7,1.

70   Tac. hist. 4, 81, 1-3; Suet. Vesp 7, 2; Cass.Dio 66, 8, 1; Plin. n.h. 36, 58. Dazu eingehend Henrichs 1968, 65-74; und Ceausescu 1989, 8-15.

Literaturverzeichnis

Alt 1953 = A. Alt, Kleine Schriften, Bd. 2, München 1953.

Applebaum 1976 = S. Applebaum, Economic Life in Palestine, in: S. Safrai/M. Stern (Hrsg.), The Jewish People in the First Century, Bd.2, Assen 1976, 631-700.

Ballet 1996 = P. Ballet, De la Méditerranée à l'océan indien. L'Égypte et le commerce de longue distance à l'époque romaine: les données céramiques, Topoi 6, 809-840.

Barrett 1978 = A. A. Barett, Polemo II of Pontus and M. Antonius Polemo, Historia 27, 437-448.

Beckwith 1980 = R. T. Beckwith, The Significance of the Calendar for Interpreting Essene Chronology and Eschatology, RdQ 38 (10.2), 167-202.

Bengtson 1979 = H. Bengtson, Die Flavier, München 1979.

Bogen 1984 = P. Bogen, Philo of Alexandria, in: M. Stone (Hrsg.), Jewish Writings of the Second Temple Period, Assen 1984, 233-282.

Bousset 1923 = W. Bousset, Die Religion des Judentums im späthellenistischen Zeitalter (Handbuch zum Neuen Testament 21) Tübingen ³1923.

Bowersock 1989 = G. W. Bowersock, Social and Economic History of Syria under the Roman Empire, in: J.-M. Dentzer/W. Orthmann (Hrsg.), Archéologie et Histoire de la Syrie, Bd. 2, Saarbrücken 1989, 63-80.

Braund 1984 = D. C. Braund, Berenice in Rome, Historia 33, 120-123.

Burr 1955 = V. Burr, Tiberius Iulius Alexander (Antiquitas, Reihe 1,1) Bonn 1955.

Carmignac 1965 = J. Carmignac, Les Horoscopes, RdQ 18 (5.2), 199-217.

Casson 1984 = L. Casson, Ancient Trade and Society, Detroit 1984.

Ceausescu 1989 = Gh. Ceausescu, Vespasianus, princeps in melius mutatus, Tyche 4, 3-15.

Charlesworth 1987a = J. H. Charlesworth, Jewish Interest in Astrology during the Hellenistic and Roman Period, in: ANRW II 20.2, 926-950

Charlesworth 1987b = J. H. Charlesworth, Die ‚Schrift des Sem': Einführung, Text und Übersetzung, in: ANRW II 20.2, 951-987.

Christ 1988 = K. Christ, Geschichte der römischen Kaiserzeit, München 1988.

Courtney 1980 = Ed. Courtney, A Commentary on the Satires of Juvenal, London 1980.

Crook 1951 = J. A. Crook, Titus and Berenice, AJPh 72, 162-175.

Demandt 1996 = A. Demandt, Das Privatleben der römischen Kaiser, München 1996.

Dexinger 1975 = F. Dexinger, Ein ‚messianisches Szenarium' als Gemeingut des Judentums in nachherodianischer Zeit?, Kairos 17, 249-278.

Dihle 1978 = A. Dihle, Die entdeckungsgeschichtlichen Voraussetzungen des Indienhandels der römischen Kaiserzeit, in: ANRW II 9.2, 546-580.

Domaszewski 1909 = A. v. Domaszewski, Geschichte der römischen Kaiser, Bd. 2, Leipzig 1909.

Fortina 1955 = M. Fortina, L'imperatore Tito, Turin 1955.

Frankfort 1962 = Th. Frankfort, Le Royaume d'Agrippa II et son Annexion par Domitien, Collection Latomus 58, 659-672.

Fuks 1949 = A. Fuks, Marcus Iulius Alexander (Relating to the History of Philo's Family) (hebr.; engl. Resümee), Zion 13/14, 1948/ 49,15-17.

Fuks 1951 = A. Fuks, Notes on the Archive of Nicanor, Journal of Juristic Papyrology 5, 207-215.

Fuks 1964 = A. Fuks, Corpus Papyrorum Judaicorum, Bd.2 I, Cambridge/ Mass. 1964.

Gardner 1986 = J. F. Gardner, Women in Roman Law and Society, London/Sidney 1986.

Garzetti 1974 = A. Garzetti, From Tiberius to the Antonines, London 1974.

Gérard 1976 = J. Gérard, Juvénal et la réalite contemporaine, Paris 1976.

Goodman 1987 = M. Goodman, The Ruling Class of Judaea, Cambridge 1987.

Graf 1937 = H. R. Graf, Kaiser Vespasian, Stuttgart 1937.

Greenhalgh 1975 = P. A. L. Greenhalgh, The Year of the Four Emperors, London 1975.

Häge 1968 = G. Häge, Ehegüterrechtliche Verhältnisse in den griechischen Papyri Ägyptens bis Diokletian, Köln 1968.

Haenchen 1977 = E. Haenchen, Die Apostelgeschichte (Kritisch-exegetischer Kommentar über das Neue Testament 3) Göttingen [7]1977

Hauser 1995 = St. R. Hauser, Zu den mesopotamischen Handelswegen nach der Tabula Peutingeriana, in: U. Finkbeiner/R. Dittmann/H.Hauptmann (Hrsg.), Beiträge zur Kulturgeschichte Vorderasiens. Festschr. R. M. Boehmer, Mainz 1995, 225-235.

Hegermann 1965 = H. Hegermann, Das hellenistische Judentum, 3: Philon von Alexandrien, in: J. Leipoldt/W. Grundmann (Hrsg.), Umwelt des Urchristentums, Bd. 1, Berlin 1965, 326-342.

Heimberg 1981 = U. Heimberg, Gewürze, Weihrauch, Seide – Welthandel in der Antike (Kleine Schriften zur Kenntnis der römischen Besetzungsgeschichte Südwestdeutschlands 27) Stuttgart 1981.

Hemer 1989 = C. J. Hemer, The Book of Acts in the Setting of Hellenistic History (WUNT 49) Tübingen 1989

Hendersen 1927 = B. W. Hendersen, Five Roman Emperors, Cambridge 1927.

Hengel 1961 = M. Hengel, Die Zeloten, Leiden/Köln 1961.

Henrichs 1968 = A. Henrichs, Vespasian's Visit to Alexandria, ZPE 3, 51-80.

Hobson 1983 = D. W. Hobson, Women as Property Owners in Roman Egypt, TAPhA 113, 311-321.

Högg 1971 = H. Högg, Interpolationen bei Juvenal?, Diss. Freiburg/Br. 1971.

Hughes 1980 = D. Hughes, The Star of Bethlehem, New York 1980.

Jones 1938 = A. H. M. Jones, The Herods of Judaea, Oxford 1938.

Jones 1975 = B. W. Jones, Titus and Some Flavian Amici, Historia 24, 454-462.

Jones 1984 = B.W. Jones, The Emperor Titus, London/Sidney/New York 1984.

Jordan 1974 = R. Jordan, Berenice, London/New York, 1974.

Klemm/Klemm 1994 = R. Klemm/D. D. Klemm, Chronologischer Abriß der antiken Goldgewinnung in der Ostwüste Ägyptens, MDAIK 50, 189-222.

Kokkinos 1992 = N. Kokkinos, Antonia Augusta. Portrait of a Great Roman Lady, London/New York 1992.

Kokkinos 1998 = N. Kokkinos, The Herodian Dynasty – Origins, Role in Society and Eclipse, Sheffield 1998.

Kreck 1975 = B. Kreck, Untersuchungen zur politischen und sozialen Rolle der Frau in der späten römischen Republik, Diss. Marburg 1975.

Kutzner 1989 = E. Kutzner, Untersuchungen zur Stellung der Frau im römischen Oxyrhynchos (Europäische Hochschulschriften III. 3, 29) Frankfurt/Bern/New York/Paris 1989.

Lauffray 1977 = J. Lauffray, Beyrouth Archéologie et Histoire, époques gréco-romaines 1, in: ANRW II 8, 135-163.

Levenson 1975 = J. Levenson, Johanan ben Zakkai's Escape from Jerusalem, Journal for the Study of Judaism 6, 189-204.

Levenson 1984 = J. Levenson, The Temple and the World, Journal of Religion 64, 275-298.

Macurdy 1935 = G. H. Macurdy, Julia Berenice, AJPh 56, 246-253.

Macurdy 1937 = G. H. Macurdy, Julia Berenice, in: Vassal-Queens and

Some Other Contemporary Women in the Roman Empire (The John Hopkin University Studies in Archaeology 22) Baltimore 1937.

Maier 1990 = J. Maier, Zwischen den Testamenten: Geschichte und Religion in der Zeit des zweiten Tempels (Die Neue Echter Bibel, Ergänzungsband zum Alten Testament 3) Würzburg 1990

Meredith 1957 = D. Meredith, Berenice Troglodytica, JEA 43, 56-70.

Michel 1984 = O. Michel, Die Rettung Israels und die Rolle Roms nach den Reden im 'Bellum Judaicum'. Analysen und Perspektiven, in: ANRW II 21.2, 945-976.

Mireaux 1951 = E. Mireaux, La Reine Bérénice, Paris 1951.

Mommsen 1904 = Th. Mommsen, Römische Geschichte, Bd. 5, Berlin ⁵1904.

Montes-Peral 1987 = L. A. Montes-Peral, Akataleptos Theos. Der unfaßbare Gott, Leiden 1987.

Neusner 1962 = J. Neusner, The Life of Rabban Yohanan ben Zakkai, Leiden 1962.

Nicols 1978 = J. Nicols, Vespasian and the partes Flavianae (Historia-Einzelschriften 28) Wiesbaden 1978.

Paltiel 1991 = E. Paltiel, Vassals and Rebels in the Roman Empire. Julio-Claudian Policies in Judaea and the Kingdoms of the East (Collection Latomus 212) Bruxelles 1991.

Perowe 1958 = St. Perowe, Herodier, Römer und Juden, Stuttgart 1958.

Pestman 1961 = P. W. Pestman, Marriage and Matrimonial Property in Ancient Egypt, Leiden 1961.

Plümacher 1972 = E. Plümacher, Lukas als hellenistischer Schriftsteller (Studien zur Umwelt des Neuen Testaments 9) Göttingen 1972.

Poidebard 1939 = P. A. Poidebard, La route septentrionale Antioche-Chalkis-Palmyre, in: Mélanges Syriens offerts à monsieur Ren, Dussaud, Bd. 2, Paris 1939, 767-770.

Pomeroy 1984 = S. B. Pomeroy, Women in Hellenistic Egypt from Alexander to Cleopatra, New York 1984.

Pomeroy 1985 = S. B. Pomeroy, Frauenleben im klassischen Altertum, Stuttgart 1985.

Pomeroy 1988 = S. B. Pomeroy, Women in Roman Egypt: A Preliminary Study Based on Papyri, in: ANRW II 10.1, 708-723.

Raschke 1978 = M. G. Raschke, New Studies in Roman Commerce with the East, in: ANRW II 9.2, 604-1378.

Rogers 1980 = P. M. Rogers, Titus, Berenice and Mucianus, Historia 29, 86-95.

Roloff 1981 = J. Roloff, Die Apostelgeschichte (Das Neue Testament Deutsch 5) Göttingen 1981.

Rostowzew 1910 = M. Rostowzew, Studien zur Geschichte des römischen Kolonates (Beih. zum Archiv für Papyrusforschung 1) Leipzig/Berlin 1910.

Rostovtzeff 1957 = M. Rostovtzeff, Social and Economic History of Roman Empire, Oxford ²1957.

Safrai 1974 = S. Safrai, Jewish Self-goverment, in: S. Safrai/M. Stern (Hrsg.), The Jewish People in the First Century, Bd. 1, Assen 1974, 377-419.

Safrai 1976 = S. Safrai, The Temple, in: S. Safrai/M. Stern (Hrsg,), The Jewish People in the First Century, Bd. 2, Assen 1976, 865-907.

Safrai 1994 = Z. Safrai, The Economy of Roman Palestine, London/New York 1994.

Sandmel 1984 = S. Sandmel, Philo Judaeus: An Introduction to the Man, his Writings, and his Significance, in: ANRW II 21.1, 3-46.

Scaramuzza 1940 = V. M. Scaramuzza, The Emperor Claudius, Cambridge/Mass 1940.

Schäfer 1979 = P. Schäfer, Die Flucht Johanan ben Zakkais aus Jerusalem und die Gründung des „Lehrerhauses" in Jabne, in: ANRW II 19.2, 43-101.

Schalit 1969 = A. Schalit, König Herodes – Der Mann und s ein Werk (Studia Judaica 4) Berlin 1969.

Schalit 1975 = A. Schalit, Die Erhebung Vespasians nach Flavius Josephus, Talmud und Midrasch. Zur Geschichte einer messianischen Prophetie, in: ANRW II 2, 208-327.

Schille 1984 = G. Schille, Die Apostelgeschichte des Lukas (Theologischer Handkommentar zum Neuen Testament 5) Berlin ²1984.

Schiller 1883 = A. Schiller, Geschichte der römischen Kaiserzeit, Bd. I. 2, Gotha 1883

Schmitt 1982 = G. Schmitt, Zum Königreich Chalkis, ZDPV 98, 110-124.

Schottroff 1982 = W. Schottroff, Die Ituräer, ZDPV 98, 125-152

Schürer 1901 = E. Schürer, Geschichte des jüdischen Volkes im Zeitalter Jesu Christi, Bd.1, Leipzig ³/⁴1901.

Schürer/Vermes/Millar 1973 = E. Schürer/G.Vermes/F. Millar, The History of the Jewish People in the Age of Jesus Christ, Bd. 1, Edinburgh 1973.

Schürer/Vermes/Millar 1986 = E. Schürer/G.Vermes/F. Millar, The History of the Jewish People in the Age of Jesus Christ, Bd. 3, Edinburgh 1986.

Schwartz 1990 = D. R. Schwartz, Agrippa I – The Last King of Judaea (Texte und Studien zum Antiken Judentum 23) Tübingen 1990.

Schwartz 1953 = J. Schwartz, Note sur la famille de Philon d'Alexandrie, Annuaire de l'Institut de philologie et d'histoire orientales et slaves de Bruxelles 13, 591-602.

Schwier 1989 = H. Schwier, Tempel und Tempelzerstörung (Novum Testamentum et orbis antiquus 11) Freiburg/Göttingen 1989.

Sethe 1897 = K. Sethe, Berenike (5), RE III 1, 280f.

Sherk 1988 = R. K. Sherk, Translated Documents of Greece and Rome 6: The Roman Empire: Augustus to Hadrian, Cambridge 1988.

Sidebotham 1996 = S. E. Sidebotham, An Overview of Archaeological Work in the Eastern Desert and along the Red Sea Coast of Egypt by the University of Delaware – Leiden University, 1987-1995, Topoi 6, 773-783.

Smallwood 1967 = E. M. Smallwood, Documents illustrating the principates of Caius Claudius and Nero, Cambridge 1967.

Smallwood 1981 = E. M. Smallwood, The Jews under Roman Rule (Studies in Judaism in Late Antiquity 20) Leiden ²1981.

Stahlmann 1997 = I. Stahlmann, Titus, in: M. Clauss (Hrsg.), Die römischen Kaiser, München 1997, 95-98.

Stemberger 1979 = G. Stemberger, Das klassische Judentum: Kultur und Geschichte der rabbinischen Zeit (70 n.Chr. bis 1040 n.Chr.), München 1979.

Stern 1974 = M. Stern, The Reign of Herod and the Herodian Dynasty, in: S. Safrai/M. Stern (Hrsg.), The Jewish People in the First Century, 1, Assen 1974, 216-307.

Stern 1976 = M. Stern, Aspects of Jewish Society: The Priesthood and other Classes, in: S. Safrai/M. Stern (Hrsg.), The Jewish People in the First Century, 2, Assen 1976, 561-630.

Strobel 1987 = A. Strobel, Weltenjahr, große Konjunktion und Messiasstern. Ein themageschichtlicher Überblick, in: ANRW II 20.2, 988-1188.

Sullivan 1977a = R. D. Sullivan, The Dynasty of Judaea in the First Century, in: ANRW II 8, 296-354.

Sullivan 1977b = R. D. Sullivan, Papyri Reflecting the Eastern Dynastic Network, in: ANRW II 8, 908-939.

Sullivan 1980 = R. D. Sullivan, Dynasts in Pontos, in: ANRW II 7.2, 913-930.

Tait 1930 = J. Tait, Greek Ostraka in the Bodleian Library, London 1930.

Turner 1954 = E. G. Turner, Tiberius Julis Alexander, JRS 44, 54-64.

Weiler 1968 = I. Weiler, Titus und die Zerstörung des Tempels von Jerusalem – Absicht oder Zufall?, Klio 50, 139-158.

Weiser 1985 = A. Weiser, Die Apostelgeschichte, Kapitel 13-28 (ÖTK 5/2), Gütersloh/Würzburg 1985.

Whitcomb 1996 = D. Whitcomb, Quseir al-Qadim and the location of Myos Hormos, Topoi 6, 747-772.

Wilcken 1897 = U. Wilcken, Berenike (15), in: RE III.1, 287-289.

Brigitte Truschnegg

Die Semantik wichtiger Termini zur Bezeichnung für Personen weiblichen Geschlechts bei T. Livius

Im Rahmen des im Vorwort dieses Buches erwähnten Projekts wurde die Semantik wichtiger Frauentermini bei Livius untersucht. Dabei konnten 362 Stellen[1] ermittelt werden, in denen Frauen bzw. das Verhältnis der Geschlechter thematisiert werden[2]. Die Erfassung dieser Passagen über Geschlechterrollen geht über die allgemein als ethnographisch zu bezeichnenden Partien bei Livius hinaus[3]. Der Grund dafür liegt in dem auch bei Livius erkennbaren Ethnozentrismus[4]. Die dadurch stark eingeschränkte Betrachtungsweise läßt Livius vorwiegend mit den Kategorien Römisch und Nichtrömisch operieren, die einander offenbar gegenübergestellt werden. Aus diesem Grund erfährt der ethnographische Bereich eine große Ausdehnung, da sowohl der italische als auch der griechische Bereich aufgrund dieser Perspektive zur „Ethnographie" werden. Konsequenterweise kommt es dann ab der Eroberung der italischen Halbinsel durch die Römer im Verlauf der Geschichtsdarstellung zu einer Ausdehnung des als römisch identifizierten Bereichs. Für die Gesamtheit der Passagen mit dem Thema Geschlechterrollen wurden für die vorliegende Untersuchung die Abschnitte ausgewählt, in denen die Termini *mulier*, *matrona* und *femina* genannt werden[5]. Dadurch reduziert sich die genannte Zahl auf 201 Stellen, in denen bekannte wie anonyme Frauengestalten auf die für sie gebrauchte Terminologie untersucht werden sollen.

In der ausgedehnten Forschungsliteratur zu Livius sind bisher in verschiedenen Teilstudien vor allem einzelne Episoden, in denen Frauen thematisiert werden, behandelt worden. Die ältere Forschungsliteratur beschäftigte sich mit den namentlich bekannten Frauengestalten[6] sowie mit Frauen, die ihre Bekanntheit primär ihren Ehemännern oder anderen männlichen Familienmitgliedern verdanken[7]. Ab den 50iger Jahren dieses Jahrhunderts wurden in der Literatur die bei Livius geschilderten Frauengestalten in größeren Zusammenhängen erfaßt oder unter besonderen Gesichtspunkten betrachtet[8]. Eine umfassendere Auseinandersetzung mit der Darstellung des weiblichen Geschlechts im Geschichtswerk des Livius wurde bisher von G. Schmitt 1951 versucht, ohne jedoch – trotz Miteinbeziehung sogenannter „Massenszenen" – die Gesamtheit der in Frage kommenden Stellen zu erfassen[9].

Zeitgleich werden vorerst außerhalb der Livius-Forschung die für Frauen verwendeten Bezeichnungen der lateinischen Sprache und damit verbundene Fragestellungen Gegenstand von Untersuchungen. So stellt B. Axelson 1945 in seinem Buch über unpoetische Wörter fest, daß der Gebrauch einzelner Begriffe (v. a. *femina* und *mulier*) in direktem Zusammenhang mit verschiedenen Perioden der lateinischen Literatur zu sehen sei[10]. Gleichzeitig wird bereits darauf verwiesen, daß die Bedeutung einzelner Termini über eine reine Geschlechtsbezeichnung hinausgeht und ebenso Synonym für die soziale Stellung oder die charakterliche Qualität einer Frau sein können[11]. Das Werk des Livius wird in diesen Überlegungen jedoch noch nicht berücksichtigt. Ausführlicher setzt sich J. N. Adams 1973 in einer Untersuchung der „Latin words for 'Woman' and 'Wife'" mit dieser Thematik auseinander[12]. In einem zeitlich weit gespannten Bogen werden der Gebrauch, die Bedeutung und die Änderung in der Semantik der Termini *femina* und *mulier* festgehalten. Dabei wird in drei Schritten „The respectful use of *femina* and its debasement", „The Emphatic use of *mulier* and *femina*" und die Entsprechung von *mulier* und 'wife' untersucht. Dem Werk des Livius wird hierbei vor allem in der vermehrten und quantitativ erfaßten Anwendung von *femina* mit „emphatic function" eine Schlüsselrolle für die weitere Entwicklung zugeschrieben[13]. Eine detailliertere Auseinandersetzung mit Livius erfolgt in diesem Zusammenhang noch nicht. Diesem Anliegen kommt F. Santoro L'Hoir 1992 nach, indem sie in der Untersuchung zu „The Rhetoric of Gender Terms" im Abschnitt zur römischen Historiographie auch die Terminologie und ihre Semantik bei Livius eingehender untersucht[14]. Da diese Arbeit in unmittelbarem Zusammenhang mit der hier zu untersuchenden Fragestellung steht, sollen ihre Ergebnisse kurz zusammengefaßt werden.

Einleitend stellt Santoro L'Hoir bereits fest, daß „individual Latin terms themselves hold a variety of specific connotations"[15]. Begriffe für Gender dienen ihrer Ansicht nach vor allem als „rhetorical ornaments of emphasis"[16], und sie stellt Livius in der Verwendung dieser Begriffe in die Tradition Ciceros, wobei diese von ihm durch neue Aspekte erweitert werde. Die in der lateinischen Prosa erkennbare Anwendung von *femina* für weibliche Personen der römischen „upper class" wird ihrer Ansicht nach bei Livius unter Beibehaltung dieser Bedeutung allgemein auf Frauen, die sich beispielhaft benehmen, ausgedehnt[17]. Dies gelte auch für Frauen die ein *exemplum* im negativen Sinne darstellen. Eine negative Konnotation werde durch die Kombination von *femina* mit dem klar negativ gewerteten Adjektiv *muliebris* erreicht. Bis dahin war nach Santoro L'Hoir zur Negativbewertung von Frauen der Gebrauch einer Kombination von *mulier* mit herabsetzenden Attributen üblich. Damit bahnte Livius nach Santoro L'Hoir den Weg für die *atrox femina* der römischen Geschichte. *Mulier* wird vor Livius entsprechend für Frauen der „lower class" sowie für fremde Frauen gebraucht. In seinem Fall können ihrer Ansicht nach auch Frauen einer höheren sozialen Schicht angesprochen sein, eine Negativkonnotation sei nicht zwingend. Im weiteren wird besonders auf die Verbindung des Terminus *mulier* mit Mengenbegriffen und dem Erscheinungsbild von Tränen aufmerksam gemacht sowie der Zusammenhang zwischen *peregrina mulier* und ausländischen Kulten hergestellt. In der Verwendung von *femina* für Frauen, die mit ihren Kindern hilflos einer Kriegssituation ausgeliefert sind, und für solche, die ihren Männern beim Kampf aktiv helfen, sieht Santoro L'Hoir zwei Topoi der römischen Historiographie. Abschließend wird festgestellt, daß die Nebeneinanderstellung von *viri* und *mulieres* bei Livius für Frauen und Männer allgemein steht, während *viri* und *feminae* wiederum die „upper class" ansprechen sollen.

Eine jüngere Untersuchung zu den Voraussetzungen von Geschlechterrollen im römischen Recht von J. F. Gardner hat sich ebenfalls eingehender mit der für Frauen angewandten Terminologie in Rechtstexten auseinandergesetzt[18]. Es konnte jedoch für dieses Textfeld eine „particular rhetorical significance in the choice of different terms for man and woman" im Sinne Santoro L'Hoirs nicht festgestellt werden[19]. Doch auch Gardner sieht in den Begriffen *vir*, *femina* und *mulier* die gebräuchlichen Bezeichnungen, um Geschlechterrollen auszudrükken.

Auf der Basis der Gesamtheit aller Passagen zu Geschlechterrollen bei Livius will die vorliegende Untersuchung die von Santoro L'Hoir gemachten Beobachtungen noch weiter ausbauen und in gewissen Bereichen modifizieren. Konkret setzt sich die vorliegende Studie mit den Begriffen *femina* und *matrona*[20] auseinander, doch wird auch die Bezeichnung *mulier* in die Überlegungen miteinbezogen[21]. Die in der Darstellung des Livius greifbare Verknüpfung dieser Termini mit bestimmten Vorstellungen von Frauen und entsprechenden Bewertungsmustern können im Vergleich mit den aus der römischen Historiographie gewonnenen Ergebnissen von Santoro L'Hoir mögliche autorspezifische Merkmale im Sprachgebrauch transparent werden lassen[22].

Die Lex-Oppia-Debatte

Als Ausgangspunkt für die Untersuchung der für Frauen verwendeten Terminologie bieten sich die in 34, 1-8 dargelegten Reden des Konsuls M. Porcius Cato[23] und des Antragstellers L. Valerius[24] für und wider die Abschaffung der Lex Oppia an. Hier werden über mehrere Kapitel die vorhandenen Vorstellungen von den Frauen allgemein und ihrem Verhalten dokumentiert. Deshalb ist hier eine in der Gesamtdarstellung des Livius einmalige Konzentration der für Frauen angewandten Bezeichnungen zu beobachten[25]. Gerade im Hinblick auf die Verwendung von *femina* und *matrona* bietet diese Debatte die entscheidenden Hinweise auf eine von der von Santoro L'Hoir vertretenen Verwendung abweichende Benutzung.

Die Lex Oppia ist im Jahre 215 v. Chr. in der Krisensituation des zweiten punischen Krieges von C. Oppius beantragt worden. Dem neuen Gesetz zufolge wurde der Goldbesitz für Frauen eingeschränkt, das Tragen von purpurfarbenen Kleidern untersagt[26] und das Fahren mit einem bespannten Wagen nur zu öffentlichen Opferhandlungen gestattet. Der Antrag auf die Abschaffung dieses Gesetzes wird für das Jahr 195 v. Chr. angenommen, was der damalige Konsul M. Porcius Cato zu verhindern suchte[27].

Dieser Gesetzesantrag ist in der Literatur unter verschiedenen Gesichtspunkten immer wieder diskutiert worden[28]. In diesen Diskussionen lassen sich grundsätzlich zwei Richtungen erkennen: Einerseits wird der Redner selbst, M. Porcius Cato, in den Mittelpunkt der Betrachtungen gestellt. Andererseits werden die Frauen vor allem von der altertumswissenschaftlichen Frauenforschung als ein inhaltliches Element der Reden thematisiert[29].

Daß es sich hier um keine Originalreden, sondern um von Livius gestaltete Reden handelt, ist in der Forschung heute allgemein anerkannt[30]. Zumeist wird die Gestaltung der Cato-Rede als eine Möglichkeit für Livius angesehen, Cato zu charakterisieren. Unter Heranziehung vor allem formaler und philologischer Argumente wird versucht, das Verhältnis des Livius zu Cato näher zu erfassen[31]. Eventuelle Reminiszenzen an den Inhalt oder den Stil tatsächlich gehaltener Reden des M. Porcius Cato werden unterschiedlich beurteilt[32]. Für die spätere, durch Livius erfolgte Gestaltung der Rede sprechen neben philologischen Argumenten vor allem Anachronismen[33]. Diese Argumentation kann durch die Analyse der bei Livius gebrauchten Frauen-Termini gestützt werden. Eine Gegenüberstellung der in beiden Reden verwendeten Bezeichnungen läßt deutlich deren Konnotationen erkennen.

Nach Livius spricht sich M. Porcius Cato sehr entschieden gegen die Abschaffung des Gesetzes aus und kritisiert dabei in erster

Linie die Unterstützung der Frauen für die Abschaffung des Gesetzes[34].
Das Agieren der Frauen außerhalb des Hauses (auf der Straße und auf
dem Forum) wird von ihm als ein Zuwiderhandeln gegen die gute Sitte
und Ordnung angesehen. Den Frauen wird von M. Porcius Cato vorgeworfen, ihre Herrschsucht im Hause auf das Forum übertragen zu wollen. Er möchte darin ein Ansinnen auf Gleichberechtigung erkennen[35].

Außer der angesprochenen Herrschsucht wird den Frauen Hemmungs-
losigkeit, Verschwendungssucht und eine unbeherrschte Natur unterstellt; er vergleicht in diesem Zusammenhang die Frauen auch mit ungezähmten Tieren. Gleichzeitig wird ihnen von M. Porcius Cato als
Motiv für ihren Einsatz das Recht auf Luxus vorgehalten und signalisiert, daß die Sorge um die Familie oder religiöse Anliegen statthaftere
Motive gewesen wären.

Wird bereits die weibliche Herrschschaft im Hause von M.
Porcius Cato negativ gewertet, so stellt das Verlassen der häuslichen
Sphäre aus seiner Sicht in jedem Fall eine Überschreitung weiblicher
Rechte dar. Offensichtlich entspricht ein solches Frauenverhalten nicht
den ihm zugeschriebenen Vorstellungen. Die von M. Porcius Cato vor-
gebrachten Argumente lassen die in der Debatte auftretenden Frauen in
einem negativen Kontext erscheinen[36]. Die Analyse der Terminologie
bestätigt diesen Eindruck.

In der Rede des M. Porcius Cato kommen mehrere Bezeichnungen für Frauen zur Anwendung: Von den 20 Begriffen wird das Adjektiv *muliebris* mit 6 Nennungen am häufigsten gebraucht. Fünfmal findet sich der Ausdruck *femina*, viermal *mulier*, je zweimal die Bezeichnung *matrona*[37]. Bei einer näheren Untersuchung, in welchem Zusammenhang welche Benennung angewendet wird, zeichnen sich bereits
Verknüpfungen zwischen einzelnen Termini und bestimmten Bewertungsmustern ab.

Das Adjektiv *muliebris* wird in dieser Debatte in allen Fällen
dazu verwendet, eindeutig negativ konnotierte Verhaltensweisen oder
Charaktereigenschaften von weiblichen Personen zu umschreiben[38]: So
ist von *impotentia muliebris* (34, 2, 2)[39], *coniuratio muliebris* (34, 2, 3),
consternatio muliebris (34, 2, 6)[40], *seditio muliebris* (34, 3, 8), sowie von der
Eindämmung von *luxuria muliebris* (34, 4, 6) zu lesen. In 34, 3, 1 werden
rechtliche Bestimmungen über Frauen angesprochen, wobei die ange-
gebene Motivation für diese Gesetze wiederum eine negative Stellungnahme bezüglich des weiblichen Charakters darstellt: *Recensete omnia
muliebria iura, quibus licentiam earum adligaverint maiores vestri per quaeque
subiecerint viris.* Das Adjektiv *muliebris* erscheint nur in derartigen negativen, niemals in positiven Kontexten.

Eine ähnliche Situation ergibt die Untersuchung des Ge-
brauchs des Substantivs *mulier*: Die Kombinationen *secessio mulierum* in

34, 2, 7 und *sumptus mulierum* in 34, 4, 10 schließen sich direkt an die Beobachtungen zu *muliebris* an. Der in 34, 2, 8 beschriebene *agmen mulierum*, den M. Porcius Cato – nicht ohne zu erröten wie er selbst bemerkt – auf seinem Weg zum Forum durchschreiten mußte, gehört zu der, vom Redner mißbilligten, weiblichen Agitation auf öffentlichen Plätzen und stellt aufgrund des Kontextes ein weiteres Element in der Negativcharakterisierung der Frauen durch M. Porcius Cato dar[41].

Für den Gebrauch des Substantivs *femina* läßt sich feststellen, daß dieser stärker durch den Kontext selbst, bzw. durch die nähere Umschreibung die Handlungsweise der Frauen in ein negatives Umfeld gerückt wird, als durch eine direkte Verknüpfung mit negativ konnotierten Wörtern: Während in 34, 2, 14 konkret von einem *iniquus animus feminae* die Rede ist, steht in 34, 2, 7 weibliches Handeln im Mittelpunkt: *vobis, si feminas ad concitandas tribunicias seditiones iam adduxistis*[42]. Noch einmal mit *sumptus* in Verbindung gebracht, werden die Frauen in 34, 4, 1, jedoch ohne die enge grammatikalische Verknüpfung, die zuvor zwischen *mulier* und *sumptus* festgestellt worden ist. In diesem Falle wird das kritisierte Verhalten auch nicht nur auf die Frauen allein, sondern auch auf die Männer bezogen: *Saepe me querentem de feminarum, saepe de virorum, nec de privatorum modo, sed etiam magistratuum sumptibus audistis...* Der negative Eindruck bleibt bestehen, auch wenn er durch die Charakterisierung als ein nicht ausschließlich weibliches Verhalten abgeschwächt wird. Wird in 34, 2, 2 von *universae feminae*[43] berichtet, so ist es vor allem der Hinweis, daß diese eine Last für die Männer darstellen, der diese Benennung in einen negativen Zusammenhang bringt.

Es ist deutlich geworden, daß in der Cato-Rede im besonderen das Adjektiv *muliebris*, aber auch das Substaniv *mulier* in enger Verbindung mit negativ besetzten Ausdrücken stehen. Die Benennung *femina* vermittelt teils durch eine solche Verknüpfung, teils durch den negativ besetzten Kontext einen gleichermaßen negativen Gesamteindruck. Den bewußten Einsatz dieser Ausdrücke durch Livius in einem negativen Zusammenhang zeigt eine Analyse der verwendeten Bezeichnungen in der Rede des L. Valerius.

L. Valerius plädiert für die Abschaffung des Gesetzes und hebt dabei vor allem den positiven Aspekt öffentlichen Engagements von Frauen in der Vergangenheit hervor[44]. Beim Versuch, das öffentliche Auftreten von Frauen in der Vergangenheit zu dokumentieren, wird sowohl das Eingreifen der Frauen in die Kämpfe zwischen Römern und Sabinern (1, 13)[45] angesprochen, als auch die Rolle der Frauen in der Coriolan-Episode (2, 40)[46] in Erinnerung gerufen, die einen Angriff auf Rom abwehren konnten. Das „Zurverfügungstellen“ des privaten Vermögens von Frauen und Witwen für das Wohl des Staates in Kriegssituationen[47] wird dabei von L. Valerius ebenso erwähnt, wie das Engagement der Frauen in religiösen Belangen (29,14)[48]. Aus seiner Sicht wird das Anliegen der Frauen als eine Bitte verstanden und im indirekten Vergleich darauf verwiesen, daß Bitten von Sklaven von den Herren nicht zurückgewiesen werden[49]. In weiteren Verweisen auf die rechte Gesinnung der Frauen in der Zeit vor dem erst 20 Jahre alten Gesetz bezweifelt er die von Cato prophezeite Verschwendungssucht der Frauen. Das Recht der Frauen auf eine Teilnahme an dem sich entwickelnden Wohlstand wird auch im direkten Vergleich mit den Frauen der Bundesgenossen gefordert, denen keine solchen Beschränkungen auferlegt seien. Das von M. Porcius Cato angeprangerte Interesse der Frauen für Schmuck und Kleidung wird von L. Valerius als die den Frauen eigene Domäne, als „ihre" Welt interpretiert. Die Befürchtungen vor einer angestrebten Selbständigkeit der Frauen werden von L. Valerius mit der Versicherung, daß das schwache Geschlecht nie seine Abhängigkeit verlieren werde, entkräftet und die Rede damit abgeschlossen.

Das Verhalten der Frauen wird von L. Valerius vor allem mit Verweis auf die Vergangenheit unzweifelhaft positiv bewertet. Auffällig ist die Vielfalt der verwendeten Begriffe: Am häufigsten genannt wird die Bezeichnung *matrona/matronalis* (11x), an zweiter Stelle steht auch hier die Verwendung von *muliebris* (6x). Der Terminus *femina* läßt sich fünfmal feststellen[50]. Im Gegensatz zur Cato-Rede wird der Begriff *mulier* von L. Valerius niemals verwendet.

Für alle in der Valerius-Rede angesprochenen Beispiele über positiv bewertetes öffentliches Agieren von Frauen in der Vergangenheit wird ohne Ausnahme auf die Bezeichnungen *matrona* und *matronalis* zurückgegriffen. Der ausnahmslos positive Sinn ergibt sich ausschließlich aus dem entsprechenden Zusammenhang und nicht etwa durch eine grammatikalische Verflechtung mit eindeutig positiv bestimmten Begriffen[51].

Der Begriff *femina* findet in der Valerius-Rede sowohl in einem positiven als auch im allgemeinen Sinne Verwendung. Auf die Allgemeinheit von Männern und Frauen, oder auf die Allgemeinheit der Frauen – ohne den Begriff vorerst einer sozialen Schicht zuordnen zu wollen – scheinen die Hinweise *viri feminae* in 34, 5, 12 und in 34, 7, 3 bezogen zu sein. Ohne näher definierbare Bewertung kann auch die Anwendung in 34, 7, 9 angesehen werden, die das vorausgesetzte Interesse der Frauen an Schmuck und Kleidung als „ihr Kennzeichen" nennt (*haec feminarum insignia sunt*). In einem durchaus positiven Sinne wird in 34, 6, 8 *pudor sancitasque feminarum* angesprochen und in 34, 5, 13 *honestae feminae* erwähnt. Der Begriff *femina* läßt sich in der Valerius-Rede offensichtlich sowohl als neutraler Terminus ohne spezifische Bewertung als auch eindeutig positiv konnotiert nachweisen.

In 3 von 6 Fällen wird – wie bereits von Santoro L'Hoir festgestellt wurde – mit der Nennung von *muliebris* direkt Bezug auf Redewendungen in der Cato-Rede genommen. So beruft sich L. Valerius auf die in 34, 5, 5 erwähnte *secessio muliebris*[52], in 34, 6, 1 auf *luxuria muliebris*[53] und in 34, 7, 14 auf *seditio muliebris et secessio*[54]. In zwei weiteren Beispielen findet sich *muliebris* direkt mit einem negativen Begriff verbunden, bzw. in einem negativen Zusammenhang erwähnt: *libido muliebris* (34, 6, 10) und *servitus muliebris* (34, 7, 12)[55]. In der Valerius-Rede bleibt somit die Negativbesetzung von *muliebris* aufrecht[56].

Der mit *mulier* verwandte Begriff *muliercula* wird durch den Kontext in ein negatives Licht gerückt (34, 7, 7). Durch die in 34, 7, 7 gestellte Frage – *quid muliercularum censetis, quas etiam parva movent?* – wird die von L. Valerius gleichermaßen wie von M. Porcius Cato angenommene Schwäche der Frauen unterstrichen und darf wohl zurecht ebenfalls als negativ gewertetes „Charakteristikum" der Frauen angesprochen werden.

Zusammenfassend läßt sich also feststellen, daß in der Lex-Oppia-Debatte die Begriffe *muliebris* und *mulier* klar negativ und die Bezeichnung *matrona* hingegen mit klar positiv definierter Bewertung verknüpft sind. Der Ausdruck *femina* dagegen scheint mit jeder beliebigen Wertung verknüpfbar, die vorwiegend durch den Kontext bestimmt wird. Eine Einzelanalyse der Termini soll die Anwendungsbereiche auf das Gesamtwerk des Livius bezogen definieren.

In der Lex-Oppia-Debatte hat sich gezeigt, daß auf der Ebene der Bewertung dem positiv besetzten Begriff der *matrona* vor allem jener der negativ besetzten *mulier* gegenübergestellt worden ist. Die zu *mulier* gemachten Beobachtungen in der Debatte können – auf das Gesamtwerk des Livius ausgedehnt – ausgebaut und bestätigt werden[57]. Eine kurze Zusammenfassung der Ergebnisse von Santoro L'Hoir mit einigen Ergänzungen soll eine Gegenüberstellung mit der Analyse des Begriffs *matrona* erleichtern.

Für die Mehrzahl aller Nennungen läßt sich für den Terminus *mulier* eine enge Verbindung mit diversen Ausdrücken des Wehklagens, Lärmens und Schreiens feststellen. Neben *ploratus*[58], ist von *voces miserabiles*[59], von *comploratio*[60], von *lamentabilis comploratio*[61], oder von *lamentantes mulieres*[62] zu lesen. Noch stärker im Ausdruck kann wohl die Kombination *ululantes mulieres*[63], abgeleitet von *ululo* – heulen, schreien bezeichnet werden.

Gleichzeitig sind *mulieres* untrennbar mit Tränen verbunden: *fletus*[64] und *lacrimae*[65] unterstützen und unterstreichen ihre beklagenswerte Situation. Santoro L'Hoir hat dazu treffend bemerkt: „Ab Urbe Condita is splashed with women's tears."[66] In diesem Bereich können ihre Beobachtungen noch durch weitere Differenzierungen ergänzt werden.

Eng mit diesem Zustand verbunden ist die Funktion von *mulier* als Bittstellerin[67], wobei die Untermauerung der Bitten mit Tränen gewissen Normvorstellungen zu entsprechen scheint und deren Erscheinungsbild bestimmt: *mulieres precibus lacrimisque defenderent* (2, 40, 2), *mulier...precata, flens ait* (8, 24, 15). Verstärkt wird die Wirkung einer Bittstellerin aber auch durch die Demonstration ihrer Unterwürfigkeit. So wirft sich eine spanische Gefangene (*mulier magno natu!*) zusätzlich vor P. Cornelius Scipio zu Boden: *flens ad pedes imperatoris procubuit obtestarique coepit* (26, 49, 11). Und die Hauptzeugin für die Einführung des Mysterienkultes fällt vor der angesehenen Schwiegermutter des Konsuls nieder, um ihre Bitte zu unterstreichen (39, 13, 1).[68] *Mulier* ist außerdem immer wieder mit Bezeichnungen wie *pavor*[69], *timor*[70], *tremor*[71] oder *terror*[72] verbunden, wie Santoro L'Hoir bereits herausgestellt hat.

Auffallend in der weiteren Verwendung von *mulier* ist sicherlich der Umstand, daß die damit umschriebenen Frauen im Livianischen Geschichtswerk selten einzeln, sondern hauptsächlich in großen Gruppen, Mengen bzw. in Massen auftreten. Die dafür gebrauchten Ausdrücke sind *turba*[73], *frequentia*[74], *multitudo*[75], *globo*[76] oder ebenso *agmen*[77].

In Verbindung mit *vir* bezieht sich *mulier* auf Männer und Frauen im allgemeinen[78]. In diesen Fällen ist mit der Bezeichnung keine bestimmte Wertung verbunden. Es lassen sich inhaltlich auch keine bestimmten Anwendungsbereiche feststellen. In allen Beispielen[79] wird *mulier* mit der Bezeichnung *vir* verknüpft, und die Termini werden nur im Plural gebraucht. Den Ergebnissen von Santoro L'Hoir kann noch eine wichtige Beobachtung hinzugefügt werden: Es werden damit immer römische Frauen und Männer angesprochen. Wenn auch hier vor allem der allgemeine Charakter dieser Begriffskombination unterstrichen werden soll, ist darauf hinzuweisen, daß in 6 von 7 Fällen der Terminus *vir* der Erstgenannte ist[80].

Die zweithäufigste Personengruppe mit der *mulieres* genannt werden sind *pueri*. Alle Nennungen finden sich in der Beschreibung von Situationen im Umfeld einer kriegerischen Auseinandersetzung und umschreiben sowohl römische als auch nicht-römische Frauen und Kinder[81]. Die dadurch erfolgte bewußte Absetzung der *mulieres* von den Männern durch die Gleichsetzung mit *pueri* signalisiert deutlich einen geringeren sozialen Status von Frauen gegenüber Männern in der Gesellschaft. Der negative Charakter einer solchen Gleichsetzung wird noch verstärkt durch zwei Passagen, in denen die Frauen gemeinsam mit *servitia*[82] und *spadones*[83] genannt werden.

Weitere Einzelbeispiele können die Negativbesetzung von *mulier* bestätigen. Die Figur der Tullia wird als *mulier scelus* beschrieben[84]. Wenn Tullia dasselbe erreichen möchte, was vor ihr schon einer *peregrina mulier*[85] (Tanaquil) geglückt ist, dann rückt dies die Formulierung in ein negatives Licht. Eine *famosa mulier*[86], sowie eine *mulier Campana*[87] werden gleichzeitig als *scortum* bezeichnet. Die große Beteiligung von Frauen am Mysterienkult wird als Quelle des Übels angesehen: *mulierum magna pars est, et is fons mali huiusce fuit*[88]. Die bei der Aufdeckung des Mysterienkultes verurteilten Frauen werden in Folge als *mulieres damnatae*[89] bezeichnet[90]. In diesen Bereich gehören auch die in der Lex-Oppia-Debatte genannten Beispiele[91]. Eine weitere negative Stellungnahme zum Wesen der *mulieres* stellt die Aussage eines römischen Tribuns in der Volksversammlung dar[92]: Anstatt den drohenden Gefahren entgegen zu treten: *sedemus desides domi mulierum ritu inter nos altercantes*[93].

Mulier in neutraler Verwendung findet sich vor allem zur Bezeichnung der Herkunft nichtrömischer Frauen: *Sabinae mulieres* (1, 13, 1), *Hispanae mulieres* (43, 3, 1), *mulier Canusina* (22, 54, 3), oder auch *mulier Apula* (22, 52, 7).

Der Ausdruck *mulier* kann auch dazu verwendet werden, positiv besetzte Frauengestalten zu benennen. Die Thessalischen Frauen Theoxena und Archo[94] werden ebenso wie die Frau des Fürsten Orgigagon[95], als *mulieres* bezeichnet. Beide Episoden haben in der Darstellung des Livius trotz des gewaltsamen Endes einen positiven Charakter. Zwei kampanische Frauen[96], die in den Auseinandersetzungen mit den Kampanern die römischen Soldaten unterstützt haben und dafür eine Sonderbehandlung vom römischen Senat erhalten, werden ebenfalls als *mulieres* bezeichnet. In 8, 24, 16 ist es die *cura mulieris*, die den Leichnam des Königs von Epirus vor weiterer Schändung bewahrt, um dadurch möglicherweise ihre Familie auszulösen.

Für den Begriff *matrona*[97] sind grundsätzlich die Bedeutungsaspekte Ehefrau und Gattin[98], sowie ehrbare, vornehme Frau möglich[99]. Die Entscheidung für eine dieser Bedeutungsmöglichkeiten wird wesentlich durch den Kontext bestimmt, doch liegt sie – wie die variierenden Übersetzungen zeigen – in vielen Fällen im Entscheidungsbereich des Übersetzers.

Eine quantitative Untersuchung des Terminus *matrona* in bezug auf seine Anwendung für einzelne Personen oder für Personengruppen ergibt ein eindeutiges Ergebnis. In 97% aller Nennungen wird *matrona* im Plural verwendet, und nur in 3% wird eine einzelne Person damit angesprochen. Mit dem Begriff scheint unwillkürlich die Vorstellung von einer Personengruppe und nicht von einer Einzelperson verbunden gewesen zu sein. Die konsequente Verwendung des Plural zeigt einerseits, daß offenbar nicht die Notwendigkeit bestand, die Größe der mit *matronae* angesprochenen Personengruppe näher zu definieren, andererseits grenzt das beinahe vollständige Fehlen von Umschreibungen wie *turba, frequentia* etc. die Gruppe der *matronae* von der Masse ab[100]. Daß bei Bedarf eine größere Anzahl an Personen auch anders ausgedrückt werden kann, zeigt die in 8, 18, 10 verwendete Formulierung (*magnus numerus matronarum*), die eine größere Menge signalisiert ohne die mit *mulier* verknüpften Termini dafür zu gebrauchen[101].

Einen Einblick in den sozialen Status der *matronae* vermittelt ein scheinbares Charakteristikum dieser Personengruppe: die ihnen offensichtlich zur Verfügung stehenden finanziellen Mittel. Mehrfach wird berichtet, daß *matronae* in der Lage waren, der Staatskasse auszuhelfen: 5, 25, 8-9 berichtet über die Bereitstellung der Summe für das dem Apollon versprochene Geschenk für den Sieg über Veji (*matronae coetibus ad eam rem consultandam habitis...aurum et omnia ornamenta sua in aerarium detulerunt*), 5, 50, 7 über jene für die Geldgabe an die Gallier (*a matronis conlatum acceperant*). Diese Form der Unterstützung des Staates findet immer wieder lobende Erwähnung (5, 50, 7; 6, 4, 2; 34, 5, 9). Finanzielle Zuwendungen von *matronae* stehen auch im Zusammenhang mit der Weihung eines Standbildes für Iuno regina auf dem Aventin (22, 1, 18). Den Abschluß bildet ein weniger positives Beispiel einer Finanzierungshilfe durch *matronae* für ein religiöses Projekt. Im Zuge einer öffentlichen Verurteilung von *matronae* wegen *stuprum* werden die auferlegten Geldstrafen offenbar zur Finanzierung des Baus eines Venustempels in der Nähe des Circus herangezogen (10, 31, 9: *aliquot matronas ad populum stupri damnatas pecunia multavit*). Diese Finanzkraft der *matronae* und die offensichtliche Bereitschaft, diese in religiöse wie auch staatliche Belange einzubringen, kann daher als ein weiteres Spezifikum für die mit *matronae* umschriebenen Frauen gelten.

Matrona läßt sich – abgesehen von wenigen Ausnahmen – als ein für römische Frauen verwendeter Ausdruck definieren. Die konkreten Zahlen bestätigen dies: In 55 von 60 Fällen werden mit diesem Terminus römische Frauen umschrieben; das entspricht immerhin 92%. Die restlichen 5 Nennungen (8%) entfallen auf Frauen verschiedener Provenienz[102].

Hier läßt sich erstmals, wenn auch keine ausschließliche, so doch eine sehr klare Zuweisung eines Begriffes für Personen weiblichen Geschlechts zu einer Ethnie erkennen[103].

Im religiösen Bereich erschließt sich ein neues und umfangreich dokumentiertes Spezifikum der *matronae*. Insgesamt sind 37% der Nennungen in einem religiösen Umfeld angesiedelt und beschreiben vorwiegend die von den Frauen dabei gesetzten Aktivitäten. In diversen Notsituationen, sei es bei der Sühnung schlechter Vorzeichen, bei direkten Bedrohungen von außen oder im Falle einer militärischen Niederlage, obliegt es den Vorstellungen entsprechend offenbar den *matronae*, in den Heiligtümern zu beten und die Götter anzuflehen[104]. Nach erfolgreichem Gelingen wird wiederum durch die Frauen Dank gesagt: *diis immortalibus grates agerent* (27, 51, 9).

Aber auch außerhalb solcher Krisensituationen wird die besondere Beziehung der *matronae* zu religiösen Kulten betont. Der besondere Eifer der Frauen bei der Einweihung des Tempels der Iuno regina findet mehrfach lobende Erwähnung: *celebratamque dedicationem ingenti matronarum studio tradunt* (5, 31, 3)[105]; *excellens matronarum studium* (5, 52, 10). Im Rahmen der Einführung der Spiele für Apoll ist von einem Bittgebet der Frauen die Rede: *matronae supplicavere* (25, 12, 15). Als in 27, 37, 8-10 ein die *matronae* betreffendes Prodigium geschildert wird, stiften diese nach einem selbst gewählten Verfahren finanzielle Mittel zur Anfertigung eines goldenen Beckens, das sie im Rahmen eines Opfers weihen (*pureque et caste a matronis sacrificatum*). Auf die Rolle der *matronae* bei der Finanzierung von Weihegeschenken für Iuno regina wurde bereits hingewiesen[106].

Im Zusammenhang mit dem Kult der Pudicitia steht eine Passage (10, 23, 1-10) über die Auseinandersetzung zwischen patrizischen *matronae* und einer mit einem Plebeier verheirateten *matrona* (Verginia), die wegen ihrer unstandesgemäßen Heirat vom Kult ausgeschlossen worden war. Im Zuge der Auseinandersetzung gründet Verginia in einer seperaten Kapelle den Kult der „Pudicitia der Plebeierinnen". Dieser Abschnitt beleuchtet einerseits die Kultpraxis, der die *matronae* unterworfen waren: Die Forderung nach Keuschheit wird aufgestellt und in der Charakterisierung des zu leistenden Dienstes an der Göttin noch durch Vorgaben wie *sanctus* und *castus* gesteigert. Für den Priesterdienst wird ein Nachweis verlangt: *spectata pudicitia matronae*. Gleichzeitig werden hier Aspekte zu den Geschlechterrollen klar formuliert: wie bei den Männern der Wettkampf um die Tüchtigkeit solle unter den Frauen ein Wetteifer in der Keuschheit stattfinden.

Eine Bemerkung von Livius über die weitere Zukunft des Kultes wirft ein bezeichnendes Licht auf den sozialen Status der *matronae* und bestätigt das Verständnis von ihnen als einer von der Allgemeinheit der Frauen getrennt zu sehenden Gruppe weiblicher Personen: nachdem neben *matronae* auch Frauen jeglichen Standes aufgenommen worden waren, sei der Kult in Vergessenheit geraten: *nec matronis solum, sed omnis ordinis feminis, postremo in oblivionem venit* (10, 23, 10). Noch einmal wird vor einem religiösen Hintergrund in Rom auf die Sonderstellung der *matronae* unter den Frauen Bezug genommen. Beim Empfang der Magna mater spielen die *matronae* eine besondere Rolle, und es wird noch einmal festgehalten: *matronae primores civitatis* (29, 14, 12).

Generell kann festgestellt werden, daß das Engagement von *matronae* im religiösen Bereich bis auf eine Ausnahme nicht nur positiv gewertet, sondern geradezu als Spezifikum dieser Personengruppe betrachtet werden kann. Die einzige Passage bei Livius, in der das religiöse Engagement von *matronae* in einem deutlich negativen Licht gesehen wird, ist der Abschnitt über die Einführung des Mysterienkultes, wobei in den entsprechenden Passagen 39, 13, 8 und 39, 13, 12 direkt auf den praktizierten Ritus Bezug genommen wird.

Die zuvor geschilderten Charakteristika transportieren konkrete Vorstellungen, die mit dem Begriff *matrona* verbunden sind. Trotz eines mehrheitlich positiven Grundtenors (zwei Drittel) läßt sich keine für jeden Fall gültige Bewertung von *matronae* festhalten. Es gibt ebenso Beispiele negativen Verhaltens der so bezeichneten Frauen: Im Zusammenhang mit der in 8, 18, 1-11 geschilderten Aufdeckung der ersten Giftmischeraffaire in Rom sollen letztendlich 170 *matronae* verurteilt worden sein[107]. Weitere Beispiele wären die bereits erwähnte Verurteilung von *matronae* in 10, 31, 9 wegen sexueller Vergehen[108], drei Belege aus dem Umfeld der Lex-Oppia-Debatte[109] (34, 1-8) und jene bei der Einführung des Mysterienkultes in Rom[110].

Es kann also festgestellt werden, daß sich die in der Lex-Oppia-Debatte greifbare Gegenüberstellung von *mulier* und von *matrona*, die Charakterisierung der Begriffe, die damit verknüpften Vorstellungen und auch die Bewertung in ihren Grundzügen im Gesamtwerk des Livius bestätigt haben. Gleichzeitig konnten weitere Beobachtungen gemacht werden, die das Bedeutungsfeld des Begriffs exakter ausloten.

In der Verwendung von *mulier* war die direkte Verbindung mit dem akustischen Eindruck von *ploratus*, *comploratio*, *fletus* etc. besonders auffällig. Eine Kombination des Begriffs *matrona* mit einem der oben genannten Ausdrücke gibt es bei Livius nicht. Offensichtlich entsprechen diese Eindrücke nicht den Vorstellungen vom Verhalten einer „ehrwürdigen" *matrona*, sondern dem einer *mulier*. In der Anwendung von *matrona* findet sich nur ein einziger Hinweis darauf, daß derart bezeichnete Frauen einen auffälligeren akustischen Eindruck als ein Gespräch hinterlassen[111].

Durchaus mit *matronae* in Verbindung stehen Begriffe des Klagens und Weinens. Doch zeigen alle Beispiele, daß mit der Vorstellung von *matronae* nur die Trauer als besondere und akustisch unauffällige Form der Klage verbunden ist. Es finden sich in der ersten Pentade zwei Nennungen, die über trauernde *matronae* berichten: *matronae annum luxerunt* (2, 7, 4); *luxere matronae ut Brutum* (2, 16, 7). In weiterer Folge wird in 22, 56, 4 berichtet, daß aufgrund der zahlreichen Verluste in der Schlacht von Cannae das Opfer der Ceres ausbleiben mußte, weil keine *matrona* ohne Trauer war. Auf diesen Umstand wird noch einmal im Zusammenhang mit der Lex-Oppia-Debatte Bezug genommen und von *lugentes matronae* (34, 6, 15) berichtet.

Ausschließlich in direktem religiösen Zusammenhang lassen sich in Anlehnung an *mulier* Vorstellungen von bittenden, flehenden *matronae*, die sich auch als unterwürfig erweisen, beobachten. Die religiösen Aktivitäten in 5, 18, 11 (*matronarum...precibusque ab diis petitum*), 25, 12, 15 (*matronae supplicavere*), 27, 50, 5 (*matronae...in preces obtestationesque...votisque fatigavere deos*) und 44, 44, 4 (*concursusque matronarum...ad opem exposcendam*) sind klar mit Gesten des Bittens und Flehens verbunden. Der drohende Angriff Hannibals auf die Stadt Rom (26, 9, 7), drückt sich – der besonders kritischen Situation entsprechend – in einer Kombination von Bittgebärden und Demutsbezeugungen aus: *matronae ...deum delubra discurrent, crinibus passis aras verrentes, nixae genibus, supinas manus ad caelum ac deos tendentes orantesque...* Charakteristisch für diese Beispiele ist, daß alle Bitten an Götter gerichtet sind und auf eine Bedrohung des Staates reagieren. Darin besteht der entscheidende Unterschied zu ähnlichen Begriffskombinationen mit *mulier*. Die Funktion als unterwürfige Bittstellerinnen erfüllen *matronae* im Gegensatz zu *mulieres* nur im Dienste des Staates und vor „höheren" Mächten[112].

Eine Verbindung zwischen *matronae* und Begriffen, die Angst oder Furcht ausdrücken, kann nicht hergestellt werden.

Matronae werden zwar immer im Plural genannt aber gleichzeitig von den bekannten und mit *mulier* in Verbindung gebrachten Begriffen für Menge, Ansammlung und Masse abgehoben. Die den *matronae* zugeschriebenen finanziellen Möglichkeiten, die expliziten Äußerungen, die *matronae* von der restlichen weiblichen Bevölkerung abheben, geben einen Einblick in ihren sozialen Status. Die Tatsache, daß ihre Mittel in den Dienst der Religion oder des Staates gestellt werden, wird immer wieder positiv hervorgehoben, bzw. positiv beurteilt. Als besonderes Charakterisitikum der *matronae* darf ihre enge Verbindung mit der Religion angesehen werden, die, solange sie sich auf die römische Religion bezieht, ausnahmslos positiv gewertet wird. Abschließend zeigt ein Blick auf die Verteilung der Nennungen von *matrona* im Werk des Livius, daß in der Anwendung dieses Begriffes im Gegensatz zu *mulier* und auch zu *femina* erstmals der Schwerpunkt nicht in den mythischen Bereich der römischen Geschichte gelegt wurde. Diese Tatsache ist in unmittelbarem Zusammenhang mit dem Bedeutungsfeld von *matrona* zu sehen.

Außerdem läßt sich nachweisen, daß mit *matrona* vorwiegend Frauen römischer Provenienz angesprochen werden.

Hier setzt die konkrete Auseinandersetzung mit jenen Beobachtungen von Santoro L'Hoir ein, die – möglicherweise in Ermangelung eines konkreten Vergleichs mit *matrona* – vornehmlich den Begriff *femina* in der Gegenüberstellung zu *mulier* sehen und *femina* ein Bedeutungsfeld zuweisen wollen, das meiner Ansicht nach in weit größerem Maße von dem Begriff *matrona* erfüllt wird.

Ausgehend von der ciceronischen Tradition ordnet Santoro L'Hoir den Begriff *femina* – im Gegensatz zur fremden *mulier* niederer Herkunft – der „upper class" zu und betrachtet diesen Ausdruck als Synonym für römische Ideale und Verhaltensnormen[113]. Die den *matronae* zugeschriebenen finanziellen Möglichkeiten, die expliziten Äußerungen, die *matronae* von der restlichen weiblichen Bevölkerung abheben, geben einen Einblick in einen sozialen Status, der den von Santoro L'Hoir gestellten Anforderungen konkreter entsprechen kann.

Der Rolle der *peregrina mulier* wird jene der wohl römisch gedachten *femina* gegenübergestellt[114]. Auch hier stellt die klare Kennzeichnung der *matrona* als römische Frau einen deutlicheren Gegenpart zur fremden *mulier* dar als das in beidem Sinne verwendete *femina*. Eine ähnliche Situation bietet sich bei der Zuordnung der einzelnen Begriffe zu bestimmten religiösen Aktivitäten. In Abhebung von *mulier*, die in enger Verbindung mit ausländischen Kulten gesehen wird, wird *femina* das Hochhalten der Ideale der römischen Staatsreligion zugeschrieben[115]. Für *matronae* konnte als besonderes Charakterisitikum ihre enge Verbindung mit der römischen Religion gezeigt werden, die, solange sie sich auf die römische Religion bezieht, ausnahmslos positiv gewertet wird.

Ausgeweitet wird diese Tradition Santoro L'Hoirs Angaben zufolge durch die gleichzeitige Verwendung von *femina* für *exempla* positiven wie negativen Verhaltens, die eine belehrende Wirkung ausüben sollen[116]. Diese Flexibilität des Begriffs für eine Verwendung im einen oder anderen Sinn macht es aber gerade wahrscheinlicher, daß es sich im Livianischen Sprachgebrauch bei *femina* um einen vordergründig wertneutralen Begriff handelt, der nach Bedarf und ohne bereits fix anhaftende Charakterisierung verwendet werden kann.

Die nachfolgende Analyse von *femina* soll vor allem jene Aspekte hervorheben, die eine Verwendung des Begriffes im oben dargelegten Sinn nahelegen und somit in einzelnen Partien eine Modifikation der von Santoro L'Hoir erarbeiteten Ergebnisse nach sich ziehen.

Neben der Bedeutung von *femina*[117] für eine weibliche Person, dient dieser Ausdruck auch generell zur Kennzeichnung des weiblichen Geschlechts. So zur Geschlechtsbezeichnung von Tieren, wofür auch bei Livius einige Beispiele zu nennen sind. Das Spektrum reicht dabei von Haustieren (Kühe, Hennen, Schafe)[118] bis zu exotischen Artgenossen (Elephantenkühe)[119]. In all diesen Fällen wird *femina* zur Geschlechtsbezeichnung herangezogen. Als interessantes Detail kann angemerkt werden, daß alle oben genannten Haustiere ausschließlich in einem religiösen Zusammenhang Erwähnung finden: Einerseits dienen sie als Opfer für verschiedene Gottheiten, andererseits stehen sie im Zusammenhang schlechter „göttlicher" Vorzeichen. Durch diese Bedeutungserweiterung unterscheidet sich diese Bezeichnung von jenen nur auf Frauen bezogenen Begriffe.

Ein weiteres spezielles Anwendungsgebiet stellt die Beschreibung androgyner Wesen dar, für deren weibliche Komponente in drei Passagen mit dem Ausdruck *femina* operiert wird. So heißt es, daß in Sinuessa (27, 11, 5: *natum ambiguo inter marem ac feminam sexu infantem*) und in Frusino ein Kind (27, 37, 6: *incertus mas an femina esset)* unbestimmbaren Geschlechts geboren worden sei. An späterer Stelle wird von zwei weiteren Fällen berichtet, wobei es sich in einem Falle um ein Neugeborenes (31, 12, 6: *incertus masculus an femina esset),* beim zweiten Beispiel um ein bereits 16-jähriges Kind handelt, das in Anlehnung daran mit *ambiguus sexus* umschrieben wird (31, 12, 6). Daß außer der Gegenüberstellung von *mas – femina* oder *masculus – femina* durchaus auch andere Möglichkeiten zur Umschreibung von Androgynen genutzt worden sind, zeigt das Beispiel 39, 22, 5, wo von *semimas* zu lesen ist: *subidem tempus et ex Umbria nuntiatum est semimarem duodecim ferme annos natum inventum.*

Geht man der Frage nach, welcher Herkunft die als *femina* bezeichneten Frauen sind, kann eine konkrete ethnische Zuweisung dieses Begriffs vordergründig nicht festgestellt werden. *Femina* wird gleichermaßen für römische wie auch für nichtrömische Frauen verwendet. Es stehen der Nennung von 29 römischen Frauen jene von 19 nichtrömischen Frauen gegenüber, wobei Frauen im gesamten Umkreis von Rom, von Griechenland über Kleinasien, Nordafrika, Spanien bis Oberitalien genannt sind[120]. Ein Blick ins Detail: Es scheint im Hinblick auf die ethnologischen Aspekte bei Livius nicht uninteressant, daß keiner der im Livianischen Geschichtswerk genannten und – immer mit schlechten Vorzeichen verbundenen – Androgynen römischen Ursprungs ist[121].

Allgemein ist festzuhalten, daß der Terminus *femina* hauptsächlich im Plural Anwendung findet. In fünf von sechs Nennungen wird über eine Mehrzahl von Frauen berichtet, und wenn *feminae* im Plural auftreten, dann tun sie es immer als eine Gruppe von Frauen und Männern oder Frauen und Kindern. *Feminae* treten nie als eine Gruppe von ausschließlich Frauen auf. So heißt es in 10, 23, 2 *frequentes viri feminaeque*, in 28, 23, 2 *turbam feminarum puerorurmque* und in 45, 2, 6 *ingentique turba non virorum modo sed etiam feminarum*[122]. In diesem Zusammenhang kommen auch häufiger die mit *mulier* in Verbindung gezeigten Mengenbegriffe zur Anwendung.

Aus der Verbindung von *feminae* und *viri* kann auch der Schluß gezogen werden, daß *femina* von Livius offensichtlich dazu verwendet wird, um in Kombination mit *vir* die erwachsene römische Allgemeinheit zu repräsentieren. In 17 % der Nennungen läßt sich diese Kombination nachweisen. In etwas mehr als der Hälfte der Fälle wird über religiöse Belange berichtet, die offensichtlich von Männern und Frauen gemeinsam ausgeübt worden sind[123]. Dabei ist noch eine zusätzliche Spezifizierung möglich, da es sich bei den in religiösen Belangen Aktiven immer um römische Männer und Frauen handelt. Ohne die Genannten einer sozialen Schicht zuordnen zu müssen, stehen diese Nennungen mit den Ergebnissen von Santoro L'Hoir zur Verwendung von *viri* und *feminae* für römische Personen durchaus im Einklang[124]. Die restlichen Beispiele[125] lassen sich verschiedenen thematischen Bereichen zuordnen. Mit einer Ausnahme (28, 20, 6) sind auch in der Kombination von *vir* und *femina* immer die Männer die Erstgenannten.

Die Flexibilität des Begriffes zeigt sich sehr deutlich in jenen Beispielen, in denen *feminae* mit *pueri* kombiniert werden, und die – wie Santoro L'Hoir bereits festgestellt hat – sich ausschließlich mit kriegerischen Ereignissen und mit nichtrömischen Frauen und Kindern verbinden lassen[126]. Im Sprachgebrauch von *femina* läßt sich in Einzelbereichen offenbar doch eine deutliche Abgrenzung römischer und nichtrömischer Personengruppen beobachten, was Santoro L'Hoir mit der Verwendung von *feminae*, um Mitleid mit den Frauen zu erwecken, als literarischen Topos sehen möchte[127].

Durchaus in Übereinstimmung mit Santor L'Hoir möchte ich die Funktion von *feminae* als Transporteur von *exempla* negativen wie positiven Verhaltens sehen. Verschiedene Aussagen im Zusammenhang mit *femina* dokumentieren offensichtlich die vorhandenen Vorstellungen von der „allgemeinen" Art der Frauen im negativen als auch im positiven Sinne.

Als Schlüsselpassagen zu positiv formulierten Anforderungen an *feminae* bieten sich die Abschnitte über die Lex-Oppia-Debatte und über die Aufdeckung des Mysterienkultes in Rom an. Hier werden – wohl wünschenswerte – vor allem aber mit Frauen in Verbindung gebrachte Eigenschaften formuliert: *pudor sanctitasque feminarum* (34, 6, 8), *honestae feminae* (34, 5, 13), *gravis femina...proba et antiqui moris femina* (39, 11, 4-5), *nobilis et gravis* (39, 12, 2)[128], *gravissimae feminae* (39, 13, 3). Außerdem wird in Ansätzen versucht, die sogenannte „Welt der Frauen" zu umschreiben: *munditiae et ornatus et cultus, haec feminarum insignia sunt* (34, 7, 9). Gleichzeitig wird die Emotionalität der Frauen angesprochen, die als leicht erkennbar beschrieben wird: *feminarum praecipue et gaudia insignia erant luctus*[129] (22, 7, 12).

Auf die positiv konnotierte „Unterstützung" der Frauen für ihre Familie oder Heimatstadt hat Santoro L'Hoir bereits mit Hinweis auf 37, 5, 1 aufmerksam gemacht[130]. Dem können noch weitere Beispiele hinzugefügt werden: In 44, 32, 11 wird positiv angeführt, daß die Frauen aus den Nachbarstädten das Lager der Soldaten des Perseus mit Speisen versorgten: *feminae...cocta cibaria in castra adferebant.* Dasselbe gilt auch für römische Frauen: Als weiblicher Eingriff in das Kriegsgeschehen kann die Handlungsweise der jungen Cloelia in der Frühgeschichte Roms verstanden werden[131]. Der von ihr initiierte und geglückte Fluchtversuch aus etruskischer Gefangenschaft wird in der Darstellung des Livius zwar vorerst als Vertragsbruch angesehen, letztendlich aber als – *novam in femina virtutem* – bezeichnet und mit der Aufstellung einer weiblichen Reiterstatue geehrt (2, 13, 11). Positiv gewertetes Verhalten – weil vorbildliches Verhalten – wird auch der gefangenen Gattin des Spaniers Mandonius zugeschrieben. Sie hätte P. C. Scipio beschworen, daß den weiblichen spanischen Gefangenen eine angemessene Behandlung widerfahren solle (26, 49, 11: *...curam cultumque feminarum impensius custodibus commendaret)*[132]. Diese angemessene Behandlung wird hier zwar eingemahnt, jedoch nicht näher ausgeführt. Trotzdem dokumentiert sich darin zumindest das Bestehen von gewissen Vorstellungen wie diese generell auszusehen hat.

Haben die bisherigen Beispiele gewissermaßen die Anforderungen der Gesellschaft an die *feminae* im Positiven widergespiegelt, lassen sich ebensoviele Stellen nennen, in denen *feminae* als klare Negativbeispiele fungieren.

Wenn in der Rede des M. P. Cato behauptet wird, daß die Lex Oppia das geringste sein werde, was die Frauen in Zukunft widerwillig hinnehmen würden, dann werden hier klar Grenzen angesprochen, die Frauen einzuhalten und nicht zu überschreiten haben. Im Zusammenhang mit kriegerischen Ereignissen wird als Negativbeispiel vermehrt auf den Vergleich mit der postulierten „Art" der Frauen verwiesen, um Feigheit, mangelnde Herausforderung beim Kampf und Schwäche zu signalisieren. In 7, 13, 6 werden die Römer zum Kampf aufgefordert, anstatt sich wie Frauen zu verstecken: *haud secus quam feminas abditos.* Im Vergleich mit einem Kampf gegen die Römer hätte Alexander der Große nach Livius die Kämpfe in Asien als Kämpfe gegen Frauen bezeichnet: *eum feminis sibi bellum fuisse dixisset* (9, 19, 10). Mangelnde Ausdauer im Kampf wird den Samniten wie den Galliern vorgeworfen und das Mittel, um dies auszudrücken, ist ein Vergleich mit *feminae.* Dabei wird die Entwicklung der Gallier von starken Kämpfern zu Kämpfern, die „harmloser" als Frauen sind, geschildert. Der negative Aspekt dieser Entwicklung wird unzweifelhaft herausgestellt: *primaque eorum proelia plus quam virorum, postrema minus quam feminarum esse* (10, 28, 4). In einer Kriegssituation scheint der Vergleich mit *feminae* ein Maximum an negativer Propaganda zu verkörpern. Die hier angesprochenen

316

„Qualitäten" von *feminae* lassen sich meiner Ansicht nach nur schwer mit den Vorstellungen vom idealen Verhalten einer römischen Frau der gehobenen Schicht vereinbaren und zeigen vielmehr den Begriff *femina* in der allgemeinen Bedeutung für Personen weiblichen Geschlechts[133]. Auch für das Negativbeispiel einer einzelnen Frau findet sich eine passende Frauengestalt aus der mythischen Vergangenheit Roms, die Figur der Tullia. Ihr werden viele Vergehen vorgeworfen, doch trotz der „Zusammenarbeit" mit ihrem zweiten Gatten, wird gleich zu Beginn klargestellt, daß die Störung aller Ordnung von der Frau ausging: *initium turbandi omnia a femina ortum est* (1, 46, 7). Eine Bemerkung, die in Anbetracht der Positionierung innerhalb dieser Episode und der engen Verknüpfung des Begriffs *femina* mit der Allgemeinheit der Frauen, nur mehr zögernd als eine, einzig auf diese Frauengestalt bezogene Aussage, gewertet werden kann[134].

Der negative Eindruck einzelner Aussagen der Lex-Oppia-Debatte (*sumptus de feminarum* 34, 4, 1) wäre hier noch anzuführen. Die Ausdehnung dieses negativen Verhaltens auch auf die Männer bestätigt meiner Ansicht nach wiederum, daß *femina* und *vir* für eine Allgemeinheit stehen. Denn wird darin ein rein weibliches Fehlverhalten gesehen, dann drückt sich das in der Verwendung des Ausdrucks *mulier* aus, wie das in 34, 4, 10 zu konstatieren ist. Nicht den Vorstellungen entsprochen hat offensichtlich auch das unkontrollierte Zusammentreffen von Frauen und Männern zu nächtlicher Stunde und die daraus resultierenden Aktivitäten, wie dies im Zusammenhang mit dem Mysterienkult geschildert wird. *Permixti viri feminis* in 39, 13, 10 werden eindeutig negativ konnotiert, noch stärker negativ erscheint die Formulierung in 39, 8, 6, wo von *mixti feminis mares* die Rede ist[135]. Weil die Kombination von *femina* und *mas* ansonsten bei Livius nur für die Geschlechtsbestimmung bei Tieren oder als Ausdruck der Zweigeschlechtlichkeit verwendet wird, ist die Verwendung dieser beiden Ausdrücke nun im Zusammenhang mit den negativ beurteilten Handlungen im Rahmen des Mysterienkultes wohl mehr als nur zufällig.

Ziel dieser Untersuchung war es, die von Santoro L'Hoir vorgelegte, detaillierte Studie vor allem zu den Bezeichnungen *mulier* und *femina* bei Livius durch Ergänzung einer Analyse des Begriffs *matrona* auszubauen und sie in die angestellten Überlegungen miteinzubeziehen. Dies führte in einigen Teilbereichen zu Modifiktionen, vor allem, was die Gegenüberstellung von *mulier* und *femina* anbelangt. Die Analyse von *matrona* hat meiner Ansicht nach deutlich gemacht, daß in mehreren Belangen *matrona* den eigentlichen Gegenpart zu *mulier* darstellt. Im Gegenzug spricht die Anwendungsvielfalt und offensichtliche Variabilität des Begriffes *femina* und nicht zuletzt seine Bedeutungsmöglichkeit als Geschlechtsbezeichnung[136] schlechthin im Livinianischen Sprachgebrauch durchaus für eine Verwendung als vorerst wertfreie Bezeichnung für Frau, die je nach Bedarf eingesetzt und mit entsprechenen Werten belegt wird.

Anhang[137]

1, 13, 1: Tum **Sabinae mulieres**, quarum ex iniuria bellum ortum erat, crinibus passis scissaque veste victo malis **muliebri pavore** ausae se inter tela volantia inferre, ...

1, 29, 5: ..., iam continens agmen migrantium impleverat vias, et conspectus aliorum mutua miseratione integrabat lacrimas, **vocesque etiam miserabiles exaudiebantur, mulierum praecique**, cum obsessa ab armatis templa augusta praeterirent ac velut captos relinquerent deos.

1, 34, 9: Accepisse id augurium laeta dicitur Tanaquil, **perita,** ut vulgo Etrusci, **caelestium prodigiorum mulier.**

1, 46, 7: Contrahit celeriter similitudo eos, ut fere fit: malum malo aptissimum; sed **initium turbandi omnia a femina ortum est.**

1, 47, 1: Tum vero in dies infestior Tulli senectus, infestius coepit regnum esse. Iam enim ab scelere ad aliud spectare **mulier scelus.**

1, 47, 6: His aliisque increpando iuvenem instigat, nec conquiescere ipsa potest, si, cum Tanaquil, **peregrina mulier,** tantum moliri potuisset animo, ut duo continua regna viro ac deinceps genero dedisset, ipsa regio semine orta nullum momentum in dando adimendoque regno faceret.

1, 58, 2: Ubi exceptus benigne ab ignaris consilii cum post cenam in hospitale cubiculum deductus esset, amore ardens, postquam satis tuta circa sopitique omnes videbantur, stricto gladio ad dormientem Lucretiam venit sinistraque **manu mulieris pectore oppresso** „Tace, Lucretia" inquit;

1, 59, 13: Inter hunc tumultum Tullia domo profugit exsecrantibus, quacumque incedebat, invocantibusque parentum furias **viris mulieribusque.**

2, 7, 4: sed multo maius morti decus **publica** fuit **maestitia**, eo ante omnia insignis, quia **matronae** annum ut parentem eum **luxerunt**, quod tam acer **ultor violatae pudicitiae** fuisset.

2, 13, 6: Ergo ita honorata **virtute feminae** quoque ad publica decora excitatae, et Cloelia virgo, ...

2, 13, 11: Pace redintegrata Romani **novam** in **femina virtutem** novo genere honoris, **statua** equestri, **donavere**: in summa Sacra via fuit posita **virgo** insidens equo.

2, 16, 7: P. Valerius, omnium consensu princeps belli pacisque artibus, anno post Agrippa Menenio, P. Postumio consulibus moritur, gloria ingenti, copiis familiaribus adeo exiguis, ut funeri sumptus deesset; de publico est datus. **Luxere matronae** ut Brutum.

2, 40, 1: Tum **matronae** ad Veturiam, matrem Coriolani, Volumniamque uxorem **frequentes** coeunt.

2, 40, 2: pervicere certe, ut et Veturia, **magno natu mulier**, et Volumnia duos parvos ex Marcio ferens filios secum in castra hostium irent et, quoniam armis viri defendere urbem non possent, **mulieres precibus lacrimisque defenderent**.

2, 40, 3: Ubi ad castra ventum est nuntiatumque Coriolano est adesse ingens **mulierum agmen** primo, ut qui nec publica maiestate in legatis nec in sacerdotibus tanta offusa oculis animoque religione motus esset, multo obstinatior adversus **lacrimas muliebres** erat.

2, 40, 5: Coriolanus prope ut amens consternatus ab sede sua cum ferret matri obviae complexum, **mulier in iram ex precibus versa** „Sine, priusquam complexum accipio, sciam" inquit, „ad hostem an ad filium venerim, captiva materne in castris tuis sim.

2, 40, 9: Uxor deinde ac liberi amplexi, **fletusque ob omni turba mulierum ortus et comploratio** sui patriaeque fregere tandem virum.

3, 5, 14: His avertendis terroribus in triduum feriae indictae, per quas omnia delubra pacem deum exposcentium **virorum mulierumque turba** implebantur.

3, 47, 1: At in urbe prima luce cum civitas in foro exspectatione erecta staret, Verginius sordidatus filiam secum obsoleta veste comitantibus **aliquot matronis** cum ingenti advocatione in forum deducit.

3, 47, 6: Dein cum M. Claudius, **circumstantibus matronis** iret ad prehendendam virginem **lamentabilisque eum mulierum comploratio excepisset**, Verginius intentans in Appium manus „Icilio" inquit,...

3, 47, 8: Cum repelleretur adsertor virginis a **globo mulierum** circumstantiumque advocatorum, silentium factum per praeconem.

3, 48, 8: Sequentes **clamitant matronae**: eamne liberorum procreandorum condicionem, ea pudicitiae praemia esse?

3, 68, 8: sedemus **desides domi mulierum ritu inter nos altercantes**, praesenti pace laeti nec cernentes ex otio illo brevi multiplex bellum rediturum.

319

5, 18, 11: consursumque in muros est et **matronarum**, quas ex domo **conciverat publicus pavor**, obsecrationes in templis factae **precibusque** ab dis petitum, ut exitium ab urbis tectis templisque ac moenibus Romanis arcerent Veiosque eum averterent terrorem, si sacra renovata rite, si procurata prodigia essent.

5, 21, 11: **Clamor omnia variis** terrentium ac paventium **vocibus** mixto **mulierum ac puerorum ploratu complet.**

5, 25, 8: Cuius cum copia non esset, **matronae coetibus** ad eam rem consultandam **habitis** communi decreto **pollicitae** tribunis militum aurum et omnia ornamenta sua in aerarium **detulerunt.**

5, 25, 9: Grata ea res ut quae maxime senatui umquam fuit; honoremque ob eam munificentiam ferunt **matronis** habitum, ut pilento ad sacra ludosque, carpentis festo profestoque uterentur.

5, 31, 3: Eodem anno aedes Iunonis reginae ab eodem dictatore eodemque bello vota dedicatur, celebratamque dedicationem **ingenti matronarum studio** tradunt.

5, 42, 4: Quocumque **clamor hostium mulierum puerorumque ploratus**, sonitus flammae et fragor ruentium tectorum avertisset, paventes ad omnia animos oraque et oculos flectebant velut ad spectaculum a fortuna positi occidentis patriae nec ullius rerum suarum relicti praeterquam corporum vindices, tanto ante alios miserandi magis, qui umquam obsessi sunt, quod interclusi a patria obsidebantur omnia sua cernentes in hostium potestate.

5, 50, 7: Iam ante in eo religio civitatis apparuerat, quod, cum in publico deesset aurum, ex quo summa pactae mercedis Gallis confieret, a **matronis conlatum acceperant** ut sacro auro abstineretur. **Matronis gratiae actae** honosque additus, ut earum sicut virorum post mortem sollemnis laudatio esset.

5, 52, 10: Iuno regina transvecta a Veis nuper in Aventino quam insigni ob **excellens matronarum studium** celebrique dedicata est die!

6, 3, 4: Cui cum se maesta **turba ad pedes provolvisset** principumque orationem necessitate ultima expressam **fletus mulierum ac puerorum,** qui exilii comites trahebantur, excepisset, parcere lamentis Sutrinos iussit: Etruscis se luctum lacrimasque ferre.

6, 4, 2: Longe plurimos captivos ex Etruscis ante currum duxit, quibus sub hasta venumdatis tantum aeris redactum est, ut **pretio** pro auro **matronis persoluto** ex eo, quod supererat, tres paterae aureae factae sint, quas cum titulo nominis Camilli ante Capitolium incensum in Iovis cella constat ante pedes Iunonis positas fuisse.

6, 25, 9: ..., ingressus urbem ubi patentes ianuas et tabernis apertis

320

proposita omnia in medio vidit intentosque opifices suo quemque operi et ludos litterarum strepere discentium vocibus ac repletas semitas inter vulgus aliud **puerorum et mulierum** huc atque illuc euntium, qua quemque suorum usuum causae ferrent, nihil usquam non pavidis modo, sed ne mirantibus quidem simile, circumspiciebat omnia inquirens oculis, ubinam bellum fuisset;

7, 6, 5: equo deinde, quam poterat maxime, exornato insidentem armatum se in specum immisisse, donaque ac fruges super eum a **multitudine virorum ac mulierum** congestas, lacumque Curtium non ab antiquo illo T. Tati milite Curtio Mettio, sed ab hoc appellatum.

7, 13, 6: Quamquam de gloria vix dicere ausim, si nos et hostes **haud secus quam feminas abditos** intra vallum omnibus contumeliis eludunt, et ut imperator noster – quod aegrius patimur – exercitum tuum sine animis, sine armis, sine manibus iudicas esse et, priusquam expertus nos esses, de nobis ita desperasti, ut te mancorum ac debilium ducem iudicares esse.

8, 18, 6: Tum patefactum **muliebri fraude** civitatem **premi matronas**que ea venena coquere et, si sequi extemplo velint, manifesto deprehendi posse.

8, 18, 8: Quibus in forum delatis et ad **viginti matronis**, apud quas deprehensa erant, per viatorem accitis, duae ex eis, Cornelia ac Sergia, patriciae utraque gentis, cum ea medicamenta salubira esse contenderent, ab confutante indice bibere iussae, ut se falsum commentam arguerent,...

8, 24, 15: Quae cum iaculis saxisque procul incesseretur, **mulier una ultra** humanarum irarum fidem saevienti turbae immixta, ut parumper sustinerent, **precata, flens ait** virum sibi liberosque captos apud hostes esse;

8, 24, 16: Is finis lacerationi fuit, sepultumque Consentiae, quod membrorum reliquum fuit, **cura mulieris** illius, ossaque Metapontum ad hostes remissa,...

9, 17, 16: Non cum Dareo rem esse dixisset, quem **mulierum ac spadonum agmen** trahentem inter purpuram atque aurum oneratum fortunae apparatibus suae, praedam verius quam hostem, nihil aliud quam bene ausus vana contemnere incruentus devicit.

9, 19, 10: Ne ille saepe, etiam si prima prospere evenissent, Persas et Indos et imbellem Asiam quaesisset et eum **feminis** sibi **bellum fuisse** dixisset, quod Epiri regem Alexandrum mortifero vulnere ictum dixisse ferunt, sortem bellorum in Asia gestorum ab hoc ipso iuvene cum sua conferentem.

321

10, 23, 2: publice vinum ac tus praebitum; **supplicatum** iere **frequentes viri feminaeque**.

10, 23, 3: Insignem supplicationem fecit certamen in sacello Pudicitiae patriciae, quae in foro Bovario est ad aedem rotundam Herculis, inter **matronas** ortum. Verginiam, Auli filiam, patriciam plebeio nuptam, L. Volumnio consuli, **matronae**, quod e patribus enupsisset, sacris arcuerant.

10, 23, 6-10: in vico Longo, ubi habitabat, ex parte aedium, quod satis esset loci modico sacello, exclusit aramque ibi posuit et convocatis **plebeiis matronis** conquesta iniuriam patriciarum. „Hanc ego aram" inquit „Pudicitiae plebeiae dedico vosque hortor, ut, quod **certamen virtutis viros** in hac civitate tenet, hoc pudicitiae **inter matronas** sit detisque operam, ut haec ara quam illa, si quid potest, **sanctius** et a **castioribus** coli dicatur." Eodem ferme ritu et haec ara qua illa antiquior culta est, ut nulla nisi **spectatae pudicitiae matrona** et, quae uni viro nupta fuisset, ius sacrificandi haberet. Vulgata dein religio a pollutis, nec **matronis** solum, sed omnis **ordinis feminis**, postremo in oblivionem venit.

10, 28, 4: longiore certamine sensim residere Samnitium animos, Gallorum quidem etiam corpora intolerantissima laboris atque aestus fluere primaque eorum proelia **plus quam** virorum, postrema **minus quam feminarum esse**.

10, 31 9: Eo anno Q. Fabius Gurges, consulis filius, aliquot **matronas** ad populum **stupri damnatas** pecunia multavit; ex quo multaticio aere Veneris aedem, quae prope circum est, faciendam curavit.

21, 28, 8: Altera ratis aeque lata, longa pedes centum, ad traiciendum flumen apta, huic copulata est; tres tum elephanti per stabilem ratem tamquam viam **praegredientibus feminis** acti, ubi in minorem adplicatam transgressi sunt,...

21, 62, 7: Iam primum omnium urbs lustrata est hostiaeque maiores, quibus editum est, dis caesae, et donum ex auri pondo quadraginta Lanuvium Iunoni portatum est et signum aeneum **matronae** Iunoni in Aventino **dedicaverunt**, et lectisternium Caere, ubi sortes attenuatae erant, imperatum, et supplicatio Fortunae in Algido;

22, 1, 13: Inde minoribus etiam dictu prodigiis fides habita: capras lanatas quibusdam factas, et gallinam in marem, **gallum** in **feminam** sese **vertisse**.

22, 1, 18: ...et Iunoni reginae in Aventino Iunonique Sospitae Lanuvi maioribus hostiis sacrificaretur, **matronae**que **pecunia conlata**, quantum conferre **cuique commodum** esset, donum Iunoni reginae in Aventinum ferrent lectisterniumque fieret, ...

322

22, 7, 7: Romae ad primum nuntium cladis eius cum ingenti terrore ac tumultu concursus in forum populi est factus. **Matronae vagae** per vias, quae repens clades allata quaeve fortuna exercitus esset, obvios percontantur;

22, 7, 11: Postero ac deinceps aliquot diebus ad portas **maior prope mulierum quam virorum multitudo** stetit, aut suorum aliquem aut nuntios de iis opperiens;

22, 7, 12: Feminarum praecipue et gaudia insignia erant et luctus.

22, 52, 7: Eos, qui Canusium perfugerant, **mulier Apula** nomine Busa, genere clara ac divitiis, moenibus tantum tectisque a Canusinis acceptos, frumento, veste, viatico etiam **iuvit**, pro qua ei munificentia postea bello perfecto ab senatu honores habiti sunt.

22, 54, 3: ..., ceteraque publice ac privatim hospitaliter facta certatumque, ne **muliere Canusina** populus Venusinus officiis vinceretur.

22, 55, 3: Cum in malis sicuti ingentibus ita ignotis ne consilium quidem satis expedirent **obstrcpcretque clamor lamtentantium mulierum** et nondum palam facto vivi mortuique et per omnes paene domos promiscue complorarentur;

22, 55, 6: illud per patres ipsos agendum, quoniam magistratuum parum sit, ut tumultum ac trepidationem in urbe tollant, **matronas publico arceant** continerique intra suum quamque limen **cogant**, comploratus familiarum coerceant, silentium per urbem faciant, nuntios rerum omnium ad praetores deducendos curent, suae quisque fortunae domi auctorem exspectent, custodesque praeterea ad portas ponant, qui prohibeant quemquam egredi urbe cogantque homines nullam nisi urbe ac moenibus salvis salutem sperare.

22, 56, 4: Tum privatae quoque per domos clades volgatae sunt adeoque totam urbem opplevit luctus, ut sacrum anniversarium Cereris intermissum sit, quia nec **lugentibus** id facere est fas nec ulla in illa tempestate **matrona** expers luctus fuerat.

25, 1, 7: Nec iam in secreto modo atque intra parietes abolebantur Romani ritus, sed in publico etiam ac foro Capitolioque **mulierum turba** erat nec sacrificantium nec precantium deos patrio more.

25, 2, 9: L. Villius Tappulus et M. Fundanius Fundulus, aediles plebeii, aliquot **matronas** apud populum **probri accussarunt**; quasdam ex eis damnatas in exsilium egerunt.

25, 12, 13: Alterum senatus consultum factum est, ut decemviri sacrum Graeco ritu facerent hisce hostiis, Apollini bove aurato et capris duabus albis auratis, Latonae **bove femina aurata**.

25, 12, 15: Haec est origo ludorum Apollinarium, victoriae, non valetudinis ergo, ut plerique rentur, votorum factorumque. Populus coronatus spectavit, **matronae supplicavere**;

26, 9, 7: **Ploratus mulierum** non ex privatis solum domibus **exaudiebatur**, sed undique **matronae** in publicum effusae circa deum delubra discurrunt crinibus passis aras verrentes, nixae genibus, supinas manus ad caelum ac deos tendentes orantesque, ut urbem Romanam e manibus hostium eriperent matresque Romanas et liberos parvos inviolatos servarent.

26, 12, 15: Ii specie transfugarum cum ad Flaccum in castra venissent, ut inde tempore capto abirent, famesque, quae tam diu Capuae erat, nulli non probabilem causam transitionis faceret, **mulier** repente **Campana** in castra venit, **scortum** transfugarum unius, indicatque imperatori Romano Numidas fraude composita transisse litterasque ad Hannibalem ferre:

26, 33, 8: **Duas mulieres** compertum est Vestiam Oppiam Atellanam Capuae habitantem et Paculam Cluviam, quae quondam quaestum corpore fecisset, illam cottidie sacrificasse pro salute et victoria populi Romani, hanc captivis egentibus alimenta clam suppeditasse:

26, 49, 11: Inter haec e media turba obsidum **mulier magno natu**, Mandonii uxor, qui frater Indibilis Ilergetum reguli erat, **flens ad pedes imperatoris procubuit obtestarique** coepit, ut curam cultumque feminarum impensius custodibus commendaret.

26, 49, 15: „...: nunc ut id curem impensius, vestra quoque virtus dignitasque facit, quae ne in malis quidem oblitae decoris **matronalis** estis.“

27, 11, 5: Et Priverni satis constabat bovem locutum volturiumque frequenti foro in tabernam devolasse et Sinuessae **natum ambiguo inter marem ac feminam** sexu **infantem**, quos androgynos vulgus, ut pleraque faciliore ad duplicanda verba Graeco sermone, appellat, et lacte pluvisse et cum elephanti capite puerum natum.

27, 37, 5: Liberatas religione mentes turbavit rursus nuntiatum Frusinone natum esse infantem quadrimo parem nec magnitudine tam mirandum, quam quod is quoque, ut Sinuessae biennio ante, **incertus, mas an femina esset**, natus erat.

27, 37, 8-10: prodigiumque id ad **matronas pertinere** haruspices cum respondissent donoque divam placandam esse, aedilium curulium edicto in Capitolium convocatae, quibus in urbe Romana intraque decimum lapidem ab urbe domicilia essent, ipsae **inter se** quinque et viginti **delegerunt**, ad quas ex dotibus stipem conferrent. Inde donum pelivs aurea facta lataque in Aventinum, **pure**que et **caste** a **matronis** sacrificatum.

27, 37, 11: Confestim ad aliud sacrificium eidem divae ab decemviris edicta dies, cuius ordo talis fuit: ab aede Apollinis **boves feminae albae duae** porta Carmentali in urbem ductae;

27, 45, 7: Et hercule per instructa **omnia ordinibus virorum mulierumque** undique ex agris effusorum inter vota ac preces et laudes ibant.

27, 50, 5: **Matronae,** quia nihil in ipsis opis erat, in preces obtestationesque versae per omnia delubra vagae suppliciis votisque fatigavere deos.

27, 51, 8: Eam supplicationem C. Hostilius praetor pro contione edixit, celebrataque **a viris feminisque** est. Omniaque templa per totum triduum aequalem turbam habuere, cum **matronae** amplissima veste cum liberis, perinde ac si debellatum foret, omni solutae metu dis immortalibus grates agerent.

28, 11, 3: Caere porcus biceps et **agnus mas idem feminaque** natus erat;

28, 19, 13: Igitur non militaris modo aetas aut viri tantum, sed **feminae puerique** super animi corporisque vires adsunt, propugnantibus **tela ministrant**, **saxa** in muros munientibus **gerunt**.

28, 20, 6: Nemo capiendi vivos, nemo patentibus ad direptionem omnibus praedae memor est; **trucidant** inermes iuxta atque armatos, **feminas pariter ac viros**; usque ad infantium caedam ira crudelis pervenit.

28, 23, 2: foedior alia in urbe trucidatio erat, cum **turbam feminarum puerorumque imbellem inermemque** cives sui caederent et in succensum rogum semianima pleraque inicerent corpora rivique sanguinis flammam orientem restinguerent;

29, 14, 10-12: P. Cornelius cum **omnibus matronis** Ostiam obviam ire deae iussus isque eam de nave accipere et in terram elatam tradere ferendam **matronis**. Postquam navis ad ostium amnis Tiberini accessit, sicut erat iussus, in salum nave evectus ab sacerdotibus deam accepit extulitque in terram. **Matronae primores civitatis**, inter quas unius Claudiae Quintae insigne est nomen, accepere;

29, 17, 15: omnes rapiunt, spoliant, verberant, vulnerant, occidunt; constuprant **matronas**, virgines, ingenuos raptos ex complexu parentium.

29, 17, 16: Cottidie capitur urbs nostra, cottidie diripitur; dies noctesque omnia passim **mulierum pueroumque,** qui rapiuntur atque asportantur, **ploratibus sonant**.

29, 28, 3: Neque enim hominum modo **turba mulierum puerorumque agminibus** immixta omnes passim compleverat vias, sed pecora quoque prae se agrestes agebant, ut relinqui subito Africam diceres.

30, 13, 11: tum se insanisse, tum hospitia privata et publica foedera omnia ex animo eiecisse, cum **Carthaginiensem matronam** domum acceperit.

31, 12, 6: in **Sabinis** incertus infans natus, **masculus an femina esset**, alter sedecim iam annorum item **ambiguo sexu** inventus;

31, 17, 4: Quibus cum Philippus nihil pacati nisi omnia permittentibus respondisset, adeo renuntiata haec legatio ab indignatione simul ac desperatione iram accendit, ut ad Saguntinam rabiem versi **matronas omnes** in templo Dianae, pueros ingenuos virginesque, infantes etiam cum suis nutricibus in gymnasio **includi iuberent**, ...

32, 21, 24: ..., cetera stupra virginum **matronarumque** oblivioni dentur;

34, 1, 5: **Matronae nulla nec auctoritate nec verecundia nec imperio virorum contineri limine poterant**, omnes vias urbis aditusque in forum obsidebant viros descendentes ad forum orantes, ut florente re publica, crescente in dies privata omnium fortuna, **matronis** quoque pristinum ornatum reddi paterentur.

34, 1, 6: Augebatur haec **frequentia mulierum** in dies;

34, 2, 2-3: Si in sua quisque nostrum matre familiae, Quirites, ius et maiestatem viri retinere instituisset, minus cum **universis feminis** negotii haberemus; nunc domi victa libertas nostra **impotentia muliebri** hic quoque in foro obteritur et calcatur, et quia singulas non continuimus, universas horremus. Equidem fabulam et fictam rem ducebam esse virorum omne genus in aliqua insula **coniuratione muliebri** ab stirpe sublatum esse;

34, 2, 6: haec **consternatio muliebris**, sive sua sponte sive auctoribus vobis, M. Fundani et L. Valeri, facta est, haud dubie ad culpam magistratuum pertinens, nescio vobis, tribuni, an consulibus magis sit deformis:

34, 2, 7: vobis, si **feminas ad concitandas tribunicias seditiones** iam adduxistis; nobis, si ut plebis quondam, sic nunc **mulierum secessione** leges accipiendae sunt.

34, 2, 8: Equidem non sine rubore quodam paulo ante per medium **agmen mulierum** in forum perveni.

34, 2, 10: „Quamquam ne domi quidem vos, si sui iuris finibus **matronas** contineret pudor, quae leges hic rogarentur abrogarenturve, curare decuit."

34, 2, 14: nisi vos facietis, minimum hoc eorum est, quae **iniquo animo feminae** sibi aut moribus aut legibus iniuncta patiuntur.

34, 3, 1: Recensete omnia **muliebria iura**, quibus licentiam earum adligaverint maiores vestri per quaeque subiecerint viris;

34, 3, 6: Volo tamen audire, quid sit, propter quod **matronae consternatae procucurrerint in publicum** ac vix foro se et contione abstineant.

34, 3, 8: Quid honestum dictu saltem **seditioni** praetenditur **muliebri?**

34, 4, 1: Saepe me querentem de **feminarum**, saepe de **virorum**, nec de privatorum modo, sed etiam magistratuum **sumptibus** audistis diversisque duobus vitiis, avaritia et luxuria, civitatem laborare, quae pestes omnia magna imperia everterunt.

34, 4, 6: Patrum nostrorum memoria per legatum Cineam Pyrrhus non virorum modo, sed etiam **mulierum animos** donis temptavit. Nondum lex Oppia ad coercendam **luxuriam muliebrem** lata erat;

34, 4, 10: Itaque minime mirum est nec Oppiam nec aliam ullam tum legem desideratam esse, quae modum **sumptibus mulierum** faceret, cum aurum et purpuram data et oblata ultro non accipiebant.

34, 5, 3-4: Qui tamen plura verba in **castigandis matronis** quam in rogatione nostra dissuadenda consumpsit, et quidem ut in dubio poneret, utrum id, quod reprenderet, **matronae sua sponte an nobis auctoribus fecissent.** Rem defendam, non nos, in quos iecit magis hoc consul verbo tenus, quam ut re insimularet.

34, 5, 5: Coetum et **seditionem** et interdum **secessionem muliebrem** appellavit, quod **matronae** in publico vos rogassent, ut legem in se latam per bellum temporibus duris in pace et florenti ac beata re publica abrogaretis.

34, 5, 7: Nam quid tandem novi **matronae** fecerunt, quod **frequentes** in causa ad se pertinente in publicum processerunt?

34, 5, 8-10: Iam a principio, regnante Romulo, cum Capitolio ab Sabinis capto medio in foro signis collatis dimicaretur, nonne **intercursu matronarum inter acies** duas proelium sedatum est? Quid? Regibus exactis cum Coriolano Marcio duce legiones Volscorum castra ad quintum lapidem posuissent, nonne id **agmen**, quo obruta haec urbs esset, **matronae averterunt?** Iam urbe capta a Gallis aurum, quo redempta urbs est, nonne **matronae consensu omnium** in publicum **contulerunt?** Proximo bello, ne antiqua repetam, nonne et, cum pecunia opus fuit, **viduarum** pecuniae adiuverunt aerarium et, cum dii quoque novi ad opem ferendam dubiis rebus accerserentur, **matronae universae** ad mare **profectae sunt** ad matrem Idaeam accipiendam?

34, 5, 12-13: Ceterum quod in rebus ad omnes pariter, **viros feminas**, pertinentibus fecisse eas nemo miratus est, in causa proprie ad ipsas pertinente miramur fecisse? Quid autem fecerunt? Superbas, me dius fidius, aures habemus, si, cum domini servorum non fastidiant preces, nos rogari **ab honestis feminis** indignamur.

34, 6, 1: nam et legem ullam omnino abrogari est indignatus et eam praecique legem, quae **luxuriae muliebris** coercendae causa lata esset.

34, 6, 8: Regia lex, simul cum ipsa urbe nata aut, quod secundum est, ab decemviris ad condenda iura creatis in duodecim tabulis scripta, sine qua cum maiores nostri non existimarint **decus matronale** servari posse, nobis quoque verendum sit, ne cum ea **pudorem sanctitatemque feminarum** abrogemus?

34, 6, 9: Sine qua cum per tot annos **matronae optimis moribus vixerint**, quod tandem, ne abrogata ea effundantur ad luxuriam, periculum est?

34, 6, 10: Nam si ista lex vetus aut ideo lata esset, ut finiret **libidinem muliebrem**, verendum foret, ne abrogata incitaret;

34, 6, 14: **viduae** et pupilli pecunias suas in aerarium deferebant;

34, 6, 15: tali tempore in **luxuria et ornatu matronae** occupatae erant, ut ad eam coercandam Oppia lex desiderata sit, cum, quia Cereris sacrificium **lugentibus** omnibus **matronis** intermissum erat, senatus finiri luctum triginta diebus iussit?

34, 7, 3: **feminis** dumtaxat purpurae usu interdicemus?

34, 7, 7: Virorum hoc animos vulnerare posset; quid **muliercularum** censetis, quas etiam parva movent?

34, 7, 9: munditiae et ornatus et cultus, haec **feminarum insignia sunt**, his gaudent et gloriantur, hunc **mundum muliebrem** appellarunt maiores nostri.

34, 7, 11: minus filiae, uxores, sorores etiam quibusdam in manu erunt – numquam salvis suis exuitur **servitus muliebris**;

34, 7, 14: Invidiosis nominibus utebatur modo consul **seditionem muliebrem** et **secessionem** appellando.

34, 8, 1: Haec cum contra legem proque lege dicta essent, aliquanto maior **frequentia mulierum** postero die sese in publicum effudit **unoque agmine** omnes Brutorum ianuas obsederunt, qui collegarum rogationi intercedebant, nec ante abstiterunt, quam remissa intercessio ab tribunis est.

36, 24, 10: Non tulere, qui in arce erant Aetoli, primum eorum, qui rupem ceperant, clamorem, deinde impetum ab urbe

Romanorum et fractis iam animis et nulla ibi praeparata re ad obsidionem diuitius tolerandam, utpote congregatis **feminis puerisque** et imbelli alia turba in arcem, quae vix capere, nedum tueri multitudinem tantam posset.

37, 5, 1: Constantius tamen, quam quis facturos crederet, in tam subito periculo, cum viri propugnarent, **feminae tela** omnis generis **saxaque** in muros **gererent**, iam multifariam scalis appositis urbem eo die defenderunt.

38, 21, 14: Pauci iam supererant Gallorum, qui, postquam ab levi armatura superatos se viderunt et instare legionum signa, effusa fuga castra repetunt pavoris et tumultus iam plena, ut ubi **feminae puerique** et alia imbellis turba permixta esset.

38, 22, 8: In multitudinem compulsam in castra vis ingens missilium telorum coniciebatur, et **vulnerari multos clamor permixtus mulierum atque puerorum ploratibus** significabat.

38, 24, 4: Deinde ad leniendam indignitatem iniuriae **spem** reditus ad suos **mulieri facit**, et ne eam quidem ut amans gratuitam.

38, 24, 6: Forte ipsius **mulieris servus** inter captivos eiusdem custodiae erat.

38, 24, 7: Nocte insequenti et **duo necessarii mulieris** ad constitutum locum et centurio cum captiva venit.

38, 24, 8: Ubi cum aurum ostenderent, quod summam talenti Attici – tanti enim pepigerat – expleret, **mulier** lingua sua, stringerent ferrum et centurionem pensantem aurum occiderent, **imperavit**.

38, 24, 9: quem priusquam complecteretur, caput centurionis ante pedes eius abiecit mirantique, cuiusnam id caput hominis aut quod id facinus haudquaquam muliebre esset, et iniuriam corporis et ultionem violatae per vim pudicitiae confessa viro est aliaque, ut traditur, **sanctitate** et **gravitate** vitae huius **matronalis facinoris decus** ad ultimum conservavit.

38, 57, 7: Cum illa, **muliebriter indignabunda** nihil de communi filia secum consultatum, adiecisset, non, si Ti. Graccho daret, expertem consilii debuisse matrem esse, laetum Scipionem tam concordi iudicio ei ipsi desponsam respondisse.

39, 8, 5: Initia erant, quae primo paucis tradita sunt, deinde vulgari coepta per **viros mulieresque**.

39, 8, 6-7: Cum vinum et nox et **mixti feminis mares**, aetatis tenerae maioribus, discrimen omne pudoris exstinxissent, corruptelae primum omnis generis fieri coeptae, cum ad id quisque, quo natura pronioris libidinis esset, paratam voluptatem haberet. Nec unum genus noxae, stupra promiscua **ingenuorum feminarumque** erant, sed et falsi testes, falsa signa testamentaque et indicia ex eadem officina exibant:

39, 11, 7: **Lacrimae mulieri obortae** et miserari casum adulescentis coepit, qui spoliatus fortunis, a quibus minime oporteret, apud se tunc esset, eiectus a matre, quod probus adulescens – dii propitii essent – obscenis, ut fama esset, sacris initiari nollet.

39, 12, 5: Hoc ubi audivit, **tantus pavor tremorque omnium membrorum mulierum cepit**, ut diu hiscere non posset.

39, 13, 1-2:Mulier haud dubie, id quod erat, Aebutium indicem arcani rata esse, **ad pedes Sulpiciae procidit et eam primo orare coepit**, ne **mulieris libertinae** cum amatore sermonem in rem non seriam modo, sed capitalem etiam verti vellet:

39, 13, 8: Tum Hispala originem sacrorum expromit. Primo **sacrarium** id **feminarum** fuisse, nec quemquam eo virum admitti solitum. Tres in anno statos dies habuisse, quibus interdiu Bacchis initiarentur; sacerdotes in vicem **matronas** creari solitas.

39, 13, 10: Ex quo in promiscuo sacra sint et **permixti viri feminis** et noctis licentia accesserit, nihil ibi facinoris, nihil flagitii praetermissum.

39, 13, 12: **matronas** Baccharum habitu crinibus sparsis cum ardentibus facibus decurrere ad Tiberim demissasque in aquam faces, quia vivum sulpur cum calce insit, integra flamma efferre.

39, 13, 14: Multitudinem ingentem, alterum iam prope populum esse, in his **nobiles quosdam viros feminasque**.

39, 14, 7: sacerdotes eorum sacrorum, **seu viri seu feminae** essent, non Romae modo, sed per omnia fora et conciliabula conquiri, ut in consulum potestate essent;

39, 15, 9: Primum igitur **mulierum magna pars est**, et is fons mali huiusce fuit;

39, 15, 12: Quales primum nocturnos coetus, deinde **promiscuos mulierum ac virorum** esse creditis?

39, 17, 5: Quidam ex iis **viri feminaeque** mortem sibi consciverunt.

39, 17, 6: Coniurasse supra septem milia **virorum ac mulierum** dicebantur.

39, 18, 6: **Mulieres damnatas** cognatis, aut in quorum manu essent, tradebant, ut ipsi in privato animadverterent in eas:

39, 43, 2: Placentiae **famosam mulierum**, cuius amore deperiret, in convivium accersitam scribit. Ibi iactantem sese **scorto** inter cetera rettulisse, quam acriter quaestiones exercuisset, et quam multos capitis damnatos in vinculis haberet, quos securi percussurus esset.

39, 49, 8: et priusquam appropinquare urbi satis scirent, ad spectaculum omnes simul liberi ac servi, **pueri quoque cum feminis**, effunduntur.

40, 4, 2: Theoxena et Archo nomina iis erant **mulieribus**.

40, 38, 6: Traducti sunt publico sumptu ad quadraginta milia liberorum capitum cum **feminis puerisque.**

41, 11, 5: Inter simul **complorationem feminarum puerorumque,** simul nefandam caedem milites transgressi murum oppidum intrarunt.

43, 3, 1: Et alia novi generis hominum ex Hispania legatio venit. Ex militibus Romanis et **ex Hispanis mulieribus,** cum quibus conubium non esset, natos se memorantes, supra quattuor milia hominum, orabant, ut sibi oppidum, in quo habitarent, daretur.

43, 10, 5: et ad **clamorem erumpentium** ingens strepitus e muris ortus **ululantium mulierum** cum **crepitu** undique aeris, et incondita multitudo turba immixta servili variis vocibus personabat.

43, 13, 3: Anagnia duo prodigia eo anno sunt nuntiata, facem in caelo conspectam et **bovem feminam** locutam;

44, 32, 11: Huic <operi> ut omnis multitudo vacaret, **feminae** ex propinquis urbibus cocta cibaria in castra adferebant.

44, 44, 4: Amphipolim cum iam fama pugnae pervenisset **concursusque matronarum** in templum Dianae, quam Tauropolon vocant, ad opem **exposcendam** fieret,..

45, 2, 6: renovataque laetitia, cum consul edixisset, ut omnes aedes sacrae aperirentur, pro se quisque ex contione ad gratias agendas ire dis, ingentique turba **non virorum modo sed etiam feminarum** compleri tota urbe deorum immortalium templa.

45, 24, 11: omnia libera capita, quidquid Rhodiorum **virorum feminarum** est, cum omni pecunia nostra naves conscendemus ac relictis penatibus publicis privatisque Romam veniemus et omni auro et argento, quidquid publici, quidquid privati est, in comitio, in vestibulo curiae vestrae cumulato, corpora nostra coniugumque ac liberorum vestrae potestati permittemus, hic passuri, quodcumque patiendum erit:

Anmerkungen

1   Eine Stelle wird grundsätzlich als eine inhaltliche Einheit definiert und kann sich in diesem Sinne sowohl über mehrere Kapitel erstrecken als auch verschiedene Benennungen für Personen weiblichen Geschlechts beinhalten. Die Quantifizierung einzelner verwendeter Bezeichnungen wird getrennt vorgenommen.

2   Als Basis für die Erfassung wurden neben den zur Gänze erhaltenen Büchern auch die überlieferten Periochae und Fragmente herangezogen. Benutzte Ausgaben: T. Livius, Römische Geschichte, Tusculum, Zürich-München. 1-3: übersetzt und erläutert von H. J. Hillen 1987; 4-6, H. J. Hillen 1991; 7-10, H. J. Hillen 1994; 21-23, J. Feix 1974; 24-26, J. Feix 1977; 27-30, H. J. Hillen

1980; 31-34, H. J. Hillen 1978, 35-38, H. J. Hillen 1982; 39-41, H. J. Hillen 1983; 42-44, H. J. Hillen 1988; Livy, with an English translation in fourteen volumes, Loeb Classical Library, London-Cambridge. 13: Books 43-45, translated by A. C. Schlesinger, 1951; 14: Summaries, fragments and Obsequens translated by A. C. Schlesinger with a general index to Livy by R. M. Geer, 1959.

3 Hierzu: vgl. Müller 1980, 58f., sowie Lund 1990, Kap. III, 35-55.

4 Zum Ethnographie-Verständnis in römischen Darstellungen vgl. allgemein Müller 1980, v.a. 1-35; Lund 1990; Timpe 1996.

5 Ausgenommen von dieser Untersuchung sind all jene Stellen, welche Geschlechterverhältnisse ansprechen ohne dabei Frauen explizit zu erwähnen. Davon betroffen sind 24 Stellen, welche ausschließlich die Situation von Kindern oder das Eltern-Kinder-Verhältnis ansprechen. Ebenso wurden alle jene Passagen aus dem religiösen Bereich ausgeklammert, die sich nur auf weibliche Gottheiten und die mit ihnen verbundenen Kulte (17) oder auf die Sibyllinischen Bücher (9) beziehen. Des weiteren verweisen 9 Stellen auf soziale Bereiche, welche Frauen zwar miteinschließen ohne sie jedoch explizit nennen (Bsp. *familia*). Auch diese sind für eine Untersuchung der angewendeten Bezeichnungen für Frauen unergiebig. Im Rahmen der Erfassung von Geschlechterrollen wurden auch Stellen berücksichtigt, welche Männerauffälliges-Verhalten (9) oder eine besondere Hervorhebung männlichen Verhaltens (9) dokumentieren und in diesem Sinne für die hier verfolgte Fragestellung ebenfalls nicht relevant sein können. Alle jene Partien, die von zweigeschlechtlichen Personen berichten, werden nur dann berücksichtigt, wenn für deren Beschreibung Frauentermini herangezogen werden.

6 Es sind vor allem die namentlich bekannten Frauen der ersten Pentade, welche die Aufmerksamkeit der Forschung auf sich zogen. So beschäftigen sich bereits Bachofen 1870, sowie Sofer 1930, Schachermeyer 1932 oder Euing 1933 mit Tanaquil (1, 34-41). Martin 1942, Noailles 1942 und Schönberger 1968 setzen sich mit der Verginia-Episode (3, 44-50) auseinander. Zur Coriolan-Episode (2, 40) nehmen Schönberger 1955 und Bonjour 1975 Stellung. Die Lukretia-Episode bei Livius (1, 57-59) im Vergleich mit Ovid wird 1983 von Corsario untersucht. Klesczewski 1983 widmet sich in einer Abhandlung der Wandlung des Lukretia-Bildes in lateinischen Mittelalter und in der italienischen Renaissance. Auf die Problematik der sogenannten „kompensatorischen", einer auf „berühmten Frauen" aufbauenden Geschichtsforschung ist vermehrt in der Diskussion um die sich entwickelnde Geschlechtergeschichte verwiesen worden. Die Problematik beider Forschungsausrichtungen findet sich zusammengefaßt bei Nagl-Docekal 1993.

7 Zu diesem Bereich können auch Frauengestalten oder Frauengruppen gezählt werden, die durch feststehende, namensähnliche Begriffe charakterisiert worden sind, wie „Das Mädchen von Ardea" (4, 9, 4-6) oder „Die geraubten Sabinerinnen" (1, 9-10). Zu 4, 9,4-6 vgl. Ogilvie 1962. Der Raub der Sabinerinnen wird bearbeitet von Miles 1995 und Seel 1960, wobei letzterer die geschilderte Episode vorwiegend zur Beweisführung einer eigenen Gestaltungsleistung des Livius heranzieht und nicht den Inhalt in den Mittelpunkt der Betrachtung stellt. Eine Untersuchung von Gagé 1953 setzt sich mit den Töchtern des M. Fabius Ambustus (6, 34) auseinander.

8 So Smethurst 1950, wobei auch hier nur die namentlich bekannten Frauen erwähnt werden, jedoch fällt die Einschränkung auf die erste Pentade. Vor allem die Frauen des ersten Buches behandelt Cousin 1966, wobei auch hier die namentliche Nennung ausschlaggebend bleibt. Best 1969/70 untersucht die römischen Frauen aus der Perspektive ihrer Bildung, und Piper 1971/72

332

behandelt die Frauen wiederum mit der zeitlichen Einschränkung auf die Frühzeit.

9   Es werden dabei von Schmitt 1951 bloße Nennungen von Frauen ohne zusätzlichen Kontext, wie beispielsweise die Erwähnung von Frauen im Zusammmenhang mit kriegerischen Eroberungen, kategorisch als nicht relevant ausgeklammert.

10   Axelson 1945, 53f.

11   Axelson 1945, 54.

12   Adams 1972, 234-255.

13   Adams 1972, 243.

14   Santoro L'Hoir 1992, v.a. 77-100.

15   Santoro L'Hoir 1992, Introduction, 1.

16   Santoro L'Hoir 1992, Introduction, 1.

17   Santoro L'Hoir 1992, 77-100.

18   Gardner 1995, 377-400.

19   Gardner 1995, 379.

20   Der Begriff *matrona* wird von Santoro L'Hoir nicht näher untersucht.

21   Ausgeklammert bleiben in dieser Studie Bezeichnungen wie *coniunx* oder *uxor*, die in einer Hinsicht determinierte Frauen umschreiben und im Gegensatz zu *matrona* keine darüber hinausgehenden Bedeutungen aufweisen.

22   Auf diesem Weg hat bereits Moore 1989 erfolgreich das Vokabular des Livius für die *virtutes Romanae* untersucht. Es ist ihm dadurch möglich geworden, den bewußten Einsatz der entsprechenden Termini durch Livius nachzuweisen, einerseits innerhalb der werkinternen Chronologie, andererseits in der Unterscheidung Römer/Nichtrömer, sowie auch für die Unterscheidung Patrizier/Plebejer. Über diese Informationen im Gesamten ist erst das Liviusspezifische Bild von den *virtutes Romanae* greifbar geworden.

23   Zu M. Porcius Cato vgl. Münzer 1954, 108-165.

24   Zu L. Valerius vgl. Briscoe 1981, 43f.

25   Eine detaillierte Auseinandersetzung mit dieser Passage wird von Santoro L'Hoir nicht vorgenommen.

26   Da in beiden Reden nur von purpurfarbener Kleidung gesprochen wird, spricht sich Briscoe hier für diese Bedeutung von *versicolorus* (34, 1, 3.) aus. Briscoe 1981, 44.

27   Die Parallelberichte: Val. Max. 9, 1, 3; Tac. ann. III 33; Oros. 4, 20, 14; Auct. de vir. ill. 47, 6, sowie Zon. 9, 17, 1-4. Vgl. auch Münzer 1939/1988, 729.

28   Wenig Aufmerksamkeit hat die Lex Oppia eher in den Werken zur politischen Geschichte der römischen Republik gefunden. So finden sich in deutschsprachigen Standardwerken zur römischen Geschichte, bespielsweise bei Bengtson 1970[2], Heuss 1976[4], Kornemann 1977[7] oder Vogt 1973[6] auch keine kurzen Informationen über die Lex Oppia. Im Gegensatz dazu läßt sich in einschlägigen englischsprachigen Werken zumindest eine Notiz dazu finden. So beispielsweise Scullard 1973[2], 113f. und 257 oder Crawford 1978, 90-91; etwas ausführlicher Astin 1930, 184, der die Lex Oppia folgendermaßen charakterisiert: „That (lex oppia) had been primarily an economic measure in response to a serious financial situation, but such restrictions pointed the way the later sumptuary legislation which was introduced to control expenditure on „luxeries" for social rather than for economic reasons." Die dabei angesprochenen späteren Gesetze: Lex Orchia 181 v. Chr.; Lex Fannia 161 v. Chr.; Lex Didia 143 v. Chr.; Lex Licinia 142/43 v. Chr.

29   Stellvertretend seien genannt: Kreck 1975, 41-43; Haury 1976, 427-436; Pomeroy 1981, 177-181; Pomeroy 1985, 275; Rawson 1991, 69-70; Evans 1991 26-27, 52-53, 63-64; Balsdon 1979, 35; Dettenhofer 1994, 142-146, die

333

sich ausführlicher damit auseinandersetzt und das frauenspezifische Engagement hervorhebt. Eine Verbindung zwischen dem an M. Porcius Cato und dem an den Frauen orientierten Schrifttum stellt die Arbeit von Teufer 1913 über die Frauenemanzipation dar.

30   Teufer 1913, 14-22; Krüger 1940, v.a. 72ff; Hellmann 1940, setzt dies grundsätzlich voraus; Münzer 1954, 112; Tränkle 1971, 117-124; Hillen 1978, 506; Pomeroy 1985, 275 ; Briscoe 1981, 41-42; Dettenhofer 1994, 144; Von der Authentizität der Reden geht in diesem Rahmen lediglich Balsdon 1979, 35 aus. Sie referiert undifferenziert und stark wertend über die Lex Oppia. Allgemein zu den Reden bei Livius vgl. Bornecque 1933 (1967), 395-414.

31   In diesem Sinne Hellmann 1940 vor allem zur Plazierung der Rede im Livianischen Werk oder Krüger 1940 zum Verhältnis zwischen Cato und Livius, das er unter anderem über bestimmte Termini zu greifen versucht.

32   Keine Einigkeit herrscht zwischen Teufer und Krüger über die Frage, ob die Cato-Rede des Livius Catonische Züge trägt oder nicht, sowie über die Beurteilung der Valerius-Rede. Sonst zeichnen sie ein Cato-Bild des Livius mit fast wortwörtlicher Übereinstimmung. Teufer 1913, 14-15 und 17; Krüger 1940, 76ff und 79. Deutlich gegen catonische Stilelemente, jedoch für die Aufnahme von Gedanken, die Cato an anderer Stelle geäußert haben könnte, spricht sich Tränkle 1971 aus. Tränkle 1971, 117-124.

33   Dabei wird die Berufung des L. Valerius auf die Origines des Cato angeführt, die durch Cornelius Nepos als dessen Alterswerk ausgewiesen und zum angenommenen Zeitpunkt der Rede noch nicht geschrieben sind. So Dettenhofer 1994, 144. Dieses Argument kann durch weitere Beispiele aus dem Text unterstützt werden. So wird in 34, 4, 1 Bezug auf Catos spätere Tätigkeit als Zensor genommen oder in 34, 4, 3 das Eindringen der römischen Armee in Asien vorweggenommen. Vgl. Briscoe 1981, 50f.

34   Liv. 34, 2-4.

35   Livius läßt hier Cato zur Unterstreichung der Bedrohung die Ermordung der Männer durch die Lemnischen Frauen als Schreckensbild heraufbeschwören.

36   Nach Briscoe 1981, 55 setzt sich inhaltlich mehr als die Hälfte der Cato-Rede gegen die Abschaffung des Gesetzes aus Vorwürfen gegen die Frauen zusammen.

37   Des weiteren findet sich zweimal der Ausdruck *uxor*, und einmal wird eine *mater familiae* erwähnt. Über die Gebräuchlichkeit des Terminus *uxor* in der lateinischen Literatur vgl. Adams 1972, 249f. Zur rechtlichen Situation einer *mater familiae* vgl. Gardner 1995, 384f.

38   Bei der Analyse der Begriffe *muliebris* und *mulier* in der Debatte kommt es klarerweise zu Überschneidungen mit der Darstellung der Ausdrücke bei Santoro L'Hoir. Für die weitere Argumentation ist eine auf die Debatte begrenzte Wiederholung notwendig.

39   In deutscher Übersetzung wird das Adjektiv *muliebris* gerne substantivisch wiedergegeben. In diesem Falle „Herrschsucht der Frauen", Hillen 1978, statt „weibliche Herrschsucht". Nicht so die Übersetzung ins Englische von Sage 1967 „female violence". Vgl. Livy, with an English translation in fourteen volumes, Loeb Classical Library, London-Cambrigde. 9: Books 31-34, translated by Evan T. Sage, 1967 (1935). Dieselbe Begriffskombination findet sich später auch bei Tacitus und wird von Goodyear 1972 mit „Female domineering (imperiousness)" umschrieben. Vgl. Goodyear 1972, 124.

40   „female madness" Sage 1967. Vgl. Goodyear 1972, der für Tacitus die Verwendung des Terminus im Sinne eines Verhaltens, das er mit „irrational and indeed frantic" beschreibt, eindeutige Belegstellen anführen kann. Goodyear 1972, 274.

41 Eine Ausnahme bildet die Anwendung von *mulier* in der 34, 4, 6 geschilderten Episode, in der Pyrrhos durch seinen Gesandten Kineas die Gesinnung der römischen Männer und Frauen mit Geschenken auf die Probe gestellt habe, jedoch ohne Erfolg. Bei diesem Rückgriff in die durchwegs positiv gewertete Zeit der Väter wird den mit *mulier* ausgewiesenen Frauen ein positiver Charakterzug bescheinigt. Daß in diesem Zusammenhang *animus mulierum* von *modus virorum* unterschieden wird, könnte für eine nähere Verbindung von *animus* und *mulier* sprechen.

42 Briscoe 1981, 47.

43 Santoro L'Hoir, 1992, 95 bezeichnet diese Formulierung als „an element of Catonian hyperbole".

44 34, 5-7.

45 Die Frauen greifen direkt ins Kampfgeschehen ein, indem sie sich zwischen die Geschoße stellen und ihre Verwandten und ihre Ehemänner zu einer Beendigung des Kampfes drängen.

46 Vor allem unter Mitwirkung der Mutter des Coriolan gelingt es den Frauen, einen drohenden Angriff des mit den Volskern verbündeten Coriolan auf Rom abzuwehren.

47 5, 25, 8f: Frauen stellen das Geld für das für einen Sieg über Veji versprochene Geschenk für Apollon zur Verfügung. 5, 50, 7: Frauen sammeln ihr Gold für die Bezahlung der Gallier, damit die Staatskasse nicht belastet wird.

48 Empfang der Magna Mater in Rom.

49 Damit stellt L. Valerius die Frauen auf eine Stufe mit den Sklaven und verweist darauf, daß ihnen zumindest die gleiche Behandlung wie solchen zukommen müßte.

50 Weitere Termini in diesem Zusammenhang: *vidua* (3x); *uxor* (3x); jeweils einmal genannt werden *muliercula, mater famliae, coniunx, filia, soror* und *infirmitati*. Der zweifache Gebrauch von *vidua* (34, 5, 10; 34, 6, 14) ist durch die Hinweise auf jeweilige Geldspenden der Witwen in der Vergangenheit Roms eindeutig in einem positiven Zusammenhang erwähnt. Für die restlichen verwendeten Termini wie *uxor, coniunx, mater famliae, filia* oder *soror* läßt sich keine spezielle Bewertung erkennen. Vgl. Krause 1994, 123, der unter anderen auch diese Liviusstelle in seiner Untersuchung zur Situation der Witwen berücksichtigt, jedoch mit dem deutlichen Hinweis, daß es sich hier um eine Krisensitution handelt, in der diese soziale Gruppe in Erscheinung tritt und in dieser Funktion bewertet werden muß.

51 In 34, 3, 6 wird von M. Porcius Cato einmal die Kombination *matronae consternatae* verwendet, die sich jedoch zumindest grammatikalisch von der in 34, 2, 6 gebrauchten Verknüpfung *consternatio muliebris* unterscheidet.

52 Vgl. Cato-Rede 34, 2, 8.

53 Vgl. Cato-Rede 34, 3, 6.

54 Vgl. Cato-Rede 34, 3, 8.

55 Das Bewußtsein, daß eine Sichtweise, die die Abhängigkeit der Frauen als „negativen Kontext" deklariert, eine aus heutiger Sicht motivierte Bewertung darstellt, muß hier dahingehend präzisiert werden, daß in diesem und in anderen Beispielen die sprichwörtliche Schwäche und die Abhängigkeit der Frauen zum Ausdruck kommt und aus diesem Grund in einem negativen Kontext gesehen wird. Ähnliches gilt für das Beispiel 34, 7, 7.

56 Die in 34, 7, 9 genannte Begriffskombination *mundus muliebris* soll der Valerius-Rede zufolge einen in der Vergangenheit von den „Vorfahren" benutzten Begriff beschreiben. Ähnlich wie in der Rede des M. Porcius Cato 34, 4, 6, wird auch in der Rede des Valerius beim Rückgriff in die Vergangenheit die Bezeichnung *muliebris* einmal in einem nicht primär negativen Sinne

verwendet. Geht man davon aus, daß es sich dabei um tatsächlich bekannte Ausdrucksformen handelt, könnte dies meiner Ansicht nach ein weiteres Indiz dafür sein, daß die eindeutig negativ besetzte Anwendung von *muliebris* ein Spezifikum des livianischen Sprachgebrauchs ist.

57 Vgl. dazu ausführlich Santoro L'Hoir 1992, v. a. 83-85 und 89-93.

58 5, 21, 10; 5, 42, 3; 26, 9, 7; 29, 17, 16; 38, 22, 8; Die Beobachtungen von Santoro L'Hoir können insofern ergänzt werden als es sich in allen Fällen um eine Reaktion auf eine kriegsbedingte Situation, in fünf von sechs Fällen um eine Reaktion auf eine konkrete Bedrohung von außen handelt. Zwar als eine kriegsbedingte Situation, aber nur indirekt als eine Bedrohung von außen, kann die in 29, 17, 16 geschilderte Sachlage angesprochen werden. Gesandte aus Locri führen in Rom Klage über den römischen Legaten Quintus Pleminius und seine Soldaten, die Frauen und Knaben verschleppen und schänden würden. Als Reaktion auf diese Zustände sei bei Tag und Nacht das Wehklagen *ploratus* der Frauen und Knaben zu hören. Die Anwesenheit des römischen Legaten und seiner Soldaten kann als kriegsbedingte Situation angesehen werden, die akute Bedrohung besteht hier zwar nicht in Form einer bevorstehenden kriegerischen Auseinandersetzung, jedoch aus der Sicht der Locrer handelt es sich in jedem Fall um eine Bedrohung von außerhalb ihrer Gemeinschaft.

59 1, 29, 5.

60 2, 40, 9

61 3, 47, 6.

62 22, 55, 3. Die Passage 22, 55, 3 stellt insofern eine Besonderheit dar, als hier das einzige Mal der durch das Wehklagen, bzw. Jammern der Frauen *lamentatium mulierum* entstehende akustische Eindruck mit dem Begriff *clamor* und nicht wie in allen anderen Fällen mit *ploratus* oder *comploratio* umschrieben wird. Daß ansonsten *clamor* nicht von Frauen, sondern von anderen Beteiligten verursacht wird, zeigen deutlich die Beispiele 5, 21, 11, sowie 5, 42, 4 und 43, 10, 5. Ganz klar wird in 5, 42, 4 *mulierum puerorumque ploratus – clamor hostium* gegenübergestellt und auch in 5, 21 11 wird *clamor* von unterschiedlichen Stimmen erzeugt, einerseits von solchen, die Schrecken verbreiten, andererseits von denen, die von Panik erfaßt sind; *ploratus* wird jedoch ausdrücklich von Frauen und Kindern verursacht. In der Passage 43, 10, 5 werden die von den Ausfallenden erzeugten Geräusche als *clamor*, jene von den Frauen als *crepitus* ausgewiesen.

63 43, 10, 5.

64 6, 3, 4; 2, 40, 9. In 2, 40 ,9 findet sich *fletus* noch zusätzlich mit *comploratio* verbunden.

65 39, 11, 7.

66 Santoro L'Hoir 1992, 84.

67 Ein Beispiel, bei welchem der Vorsatz der Bitte noch abgeändert wird, findet sich wiederum in der Coriolan-Episode in 2, 40, 5. Von ihrer Absicht ihren Sohn Coriolan vom Angriff auf Rom mit Bitten abzubringen nimmt Veturia aus Zorn über sein Verhalten Abstand *mulier in iram ex precibus versa...*

68 In diesem Falle fehlt der Einsatz von Tränen. Statt dessen wird deutlich, daß die betreffende Frau in dieser Situation von sehr großer Frucht erfüllt ist, die ihr sogar das Sprechen erschwert.

69 1, 13, 1; 1, 58, 3; 5, 21, 11; 39, 12, 5.

70 2, 40, 1.

71 39, 12, 5.

72 2, 33, 8; 5, 21, 11.

73 2, 40, 9; 3, 5, 14; 25, 1, 7; 29, 28, 3.

336

74   34, 1, 6; 34, 8, 1.

75   7, 6, 5; 22, 7, 11; 27, 45, 7. Für den Terminus *multitudo* wäre noch zu ergänzen, daß er in allen Fällen im Zusammenhang mit Frauen und Männern steht und einerseits in 7, 6, 5 und in 27, 45, 7 eine Menge von Frauen und Männern gemeinsam, andererseits in 22, 7, 11 eine größere Menge an Frauen im Vergleich zu den anwesenden Männern bezeichnet. Ein einziges mal wird *turba* mit *mulieres* und *vires* gemeinsam verwendet (3, 5, 14).

76   3, 47, 8. Die Beteiligung der Frauen am Mysterienkult wird in 39, 15, 9 mit *magna pars* angegeben. Als größere Gruppe von Frauen werden auch im Zusammenhang mit dem Sabinerinnen-Raub die geraubten Frauen angesprochen und so heißt es in 1, 13, 7, daß die Zahl der geraubten Frauen höher gewesen sein soll, als die nach ihnen benannten Curien, also im konkreten Fall höher als 30: *numerus maior hoc mulierum*.

77   2, 40, 3; 9, 17, 16; 29, 28, 3; 34, 2, 8; 34, 8, 1; Besonders deutlich wird die Negativbesetzung des Ausdrucks in 9, 17, 16, wo die Begleitung des persischen Königs Dareios angesprochen wird: Ihm soll *agmen mulierum ac spadonum* gefolgt sein.

78   Vgl. Santoro L'Hoir 1992, 94f.

79   1, 59, 13; 3, 5, 14; 7, 6, 5; 27, 45, 7; 39, 8, 5; 39, 15, 12; 39, 17, 6.

80   Ähnliche Beobachtungen macht Gardner in römischen Rechtstexten: „Roman Lawers, like other male writers, exhibit the common habit of putting the superior, dominant term first in such pairs or lists." Gardner 1995, 378.

81   5, 21, 10; 5, 42, 4, 6, 25, 9, 29, 17, 16.

82   5, 21, 10.

83   9, 17, 16.

84   1, 47, 1.

85   1, 47, 6.

86   39, 43, 2

87   26, 12, 15.

88   39, 15, 9.

89   39, 18, 6.

90   Zur Religiösität des Livius, vgl. Walsh 1961 (1967), 486-507.

91   34, 2, 7; 34, 2, 8; 34, 4, 10; Die von Santoro L'Hoir vertretene Ansicht, daß die in der Lex Oppia Debatte angesprochenen Frauen und Männer sicher der gehobeneren sozialen Ebene zuzuordnen sind, schafft allerdings einen Erklärungsbedarf für eine Formulierung wie *sumptus mulierum* (34, 4, 10). Die Autorin bemerkt dazu: „Livy has Cato reiterate *mulier* and *muliebris* with pejoratives, even though he makes it clear that he is referring to *feminae*." Sie bezieht sich dabei auf die in 34, 2, 2 anzutreffende Formulierung: *universae feminae*. Santoro L'Hoir 1992, 95, Anm. 73.

92   3, 68, 8.

93   Nicht berücksichtigt ist in diesem Zusammenhang die Passage 1, 58, 2, in der von *pectore mulieris* die Rede ist. Hier scheint der Begriff jedoch konkret auf die Brust und nicht auf das Gemüt oder die Gesinnung der Frau bezogen zu sein, als in der Lukretia-Episode der gewaltsam eindringende Sextus Tarquinius Lukretia diese auf ihrem Bett fasst. Vgl. Weißenborn/ Müller 1962, S 260, die in diesem Zusammenhang auf diese Bedeutung von *pector* verweisen.

94   40, 4, 3. Vgl. Santoro L'Hoir 1992, 87, die überzeugend auf die Übereinstimmung zwischen der Charakterisierung von Theoxena mit der augusteischen Ideologie verweist: Theoxena möchte nach der Ermordung ihres Mannes *univira* bleiben, nimmt sich aber nach dem Tod ihrer Schwester deren Kinder an und heiratet ihren Schwager. Der durch Philipp von Makedonien drohenden Gefahr entzieht sie sich gemeinsam mit den Kindern durch Freitod.

337

95	38, 24, 4; 38, 24, 6; 38, 24, 7; 38, 24, 8.
96	26, 33, 7.
97	Bei *matrona* handelt es sich um eine Ableitung von mater und wird mit den Bedeutungen ehrbare, verheiratete Frau, Matrone und Ehefrau angegeben. Vgl. Walde/Hofmann 1954, 49.
98	In rechtlicher Hinsicht wird der Terminus *matrona* für verheiratete Frau, möglicherweise wegen seiner „Mehrdeutigkeit", selten gebraucht. Vgl. zur Ehe allgemein: Kunkel 1930 (1985), 2260-2286; Kaser 1971, 50-90; Eyben 1985, 434-468.
99	Schroff 1930 (1985), 2300-2305 zu Matrona.
100	Nur in Ausnahmefällen wird dabei für die Benennung der Anzahl der Personen auf Termini wie *turba* oder *frequentia* zurückgegriffen, wie das im Falle von *mulier* nachzuweisen ist. Die Anzahl der Frauen, die zu Coriolan ins feindliche Lager ziehen werden als *matronae frequentes* (2, 40, 1) beschrieben. Im Anschluß an die Siegesmeldung von der Schlacht am Metaurus heißt es, daß die Tempel drei Tage lang gleich gefüllt waren, weil die Frauen mit Ihren Kindern Dank sagten: *omniaque templa ... aequalem turbam habuere* (27, 51, 9).
101	Diesem Bereich wäre auch die konkrete Angabe von Zahlen zuzuordnen, so beispielsweise in 8, 18, 8, wo von exakt *viginti matronae* die Rede ist.
102	Angesprochen werden dabei weibliche Bewohner von Locri (29, 17, 15), Abydos (31, 17, 5) und Amphipolis (44, 44, 4), sowie Frauen, die im Zusammenhang mit König Philipp von Makedonien Erwähnung finden (32, 21, 25). Auch Sophoniba, die Tochter des Karthagers Hasdrubal (30, 13, 12) wird als *matrona* bezeichnet. Eine mögliche Erklärung für die Abweichungen könnte in den unterschiedlichen Bedeutungsmöglichkeiten von *matrona* liegen: In drei der oben genannten Stellen dürfte der Kontext den entscheidenden Hinweis für die Bedeutung von *matrona* im Sinne einer verheirateten Frau geben, indem den *matronae* jeweils *virgines* gegenübergestellt werden, was wohl für eine Verwendung des Begriffs allgemein im Sinne einer verheirateten Frau spricht: *constuprant matronas, virgines, ingenuos raptos* (29, 17, 15), *matronas omnes in templo Dianae, pueros ingenuos virginesque* (31, 17, 5), sowie *cetera stupra virginum matronarumque oblivioni dentur* (32, 21, 24). Für den Fall der Tochter des Hasdrubal liegt die Verwendung des Begriffs *matrona* als Zeichen ihrer vornehmen Herkunft (*Carthaginiensis matrona*, 30, 13, 12) durchaus nahe. Für die Passage 44, 44, 4, in der die Frauen von Amphipolis nach dem Sieg der Römer in ein Heiligtum strömen und um Hilfe flehen, bietet sich jedoch eine derartige Erklärungsmöglichkeit aus den unterschiedlichen Bedeutungen von *matrona* nicht an. Vielmehr scheinen hier die Vorstellungen von den mit *matronae* umschriebenen Frauen in nichtrömisches Ambiente übertragen worden zu sein.
103	Dieser Eindruck wird durch die lediglich einmalige Nennung von *matrona* in der 5. Dekade unterstützt. Hier kann wohl durchaus ein Zusammenhang gesehen werden zwischen dem vermittelten Inhalt – Schwerpunkt auf den Aktivitäten der Römer im griechischen Osten – und der offensichtlichen Verknüpfung des Terminus *matrona* mit römischen Frauen.
104	5, 18, 11; 22, 56, 4; 26, 9, 7; 27, 50, 5.
105	In diesem Zusammenhang wird mit *ingens* einer der wenigen Termini für „Menge, Masse" verwendet, der ebenso aus dem Umfeld des Begriffs *mulier* bekannt ist. In diesem konkreten Kontext, in dem für den großen und zahlreich bekundeten religiösen Eifer Lorbeeren ausgeteilt werden, mutet ein solcher „Mengen"-Begriff durchaus positiv an.
106	21, 62, 8; 22, 1, 18.

338

107   8, 18,10: *comprehensae extemplo earum comites magnum numerum matronarum indicaverunt; ex quibus ad centum septuaginta damnatae.*

108   10, 31, 9.

109   34, 1, 5; 34, 2, 10; 34, 2, 6.

110   39, 13, 8; 39, 13, 12.

111   So heißt es in 3, 48, 8, nachdem Verginia von ihrem Vater getötet worden war: *sequentes clamitant matronae: eamne liberorum procreandorum condicionem, ea pudicitiae praemia esse?* Wird dem Verb *clamitare* die Bedeutung von „lautem Schreien" bis zu „wilden Drohungen ausstoßen" zugeschrieben, fällt hier vor allem die Aggressivität des Ausdruckes auf. Eine Komponente, die den mit *mulier* verknüpften Ausdrücken gänzlich fehlt und durch Begriffe des Jammerns und Weinens ersetzt wird.

112   Einzige Ausnahme stellt eine Passage aus der Lex-Oppia-Debatte (34, 1, 5) dar, wo es wörtlich *matronae orantes viros* heißt.

113   Santoro L'Hoir 1992, 77f.

114   Santoro L'Hoir 1992, 86f.

115   Santoro L'Hoir 1992, 89f.; v. a. 94: Santoro L'Hoir unter Bezug auf Pomeroy 1975: „On the other hand *viri* and *feminae*, the ladies and gentlemen of the upper classes, offer the proper supplications at piacular rites organized by the State."

116   Santoro L'Hoir 1992, 78f.

117   Nach Walde/Hofmann 1938, 1, 476 steht *femina* für Weib/Frau, bzw. allgemein für die Geschlechtsbezeichnung und ist von lateinisch felo saugen abzuleiten.

118   21, 28, 8; 22, 1, 13; 25, 12, 13; 27, 37, 11; 28, 11, 3.

119   43, 13, 3.

120   Die restlichen Nennungen von *femina* beziehen sich auf Frauen im allgemeinen und die damit offenbar verbundenen Vorstellungen und werden im folgenden getrennt behandelt.

121   Im Falle 27, 11, 5 wird Sinuessa, in 27, 37, 6 Frusino, in 31, 12, 6 in beiden Fällen das Land der Sabiner und in 39, 22, 5 Umbrien als Geburtsort angegeben.

122   Nur indirekt mit *turba* in Verbindung zu bringen ist die Nennung von *feminae* in 22, 60, 2, wo es heißt: *feminas ... turbae virorum immiscuerat.*

123   So in 10, 23, 3; 27, 51, 9; 39, 13, 10; 39, 13, 14; 39, 14, 7; sowie in 39, 15, 5.

124   Santoro L'Hoir 1992, 94.

125   28, 20, 6; 34, 5, 12; 45, 2, 7 und 45, 24, 11.

126   28, 19, 13; 28, 23, 2; 36, 24, 11; 38, 21, 14; 39, 49, 8; 40, 38, 6. In dem speziellen Fall 41, 11, 5 läßt sich die einzige Verbindung von *femina* mit dem ganz klar mit *mulier* in Verbindung stehendem *comploratio* nachweisen: *complorationem feminarum puerorumque;*

127   Santoro L'Hoir 1992, 85-86.

128   In Bezug darauf heißt es weiter dann: *tali femina* (39, 12, 4).

129   Hier findet sich die einzige Kombination von *femina* und einem Ausdruck für Trauer (*luctus*), die bekannterweise sehr häufig mit *matrona* in Verbindung festgestellt werden konnte.

130   Santoro L'Hoir 1992, 86.

131   Als Grund für diese Aktivität wird das Bedürfnis der Frauen angegeben, Ihrerseits etwas Rühmliches für den Staat zu leisten: *ergo ita honorata virtute feminae quoque ad publica decora excitatae,..*(2, 13, 6).

132   Vgl. dazu Santoro L'Hoir 1992, 86.

133   Santoro L'Hoir hält auch in diesem Bereich an der von ihr vertretenen Bedeutungsebene von *femina* fest: „The word in this context (9, 19, 10)

connotes frail refinement of the sort envisioned in the Roman ideal of the aristocratic lady." Santoro L'Hoir 1992, 80.

134 Santoro L'Hoir 1992, 78-69 versteht gerade in dieser Bemerkung einen ganz gezielten Hinweis, daß es sich bei Tullia um eine Frau der „upper class" handelt. Ansonsten wird für das extrem negativ gewertete Verhalten der Tullia jedoch immer der Terminus *mulier* herangezogen.

135 In diese Kategorie fällt auch eine weitere deutlich negativ gewertete Passage (39, 15, 9) aus demselben Kontext: Hier wird über Männer berichtet, denen größte Ähnlichkeit mit Frauen nachgesagt wird: *deinde simillimi feminis mares, stuprati et constupratores, fanatici, vigiliis, vino, strepitibus clamoribusque nocturnis attoniti.*

136 Die Tatsache, daß der Begriff *femina* als Geschlechtsbezeichnung schlechthin, also auch für die Geschlechtsbestimmung von Tieren herangezogen wird, stellt eine entscheidende Bedeutungserweiterung dar. Im Zusammenhang mit dieser zweiten Bedeutungsebene von *femina* können auch die quantitativen Erhebungen von Axelson gesehen werden. Seine Ergebnisse zeigten, daß der Begriff in der Literatur der repulikanischen Zeit weitaus weniger als Bezeichnung für „Frau" verwendet worden ist als *mulier.* Für die Dichtung ab augusteischer Zeit kann dann *femina* als der dominierende Begriff beobachtet werden. Für Tacitus bescheinigt er die Verwendung von *femina* auch für die Prosa als den dominierenden Terminus. Axelson 1945, 53-54. Daß bereits im Werk des Livius ein ansteigender Gebrauch von *femina* festzustellen ist, hat Adams 1972, 243 gezeigt. Möglicherweise spielt dabei der allgemein geschlechtskennzeichnende Charakter eine Rolle. Als Grund für das verstärkte Aufkommen von *femina* gegenüber *mulier* hatte Axelson auf die Möglichkeit verwiesen, daß sich die Dichtung auf diese Weise von dem in der Prosa häufiger verwendeten Begriff *mulier* abzugrenzen versuchte. Axelson 1945, 54. Adams hingegen sieht im Gegensatz zu der von mir vorgeschlagenen Möglichkeit eine vermehrte Verwendung von *femina* durch eine verstärkte Wahrnehmung vor allem in der wissenschaftlichen Literatur des vormals hauptsächlich zur Abgrenzung von *mas* verwendeten Ausdruckes. Adams 1972, 245. Die Möglichkeit, daß der Terminus, der generell zur Geschlechtsbezeichnung herangezogen wird, bei Anwendung auf eine weibliche Person einen geringschätzigen Eindruck hinterlassen könnte, hat er für die lateinische Sprache jedoch ausgeschlossen und *femina*, ob gering oder häufig verwendet, immer als einen Ausdruck des Respekts bezeichnet. Adams 1972, 234-235. Meiner Ansicht nach können Beobachtungen dieser Art vor allem den variablen Charakter des Begriffes *femina* bei Livius unterstützen.

137 Es werden hier nur jene Stellen in chronologischer Reihenfolge angeführt, die im Text direkt angesprochen worden sind. Dieses Stellenverzeichnis ist nicht gleichzusetzen mit einer Liste aller Nennungen der untersuchten Bezeichnungen. Bei der Wiedergabe des lateinischen Textes wurde Wert darauf gelegt, den inhaltlichen Zusammenhang zu gewährleisten. Überschneidungen in der lateinischen Absatzzählung sind dadurch manchmal unvermeidlich. Die im Zusammenhang mit der Untersuchung besonders relevanten Begriffe sind hervorgehoben. Benutzte Werkausgaben vgl. Anm. 2.

Literaturverzeichnis

Adams 1972 = J. N. Adams, Latin Words for ‚Woman' and ‚Wife', Glotta 50, 234-255.

Astin 1930 = A. E. Astin, Roman government and politics 200-134 B. C., in: The Ancient Cambridge History, Vol. VIII, Rome and the Mediterranean to 133 B. C., Cambridge 1989 (1930), 163-196.

Axelson 1945 = B. Axelson, Unpoetische Wörter, Ein Beitrag zur Kenntnis der lateinischen Dichtersprache, Lund 1945.

Bachofen 1870 = J. J. Bachofen, Die Sage von Tanaquil, Heidelberg 1870.

Balsdon 1979 = D. Balsdon, Die Frau in der römischen Antike, engl. Originalausgabe 1962, München 1979.

Bengtson 1970² = H. Bengston, Grundriß der römischen Geschichte, Bd. 1: Republik und Kaiserzeit bis 284 n.Chr., (Handbuch der Altertumswissenschaften III, 5, 1.) München 1970².

Best 1969/70 = E. E. Jr. Best, Cicero, Livy and the educated Roman women, Classical Journal 65, 199-204.

Bonjour 1975 = M. Bonjour, Les personnages féminins et la terre natale dans l'épisode de Coriolan (Liv. II, 40), REL 53, 157-181.

Bornecque 1933 (1967) = H. Bornecque, Die Reden bei Livius, in: Burck 1967, 395-414.

Briscoe 1981 = J. A. Briscoe, A commentary on Livy, Books XXXIV-XXXVII, Oxford 1981.

Burck 1967 = E. Burck (Hrsg.), Wege zu Livius, Darmstadt 1967.

Corsario 1983 = F. Corsario, La legenda di Lucrezia e il refugium in Livio e in Ovido, in: E. Lefèvre/ E. Olshausen, Livius. Werk und Rezeption, Festschrift E. Burck, München 1983, 107-123.

Cousin 1966 = J. Cousin, Le rôle des femmes dans le livre I de Tite-Live, Résumé, REL 44, 60-61.

Crawford 1978 = M. Crawford, The Roman Republic, engl. Erstausgabe 1978.

Dettenhofer 1994 = M. H. Dettenhofer (Hrsg.), Reine Männersache? Frauen in Männerdomänen der antiken Welt, Köln 1994.

Euing 1933 = L. Euing, Die Sage von Tanaquil (Frankfurter Studien zur Religion und Kultur der Antike 2) Frankfurt 1933.

Evans 1991 = J. K. Evans, War, women and children in ancient Rome, New York 1991.

Eyben 1985 = E. Eyben, Geschlechtsreife und Ehe im griechisch-römischen Altertum und im frühen Christentum, in: J. Martin/T Nipperdey, Geschlechtsreife und Legitimation zur Zeugung (Veröffentlichungen des Instituts für Historische Anthropologie E.V. 3) 1986, v.a. 434-468.

Gagé 1953 = J. Gagé, Les deux filles de Fabius Ambustus (VI, 34)

Anecdote politique ou rite contre la peste? Communication résumée, REL 31, 67-69.

Gardner 1995 = J. F. Gardner, Gender-Role Assumptions in Roman Law, Echos du Monde Classique/Classical Views 39, 377-400.

Goodyear 1972 = F. R. D. Goodyear, The Annals of Tacitus, Books 1-6, Volume I: Annals 1.1-54, Cambridge 1972.

Haury 1976 = A. Haury, Une „année de la femme" à Rome, 195 avant J. C.?, in: Mélanges offerts à Jacques Heurgon, L'Italie Préromaine et la Rome Rèpublicaine, Collection de l'école Francaise de Rome, 1976, 427-436.

Hellmann 1940 = F. Hellmann, Zur Cato- und Valerius-Rede (Liv. 34, 1-7), Neue Jahrbücher für Antike und deutsche Bildung 3, 81-86.

Heuss 1976[4] = A. Heuss, Römische Geschichte, Braunschweig 1976[4].

Hillen 1978 = H. J. Hillen: Erläuterungen, T. Livius, Römische Geschichte, übersetzt und erläutert von H. J. Hillen, München 1978.

Kaser 1971 = M. Kaser, Das römische Privatrecht (Handbuch der Altertumswissenschaften III, 3, 1.) zweite, neu bearbeitete Auflage, München 1971, v. a. 50-90.

Klesczewski 1983 = R. Klesczewski, Wandlungen des Lukretia-Bildes im lateinischen Mittelalter und in der italienischen Literatur der Renaissance, in: Lefèvre/Olshausen1983, 313-335.

Kornemann 1977[7] = E. Kornemann, Römische Geschichte, Bd.1: Die Zeit der Republik, 3. Auflage bearbeitet von H. Bengston, Stuttgart 1977[3].

Krause 1994 = J. U. Krause, Witwen und Waisen im Römischen Reich 2 (Heidelberger althistorische Beiträge und epigraphische Schriften, Band 17) Stuttgart 1994.

Kreck 1975 = B. Kreck, Untersuchungen zur politischen und sozialen Rolle der Frau in der späten römischen Republik, Diss. Marburg 1975.

Krüger 1940 = M. Krüger, Die Abschaffung der lex Oppia (Liv. 34, 1-8,3), Ein Beitrag zur Livius-Forschung, Neue Jahrbücher für Antike und deutsche Bildung 3, 65-81.

Kunkel 1930 = W. Kunkel, Matrimonium, in: RE 14.2, 1930, 2260-2286.

Lund 1990 = A. A. Lund, Zum Germanenbild der Römer. Eine Einführung in die antike Ethnographie, Heidelberg 1990.

Martin 1942 = J. M. Martin, Livy and Romance, G&R 11, 124-129.

Miles 1995 = G. B. Miles, The first Roman Marriage and the Theft of the Sabine Women, in: G. Miles, Livy, Reconstructing early Rome, 179-219, Ithaca/London 1995.

Moore 1989 = T. J. Moore, Artistry and Ideology. Livy's Vocabulary of Virtue, Frankfurt, 1989.

Müller 1980 = K. Müller, Geschichte der antiken Ethnographie und Ethnologischen Theoriebildung, Wiesbaden 2/1980.

Münzer 1939 = F. Münzer, C. Oppius, in: RE 18.1, 1939, 729.

Münzer 1954 = F. Münzer, M. Porcius Cato, in: RE 22.1, 1954, 108-165.

Nagl-Docekal 1993 = H. Nagl-Docekal, Für eine geschlechtergeschichtliche Perspektivierung der Historiographiegeschichte, in: W. Küttler/J. Rüsen/E. Schulin (Hrsg.), Geschichtsdiskurs, Bd. 1: Grundlagen und Methoden der Historiographiegeschichte, Frankfurt a. M. 1993, 233-256.

Noailles 1942 = P. Noailles, Le procès de Virginie, REL 20, 106-138

Oakley 1998 = S. P. Oakley, A Commentary on Livy, Books VI-X, Volume II, Oxford 1998.

Ogilvie 1962 = R. M. Ogilvie, The maid of Ardea, Latomus 21, 477-483.

Piper 1971/72 = L. J. Piper, Livy's portrayal of early roman women, Classical Bulletin 48, 26-28.

Pomeroy 1981 - S. B. Pomeroy, Goddesses, whores, wives, and slaves, New York 1981.

Pomeroy 1985 = S. B. Pomeroy, Frauenleben im Klassischen Altertum, Stuttgart 1985.

Rawson 1991 = B. Rawson (Hrsg.), Marriage, Divorce and Children in Ancient Rome, Oxford 1991.

Santoro L'Hoir 1992 = F. Santoro L'Hoir, The rhetoric of gender terms, ‚Man', ‚Woman', and the Portrayal of Character in Latin Prosa (Mnemosyne, Supplementum 120) Leiden/New York/Köln 1992.

Schachermeyer 1932 = F. Schachermeyer, Tanaquil, in: RE 4, A.2 1932, 2172-2173.

Schmitt 1951 = G. Schmitt, Frauenszenen bei Livius, Diss. Göttingen 1951.

Schönberger 1955 = O. Schönberger, Zur Coriolan-Episode bei Livius, Hermes 83, 245-248.

Schönberger 1968 = O. Schönberger, Die Verginia-Episode bei Livius (III, 44-50), Anregung, 169-176.

Schroff 1930 (1985) = H. Schroff, Matrona, in: RE 14.2, 1930, 2300-2305.

Scullard 1973[2] = H. H. Scullard, Roman Politics, 220-150 B. C., Oxford 1973[2].

Seel 1960 = O. Seel, Der Raub der Sabinerinnen. Eine Livius-Interpretation, AuA 9, 7-17.

Smethurst 1950 = S. E. Smethhurst, Women in Livy's History, G&R 19, 80-87.

Sofer 1930 = E. Sofer, Tanaquil bei Livius, Wiener Blätter für Freunde der Antike, 39-43.

Teufer 1913 = J. Teufer, Zur Frauenemanzipation im alten Rom, Leipzig, 1913.

Timpe 1996 = D. Timpe, Rom und die Barbaren, in: M. Schuster (Hrsg.), Die Begegnung mit dem Fremden. Wertungen und Wirkungen in Hochkulutren vom Altertum bis zur Gegenwart (Colloquium Rauricum 4) Stuttgart 1996, 34-50.

Vogt 1973[6] = J. Vogt, Die römische Republik, Römische Geschichte, 1. Hälfte, Freiburg 1973[6].

Walde/Hofmann 1954[3] = Lateinisches etymologisches Wörterbuch von A. Walde, 3. neubearbeitete Auflage von J. B. Hofmann, 1. Band Heidelberg 1938, 2. Band Heidelberg 1954.

Walsh 1961 (1967) = P. G. Walsh, Die religiösen, philosophischen und moralischen Vorstellungen, in: Burck 1967, 486-510.

Walsh 1996 = P. G. Walsh, Livy, Book XL, edited with an Introduction, Translation & Commentary, Warminster 1996.

Stellenregister:

Archilochos:
  Frgm. 22D: **117**
Aristophanes:
  Acharnenses
    68-75: **90, 117**
    73-89: **117**
  Aves
    292f.: **117**
  Ecclesiazusae
    410-23: **102f.**
    590-94: **151, 167**
    605-07: **153, 167**
    614-19: **151, 167**
    653: **167**
    673ff: **30**
    1015-20: **152, 167**
    1168-83: **153, 167**
  Equites
    1036f.: **42**
  Lysistrata
    155: **167**
    368f.: **122**
    1183-88: **167**
  Nubes
    51f.: **117**
  Ranae
    608: **117**
    949-954: **117**
    949: **120, 122**
    1301-1307: **118**
  Thesmophoriazusae
    186f.: **122**
    383-432: **119, 122**
    467-519: **122**
    1175: **118**
  Vespae
    1145-1147: **117**
Aristoteles:
  Athenaion politeia
    26,4: **49**
  Politica
    1252a-1252b: **117, 121, 161, 169**

1259a : **161, 169**
1261b-1262b: **161, 169**
1265b: **167**
1266a-1266b: **48, 156, 167f.**
1267b: **156, 167**
1324b: **46**
Artemidoros v. Daldis:
  Oneirokritika
    1,8: **138**
Athenagoras:
  FGrHist 688,1 m: **232, 234**
Athenaios:
  Deipnosophistai
    6,263b: **166**
Augustinus:
  De civitate dei
    18,9: **131, 166**

Caesar:
  De bello gallico
    5,14: **140**
    6,23: **205**
Cassius Dio:
  6,2f.: **290**
  51,15: **285**
  59,12: **288**
  60,8: **288**
  66,8: **291**
  66,15: **291**
  68,8: **283, 291**
  76,12 (=Epit. 77,12): **139**
Cicero:
  Phil.
    2,41: **285**
CIL:
  3,6627: **286**

Demetrios v. Phaleron:
  FGrHist 688,24: **235**
Demosthenes:
  4. Rede gg. Philipp
    10,33: **125**

346

Diodorus Siculus:
1,1: **239**
1,56: **238**
2,4-20: **138, 237ff.**
2,34: **240**
2,47: **148**
2,55-60: **148**
3,1: **237**
3,3: **237, 238**
3,53: **141f., 144, 148**
5,32: **84**
14,46: **237**
19,33f.: **199**
29,33f: **46**
Diogenes Laertios:
1,94: **38**
6,11: **169**
6,12: **162**
6,37: **162, 169**
6,51f.: **169**
6,54: **169**
6,59: **169**
6,63: **169**
6,71f.: **162, 169**
7,33f.: **164, 169**
7,131: **164, 169**
Dionysios Halicarnasseus:
Antiquitates Romanae
1,1: **261**
1,6: **260, 267**
1,7: **261**
1,11-13: **260**
1,27f.: **267**
1,31-33: **263**
1,48-51: **263**
1,53: **263**
2,24-26: **255**
2,35: **264**
2,38-40: **265, 267**
2,45-47: **264f.**
2,49: **260**
2,60: **263**
3,10: **254**

3,46-48: **250, 256, 261f., 265f.**
3,55: **266**
3,64: **266**
3,65: **257**
3,72: **266**
4,1-2: **249f., 257, 261f., 266**
4,3-8: **250ff., 261ff., 266**
4,10: **265**
4,28-30: **262f., 266f.**
4,38: **263, 267**
4,63-67: **257, 264, 266**
4,70-71: **266**
4,79: **267**
4,82: **264, 266**
5,32-35: **263ff.**
6,1: **264**
6,92: **264**
8,28f.: **264, 268**
8,39: **254, 256, 264f., 268**
8,40-54: **254, 256, 264f., 267**
8,55: **268**
11,1 2: **266**
11,28-41: **266**
Dissoi Logoi:
90,2: **46**

Epiktetos:
Fragment 15: **162, 169**
Eratosthenes:
FGrHist 688,1 e α: **232**
Euripides:
Alcestis
153-155: **119**
623: **119**
675f.: **90**
965: **91**
Andromache
1f.: **89**
32f.: **117**
85: **97**

347

Solinus:
Collect.
  22,12-15: **140**
Sophokles:
Electra
  417ff.: **38**
Antigone
  905ff.: **39**
Oedipus Coloneus
  337ff.: **48**
Strabon:
  2,1: **238**
  4,4: **84**
  7,302: **169**
  11,5: **178**
  11,14: **145, 238**
  12,2f.: **146, 211, 238**
  15,1f.: **238**
  16,1: **238**
  16,2: **286**
  16,4: **44, 140**
Suetonius:
Divus Titus
  7: **287, 291**
Divus Vespasianus
  4: **290**
  7: **291**
  9: **291**
Sulpicius Severus:
Chronik
  2,30: **290**
Synkellos:
  FGrHist 688,1 i: **233**

Tacitus:
Annales
  13,7: **287**
  16,6: **38**
Germania
  8: **143**
  16: **205**
  18: **140, 143**

  19: **144**
  31: **84**
Historiae
  2,2: **287**
  2,79-81: **285, 287, 290**
  4,81: **291**
  5,13: **290**
Targum Onkelos: **283, 291**
Thukydides:
  1,1: **122**
  1,73: **125**
  2,2: **122**
  3,10: **122**
  3,39f.: **122**
  3,64: **122**
  3,82: **122**
  4,60: **122**
  4,133: **122**
  5,89: **125**
  5,95: **122**
  6,77: **122**
  6,79f.: **122**
  6,82: **122**
  7,5: **122**
  7,29: **118**
  8,38: **122**
  8,87: **122**
Tzetzes:
  FGrHist 688,1 e g: **232**

Valerius Maximus:
Facta et dicta memorabilia
  2,6,14: **46**
Vergilius:
Aeneis
  3, 425f.: **76**

Xenophon·
Agesilaos
  1,28: **117**
  1,5: **117**

Personen- und Ortsregister

363